U0943787

国家社科基金资助项目

当代东方儒学

刘宗贤 蔡德贵◎主编

中国社会科学出版社

图书在版编目(CIP)数据

当代东方儒学／刘宗贤，蔡德贵主编．—北京：中国社会科学出版社，2015.12

ISBN 978-7-5161-7286-5

Ⅰ.①当… Ⅱ.①刘…②蔡… Ⅲ.①儒学—研究—东方国家—现代 Ⅳ.①B222.05②B305

中国版本图书馆CIP数据核字(2015)第300949号

出 版 人　赵剑英
责任编辑　冯春凤
责任校对　张爱华
责任印制　张雪娇

出　　版　中国社会科学出版社
社　　址　北京鼓楼西大街甲158号
邮　　编　100720
网　　址　http：//www.csspw.cn
发 行 部　010-84083685
门 市 部　010-84029450
经　　销　新华书店及其他书店

印刷装订　环球东方（北京）印务有限公司
版　　次　2015年12月第1版
印　　次　2015年12月第1次印刷

开　　本　710×1000　1/16
印　　张　34.75
插　　页　2
字　　数　570千字
定　　价　145.00元

《山东社会科学院文库》
编 委 会

《山东社会科学院文库》
出版说明

党的十八大以来，以习近平同志为总书记的党中央，从推动科学民主依法决策、推进国家治理体系和治理能力现代化、增强国家软实力的战略高度，对中国智库发展进行顶层设计，为中国特色新型智库建设提供了重要指导和基本遵循。2014 年 11 月，中办、国办印发《关于加强中国特色新型智库建设的意见》，标志着我国新型智库建设进入了加快发展的新阶段。2015 年，在中共山东省委、山东省人民政府的正确领导和大力支持下，山东社会科学院认真学习借鉴中国社会科学院改革经验，大胆探索实施“社会科学创新工程”，成为全国社科院系统率先全面实施哲学社会科学创新工程的地方社科院之一。近一年来，山东社会科学院在科研体制机制、人事管理、科研经费管理等方面大胆改革创新，相继实施了一系列重大创新措施，为山东新型智库建设勇探新路，并取得了明显成效。

《山东社会科学院文库》（以下简称《文库》）是山东社会科学院“创新工程”重大项目，是山东社会科学院着力打造的《当代齐鲁文库》的重要组成部分。该《文库》收录的是我院建院以来荣获山东省社会科学优秀成果一等奖及以上的科研成果。首批出版的《文库》收录了孙祚民、戚其章、马传栋、路遇、韩民青、郑贵斌等全国知名专家的研究专著 15 部。这些成果涉猎历史学、哲学、经济学、人口学等领域，以马克思主义世界观、方法论为指导，深入研究哲学社会科学领域的基础理论问题，积极探索建设中国特色社会主义的重大理论和现实问题，为推动哲学社会科学繁荣发展发挥了重要作用。这些成果皆为作者经过长期的学术积累而打造的精品力作，充分体现了哲学社会科学研究的使命担当，展现了潜心治学、勇于创新的优良学风。这种使命担当、严谨的科研态度和科研作风值得我们认真学习和发扬，这是山东社会科学院深入推进创新工程和新型智库建设的不竭动力。

实践没有止境，理论创新也没有止境。我们要突破前人，后人也必然会突破我们。《文库》收录的成果，也将因时代的变化、实践的发展、理论的创新，不断得到修正、丰富、完善，但它们对当时经济社会发展的推动作用，将同这些文字一起被人们铭记。《文库》出版的原则是尊重原著的历史价值，内容不作大幅修订，因而，大家在《文库》中所看到的是那个时代专家们潜心探索研究的原汁原味的成果。

《文库》是一个动态的开放的系统，以后，我们还会推出第二批、第三批成果……《文库》的出版在编委会的直接领导下进行，得到了作者及其亲属们的大力支持，也得到了院相关研究单位同志们的大力支持。同时，中国社会科学出版社的领导高度重视，给予大力支持帮助，尤其是责任编辑冯春凤主任为此付出了艰辛努力，在此一并表示最诚挚的谢意。

本书出版的组织、联络等事宜，由山东社会科学院科研组织处负责。因水平所限，出版工作难免会有不足乃至失误之处，恳请读者及有关专家学者批评指正。

《山东社会科学院文库》编委会

2015 年 11 月 16 日

目　　录

绪　论

一　东亚经济腾飞与东方儒学的复苏

儒学本是东方的一种古老的学术文化，其成为当代的话题并引起世人的关注，乃是20世纪80年代以后的事。20世纪70年代东亚经济腾飞，日本、亚洲四小龙（韩国、中国台湾、香港地区和新加坡）以及其他一些亚洲国家现代化的推进，显示出一种有别于欧洲的“集团主义人文类型”① 的现代化模式。特别是20世纪80年代以来东亚发展的斐然成绩，不仅令西方经济界瞠目，而且使得许多西方人士意识到：亚洲今天发生的种种革命性变革背后，有一个传承数千年的历史背景。② 不少人惊呼，东方的传统文化已经觉醒，并且在建设新生活中释放出巨大的能量。

正是在这样的形势下，西方学界加紧了对东方及东方传统的研究，继马克斯·韦伯关于新教伦理与儒教伦理的比较社会学研究③之后，东西方关于儒学的许多新提法，如亚洲价值、亚洲传统、亚洲式的个人与家庭价值观④，以及“儒教资本主义”、“新儒教文化”⑤、“儒教文化圈”⑥ 等纷纷出台。同时东亚各国也意识到要重新对东亚进行再认识，因而更加重视

---

① ［日］小林多加士：《东亚：转型现代化的新范式》，罗荣渠等编《东亚现代化：新模式与新经验》，北京大学出版社1997年，第32页。

② ［美］约翰·奈斯比特：《亚洲大趋势》，蔚文译，外文出版社、经济日报出版社、上海远东出版社1996年，第40页。

③ 参见马克斯·韦伯：《儒教与道教》中译本，江苏人民出版社1992年。

④ ［美］约翰·奈斯比特：《亚洲大趋势》中译本，第50、51、6页。

⑤ 参见罗荣渠：《东亚跨世纪的变革与重新崛起》，《东亚现代化：新模式与新经验》，第21页，及第31页注㉚。

⑥ 同上书，第21—22页。

起对自身传统的研究和评价。例如马来西亚前副总理安瓦尔·易卜拉欣（Anuwar Ibrahim）不仅“站在亚洲复兴运动的前沿”，主张亚洲重新掌握自己的命运，而且主张“要以更积极的态度审视我们的传统，对其他亚洲同胞的传统保持真正的兴趣。我们将开始一次自我发掘之旅，穿越无数的亚洲传统，以加深彼此的了解。”① 而面对西方的民主、人权和个人主义概念，亚洲人已敢于提出，西方的价值观并不完全适合于亚洲。新加坡前总理李光耀曾说：“我认为，国家的发展更需要纪律，而不是民主。”② 李光耀充分肯定儒学价值观对于治理新加坡的积极作用，他说：“从治理新加坡的经验，特别是1959年到1969年那段艰辛的日子，使我深深地相信，要不是新加坡大部分人民都受过儒家价值观的熏陶，我们是无法克服那些困难和挫折的。”③ 新加坡无任所大使许通美在为《国际先驱论坛报》撰写的文章中，列举了在东亚行之有效的十项政策，包括人民和国家间的社会契约，即国家对人民保障基本的生活必需品、法律和秩序，与此相应的，人民尊重权威和自力更生，建设道德伦理上的清洁环境和自由负责的舆论等。④ 今天，亚洲各国人民正在经历一种心理上的转变，从认为“西方最好”到重新发现自己文化遗产的价值，儒学思想的精华和价值观也因而受到重视。即使是作为典型的伊斯兰文化之一的印尼文化，他们所提倡的“三大原则”，即吾为社稷之主、保家卫国义不容辞、常思过而知不足⑤，其所包含的奉献社会、具有道德的责任感及加强自我修养的精神也与儒家为主流的中华传统文化有相通之处。

至于改革开放以后的中国，自20世纪80年代以来不仅在经济发展方面日益在东亚及世界上起着重要作用，而且学术界及政府也越来越关注传统文化的作用及儒学的问题。自80年代以来，中国内地的儒学研究在海内外、东亚诸国、港台儒学研究的影响和互动的背景下，从起步到90年

① ［美］约翰·奈斯比特：《亚洲大趋势》，第46页。

② 俞新天：《东亚现代化的前景及其对世界的影响》，见《东亚现代化：新模式与新经验》，第75页。

③ 《李光耀先生致词》，中国孔子基金会编《儒学与二十一世纪论文》，华夏出版社1996年，第7页。

④ 参见罗荣渠等编：《东亚现代化：新模式与新经验》，第76页。

⑤ 同上。

代的长足发展，经历了一个越来越开放、越来越健康的发展历程。目前，国内除了最有实力的民间社团国际儒学联合会、中国孔子基金会、中华孔子学会等，相关的地方性学术团体，也有几十个之多。① 从 1984 年中国在曲阜召开第一次影响较大的全国孔子学术讨论会，1989 年为了纪念孔子诞辰 2540 年分别由中华孔子学会及孔子基金会主办在北京、曲阜召开的儒学国际学术研讨会之后，以各种内容为主题的大型儒学国际学术讨论会每五年即在中国举办一次。而在全国各地围绕儒学所召开的学术会议之多、规模之大、成果之丰富，更是百年来所罕见。据有的学者统计，仅 1993—1997 年五年之中，大陆举办的有影响有成果的儒学会议就有三十余次。② 如今，在中国内地不仅学者能够日益以平等的心态与先儒作心灵交流和思想对话，就是政府官员和高层领导者也往往从积极的方面估价孔子和儒家学说在未来新世纪的活力与贡献。③ 种种迹象表明，儒学在经历了近一个世纪的衰微之后重又复苏了。

上述种种现实，给我们提供了一个新的研究对象，这就是当代东方儒学。

历史上，儒学曾在亚洲，主要是东亚各国的政治、经济、社会生活中占重要或支配地位，19 世纪西方资本主义势力的侵入使得东亚被纳入了以西方为中心的新的世界体系，儒学也受到西方文化的冲击、批判，甚至遭到摒弃。但是世界的巨变，以西方为主流的现代化大潮并没有能够改变亚洲国家的历史文化传统。我们现在所说的儒学，就是东亚各国经过旧体制的解体及各国不同形态的政治转型之后，在新体制（市场经济）的框架内发生了重大功能转换的当代儒学。事实上，不是近年来西方和东方对儒学传统的重视才使得这门古老的学术焕发新的生命力，而是面对历史的进程，儒学自身已经发生了适应性的变化。

本书所研究的当代东方儒学，主要指中国和朝鲜（包括今日韩国）、日本、越南等儒家文化圈国家的儒学；新加坡等以华裔为主要构成民族国

---

① 参见宋仲福、赵吉惠等：《儒学在现代中国》，中州古籍出版社 1991 年，第 352—361 页。

② 郭齐勇：《中国大陆地区近五年来的儒学研究》，见《儒家思想在现代东亚：中国大陆与台湾篇》，台湾中央研究院文哲研究所 2000 年，第 62 页。

③ 参见中国孔子基金会编：《儒学与二十一世纪》论文集，第 1—3 页。

家的儒学；以及泰国、印度尼西亚、马来西亚和阿拉伯地区等其他东方国家所受儒学的传播和影响。历史上，东亚等国家曾受孔子和儒家文化的深刻影响，形成儒家文化圈国家共同的文化意识；近代以来面对西方先进的科技文化和民主思想的冲击，这些国家都有一个共同的调整传统思想、重新进行文化整合的过程，因而儒学与现代化的关系问题是它们共同面对的时代课题。20世纪20年代至今，中国曾出现一股现代新儒学思潮，它们以接续儒家道统、复兴儒学为己任，力图以儒家学说为主体、为本位，来吸纳、融合、会通西学，寻求中国现代化道路。其影响波及海外，并在东方各国掀起儒学复兴或文化再生运动。因而当代东方儒学研究也包括对现代新儒学及海外儒学的研究。另有，从近代到当代，西方对东方传统或儒学观点的改变及当代西方对儒学的研究，也在本课题论及范围之内。

最后需说明的是，研究当代东方儒学需要我们改变以往儒学研究的传统套路，既要深入历史，又要走进现实；既要注意各国历史文化各异的特征，又不拘泥国别界限。最重要的是，我们欲在世界历史进程中追寻儒学变化的踪迹，必须具备东西方文化对比的大视野，因而应该说，东方文化与东方哲学，是我们了解东方儒学的大背景。

二　东方和东方文化的类型

东方是太阳升起的地方，自古以来它就带着神秘的色彩展示出对人类文化的特殊贡献。神话传说中的人祖亚当和其妻夏娃，所居住的伊甸园就在东方；上帝让洪水灭世后，人类的新始祖诺亚，也是在东方世界建造方舟，救出全家和各种禽兽。象征人类文明一定发展阶段的世界四大宗教都产生在东方：佛教产生于古印度（今尼泊尔南部提罗拉科特山区），基督教产生于巴勒斯坦沙漠，伊斯兰教产生于阿拉伯沙漠，而犹太教则产生于西奈沙漠。[①]

总之，东方是人类最初的诞生地，是人类历史的开端处，是世界文明的摇篮。然而，东方的概念却有着相对性、多歧性和不确定性。它既是地

---

① 参见艾哈迈德·爱敏：《阿拉伯——伊斯兰文化史》第1册，纳忠等译，商务印书馆1982年，第48页。

理的，又是民族的和文化的，从某种意义上说，也带有政治的含义。

作为地理概念的东方，现在一般指亚洲和非洲中部、北部地区，也往往泛指东半球，它本是个相对的概念。然而东方既然是相对西方而言，处于东方和西方的国家及民族在历史上由于全球地理知识的缺乏和主观眼界的局限，对“东方”和“西方”就会有不同的理解。中国古代，称印度为西方佛国，佛教徒视印度为西方极乐世界。明代郑和下西洋，其西洋，包括印度、阿拉伯国家及非洲东部在内的国家和地区。明代典籍马欢的《瀛涯胜览》、费信的《星槎胜览》、巩珍的《西洋番国志》、黄省曾的《西洋朝贡典录》所标示的西洋，都表明与郑和同时代的人对西洋的理解，而又正是我们今天所看作东方的地方。[①] 再早一些，汉代张骞通西域，古代汉译佛教著作往往把位于中亚和南亚次大陆很多地方称为“西域”。[②] 再晚一些，元明以后的一些地理著作如《岛夷志略》、《东西洋考》，常把南海东部地区（现指东南亚各国），及附近岛屿称为“东洋”，清代以后又把地处我国东邻的日本称为“东瀛”或“东洋”。[③] 从这里可以看出古代中外交通的发展，同时也可以看出，古代中国所谓东方和西方都是以中国为基点确定的。

而在西方中世纪时代，地中海曾被看作世界的中心，由这一中心来确定东、西的概念。中世纪以后，西方人眼中的世界中心转到西北欧，而且世界的范围扩大到南美洲和北美洲，这种地理和文明范围的扩大，也导致东方概念的变化。[④] 在西方，有“欧洲中心论”，与其殖民主义扩张战略相联系。公元十六七世纪时，西方向东方扩张，按离西欧的远近，把东方世界划为三个层次：近东、中东和远东。近东指从地中海到波斯湾，中东指从波斯湾到东南亚一带，远东指面临太平洋的地区（东亚和东南亚国家）。[⑤] 这样的划分并不科学，因而现在除中东还继续使

---

① 参见季羡林：《东方文学研究的范围和特点》，《季羡林文集》第 8 卷，江西教育出版社 1996 年，第 421 页。

② 黄心川：《东方著名哲学家评传 · 总序》，山东人民出版社 2000 年，第 2 页。

③ 同上。

④ 阿里 · 胡斯尼 · 赫尔布突里：《东方学家和伊斯兰史》，埃及图书总局 1988 年阿拉伯文版，第 12 页。

⑤ 《不列颠百科全书》国际中文版，中国大百科全书出版社 1999 年。

用，远东还偶尔使用，近东已不再有人使用了。西方对东方地理概念的划分虽然已弃置不用，但是欧洲殖民主义划分东方的范围，以区别于他们宗主国的西方世界，东方国家奋起抵抗殖民主义的压迫、奴役和掠夺，也抵制“欧洲中心论”在政治、经济、文化方面的影响。19 世纪下半期至 20 世纪以来，在东方形成的民族主义思潮，反映了这一时期东方社会、经济、政治和文化的相互关系。由此，东方又被赋予了政治方面的含义。直至现代，人们称资本主义社会、经济发达国家为西方世界，称社会主义社会、发展中国家和不发达国家为东方世界，都表现了东方概念在政治和经济方面意义的延伸。

就民族和文化的意义上说，历史上居住在东方的民族在这个地区创造了多姿多彩的生活画面，交织着纷繁多变的民族关系格局，这些，构成了东方文化的内容。据有的学者统计，在亚洲和北非的土地上，现生活着一千多个民族，约占世界民族总数的一半以上，他们在人口数量、种族特征、语言属系、宗教信仰，或是在社会发展、经济活动、文化传统、生活方式方面，都是千差万别的。[①] 这些，为我们研究东方文化提供了具体的对象。而在古代，埃及、巴比伦、印度和中国四大文明古国，像四座灯塔屹立在北非、西亚、南亚和东亚，他们标志着古代东方文化的辉煌。

本书所讲的东方，主要是就历史文化传统方面说的。就此而言，是否确实有一个独特的东方文明方式和生活方式而与西方或其他文明方式相区别呢，对此，我们不想作深入的理论探讨，只想就与本书主题有关的方面作事实性研究。整个世界的文化，是由各地区、各民族国家共同创造的。每一种文化或文明都有发生、发展、演变、衰退的过程。英国历史学家汤因比和其他一些西方历史学家，把过去的人类文化或文明分成许多独立的个体，认为各个个体之间文化的发展是并不平衡的。现在学术界则普遍认为，在众多纷繁的文化或文明中，显然是有文化圈的存在的。即是说“在某一个比较广阔的地区内，某一个国家或民族的文化或者文明，由于内部和外部的原因，影响了周围的一些国家和民族，发挥了比较大的作用，积之既久，就形成了这样的文化圈。……圈内的国家间有着文化交

① 参见李毅夫：《东方民族与文化》，载季羡林、张光璘编选《东西文化议论集》，经济日报出版社 1997 年，第 328 页。

流，圈与圈之间也有文化交流。”[①] 古希腊罗马文化，从希伯来起到伊斯兰时期的闪族文化、印度文化、中国文化，都形成了这样的文化圈。而这四大文化圈，又分为西方文化和东方文化两大文化体系。西方文化体系指从希腊、罗马直到今天的欧美文化，东方文化体系则大致包括中国文化圈、印度文化圈和阿拉伯伊斯兰文化圈。[②] 这三大文化圈，对应着古代东方的四大文明古国，只是其中古埃及文化和古巴比伦文化已经消亡，被其后继者阿拉伯伊斯兰文化取代，而中国文化和印度文化则流传到现在。

东方文化的中国文化圈也叫儒学文化圈、儒教文化圈、汉字文化圈，或形象地称为筷子文化圈。中国、日本、朝鲜（朝鲜和韩国）、越南、新加坡等国家都属于这一文化圈。这一文化圈的国家受儒学和中国传统文化很深的影响。

印度文化圈除印度以外，还包括一些印度文化尤其是宗教文化（主要是婆罗门教、佛教、印度教）影响很深的国家，如斯里兰卡、尼泊尔、不丹、泰国、柬埔寨、老挝、缅甸等。

阿拉伯伊斯兰文化圈的范围很广，包括了所有的伊斯兰国家，其中最主要的有二十几个阿拉伯国家、地区和印度尼西亚、巴基斯坦、孟加拉、伊朗、土耳其、阿富汗，以及新从原苏联独立出来的几个中亚国家乌兹别克斯坦、哈萨克斯坦、土库曼斯坦、吉尔吉斯、塔吉克斯坦，也都属于这一文化圈。

这三个文化圈是各自独立的文化体系，各有其特点，又互相渗透。在中国文化圈内传入不少印度文化和伊斯兰文化的因素，如中国、日本、韩国的佛教文化，中国的伊斯兰教文化；印度文化圈内也传入很多阿拉伯伊斯兰文化的因素；阿拉伯伊斯兰文化圈内也有佛教文化因素等。但这种渗透却不能抵消和代替三大主干文化系统。

这样，我们所说的东方，就是指整个亚洲和非洲中部、北部的国家和地区，包括以上所提到的三个大的文化体系。而东方文化和东方哲学的研究，是以这三大文化体系为基点的。

---

① 季羡林、周一良等：《东方文化丛书总序》，见［法］汪德迈《新汉文化圈》中文版，江西人民出版社 1993 年，第 2 页。

② 季羡林：《比较文学与民间文学》，北京大学出版社 1991 年，第 290—292 页。

三　东方文化与东方哲学的特点

如上所述，东方文化大体包括中国（儒学）文化、印度文化、伊斯兰阿拉伯文化这样三大文化体系，东方哲学研究也就是以这三大体系为基点的。关于文化与哲学的关系，就一般认识来讲，哲学可以说是文化的核心，是在文化整体中起主导作用的。文化随着社会经济基础的演变而演变，但每一个民族都有表现在共同文化上的共同心理素质，这种民族的共同心理具有相对的稳定性，它是在长期占统治地位的哲学思想的熏陶下形成的。[①] 哲学对于民族共同心理形成的影响，表明哲学在文化中的重要地位。有的学者甚至提出：哲学就是思想的发展，是有系统的、理性的、逻辑的、批评的思想，这种发展也可称作"文化"。"如果将文化当作一种活动，那么哲学是一种价值上、思想上的活动。"[②] "哲学是心灵的创造，是对世界的一种认识与价值的把握，以及对人本身的理想的实现。因此没有哲学也就没有文化可言。"[③] "哲学不但为文化本质之自觉与文化理想的反射，亦且为文化活动之理性指标与引动力源。"[④] 哲学与文化的关系是这样，东方哲学与东方文化亦是如此。并且，东方文化中每一体系，及每一体系中各个国家民族的哲学和文化都是这样的关系。

因此我们现在讨论的东方哲学，是东方各国人民的世界观、社会伦理观和思维方式。它是东方人民对世界的一种认识和价值的把握，以及对人本身的理想的实现，是东方民族和国家文化活动之理性指标与引动力之源。

东方哲学和东方文化的特点是相对西方哲学和文化而言的。表面看来，它与西方不同的突出特点在于它的非单一性。它的民族之众多，内部体系之复杂，使其哲学在理论来源、哲学类型上均不尽相同。例如中国哲

---

① 参见张岱年：《中国文化与中国哲学》，《东西文化议论集》上册，经济日报出版社 1997 年，第 300 页。

② 成中英：《从中国哲学论中国五千年文化独特之价值》、《中国哲学与中国文化》，见《中国文化的现代化与世界化》，中国和平出版社 1988 年，第 58、59、44 页。

③ 同上。

④ 同上。

学与印度哲学是两个独立发展的形态，阿拉伯哲学也有其独特的介于东西方文化之间的特性。就是在受中国文化影响的儒学文化圈内不同国家和地区，由于受中国文化影响的程度（汉化程度）的不同，由于各国本土文化的背景不同，政治制度的不同，它们在文化和哲学思想上的差异也是很大的。但是，“汉文化各民族不仅由于久远地使用汉字的传统受同一文化精神所熏陶而成为一体，而且它还有一个与众不同的物质文明上的特点，即筷子的使用”。[①] 而且“政治上的差异丝毫不足抵消这些国家和地区在生活方式、思维方法和社会关系等方面惊人的相似性”。[②] 整个东亚，整个儒学文化圈的文化就是统一性和多歧性的共存。而这可以说是由多元文化组成的世界文明的一个典型或缩影。无论多元的各色文化差异有多大，它们之间都有人类共享的价值和精神文明成果。东方哲学无疑也表现了东方民族在世界观、伦理观和思维方式上共性的一面。

我们现在把东方哲学和文化作为儒学和儒学文化圈的大背景来考虑，也就是在承认东方儒学内部不同体系及各民族文化彼此差异和各具特点的前提下，来寻找它们属于共性的特点。诚然，我们这样考虑是排除了西方（欧洲）传统的东方学，由于历史和种族的偏见而把东西方对立起来的看法[③]，也排除了受“冷战”时期两极对立思维惯式的影响而把种族的和宗教的差异夸大为文明冲突根源[④]的看法。正如有的学者指出的：

> 现代文化理论的重大进展之一是认识到——这一点几乎得到了普遍的认同——文化是杂生的、多样的；各种文化和文明……如此相互联系、相互依赖，任何对其进行一元化或简单化描述的企图都注定要落空。[⑤]
>
> 像“东方”和“西方”这样的词没有与其相对应的作为自然事

---

① 汪德迈：《新汉文化圈》中文版，陈彦译，江西人民出版社1993年，第2、3页。

② 同上。

③ 参见爱德华·W. 萨义德：《东方学》，王宇根译，生活·读书·新知三联书店1999年，第4、49、61页。

④ 参见［美］塞缪尔·亨廷顿：《文明的冲突与世界秩序的重建》，周琪等译，新华出版社1999年。

⑤ 爱德华·W. 萨义德：《东方学》，王宇根译，第447、426页。

实而存在的稳定本质。况且，所有这类地域划分都是经验和想象的奇怪混合物。[①]

关于东方哲学的特点，有的研究者概括为五条：1. 东方古代哲学发达，内容丰富、绚丽多彩；2. 东方哲学均有承袭数百、数千年的特点，属于类型保持型；3. 东方哲学注重人生，重点在于研究人生，研究人的行为规范、道德实践及人生幸福及归宿；4. 与西方哲学的理性主义特色不同的是，东方哲学具有浓厚的非理性主义倾向；5. 东方哲学与宗教关系密切，各国哲学几乎都是在宗教的怀抱里孕育形成，而且东方哲学在整个发展过程中长期未与宗教分离。[②] 而在国内新近出版的《东方著名哲学家评传》《总序》中，黄心川教授从哲学思维的高度提出，东西方哲学在其发展过程中提出了很多共同的问题，但回答这些问题时所持的立场、思维方式和运用的语言、范畴有所不同。西方哲学注重自然对象，与自然科学结合紧密，东方哲学也研究自然，但其立场是人本主义的，探索重点是人与神、人与社会的关系，进而探讨人的生命本源和终极归宿，人的道德完善、行为规范，社会的至善理想等；西方哲学往往在科学实验的基础上注重从微观上把握物质、自然和世界，目的是征服自然，而东方哲学则常常从整体上，从人与自然、人与社会的和谐关系中寻求世界的统一；西方哲学从亚里士多德起就一直把哲学看作求智的学科，强调知识，重视理性，而东方则强调直观、内省、入神、顿悟，通过悟性的逻辑推演证悟事物的内在本质等。[③] 我们过去在探讨东方文化特点时指出：东方文化怀旧情感浓重，注重天人合一、物我相混，神秘主义色彩浓郁，重感悟轻理性等。[④] 这些特点也是与上述哲学的特点相吻合的。

将上述看法归纳起来，简单地说，我们可以认为东方哲学有如下几个特点：重传统，重保持；重人本，重人生；重整体，重和谐；重直觉，重感悟，轻理性（主要指知识理性）；宗教哲学发达，神秘主义浓厚。值得

---

① 爱德华·W. 萨义德著：《东方学》，王宇根译，第447、426页。

② 任厚奎、罗中枢：《东方哲学概论·导言》，四川大学出版社1991年，第5—9页。

③ 黄心川：《东方著名哲学家评传·总序》，第22—23页。

④ 蔡德贵：《东方文化及其发展趋势研究》，《中山大学学报》1998年第6期，第29—30页。

注意的是，许多东方的学者对东方哲学的特点有与上述相似的看法。例如一位日本学者指出："在西方近代科学高度发达的时期，产生了宗教和科学的尖锐对立，但是，在东方却看不到这种情况。""在东方文化传统中，宗教与经验科学——对于人的生命问题的基本目标，往往是一体化的。换言之，也就是采取宗教的认识乃至认识的宗教这一形式。因此基于人的主体实践积累的经验，宗教哲学体系被组织化了……它和在外向的自然中寻求绝对超越的东西的西方思维方式相反，而是在内向的自然的'心'中寻求超越的一种思维方式。"① 又如印度著名文学家、哲学家泰戈尔说："虽然西方人已经把勇敢地宣布他与他的圣父合为一体，并劝告信徒们要把像上帝一样完美的人奉为导师，然而这种观念决不会与我们和无限存在合一的观念一致。"② "东方最高的智者认为：为了任何特殊的物质目的去利用至高神获得它，这不是我们灵魂的职能……生命不是从任何需求而是从我们与无限者的密切关系中涌现。这是我们在灵魂中所拥有的完美原理。"③

他们都是从生命的根本境界上来分析东方哲学中人与自然、人与神、人与社会以及宗教与科学、认识与体验的关系，因而无形中把我们所总结的上述特点综合到一起了。若从这样的角度来认识东方哲学的特点，我们也就容易理解作为东方哲学重要部分的东方儒学的特点了。

对于独具特色的儒学文化或"汉文化"，有人曾从东亚共同文化背景的角度提出：汉文化与印度教文化、伊斯兰教文化、基督教文化等带有浓厚宗教色彩的文化区域不同，它并无一个上帝或一个佛祖来作为其精神支柱，但这一文化区域所表现出来的内聚力并不比任何一个文化区域弱。④ 原因何在？答案各有不同。如有的认为其重要原因是拥有一个共同的文字基础——汉字。⑤ 有不少人认为儒学的神学特色并不突出，然而它的特色正表现在作为一个伟大的思想体系与其主要的社会制度结构之间的相互联系、历史交互作用过程中。"历史上，儒家的伟大力量

---

① 汤浅泰雄：《东方文化的深层》，日本名著刊行会 1982 年，第 122—124 页。

② 罗宾德拉纳特·泰戈尔：《人生的亲证》，宫静译，商务印书馆 1996 年，第 87、88 页。

③ 同上。

④ 汪德迈：《新汉文化圈》，陈彦译，江西人民出版社 1993 年，《译者的话》第 3 页。

⑤ 同上书，第 1 页。

在于家庭、学校和国家；同样，它的最大问题就在于这些如何可能共处，以及……所有这些成分怎么能与宗教相联系。"[①] "在道的东方形成的宗教、哲学，却几乎毫无例外地建立在现观性一体观之上。……在我日本，我们最优秀的民族中出现的建国思想，也是以统一的国土、统一系统的国体为一般国民之理想，遵循文化建设的思想，实现国民一体、上下一心、忠孝统一。在报国的实际中常形成统一体，指导国家的发展，不断建设文化的日本。"[②]

如何看待这些见解，以及如何理解在东方哲学和东亚共同文明背景下的儒学的特点，这将是本书所要探讨的重要问题。

四　东方哲学的发展阶段

关于东方哲学的发展阶段，目前国内有两种划分方法，一种是按东方哲学自己的发展过程和特点[③]；另一种是按通常西方哲学的分期方法，将其发生、成长、荣枯、新生的过程，大致分为古代哲学、中世纪哲学、近代哲学和现代哲学几个阶段。[④] 当然，这两种方法大体上是不矛盾的，而且使用起来各有所长。

从东方哲学的各个体系看，其发展中的共同特点是：古代哲学发达，中世纪的界限不明显，而在近现代则遭遇了西方文化和哲学的强烈冲击。18世纪以来，随着西方殖民主义势力的侵入，西方文化也以各种方式进入东方，由此，东方国家在面临现代化道路的选择时，东方国家的文化、东方国家的哲学也遭到空前的考验。现代化问题往往与文化问题交织在一起，难解难分。这是从东方哲学自身的特点来讲的。

从另一方面看，如本绪论第一部分所述，世界上东方和西方的概念本

---

① ［美］狄百瑞：《东亚文明——五个阶段的对话》，何兆武、何冰译，江苏人民出版社1996年，《序言》第3页。

② ［日］高楠顺次郎：《作为新文化原理的佛教》，日本大藏出版社1947年，第27—28页。

③ 例如任厚奎、罗中枢主编的《东方哲学概论》，在探讨包括阿拉伯哲学、印度哲学、中国哲学、日本哲学的东方哲学时，将其分为开端（远古—前3世纪）、发展（前3—13世纪）、繁荣（8—19世纪）、演变（18—20世纪）四个时期。

④ 参见黄心川：《现代东方哲学》，浙江人民出版社1998年。

来是具有相对意义的。东、西方文化，东、西方哲学就世界人类文明发展的总体上讲，也没有严格的分界。将东、西方哲学按同一种方法划分阶段，更便于在大视野中把握东西方哲学交流的关系，并对东、西方哲学进行比较。实际上人类文明的发展，是有着某种共同的先后一致的阶段性的。生于19世纪的德国存在主义哲学家卡尔·雅斯贝斯①曾经把人类历史分成四个阶段，并提出轴心时代的观点。他认为其中第三段对于人类文明发展具有特殊重要的意义。这就是以公元前500年为中心，从公元前800年到前200年的“历史的轴心”时代，在这一阶段人类几大文明区的精神基础几乎同时地、独立地在中国、印度、波斯、巴勒斯坦和希腊开始奠定。而直到今天，人类文明的发展仍然附着这一阶段所定的精神基础之上。② 雅斯贝斯说：

> 在公元前800年到前200年间所发生的精神过程，似乎建立了这样一个轴心。在这时候，我们今日生活中的人开始出现。让我们把这个时期称之为“轴心的时代”。在这一时期充满了不平常的事件……这都是在几世纪之内单独地也差不多同时地在中国、印度和西方出现的。③

“轴心时代”的观点可以作为提出世界多元文化的深刻的历史理由。人类文明有各种不同的文化表现，不同的轴心时代的文明有不同的精神资源，不同的潜在力和不同的发展脉络。同时，探讨轴心时代文明特色的尝试也启发人们对人类文明发展的阶段性进行反思。“轴心时

---

① 卡尔·雅斯贝斯（Kayl Jaspers，1883—1969），德国著名哲学家，著有《存在主义》，《估计与展望》等。

② 雅斯贝斯把人类历史分成的四个阶段是：第一段为“普罗米修斯的时代”，即语言应用、工具发现、引火及用火的时代；第二段为公元前5000年至前3000年，古代文明出现在埃及、美索不达米亚和印度河流域，稍后出现在中国黄河流域；第三段（见上）；第四段为公元前200年至今，期间只有一个崭新的，物质上和精神上截然不同的事件能与其他历史重要事件相比拟，这就是科学和技术时代。它在中世纪末萌芽于欧洲，17世纪建立了理论基础，18世纪末进入广泛发展的时期。参考冯天瑜等著：《文明的可持续发展之道》，人民出版社1999年，第29—30页。

③ ［德］卡尔·雅斯贝斯：《人的历史》，见田汝康、金重远选编《现代西方史学流派文选》，上海人民出版社1982年，第39页。

代”的观点被不少学者所认可。例如当今新儒家的代表人物杜维明在肯定雅斯贝斯的看法时，还把“轴心时代”多元文明起源的观点作为进行儒学的世界性研究、儒家传统的现代转化等问题讨论的广阔背景。这也是十分有益的。

现在从“轴心时代”的观点再来看东方哲学的发展阶段问题。

东方古代哲学的开始可以追溯到公元前4000年到前2000年初。大约从公元前三千多年开始，东方的文明古国就已进入了奴隶制时代，在埃及的尼罗河、美索不达米亚的底格里斯河和幼发拉底河，南亚的印度河、恒河，中国的黄河流域，孕育了世界最早的文明，也产生了早期的东方哲学思想。

在埃及，原始的居民已开始探讨世界起源问题，人们崇拜太阳，将太阳神看作宇宙的主宰，歌颂尼罗河给予万物生命，追求生命不朽，崇尚不害人、正道、宽恕等美德；古埃及的哲学思想和宗教神话交织在一起，流传下来的宗教经文如《金字塔文》、《死人之书》、《生命之书》，此外还有大量道德“箴言”。古代两河流域巴比伦最初的哲学家也用神话的方式探讨宇宙的成因、人与自然的关系等，在著名的《创造之歌》中记述了“众神之主”马尔都克创造世界的神话、男女之神用爱情使万物死而复生的神话以及诺亚方舟的神话和吉尔伽美什的神话等。这些流传的神话有的被写入了《旧约》和《圣经》。

在印度，哲学思想的萌芽大约在公元前两千年左右就已发生。印度最古的宗教历史文献及神话、文学作品的汇集为《吠陀》，其时间范围大致在公元前16世纪至前9世纪。吠陀的思想表现出很多的宗教成分，起初宣传的是对自然力量崇拜的多神论，山河草木、风雨雷电、日月星辰，都被当作神崇拜。随着时间推移和阶级的出现，多神崇拜则有向一神教或准一神教发展的趋势。《吠陀》包括《本集》、《梵书》、《森林书》、《奥义书》，《奥义书》是它的最后一部分，约在公元前800年至前500年间产生。《奥义书》探讨世界的本原、人生命的根本等问题，带有更严格的哲学思想意味。其中提出一种重要的“梵我同一”的观点，以“梵”为宇宙本体（大我），“我”为人的主宰体（小我），认为梵是我的本质，人如果能摈弃社会生活、抑制情欲，便可直观灵魂的睿智本质，亲证梵我的同一，精神获得最后的解脱。

在东方哲学的另一个源发地中国，这里最初文明的发生、发展是与上述文化体系大体同步的。中国至今已有六千多年有文字可考的历史，公元前两千多年，即夏朝时，中国进入了奴隶制社会，其奴隶制延续到商朝和周朝。从《诗经》、《尚书》、《左传》、《国语》这些典籍中可以看出，春秋以前中国古代的学术思想和哲学思想，主要分为四项。一是鬼神。原始时代的人，以为宇宙万事万物，都由神来主宰。所谓鬼神，当时不外乎天神、地祇、人鬼、物魃四者，都出于自然崇拜和灵魂崇拜。当时的神是多神，并具有人格的神，所以神能降福受享，能凭降于人。二是术数。立术数之法，是为探鬼神之意，察祸福之机。术数包括天文、历谱、五行、蓍龟、杂占、形法六种，这些术数都有专门的官来掌握，所以就有觋、巫、宗、祀等官职，都是专门事神的官，像埃及的法老、犹太的祭司长一样。三是天。夏商之后，天帝的观念兴起，或称上帝、皇天之帝等，说明多神观进展为一神观，然而多神的观念仍延续着。“天”除了这种主宰万物的带有宗教意义的天的含义之外，也包含有有形之天、自然之天、义理之天等意义。四是祖。在中国古代，敬天与敬祖并重。《礼·郊特牲》称：“万物本乎天，人本乎祖。”所以孝的观念占有重要地位。敬祖与敬天观念结合，于是有全人类为一大家族的思想产生。殷周之际有两部著名的著作：《尚作·洪范》和《易经》。前者以箕子和周武王对话的形式写成，述箕子向周武王陈述天地之大法“洪范九畴”之事，后者是萌芽于殷周之际的古代卜筮之书；二者都是在宗教迷信的外衣下，阐述古代朴素的哲学观念，如五行和阴阳等。①

此外，早在公元前两千多年，亚洲西部的伊朗地区就出现了奴隶制城邦。后来，波斯人从中亚移居到伊朗高原。公元前6世纪中叶，波斯帝国建立，最早的琐罗亚斯德教（拜火教，又称祆教）的经典《阿维斯陀》（即《波斯古经》）就产生于这一时期。《阿维斯陀》用当时伊朗东部通行的阿维斯陀语写成，它记载了琐罗亚斯德教创始人的说教，及古代雅利安族的传说和英雄故事等。由于波斯人与印度人同属雅利安族，波斯与印度具有共同的文化渊源，《阿维斯陀》中记载的人物和神均可在《吠陀》

---

① 参阅杨东莼：《中国学术史讲话》，东方出版社1996年，第1—22页。

中找到相对应的名称和形象。[①]

以上可以大略看出东方哲学多元体系早期哲学思想的萌发，这些都是对后来东方哲学各体系的形成和发展有重要影响的。然而，古代东方哲学和世界宗教蓬勃兴起的时期是在公元前6世纪至前5世纪左右。当时在波斯有琐罗亚斯德建立了琐罗亚斯德教；在希腊，诡辩派开展了大规模的活动；在印度出现了沙门思潮，使在思想界长期居主导地位的婆罗门教的思想体系遭到挑战。沙门思潮是反婆罗门教或各种非婆罗门新思潮的总称，据文献记载其种类有数百种或数十种，反映了印度在公元前6世纪至前2世纪思想界活跃的状况。沙门思潮中影响较大的是“六师”，[②] 但是经过演化后来流传下来的主要是佛教、耆那教和顺世论，其中佛教是沙门思潮中最大的派别。原始佛教提出了一套四谛十二因缘的说教，奠定了初期佛教宗教教义的基础，初期佛教的重要哲学思想都与之相关或为之作论证，因而它在后来佛教的发展中占重要地位。在中国，从殷周以后的春秋之世起[③]，就进入一个极重要的社会变革时期，凡政治制度、经济制度、社会组织，都发生深刻的变革；思想和学术的活跃，呈现百家争鸣的局面，带来有些学者所称的子学时代。冯友兰说：“在中国哲学史各时期中，哲学家派别之众，其所讨论问题之多，范围之广，及其研究兴趣之浓厚，气象之蓬勃，皆以子学时代为第一。”“此种种大改变发动于春秋，而完成于汉之中叶。此数百年为中国社会进化之一大过渡时期……在中国以往历史中，殆无可以比之者。即在世界以往历史中，除近代人所遇所受者外，亦少可比之者。”[④] 诚如一般人所知道，老子和孔子诞生于这一时期，中国哲学的各家各派，所谓阴阳、儒、墨、名、法、道德等六家或九流十家者都源出于这一时期，老子之后的庄子，孔子之后的孟子、荀子也出在这一

① 参见季羡林主编：《东方文学史》（上册），吉林教育出版社1995年，第113—121页。译名《阿维斯陀》取自《不列颠百科全书》国际中文版，中国大百科全书出版社1999年，第2卷，第86页。

② “六师”即：不兰那·迦叶（Pū rana · Kassapa）、末·伽梨·拘舍罗（Makkhali Gosāla）、阿耆多翅舍钦婆罗（Ajita Kesakambala）、婆浮陀·伽旃那（Pakudha KACCā yana）、散若夷·毗罗梨子（Sanjaya Belatthiputta）、尼乾陀·若提子（NiganthaNataputta）。参见楼宇烈：《东方哲学概论》，北京大学出版社1997年，第8页。

③ 春秋，公元前8世纪至前5世纪，其后的战国，公元前5世纪至前3世纪。

④ 冯友兰：《中国哲学史》，中华书局1961年新1版，第30、35页。

时期，此即儒学在中国产生的时代。

中世纪在西方是与欧洲文艺复兴运动相关联的概念，欧洲中世纪从公元5世纪延续到15或16世纪，被看作是一个长达千年的黑暗蒙昧的时代。[①] 其间有日耳曼部落对罗马的征服、罗马帝国的衰落，以及试图在宗教—基督教基础上进行政治结构建设和社会文化整合的过程；在哲学上突出的表现是神学的统治和经院哲学内部的争辩。然而通过“封建结构的瓦解，意大利城邦的增强，西班牙、法国和英国国家君主制的出现以及如世俗教育的兴起这类文化上的发展”，最后终于导致了“一个具有新精神的、自觉的新时代的诞生。这个时代回顾古典学术，汲取灵感，亦即称作文艺复兴的时代。”[②] 中世纪为人文主义者本身向文艺复兴思潮的转变提供了基础，表现了西方文明在历史发展中连续性与阶段性的统一。其历史过程中各种事件的具体表现虽然没有普遍性，然而它所体现的社会文明发展的阶段性与不同民族、国家、地区原有的思想资料的连续性的辩证统一是有规律的，是普遍性的。

与西方相比，在东方中世纪的概念显得含混，各国、各地区、各文化体系进入中世纪的时间界限也不相同，有的从话语习惯上甚至没有划分出中世纪的阶段，或者被认为没有明显的中世纪。例如对于中国哲学或日本哲学。[③] 但是尽管如此，“很显然，在东方各国社会发展过程中，有一个连接古代和近代的历史时期，这个时期有它自己的特点，特别是在哲学思想资料的继承方面有它的连续性。”[④] 例如有的学者认为印度的中世纪从公元3—4世纪开始，直至18世纪资本主义萌芽产生。中世纪初期，印度婆罗门正统六派哲学即数论派、瑜伽派、胜论派、正理派、弥曼差派、吠檀多派形成系统，非正统派也在活动，佛教由小乘转入大乘，呈现出长时期的各派哲学并行发展的历史时期。在阿拉伯半岛，虽然从7世纪起穆罕默德才创建伊斯兰教，从此确立了《古兰经》在阿拉伯哲学中的地位，8

---

① 参见《不列颠百科全书》国际中文版，中国大百科全书出版社1999年，第11卷，第178页。

② 同上。

③ 关于中国哲学，历来的中国哲学史著作都没有中世纪哲学的提法；关于日本哲学，可参见楼宇烈主编：《东方哲学概论》，第31页。

④ 黄心川：《东方著名哲学家评传·西亚北非卷总序》，山东人民出版社2000年，第7页。

世纪才开始产生或逐渐形成伊斯兰经院哲学的代表凯拉姆哲学，但在7世纪之前，阿拉伯哲学已经在继承古代埃及哲学并吸收古代希腊哲学基础上开始萌芽。公元9—12世纪，在阿拔斯王朝时期，阿拉伯学者曾大规模地翻译注释希腊哲学和科学著作，翻译印度和波斯的古典著作，这一时期重要的阿拉伯哲学家的代表如法拉比、伊本·西拿、伊本·鲁西德等，都是在传播希腊哲学和东方传统思想过程中产生的。所以我国著名的伊斯兰学者马坚曾说："西欧人在中世纪时代关于希腊文献的知识大半是从阿拉伯译本重译为拉丁文后才得知的。伊斯兰哲学传入欧洲后，黑暗时代的欧洲人才听到亚里士多德的名字……"① 他在这里说明了阿拉伯哲学在沟通西方古代和近代哲学中所起的特殊重要的作用。

在中国，如前所述，一般没有中国中世纪哲学的提法，但是老一代的学者在划分"子学时代"时，多认为其终止于汉初董仲舒"独尊儒术"的主张推行的时期。冯友兰说："董仲舒之主张行，而子学时代终；董仲舒之学说立，而经学时代始……自此以后，孔子变而为神，儒家变而为儒教。"② 另有一些西方学者在研究儒学时也往往以汉代为界限来划分"古典儒学"与后来的儒学，并因而有"新儒家"的提法，用来指宋代以后的儒学。他们以为唐宋之际的公元9世纪是一个新局面的转折，"最近几个世纪里西方所接触到的那个近代中国的大部分根本特征，就是在这个时代出现的"。③ 由此也可以看出他们对中国哲学划分"古代"和"中世纪"的思路，这种思路与在西方中世纪的观念和上述印度或阿拉伯哲学关于中世纪的概念是有相通之处的。

东方近、现代哲学大多开始于18世纪左右。这与东方各地区、各国前近代的进程与发展状况有关，也与西方殖民主义者的入侵有关。例如印度近代史的序幕是在莫卧儿王朝衰落，封建生产关系瓦解，英帝国主义入侵，资本主义畸形发展的背景下揭开的。而1798年拿破仑侵入埃及，奥斯曼帝国从此被列强瓜分，从而揭开阿拉伯近代史的序幕。19世纪初，印度沦为英国的殖民地，19世纪末20世纪初，奥斯曼帝国及阿拉伯各国先后

---

① 马坚：《伊斯兰哲学史·译者序》，见第·博尔《伊斯兰哲学史》，中华书局1958年，第2页。

② 冯友兰：《中国哲学史》，第40页。

③ ［美］狄百瑞：《东亚文明——五个阶段的对话》，江苏人民出版社1996年，第44页。

沦为殖民地。在中国，通常把1840年鸦片战争开始的年代作为近代史的开始，中国近代的意识形态是以救亡图存、变法维新到反清革命为主线的。在东亚其他国家，除了日本没有成为殖民地，其近代哲学随着资本主义的发展而产生外，朝鲜半岛在19世纪初李朝的封建生产关系衰落，随之沦为半殖民地和殖民地；越南也是在19世纪末沦为法国殖民地的。如此，近代东方的大多数国家都面临着救亡图存、富国强兵的共同主题，从近代到现代，思想家和哲学家所从事的思想启蒙和文化启蒙、宗教改革和社会改革，引进西方思想与批判转换自身传统的运动，都是在这样一个背景下进行的。

本书对东方儒学的研究大体上遵循了以上东方哲学分期的框架，此外，需要说明的有两点：

第一，儒学作为东方哲学的一个方面、一部分重要内容，与东方哲学的其他方面既有同步性，又有自己的发展过程和逻辑。而东亚各国儒学的发展也有一个共享文明价值的过程，这种过程虽因文化的丰富性而在时间先后上表现差异，但总可以通过比较而建立一种共同的时间框架。所以美国学者狄百瑞曾以四个广泛的阶段来讨论东亚文明：1. 形成阶段（约公元前11世纪至2世纪）；2. 佛教时期（公元3世纪至10世纪）；3. 新儒学（指理学即宋学）时期（公元11世纪至19世纪）；4. 近代。并以此为基础来讨论儒学在当今东亚的作用和可能的前途，以及东亚与西方在当今的相互作用。① 当然，其他国家的学者对东亚儒学的发展阶段也有另外的观点。② 这些都可以作为我们讨论儒学发展趋势的参照。

第二，我们要说明的是，因本书题目为当代东方儒学，侧重在儒学作为东方传统文化和哲学在近代以后社会转型中的遭际，和东亚各国在接受西方科技、引进西方市场经济、创造自身现代化模式中儒学的自我更新和转换，所以为了撰写方便，将儒学分为形成和展开阶段、近现代转型和演变阶段，及儒学在当代的发展阶段。对于中世纪，我们认为这既是儒学发展定型和传播的时期，又是东亚各国前近代特征显露并开始向近代转型的

---

① 参见［美］狄百瑞：《东亚文明——五个阶段的对话》，江苏人民出版社1996年，《序言》第2页。

② 参见［韩］黄秉泰：《儒学与现代化》，社会科学文献出版社1995年，第一、五章。

时期，所以本书不仅在儒学形成展开阶段有所论述，而且在儒学近现代遭际中也必有所涉及。

五　东方文化不同体系之间的相互渗透与交流

东方文化是在长期历史过程中形成的一种多元文化。有的时候，人们说起东方文化，常用亚洲文化来代称，其实亚洲文化应包括东亚、南亚、东南亚、西亚文化等。这也说明，东方文化的多元，从体系上讲包括上文所说的三种类型，三个大的文化圈，而具体来讲，则包括不同地区，不同国家的文化。从这个意义上说，所谓中国、印度、阿拉伯伊斯兰几大文化体系或曰文化圈的说法，又不可能完全包容和概括百花齐放、丰富多彩的东方文化现状。

世界文化是有体系的，这已为许多学者所共识。但所谓"体系"，也只是说一种文化有特色，有独立性，对其他国家有影响，或影响的范围较大。[①] 所以讲"体系"也离不开讲交流，文化体系是长期文化交流的结果，体系之间的相互渗透也是通过广义的文化交流来进行。[②] 文化交流的原则是历史上文化多元性的事实证据。是文化的交流使得民族文化和文化体系的概念成为开放的、变化的、发展的动态概念，而不是封闭的和保守的概念。例如中国文化体系的形成就是多元文化交融的过程。

中国传统文化的发源地是中原地区。后来，以中原为中心向外辐射，在以曲阜为都城的鲁国得以保存和发扬。但在鲁国，因为其所在地原是东夷人居住之地，所以在先鲁文化和鲁文化中都有东夷文化的因素。鲁国建国之时，采取"变其俗，革其礼"、"尊尊而亲亲"（《史记·鲁周公世家》）的建国方针，一切从周典出发，所以使"周礼尽在鲁矣"（《左传》

---

① 参见季羡林：《文化交流的必然性和复杂性》，《东西文化议论集》（上册），经济日报出版社 1997 年，第 8 页。

② 广义的文化交流，也包括由两种文化的冲突所引起的文化交流，例如近代以来中西文化的碰撞，表现为又冲突、又汇合。参见上引书第 29—30、2 页。

昭公二年），“周公以来，素称守礼之国”。[①] 尊尊、亲亲，仁与礼的互制等特色，形成鲁国思想的主流学派——儒家学派。而在春秋战国时，儒家也只是诸子百家之一种。

在东方的齐国，本有一套与鲁不同的文化系统。齐国“蔚为大国，临海富庶，气象发皇，海国人民，思想异常活跃”，[②] 齐太公在建国之初，实行“举贤而上功”（《淮南子·齐俗训》）的政策，结果造成了齐文化有很强的兼容性，先后容纳了儒家、道家、法家、墨家、阴阳家、纵横家、农家、兵家、术士、方士等百家之学，成为春秋战国时期百家争鸣和融合的主要基地。[③] 胡适把这个叫作“思想大混合”，[④] 而“这个大混合的思想集团，向来叫‘阴阳家’，我们也可以叫它作‘齐学’”。[⑤]

齐、鲁文化之不同，主要表现在：齐文化具有很强的兼容性，鲁文化则是单一性文化；齐文化有很强的变通性，鲁文化则表现出守常性；齐文化是智者型文化，鲁文化是仁者型文化。[⑥] 它们之间的对立和冲突是存在的，但它们之间的相互渗透也是存在的，稷下学宫是战国之时两种文化交融的主要场所，而汉代董仲舒则是齐鲁文化融合的完成者。汉代以后，齐鲁文化合流，形成为以儒家为主体、道家为补充的中国传统文化。

中国传统文化成型之后，并不排斥外来文化，而是不断吸收外来文化，接受外来文化的渗透。最先传入中国的外来文化是印度佛教。佛教在汉代传入中国，经过撞击、吸收、改造、融合、同化的不同阶段。[⑦] 吸收的结果，是道家演化成道教，使中国有了土生土长的宗教；改造的结果是使印度佛教演变成中国禅宗。魏晋时期，儒家文化和道家、道教文化相互渗透、吸收，形成魏晋玄学。隋唐以后，儒、释、道又相互吸收，逐渐形成三教合一的宋明理学。宋明理学是东方中国文化和印度佛教文化两大文

---

① 梁启超：《儒家哲学》，见《饮冰室诸子论集》，江苏广陵古籍刻印社 1900 年，第 27 页。

② 同上。

③ 参见蔡德贵、刘宗贤：《智者乐水仁者乐山——论齐鲁两种文化的不同氛围和特点》，台湾《哲学与文化》1997 年第 1 期。

④ 《胡适学术文集·中国哲学史》，中华书局 1991 年，第 274、470 页。

⑤ 同上。

⑥ 参见蔡德贵、刘宗贤：《智者乐水仁者乐山——论齐鲁两种文化的不同氛围和特点》，台湾《哲学与文化》1997 年第 1 期。

⑦ 季羡林：《中印文化交流史》，新华出版社 1991 年，第 4 页。

化长期融合的结果。

唐代时期，伊斯兰教传入中国。但伊斯兰教在中国起初只是在寄住中国的阿拉伯人和波斯人中流行，到明末清初，经过长期的相互渗透和交融，形成了儒、释、道、清（伊斯兰）四教会通型的文化体系，出现了一大批著名的有影响的思想家，如刘智、王岱舆、马注、马复初等。这是东方两大文化中国文化和伊斯兰阿拉伯文化长期相互渗透和交融的结果。

从中国文化中不难看出东方各大文化体系之间的相互渗透与交融。

同样，印度文化、阿拉伯伊斯兰文化也都不是单一的文化体系。印度文化是以宗教为突出特色的文化，整个印度可以说是一个多宗教的博物馆。虽然自笈多王朝以来，婆罗门教开始上升到主导地位，但后来的印度教并不像伊斯兰教或佛教那样有一个统一的体系而是许多宗教的大集会，“每一印度宗教都可以成为其成员，只要它遵守这个集会的某些简单规则……印度教惊人的大扩充主要是吸收了流行于古代婆罗门发源地以外的印度各地的信条。”① 印度这种多宗教的特点与其多民族的状况相一致，正显示了印度文化的多元特色。② 至于阿拉伯伊斯兰文化，更是多种文化源流互相影响、融汇、贯通，直至发展和创造的成果。据纳忠教授为《阿拉伯——伊斯兰文化史》所写的“译者序言”中概括：“‘阿拉伯——伊斯兰文化’乃由三种文化源流汇合而成：一是阿拉伯人的固有文化；二是伊斯兰教文化；三是波斯、印度、希腊、罗马……等外族的文化。”在这三种源流中，除了阿拉伯语言、文学、谚语、传说、星象，以及《古兰经》、古兰经注、圣训教义学、教法等阿拉伯伊斯兰的文化遗产外，还有大量的外来文化影响，如：“波斯的语言、文学、传说、故事、艺术、音乐、历史、哲学、政治……；印度的哲学、数学、医学、天文……；希腊的哲学、自然科学……；罗马的政治、法律……。”③ 阿拔

---

① ［英］查尔斯·埃利奥特：《印度教与佛教史纲》，商务印书馆 1982 年，第 1 卷，第 25—30 页。

② 印度是个多民族的国家，其民族状况是尽管国内居住着许多人口众多的大民族，却没有一个大民族的人口超过全国总人口的半数。参见李毅夫：《东方民族与文化》，《东西文化议论集》（上册），第 330 页。

③ ［埃及］艾哈迈德·爱敏：《阿拉伯——伊斯兰文化史》第 1 册，纳忠等译，商务印书馆 1982 年版，《译者序言》第 3 页。

斯王朝时期，阿拉伯学者受到当时统治者的鼓励，曾远游各方、搜寻古籍、访求学问，并把波斯、印度、希腊的古典著作系统地译成阿拉伯文。当时在巴格达建有一所著名的“智慧之宫”，集中了一大批专门从事翻译和研究的人员。中世纪的阿拉伯伊斯兰帝国幅员辽阔、民族众多、文化繁荣、蔚为大观。正是这种广为吸收和继承各种文化遗产的开放精神，为阿拉伯伊斯兰文化的发展打下坚实基础，使之形成某种介于东西文化之间的独特风貌。

历史上中国和印度之间的文化交流与融合，也对东方文化体系的形成产生了重要影响。中国和印度是东方的两大文明古国，都有悠久的历史和丰富的文化遗产，而且，印度佛祖释迦牟尼和中国圣人孔子生存的时代大约相同。中国的儒家思想和道家思想传播到朝鲜半岛、日本、越南等，对那里文化的建构产生深远的影响；印度的佛教文化传入了中国，经过中国本土文化的吸收和改造，不仅形成了中国特色的佛教，影响了中国文化的发展，而且由中国传入朝鲜和日本，也影响了那里的文化发展，乃至社会风俗和习惯。在这里，印度的佛教，中国的儒道文化，经过广泛的文化交流，都已超出了它们原发生地的意义。而在东亚影响深远的宋明理学就是儒家、佛教、道教文化相互融合的产物。①

同样，中国文化对印度文化也有影响，这种影响也是源远流长的。据季羡林先生考证，印度古书上不乏对中国的记载，印度史诗《摩诃婆罗多》中就有很多地方提到中国（Cina），另一部大史诗《罗摩衍那》中，Cina 这个词也多次出现。② 众所周知，唐代高僧玄奘对于沟通中印两国信息和官方关系做出了重要贡献。据《慈恩传》卷五记载，玄奘在印度与戒日王初次会面时，戒日王问玄奘：“师从支那来，弟子闻彼国有《秦王破陈乐》歌舞之曲，未知秦王是何人？复有何功德，致此称扬？”玄奘答：“玄奘本土见人怀圣贤之德，能为百姓除凶翦暴、覆育群生者，则歌而咏之。上备宗朝之乐，下入闾里之讴。秦王者，即支那国今之天子也。未登皇极之前，封为秦王，是时天地版荡，苍生乏主……四海困长蛇之

---

① 关于中国宋明理学在东亚的深远影响，如狄百瑞说：“从东亚作为一个整体的观点来看，新儒家（宋明儒——引者）乃是塑造一种新的共同文化的首要力量。”见《东亚文明——五个阶段的对话》，第 45 页。

② 参见季羡林：《中印文化交流史》，新华出版社 1991 年，第 12—13 页。

毒。王以帝子之亲，应天策之命，奋威振旅，扑翦鲸鲵，杖钺麾戈，肃清海县，重安宇宙，再耀三光。六合怀恩，故有兹咏。”戒日王说：“如此之人，乃天所以遣为物主也。”[①] 这里，玄奘在向戒日王介绍秦王李世民时，无意中也涉及了儒家的圣人观与中国的帝王思想，而从戒日王的回答中可看出，双方的思想是能够相互沟通的。

还有一件明显的事实是：古代印度的历史几乎全部隐没在一团迷雾中，只有神话和传说，而对于历史科学来说最重要的年代，也无从确定。只有确定了释迦牟尼的年代，才能确定其他一些大事的年代。而恰恰是在这个重要的问题上，中国典籍起了很大作用，《大唐西域记》对确定佛陀的生卒年月也起过作用。[②] 因此，英国的印度史学家史密斯（Vincent Smith）曾说过：“印度历史对玄奘欠下的债是决不会估价过高的。”印度著名历史学家阿里（Ali）也说：“如果没有法显、玄奘和马欢的著作，重建印度史是完全不可能的。”[③]

中国文化对印度的影响，还有一个非常有趣的现象，就是季羡林先生提出的“佛教的倒流现象”，“佛教从西天传入中土，将这枝叶植入中华之土中，又生根干，传回西天”。[④] 季先生引用了宋代赞宁在《宋高僧传·含光传》中所写的一个“系”，说明唐玄宗开元年间以前已经有了佛教倒流的现象。这个“系”说：“又夫西域者，佛法之根干也。东夏者，传来之枝叶也。世所知者，知枝叶不知根干，而不知枝叶殖土亦根生干长矣。……盖东人之敏利，何以知耶？秦人好略，验其言少而解多也。西域之淳朴，何以知乎？天竺好繁，证其言重而后悟也。由是观之，利在乎念性，东人利在乎解性也。如无相空教出乎龙树，智者（指智𫖮——据季羡林说）演之，令西域之仰慕。如中道教生乎弥勒，慈恩解之，疑西域之罕及。将知以前二宗殖于智者慈恩之土中枝叶也。入土别生根干，明矣。善栽接者见而不识，闻而可爱也。”[⑤] 这都是中国文化影响印度的实例。

中国和阿拉伯世界的交往，在司马迁《史记·大宛列传》中就有记

---

① 季羡林：《中印文化交流史》，新华出版社 1991 年，第 75—76 页。

② 参见季羡林：《玄奘与〈大唐西域记〉》，见《〈大唐西域记〉校注》，中华书局 1995 年，第 126—127 页。

③ 同上书，第 137 页。

④ 季羡林：《中印文化交流史》，新华出版社 1991 年，第 111 页。

⑤ 《大正藏》卷 50。

载，公元前 138 年，张骞奉命出使西域，中阿交流被载入史册。但长期以来，阿拉伯典籍对中国记载不多。公元 7 世纪上半叶，伊斯兰教创始人穆罕默德对中国的悠久文化惊叹不已，用这样的格言训诫自己的弟子和穆斯林："学问虽远在中国，亦当求之。"① 阿拉伯人如何求得中国之学问呢？

根据我们现在所掌握的资料，最早记载中国见闻的是伊本·胡尔达兹巴的《道路与列国志》，约成书于公元 844—848 年间，记载了从巴士拉通向东方的海路和陆路，是第一部用阿拉伯文留下有关中国、阿拉伯商人在中国情况的著作。② 只是此书对中国精神文化的记载语焉不详。稍后是佚名作者写的《中国印度见闻录》，记载的是著名阿拉伯商人苏莱曼东来的见闻。该书第 1 卷写成于伊斯兰教历 237 年，即公元 851 年，经过后人改编后，以《苏莱曼东游记》知名于世。书中详细记载了中国的宗教情况，认为"中国人的宗教很接近佛教"，说："中国人崇拜偶像，向偶像做祷告，在偶像前叩头礼拜，而且有经书。"③ 又说："中国人没有自己专门的教义，他们的宗教是印度宗教派生出来的。中国人说，是印度人把佛陀带给中国的，印度人是中国宗教的真正大师。"④ 公元 988 年，著名历史学家伊本·奈迭木著成不朽著作《书目》，转述了一位从中国回到巴格达的阿拉伯基督教商人对中国的印象，提到了在中国流行的基督教的情况，说"中国的基督教徒已经消失，因种种原因已不复存在，在整个中国，仅仅有一个基督教徒幸存"；"中国的教堂已成为废墟"；因此基督教义"无法向任何人传授"。⑤ 这里说的基督教，显然指聂斯脱利派，在中国当时称景教。

阿拉伯文化中对中国有记载的典籍非常多，只是有关精神文化方面的，一时还很难梳理出来。

那么，中国、印度、阿拉伯，这三大文化体系的相互渗透与交流又说

---

① 《圣训》，转引自苏赫拉瓦底：《穆罕默德圣训》，伦敦 1941 年，见陈炎：《海上丝绸之路与中外文化交流》第 154 页注㉑。

② 参见黄培炤：《唐代的中阿文化关系》，《阿拉伯世界》1992 年第 4 期。

③ ［法］费瑯编：《阿拉伯波斯突厥人东方文献辑注》，耿昇、穆根来译，中华书局 1989 年，第 77 页注①③，第 78 页注④。

④ 同上。

⑤ 《书目》，埃及开罗商务出版社，第 349 页。

明了什么呢？

首先，它说明文化的一体化和多元化从来都是同时发展的，因为人类文化的正常发展需要多样性的传统和智慧，人类社会的正常发展也赖以多种文化、多种智慧的渗透。有人曾就此提出“文化生态”的问题。[①] 就东方文化系统来看，其各文化区的文化都是在多元交汇中形成了各自特点；同时各文化区之间又相互交流和影响，从而形成东方文化在整体上不同于西方文化的某些特点。正因为这样，我们才能在理论上和事实上找到一种依据，从而能够越出中国的范围，而把历史上亚洲乃至东方受儒学不同程度影响的国家和地区的儒学发展作为一个整体的对象来研究。而在当代，文明越发展，文化越开放，文化交流对文化发展的影响就越大。因而可以预见，当代东方儒学的出现并不是一种特殊现象，它也代表了东方文化进展的某种趋势。

其次，从上文中我们也可以看出文化交流的一些规律问题，这都是有关专家常谈到的，了解这些规律，可以帮助我们更好地认识亚洲不同国家和地区儒学发展的多样化问题。

其一，文化交流的对等性和多向性问题。对等，指文化交流的双方处在同等的位置上，影响是交互的；多向，指一种文化往往通过多方途径向不同的国家和地区传播，有时从一个地区传向另一个地区。也就是说，世界文化是世界上各个国家和民族共同创造的，贡献或大或小，地位没有轻重。正像季羡林先生所指出的：

> 在历史上和现在，世界上的国家和民族林林总总，幅员有大有小，历史有长有短，人口有众有寡，资源有瘠有富，但是，无不对人类文化做出了或大或小的贡献。有了文化，必有交流，接受者与给予者有时候难解难分，所有国家和民族都同时身兼二重身份。投桃报李，人类文化从而日益发扬光大，人类社会从而日益前进不停。[②]

其二，文化交流中的同化问题。一种文化传到另一国后，不可能一下

---

① 参见方李莉：《要重视“文化生态”问题》，《光明日报》2000 年 11 月 14 日。

② 季羡林：《中印文化交流史·导言》。

子被对方所接受，往往有一个适应的过程。适应的过程就是根据新的环境改变自己的某些特点以适合当地文化发展的需要。适应的过程也就是同化的过程。季羡林先生认为两种陌生文化的交流至少要经过五个阶段：撞击—吸收—改造—融合—同化。[①] 其中最高的阶段就是同化。同化是两种不同文化的相互磨合，其实对于传入方的文化来说也就是本土化的过程。印度佛教在传入中国后，经过了两晋南北朝、隋唐时期的改造与融合，直到宋元才进入同化阶段。而此时，印度佛教在印度已面临灭绝，不可能再有新的发展。所以宋明理学濂、洛、关、闽诸派对印度佛教的吸收和改造就是一种不受干扰的、自主的吸收和改造过程。宋明理学这几大家反佛、排佛而又融佛的事实恰恰能说明这一点。同样，中国的宋明理学经过交流和传播，在东亚产生了重要影响，在日本和朝鲜，都有朱子学和阳明学的流派形成，但日本的朱子学、阳明学，朝鲜的朱子学、阳明学绝不是中国朱子学、阳明学的仿造，它们已经过了日本和朝鲜的改造和同化，成为日本人民和朝鲜人民的文化创造。

其三，文化交流的复杂性问题。两种文化或多种文化互相交流时，产生的现象非常复杂，有交流、有汇流、有融合，也有分解。[②] 一种文化流传时，其流向也异常复杂，在它流向不同地区时，所产生的影响也不会相同。而且，文化传播的方式也是多种多样，或通过宗教使团和和平交往，或通过武力征服和殖民地化，有时，大量的移民也带来某种文化的传播和影响。文化交流的这些复杂情况，使得一些地区的文化呈现出纷繁复杂的面貌。例如东南亚地区的文化就是这样。这一地区可分为大陆和海岛两部分。大陆各民族以信仰佛教为主，其所信仰的佛教又不相同：越南信大乘佛教，是由中国传入的，缅甸、泰国、老挝、柬埔寨主要信小乘佛教，系印度佛教由斯里兰卡传来的另一系。而海岛各民族主要信奉伊斯兰教，如印度尼西亚、马来西亚等国。至于菲律宾，其国内天主教徒约占全国人口87%，被称为“亚洲唯一的天主教国家”。[③] 之所以形成这样复杂的局面，主要是由于东南亚地处南北陆路交通与东西水路交通的十字路口上，是多

---

① 参见季羡林：《中印文化交流史》，第4、120—121页。

② 参见季羡林：《对于文化交流的一点想法》，《东西文化议论集》（上册），第2页。

③ 参见李毅夫：《东方民族与文化》，《东西文化议论集》（上册），第336页。

种文化影响交汇的地区。亚洲的三大文化除了上面提到的印度文化、伊斯兰文化之外，中国文化及东亚文化在此地也有很重要的影响，而这一影响又与民族迁徙，特别是近代以来大批华人迁居到东南亚各国有关。因而我们在研究东南亚国家的儒学时，也应对这一地区复杂的文化背景有所了解。

六　东方哲学的现代转型

东方国家除了因地理位置的相近和历史上长期文化交融所形成的某种文化上的共性之外，另一个重要的相同点，就是近代以来面对西方殖民主义扩张的共同遭遇及在东西方文化冲突中对自身发展道路的重新选择。

公元17—18世纪，东方许多国家的封建统治开始走向衰落，后人在研究这段历史时，有一种说法，以为这意味着如果没有外部条件的刺激，东方国家也有可能循自己的路缓慢地走出中世纪。但实际情况是，此时西方（欧洲）经过了文艺复兴时代，资本主义已逐渐成熟，17—18世纪英法的资产阶级革命，18世纪后半期西欧的工业革命，使世界形势、东西方关系发生了突发性的转变。西方资本主义要求无限发展扩张的欲望，促使他们无所顾忌地冲进东方，扩充海外市场、输出西方文化，寻求自己发展的新机遇。东方文明受到了强烈的冲击，古老的东方帝国加速走向衰亡，东方各国被迫向西方开放市场，失去领土，纷纷沦为殖民地、半殖民地。18世纪末，拿破仑侵入埃及；19世纪初，印度沦为英国殖民地；19世纪末20世纪初，奥斯曼帝国及阿拉伯各国先后沦为殖民地。而在东亚，从古代到前近代的古典文明是以中国内地为中心向东北亚与东南亚呈扇面展开的，形成了以中华帝国为中心、以朝贡贸易与册封体制为特征的东亚世界体系。[①] 其在文化上的基本标志是以中国的儒教伦理为核心的政治模式、重农抑商的农耕文明、汉字书写与印刷文化。[②] 19世纪，西方的殖民扩张步步紧逼，打破了这种自成体系的东亚文明。先是英国占领新加坡

---

① 参见滨下武志：《近代中国の国际契机》，东京，1992年。

② 参见罗荣渠：《东亚跨世纪的变革与重新崛起》，《东亚现代化：新模式与新经验》，北京大学出版社1997年，第3页。

(1819 年)、马六甲 (1824 年)、中国香港地区 (1842 年);第一次鸦片战争和第二次鸦片战争后，日本和越南、柬埔寨纷纷脱离东亚体系；第一次中日战争后，台湾地区、朝鲜也相继被剥离。至 20 世纪初，在西方殖民狂潮的冲击下，东北亚唯有日本、东亚只有中国、东南亚只剩泰国，还保持着独立或者名义上独立国的地位。

19 世纪至 20 世纪是东方社会面临转折的关键时期，而其实首要的问题是民族主义问题。

面对西方帝国主义的侵略，东方国家最直接的反应是自强图存。

19 世纪末中国的戊戌维新派成立保国会，提出“保国、保种、保教”的宗旨，企图以组织资产阶级政党的途径保卫国家和民族的生存。而东方殖民地半殖民地国家被压迫的群众则以行动表达自己的觉醒，由他们掀起反对帝国主义、殖民主义的斗争，从土耳其、波斯到中国，扩展到整个东方。因而东方社会，东方哲学的转型首先就是以东方各国民族主义运动与思潮的蓬勃兴起和发展为前提的。

其次，近代以来东西方的撞击，西方的社会制度、政治法律思想、宗教文化一度动摇了古老的东方文明的基础；西方的科学技术、经济技术(市场经济)的引进，冲击了东方传统的经济运作模式。东方国家在某种意义上被迫中断了自己的一贯传统(包括帝国制度)，他们不仅面临着从传统农业社会向适应现代工业世界的新的经济体制的转变过程，而且面临着社会制度、文化教育、发展模式、发展道路的新的选择。这也就是东方的现代化道路问题。在现代化问题上，当代仍有所谓现代化是否西化之争。其实，这是以近代以来西方文明全面冲击而东方传统被破坏甚至中断为背景的，起码在当时，它对东方是一种不得不面对的事实，而不是一个理论所完全能够回答的问题。只是到了 20 世纪后期，当东亚经济崛起，日本、韩国、中国台湾地区、香港地区和新加坡，以及中国内地、越南等相继以自己的发展实践，创造了斐然不凡的成绩，被广泛地认同为“东亚模式”时，人们才可以比较有把握地说，现代化不等于西化，“现代化过程绝非按西方国家的模样亦步亦趋”。①

综上所述，东方哲学的转型是以东方社会的转型为现实基础的。正像

① 罗荣渠:《从“西化”到现代化》，北京大学出版社 1997 年,《代序》第 2 页。

有的学者所指出的："东方哲学不仅是一种世界观、价值观、道德伦理原则和宗教情感，而且也是一种文化结构模式。很多东方的政治家、思想家都是根据自己民族哲学、文化传统去塑造自己国家发展的蓝图并据此进行行动。"[①] 东方社会转型的任务主要有两个：一是民族振兴；二是如何迎接西方工业革命所带来的冲击和挑战。在这里，东方国家的自身发展又关联着如何适应并吸纳西方经产业革命所带来的现代文明，如何改造古老的农耕文明以与异质的资本主义生产方式相接轨；实际上这是一个将破坏的再生产构造再生，并使被松散、解体的民族重新凝聚、再生的过程。[②] 同时也是一个文化再建的过程。

这样，东方哲学的现代转型所面临的主题就是，传统与现代、宗教（文化）与政治、东方与西方的关系，而这其中的关键还是如何处理东西方文明的关系以及对自身文化的自觉意识问题。参照有的学者的看法，我们将东方哲学的转型归纳成这样几个方面：

1. 传统哲学的固守和延续。在一些民族文化传统久远、社会经济发展滞后的国家和民族，虽然其固有哲学经历了外来思想文化的冲击，但传统的形式仍占主导或重要地位，并对这些国家的社会结构与功能、价值系统、伦理道德规范、行为模式等产生着重要影响。例如当今西亚北非的伊斯兰教的原教旨主义。

2. 研究西方哲学已成为现代东方哲学的重要组成部分。当代，西方哲学在东方各国已得到广泛的传播，西方哲学的讲授、研究遍布大学和学术研究机构。其中突出的如日本的实证主义哲学、中国的马克思主义哲学研究，都可以与西方的同类研究相伯仲。

3. 有的国家在学习西方哲学的基础上，还形成了超越东西方哲学的自成一体的哲学体系。如日本的西田哲学。

4. 对传统哲学的改革及对东西方哲学的综合。在西方思想影响下，一些东方哲学的思想或流派一方面继承传统的东方哲学，同时也对其进行批判和扬弃，力图把现代东方哲学安置在西方科学和理性精神的基础上。

---

① 黄心川：《东方价值观及其现代意义》，《开封大学学报》1999 年第 4 期。

② 参见［日］若菜隆：《审视东亚现代化的当今观点》，《东亚现代化：新模式与新经验》，第 43 页。

例如新加坡、韩国对儒学的改革和创新。又如中国的港台新儒家和由此发展及衍生的海外华人的儒学。目前的海外儒学比前代的港台新儒家更具开放的势态，他们对儒学的当代研究与近现代以来日益兴起的西方儒学研究相辉映，将促进儒学和东方哲学走向世界化。①

从上述东方哲学转型的内容也可以透视出东亚哲学的现代转型所面临的主题。

由东方社会与东方哲学现代转型的背景来看东亚哲学，它在当代进展的突出特点就在于以自己独特的方式来迎接近现代课题的挑战，创造了一种新的转型方式。东亚国家在走现代化道路的过程中，用实践回答了传统与现代的关系，也从不同的角度回答了东方与西方的关系问题。例如日本近代的“脱亚入欧”和今天的“脱欧入亚”，都是在不同形势下对东西方课题的反应和选择；而韩国对传统儒学的保留不仅表现为传统教育的延续，同时也是对东亚式体制的认同和新的运用。就是中国改革开放以后所提出的“中国特色的社会主义”建设，也同样面临着对自身传统的继承批判和对西方现代制度文明与精神文明的汲取。当然，这一切的成功与否，取决的并不只是儒家传统本身的作用，而只是说，东亚现代化始终没有离开传统，始终是在传统的基础上进行的。因此我们讨论儒学与东亚模式，以及东方儒学的特点、价值和发展趋势，都有一个不言而喻的前提，那就是：此儒学是已经经过了世界性的现代化思潮的洗礼，及各国自身政治体制的改革和转换，断绝了与传统的封建帝国的实质性联系，它是一种适应和正在适应从传统农业社会走向现代工业社会的当代儒学。

七　东方价值观面临的挑战和回应

东方虽然存在三大文化体系，但它们之间既有区别，又有联系，互相渗透，互相影响，一直在不断地进行着交流。而且，三大文化体系也有属于共性的东西，比如说在价值观方面东方三大文化体系就有共同的地方。对此，梁启超曾说过：“救济精神饥荒的方法，我认为，东方的——中国

① 以上参见《东方著名哲学家评传·西亚北非卷·总序》，山东人民出版社 2008 年，第 25—28 页。

与印度——比较最好。东方的学问，以精神为出发点；西方的学问，以物质为出发点。”[①] 巴哈伊教的一位代表人物阿布杜巴哈也说：“不论是现在还是过去，真理的精神太阳始终是从东方地平线上升起……所有伟大的精神导师都出现在东方世界。”[②] 这就肯定了东方文化是在长期历史过程中形成的一种多民族的、多宗教的、多元的精神文化。但这种多元的精神文化又有基本上一致的价值趋向，形成了共同的东方价值观。

比方说，历史上受儒家文化濡染的国家和地区，也就是中国文化体系，其价值观近年来被称为东亚价值或亚洲价值。其思想内涵，是新加坡提出的五大原则：国家先于社会和社会先于个人；国之本在家；国家、社会要尊重个人；和谐比冲突更能维持社会秩序；种族和睦或宗教和睦。也就是李光耀所概括的“社会第一，个人第二”。[③] 这和黄心川先生的看法基本一致，即尊重权力，个人服从社会，步调一致，牢固的家庭价值观念，勤劳节俭，重视教育等。[④] 印度文化中价值思想的一系列原则主要有：中道、达摩（正法）、苦行、布施、爱、喜、诚、非暴力、禁欲、同情、梵我同一、真理即神、智行信统一等。[⑤] 阿拉伯文化中的价值取向，重视人的地位和价值，重视整体团结，强调人的社会关系，重视道德修养，主持正义和公正，诚实宽恕，尊敬父母，关心邻人，同情弱者，仗义疏财等。[⑥] 这些价值原则的共同基础都是重精神，轻物质。

近代以来，东方受到西方文明的冲击和殖民主义的侵略。西方资产阶级的价值观广泛地影响到东方世界，由此决定了东方文化在价值观方面发生了一些变化。一方面，东方开始吸收西方的先进文明，尤其是先进科学技术；另一方面，西方价值观也开始被一些东方人所接受，如经济功利主义、科学技术至上论、元伦理学和价值学、个人主义和合理利己主义、自

---

① 梁启超：《东南大学课毕告别辞》，转引自季羡林：《中印文化交流史》，新华出版社 1991 年，第 182 页。

② 阿布杜巴哈：《巴黎讲话》，国际文化出版公司 1990 年，第 8 页。

③ 参见张海晏：《近年有关儒学的讨论》，《光明日报》1999 年 1 月 1 日，第 7 版。

④ 参见黄心川：《亚洲价值观与亚太文明和宗教的发展》，北京“宗教 · 道德 · 文化”国际学术研讨会论文，1998 年，未刊本。

⑤ 参见石朋、孙晶等：《印度哲学思想价值》，载李德顺主编：《价值学大辞典》，中国人民大学出版社 1995 年，第 899—902 页。

⑥ 参见冯怀信：《伊斯兰文化价值取向浅识》，《阿拉伯世界》1998 年第 3 期。

由、平等、博爱的基本价值观念等，都在东方有了相当广泛的市场。西方的思维方式，注重分析，不注重综合，这种方式强调知识和理性对信仰的独立性及对人类的意义，弘扬了科学精神和科学理性意识的价值，促进了人类精神文明的进步；但也由于这种思维方式在理性层面上的自我完结以及与本源性自然相分离，因而陷入深刻的主客对立与分离。[①] 这一思维方式的另一恶果是对自然界穷追猛打，强调征服自然，暴烈索取，导致了生态危机。[②] 西方的这些价值取向，自近代以来对东方形成了巨大的冲击，其积极方面自不待言；消极影响也是显而易见的，尤其是西方的物质主义、色情犯罪、个人主义等对东方社会造成的危害已是有目共睹的事实。

鉴于以上事实，东方价值观既面临着西方文化的挑战，又面对着现代化的严重考验，所以东方价值观的现代重构已成为无法回避的必然趋势。这就要求东方人在两个方面作出努力：一是完成东方传统价值观的现代转换；二是将西方价值观中的合理因素有机地融入到东方文明中去。东方世界在这两方面做得比较好的，有新加坡政府推行的儒家伦理运动和巴哈伊教[③]的现代转换。

新加坡推行的儒家伦理运动，始于1982年2月教育当局决定在中学德育课中增列的“儒家伦理”课程。新加坡朝野人士一致认为，儒家伦理在现代社会仍会有积极作用。在个人方面，儒家注重修己爱人，强调设身处地，讲求自省慎独，使人人做堂堂正正自尊尊人的君子。青年可以把前代坚强不屈、谦和通达、自力更生的精神继承下去，以免走上极端个人主义、物质主义及颓废消沉的路上去；在经济方面，儒家以礼待人，讲信用和尊重别人的原则，能促进人际关系的协调，而且儒家主张上司对下属应宽厚谦和，而下属则应忠于职守，这种上下合作的精神，合乎现代企业管理原则，而且，儒家所谓“选贤与能”、“天下为公”、“子帅以正，孰

---

① 参见卞崇道：《东方哲学的现代重构——其必要性与可能性》，载《东方文化的现代承诺》，沈阳出版社1997年，第60页。

② 参见季羡林：《“天人合一”新解》，载《东西文化议论集》上册，经济日报出版社1997年，第83页。

③ 巴哈伊教是19世纪中叶兴起于伊朗的一种新兴世界宗教，在一百多年的发展历史中，规模和影响迅速扩大，成长为传播范围仅次于基督教的一种当代新兴宗教。欲知详情，可参见蔡德贵著：《当代新兴巴哈伊教研究》，人民出版社2001年版。

敢不正”都可以理解为人民有参政权利，既平等而又有竞争性，为政者必须是正人君子，廉政公平，尽心尽力地为人民利益和社会安定做出贡献；文化方面，政府希望建立一个有文化、有修养的高度文明的新加坡社会，而儒家重视精神生活与艺术修养，孔子以“六艺”授人便是证明；这些对新加坡的文化发展都会有正面的促进作用。①

新加坡的儒家伦理教育，主要分析儒家所强调的五伦关系及主要德目仁、义、礼、智、信、勇等，采用了西方心理学家和教育家所使用的价值观念澄清法、心智发展法、道德推理法和判断法等②，对儒家伦理进行现代转换。在使用时，注意配合现代社会需要，从现代关系去解释儒家观念，如对五伦，把“父子”改称为“父母与子女”，“君臣”改称为“国家与人民”，“兄弟”改称为“兄弟姐妹”，五伦的内容也作了适当调整，强调男女平等，表示男性为中心的社会已一去不返，夫妻双方应互敬互爱，互相容忍，对五伦的其他关系也强调相互间的正确关系，而不是强调单方面的关系。儒家伦理教育的目标包括：培养学生具有儒家伦理的价值观念，成为有理想、有道德修养的人；使学生认识华族固有的道德观念和文化，认识自己的根源；培养学生积极的正确的人生观，使学生将来能过有意义的生活；帮助学生确立良好的人际关系。③

新加坡儒家伦理教育的效果是十分明显的，儒家以修养德性为中心的传统价值观对促进新加坡的社会整合，弱化工业社会“功能特定的人际关系”、工具理性、极端个人主义以及色情犯罪等社会问题都起了积极作用。由于系统进行传统文化教育，学生一般都具有社会使命感、同胞感情和国家观念，对西方文化持独立态度，而且鄙薄西方的物质主义的价值观。

巴哈伊教既是最年轻的世界宗教，也是最具现代性的宗教，其现代性的集中体现，便是对现代化作出积极回应，最早试图完成将宗教由传统向现代的转换。巴哈伊教创始人巴哈欧拉强调，人类整体也像一个人一样，有婴儿期、孩童期、青年期，而今天人类已进入早已被预言过的成熟期。

① 参见王永炳：《新加坡的儒家伦理教育》，《孔子研究》1990年第1期。

② 同上。

③ 参见［新加坡］刘蕙霞：《怎样编写与教导“儒家伦理”》，《儒学国际学术讨论会论文集》，齐鲁书社1989年，第1362—1363页。

在这一时期，对祖先信仰的教条式模仿已经过时，因为那些信仰曾经是宗教演变之轴心，但现在已不再能结出正果，反而成为人类堕落和造成障碍的原因；顽固地坚持和教条式地硬套古代信仰，已成了人类间仇恨的中心和主要来源，成了人类进步的障碍，战争和冲突的原因，和平、安宁和幸福的破坏者。因此，宗教主要本质的改革和更新构成了现代思想之真正精神。① 人类已有能力认识到自身的发展过程乃是一个不可分割的整体，人类之所以被创造，乃是为推进一个不断演进的文明。② 而迈向成熟所面临的挑战，是要承认全人类是同一种族的人民，要从各种派别和信条的局限中解放出来，奠定全球文明的基础。为此，巴哈欧拉又强调，一个全球性社会的繁荣，必须基于这样一些基本原则：消除形形色色的偏见，两性间完全平等，世界宗教的同源性，消除极端贫富，普及教育，科学与宗教的和谐，在保持自然环境与发展科学技术之间保持平衡，基于集体安全和人类一家的原则，建立一个世界联邦体系。地球乃一国，万众皆其民，人类一家的思想，已经普及到更多的人群和种族。对于当代社会的各种问题，巴哈伊教都十分关心，并采取一种特殊的有时是变革性的解决办法，对传统宗教的一些基本要领也进行了更新。如上帝在巴哈伊信仰中，并非一种有形的、男性化的偶像，而是不可知之本质、万物之精髓、神圣之本体，是宇宙的原动力和终极目的，完全超越人的一切属性。天堂，是做善事接近上帝的一种精神完美状态；地狱，是远离上帝的一种状态。对祈祷，不再重视宗教仪式，而是主张为人类服务的工作就是祈祷。重视行动，轻视说教，认为信仰的精髓在于少说多做，凡言多于行者，其生不如死。认为人真正的敌人是自己，提倡普世之爱，甚至要爱自己的敌人。另外，取消教主、异教徒、圣战等传统宗教的概念，也都是该教进行价值重构努力的一部分。由于进行了这些努力，致使该教成为最有活力且发展最快的新兴世界宗教。

新加坡和巴哈伊教价值观重构的经验告诉我们，传统的东西不得不面对两大难题：如何适应现代化的进程和如何应对西方价值观的挑战。对

---

① 参见阿布杜巴哈：《世界团结之基础》，马来西亚巴哈伊总灵体会 1993 年，第 121—123 页。

② 参见《巴哈欧拉圣典选集》，马来西亚总灵体会 1992 年，第 50 页。

此，新加坡和巴哈伊教虽然摸索出了一些经验，但是否普遍适用于东方三大文化体系，还无法验证。东方要保持自身的文化传统，并使之焕发出新的生机，必须加入世界一体化的进程。但在全球化的过程中，必须掌握一个原则，那就是：

> 目前，东方需要物质上的进步，而西方则需要精神上的理想。如果西方醒悟，并能转向东方国家，同时把西方的科学知识介绍给东方人，这样做对西方是有益的。这种取长补短的交流一定要进行。东西方一定要联合起来，互相帮助。这个联合将产生一种真正的文明。在这个文明中，精神的东西将在物质中表现出来并成为现实。①

这个原则也就是东西方交流的一个原则。东方要实现现代化，既要学习西方先进的东西，又不能全盘西化；既要改造自己的传统文化和价值观，又不能为了倒洗澡的脏水连同小孩一同倒掉。东方在保持自己优秀传统的基础上，学习西方的优秀文化，拿来是要有原则的，绝不能良莠不分一齐拿来。在东方传统文化这个旧瓶里，不妨装进一些西方文化的优秀成分的新酒。这是我们对旧瓶装新酒的“新解”。

至20世纪末，从全球来看，各类财富大量而迅速地增长，越来越多的人在短时间内脱贫致富，或显著地改善了物质生活的环境与条件，人类取得了物质文明的空前伟大成就。但同样不争的事实是：一味追求物质文明进步的浪潮已经造成负面后果；压倒一切的经济发展在使人类受益的同时，也正在越来越严重地威胁到人类社会及文明的根基，结果导致发展的不可持续性，而且还伴随出现了许多社会问题，如贫富悬殊，种族与性别的不平等，贪污腐败，人际关系紧张，人情淡薄，金钱至上的新拜物教盛行，心灵空虚，心理和精神问题日益严重，家庭维系的时间越来越短，解体的数量急剧增加，毒品泛滥，犯罪猖獗。总之，人性之扭曲，行为之堕落，社会机体之腐败与溃散，将会无以复加。人格被贬低，信心受动摇，纪律神经松弛，良心之声哑然，体面与廉耻被混淆，责任、团结互惠与忠

---

① 阿布杜巴哈：《巴黎讲话》，国际文化出版公司1990年，第8页。

诚的概念被曲解，欢乐与希望的美好感觉日见消失。[①] 在此形势下，人类应该充分认识到：发展应该是精神文明与物质文明并举协调的发展。必须要有一系列普世的价值观和精神原则加以引导，在多样并存、大同团结的方针下，采取适度、中庸的原则，求其综合、全面与平衡；重视人的精神本性和需求，在最大限度上激励所有人的充分参与，发挥民众的主创性和能动性。[②] 也就是要寻求用精神原则或所谓价值观，来为解决社会问题提供答案。唯其如此，东方文化才能重振雄风，焕发出新的生机。

---

① 参见《毁灭或新世纪秩序》，新纪元国际出版社 1997 年，第 5 页。

② 参见《探索真发展之路》，《天下一家》1998 年 1—3 月号。

第一章　儒学元价值论

讨论东方儒学的现代价值，还应从原创性的中国儒学讲起。本章所论的儒学元价值论，即指儒学的原创价值。具体而言，主要是儒学创始人孔子，及在孔子之后“咸遵夫子之业而润色之，以学显于当世”（《史记·儒林传》）的孟子、荀子的思想，以及由他们创立、丰富和发展的儒学的本来样态。

对于孔子、孟子、荀子，冯友兰先生认为：“孔子的行为，与希腊之‘智者’相仿佛”①，“……孟子、荀卿，二人实孔子后儒家大师也。孔子在中国历史中之地位，如苏格拉底之在西洋历史，孟子在中国历史中之地位，如柏拉图之在西洋历史，其气象之高明亢爽亦似之；荀子在中国历史之地位如亚里士多德之在西洋历史，其气象之笃实沈博亦似之。”② 冯友兰又主张，历史应分出“本来的历史和写的历史”③ 的区别，认为这正如“马克斯诺都有言：客观的真实之于写历史者，正如康德所说‘物之自身’之于人的知识。”④ 日本学者沟口雄三也强调，在非文化本质主义的意义上，要注重“复原中国史本来的历史意象”，“二十一世纪是多元的世纪，但是为了实现这一‘多元’，欧美之外的世界就必须揭示其本来的样态，并在世界史中认识各种样态的相对独立性”。⑤ 而近年来，在讨论东亚文化复兴现象时有的学者将探讨文化的原创意义发挥得更明确，指出：

---

① 冯友兰：《中国哲学史》，中华书局 1984 年，第 71、139—140、19 页。

② 同上。

③ 冯友兰：《中国哲学史新编》第一册，人民出版社（北京）1982 年，第 1 页。

④ 冯友兰：《中国哲学史》，中华书局 1984 年，第 71、139—140、19 页。

⑤ 沟口雄三：《中华文化在二十一世纪的作用》，《光明日报》2000 年 11 月 14 日。

> 处于不同传统中的人们对自己的传统作自我分析批判；而这种自我分析批判之所以可能则在于回溯原创，以及在自家的渊源和其他文化原创的渊源之间作深入的比较研究。
>
> 因为各民族在其文化原创中固然已经包含着因历史境遇差异而来的特点，仍然总是最接近于人类的本真本性的。从这里出发，我们将能找到对各种传统加以重新审视和批判的原动力，使被视为绝对的东西重新活起来……①

当然，我们现在从原创性的角度来讨论儒学的学理，这种探讨本身已带有相当多的主观性，因而这已不属于冯友兰所谓的“本来”意义的哲学史，而只是我们对于哲学史形上原理的反思而已。

第一节 儒家文化的伦理精神

如何评价儒家思想的现代意义，特别是在本土中国的现代意义？我们以为首先应该破除两种实用的观点，即政治上的实用观点和经济上的实用观点。前者表现为为了现实政治斗争的需要而从主观上任意褒贬儒家及其思想，如“文革”中四人帮编造所谓儒法斗争史，全面否定儒家，即此；后者则不看实质，只就表面去看儒家思想与现代经济发展之间可能存在的因果关系，不仅肢解了儒家思想的整体，也存主观杜撰之嫌。而正确的态度应是从文化发展的角度来看儒学的历史过程和整体结构，找出核心的思想和精神，即至今仍在民族性格、社会心理及价值取向中存活着的民族文化的灵魂，然后再决定对它进行批判取舍的具体方案。这才是对传统文化的批判继承态度。这里不妨借用贺麟先生的话来说明问题，他说：

> 在思想和文化的范围里，现代决不可与古代脱节。任何一个现代的新思想如果与过去的文化完全没有关系，便有如无源之水，无本之

① 杨适：《为了东亚的文化复兴我们该做些什么》，《北京社会科学》2000年第2期。

木，绝不能源远流长，根深蒂固。[①]

从这样的观点来看儒学，我们以为儒学所代表的，是一种思想文化意义上的伦理精神。这种精神在中国文化的长期历史过程中形成，有着特定的实质内容和外在表现。虽然在近代以后，由于民族危亡的加剧、社会变革的深化，而遭受了西方文化的无情冲击，但并未就此中绝。因此在当代中国，乃至当代东方，都仍具有现实意义。

这里把儒家文化的实质概括为一种伦理精神，是从中国文化的本有特色及其与西方文化比较的意义上而言的。从中国文化的特点看，儒家文化是中国文化的主流，具有一种人文主义的特色。但这种人文主义又是紧紧围绕着伦理问题展开的。儒家思想以伦理问题为核心，着重于对人的伦理特性的研究，把人看作从群体需要出发、维护社会群体生存的伦理主体，要求人人都致力于道德人格的完善，以便维持一种以道德理性为原则，用道德关系作为调节杠杆的稳定的社会秩序。从中西文化比较的角度说，西方文化有基督教思想的传统，可以称之为宗教精神。根据马克斯·韦伯的宗教社会学分析，这种宗教传统在经历了中世纪后期的宗教改革后，曾经对资本主义的产生起过重要的推动作用。即使在今天，宗教作为一种精神信仰，一种文化传统，也仍然活在西方现代人的思想中，影响着人们的精神生活和价值观念。儒家思想不是严格意义上的宗教，但它与宗教有着相通之处。即它与宗教一样包含着对人的生命，以及人的终极目标的关心。不过，西方宗教关心的是人的自然生命及其信仰的独立地位，中国儒家则把着眼点更多地放在与群体关联的社会的人身上。儒家哲学是道德主体的哲学，用孔子的话说叫作“为己之学”，但它不仅说明现世的修身之道，而且着力于从本体上说明做人的道理。它所追求的“圣人”的理想人格，及从“圣人”之德推而广之的理想社会，具有超越现实的意味，与西方人的宗教体验有着相似之处。因此，儒家伦理绝不只是历代现实社会政治制度的附属品，也不单纯是封建社会的意识形态，它作为一种基本的价值观念或为人之道，作为一种普遍的社会伦理意识，存在于我们民族的文化心理结构之中，渗透在我们的血液里，构成我们民族生生不息的内在灵

---

① 贺麟：《儒家思想之开展》，见《评新儒家》，上海人民出版社1989年，第30页。

魂。它造就了我们民族的性格，并且至今仍对人们的行为、态度，以及思想信仰发生着作用。所以，我们把儒家文化的伦理特色定义为一种伦理精神，认为它在文化的意义上可以与西方的宗教精神相提并论。

什么是儒家伦理精神？儒家伦理精神，说穿了就是一种以人为伦理主体的文化精神。这种精神作为儒家文化的产物，是在儒家思想长期发展的过程中形成，并在民族文化和社会生活中积淀下来的。儒家思想创始于孔子。在孔子之前，早在殷商时期，儒学所赖以形成的社会经济结构、礼乐制度，所宣扬的道德观念、依据的部分学术经典就已形成。但当时所盛行的思想，还是代表一神的“天命”或“天帝”观念。这其实与西方的宗教神学没有本质的不同。孔子创立儒家学派，他的思想，是在春秋时期“礼崩乐坏”的大潮流下，对殷商文化进行反思的产物。他反思的结果，突出了人的价值和地位。孔子提出“仁”的观念，标志儒家人文思想的开端。所谓“仁”，指社会伦理之人。孔子认为，“仁”是最高的德（“天生德于予”—《论语·述而》），是人所得于天的内在本质（“仁远乎哉？我欲仁，斯仁至矣。”——《论语·述而》），是人参与社会和宇宙秩序的伦理责任（“人能弘道，非道弘人”——《论语·卫灵公》）。孔子改造了殷周以来的天命观，把决定和主宰的力量从天拉向了人，确定了人作为伦理主体在宇宙中的位置；同时，也就规定了人的最高需求，即对主体道德人格的追求。与“仁”同时，孔子也提出了“礼”，“礼”是“仁”的外在表现，是以社会组织者及每一个社会成员的道德人格为依据组成的社会秩序（在封建社会就是以君主为最高统治者的封建等级制）。孔子之后，先秦主要由孟荀发展了儒家思想。孟子把“仁”向内在精神的方向发展，荀子则把“仁”向礼义传统的方向发展。孟子讲性善论，把“仁”与心性联系起来，阐明人之所以为人的内在本性（即本原善性）。“君子所性，仁义礼智根于心”（《孟子·尽心上》）；“仁，人心也”（《孟子·告子上》）。“仁”以心性为主要标志，不只是人格理想，也是人通过道德修养，对天生固有本性的回归。孟子从类分的角度说明人与禽兽所得于天的本质不同，又提出“尽心、知性、知天”的修养路线，表明“仁”不只是人之为人的内在本性，也是自然宇宙的法则。这就不仅从内在根据上肯定了人作为伦理主体的尊严和地位，而且从人的心性出发，说明了天人关系。孟子思想后来为宋明理学所继承，成为儒学发展的主流，它为儒家思想奠定了一条以先天心性为主体，并从心性出发探讨天人关系、人我关系的主线。先秦以后，儒家思想一方面向着社会政治层面发展，与封建社会现实的社会秩序相结合；另一方面也开始了对道家思想长期融合和吸收的过程。魏晋时期，玄学盛行，并与从两汉开始传入的佛教思想合流，儒家又在与佛道对抗中开始融合佛道思想。直至宋明理学，儒学才集中了前几代的发展成果，儒、释、道融合，形成以伦理为核心的本体论体系。但宋明理学的理论体系，只是把孔孟的核心思想向着逻辑的深层次发展的结果。宋明理学是古代儒学理论发展的顶峰，因此也是我们研究儒家伦理精神的重要理论依据。

儒家伦理精神，就其表现说，是一种既入世而又超越的人生态度。它把人的本原善性（社会伦理性）作为追求目标，把实现这种善性的过程作为道德修养实践，要求人人成圣成德，以造成一种理性主义的人类生活秩序。这种伦理精神是有一套哲学理论作为思想根据的，这就是主要由心性论、知行论和天人论三部分构成的儒家哲学思想的理论体系。

儒家哲学思想以心性论为核心，心性论也是它的逻辑起点。心性论之“心”，具体地指能思维并为身心主宰之心，抽象地说，就是指主体精神。而“性”，指人的本质、本性。“心”、“性”合而论之，指人的先天道德意识、伦理本性。儒家心性论把道德属性当作人的本质属性，并把它与人的具体的生理条件和心理条件相结合，构成为一种具体的、现实存在的人。这样的人，就是儒家文化中最基本的存在。从这样的人出发，他们把道德关系看作与生俱来的关系，把道德意识和行为看作出于生命本能的要求和反应，而不是对客观规范的被动遵守。由此而达到高层次的精神需求，便是对人生道德理想的追求。这样，由于心性论，儒家把现实的人和理想的人格用一条最容易接受、最令人信服的理由联系起来了。它说明了，道德理想不是远离人生的虚无缥缈的东西，而只是在日用常行中时时奋勉以实现本性的过程。心性论为儒家的为人之道，也为其开展道德教育提供了理论根据。

与心性论直接关联的是知行论。儒家看到人的道德属性，强调为人之道应在道德上磨炼，把道德意识变为理性的自觉。因而儒家所重视的不是客观性的知识，而是与情感意志关系更为密切的实践理性。知行论表明了儒家的重行思想，即人格修养也就是认识原理，一切对外界的认识，终以道德实践为归宿。儒家所主张的“思”也不是单纯为了获得对客观世界的知识，而是为了确立主体性，达到认识自我，即认识“人之所以为人”的自我反思。儒家主张培养意志，净化人的思想，回到天德良知、“天地之性”中去，实现一种道德自觉的境界。它相信人的理性力量，强调以理主情、以理制欲，依靠理性的力量进行心理调节，而不是靠宗教式的禁欲主义和对外在权威的崇拜和信仰。但在这一点上它也自有高于宗教之处。例如，作为一个理性主义者的人，他可以不相信宗教，却能够在儒家思想的支配下，于生死关头舍生取义。这种道德理性的力量在精神领域里所产生的社会效果远不是对物质功利的追求所能达到的。因此，儒家的这种人生哲理在现代社会中无疑对人的精神生活具有补充和调节作用。

儒家的伦理精神还有着更深的哲理基础，这就是由心性论—知行论而上升到更高理论层次的天人论。儒家天人论以人为本位看天人关系，把天人合观，看作一个整体。他们以为天是人的根本，亦是人的最高理想；人源于天，是万物造化的一部分，人类社会与自然遵循着一个总的规律和法则。儒家以“天”为“命”，“命”即人性来源。天人合一，确认人从自然中产生，天为人性来源。这样，人的精神超越便具备了本体论的意义。儒家以“天”为“道”，“道”即含天、地、人的宇宙秩序，天、地、人为“道”的“三极”。而“天地之性人为贵”（《孝经·圣治》），“人者，天地之心也”（《礼记·礼运》），人能“范围天地之化”（张载《正蒙·三十》）而“与天地参”，这样，不仅突出了人在社会中的主导地位，也确立了人在宇宙自然中的主体地位。儒家把人的伦理意识从社会推之于自然，要求人有理性地开发、利用自然，而达到天人的整体和谐，维护人类的群体生存。

儒家的理论体系从其特有的伦理角度出发，观察宇宙、体验自身，奠定了儒家文化的思想基础，也创造了中国人的文化生命。

第二节　孔子的人文价值观

孔子是东方文化的巨人，孔子思想的价值主要体现在他的具有中国特色的价值观上。孔子的价值观注重血缘亲情，呼唤人与人之间真诚的互爱互敬关系；孔子仁—礼的现世社会结构设计，把稳定的社会秩序建立于社会成员个人内心的道德自觉与等级差异的角色定位意识上；孔子“与命与仁”的终极关怀，置人于社会历史发展的长河中，正确估价人的能动精神与自然趋势、社会历史必然性的关系；这些有益的价值观思想，对于消除人类现代化过程中已经呈现的种种病象，对于解决今天人类所共同面临的各种社会问题，都具有不可忽视的作用。而孔子价值观的上述特点，是得益于他对人类问题的体验观察，和对人的道德精神生活的深刻反思的，这正是孔子思想的人文精神底蕴所在。

一　仁道的亲情意识

孔子的思想是以仁为核心的体系，而“爱人”是关于“仁”的最基本的含义。《论语》中涉及“仁”的地方凡一百余处，其中“樊迟问仁。子曰：‘爱人’”（《颜渊》）是画龙点睛的关键一处。《礼记·中庸》中曾提出“仁者人也”（第二十章）的命题，用“人”来规定“仁”的意义。孔子的时代，中国哲学有关人性、人的本质等人的问题的系统探讨还没有开始，但孔子确实已经把人的问题，即人的社会、道德、政治，人的生活方式、精神修养等问题单独提出来，作为议论的中心，因而“仁”也便是他对人的问题的抽象，是他对“人”的一种反思。

孔子以“爱人”为仁的核心内容，这里的“仁”，讲的是人类中的爱，即人与人之间相互爱护、相互尊敬、相生相养的关系，这种关系的基础建于血缘亲情的自然情感之上。《论语》中孔子的弟子有子提出“孝悌也者，其为仁之本与”（《学而》），正概括了孔子的这种思想，即认为人与人之间的仁爱是由父子兄弟之间这样最基本的血缘亲情关系推衍而来的，因而人与人之间所应有的也正是这样一种自然亲情之爱。孔子说：“弟子入则孝，出则悌，谨而信，泛爱众，而亲仁。”（《学而》）他要求人们不仅要爱自己的父母兄弟，而且要把这种爱推广开去，博爱大众，亲近一切有仁德的人。孔子的“泛爱”，是由血亲之爱展开的人际之爱，它具有广泛的社会性，反映了人类对爱的要求，也反映了孔子对这种需求的自觉意识。

孔子的时代，是中国社会经由奴隶制开始向封建制过渡的大变革时代。当时社会关于人的状况是：一方面，由于自殷商以来中国社会的最初分裂（进入奴隶制）所带来的阶级压迫，使一部分人沦为奴隶，降入社会的最底层，他们虽然也有站立的人身，会说话，却被当作“物”类，任人役使，任人宰杀。另一方面，春秋时期伴随着奴隶制向封建制的转折，社会上所呈现的是王室衰微，上下僭越，诸侯纷争，礼崩乐坏的动荡局面。“社稷无常奉，君臣无常位”（《左传·昭公三十二年》），“臣弑其君”，“子弑其父”（《孟子·滕文公下》）。生在这样的危时乱世，不仅个人生命安全没有保障，就是整个社会也因为面临新的抉择而让人感到吉凶难测、无所适从。孔子对“人”的问题的思考就是在这样的社会背景下展开的。

孔子对“人的发现”首先在于他把当时被统治阶级当作“物”的奴隶看作人，认为对他们必须给以人际之间应有的关切。《论语·乡党》记载：“厩焚。子退朝，曰：‘伤人乎？’不问马。”这里孔子所问的“人”显然是在马棚里喂马的人。养马人在当时被称作“圉”，列在“人有十等”（《左传》昭公七年）的等级之外，孔子对这种地位卑微的人的由衷关心，表现了他头脑中关于“人”的新观念。另据《孟子·梁惠王上》：“仲尼曰：‘始作俑者，其无后乎！’为其象人而用之也。”在殷商的奴隶制社会，奴隶主祭天祭祖时杀死奴隶作祭品，或殡葬时以奴隶作殉葬品本是常有的事，而孔子却对用像人形的“俑”作陪葬都如此愤恨，可见他把奴隶看作同类而怀有仁爱之情。

诚然，孔子对“人”的思考并没有脱离当时的社会政治。针对春秋的动乱时代，他希望“善人为邦”，“胜残去杀”（《子路》），提出“民之于仁也，甚于水火”（《卫灵公》）。他主张统治者对于百姓要实行仁德，“富之”、“教之”（《子路》）。翻开《论语》，孔子对弟子和当政者要爱民、保民的教导、劝戒比比皆是。如：

> 子曰：“道千乘之国，敬事而信，节用而爱人，使民以时。”（《学而》）
>
> 子曰：“为政以德，譬如北辰居其所而众星共之。”（《为政》）
>
> 子谓子产，“有君子之道四焉：其行己也恭，其事上也敬，其养民也惠，其使民也义。”（《公冶长》）
>
> 子路问君子。子曰：“修己以敬。”曰：“如斯而已乎？”曰：“修己以安人。”曰：“如斯而已乎？”曰：“修己以安百姓。修己以安百

姓，尧舜其犹病诸!”(《宪问》)

子贡曰：“如有博施于民而能济众，何如？可谓仁乎?”子曰：“何事于仁！必也圣乎！尧、舜其犹病诸!”(《雍也》)

孔子主张“为政以德”、“养民也惠”，这是仁爱思想在政治上的表现。但是，他并非用“仁”来直接讲政治，而只是把“使民”、“惠民”看作君子之道的一部分；就是对“修己以安人，修己以安百姓”，以及“博施于民而能济众”的政治作为，他虽然给以很高的评价，却认为这并不是仁道所能涵盖的内容。

孔子的“仁”源于他对历史的研究与实践的观察，然而“仁”所讲的却不是“形下”层面的事，它是一种“形上”的人道理想。明白了这一点，我们就可以知道孔子为什么对人不轻易许以“仁”，却又认为“博施于民而能济众”的“圣”大大超出了“仁”的要求了。“仁”在孔子看来是人所应该具有的内心品质乃至于精神境界。关于这一点，我们从《论语》中孔子对“仁”的阐述与答问中处处可以领会到，这里仅举几例说明：

子曰:“志于道，据于德，依于仁，游于艺。”(《述而》)

为仁由己，而由人乎哉?(《颜渊》)

子曰:“仁远乎哉？我欲仁，斯仁至矣。”(《述而》)

子曰：“回也，其心三月不违仁，其余则日月至焉而已矣。”(《雍也》)

子曰:“贤哉，回也！一箪食、一瓢饮，在陋巷，人不堪其忧，回也不改其乐。贤哉，回也!”(《雍也》)

君子无终食之间违仁，造次必于是，颠沛必于是。(《里仁》)

司马牛问君子。子曰:“君子不忧不惧。”曰：“不忧不惧，斯谓之君子已乎?”子曰:“内省不疚，夫何忧何惧?”(《颜渊》)

子曰:“君子坦荡荡，小人长戚戚。”(《述而》)

此处所引原文的一段至三段，孔子将“仁”看作人的志向、品德的依据，而“为仁由己”以及“我欲仁，斯仁至矣”的断语，正可以说明“仁”

的品德能否实现，是决定于人的内心的。四段至六段，以颜渊的道德境界为典范，可以说明“仁”是存于人心中的长久不违的品德，是终生不悔及不改其乐的境界，而非一日、一月 47 之间偶然想起来的事情。据这层意思，我们便可以理解最后两段关于作为一个“君子”所具有的胸怀坦荡、内心无愧的高尚品德了。

孔子的“仁”是人所应具有的内心品质和精神追求，而这样的“仁”是他就近取譬，从自身生活的体验中得出的。孔子曾提出“夫仁者，己欲立而立人，己欲达而达人。能近取譬，可谓仁之方也已。”(《颜渊》)曾子将孔子“一以贯之”的思想概括为“夫子之道，忠恕而已矣”(《里仁》)。论者常据此将“推己及人”作为孔子教人实行仁爱的方法，而实际上推己及人的“忠恕”首先是孔子自己提出仁爱思想的内心根据。因为“爱”，作为人与人相互之间的情感，是一种心灵的沟通，真实感情的交流，实行仁爱需要“己欲立而立人，己欲达而达人”，“己所不欲，勿施于人”的互换位置的思考方法，对于这一点，孔子是有深切体会的。孔子 3 岁丧父，17 岁之前丧母(《史记·孔子世家》)，他自述“少也贱”，“多能鄙事”(《子罕》)。正是这种少孤的身世，没落贵族家庭出身及对卑微社会地位的感受，使他对被爱与受尊敬有着强烈的渴求。仁爱思想就是这样从身边最切近的实例，从自身生活的体验中升华而来的。意识到自己对爱与敬的需求，因而主张要爱人、敬人，这正表现了孔子深刻的洞察力和为人的伟大情怀。

孔子对仁爱的认识是从他对道德生活的反思而来的。他对道德的认识反映了人类早期对精神生活的追求，也是他对“人”的认识的重要内容。

首先，关于孝悌的亲情意识。“孝悌为仁之本”是孔子仁爱思想的基础。对孔子的“孝悌”，以往人们更多的是从西周时期宗法等级制度的角度来阐述，而这里要指出的是孔子在“孝悌”中对于仁爱之情的重视。例如关于子女对于父母的赡养，他说：“今之孝者，是谓能养。至于犬马，皆能有养；不敬，何以别乎?”(《《为政》) 子夏问孝，孔子答曰：“色难。有事，弟子服其劳；有酒食，先生馔，曾是以为孝乎?”(《为政》) 他认为，孝不仅是在形式上侍奉供养父母，如果这样，就与饲养犬马没有质的区别了；人对父母的孝，是以敬爱父母的情感为内涵，有了真实的情感，才会自然流露出愉悦的容色，而这是难于做到的。又如，他指出："父母唯其疾之忧"（《为政》）；"父母之年，不可不知也。一则以喜，一则以惧。"（《里仁》）"父母在，不远游，游必有方。"（《里仁》）他把子女因对父母发自内心的爱而担忧父母的身体，对父母年事的增高亦喜亦忧，以及因父母年老而不敢远游外出的真情描述得惟妙惟肖，跃然纸上。最有说服力的，是《阳货》章关于宰我问"三年之丧"的一段记载：弟子宰我认为父母死后守丧三年，时间太长了，从礼乐计，"君子三年不为礼，礼必坏；三年不为乐，乐必崩"，因而服丧一年就可以了。孔子却认为，"君子之居丧，食旨不甘，闻乐不乐，居处不安，故不为也"，"三年之丧"的形式所包含的是子女对父母的深切之爱。他指出："子生三年，然后免于父母之怀。夫三年之丧，天下之通丧也，予也有三年之爱于其父母乎！"幼子出生三年之后，才能离开父母的怀抱，子女为父母守丧三年所寄托的爱，只是对父母哺育和爱抚的一点回报。由此父慈子孝是父子相互之间天然的义务，也是自然情感的需要。孔子在讲"孝悌"时对于仁爱之情的强调，说明其"孝悌"并不是简单地从现实社会关系出发对"亲亲"观念的改良，而是对远古时期古朴的人际关系的留恋和追忆。孔子主张以"孝悌"为基础推广到"泛爱"，实际上是欲从人类最初的血缘亲情出发，来建立一种理想的社会人际关系；这既是对奴隶社会人际关系异化现象的批判，是对现实社会关系的超越，又是对原始人道主义的提升。

其次，关于"恭"、"敬"与君子的独立人格。孔子的"仁爱"思想亦强调"恭"、"敬"，因为在他看来人与人只有互相尊敬，保持双方人格的平等，才有可能实行仁爱。如上文所言"孝悌"，他把"敬"作为对父母孝的基本标准，认为"敬"中体现了"爱"之情。孔子讲"仁"者的品德，其中"恭"、"敬"占有重要位置。例如子张问仁于孔子，孔子指出"恭、宽、信、敏、惠"，"能行五者于天下，为仁矣"（《阳货》）。关于"恭"，他曾说，"其行己也恭"（《公冶长》），"与人恭而有礼"（《学而》）。"恭"是与人交往时主体所保持的气质、容貌，它既是对别人的敬重，也是对自己人格的尊重。又如"樊迟问仁。子曰：'居处恭，执事敬，与人忠……'"（《子路》）。这里的"敬"不仅包含"敬事"，也含有敬人的意思。孔子主张"君子"要有独立人格，因为受人敬重是人之为人的心理需要。如他说："君子不器。"（《为政》）器，即器皿或器物，指具有某种用途或被人使用的器具。孔子以为有人格尊严的君子不能将自己视同于一般器物，而供人随意役使。又如："君子可逝也，不可陷也；可欺也，不可罔也。"（《雍也》）是说对于君子你若不赞同其"道"，也只可敬而远之，不可非礼以陷害之，或"罔以非其道"（《孟子·万章上》）。君子之所以受人敬重，是因为保持了独立人格，能以优良的品质自重，并不是以巧言向人献媚的缘故，他说："君子不重，则不威；学则不固。主忠信。无友不如己者。过，则勿惮改。"（《学而》）又说："巧言令色，鲜矣仁。"（《阳货》）"巧言、令色、足恭，左丘明耻之，丘亦耻之。"（《公冶长》）孔子把仁爱建于人与人互敬互重关系的基础上，由此他揭示了道德对于人精神生活和心理需求的满足，他说："里仁为美。""仁者安仁，知者利仁。"（《里仁》）"知者乐，仁者寿。"（《雍也》）有仁德的人实行仁便会感到心安，因为"仁"作为一种内心修养和高尚品德会使人在精神生活上得到满足，这大概也就是仁者能够长寿的原因吧。

最后，与朋友相交的感情需求。交友之道，也是孔子仁爱思想的重要内容。朋友关系作为五伦之一，是从孟子才明确规定的。孔子重视交友，虽然也讲道德义务（即"信"）的内容，但更多的是突出交友对于培养人道德品质的益处，和使人精神充实、心情愉悦的作用。例如《论语》开篇就有"有朋自远方来，不亦乐乎"（《学而》），充分表达了见到远方而来的朋友的快乐心情。孔子主张与志同道合的人交朋友，"道不同，不相为谋"（《卫灵公》），因为人所渴望从朋友那里得到的不是某种功利价值，而是道义上的相与，互相切磋、互相鼓励，以在精神上互相汲取营养和事业上相得益彰的益处。孔子说："君子以文会友，以友辅仁。"（《颜渊》）又说："德不孤，必有邻。"（《里仁》）就是表达了这样的意思。对于朋友以真诚相待，心中没有隐情，这不是服从外在的规范，而是内心世界的自然袒露。正因为这样，孔子才反对"匿怨而友其人"（《公冶长》），主张"乐多贤友"（《季氏》），不与不如自己的人交朋友（《学而》）等。孔子提出"益者三友……友直，友谅，友多闻"（《季氏》），表达了他对真诚博大的友情的需要；而他自言其志，以为若能使"老者安之，朋友信之，少者怀之"（《公冶长》），自己就会感到充实和满足了，这更表达了他以真诚待人来换得珍贵友情的精神需求。

从上述对孔子关于孝悌、君子人格和交友等三方面思想的阐述看，孔子所讲的道德固然包含着许多道德规范的内容，但是他更重视的是道德对于提升人的精神境界，满足人的心理愉悦的功能。这也正是孔子对于“人”的初步发现。概言之，孔子认为“仁”的核心是仁爱，而仁爱是生活于人类社会之中人的一种基本心理需求，他这样的思想是建于对人和人性的初步抽象和本质认识的基础上的。[①] 从人的内在精神生活来揭示人之为人的本质所在，这正是孔子的伟大之处。孔子提倡回归人性之自然（善性），主张人与人之间要有一种不夹杂任何功利心的真诚之爱，并以此作为社会的亲和力，这固然只是一种人道理想。但这种理想在今天激烈竞争的商业社会，用来参与调节人的价值观念，对于抑制金钱拜物、人际关系冷淡等非人性化倾向具有积极意义。

二 仁—礼相互制约的秩序结构

孔子对“人”的认识具有强烈的现实性特点。他总是“按照人类社会的日常情形去思考事物”[②]，这使他对单个人的思考不离对整体的“人类社会思考”这一主流。

孔子关注现实社会，而对社会秩序的改造情有独钟。这不仅因为孔子的时代，中国正处于一个社会变革的关节点，“天下无道”、“礼崩乐坏”，传统的价值观念和行为规范受到猛烈冲击，使他对重整秩序有着一种期待；同时因为孔子把对社会组织和政治秩序的建构也纳入了自己对人类社会未来发展的构想之中。孔子的“仁—礼”思想就是他建于伦理政治基础上的社会改造方案。

孔子的“仁”，是作为个人道德品质提出的，同时又具有社会理想目标的意义。它既是建于个人内心品质乃至精神境界基础上的人格理想，也是人类社会的理想境界。孔子把这样的理想与对社会结构的安排结合在一

---

① 孔子对于“人”已经有了“类”意识，如他说：“鸟兽不可与同群，吾非斯人之徒与而谁与？”（《微子》）关于人性他曾说：“性相近也，习相远也。”（《阳货》）这都可以看作是他对人的本质的抽象。

② 参见［日］金谷治：《中国古代人类观的觉醒》，《孔子研究》1986 年第 4 期。文中还说：“的确，将人类独自的存在性加以抽象化，与人类以外的自然相对立的思索，或是达到个人尊严的自觉，这种近代以来的西方的人类观，在中国历史上是很难找出来的。虽是如此，思考人类独自存在的领域，并且自觉地去探求这种存在的意义，却是不容否认的。”

起，“礼”就承担了具体的社会秩序建构的任务。孔子的“礼”所依据的是三代之“礼”，特别是“周礼”，他曾说：“殷因于夏礼，所损益可知也；周因于殷礼，所损益可知也。其或继周者，虽百世可知也。”（《为政》）“周监于二代，郁郁乎文哉！吾从周。”（《八佾》）他总结以往的历史经验，欲从历史的普遍性中寻找未来社会的理性基础，他所谓“礼”分为不同的层次，小则指个人生活细节，寝食衣服、坐立行走的仪节，大则总指一代典章制度，推而广之，则指超出一代典章制度的“百世可知”的伦常。孔子用这样的“礼”一方面企图整顿现实的社会秩序，同时也用来推知未来社会的社会关系和秩序结构。仁与礼就是这种对人道理想与现实关怀的巧妙的结合。

但是，孔子的仁与礼，就其概念的逻辑性看，它们之间存在着固有的矛盾：即“仁”是从个体心理体验出发来研究“人”的类范畴。虽然因为把人的道德生活作为关注的重点，使它对个体独立与尊严的探讨受到一定限制，但从“仁”所包含的道德人格、主体意志、心理活动等精神活动的内容看，它仍是偏重于以个人为主体的范畴。而孔子的“礼”，就它的经典依据、思想来源和在孔子思想中承担的功能看，是个更偏重于以社会为主体的范畴，其所着眼建构的是社会伦理规范和政治秩序。仁和礼的这种矛盾，正是由孔子对人类问题的观察既有抽象、又不脱离人类社会现实的品性所决定的。那么，孔子又是如何协调二者的关系，以建立仁与礼统一的思想体系呢？

首先，就礼对仁的关系说，礼所强调的是社会整体秩序，它对个人行为具有强制性作用的一面。如《左传》曰：“礼，经国家，定社稷，序民人，利后嗣者也。”[①]（隐公十一年）《论语·颜渊》载：齐景公问政，孔子答：“君君，臣臣，父父，子子。”礼指社会组织、政治体制、社会秩序等上层建筑，它的核心是政治，维护政治伦理秩序是礼的主要功能。孔子讲“克己复礼为仁”，就是要人用“礼”的规范约束自己，做到“非礼勿视，非礼勿听，非礼勿言，非礼勿动”（《颜渊》）。孔子说：“道之以政，齐之以刑……道之以德，齐之以礼……”（《为政》）其中一个“齐”

---

① 冯友兰先生指出，《左传》所引这段“君子”的话，“这个‘君子’，指的就是孔丘”（参见《中国哲学史新编》第1册第135页）。

字将“礼”与“刑”对置，把“礼”的强制性表达得十分清楚了。而与“礼”相对的“仁”是高扬个体的人格意志和主观能动性的。孔子说：“为仁由己，而由人乎哉?”（《颜渊》）“仁远乎哉？我欲仁，斯仁至矣。”（《述而》）他把“为仁”看作个体自我的内在欲求、自由选择，“仁”是一种意志自觉状态。他的一句“三军可夺帅也，匹夫不可夺志也”（《子罕》），更是把个体意志发挥到了极高的程度。表面看来，“仁”与“礼”的对立似乎是不可调和的。但是，孔子的“仁”是以道德生活为根据设计的人类理想，因此他把人对“仁”的自觉追求化作对“礼”的自觉实行。所谓“克己复礼为仁”的非礼勿“视、听、言、动”，都是指“仁”的能动性的发挥要在“礼”的约束下来实行，这种约束应是自律的，而非强制的。孔子说：“人而不仁，如礼何？人而不仁，如乐何?”（《八佾》）他以为“仁”是人的人格总目标，“仁”的人格不只包括个人，也应包括社会的组织、制度、秩序，个人和社会的关系、人与人的关系等内容。人如果达到了这样完美的人格，那么对礼的自觉实行就是题中应有之义。相反，人如果没有对“仁”的人格目标追求，那么对“礼”的实行就只能流于形式。所以孔子说：“礼云礼云，玉帛云乎哉？乐云乐云，钟鼓云乎哉?”（《阳货》）礼的学说就逻辑性上讲，必有仁作基础才能成立，没有仁的自觉性，礼也就失去了生命活力。仁与礼的联系还在于，仁本是建基于以自然血缘为基础的亲情，因而礼的实行亦是人心内在的自然要求，仁与礼的这层关系使得礼的维持秩序的强制性得到了某种缓和，但是政治秩序与人情关系难解难分，由此也带来了中国传统政治的劣根性。

其次，就仁对礼的关系说，仁所表达的人道理想包含了对人的价值的尊重，而人的价值意味着从抽象的意义上讲，必须承认一切人都是人，都有共同的平等的身份和地位。而孔子的礼，是对西周以血缘为基础的等级社会政治伦理秩序的抽象，其所表达的是“辨君臣上下长幼之位”，“别男女父子兄弟之亲、昏姻疏数之交”（《礼记·哀公问》）的具体社会的等分差别的内容；尊礼行礼就是把每个人放在现实社会等级关系的网络中，要他们按特定位置恪守“礼”所规定的道德职责。例如孔子讲“必也正名”，“名不正，则言不顺；言不顺，则事不成；事不成，则礼乐不兴；礼乐不兴，则刑罚不中；刑罚不中，则民无所措手足。”（《子路》）就是强调在“礼”的问题上定名分的重要。但是孔子的“礼”，一方面，肯定社会等级差别的合理性，以为没有君臣上下的等级差别，没有人们各安其分的角色定位，就不可能组成社会的整体；另一方面，则把社会的差异性和有序性看作是实现社会统一性的基础，认为社会的统一性、和谐性才是社会的目标。这样，仁与礼的关系又是以仁为主导、以仁为目的。孔子的“仁”要求在承认社会等级差别的前提下实现社会的和谐统一，这便在社会内部形成了一种自我平衡机制。“仁”的要求使得“礼”在具体实行过程中表现出协调的功能，这主要表现为：其一，孔子的“礼”，落实到个人身上，不仅是一种自觉的责任和义务，同时，也是人在社会上立身处世的准则。孔子说：“不知命，无以为君子也；不知礼，无以立也；不知言，无以知人也。”（《尧曰》）他把“知礼”、“知言”与“知命”的君子的品格并列，“知礼”在此也便成了个人品德，它作为一个人在社会上能够通达的条件，不只包含着善处人际关系的内容，同时也把“仁”所标示的“恭、宽、信、敏、惠”（《阳货》），“温、良、恭、俭、让”（《学而》），“尊贤而容众”（《子张》），“躬自厚而薄责于人”（《卫灵公》）等品德涵盖于其中了。其二，孔子主张“礼之用，和为贵”。这句话出自《论语·学而》载其弟子有若的话：“礼之用，和为贵。先王之道，斯为美；小大由之。有所不行，知和而和，不以礼节之，亦不可行也。”有若的观点也代表了孔子的思想。孔子认为，“礼”本身标志出社会的等级和差别，而它的作用要在各种矛盾的调和中表现出来。“礼之用，和为贵”，即告诉人们一种协调社会矛盾及人际关系的方法，也就是中庸的思想方法。孔子说：“中庸之为德也，其至矣乎！民鲜久矣。”（《雍也》）他主张“君子和而不同”（《子路》），要人与自己周围的人和睦相处，并在一定条件下协调合作。“和而不同”，意味着允许不同个性、不同意见和对立面的存在。作为“君子”，既要保持自己的个性，又要容纳与自己意见不同的人。所谓“有所不行，知和而和，不以礼节之，亦不可行也”，就是反对为“和”而“和”，主张在承认差别的基础上，寻找处理差别的适当的方法。孔子曾自称“吾……无知也”，以为自己仅有的只是“叩其两端而竭焉”（《子罕》）的求知方法；《中庸》中也曾引孔子的话“执其两端，用其中于民”（第六章）。所谓“执其两端”，“叩其两端”，都是为人提供一种处理差别、矛盾的协调原则，这也正是

“礼之用，和为贵”所体现的和谐精神。孔子“礼之用，和为贵”的思想，与“仁”所提倡的“己欲立而立人，己欲达而达人”（《雍也》）、“己所不欲，勿施于人”（《颜渊》）的心灵沟通的方法既相一致，又相辅相成。前者注意的是人与人之间的等差和分别，后者注意的是人与人之间的同位和相通，它们的结合点只在一处，就是使个体和群体、个人与社会相互制约，形成整个社会既有等级差异，又有社会统一性的结构。孔子的仁—礼思想，特别是关于“礼”的思想，尽管有着历史的局限性，但是它从社会统一的需求来看个人，又以个人为主体来看社会，要求人既具有角色定位意识，又从全社会的需要着眼来谋求个人的发展，这种思想对于培养人的社会责任感和义务感，使人关心社会发展，注重协调社会关系，并通过“仁”的社会理想来驱动敬业精神，发挥个体的活力，是有积极意义的。

三　“与命与仁”的终极关怀

自有人类开始，就有了人类对自己前途命运的关怀，孔子的终极关怀突出地表现在他的“与命与仁”思想上。《论语·子罕》载：“子罕言利，与命，与仁。”历来对于这句话的解释有多种，而从孔子一贯的思想上看，应取金人王若虚（《误廖杂辨》）和清人史绳祖（《学斋佔毕》）的说法，解为：孔子很少谈到利，却赞成“命”，赞成“仁”。孔子承认“天命”，但“天命”对于他已不是传统的天神观念，而莫如说是受古代宗教天神观念的影响而形成的一种对包括自然与社会在内的客观外界的体验，即自然的趋势，或社会历史发展的必然性。孔子对“天命”有一种强烈的敬畏感，他曾说：“巍巍乎！唯天为大。”（《泰伯》）“天何言哉？四时行焉，百物生焉。”（《阳货》）又说：“获罪于天，无所祷也。”（《八佾》）表现出对人力之外，不依人的意志力而改变的客观力量的崇敬与畏惧。“夫子之言性与天道，不可得而闻”（《公冶长》），或许就是因敬畏而不言，使其在心中始终保持着神秘感。孔子认为，“君子”有三畏，“畏天命，畏大人，畏圣人之言”（《季氏》）。这里“大人”指在高位之人，“圣人”指有道德之人，他们分别代表了社会政治领域和道德生活领域的权威，而“天命”则指这两者都达不到的领域，孔子将它放在首要位置，表现了对“天命”的尊畏。但是孔子又主张“知天命”，他总结自己的人生经验，自称“五十而知天命”（《为政》），并提出“不知命，无以为君子”（《尧曰》），这“知天命”所表达的就是一种人生境界，即对客观而非人力所及的领域虽有所领悟，却不去强力而为的超越境界。《论语·雍也》载樊迟问“知”，孔子曰：“务民之义，敬鬼神而远之，可谓知矣。”这里樊迟所问之“知”是否指知天命，不得而知，但从孔子的回答来看，所谓“敬鬼神而远之”，即对人力所达不到的领域怀敬畏而不肆意妄言、妄为的态度，正表现了一种最高的人生智慧。这也就是孔子所谓“知天命”的深层意义。

但孔子又有“知其不可而为之”的精神，这精神即表现在推行他的道义，使天下都“归仁”的努力上。孔子提倡“君子”必须具备“人道”使命感的自觉，他本人就自称“天生德于予”（《述而》），表现出在求道中自我肯定的勇气。他认为真正符合道义的行为必须从大处着眼，排除具体的功利结果的考虑，即：“君子喻于义，小人喻于利。”（《里仁》）他的“求仁”的努力源于“仁”道为己任的使命感，依赖于人的主体意志自觉。孔子说：“有能一日用其力于仁矣乎？我未见力不足者。”（《里仁》）他主张“为仁由己”（《颜渊》），“仁远乎哉？我欲仁，斯仁至矣。”（《述而》）这里所显示出的人的自觉能动性，充分确认人的主体力量的发挥，正体现了他的“与仁”思想。孔子关怀人类社会的命运，重视人类文化的传承，这正是“与仁”思想的核心精神。曾子曾说：“士不可以不弘毅，任重而道远。仁以为己任，不亦重乎？死而后已，不亦远乎？”（《泰伯》）其中“任重而道远”体现了孔子对“仁”道目标的认识，而“死而后已”体现了孔子为推行“仁”道矢志不渝的精神。“人能弘道，非道弘人”（《卫灵公》），这是孔子的坚定信念。为此，他以为人在某件事上或许会失败，但“仁”道是永恒的，不可战胜的。形象地说，老天并不一定能够保佑他在每件具体的事上都成功，但“天命”所体现的人类社会发展的某种必然趋势是不会改变的。所以，每当孔子认为眼前的事不如意时，便会发出这样的感叹：

> 天之将丧斯文也，后死者不得与于斯文也；天之未丧斯文也，匡人其如予何？（《子罕》）
>
> 道之将行也与，命也；道之将废也与，命也。公伯寮其如命何！

（《宪问》）

天生德于予，桓魋其如予何？（《述而》）

这感叹声中包含着孔子对继承人类文化、发扬人类道义的强烈的使命感和责任感。这也正是他“知其不可而为之”的思想根源。“与命与仁”表现了孔子对人类美好前途的信心，同时也划定了在具体的历史阶段内个人能力所限的范围，表现了孔子时期对人的主观能力与客观趋势关系认识的程度。当然，孔子所讲的更多的是属于人类在政治、伦理范畴中的事情。即便如此，我们也能从他思考人类问题的方法中得到某种启示。孔子的“与命与仁”思想启示我们，在未来世纪，为了人类未来的命运和前途，科技越发展，人类越应该正确地对待自己，在对待人与自然的关系上不能放纵自己，不能一味地以自身为轴心。如此，我们才可能在解决今天人类所面临的环境问题、生态问题、能源问题，以及遗传问题、人口问题等方面有一种新的思路。

第三节　儒家人文思想群我关系的辩证机制

在探讨儒家文化的传统时，儒家人文思想是一个引人注目的话题。然而，论者往往根据儒家人文思想以伦理问题为核心的特点，更多地看到其强调人的群体性和塑造社会人格的方面，由此与西方传统人文思想注重个体、塑造独立人格的特色做比较，却忽略了这样一个方面，即儒家人文思想，正是因为它以社会伦理及人际关系问题为核心，也就更容易拓开一个视角，而以社会的发展、人类群体的生存和需要为背景来窥视个体的人，维护和发展个体的理性及人格尊严。换言之，儒家人文思想并不是抹杀个体来发展群体，而是在群体中发现和界定个体，将个体人格发展的目标定格在群体生存发展的需要上，主张发展个体的潜能以利于社会；并且，它把群体人际关系的协调建立于个体心理调节与内心道德自觉的基础上，以便保证社会的稳定与人际关系的和谐。这便是本节所论的儒家思想在群体与个体之间所建构的有机联系和辩证机制。

一　儒家对人的界定

儒家对人的界定，要从孔子的“仁”谈起。孔子的仁学不仅是儒家伦理哲学的起点，也是儒家哲人通过反思对人的本质最早的成熟的把握。“仁”，就字义讲，被释为“亲”的意思，人与人相亲相敬，古人称为“相人偶”。可见孔子正是在人与人之间的关系中发现人的价值并定义人的。所以“仁”在孔子的言论中虽然有多方面的解释，而其最基本的含义是“仁者爱人”（《论语·颜渊》）。“仁者爱人”，要把自己当成人，也要把别人当成人。人，正是在与别人相亲、相重的关系中才真正确立自己作为人的价值的。离开群体，没有了整个人类社会，又何从谈人，何从谈人的价值？孔子从社会整体出发，在人的相即关系中发现了人之所贵和人之所以为人的真谛。然而他的落脚点却是“为仁由己”（《论语·颜渊》）。“为仁由己”，说明“仁”所展示的是个人的内心境界、道德品质。它要求每个人都要以个人的精神生活为基础，通过持之以恒的自我修养，来成就自己的道德人格。《论语》中有很多孔子对弟子关于“仁”的谈话，都是从各个不同方面教导弟子从自己的个性出发，寻求达到“仁”的途径。孔子有“三军可夺帅也，匹夫不可夺志也”（《论语·子罕》）及“志士仁人，无求生以害人，有杀身以成仁”（《论语·卫灵公》）的名句，所肯定的正是个人的独立意志、道德人格。后来孟子又提出了“富贵不能淫，贫贱不能移，威武不能屈”（《孟子·滕文公下》）的“大丈夫”精神，更是对他们所处时代个人价值的集中表述。这说明儒家哲学的出发点并不是用群体代替个体，用社会去压制个人，而是着重讲群体之中的个人，看到了人的价值的实现离不开社会的和人群关系的一面。《论语》中还有一个典型的例子更能说明个体人格的发挥与外界人际环境的关系原理。《论语·子路》中载：子贡问：“乡人皆好之，何如?”子曰：“未可也。”“乡人皆恶之，何如?”子曰：“未可也：不如乡人之善者好之，其不善者恶之。”这就是孔子关于“乡愿”的谈话。孔子在这里否定了人人皆称善的好好先生，因为他们没有自己的是非，失去了自己做人的基本准则，而单纯地从众、媚俗。关于“乡愿”，孔子还说：“乡愿，德之贼也。”（《论语·阳货》）亦强调“乡愿”与儒家所提倡的道德人格根本是两回事。孔子还曾讲到“中行”与“狂、狷”的问题，他说：“不得中行而与之，必也狂狷乎！狂者进取，狷者有所不为也。”（《论语·子路》）他在这里把得道中行，做事能恰到好处地掌握分寸的人当作持有最高道德水准的人，而同时认为狂者和狷者也各有可取之处，其实是肯定了人各有自己的特性，不可强求一律。后来孟子在解释这段话时，认为“狂者进取，狷者有所不为”（《孟子·尽心下》）。而狂者“其行而不掩焉者”（同上），虽然往往一时不被人理解，仍居其上；狷者为“不屑不洁之士”（同上），虽然比较拘谨，什么事都不大肯干，但就其不肯做坏事来讲也是可取的，能居于狂者之下而优于“乡愿”。这其实是进一步肯定敢作敢为、有进取精神的人。后来的儒家，也曾有就“乡愿”与“狂狷”之人对比来发表意见者，多半是肯定“狂狷”，否定“乡愿”。由此可见，在个人与群体、社会的关系上，儒家并不是要人无原则地顺从社会，屈从世俗，而是要人坚持真理，发挥个人的能动性，保持自己独立的道德人格。

孟子的性善论也是儒家对人的本质的认识的一个重要里程碑。从孔子的“仁”到孟子的性善是儒家对人的认识的深化和发展。其深化的重要标志是，孔子的“仁”将个人的道德品质与社会的道德目标，以及社会人际关系和谐的议题集于一个“仁”字，而孟子的性善论则进一步致力于对个体人的本质的发掘上。孟子的性善论是从类的特征上来认识人和人性的。性善论的思考中心，是讲人之作为人而与动物的区别。孟子在与其对手告子就人性辩论时，一再反诘，“然则犬之性犹牛之性，牛之性犹人之性欤”（《孟子·告子上》），就是强调人和犬或牛都各有其性，而他又认为人之性独异于犬、牛之性。孟子认为人之性独善，而善的表现是发生在人与人的关系之中。但他并不着力于去描述这种关系，而是发掘每个人在这种关系中本能地趋于善的表现及心理活动。孟子人性善的最基本观点是“四心”说。他认为“恻隐之心”、“羞恶之心”、“恭敬之心”、“是非之心”人皆有之，是人的善性的基本表现，也是人之作为人的基本根据，即“无恻隐之心，非人也；无羞恶之心，非人也；无辞让之心，非人也；无是非之心，非人也。”（《孟子·公孙丑上》）这里的“四心”便是在人与人的交往中触景而生的一种道德心，这道德心显然是以个体的心理活动为特征的。在讲“四心”之后，孟子又说：“今人乍见孺子将入于井，皆有怵惕恻隐之心，非所以内交于孺子之父母也，非所以要誉于乡党朋友也，非恶其声而然也。”（同上）他不否认人只是在遇到儿童落入井内的一刹那，即本能地产生恻隐之心，之后不免会各有各的想法，这些想法是与每个人经历的后天影响相关的。但他认为这些想法都应服从于最初的一念之心。这表明，他把人的类本质归于道德，而这道德之心是以个体为特征的，以个人潜能为基础的。孟子从类的特性上研究人，而对人又多从个体道德、心理、理性上加以描述，无疑是继承了儒家从群体中来看个体的思路。而且，孟子的哲学议题虽然是讲“类”；偏于人类群体的意义，但他对人的个性的突出并不亚于孔子。这从上文有关他的“大丈夫”之论，以及他对孔子“狂、狷”之说所做的注解中都可以看出。又，孟子有两段话，可以从侧面说明他对人的个性及个体主观能动性的认识。其中一段，是他在评论许行学说，而讲社会分工时说的。他说：“夫物之不齐，物之情也；或相倍蓰，或相什百，或相千万。子比而同之，是乱天下也。巨屦小屦同贾，人岂为之哉?”（《孟子·滕文公上》）另一段，是孟子与弟子公孙丑在议论伯夷、伊尹与孔子等三位圣人的同异时，赞扬孔子而引用孔门弟子有若的话，曰：“麒麟之于走兽，凤凰之于飞鸟，太山之于丘垤，河海之于行潦，类也。圣人之于民，亦类也。出乎其类，拔乎其萃，自生民以来，未有盛于孔子也。”（《孟子·公孙丑上》）孟子承认事物有差别，他对于人，是讲其同而不讳言其异，他把圣人孔子看作“出乎其类，拔乎其萃”者，由此可见，他是注重人的个性不同，而提倡发挥个体主观能动性的。

儒家在先秦奠定人论之基础的，除孔孟之外还有荀子。荀子思想与孟子有明显的不同。但即使是荀子，也是肯定群体中的个体之人的。荀子以人的本性为恶，而主张“化性起伪”，以构成有秩序的和谐的社会生活。“化性起伪”的根据存在于每一个人的理性之中，“仁义法正有可知可能之理，然而涂之人也，皆有可以知仁义法正之质，皆有可以能仁义法正之具”，“今使涂之人者，以其可以知之质，可以能之具，本夫仁义法正之可知可能之理，然则其可以为禹明矣”（《荀子·性恶》）。这所谓理性，不是天生自成的，而是通过学习礼义以成乎道德的。关于人与动物的区别，荀子强调的有两点，他说：“水火有气而无生，草木有生而无知，禽兽有知而无义；人有气、有生、有知亦且有义，故最为天下贵也。”（《荀子·王制》）人“力不若牛，走不若马，而牛马为用，何也？曰：人能群，彼不能群也。人生不能无群，群而无分则争，争则乱，乱则离，离则弱，弱则不能胜物。”（同上）这里，其一，他以为人贵在“有义”；其二，他认为人“能群”。所谓“有义”，意在于发挥每个人的认知能力，通过学习礼法，而使之处理事物能合乎其宜，因而有道德；而所谓“能群”，便是说，人的有道德的行为存于群体的秩序与和谐之中，而正是人的群体生活，才能满足人对道德生活的需要。荀子实是用群体之中所行的礼义，来矫正每个人生就的恶性，使之趋于善。他的思想与孟子殊途同归，也同样是在群体中来发现人的进步本质（“善”），并把它落实于个体的理性潜能的。

儒家关于人的思想，有个漫长的发展过程，中间包括各家各派的学说，这里只举孔、孟、荀的部分论述，以起一斑窥豹的作用。

二　儒家提倡的基本人格精神

儒家注重个体人格的完善，但是它把个体人格发展的目标定格在社会群体生存发展的需要上，认为个人的一切努力最终都是为了实现天下大同这一美好的理想。这也可以说就是儒家倡导的基本人格精神。

儒家人格精神的基础是“人皆可以为尧舜”的思想。孔子说：“巍巍乎，舜禹之有天下也而不与焉！”（《论语·泰伯》）又说：“大哉尧之为君也！巍巍乎！唯天为大，唯尧则之。”（同上）他把“仁”当作最高的人格理想，而认为“为仁由己，而由人乎哉”（《论语·颜渊》），“我欲仁，斯仁至矣”（《论语·述而》）。在《孟子·告子下》中记载：曹交问曰：“人皆可以为尧舜，有诸?”曰：“……子服尧之服，诵尧之言，行尧之行，是尧而已矣。”又，孟子说：“尧舜，性之也”（《孟子·尽心上》），“圣人与我同类”（《孟子·告子上》）。他们都把尧舜看作人人通过个人的努力修养而能达到的理想的人格标准，鼓励人们成圣。儒家提倡圣人人格，其圣人人格的基本精神是入世，这便要讲到儒家“内圣外王”的思想。

儒家内圣外王讲内在修养与外在事功的和谐一致的关系。人君治国必以个人德性修养为基础，要实现理想的社会秩序，就不能不充实与完善个人内在的品德，如此才能由我而化众进入人我交融安平富乐的理想社会。这本来是一种政治伦理思想。例如孔子的“博施于民而能济众”（《论语·雍也》），是用一种推己及人的态度来面对国家和社会。孔子又讲“修己以敬”（《论语·宪问》），“修己以安人”，“修己以安百姓”（同上），更是由我而及人、及百姓，点出了内圣外王之学的真谛。孟子由孔子之仁而发展为“仁政”，主张“亲亲而仁民，仁民而爱物”（《孟子·尽心上》），“老吾老，以及人之老；幼吾幼，以及人之幼。天下可运于掌”（《孟子·梁惠王上》），“行仁政而王，莫之能御也”（《孟子·公孙丑上》）。将己之“仁”而推之天下，这就是仁政的核心内容，适与孔子“修己以安百姓”的思想呈一贯发展之势。当然，就孟子的全部思想看，他在内圣与外王的关系中更偏重于内圣，强调向内的心性修养，将外王之道奠基在内圣之学的基础上。这是与他以“性善”论为核心的思想体系相一致的。与孟子相比，荀子在内圣外王中更偏重于外王，所以在《荀子》一书中曾大量出现“圣王”的词语。但荀子并非不讲修身，在他的著作中有《修身》篇，亦专门讲心性修养的问题。《大学》是论述儒家政治伦理思想的经典著作。《大学》之所谓大学之道，正如后来王夫之对“大人之学”的解释，“大人者，成人也……大学，乃学为内圣外王之学”（《礼记章句》卷四十二）。《大学》所讲的治国之道，也就是“内圣外王之道”。它不仅对先秦内圣外王的思想做了系统的理论化的总结，集中阐发了统治者个人心性修养与治国策略的关系，而且将内圣、外王各加以条理化，分为格、致、诚、正，以及修、齐、治、平的实施层次。

儒家内圣外王思想就其所在的时代意义讲，是立足于封建宗法家族型的社会，要人从事大学之道，以个人的修养为核心，通过修身、齐家、治国、平天下的由内及外的步骤，以把个人的能量逐步释放于社会，来维持安定和谐的社会秩序，实现儒家理想的大同社会。但这一命题就更广泛的意义上讲，也可看作是一种人生态度和人格理想，即它是指人格的发展在向内发掘和向外开拓这两方面的协调和统一。向内发掘是就道德潜能上讲的，向外开拓则是面向社会，把蕴藏于人的心性本质中的潜力散发出来，以利于社会。儒家主张将个人置之于社会，但它其实也并不反对个人能力的开发，这里最典型的证明是它的“三不朽”说。《左传》云：“大上有立德，其次有立功，其次有立言，虽久不废，此谓之不朽。”（《左传·襄公二十四年》）此即后来所谓“三不朽”。不朽，指长久的价值。儒家以“立德”、“立功”、“立言”为人生有无价值的衡量标准，是因为：“立德”，人具有崇高品德，便能人格不朽；“立功”，有辉煌的业绩，便能事业不朽；“立言”，著书立说，为后世留下永存的文字，便能思想不朽。

这“三不朽”都是就人能力的发展在社会中所表现的长远利益和贡献讲的。在人格发展上，儒家反对短期的功利主义追求，反对以个人成就作为追求更大利益的资本，这也是它的义利观所包含的重要内容。提起儒家的义利观，人们常常举汉代董仲舒“正其谊不谋其利，明其道不计其功”的提法来批判其尚义不尚利的思想。但是从个人发展与社会发展的关系上说，以求得个人发展为动力来推动社会的发展固然是应该肯定的，而如果驱动个人发展的完全是短期的功利主义目标，也同样会导致为极端谋利而做出缺德损人的事情，从而危害社会，从长远上也同样危害自己。所以，如果把儒家义利观所包含的上述思想与鼓励每个人“立德、立功、立言”的“三不朽”说结合起来看，我们就会得出这样的体会：儒家内圣外王的思想，作为儒家提倡的一种基本人格精神，表明在个人的发展上，儒家所关心的，是在历史长河中和社会群体中所表现的个人价值；它所培养的，是对社会群体长远利益更为关切的一种责任心。

三　儒家协调社会人际关系的机制

儒家讲群我关系，维护社会的稳定，然而它所崇尚的人际和谐是以个体的心理调节、道德自觉为基础，它所追求的社会稳定建立于个体心中所具有的理性原则的基础上。

儒家塑造的个体理性原则以孔子的仁学为基础，包含着丰富的内容，并随着时代的变迁、儒学的发展而不断充实。但从最初建构的体系来看，大致包含这样几方面内容：

1. 忠恕之道的群我关系原则。儒家人文思想以孔子的仁学为基础，而忠恕之道是仁学思想的最基本内容。《论语·里仁》曰：子曰：“参乎！吾道一以贯之。”曾子曰：“唯。”子出，门人问曰：“何谓也？”曾子曰：“夫子之道，忠恕而已矣。”“忠恕”是孔子“一以贯之”的原则，是终身行之而不悔的品德。它包括“忠”与“恕”两个方面。所谓“忠”就是忠信，诚恳以待人。正如孔子所说：“己欲立而立人，己欲达而达人”（《论语·雍也》）。这是从积极的方面讲推己及人。而从消极的方面讲推己及人就是“恕”。孔子说：“己所不欲，勿施于人”（《论语·卫灵公》）。就是说，自己所不喜欢、不愿意的事，也不要强加给别人。我不愿意别人这样待我，我也不要这样去对待别人。这就是宽容待人，与人为善。总之，忠恕之道是一种将心比心、推己及人的原则。用这样的原则去处理群我关系，表明了儒家对群我关系的看法。儒家注重人际关系的和谐，然而这种和谐必以个人的道德人格为保障，必以个人忠信的品质为基础。忠信得人，忠信以追求事业的共同发展。“君使臣以礼”则“臣事君以忠”（《论语·八佾》），上级对下级要尊重，下级则对上级竭尽心力、诚实负责；“人而无信，不知其可也。大车无輗，小车无軏，其何以行之哉?”（《论语·为政》）忠信是做人的根本，只有忠信才可以行遍天下。以这样的忠，加上对人友善的宽容态度，才可以求得社会的和谐与发展。

2. 克己复礼的自我内心约束机制。“克己复礼”是孔子的政治伦理思想。过去由于“文革”的原因，人们往往把它当作政治复辟的口号，而不深究其内容。其实“克己复礼”，若从道德上看，包含着丰富的积极内容。“克己复礼”之“礼”，指一个社会的社会组织、政治体制、社会秩序等上层建筑。而“克己”之“己”，指己私，不符合社会秩序和群体规范的个人的思想行为。“克己复礼”所强调的，是个体以内在的自觉，不用别人强制，而主动进行道德修养，使自己的思想和行为符合社会道德的要求。儒家所谓“礼”是外在的，而“克己”却是要建立起一种内心的机制，来保证“礼”的实行。它要求人人都从自我做起，向内心探求，凭个人的道德自觉来发挥创造性。这是一种反省的态度，“君子求诸己，小人求诸人”（《论语·卫灵公》）。同时它包括以别人的贤德为榜样，以不贤为警戒，不断地修正和完善自己，所谓“见贤思齐焉，见不贤而内自省也”（《论语·里仁》）。如果人人都能以有道德的人为榜样，“过，则勿惮改”，那么良好社会秩序的形成则是不难的。

3. 中庸的思想方法和协调原则。“中庸”在孔子儒家虽然主要指思想方法，但是这种方法又与实践道德的内容相联系，成为积淀于内心以调节各种道德价值冲突的方法与准则。

关于中庸，孔子说：“中庸之为德也，其至矣乎！民鲜久矣。”（《论语·雍也》）把中庸看作是一种最高的道德准则。《论语·先进》篇载：“子贡问：‘师与商也孰贤?’子曰：‘师也过，商也不及。’曰：‘然则师愈与?’子曰：‘过犹不及’。”孔子根据自己丰富的学识和实践经验，得出对事物本质以及发展最佳度的认识，因而提出中庸的方法。概括这种方法的最好表述是“执其两端用其中”（《礼记·中庸》），即要面对事物的矛盾以及道德价值的冲突，采取无过无不及的处理方式，以适度的分寸感来处理问题，以引导事物向最好的方向发展。

中庸又是一种道德实践的境界和理性的态度。《论语·学而》讲“礼之用，和为贵”，表明儒家对于人际关系以和谐为最终归宿的态度。但是，孔子认为：“君子和而不同，小人同而不和。”（《论语·子路》）他把“和”与“同”做了严格的区分，主张和谐发展，而反对在对立的两端进行无原则的调和与折中。孔子讲“知和而和，不以礼节之，亦不可行也”（《论语·学而》），强调要用既定的社会规范来约束人们的行为，以达到人际关系中合理的度。事实上，实行中庸也要有一定的原则立场，爱憎分明的感情，“唯仁者能好人，能恶人”（《论语·里仁》）。中庸作为个人的品德，同时也就是处理人际关系的原则。所以《论语》载“子温而厉，威而不猛”（《述而》）。孔子又说：“质胜文则野，文胜质则史。文质彬彬，然后君子。”（《论语·雍也》）这都是要人把个人品质的修养寓于正确处理人际关系中，做到事事既不过分，又无不及，恰如其分地处理好社会需求、社会规范与个人性情的关系，即：质朴而不粗野，文雅而不虚浮，既有欲望、又不贪婪，泰然安适而不骄傲，威严而不凶猛，庄重矜持而不固执，合群而不搞宗派，讲大节而不讲小信……所有这些，都是中庸所要求的品德，也是在人际关系中自我表现的最佳的度。

儒家人文思想的价值导向，一直影响着中国文化的社会倾向性，已经内化到世世代代中国人的精神活动中，成为相应的价值规定、行为准则，指导人们思想、政治、社会行为的定向机制，成为人们普遍认同和自觉遵循的信念；而且，儒家人文思想的价值观，以其特有的合理性，对于培养中国今后社会发展中所迫切需要的新精神，诸如物质创造与精神生活的协调，敬业与乐群的统一，追求个人发展与美好社会理想的一致；以及在社会调控机制上，法治与德治并重，道德的外在强制与内在制约机制并举等方面都会有积极的作用。

第四节　儒家教育哲学

儒家学派创始人孔子是春秋末期第一个大规模兴办私学、教授平民弟子的学者。实际上，儒家学派正是在孔子私学教授中形成的。由此层面言，孔子其实首先是一个成功的教育家。

春秋末期，原有的旧的社会秩序被打破，政治权力的下移构成了学术下移、文化繁荣的必要前提。以传统礼乐制度为主要教育内容的官学，失去了继续存在的阶级基础。适应于新的阶级关系及政治需求，民间兴起私人讲学之风。教育冲破了“官学”的樊篱，从贵族走向平民。孔子顺应时代潮流，开风气之先，创办私学，取得了卓越成效。他一生主要精力从事教育和整理古代文献的活动，一方面“述而不作”；另一方面又突破了王官之学的旧章，赋予礼、乐、诗、书以新的精神与意义。

孔子对于教育的内容进行了根本性变革，把传统的“六艺”教育转化为“六经”教育，把道德教育提到教学的首要位置，以培养有道德、有理想、有治国才干的贤人君子为目的；他对学生一视同仁，“有教无类”，倡言人人都有学习、受教育的权利；提出了一系列有关道德教育的原则、方法及教学的方法论问题；对于教师的修养、素质提出了很高的要求。这一切形成了儒家独具特色的教育思想体系，深刻影响并规约了我国古代教育的发展路向。

首先，孔子从人性平等出发，肯定平民受教育的权利；从个体差异出发，肯定教育的重要作用。孔子曾提出“性相近也，习相远也”（《论语·阳货》）的著名哲学命题，这正是其教育思想的理论基础。就前者言，他认为人性都是相近似的，人的先天本能和素质是近似的，因此，贵族可以受教育，平民也是应该受教育的，在接受教育的权利方面，贵族与平民是平等的。基于此，他提出对于受教育者要做到“有教无类”（《卫灵公》），来者不拒。他主张应该扩大教育的对象范围，不拘于门第高低、身份贵贱、地域远近，只要诚心向学者，都应予以热心教诲，“自行束脩以上，吾未尝无诲焉”（《述而》）。他的教学实践正体现着这一主张，其弟子中有贵族子弟如孟懿子，有“贱人”如仲弓父，有“鄙家”子弟如子张；有子贡货殖致富，家累千金，亦有颜回穷居陋巷，箪食瓢饮。可谓各色人等，不一而足，正如子贡所称，“君子正身以俟，欲来者不拒，欲去者不止”（《荀子·法行》）。就后者言，孔子认为“习”是造成人的个性差异的主要原因，后天的习染促成圣凡、智愚之别，而“习”作为后天环境的影响，包括了个人的主观努力，教育的影响则更为重要，教育的基础就在于人性的可塑性。由此，孔子特别强调教育对于一个人的成长过程所起的巨大作用："生而知之者，上也；学而知之者，次也；困而学之，又其次也；困而不学，民斯为下矣"（《季氏》）。他以对待学习的态度区分人之高下，"生而知之"一格实际是虚悬的，他肯赞的是"学而知之"及"困而学之"者，斥"困而不学"者为最下等。他自己则以"学而知之"者自居，强调"学"在生命过程中具有的重要地位，"我非生而知之者，好古敏以求之也"（《季氏》）。他认为人生各个阶段所取得的收获都是努力向学的结果，人的智愚、强弱不是绝对的，可以在后天的教育、学习中转化。他相信通过持之以恒的教育可以化恶为善，化愚为智，所谓"人十能之，己百之；人百能之，己千之。果能此道矣，虽愚必明，虽柔必强"（《礼记·中庸》）。

其次，孔子明确强调教育的目的是培养能从事国家政务的贤能之士。他基于"为政在人"的政治立场，提倡"举贤才"、"礼贤下士"，在积极从政失败之后，则致力于通过教育培养在上位的君子贤人。在某种意义上，他认为教育就是为政的一个重要组成部分，肯定教育对政治的重要影响。他教授学生的目的就是使之能够出仕从政，以行其道义："诵《诗》三百，授之以政，不达；使之四方，不能专对。虽多，亦奚以为?"（《子路》）能否独立处理内政外交，是孔子衡量学习的重要标准。他强调"学而优则仕"，"先进于礼乐，野人也；后进于礼乐，君子也。如用之，则吾从先进"（《先进》）。他的许多弟子已达到了出仕从政的标准，孔子屡称，"雍也可使南面"，"由也果，于从政乎何有?""赐也达，于从政乎何有?"（《雍也》）亦有一批孔门弟子出仕为官。如果把学道与出仕割裂开来，则违背了孔子教育的初衷，孔门弟子对此理解得很深刻：子路曰："不仕无义。……君子之仕也，行其义也"（《微子》）；子夏亦称："君子学以致其道"（《子张》）。若学而未优，没有达到从政标准，孔子则认为不能出仕政职："子路使子羔为费宰。子曰：'贼夫人之子。'"（《先进》）他还强调，世袭之仕与选贤之仕一样亦要经过"学"，才能成为合格的统治人才，主张"仕而优则学"。

孔子把官职与"学"联系起来，意在通过教育来缓解春秋末期贵族不学而仕、士阶层学而不能仕的尖锐矛盾，"氏以别贵贱"、"氏以别智愚"观念因此受到猛烈的冲击。虽然孔子没有、也不可能摆脱传统的宗法观念，仍然坚守"亲亲"原则，主张"故旧不遗"，但他反对"任人唯亲”，主张任人唯贤，提倡“学而优则仕，仕而优则学”的教育理念，毕竟对推行贤人政治起了一定的作用。

再次，在教育内容方面，孔子进一步拓展、丰富了教育的内涵，主张一般文化知识教育与道德教育应该结合起来，而以思想品德与伦理道德的培养为主导。传统官学偏重技能和技术训练的“六艺”教育，在此演为“六经”的传授和伦理道德的培养。孔子虽也进行一般礼仪训练，但已不专注于礼仪的具体形式，以及“俎豆之事”、“弦歌鼓舞”等实际礼仪训练的内容，而更重视深入探究和领会礼的精神实质。当孔子对传统周礼进行因革损益、以“仁”释“礼”之后，道德教育在孔子教学中就占据了绝对重要的位置，强调道德修行的言论在《论语》中比比皆是。例如：“子以四教：文、行、忠、信”（《述而》）。孔门弟子分列四科，“德行：颜渊、闵子骞、冉伯牛、仲弓。言语：宰我、子贡。政事：冉有、季路。文学：子游、子夏”（《先进》）。“文学”大体相当于“文、行、忠、信”中的“文”，指一般文献知识；“言语”、“政事”则指处理内政外交所需要的知识和本领；“德行”列四科之首，而“德行”中有代表性的学生也是孔子最为推许的弟子。颜渊之成为孔子最满意的学生，就在于他即使处在最艰苦的环境中也能长时期地坚持修行仁德。孔子所谓的“学”本身，主要指的也是道德修养，“君子食无求饱，居无求安，敏于事而慎于言，就有道而正焉，可谓好学也已”（《学而》）。其弟子子夏亦称，“贤贤易色；事父母，能竭其力；事君，能致其身；与朋友交，言而有信。虽曰未学，吾必谓之学也”（《学而》），颇得孔子论“学”之真谛。

“仁”是孔子道德教育的最高层次。孔子以“仁”为标准鼓励弟子进德修业，据统计，“仁”在《论语》中出现过一百多次，孔子专门回答弟子问“仁”就有十二处。孔子更与弟子多次讲论恭、宽、信、敏、惠、忠、恕等各种善的品质及具体行为规范，这些都是仁的具体规定和表现。孔子把“仁”的标准定得极高，但又强调“仁”并非高不可攀。他强调客观道德环境在教育中的重要性，“里仁为美，择不处仁，焉得知?”（《里仁》）同时更重视主观的道德修养和自我意识，“君子无终食之间违仁，造次必于是，颠沛必于是”（同上）。

孔子特别重视诗、礼、乐的教育。他以编订过的“六经”作为教材，注重在一般知识教育中贯彻政治、伦理道德教育。他多次强调，“兴于诗，立于礼，成于乐”（《泰伯》），“不学诗，无以言”，“不学礼，无以立”（《季氏》）。即以《诗经》而论，学习《诗经》的目的既在增益学识，更可以习得做人道理，近事父母，出仕君王，是明人伦之道的重要修养途径：“《诗》可以兴，可以群，可以观，可以怨，迩之事父，远之事君，多识于鸟兽草木之名。”（《阳货》）

在教育内容更为丰富的背景上，孔子十分注意教育内容与现实生活的密切关系，竭力排除传统的天命鬼神等内容。最典型的表现莫过于他对丧葬、祭祀之礼的阐释与教授。孔子认为仁孝应包括对父母丧葬、祭祀之礼的恭守，主张祭祀祖先时要恭敬、虔诚，并坚持为父母守丧三年的规定。但他并非主张以久丧、祭祀为手段祈求父母亡灵以及鬼神的福佑，而是以此要求子女“事死如事生”，以示对父母养育之恩的长志不忘。这实际是对古代传承下来带有鬼神迷信色彩的丧葬之礼作了新的人文的解释，丧葬之礼只是为满足人们孝悌情感的需要而设。他之所以强调对待死者要像他还活着一样，并非相信有鬼神存在，而是要以此寄托哀思，净化感情，以尽人道。如此，孔子在一定程度上排除了宗教迷信在教育中的位置，遂使得强调认识社会政治、了解现实人生、追寻生命价值成为中国古代教育的重要传统。

孔子教育内容虽以德教为主，但并不排斥一般文化知识及自然科学知识的教育。作为教材的“六经”中即有大量的古代科技史料，孔子本人的知识亦非常丰富广博，决非限于德行一隅。一般认为孔子教育内容有一个最明显的缺陷在于没有生产劳动知识与技能教育的一席之地，樊迟请学稼、学圃，孔子竟答以不如老农、老圃(《子路》）成为典型的例证。其实这是与他创办私学的教育目的及政治理想密不可分的。孔子要培养的不是农民、菜农，而是国家的行政长官，培养出大批的贤人君子去推行仁德之政，只要在上位者“好礼”、“好义”、“好信”，“则四方之民襁负其子至矣，焉用稼？”（同上）

最后，孔子在教学过程中积累并总结了丰富的教学经验，概括出一系列有关教育的原则及方法论，并对教师的学养、素质提出了很高的要求。

孔子认为教育的一个根本原则是启发诱导原则，他在教学过程中采用的最重要的教育方法就是启发式教学。他强调教师在教学过程中要发挥主导作用，充分调动、激发学生主动思考的精神和热情，让学生在主动学习中发现问题、发生困难时，形成强烈的求知动机，进入积极的思维状态后，教师再适时加以指导启发，“不愤不启，不悱不发，举一隅不以三隅反，则不复也”（《述而》）。如学生未进入积极思维状态，则不勉强施教；面面俱到的单方传授，会养成学生的依赖性，阻碍其独立思考能力和思维的发展。

孔子指出启发式教学的核心在于教师。教师要了解学生的心理状态，掌握其认识规律，适时施教：“可与言而不与之言，失人；不可与言而与之言，失言。知者不失人，亦不失言。”（《卫灵公》）要充分利用学生已有的知识，使其通过温习旧知识而有新的发现、新的体会，所谓“温故而知新”（《为政》）。孔子特别强调在教学中要有意识地启发学生运用逻辑推理的艺术，善于运用学生熟悉的浅近的事例、道理推阐出深刻的思想，让学生能够据已知事物的知识、经验有所发挥，孔子与弟子讲授《诗经》时切入仁礼道德的讨论，常有意外收获，即是最好的例证。只有多方激发学生的学习兴趣，使之养成“好学”、“乐学”的主动精神，启发式教学才能收到好的效果，学生们能够“闻一以知十”（《公冶长》）。

与此密切相关，孔子又提出因材施教的教育原则，启发诱导只有建基于因材施教基础上，才能真正做到有的放矢。孔子教学注重学生的个体差异，在充分了解学生德行、才智、个性基础上，从实际出发，对学生进行有针对性的指导，“中人以上，可以语上也；中人以下，不可以语上也”（《雍也》）。孔子非常注意观察、掌握学生的个性和特点，包括品德、学业、知识水平等各个方面，能用精练语言准确概括出学生的主要特征，如“师也过，商也不及”，“柴也愚，参也鲁，师也辟，由也喭”（《先进》）。

孔子的因材施教主要表现在两个方面。在宏观把握上，他按照学生的爱好和特长进行分科教育，定向培养，这就使其弟子同样身通六艺，却是各有所长。就具体的教学过程言，孔子则对同样的问题视不同对象给出不同的回答，充分考虑到学生的实际水平和个性特点。如同是问“仁”，孔子对不同的学生有多种解释。他对颜渊释“仁”，“克己复礼为仁。一日克己复礼，天下归仁焉。为仁由己，而由人乎哉?”（《颜渊》）进而又复言其目，所阐释的显然是仁的最高境界及具体内容；对司马牛问“仁”，却只有一句，“仁者，其言也讱”（同上），专门针对其“多言而躁”的缺点发论。其他如学生问孝、问政，孔子都是据其智力、学识、涵养的差异进行阐释，难易、深浅、详略、繁简各有不同，以利于学生发挥各自的才能去学习，去践履。

在具体的学习方法方面，孔子力倡学思并重、学行并重。他重视感性认识在进德修业中的重要作用，也认识到不能仅停留于“闻见之知”的“学”，更要注重理性。他提出，“学而不思则罔，思而不学则殆”（《为政》），精辟地阐释了学与思的辩证关系，主张把感性的读书与理性的思考结合起来。他非常强调“学”的重要性，以“学”为思的基础，思不以“学”为本根，就会流于无益的空想。同时，他亦肯定“思”有助于学，对书本知识的理性思考能把学推进到更高的境界，“思”是学的深化。唯有学思并重，方能互相促进。孔子在教学中还强调学必须与实践相结合，重学问，更要去践履，力倡学以致用，身体力行。他主张把“行”作为求知的目的、验知的标准，考察、认识一个人要“听其言而观其行”，所学知识应用于实际，否则就是无用的。他甚至强调道德践履比学习书本文献知识更来得重要，“弟子入则孝，出则弟，谨而信，泛爱众而亲仁。行有余力，则以学文”（《学而》）。

在对待教与学的关系方面，孔子更形成了教学相长的教育理念。孔子一贯主张“当仁，不让于师”（《卫灵公》），他强调在教育与学习的过程中应该是师生互有助益，教与学是一个双向互动的过程，作为受体的学生在积极思索后做出的反馈，能够进一步促动教师的思考与教学。孔子对学生的教学主要采取问答、讨论的方式，许多问题都是师生相互切磋琢磨后得出结论。孔子显然把教育弟子的过程视为自己不断得到启发的学习过程。他不赞成学生对老师一味信从，力倡学生在学习过程中要敢于表达自己的体会和不同意见，这样的学生也是老师的学习对象。他曾对颜回提出批评，认为颜回只是单向接受老师知识的状态，对于自己的教学没有启发和促动。而对于在学习中能够提出独立见解的弟子则非常欣赏，肯定和赞扬他们给予了自己再次学习的机会，如与子夏论《诗》就非常有代表性。孔子没有把弟子们仅仅当作学生，而是视之为与自己共同修习理想人格的同学，弟子们既是受教育的对象也是给予自己学习机会的人，教与学的关系其实是表里一体的。

综括观之，孔子第一次系统总结了大规模创办私学的教育实践经验，形成博大精深的教育思想，他结束了一个时代，使“学在官府”、“政教合一”的格局一去不返；他又开辟了一个时代，以孔墨为旗帜，诸子私学竞相而起，学术思想、文化教育进入空前自由、发展的时期。孔子之后，孟子、荀子两位儒学大师，进一步发展了孔子的教育思想，形成了儒家独具特色的教育思想体系，深刻影响并规定了我国古代教育的发展路向。即使是现代社会已经步入知识经济时代，孔子的教育思想仍有其不可磨灭的价值和意义。

第五节　儒家政治思想的演变历程

儒学作为中国传统文化的主干，在历史演进的过程中，始终与社会政治的发展变化有着紧密的互动关系。儒家政治思想更是传统政治思想的主体，并反映出中国社会政治发展的特点。儒家政治思想形成于先秦，但本节并非着重于考察先秦儒家思想家所提出的具体政治主张，而在于通过把握儒家政治思想对时代发展要求的回应，明了其所确立的政治发展走向，理解其转承变化的思路，进而从学理上厘清儒家政治思想演变历程中过去、现在、未来的意义。

先秦儒家政治思想，是以人性本源的道德动机与天人合德的道德超越为价值取向，以孝悌仁爱的亲情伦理与君君臣臣的政治规范为社会架构，以开己成物、修齐治平为具体操作手段，以期实现内圣外王、天下为公的社会理想。儒家政治思想首先由孔子开创，他“祖述尧舜”、“宪章文武”，为恢复西周的礼制孜孜不倦地努力。孔子将“礼”归于形而上的仁义之心，确立了社会生活规范与生命德性之间的内在结合与超越，为以后儒学政治思想的发展奠定了基础。孔子以后，儒家的演化主要表现在孟子和荀子的不同取向上，但两人对孔子的继承各有侧重。孟子敦《诗》、《书》而言性善，是向深处悟，向高处提；荀子隆礼义而杀《诗》、《书》，则是向广处转，向外推。一在内圣，一在外王①。孟子也讲“仁”，以仁心来推行仁政王道；荀子则顺秉孔子重“礼”的精神，隆礼重法、君道权威，注目于外王事业的发展。从而形成了先秦儒学不同的发展路向。

---

① 参见蔡仁厚《孔孟荀哲学》，台湾学生书局1984年，第451页。

一　仁礼并重：儒家政治思想的基石

就先秦儒家政治思想产生的环境来说，它首先是与传统社会中的自然经济、宗法社会下相互作用而生成的。孔子处在礼崩乐坏的时代，现实的挑战使孔子把恢复周礼作为自己政治思想的最高目标。所谓周礼，按李泽厚先生的定义，其特征确是将以祭神（祖先）为核心的原始礼仪，加以改造制作，予以系统化、扩展化，成为一整套宗法制的习惯法规。以血缘父系家长制为基础（亲亲）的等级制度是这套法规的骨脊，分封、世袭、井田、宗法等政治经济制度则是它的延伸扩展①。这样的文化理想，也就决定了孔子政治思想的基本风貌，在有所继承、努力创新的基础上，孔子形成了以“仁礼并重”为主体架构的政治思想。其中，对“礼”的容纳和传承，是孔子对以往文化的吸收；对“仁”的阐明与发挥，则是孔子的创新与开拓。

面对周王室衰落、诸侯兴起的局面，原有的社会秩序与政治结构都陷入混乱之中，孔子尖锐地批评这种天下无道的状况。“孔子曰：‘天下有道，则礼乐征伐自天子出；天下无道，则礼乐征伐自诸侯出’。”（《论语·季氏》）他认为要改变这种状况，就必须重建以“君君、臣臣、父父、子子”为特征的政治秩序，以期恢复传统的政治结构。作为政治实践的首要任务，“正名”在孔子的政治思想中占有重要地位。所谓“正名”，就是要恢复传统的礼乐传统，确立社会各阶层的权利和义务，明确职责。“正名”是改变混乱局面的当务之急。“名不正则言不顺，言不顺则事不成，事不成则刑罚不中，刑罚不中则民无所措手足”（《论语·子路》），名正则可以行教化之事。孔子的德治主义体现在推动政治秩序建立的所有努力中。通过教化，就可使人民生活富足、安乐，天下安定，建立统一的秩序。对人民，孔子就主张“远人不服，则修文德以来之，既来之，则安之”（《论语·季氏》），通过道德教化的力量来感化人民。对于统治者，孔子提出的要求也是以其德行来衡量的。统治者必须以身示范，如“政者，正也。子帅以正，孰敢不正”（《论语·颜渊》），“子为

---

①　参见李泽厚：《孔子再评价》，《中国思想史论》（上），安徽文艺出版社 1999 年，第 14—15 页。

政，焉用杀？子欲善，而民善矣。君子之德风，小人之德草；草上之风必偃”（同上）。在此，孔子虽然有轻视人民的倾向，但他要求当政者首先要正自身，是具有积极意义的。孔子把为政归结为“正”，第一次把德性置于政治之上，开创了中国政治道德化的传统，对后世影响很大。

由上面分析可以看出，孔子对现实政治的思考，是由恢复周礼到为政以德，体现的是一个由礼到德的思维路向，同时也是个不断提升的过程。

依礼来建立政治秩序，是孔子政治思想的主要内容。但更具积极意义的，在于他为依礼而行的政治秩序设定了形而上的依据。这样的努力，沟通了作为社会制度的礼和体现在人身上的仁爱之心，确立了礼的价值根源，从而其政治思想也就有了超越意义，成为以后历代思想家、政治家阐发的依据。

孔子经过“摄礼归义”和“摄礼归仁”两层意义的递进，将“礼”从现实的制度义提升到“仁义”的境界义。所谓“摄礼归义”，就是为礼确立一价值标准。“子曰，君子义以为质，礼以行之，孙以出之，信以成之”（《论语·卫灵公》）。即政治制度、社会秩序都以“正当性”为基础，为其内在标准。礼必须用义来证明自己的合法性，“摄礼归义”就是达到礼与义的合一，礼本身就是自己的标准。礼的进一步提升是“摄礼归仁”，即将这个判断自己的标准再落实到自己的内心道德情感中。所以当林放问礼之本时，孔子说：“大哉问。礼，与其奢也，宁俭；丧，与其易也，宁戚”（《论语·八佾》）。礼的“本”在于人的道德情感和思想中。到此，在孔子的思想体系中就达到了“仁礼合一”。“礼”的形式和“仁”的情感完全地沟通起来。“颜渊问仁。子曰：克己复礼为仁。一日克己复礼，天下归仁焉”（《论语·颜渊》）。所以理想的政治也就是“仁礼合一”的政治。礼也就是判断政治行为的标准，“非礼勿视，非礼勿听，非礼勿言，非礼勿视”（同上）。人的行为合礼，就是仁，否则就是不仁。仁心是否存在，要以礼来作判定标准。这里孔子的思维路向是，先给礼确定内在的根据，即仁；再给仁找到外在的标准，是礼。两者相互规定，圆融运转。

总之，孔子政治思想的内在运作方式是：通过“复礼”重建政治秩序，礼以仁为本，仁以礼为外在规范，故“一日克己复礼，天下归仁焉”，就可达到理想的德治目标。其政治思想的最大特点是：内在的仁与外在的礼的统一。如此，则礼的执行就建立在仁的基础上，外在的强制转化为内在的自我约束。内在的自我约束又可通过外在的强制表现出来。对前者的强化，发展成孟子的“内圣”取向，对后者的强调，导致了荀子“外王”思想的发展。

就孔子政治思想的命运来说，他的学说的理论意义远大于实践意义。虽然孔子为其政治思想的实现做出了不懈的努力，但就其结果来看，是极不乐观的。困于蔡，绝粮于陈，栖栖惶惶奔走于列国之间，却只能发出“知其不可而为之”（《论语·宪问》）的感叹。但就孔子的理论创造和以后两千年的正统地位来看，不能不说孔子对社会发展和安邦定国的认识是具有极高明的见解和智慧的。

二　仁政爱民：儒家政治思想的内化

相对于孔子“仁礼”并重的政治思想，孟子强化了儒家的仁道原则，继续发扬化外在社会规范为内在道德自觉的儒学主题。实质上，就孟子的这种倾向来说，也表明了儒家政治思想发展过程中的某种转向。

孟子在战国争雄的时代，已不可能再像孔子那样抱有恢复周礼的政治梦想。然而大一统的趋势，又使孟子期待有一个新的王朝出来，通过推行仁政实现中国的统一。所以孟子的仁政学说，也就是以“王天下”为主题，设计了一个实现政治统一的理想蓝图。

孟子政治思想的基础，就是他的“性善”说。性善说的发展，必然导致道德泛化的趋向。以人性善就可推知天下善。孟子讲过：“尽其心者，知其性也。知其性，则知天矣。”（《孟子·尽心上》）人之性成为天人相合的中间环节。天的情感也就是人的情感，从而赋予天以伦理的规定。由此道德泛化到社会的各个层面。仁道成为普遍的社会指导原则。在这样的前提下，凸显了孟子的仁政说和政权理论的心性化特色。

孟子将仁扩大为政治学说，使一般的伦理要求上升为社会政治生活的准则。只要有仁心，政治上就能产生出仁政。“人皆有不忍人之心。先王有不忍人之心，斯有不忍人之政矣”（《孟子·公孙丑上》）。对仁政的推崇，又导致了孟子对霸道的拒斥。既然通过仁爱的推广、教化的安抚就可获得人民的拥护，那么与此相对立的霸道则是背道而驰的。“以力假仁者霸……以德行仁者王，以力服人者，非心服也，力不赡也；以德服人者，中心悦而诚服也，如七十子之服孔子也”（《孟子·公孙丑上》）。以力服人，表现出来的是暴力征服，不会使人心服。孟子特别强调心服，因为心服是得到天下的必然前提。“桀纣之失天下也，失其民也；失其民者，失其心也。得天下有道：得其民，斯得天下矣。得其民有道：得其心，斯得民矣”（《孟子·离娄上》）。对民心的注重表现了孟子政治思想的积极性。天下之得失系于民心，得民心就是仁，反之处之暴虐则是不仁，得民心，就可保民而王，这是政治统治的基础，孟子明确地提出了这一政治原则：“三代之得天下也，以仁；其失天下也，以不仁。国之所以废兴、存亡者亦然”（《孟子·离娄上》）。由于敏锐地意识到了民心的重要性，孟子就得出了“民贵君轻”的论断，“民为贵，社稷次之，君为轻。是故得乎丘民而为天子，得乎天子为诸侯，得乎诸侯为大夫”（《孟子·尽心下》）。这是对孔子“仁学”思想的一大提升。

孟子将仁政的形成归结于仁心的存在，由仁道原则推出具体的政治原则，这都是对孔子思想的深化。将仁道作为社会政治运行机制的动力和规则，更是孟子的发展。孟子通过对仁道原则的强化，奠定了“心性之学”的发展基础。与此同时，显然也弱化了自然原则，呈现出明显地轻视经济、技术等非道德力量的偏向，使儒学的发展呈现出“内化”的发展倾向。

虽然孔子对“君君、臣臣”的政治结构做了设定，但却未言及若发生“君不君”、“臣不臣”的情况该怎么办。孔子的时代仅仅是礼崩乐坏，周王朝的统治虽已衰弱却也还稳固。到了孟子的时代，诸侯的崛起向人们提出了关于政权如何进行转移的尖锐问题。孟子将“仁”的思想继续推广，强化了其政治思想中的道德意识，沿此思路发展以解决君臣关系及政权转移的问题。孟子首先以“道”来规定君和臣各自的行为，“欲为君，尽君道；欲为臣，尽臣道。二者皆法尧舜而已矣”（《孟子·离娄上》）。此道的内涵，自然也就是以其性善原则所扩充的仁道。为臣，必须是依道来谋求官职。孟子所讲的“大丈夫气概”，就涵盖了为臣下的不能牺牲道的原则、无限制地服从君主的思想。至于为君不行君道，孟子指出，“无罪而杀士，则大夫可以去；无罪而戮民，则士可以徙”（《孟子·离娄下》）。这样的君主必然会面临失去人民拥戴、被人民推翻的危险。对于君臣之间的关系，孟子认为两者应处于一种平等对待的结构中，“君之视臣如手足，则臣视君如腹心；君之视臣如犬马，则臣视君如国人；君之视臣如土芥，则臣视君如寇仇”（《孟子·离娄下》）。这都反映了孟子的政治思想中有民主思想的萌芽。

孟子政治思想的积极意义还在于，他已触及到了政治中最敏感的政权问题。如孟子质问齐宣王：“四境之内不治，则如之何？”意指如果国家治理不善，就应追究国君的责任。面对这样尖锐的问题，齐宣王不得不“顾左右而言他”（《孟子·梁惠王下》）。政权转移问题，是政治思想中重要的一环，对此问题的提出，表现了孟子的政治勇气和气概。孟子通过对禅让、世袭、革命几种方式的评述，表明了他的“以德与力得天下”的思想。在其“天人合一”学说的前提下，孟子以“民意”释“天意”，以民心向背作为政权更迭的基本力量。在孟子关于舜继尧位的议论中，他指出，正因为德高才大，才得以继位，而并非尧将天下让给舜，这是天意的结果，“即以民心所向为主”（《孟子·万章上》）。至于世袭，禹传位给启，也是因启具备了为君的德才。政权的转移是以德为决定因素的，德在臣下则传臣下，德在子则传子。若是君主无德，就可进行革命。孟子盛赞汤武革命，“贼仁者谓之‘贼’，贼义者谓之‘残’。残贼之人，谓之‘一夫’。闻诛一夫纣矣，未闻弑君也”（《孟子·梁惠王下》）。桀纣因失德而失天下，汤武以德与力取天下，正是顺应天意的结果。孟子以德来解释政权转移，确实具有积极意义。但就其思想倾向来看，他认为社会政治权力的转移虽然是通过人的活动来完成的，但在这主体的背后，更为根本的决定力量是人的德性，实质是以“民心”将天下给有“仁心”的人，这又指向、回归了心性之学。

孟子的政治思想，虽然显示了时代进步的特点，具有积极意义，但在实践中，也是常碰壁的。理想的道德在残酷的现实面前总是显得苍白无力。当时，各诸侯国忙于合纵连横，以攻伐为贤，所以孟子以仁政游说于诸侯，被认为是“迂远而阔于事情”（《史记·孟子荀卿列传》）。故孟子终其一生，志向也难以实现，这不能不说是其政治思想的一种必然命运。

三　尚礼尊君：儒家政治思想的外开

孔子从释“礼”开始，进而提到“仁”，确立了以道德心性为政治制度基础的发展路向。孟子立论，则更加充分地发展了道德心性说，在此表现出孔孟的同一趋向。荀子则着重于从人的自然之性出发，以“平乱”的要求来寻求礼乐之源，因而形成了他的“尚礼尊君”的政治思想，体现了儒家思想道德外开的倾向。

“礼”在荀子那里，兼指政治制度和日常规范。荀子以“性恶”为基点，溯及礼的起源。人生而性恶，故有欲，欲不得则争，争则乱，所以荀子提出先王制礼的观点。“先王恶其乱也，故制礼义以分之，以养人之欲，给人之求。使欲必不穷乎物，物必不屈于欲，两者相持而长，是礼之所起也”（《荀子·礼论》）。对于作为社会运行机制的“礼”，荀子寄托了很大的希望，以为礼是确定社会秩序、规范人的行为的最高标准。“礼者，人道之极也。然而不法礼，不足礼，谓之无方之民；法礼足礼，谓之有方之士”（《荀子·礼论》）。礼不仅是文明的象征，也成为社会价值判断的原则。但礼的运行，必须依赖于强制权力。荀子没有沿着孟子“反身内求”的取向发展，他从具体的社会环境中外开以寻求权力之源。他分析道：“礼有三本：天地者，生之本也；先祖者，类之本也；君师者，治之本也”（《荀子·礼论》），以君师而非各人的道德心性来决定社会的治乱、礼的运行。他所谓的道，特别定义为君道，所以就发展到他的尊君思想。“君者，民之原也，原清则流清，原浊则流浊”（《荀子·君道》）。荀子进而断定国家之道系于君主一身，这与孟子提出的“天下兴亡系于民心”恰好形成鲜明的对立。基于此，荀子提出的政治措施就是王霸并用。隆礼尊贤，义立而王，是他的政治理想，重法爱民，信立而霸，虽不如王道，但仍可称道。相对于孟子绝对地贬抑霸道、崇尚王道的倾向，荀子表现出明显的外王倾向，富有更加强烈的建功立业的社会使命感和实现政治理想的要求。荀子慷慨激昂：“要时立功之巧，若四时，平正和民之善，亿万之众而抟若一人，如是，则可谓圣人矣”（《荀子·儒效》）。荀子更注重将社会理想落实到安邦治世、治国平天下的政治实践中。他主张以礼为立国之本，“礼之于正国家也，如权衡之于轻重也，如绳墨之于曲直也。故人无礼不生，事无礼不成，国家无礼不宁”（《荀子·大略》）。荀子发展了孔子的非礼则勿视听言动的思想，丰富了儒家关于外王的理论。他虽然重法，但并非完全同于法家，他更多地强调将人格的内在品性与法的观念联系起来，“君子贫穷而志广，隆仁也。……怒不过夺，喜不过予，是法胜私也”（《荀子·修身》），表现出重德倾向，实现了儒家积极进取、修身为本的政治态度。由此可见，荀子在根本上坚持了儒家的方向，贯穿他思想的是儒家的血脉。

荀子和孟子同样关注着君道、臣道，以及政权转移的问题，但却呈现出不同的风貌。对国君，荀子要求能尚贤使能，对臣下则要求事君以道。故“从命而利君谓之顺，从命而不利君谓之谄；逆命而利君谓之忠，逆命而不利君谓之篡”（《荀子·臣道》）。此处的命指道，是仁爱之心，道命和是否利君是判断臣下的两个标准。这样的君臣关系是和孟子的态度相一致的，反映出先秦儒家政治思想的共同特点。但荀子却又大大发展了尊君的思想，赋予君主以无上的权威和至高的道德人格。“君者，国之隆也；父者，家之隆也。隆一而治，二而乱”（《荀子·致士》）。要治天下必须维护君主的地位，故荀子说：“人君者，所以管分之枢要也。故美之者，是美天下之本也；安之者，是安天下之本也；贵之者，是贵天下之本也”（《荀子·富国》）。如此确认君主在国家政权机制中的地位，使荀子的政治思想显示出了强烈的权威主义倾向，脱离了孟子的以民为本的政治路线。所以在政权转移这个问题上，荀子虽承认“水可载舟，亦可覆舟”，但他的前提是以维护君主地位为前提的。荀子重要的政治思想发展还体现在他的“天子无禅让”说上，这是先秦政治思想的一大转折，对以后君主专制思想的形成影响极大。荀子认为，一个人既为天下之君，则其身已非私身，不能依个人意志而随意转让。即是身死之后，天子之位也只能传而不能禅让。荀子认为：“天子者，势位至尊，无敌于天下，夫有谁与让矣？道德纯备，智慧甚明，南面而听天下，生民之属莫不震动从服以化顺之。天下无隐士，无遗善，同焉者是也，异焉者非也。夫有恶禅天下矣”（《荀子·正论》）。君主专制的思想萌芽由此呈现于儒家政治思想的发展历程中。

从荀子开始，儒家政治思想中君主的地位大大提高。君主神圣崇高，兼内圣外王于一身，非圣者不能居其位。反过来也就肯定了现实中居君位者有圣德。荀子在此表现出来的思维倾向是，由现实中归纳出道德原则，然后再以此道德原则来维护现实。这样，就奠定了君主专制政治思想发展的基础。所以儒学发展到荀子，并没有形成客观有效的法制轨道。因此，荀子的政治思想的意义也是理论意义多于实践意义。甚至连荀子的学生韩非、李斯也不再皈依儒家传统，而成为法家的代表人物。这从侧面反映了儒学政治思想的命运。

从上面的考察可以看出，在孔子所设定的儒家思想的基本框架中，已经具体而微地包括了儒家政治思想的发展取向。孟子和荀子虽然在许多观点上都是对立的，但他们基本的思想取向还是坚持了孔子所开创的儒学基本精神，都各从一个侧面发展了儒家的政治思想。孟子的思想导致了“心性之学”的产生，代表了儒家的“内圣”方向；荀子的“尚礼尊君”则引出了以后“功利之学”的源头，代表了“外王”的方向。孔孟荀的思想既一脉相承，又各有变化，体现了一种化外在规范为内心约束的思想取向。他们从总体上确定的政治思想，为以后中国两千多年的社会发展奠定了基础，指示了方向。以后中国社会政治变迁的历程所表现出来的主要精神，在先秦儒家政治思想中都有端倪。

第六节　体和用——儒学的形上理论与历史化形式

任何一个伟大的学说体系，即使在千百年之后，人们依然会感受到其价值和魅力。站在新世纪的门槛上，正视现实，放眼未来，产生于两千五百年前的中国儒家哲学又被寄予了满腔的希望，面对现代社会所产生的诸多问题，越来越多的人相信：在解决现实和未来问题上，儒家哲学将大有作为。

然而，理念和现实毕竟隔着一层，“应然”和“实然”也是两回事儿。正因为如此，所以当我们把眼界从理念拉回现实、从应然去追寻实然的时候，现实不免会让对儒学满怀希望的人们感到有些失望和沮丧：一方面是学者们大张旗鼓、信心十足的宣传；另一方面则是社会现实的麻木不仁、依然如故。强烈的反差不能不使我们反思：问题究竟出在哪里？当然，就价值认同来说，我们依然不怀疑儒学在今天乃至未来社会所具有的重要价值和意义，但是我们同时也认为，在理论与现实、应然与实然之间，却有许多工作需要去做，其中，儒学理论自身的现代化问题便是当务之急。

一　体和用：儒学之形上学及其历史化形式

对儒学现代价值的分疏，离不开对儒家思想之体和用的把握。要言之，对儒学而言，所谓“体”，亦即是儒学之本，是儒学之所以为儒学者；而所谓“用”，则是其“体”见之于实践者，是因应时势而获得的表现形式。分析说来，儒学的价值和活力恰恰就根源于儒学的“体”——儒学之形上学也即仁道人学原理所具有的“常道”性格。“仁”是人之所以为人的本性之所在，是人类“群居合一”之所以可能的根据和基础。只要在有人和人群的地方，便不能没有“仁”。“仁”就是那个人类“不可须臾离也”的“道”。不止于此，在儒家这里，“仁”并非是一个高高在上的抽象原理，而是植根在一个最最真切的实体——仁心或良心之中。这是一个人人皆具而且与人类同其永恒的实体，它不仅是“仁”的根源，而且还有着生生不已的创生本性。心是活的，那么立基其上的儒学又岂能是死的？儒学决不单是一些写在书本上的教条，而是一个活的生命体，是一个体用兼备、开放的和发展着的体系。

以仁心立基，这是儒学的真精神和活的灵魂，儒学理论的高明和伟大在此，儒学历万劫而不绝的不朽之源也在此。然而，任何一种入世学说，它要实现其经世致用的目的，其理论便不能仅仅停留在抽象的、形上学的层面，而必须落下来，在与当时客观历史条件的结合与统一中，完成其具有操作意义的形而下学。以治国平天下为己任的儒学当然也是如此，它也不能只固守在说仁心、道性善的形而上领域，而同样需要落下来。于是，在君主专制制度这一中国古代既定的历史条件下，在与现实的统一中，儒学，这一“极高明”的哲学体系便获得了一个带有时代特质、具有实践意义的历史化形式。概括起来，这一历史化形式在理论上主要表现在以下两个方面：

第一，政治观念上的民本主义。民本主义作为传统儒学之德治主张的核心理念，是人所熟知的，只是对它的评价有所不同。在持否定态度的人士看来，儒家的民本主张是从统治者的利益出发的，是为当权者提供的一种长保其统治地位的统治术，因而这一理念在其“一念发动处”便已经错了。对此观点，我们是不能苟同的。因为无论是从“知”上说还是从“行”上看，我们都没有理由怀疑孔孟大儒作为一个儒者的坦荡心怀，其

"仁者爱人"的对象不应该也不可能是某一特定的个人或某一特殊的阶层，而是一种具有普遍意义的类意识和类情感，而民本主义正是这种类意识、类情感在当时条件下的历史表现。众所周知，在君主专制制度下的实际情形就是这样，人们生存状况的好坏很大程度上取决于君主一人的好恶与所为，这是一个不争的事实，是专制制度本身的特点所使然。因此，在这种情势下，如果能够让统治者接受"民本"的观念（即便是从功利的角度），从而收敛其放纵的欲望和行为，使天下苍生皆得休养生息、安居乐业，那么就当时的历史条件而言，恐怕也不失为一种大仁大智的做法。

第二，社会伦理观上的"正心论"。要维护一个社会的正常秩序，建立起人与人之间融洽和谐的人际关系，从方法的角度看，不外有两条：一是求诸个体内在的道德自觉与自律；二是诉诸法律的外在强制和约束。而对儒学来说，我们可以发现，它所极力推崇和倡导的是前者，对法律的地位和作用则作了有意识的淡化处理。儒家的这种做法依然有其历史的合理性。因为在当时的社会制度下，法律不仅没有取得像现代社会这样的客观独立的地位，而且在很大程度上，也还只是一家之法，是统治者任意驱使的工具。因此，在这种情况下，如果单纯地或主要地以法律来规范全体社会成员的所思与所行，则不只是不符合人性，而且与治国平天下的目标也往往是背道而驰的。大概正是基于这样的理由，所以在儒家这里，对法律便形成了这样的看法："有治人，无治法……法不能独立，类不能自行，得其人则存，失其人则亡。"（《荀子·君道》）当然，自今天的观点看，儒家的这种见解确已不适合于现代社会和现代的法律，但在当时，这却是符合事实的。因此，相对于当时的客观现实而言，儒家的选择不能不说是一种合理的、只能如此的选择。所以，自孔孟一直到近代，在儒家理论中一直坚持着这样一个信条："自天子以至于庶人，壹是皆以修身为本。"（《礼记·大学》）他们希望并努力通过"格君心之非"以实现政治上的王道或仁政，通过尽心知性的道德修养以实现全体社会成员间以人性为基础的交往与合作。

应该说，儒学作为一个充满着悲天悯人情怀的伟大的学说体系，这种历史化形式的建立和完成，其积极意义是双重的：一方面，儒家的价值观念和理想通过此而得到了在当时历史条件下的客观贯彻和落实；另一方面，现实的社会与政治也在这一过程中得到了某种程度的提升和推进。尽管这两者在程度上都是有限的，但用历史的眼光看，则已经是尽其可能了。

然而，任何具有历史合理性的东西，同时也是必然要失去其合理性的东西。历史发展到今天，君主专制制度已经成为永远的过去，儒学的历史化形式所赖以形成和发挥作用的现实基础已不复存在。因此，当我们肯定儒学的合理内核在今天依然具有重要价值和意义的时候，我们同时必须清醒地认识到，儒学的历史化形式已远远不能适应在现代条件下的儒学发展，而需要在与时代精神的结合中，推陈出新，转化出新的形式。总之一句话，儒学需要现代化。

二　民主与法制——儒学的当然选择

就儒学而言，"体"是不能变的，变了，儒学就不成其为儒学了；而"用"则可以变而且应该变，不变，则不能通，不通，又焉能久？既如此，那么在此便有一个关键性的问题需要回答，这就是，儒学具备这种通体达用、应时而变的内在机制和能力吗？答案是肯定的。举个例子说，在《孟子·离娄上》中有一段对话是大家所熟知的，这段对话是这样的："淳于髡曰：'男女授受不亲，礼与？'孟子曰：'礼也。'曰：'嫂溺，则援之以手乎？'曰：'嫂溺不援，是豺狼也。男女授受不亲，礼也；嫂溺，援之以手者，权也。'"就是这样一段话，看似普通平常，却传达了一个非常重要的讯息，那就是：儒学绝不是一个食古不化、僵死封闭的体系，它本身确实拥有一种实事求是、应时而变的内在机制。"男女授受不亲"和"嫂溺援之以手"，二者虽表现迥异，却都是一体之"仁"的运用和表现，变"男女授受不亲"而为"嫂溺援之以手"，不但无损于儒学的基本精神和价值，相反，是儒学之"体"因应新的条件而作出的合理反应。同理，在今天，置身于新的时代，面对着新的问题，以"仁心"为本，以"正德、利用、厚生"（《尚书·大禹谟》）为价值关怀，并有着实事求是、应时而变之内在机制的儒学，也不会抱残守缺、冥顽不化地死守着陈旧的历史化形式而不放。儒学现代化同样是儒学自身的内在要求。

那么，儒学现代化都包括什么内容呢？相应于儒学的历史化形式，我们认为以下两点是十分重要的，这就是民主和法制，即以民主代替民本，以法制来成就正心。这是儒学在现代社会赖以实现价值、发挥积极作用的基础和保证。以下我们试分开来加以阐述：

首先，关于民主和民本。

应该说，就人性基础而言，民本和民主有着共同的源头，这就是爱人之“仁”，但作为两种在不同历史条件下的表现形式，二者之间却有着质的不同。因此，一方面，从历史的角度看，我们不可否认，在儒学的“形下学”系统里，“民本主义”确实是最能凸显儒学的基本精神和价值理念的主张之一，而且在历史上这一思想也确实起到了非常积极的作用——专制因此而得到缓解，百姓因此而得到实惠。但另一方面，这一切并不意味着“民本”与“民主”是同质的，更不意味着在新的世纪里，“民本”依然可以作为儒学的实践形式而继续发挥积极的作用。那种把民本视同民主的观点同样是我们所不能苟同的。

人们知道，民主不只是一种观念，同时也是一种制度。民主之为民主，其基本的含义就是“主权在民”，也即政治运作的最高权源出自人民。但恰恰就是在这个最根本的权源问题上，“民本”与“民主”表现出了质的不同。考察一下“民本”观念的逻辑理路就可看到，在“民本”的世界里，人民虽被看成是社稷的根本，但却不是政治的主体，真正的主体是君王。权源在君而不在民。君主高高在上，拥有无上的权力（尽管按要求他应该是一个圣君明主，但谁又能保证呢?），而人民则始终处于消极被动的地位，只是被惠顾和关爱的对象。“民本”中的“民”是“子民”，不是“公民”，“民本”不是“由民作主”，而是“为民作主”。试想，生活在一个掌管着生死与夺之权的专制者的宰治之下，会有人权和幸福可言吗？在这里，人民永远不会有当家做主的自尊与自豪，有的只会是对命运无常和时刻需要恩赐的无奈和自卑。

由此说来，“民本”和“民主”的关系实可以用一个词来概括，那就是“同体而异用”，虽然“民本”也是儒学之“体”的运用和表现，但这种运用和表现无法超越其自我的限定，这个限定就是君主专制制度。也即是说，“民本”之成立是以君君、臣臣的政治制度为基础和前提的，是儒家以这一政治制度为基础和前提而对在上者提出来的一种道德要求。所以，如果说在传统社会里，儒家的爱人之仁在政治上还只能通过民本的观念，依靠统治者的道德良心来求得某种程度的实现的话，那么在今天，只有民主才能使这一理想得到真正的贯彻和落实。

其次，关于法制和正心。

同样，如果说，传统儒家对法律所作的淡化处理是实属不得已的话，那么，今天法律和正心则是相辅相成，缺一不可的。因为今天的法律真正代表了全体公众的利益，已非一家之法，而是天下之法。正心诚意的道德修养对人而言尽管是永远需要的，但如果没有法律作其保障，一个真正良好的社会秩序和人际关系是无法建立起来的。这其中的道理很简单，因为它只有偶然性，而没有必然性。孔子说："道二：仁与不仁而已矣。"（《孟子·离娄上》）如果没有法律的有效约束，那么对摆在人面前的这两条路，人们并不是必然地要走哪一条路不可，他可能选择仁，也可能选择不仁。而这种选择对个体而言，固然只是一个道德境界高低的问题，但就社会来说，却是一个有关他人幸福与否及群体生存状态如何的现实问题，而不能任其自然、漠然处之。也即是说，试图通过每个个体的道德自觉和自律以建立起一个良好的社会秩序，则不只是不可靠的，而且也是不可能的。相反，如果有能代表公众利益的法律来作保障，情形就大不相同了。在法律的制约下，人们只有向善一条路可走，向恶之路是自取灭亡之路。因此，在这种氛围中，一方面，可以促成更多的人在正心诚意、"有耻且格"的自我修养中得到提升，而丝毫不会影响到其道德境界的质量；另一方面，冥顽不化的人也大多会在法律的威慑下，悬崖勒马，放下屠刀，而不至于对他人和社会造成实际的危害。这样一来，一个与儒家精神相契的、健康良好的社会秩序和人际关系不就可以真正建立起来了吗？

综上可见，儒学理论自身的现代化的确是一个十分重要而紧迫的问题，民主和法制能否在观念中立起来并在现实中落实下来，直接关系到儒学的前途和命运，关系到儒学现代价值和作用的发挥：得之则昌，失之则亡。民主和法制是儒学在当代的必然选择。时代需要儒学，儒学必须现代化。

第二章　东方儒学的形成和展开

儒家学说是在中国历史文化特定背景下产生的，但儒学却不是中国所独有的。汉代以降，儒学流布施及东亚四邻国家，形成汉文化圈。儒学超越国家界限，成为整个汉文化圈国家所共享的精神财富。中国儒学的独立系统之外，又产生了日本儒学、韩国儒学、越南儒学等各具特色的思想文化；在新加坡、印度尼西亚、马来西亚等其他东方国家的历史文化传统及社会现实中，都或深或浅、或多或少地铭刻着儒学传播与影响的印记。

第一节　汉字与汉文化圈

文字是人类思想文化得以准确表达、储存、流传的载体，同人的思维、意识、观念有着本质的联系，而且也在根本上规定着民族思想文化的某种特性。人类从原始的蒙昧状态进到文明人的标志就是文字的发明创造。汉字以其独特的个性迥异于西方拼音文字，成为汉文化圈共同的文字基础，对东方文化有着重要的影响。

一　汉字的特点

汉字作为汉文化最基本的细胞，是汉文化极为重要的组成部分，有着悠久辉煌的历史和鲜明的民族特色，正如饶宗颐所论，“造成中华文化核心的是汉字，而且成为中国精神文明的旗帜”①。

汉字是目前世界上最早的文字之一，大量的考古发现可证，汉字已有六千多年的历史，如果再加上萌芽滥觞期，汉字实际跨越了更为幽深的时

① 饶宗颐：《符号·初文与字母——汉字树》，上海书店 2000 年，第 174 页。

间隧道。文字是文化的产物，汉字是一种与拼音文字完全不同类型的文字系统，在人类文字发展历史中占有重要的地位和意义。世界上曾有几种与汉字同样古老的古文字，如古美索不达米亚地区苏美尔人创造的楔形文字，古埃及的圣书体等，但它们都很早就消亡了。汉字却历久弥新，保持着旺盛的生命力，成为最发达、完备的表意文字系统。与汉语及汉文化相适应，汉字在长久的历史进程中有着与西方文字完全不同的发展规律及特殊的演进轨迹，成为中国文化的特殊载体及重要传播媒介。中国文化数千年绵延不绝，虽然有鼎盛与低谷的起伏，却始终持续不断，汉字实在功不可没。

作为独特的表意文字，汉字具有特殊的形体构造——以义构形，以形索义，既具有形象、象形性，又兼具高度抽象的符号功能。汉字的性质绝不是单纯的象形文字可以概括的，其形体结构经过系统地、有规律地安排，业已经过了符号化的过程。与拼音文字的字母符号相似，汉字形成基本笔画，演出归类严格、科学的偏旁部首，它们具有与拼音字母基本相同的符号功能，但却不是纯理性的符号。汉字的构字及用字方法有自己独特的规律，最典型、最本质的特征就是因义构形、以象形性为根基。

首先，汉字具有鲜明的形象性。汉字是从整体象形文字发展而来的，以“象形”为本原，但这种象形已经脱离了图画的性质，远离了写实。可以说，每一个汉字都映着象形表意的影子。汉字从初期的刻画符号，成熟期的甲骨文、金文，再到大篆、小篆，最后经过隶变，发生了质的飞跃，扬弃了最初的那种形象性，形成固定的意符。汉字得以脱离写实的象形，首先得益于汉字基本笔画及组合规则。汉字形体结构形式遵循着一定规律，抽象出五种基本笔画，笔画顺序按先上后下、先左后右、先中间后两边，也形成了基本规则。利用线条构成字体，使汉字进到意象的境界。在先秦时期就已发展成熟的六书理论，代表了汉字造字、用字的基本原则，从中可见，汉字符号系统是整齐、有规律的有机组合，写实的象形已化为象征性的意象。“六书”为：象形、指事、会意、形声、转注、假借。汉字的基干为单纯表意的象形字与指事字，是最初创造的汉字，会意字与形声字则都是由象形字及指事字配组而成，而以形声字为主体则是汉字成熟的标志，任何一种成熟的文字，都必须具备形音义三要素。

无论是哪种造字方法创造的汉字，形象都是不可或缺的结构要素。象形字的结构基础是象形加语义，指事字则是用形象加符号或单用指事符号表达语义，会意字的结构基础是用两个以上的形象或符号组合起来表达特定语义。显而易见，形象成为这三类字结构规律形式化的特征。形声字虽然一部分表音，一部分表意，但其声符并不单纯表音，只起音标的作用，而具有与义符同等重要的文化功能，与义符共同构成整体意象，以义构形，以形表义。形声字声符具有既表音又表义的二重性，段玉裁曾有分析，“声与义同原，故谐声之偏旁多与字义相近。此会意、形声两兼之字致多也。《说文》则或称其会意，略其形声；或称其形声，略其会意。虽则省文，是与互见。不知此，则声与义隔。”① 当然也并不是所有的声符都表义，尤其是后起的形声字声符往往与义无关。形声字大量产生，并不意味着汉字要丢弃形象、往表音方向发展，相反，恰恰是汉字坚持表意性，尽可能地在形体上增加意义信息的结果。

其次，汉字偏旁部首具有高度抽象的符号功能。德国历史学家赫尔德曾这样描述过汉字：“中国人为他们那个属少数几种古老象形文字之一的汉字发明了一个由八万多个字符组成的庞大体系。”② 这实在是对汉字的一种误解。就像单词不能作为拼音文字的基本元素一样，字符显然不是汉字的基本构成元素。汉字完全具有现代文字的符号功能，它形成了一套运用非常灵活的基础结构——偏旁部首，汉字虽有数万之巨，偏旁部首却只有几百个，而且在甲骨文时代就基本确定下来。从某种意义上讲，可以说这是一套再生能力极强的超稳定的符号系统。

偏旁部首的符号功能表现在其所具有的高度抽象性。它首先是一种形体上的抽象。这种抽象性更表现为意义上的抽象。偏旁部首实际是对表现万事万物的汉字进行了分类编码，抽象出字形相同义符与客观事物同一性的对应关系，然后进行逻辑分类。与这种抽象性相伴随的，偏旁部首具有高度的开放性。偏旁部首的分类是适应于汉字的发展而发展的。汉字的创造，远取诸物，近取诸身，天地自然、社会人类，可以说无所不包。

正是因了特殊的形体结构，汉字字符本身就具有了直观性、象征性的

---

① 段玉裁：《说文解字注》，上海古籍出版社 1981 年，第 2 页。

② 夏瑞春编、陈爱政译：《德国思想家论中国》，南京，江苏人民出版社 1989 年，第 86 页。

特色。

二　汉字的文化功能

同拼音文字相比，除了上述构字特点和规律外，汉字还具有许多特殊的功能。

首先，因字、词的一致性而具有的蕴化新词的独特功能。

汉语作为非形态语言，其词法、句法及一般的词义信息蕴藏于词语铺排的线性流程中，不依靠词汇形态表示，而借由词序的变化予以显现。汉字与汉语相适应，表现为一字一音的单音节文字，由于形体构造的形象性、表意性特点，汉字字、词具有某种一致性，并因此具有了蕴化新词的独特功能。在拼音文字中，以字母为基本构词元素，以多音节词为表意性单位；而在汉字系统中，一个汉字字符既是汉语基本的区别性单位，同时一般又为基本的表意性单位。汉字只有“字”的书写单位，没有“词”的书写单位，既不分词也不连写。汉字本身因义而构形遂确定了单字又同时是词的性质，每个汉字都直接意指某事物，一个词的词义经过字形的分析即可探得。如“蓍”字，同时也是一个词，从其从“艹”部，可以知道这是一种草名。如“礼”字，也是一个独立的词，因其从“示”部，可以探得它与祭祀的关系。汉字以义构形的造字原则，增强了单字本身的意义蕴含，便于从上下文的联系中探知语词的确切信息。

由于字、词的一致性，一字多义与一词多性相统一，汉字又可以表示多种词性。一个汉字除能表示一个具体词的意义，还能表示多个词的意义，随具体的语境在不同的组合中有不同的性质。汉字在组词的时候具有极大的灵活性，能够以不同方式、在不同层面层层组合。可以通过单字与单字之间的组合构成新词。如“封”、“禅”二字皆是独立的词，“封”义祭天，“禅”义祭地，两字又可以合为双音节新词“封禅”，单表祭天地的意义。又如“修”、“先”，单字表词时，意义毫不相干，二字联合组成“修先”一词，表示“祭祖先”的意思，遂成为新的词。

除了一些联绵词、音译词，汉语合成词的词义一般具有可以分解的特性，所以单字组词就如同部件组装，常用汉字的排列组合就可以产生新词。因此，在汉语中，词语的数量虽然无可计数，堪称浩瀚，但是它们却仅仅是由几千个常用、次常用汉字组成的。

其次，汉字的社会功能形成中国古代独特的文言系统。

“在古代汉民族圈内，文字的社会功能，不是口头语言而是书面语言”①。所谓书面语言，在中国古代其实有两个系统，即文言文与白话文。汉字相对汉语保持自己的独立性，主要就是在文言的层面，中国文化得以通过汉字在四邻国家传播亦主要是借助了文言经典。从甲骨卜辞、钟鼎铭文，到《尚书》、《周易》、《春秋》等六经，再到《老子》、《论语》、《孟子》等先秦子书，文言文已然发展为独立的书面语系统。书面汉语使汉字和汉语融合为一体，以经典的形式转化为中华民族共同的精神、思想财富。由于汉字的象形表意以及字词一致等特点功能，文言文省略了口语中无法避免的有关时、性、数等多种限制，形成文词简洁、语义凝练的特色，极富表现力。文言因此成为体系精密、适宜表现和传达各种事物、思想的符号工具。

中华民族的世界观、哲学观念、道德伦理规范、思维方式等，借由这些文言经典得以巩固、传承，而对这些文言经典的解释通常又是经由对文字义理的训诂而实现的，并形成中国特殊的学问：经学。在汉代独尊儒术、开经艺之试以后，文字更被视为“经艺之本，王政之始”。《说文解字》所收字即是五经文字，虽然这是一部文字学的著作，但作者编撰此书的一个重要目的是为了解经，一般在解释字义后直接引经以为书证，汉字是文化信息的载体由此可见一斑。十三经用过的单字有6500多个，而汉字使用的范围至此亦限于“王政”、“经艺”方面。汉字以义构形一般皆有理据性，其构形本身体现了人类对事物的观察，负载了诸多深刻的文化内涵。同时汉字形体构件表意的多义性，亦使得汉字对文化有较强的适应性。

正因如此，历史上古老的汉字及文言经典，一经传播到周边四邻国家，便深刻影响了这些国家的文化传统及思想意识形态，“从中国的世界观看来，由汉字所载乃为事物的深层意义，随汉字而完全渗进四邻民族精神中去的正是这种意义”②。另一方面，这些国家和民族的本土文化又可以利用汉字形体的随意可解性作为自己的阐述载体，形成自己民族独立的

① 饶宗颐：《符号·初文与字母——汉字树》，上海书店出版社2000年，第183页。

② 汪德迈：《新汉文化圈》，江西人民出版社1993年，第98页。

话语场。

最后，汉字具有高度的超时空性。

与拼音文字的记音特质相异，汉字以记形、表意为核心，虽然也有表音的成分，却远远没有前者来得重要。汉字的这个特征，近百年来曾引发很大的是非公案，语言学界褒贬不一，此且不论。仅就汉字流布、传播过程而言，这却是它能够跨越时空，被讲不同语言的民族、地区、国家接受的一个非常重要的也是最基本的条件。

一方面，历史上语音的变异并不影响汉字形义的表现能力。汉字不能够像拼音文字那样，由读音刺激人们对事物的联想；然而，因其自身的以义构形、以形表义特性，汉字形体具有相对的独立性，并不随着语音的演变而演变。字形、字义演变较之语音，具有更强的稳定性、持久性，尽管读音可能读不出，但这个字所表达的意义是明确清晰的，不会因为读音的变化而模糊，汉字字形同语义之间的联系非常稳固。汉字因此能够自成系统，具有一种逻辑运演功能，对其形义的理解可以不受时空的限制，具有长远而广泛的价值。音变形义不变，今音与古音的不同并不影响对汉字意义的理解，像《诗经》、《尚书》、《周易》、《春秋》、《老子》、《论语》等两三千年以前的先秦典籍，现代人仍然能够比较明确地通晓其义。

另一方面，各地域方言语音的差异亦不影响汉字形义的表现力。我国自古以来疆域辽阔，方言众多，语音演变的不平衡，使得不同地域的人们口语交际非常困难；但这种方音的障碍不但不影响对汉字形义的理解，反而可以通过汉字形成的书面语言得到解决，以形构义的汉字可以使人们超越语音的差异，而进行思想感情的交流和沟通。汉字这种超越方言的功能对中国文化传统具有深刻的影响，“首要是使中国人得凭借文字而使全国各地的语言不致分离益远，而永远形成一种亲密的相似”，“如此则文字控制着语言，因文字统一而使语言也常接近于统一。在中国史上，文字和语言的统一性，大有裨于民族和文化之统一”①。

正是因为读音即使忽略不计，仍然可以以形索义，历史上的汉字成为汉文化圈国家的通行文字才具备了最基本的条件。

---

① 钱穆：《中国文化史导论》，商务印书馆2000年，第89页。

三　汉字与汉文化圈

法国汉学家汪德迈对于汉字与汉文化圈关系的概括颇中肯綮，他认为，“所谓汉文化圈，实际就是汉字的区域”，“这一文化区域所表现出的内聚力一直十分强大，并有其鲜明的特点。它不同于印度教、伊斯兰教各国，内聚力来自宗教的力量；它又不同于拉丁语系或盎格鲁—撒克逊语系各国，由共同的母语派生出各国的民族语言，这一区域的共同文化根基源自萌生于中国而通用于四邻的汉字”，“汉文化圈的同一即‘汉字’（符号）的同一”①。中国、日本、朝鲜、韩国、越南、新加坡等国家和地区在思想文化、思维方式等方面的某些共性或相似性，在很大程度上确实是由汉字这一共同的文化根基决定的，汉字的传播能够开启儒学流布之门。

汉字大概在战国中期就开始逐渐向境外传播。北起朝鲜半岛，南至越南，东至日本，三个国家当时都没有文字，他们借用汉字的时间虽然先后不一，但最少也已有一千多年的历史。在长期流传的过程中，汉字这种异族文字已经成为这些民族的文化的有机构成部分，至今仍然是其重要的民族文化遗产。汉字在这些国家基本经过了完全借用、部分借用两个阶段，几乎与此同时，儒学在这些国家的传播也完成了从初期的被全盘接受到本土化的过程。

朝鲜、日本、越南等国家在汉字传入之前都没有创造自己民族的官方文字，这些国家的语言，虽然与汉语各不相同，但由于汉字特殊的形体构造及使用规律，他们却可以并不困难地借用汉字。事实上，这与我们古代语音差异很大的不同方言区域对汉字的应用颇相类似。汉字形义不变，发音则随各国语言的语音发生变化。汉字传入后，在很长时期内都被用作书面交际工具，形成这些国家的“书面汉语”，即使在他们创造了自己的文字之后，也都有大量的汉语借词，字音字义也深受汉语汉字的影响。

越南原是使用汉字的国家，另外还使用汉字型文字“字喃”，汉字是正式文字。汉字与文言典籍在越南传播很早。秦末汉初，诗、书之类的儒家经典已传入越南，汉字自然得到系统的传授和应用。由汉至宋千余年间，越语吸收了大量的汉语语汇，越南人把汉字称为“儒字”、“咱们的

---

① 汪德迈：《新汉文化圈》，江西人民出版社 1993 年，第 1 页。

字”。10—13 世纪，越南利用汉字“六书”中的形声、会意、假借等造字、用字方法，创造出本国文字“字喃”，“字喃”包括为书写越南语而借用的汉字及另创的越南字。借用的汉字只借音不借义，自创的字则完全模仿汉字的结构，往往由两个汉字拼写而成，一边表声，一边表义。“字喃”在陈朝时广泛流行，曾一度跟汉语文言并行，用作正式文字。胡朝时胡季犛还曾用“字喃”翻译儒家经典。由于“字喃”与汉字“形式上的无懈可击的同质性”，并且，“越南俗体文字体系远不具备汉字词义结构的活力”①，“字喃”到 17 世纪被拉丁文代替，成为一种死文字。但是，现在仍然能够借助汉字释读。汉字成为发掘越南传统文化宝库的工具和桥梁。越南学者陈英诗说：“越南语约 90% 的词汇来源于汉语。过去我们祖先的几乎所有的著作都是用汉字写的。必须认识汉字，才能通过数量巨大的汉——喃书库挖掘民族的遗产②。”

朝鲜早在公元 1 世纪就接受了汉字文化。西汉初期，真番部落已经使用汉字写信给汉武帝要求通商、通交；三国时期，高句丽国已有用汉字记事的著作《留记》，流行的文言经典有“五经”、“三史”、《三国志》、《晋春秋》、《文选》等，另有《玉篇》、《字统》、《字林》等字书。高句丽太学用这些文言典籍作为贵族子弟学习文化的基本教材。百济统治阶层使用汉字亦达到很高水平，他们于中国哲学、史学、文学著作无所不读，并迎得东晋博士高兴用汉字编写了一部百济史书《书记》。至于新罗，正是根据汉字的字义定的国号，取“德业日新”、“网罗四方”意。至 7 世纪末，新罗儒学专家薛聪在原有的“乡札标记法”基础上，系统制定了一套“吏读”方法，借用汉字音义标记朝鲜语，形式上都是汉字，文句中实词则用汉字词，虚词多用以汉字记音的朝鲜语。

至 15 世纪中叶，李朝世宗集中学者创制出朝鲜自己的民族文字“训民正音”，又称“谚文”。这是一套非常独特的注音字母体系，它不同于表意文字的汉字，是一种字母文字，但在语音及造字结构上仍然受到汉字影响。这套拼音文字系统得到推广的同时，朝鲜文中仍然大量使用汉字，继续沿用直接标记汉字的传统做法，使得汉字逐渐都有了朝鲜语的发音和

---

① 汪德迈：《新汉文化圈》，江西人民出版社 1993 年，第 100 页。

② 越南《人民报》1993 年 9 月 26 日。

写法。直至1894年，朝鲜政府宣布“训民正音”可以作为公用文字，汉字与谚文一直混合使用。

总起来看，朝鲜民族的文化传统与汉字的关系不可分割。其早期的历史书都是用汉语的文言文写的；“吏读”用汉字书写朝鲜语，正式文字仍然是汉语的文言文；现在，韩国虽然减少了汉字的数目，文学作品也全用谚文，但仍继续使用汉字谚文混合体。在长期使用汉字的历史过程中，汉字词在韩国语汇中占有了重要地位。大量表示文化、知识、概念的汉字融合到韩国语词汇中，韩文中有约占其词汇70%的汉字词，有一些汉字词甚至取代了韩国原有的术语。汉字词词义以汉字所代表的意思为准，如果只用韩文，脱离了汉字形状，汉字词的形意之间便会出现严重脱节。因此，汉字是朝鲜民族理解继承历史文化传统不可或缺的，韩国前总统金大中指出，“如果无视汉字，将难以理解我们的古典文化和传统”①。

相对而言，日本是汉字传入较晚的，但也是应用汉字最有创造性的，日本人借用汉字率先成功地建立了自己的文字体系，日文就是汉字和假名混合的文字。汉字及文言经典大概于公元3世纪由朝鲜学者传入日本，结束了日本无文字的历史。日本最初借用整个汉字作音符，用以记录书写日本语，最晚于7世纪初，日本已开始利用汉字来记录日本语。这种借用分为两种形式，或者借用与日本词同义的汉字按照意义记录日语，但是仍然按照日语发音，汉字在此被作为语义符号；或者不顾意义只借用汉字的发音为日本词注音，汉字只是被作为语音符号。正是在此基础上，日本学者利用汉字创造了日语字母——假名。假名依字体分为“平假名”和“片假名”两种，平假名是利用汉字的草书创造出来的，用于一般书写；片假名则是取汉字楷书的偏旁冠盖创造而成，只用于记写外来语或者有特殊要求的词汇。规范化之后的平假名、片假名就成为日语音节拼音文字的基本元素。但是，与其他国家不同，日语书写系统并没有排弃汉字，相反，汉字不但与假名同时使用，而且在行文中起着决定性的作用。汉字因此得到了广泛的传播，并且成为日本文字体系的有机组成部分。

非但如此，汉字在日本又成为实现近代化的媒介。虽然从19世纪开始，在西方文化中心主义的强烈影响下，日本废除汉字的呼声很高；但

① 《人民日报》（海外版）1999年2月11日。

是，日本文字并没有像越南那样被拉丁字母取代，不但仍然坚持了传统的表意文字体系，而且汉字成为西学传播的重要工具。日本近代对西方科学、文化等学术著作的大量成功译介，西方科学与人文思想在日本的迅速传播，在很大程度上得力于汉字高度明晰的词义特性。汉字由于字、词一致而呈现的组词的灵活性，在翻译西方学术术语时得到了最为充分的发挥。对于社会发展中不断出现的新事物、新词语，不需要另外增造新字予以表现，而只需利用汉字与词的同一性，使用已有汉字进行新的配伍调整，就可以产生新的词语。汉字在此成为强有力的语汇工具，汉字因此又成为中国近代化进程启动的桥梁。19 世纪末 20 世纪初，大批中华民族的精英东渡日本学习西方文化，从语言文字角度言，学习日译西典的障碍要小得多，“各种西学书之要者，日本皆已译之，我取经于东洋，力省速效，则东文之用多”，“若学东洋文，译东洋书，则速而又速者也。是故从洋师不如通洋文，译西书不如译东书”①。许多中国传统的字词如“经济”、“文化”、“哲学”、“解放”等，在日译西典过程中被注入了新的思想内涵，转而为中国文化注入了更化革新的活力。

综括观之，正是因了汉字的借用，东亚四邻国家在文化精神、思维方式、道德观念、审美情趣、文学艺术等各方面都受到了一定程度的同化，甚至于在民风民俗、民间礼仪等方面各国都有相似、相同的地方。其中一个最为突出的特征是对儒家思想学说的共同尊崇及信奉。

四　汉字与儒家经典

汉字构成了汉文化圈共同的文字基础，儒家经典同时就成为古代汉文化圈国家共同的文化典籍。无论是朝鲜、日本、越南，这些国家的古代教育一般都以儒家经典为基本教材。

儒家经典的合称，先后有六经、五经、七经、九经、十二经、十三经等。所谓六经，即指《诗》、《书》、《礼》、《乐》、《易》、《春秋》，在秦汉之前，其实只是中国古代六部文献典籍。作为记载古代文物典章制度的史料，它们与殷周以来中国文化有着密切的关系，在孔子之前就早已存在，春秋中期，楚国大夫申叔时论教育太子的科目中就列有《春秋》、

① 张之洞：《劝学篇·外篇·广译第五》，中州古籍出版社 1998 年，第 128 页。

《诗》、《礼》、《乐》等文献；孔子首开私人讲学之风，他对古代这六部历史文献进行了系统的整理和删订，使之系统化、完整化和规范化，作为教育弟子的教材，传统官学偏重技能和技术训练的“六艺”教育，在此演为“六经”的传授和伦理道德的培养。

虽然经过孔子的删订、教授及孔门弟子的转相传承，这些古代文献典籍已经逐渐形成经学的体系，但在先秦时期，只有经之实，而无“六经”之名。先秦典籍中，六书连称及“六经”一词见于《庄子》的《天运》、《天道》、《天下》三篇，而学术界一般认为它们是战国末至汉初庄子后学所作。直到汉代，才非常明确地把“六经”确定为儒家的经典。《汉书·艺文志》把以六经为经典作为儒家学派的重要特征之一，“儒家者流，盖出于司徒之官，助人君，顺阴阳，明教化者也。游文于六经之中，留意于仁义之际，祖述尧舜，宪章文武，宗师仲尼，以重其言”。汉时，《乐经》亡于秦火（一说乐本无经，配于《诗》、《礼》之中），原来的六经只存五经。由于汉代大一统帝国的建立及其施行的独尊儒术的文化政策，五经受到官方的推崇并立于学官，文帝时即设有经学博士，武帝时正式设置五经博士，形成制度，开经艺之试，以通经作为选拔人才的标准。经的数目不断增加，宣帝时已有五经十四博士。

经历代传注解说，“五经”已是一种统称，至西汉末时已从《周礼》中脱衍出《仪礼》、《礼记》，号称“三礼”；《春秋经》又有《公羊》、《穀梁》、《左氏》三家传注，号称“春秋三传”。东汉时又增加《孝经》、《论语》为经典，与五经合称七经。班固《汉书·艺文志》“六艺略”中分列六经，并把《论语》、《孝经》也作为经典。有“经神”之称的东汉大儒郑玄著有《六艺论》，专论六经要旨，并遍注群经。

唐代以科举取士，“明经”科以“三礼”、“三传”及《易》、《诗》、《书》合称九经。至唐文宗开成年间，又在国学立十二经刻石，在历代已有经书的基础上，增加训诂典籍《尔雅》为儒家经典，遂有十二经。直到宋代，将《孟子》提升为经，《诗》、《书》、《易》、“三礼”、“三传”、《论语》、《孝经》、《尔雅》、《孟子》，便成为中国儒学的十三部经典，总称“十三经”。

“十三经”之外，另有“四书”系统。唐代韩愈、李翱从维护儒家道统出发，对《礼记》中的《大学》、《中庸》极为推崇，对之进行了阐发和表彰，并与《论语》、《孟子》相提并论。至宋代，朱熹便把这两篇文章从《礼记》中提取出来，与《论语》、《孟子》合称“四书”，并作《四书集注》，藉之阐发义理。“四书”成为儒家经学的重要内容。“五经”、“四书”作为儒家最基本、最重要的经典，基本涵盖了儒家思想学说体系的精要，以“五经”、“四书”为标志，恰好也表征着中国儒学前后两期不同的传播特点：“五经”即政事而言哲理，“四书”侧重心性理学。

第二节　中国儒学的形成和展开

儒学自创立伊始，即为显学。在中国漫长的封建时代，儒学一直占据着社会上层建筑及其意识形态的统治地位，并且渗透到普通中国人的人伦日用之中，成为中华民族传统文化的主干及核心内容。通观儒学，代有变迁，并非前后绝对一贯。中国儒学的发展有诸多不同的分期，分期的不同关涉到不同的研究理念。仅以其在东方的流布传播角度言，我们可以把中国古代儒学划分为前后两期。前期儒学即为先秦原始儒学至汉唐经学化儒学，后期则为宋明理学。

一　原始儒学的特点及其经学化、政治化的历程

由孔子创始的儒家思想学说在后代儒者不断地研究探索中得以发展丰富，先秦时代儒学核心内容的确立，规定了后世儒学基本的发展方向；汉代儒学的经学化、政治化实际是儒学制度化的过程，是儒学前期发展中最为重要的阶段；而儒学与佛、道二教在整个魏晋隋唐时期的对抗、交融，则为儒学进到宋明理学的新形态做好了充分的学术准备。

（一）原始儒学核心内容的确立

由孔子首创，经孟子、荀子的发展，先秦儒学最终成为一种伦理本位的人本主义思想体系。

孔子生活于春秋末期，身处天下无道的乱世，颇为神往西周的盛世统治，致力于维护周礼，恢复以周礼为准则构建的社会秩序。但在社会变革的压力下，孔子亦意识到要挽回“礼”的衰落却不能单纯依赖于“礼”。他提出了以仁为核心，以仁释礼、仁礼结合的思想体系。孔子的仁学思想

植根于宗法血缘关系之上，伦理学说、人生价值诸问题的提出与展开，皆以调整人间秩序为指归，具有强烈的政治意识；而道德修养学说则把主体修养的重要性提升到首位，强调人的主观精神的作用，形成重人轻神思想；践礼行仁突出的是利他、利社会的群体精神，旨在形成整个社会的整体和谐稳定。

孔子思想学说所具有的诸多特征，在孟子和荀子处得到进一步强化与发展。孟子立足孔子体系重“仁”的一面，提出了在中国历史上影响广泛的仁政理想；以性善论肯定了人的价值在于道德性，把外在的道德规范转化为人的内在本质规定，并由对人在道德修养中主体意识的强调，提出了“天人合一”思想及“尽心知性知天”的认识路线。荀子则主要继承发展了孔子思想中重“礼”的一面，立基于“性恶论”及“明于天人之分”的自然观，阐发了“礼表法里”、“隆礼重法”的礼治思想；提出了和孟子“存心养性”完全不同的向外求助的人性改造方法和道德修养理论。孟荀对“仁”、“礼”不同的发展方向决定了其后儒家思想发展的不同路线。除了孟荀之外，战国时《易传》释《周易》，以阴阳之道阐述宇宙的起源，把宇宙间最根本的规律概括为阴阳对立面的交互作用。阴阳学说被后世儒者所接受，并产生了巨大的影响。

概括此期儒学的内容，以仁礼为核心的宗法伦理价值系统构成了儒学的精髓，这是儒学区别于其他思想流派的基本特征，其旨在论证中国古代社会以宗法血缘为核心的宗族制度的合理性，并借以说明宗法社会制度的伦理意义。“仁”成为儒学中最为重要的观念，既是调整人间秩序的必要原则，又是做人的最高道德准则，代表着人生追求的最高道德境界，同时表现为多方面的伦理道德原则，是各种善之品德的概括。“仁”的核心是“爱人”，强调人与人之间的一种亲善关系；而表现在人的道德行为之中，首先为孝悌、亲亲等家族宗法道德。中国古代社会是以宗法血缘关系为基础的宗法制社会，以宗法血缘为核心的家族制度普遍存在。儒家把社会上几种基本的人伦关系概括为“五伦”，即君臣、父子、夫妇、长幼、朋友，并对这几种关系如何显示“仁”作出了规范。“五伦”关系实际是君臣之间的政治关系及宗族间的血缘关系两种主要关系，而以血缘关系为基石。处理好宗法血缘关系，做到孝敬父母，就必然能够处理好君臣间的政治关系，对君主统治者或对国家的忠乃是孝的必然结果。

仁是儒家提倡的完满自主的道德人格、道德境界、道德规范，而礼则是作为一种外在的社会制约机制为儒家所注重，仁爱的原则是立足于礼的。孔子创建儒家学派之前，礼早已作为这种社会制约机制而存在，如孔子屡屡提到的夏礼、殷礼、周礼。礼包括了三个层面的意义，首先指古代传承下来的宗教祭礼，这是礼的原始意义，次指具体的社会政治制度、典章制度，又为一种人伦的行为规范。儒家认为礼的中心内容和基本原则是承认并维护现存社会各阶层亲疏、尊卑、长幼分殊的合理性，规定各阶层的行为规范，任何人都在一定的规范制约下，凭借礼的指导在人际关系中实现自己的职责，而不能逾越礼制，贱用贵礼，卑用尊礼。经儒家重新诠释的礼不再仅仅是外在的行为规范，而是具有了内在的道德价值。礼对不同等级的差别规定，其本质正是体现宗法血缘之爱的仁，既反映政治关系之等差，亦反映血缘关系之等差。不能呈现“仁”的礼只是徒具礼仪的形式，而离开了礼的规范，亦很难做到“仁”。儒家把礼与仁统一起来，把前此主要是政治概念的“礼”纳入了伦理范围，同时又把伦理道德的最高准则“仁”引进到政治领域。但儒家并没有把知礼与行仁完全等同起来，而强调对礼的外部制约机制可以有所改变，其实质内容的“仁”则是不可变更的。

原始儒学通过“践礼”、“行仁”的构想，把政治理想与伦理道德不可分割地联系在一起。仁与礼恰似鸟之双翼、车之两轮，构成儒学的理论特征，后儒的努力皆未脱离“践礼”、“行仁”的轨迹。

（二）汉代儒学的理论建构与实践

中国文化在汉代进入了它的第一个发展高峰，儒学在此期确立独尊地位，成为封建大一统中央集权确立后第一个占据统治地位的思想体系。董仲舒为维护并巩固大一统中央集权制，论证封建统治的必然与永恒性，重新改铸了儒家学说，较之先秦原始儒学已经发生了部分质的改变。汉代儒学在制度化、政治化的过程中，借由经学的传承，在社会政治、制度层面得到部分相应的贯彻和实现。

1. 汉代儒学的理论建构

董仲舒以儒家仁学为主体，以阴阳五行为框架，建构了汉代新儒学体系，旨在改变“百家殊方”的局面，从理论层面确立儒学的主导地位。他对儒学的重新建构，有一个最突出的特征，就是取诸子百家之长对儒家仁学进行重新包装论证，将其神学化。具体表现是：为儒家传统的“仁学”思想寻求终极论证——“天”的意志，并把它阴阳五行化，将封建伦理纲常神学化，并通过与三统说的结合，使之永恒化。

董仲舒构造了一个有意志、有道德、能主宰人类命运、以“仁”为心的人格神“天”，又以帝王为“天”在人间的代表，承天意而施仁政，一方面是对皇权的神化，为统治者的君临天下提供了神学的论证，同时更是借天对大一统中央集权政体中封建王权预设了一种限制；就传统仁学言，一般着重于执政者道德上的自觉自律，统治者是否、能否选择、实行仁德思想，全凭其个人喜好，并没有任何一种外在力量能够约束、限制、规定他必须这么做。董仲舒强调仁德本源于天，为仁学思想寻找到了天神的威力，“天”的代言人“天子”帝王行仁德就成为必然和必须的，这是借神之意对统治者执政思想的一种硬性规范；而他将三纲五常等封建伦理道德原则及规范的神学化，既是借天意神化“道”，使封建统治秩序神圣化、绝对化，同时，由于封建伦理纲常加赋予至尊无上的“天”，天意不再是神秘不可知的，彻底通晓了封建伦理纲常，也就领悟了道的真谛，也就是领悟了天意。由此可见，董仲舒对儒学的神学化，最终未脱伦理本位的宗法伦理价值系统的核心，他既把传统儒家的仁学神化、阴阳五行化，同时也使得天、阴阳五行儒学化，天、阴阳五行等神秘的事物与学说由此具备了儒家仁学和伦理的内核。

经董仲舒重新改铸的汉代新儒学体系，使儒家学说的基本精神得到进一步强化和固定，与封建专制王权密切结合在一起，主宰了封建社会意识形态两千多年。

2. 汉代儒学在制度层面的实践

董仲舒新儒学体系的完成与用世，有其深刻的时代机缘。经过汉初七十年的休养生息与发展，汉武帝时代的政治经济状况已与汉初迥然有别；诸多社会矛盾业已到了亟待解决的时候；加之武帝本人雄才大略，颇富进取、冒险精神的个性，作为汉初立国指导思想的黄老之学已不再适宜新的形势，必须寻找新的指导思想，积极营构新的上层建筑，才能使社会经济文化有更大的发展，更好地巩固封建大一统中央集权政治。与大一统政治格局的确立相伴随，文化思想体制的转换也在同步进行。

汉武帝把目光投向儒家学说，即位伊始，就对儒学发生了比较浓厚的兴趣，“及今上即位，赵绾、王臧之属明儒学，而上亦向之，于是招方正贤良文学之士”（《史记·儒林列传》）。建元元年（前 140 年），“诏丞相、御史、列侯、中二千石、二千石、诸侯相举贤良方正直言极谏之士”（《汉书·武帝纪》）；同年七月，又从儒者郎中令王臧、御史大夫赵绾之请，议立明堂以朝诸侯，终因窦太后不悦儒术而未果。其后，随着武帝执政日深，儒家之势日长，黄老影响渐消。建元五年（前 136 年）武帝设置五经博士。文、景时代仅有《诗》、《春秋》博士，至此儒家所有重要经典的传授，都立为博士，得到了官方的认同，获得正统地位。武帝这一举措未见阻力。次年，窦太后死，汉武帝终于可以放开手脚，大倡儒学，于元光元年（前 134 年）再次诏举贤良，并进行了历史上颇有影响的举贤良对策，董仲舒因应武帝策问，连上《天人三策》，在这次对策中脱颖而出。

正是在这样的历史氛围中，董仲舒杂糅了阴阳五行、道家黄老、法、墨等诸家思想，以《公羊春秋》为主干，以“究天人之际”、“通古今之变”为宗旨，创立了一个符合巩固大一统中央集权统治需要的新儒学体系。他推论《春秋》“大一统”之义，主张政治、法度和思想的统一，适时地提出了独尊儒术的建议，“《春秋》大一统者，天地之常经，古今之通宜也。今师异道，人异论，百家殊方，指意不同，是以上亡以持一统；法制数变，下不知所守。臣愚以为诸不在六艺之科，孔子之术者，皆绝其道，勿使并进。邪辟之说灭息，然后统纪可一而法度可明，民知所从矣”（《汉书·董仲舒传》）。此期对儒学制度建设起了重要作用的还有公羊学者公孙弘，他向武帝提出了许多倡导儒学的具体操作章程。

汉武帝采纳了董仲舒和公孙弘的建议，开始大力提倡和表彰儒学。立太学，置博士弟子员，开经艺之试，提拔了大批儒生担任各级官吏，并改正朔，修封禅。于是儒学由先秦时期“迂远而阔于事情”的民间思想学说上升为官方统治意识，最终赢得独尊地位。罢黜百家并非消灭禁绝百家，而是着眼于统一思想。虽然真正的儒术独尊是在宣帝以后，但武帝时的崇儒活动，儒家著作的经典化，儒家学说由私学上升为官学，极大地刺激了汉代儒生的政治热情及对功名利禄的追求，经学得以迅速发展，确使儒学在国家政治生活中起着重要作用。自此开始，儒学得以制度化，以儒家学说为基准，建立起一套法律和实践系统，并通过传播逐渐深入到习俗之中，其基本形态表现为：选举制度的儒家化及儒家传播的制度化、政治法律制度的儒家化[①]。这一切深刻影响了后世中国社会及其他汉文化圈国家的历史发展。

（三）儒学与佛、道的碰撞与对话

伴随着东汉皇权的土崩瓦解，儒学的独尊地位亦如飘风逝水，风光不再。但是，式微并不等于沉沦，儒学在与道佛二教的长期碰撞与交流中，再次为自己注入了更新生命的源头活水。

魏晋南北朝时期，以老庄学说注释、理解儒家经典的玄学代经学而起，并用以纠正经学的烦琐学风，很快占据思想界统治地位。然而玄学的发展借助于两汉经学，王弼、何晏注释《周易》、《论语》，都是援老庄入儒，儒学不但未被排除出玄学，反而在玄学中占有重要地位。玄学家们对儒学的核心纲常名教并不否定，只是作了异于经学的解释，何晏、王弼的“名教即自然”、郭象的“名教出于自然”固然是对儒家所倡名教纲常的肯定，即使阮籍、嵇康的“越名教而任自然”，也仅是反对儒家礼教的烦琐形式，与老庄的彻底否定截然不同，实际上更提高了儒家名教的精神境界。玄学亦儒亦道，终究未脱儒道两界。经过玄学的提升，儒学与道家思想的融合及互补比汉代进到更深的层次和境界。

隋唐时期，儒学与佛道二教进行了激烈斗争，韩愈提出“文以载道”的主张，以经学反对佛老，并以儒家思想传承者自居，提出儒家“道统”说，以作为与佛道斗争的理论根据。此期对中国文化发生了重要影响的是佛学。佛学作为一种外来文化，自汉代传入我国，给中国文化的发展注入了新的生命活力。它在观念上依托黄老道术和魏晋玄学以宣明其旨，在宗派教义方面，在因应儒学的过程中屡变其形式。经过与中国本土文化儒道两家的依附、对抗、汲取，佛教在隋唐进入鼎盛期，亦是其中国化的时期。天台宗、华严宗、禅宗等中国化的佛教宗派，在思想理论上摄取儒道思想，提出一系列不同于印度佛教的理论。特别是中唐以后，禅宗将烦琐的佛教教义归于简易，从内容到形式都更符合中国文化的特点。唐朝统治者官方倡行的儒、释、道三教并行政策，也从客观上促进了三家的融合。唐宋之际，三教之间影响进一步加深，形成“三教合一”思潮。佛教终

---

① 参见干春松：《儒家制度化的形成和基本结构》，《哲学研究》2001 年第 1 期，第 67 页。

于与中国本土文化融会为一，成为中国文化重要的组成部分。

儒道二学在佛教中国化过程中，起到了非常重要的作用。道家、道教姑且不论，单就儒学而言，佛学汲取儒学精义主要表现为三方面：

首先，接受并宣扬儒家的伦理道德。儒家伦理学说是相应于封建君主专制制度及宗法制而构建的一套完整的道德规范，以孝亲忠君为根本。为对抗儒道二家，致用于统治者，原本不拜君父的佛教既尊君称臣，又大力宣扬孝道，并编造了讲孝的佛经。其次，佛教本身提倡“方便”、“圆融”、“自悟”，主张为超脱众生，实现成佛理想，可以采纳各种灵活方法，这为调和中国传统思想开启了方便之门。既纳入道教的丹田、纳气说，亦以儒家的伦理、德性配佛教的理想境界、道德规范。最后，以心性论为宗派学说中心。心性问题是中国传统思想特别是儒家思想中的重要问题，涉及个人道德修养并影响国家安定，也是佛学所谓成佛的根本问题。晋宋以降，受玄学探讨宇宙本体思潮影响，佛学学者把本体论与心性论的研究结合在一起，由对外的本体的探讨转向对内的人格本体，以为人自身的心性即本体，大讲佛性，即成佛的根据。可见，儒学精义融入佛学是其本土化成功不可或缺的一个基本支点。

在另一方面，正是由于佛学融入中国本土文化，激发了儒学的转型，推动了中国文化的发展。中国化了的佛学转而影响和作用于中国思想文化主要是儒学思想理论，宋明理学应运而生。它促成了宋代儒家要典的确定，涉及心性修养问题的儒学典籍《孟子》、《大学》、《中庸》，被宋儒突出表彰出来，以与佛学相抗衡；宋儒学术重心亦由过去侧重社会政治伦理，转向心性之学，而且其心性论更深受佛学心性学说影响。

佛学与中国文化最终融会为一，原因固然很多，其中很重要的一点在于，佛与儒道在人生哲学方面有着相同的思想基础；而就佛教自身言，作为宗教则有儒道二学所无法替代的作用，宋明理学汲取佛教学理，遂成为不可回避的课题。

二　宋明理学与中国文化的后期发展

理学的出现，是魏晋隋唐儒、释、道三家长期斗争和融合的最终结果。作为儒学的新形态，理学以儒家伦理思想为核心，兼综佛道，以理、气、心、性等哲学范畴及仁义礼智等伦理道德规范为研讨对象，以理欲之辨、穷理尽性为主要内容，以道德纲常上升为本体论为重要特征，影响、统治了整个后期封建社会的意识形态，在思想界的统治一直维持到清。理学主要有程朱理学和陆王心学两大派别。这两派学说对东亚儒学的发展有着广泛而深远的影响。

（一）程朱理学与陆王心学

程朱理学开源于北宋周敦颐、张载，中经程颢、程颐的发展，完成于南宋朱熹。程朱理学以“理”为最高的哲学范畴、宇宙的本原，主“理为本”的本体论，认为万物生成有理有气，而理为根本，理在气先；同时主张所谓“理”就是儒家的伦理纲常。

二程提出“惟理为实”的本体论，认为天下只有一个理，“理者，实也，本也”（《二程遗书》卷十八）；同时强调“礼”即是“理”，强调理即一切，一切即理，理在心外，又在心中，把封建的伦理纲常加赋在抽象的“理”，使之成为宇宙的本体及最高原则，变成了人皆不可违的天理，“父子君臣，天下之定理，无所逃于天地间”（同上书，卷五）。

继二程的理本论之后，朱熹建构了以理为本的理气论哲学，从而完善了理学的心性学说及格致修养论，发展出融理气论、心性论、格致论为一体的具有完备理论形态的理学体系，成为宋代理学的集大成者。他提出“理本气末”的本体论，强调“理一分殊”，认为作为精神本体的理，存在于自然和社会之先，是生物之本。天地间二气五行万物皆由理所派生，理则分赋在万物之中。对此，朱熹曾以“月印万川”之喻证之，“本只是一太极，而万物各有禀受，又自各全具一太极尔。如月在天，只一而已，及散在江湖，则随处可见，不可谓月已分也”（《朱子语类》卷九十四）。“理一分殊”贯穿了自然、社会、人生整个现象界，一理通摄万理，万理会归一理，最终“理”只有一个，即封建伦理规范。他强调“三纲”之君臣、父子，“五常”之仁义等为天理、为根本，“仁莫大于父子，义莫大于君臣，是谓三纲之要，五常之本，人伦天理之至，无所逃于天地间”（《朱子文集·癸未垂拱奏札二》）。

“理气”与“心性”是朱子理学思想体系的重要范畴，“理气”用以阐释自然观，是理学宇宙论的基本范畴；“心性”则是理学道德形上学的中心范畴。心性论的展开却又是以理气自然观为前提和根底的。理气论固然要解决宇宙自然的本原、本质及其如何发生、发展问题，然又不仅止于此。理气范畴还必须要落实到心性论之中，为人的存在提供一个宇宙本体的说明，在本体论高度确立人的本质和价值意义，从而在心性论中达成理气自然观的最终实现和真正完成。正是在理气如何实现与心性的结合这一环节上，朱熹超越了他的前辈理学大师。

由理气观上的特征，促成了理学家们对人性本质内涵的独特理解、规定及阐释方法。程朱理学提出“天地之性”与“气质之性”的区分，对人性起源、善恶归属等从世界观高度作了缜密的论证。“天地之性”与“气质之性”的说法源于张载。他从气一元论的宇宙观来说明人性，认为气的本然状态清澈纯一而无不善，人由气聚而成，故共有气的“天地之性”，这个在人形体未成前已经存在的“天地之性”就是仁义礼智；人的形体形成之后，由于禀受阴阳二气，形成“气质之性”，气质之性有善有恶，驳杂不纯，人的各种欲望和不善良即根源于此。他强调人应通过修养道德，变化气质，以恢复先天善性。

二程和朱熹继承发挥了张载的人性思想。程颐以“理”为天命之性，以“才”称气质之性，认为天命之性是至善的，而禀气不同，造成人的善恶贤愚。朱熹亦承理气以论性，他认为性即是理，“天地之性”与“气质之性”密切相关，是一种“理”与“气”的关系。天地之性专指理言，纯粹至善，“气质之性”杂理与气，而气有厚薄、清浊，故而善恶相混，具有善恶的双重性。由理生气之故，天地之性亦是气质之性所由出的所在，天地之性是气质之性的本然状态，气质之性则是天地之性堕在形气之中的转化形态，气中之理即性。人性与物性的区别就在于理同而禀气异，气禀的偏正全缺，造成人性、物性的差别，“人物之生，同得天地之理以为性，同得天地之气以为形；其不同者，独人于其间得形气之正，而能以全其性，为少异耳。虽曰少异，然人物之所以分，实在于此”（《孟子集注·离娄章句下》）。所以人性遂与天地之理有了直接的宇宙论的联系，人性本来是至善的，只是在表现时要受气的影响，随清浊之气而有贤愚之别。故而人要以天命之性主宰气质之性，而归于至善。

基于此，程朱理学发展出“天理”、“人欲”之辨，力主“存天理，灭人欲”。他们据理气关系、从“天地之性”与“气质之性”的区分，把“心”分为“道心”与“人心”两方面，心发自本性的理为道心、道德意识，而人心（感性情欲）则发于赋人形体的气，所谓人心道心从理气上区分，实际是“一个生于血气，一个生于义理”（《朱子语类》卷六十二）。道心体明天理，而人心是私欲的表现，天理和人欲是截然对立的；人追求耳目声色和功名利禄等物欲，就会违背天理，导致善性尽失，天下混乱，所以程朱皆强调要体存天理，摒除人欲。

为实现“存天理，灭人欲”，程朱理学提出了丰富精密的道德修养论。在修养境界上，他们主张“天人一理”，要人认识天地物我一体的道理，从而达到圣人的精神境界。在修养途径和方法上，他们提出了“格物致知”、“主敬涵养”、“知先行后”等一系列主张。“格物致知”的目的是“明天理”，“格物”的核心是穷理，由格物到致知是逐渐积累到豁然贯通的过程，其实质在于约束本心不受外物诱惑，从而实现道德的自我完善；“主敬涵养”是理学家们修养身心的一个重要方法，要求排除一切杂念，以虔敬的心情来涵养理，以此便可见得事理分明；而程朱所谓“知”、“行”，主要是指道德的认识和践履，他们认为对伦理道德的践履须以对伦理道德的认识为指导，主张“力行”首在“致知”。

理学中与程朱学派相抗衡的是以陆九渊、王守仁为代表的陆王心学。针对程朱理学“理本气末”、“理”在人心之外的主张，陆王心学提出“心即理”的本体论，认为心外无物，心外无理，“宇宙便是吾心，吾心即是宇宙”，主张身之主宰为心，心即是“性”，“性”即是“理”。把伦理道德由外在的宇宙准则移植到内心，转化为人心固有的真理。由此，陆王学派提出了和程朱学派迥异其趣的认识路线和道德修养论，倡导“发明本心”、剥落物欲、致良知、知行合一等一系列认识方法和修养途径。

无论程朱理学、陆王心学，他们所精心建构的富有思辨色彩、哲理化的思想体系，都把封建伦理道德升华至本体论的高度，一方面固然是儒释道合流的必然结果和具体表现，同时也具有强烈的政治色彩，旨在自觉地为封建专制统治寻找更为有效的理论根据。从总体上看，理学把三纲五常等封建伦理道德上升为天理，使之绝对化、永恒化，使传统儒学走向哲理化，提高了传统儒学的理论价值和社会效果，适应了封建专制主义进一步加强的要求。理学也因而成为后期封建社会的官方统治思想。

（二）儒学的“启蒙运动”

明清之际，中国历史进入了一个特殊的发展阶段。随着商品经济的发展，新的资本主义关系开始萌芽，传统经济结构和观念受到新经济因素的猛烈冲击，传统价值观开始动摇，封建生产关系及其强固的上层建筑已经不再适应生产力的发展，社会各种矛盾空前激化，封建统治危机四伏。西方文化此时亦传入中国，由传教士带来的近代西方科学知识及相应的思想，给中国思想界造成相当的冲击。面对这种社会大震荡的时代巨变，一批先进的思想家开始对传统儒家思想进行尖锐的批判，中国思想文化领域出现了空前的价值裂变。以李贽、顾炎武、王夫之、黄宗羲、戴震等为代表的启蒙思想家，把批判的矛头无一例外地指向了宋明理学，表现出共同的思想倾向，即反对封建专制主义和蒙昧主义，提倡“经世致用”。

明清之际的启蒙思潮冲破了封建社会已经僵化的旧礼教、旧传统观念的束缚，动摇了传统儒学的价值观，打破了宋明理学的一统天下，宣告了封建文化的没落。它所孕育的某些思想因素，如平等、民主、法制等，成为近代思想的理论先驱。它对封建传统的批判精神和在政治文化上的革新精神，虽然在清一代被窒压了一百多年，却直接启迪了近代资产阶级启蒙运动及“五四”新文化运动。

1840 年鸦片战争以后，中国社会发生了重大转折，帝国主义的入侵，使中国沦为半封建半殖民地社会，中国传统文化面临着严峻的挑战。明清之际的早期启蒙思潮，至此又得以复苏，经世致用的学术路线，以公羊今文学的形式重新出现在思想界，并发展为救亡图存、变法维新的思想旗帜。一大批进步士人、儒者、近代资产阶级思想家如龚自珍、魏源、谭嗣同、严复、康有为、梁启超等人开始对儒学进行反思批判，引进西方进化论和资产阶级民主思想，以新学改造、批判儒学，以近代西方文化为参照，对传统的价值体系进行重新认识、重新建构，以走出传统、求新求变为特征，力求融贯中西新旧而形成新的文化体系。

这样的思想启蒙动摇了儒家经典的至尊地位，而孔子则由圣人降及与诸子平列的行列；资产阶级博爱、平等、自由精神等注入儒家学说，使儒学的内核萌发出新的胚芽，由此成为儒学现代化过程中不可或缺的一环。

第三节　朝鲜儒学的形成和展开

儒家思想不仅贯穿了中国文化的发展历程，也深刻影响了古代朝鲜的社会历史，朝鲜社会的政治、教育、思想文化、法律、民风礼俗等都深深浸润着儒学的精神。正如有的韩国学者所论，“我国的传统思想可分为四大支脉，即土俗信仰、儒学思想、佛教思想和道教思想。……它们相互影响，相互牵制，为民族文化的形成提供了源源不断的动力”①，把握住这四大思想脉络，就“可以把握住作为韩国文化之基础的实态”②。

儒学在朝鲜传播与发展演化的历史变迁，有的韩国学者概括为三个大的阶段，即：古代朝鲜儒学、高丽时代儒学、朝鲜时代儒学③。其实，从朝鲜社会对儒学的认知及实践言，朝鲜儒学可划分为对中国儒学的全面接收及朝鲜儒学本土化、民族化的完成两大阶段。进入朝鲜时代之前属于第一阶段，朝鲜时代以后属于第二阶段。

一　朝鲜社会对儒学的全面认同和接受

在秦末汉初，中国儒学已经伴随着汉字及历史典籍而传入朝鲜半岛。据《史记·朝鲜列传》载，汉初燕人卫满曾率党千余人避难古朝鲜，后夺取王位，至其孙右渠王时，“所诱汉亡人滋多”，相当数量的汉人流入朝鲜；汉武帝时又征讨右渠王，平定朝鲜，设置乐浪、临屯、真番、玄菟等四郡，客观上为儒学的传播创造了条件。其后，儒学传播最直接的影响和表现形式便是教育制度的形成，朝鲜的传统教育无论是教育内容、教育形式、教育体制、教育目的等方面，都与儒学有着非常深厚的渊源；而另一方面，这种传统教育又促进了儒学在朝鲜的传播发展，深深影响到三国至高丽时期统治者的政治理念及实践，“三国时代初期的许多文献记录证明，儒学已形成高度政治理念的体系，成为道德伦理的标准，适用于现实生活之中”，“高丽的第一代虽然是佛教的极盛期，但在道德实践和统治理论上，依然依存于儒学”④。

儒学在朝鲜半岛的三国时代已经得到官方的正式承认及推行。当时在高句丽、百济、新罗三国之中，高句丽因接壤中国，汉文化的传入相对较早。据朝鲜史书《三国史记·高句丽本纪》载，小兽林王二年（372

---

① 崔根德：《祖先崇拜与仪礼》，《韩国儒学思想研究》，学苑出版社1998年，第267页。

② 崔根德：《韩国文化与儒学》，同上书，第173页。

③ 参见李丙焘：《韩国儒学史略》，亚细亚文化社1986年。

④ 崔根德：《河西金麟厚在儒学史上的地位》，《韩国儒学思想研究》，学苑出版社1998年，第89页。

年），高句丽正式设立“太学”，作为国家的最高学府。“太学”中也设有博士，以贵族子弟为教育对象，为国家培养官吏。这显然是模仿了中国官方的教育制度。至于教育内容，根据《北史》、《旧唐书》记载中国典籍在高句丽流传的情况，有“五经”、“三史”、《三国志》、《晋春秋》等，可以探知其“太学”以儒家经典作基本教材，所授内容则是中国的经学、史学和文学，而中国的史学和文学亦皆贯彻着. 的精神。太学之外，民间普遍设立“扃堂”，教授平民子弟，《旧唐书·高丽传》载，“俗爱读书，至于衡门厮养之家，各于街衢造大屋，谓之扃堂。子弟未婚之前，昼夜于此读书习射。其书有‘五经’及《史记》、《汉书》、范晔《后汉书》、《三国志》、孙盛《晋春秋》、《玉篇》、《字统》、《字林》，又有《文选》，尤爱重之”。汉字、中国经典、儒学的传入推动了高句丽教育的发展；而另一方面，官方与民间的学校机构以儒家经典为主要教材，又为儒学在高句丽进一步传播提供了基本的场所。高句丽统治者则受到儒学政治理念的显著影响，向往儒学的治国之道。

百济至4世纪时，业已形成相当完备的教育制度，设置了精通儒家经典的博士职位，立有太学，传授儒家经典。6世纪前期，百济曾两次派遣使者到中国求取儒家经典及学者，其中就有“毛诗博士”。据《旧唐书·东夷列传》载，此期百济儒家经典已较齐备，“书籍有五经、子、史，又表疏并依中华之法”。百济的儒学传播与教育互为推动，迅速发展。至7世纪中叶，儒学已经在百济形成较广泛的社会影响，百济国王义慈以孝事亲，友爱兄弟，被称为“海东曾子”。百济儒学还影响到日本以五经为中心的儒学的兴起。日本《古事记》等史籍记载，应神天皇时，百济学者王仁携《论语》东渡日本，任太子师，授之经典。百济成为中国儒学传播到日本的中介。

新罗的儒学传入约在5世纪初，6世纪为新罗儒学盛期。新罗与唐朝通使之后，不断派遣留学生入唐朝国学学习，为儒学传播培养了自己的学者。新罗统一三国后，即于神文王二年（682年）设置国学机构，以培养官吏为目的，招收贵族子弟入国学学习，教授内容则以儒家经典为教材，包括了《周易》、《尚书》、《毛诗》、《礼记》、《左传》、《论语》、《孝经》等。儒学通过学校制度得到进一步传播。元圣王四年（788年）实行科举制度，科考内容亦以儒家经典为主，规定只要博通儒家“五经”、三史等著作，即可擢录为官，通过入仕考试促进士人系统学习儒家经典。

正是通过一系列教育举措及科考制度，儒家的“德治”、“仁政”等政治理念及忠、孝等道德伦理思想对新罗统治者及社会产生了较大影响。儒学在新罗君臣中已相当普及，他们对儒家经典已能运用自如，能够借用《论语》、《尚书》等经典中的重要语录述志、规谏。出现了一批有影响的儒家学者，如薛聪、崔致远等。薛聪最早以“吏读”文字解读儒家经典，他提倡儒家的伦理道德规范，其中特别重视“正直”一目，把“正直”视作一种先天的道德范畴。薛聪在高丽朝被追封为弘儒侯，居于从祀文庙十八贤之首。崔致远则主张为政须以仁为本根，倡礼则应以孝为先导，对于仁、孝的原则格外重视。

值得注意的是，此期儒学已经开始与新罗固有的文化相结合。新罗真兴王创立的花郎道，融会了新罗固有的文化传统及儒、释、道为一体，旨在培养新罗青年忠君爱国的情操，在朝鲜民族文化史上具有重要影响。它所提倡的道德理想以儒家的忠孝思想居于主导地位，要求事君以忠，事亲以孝，交友以信等。这种被强化了的忠孝思想增强了时人的凝聚力及精神力量，在其后的历史进程中，则逐渐内化为朝鲜民族精神的重要组成部分。

高丽一朝，儒学得到了长足的发展。高丽虽被称为“佛教王朝”，推崇佛教为国教，但同时也把儒学作为“齐家治国”之学加以提倡。官学教育仍以儒家经典为基本教材，光宗时正式实行科举制度，晋升高级官吏必须通过其中的“制述”、“明经”两科，以儒学经义为考试内容。成宗王时创设国子监为官学，地方则设乡学。名儒崔冲（984—1068 年）又仿效孔子首创私学，教授“九经”及“三史”培养了许多儒学人才及高级官吏，被誉为“海东孔子”。在官方儒学教育衰落的情况下，私学的兴起继续推动了儒学的传播、发展，出现一批著名的学者。他们以儒家伦理纲常为理据，解释封建统治秩序的合理性，以三纲五常为做人之根本，并要求人们在实践中以之为行为准则及具体规范。就统治阶层而言，汉儒的天道观、大一统及纲常伦理观念等，对于维护统一、加强中央集权、巩固封建专制制度，都有着重要的意义，儒家的政治理念为统治者所接受并得到一定的实现。

高丽后半期宋代理学传入，且影响渐广。前期受汉唐儒学影响的局面渐渐改观，为其后李朝形成独具特色的朝鲜性理学、儒学跃居统治地位奠定了基础。1289 年，集贤殿大学士安珦出使元朝，接受朱子理学，认为是孔孟儒学的正脉，带回《四书集注》、《朱子全书》，并于成均馆讲授朱子学，自此朱子学开始传入朝鲜，理学教育勃然而兴，迅速发展，出现了安珦、白颐正、李穑、郑梦周、郑道传、权进等一批朱子学的早期传播者。

李穑（1328—1396 年）是高丽末期著名的程朱理学学者。他继承了周敦颐《太极图说》“太极”为万物本原的观点，又据朱熹的理气观，以“气”为生成天地万物的材料。在政治上李穑属于温和的改良派，他曾入元朝为国子监生员，科举及第。在担任成均馆大司成期间，重修校舍，增置生员，选精通经术之士兼任教官，讲授“五经”与“四书”，师生相与论难辨析，一时呈盛况空前之势。朝鲜儒学发展史上很有影响的理学家郑梦周、郑道传等人都出自李穑门下。他们都努力把朱子学与当时社会现实结合起来，冀以儒家纲常重整社会秩序；但他们的解决方案却各不相同，在如何处理社会现实问题方面开始出现分歧，这种分歧在李朝初期演为士林与勋旧两大派别。

以郑梦周为首的理学家坚守理学的义理观，始终强调以义理思想为根本，强调学以致用。郑梦周（1337—1392 年）曾任成均馆博士、大司成，官至宰相。他极力倡导儒家学说，推行程朱理学教育，并令士庶仿朱子家礼立庙奉祀祖先，向社会推广儒家礼俗，以取代佛教的文化习俗。他尤其重视儒家的忠孝义理，力求以之扶持纲常，挽救高丽末期的衰落之势。

郑道传（1337—1398 年）是李穑的著名弟子，高丽朝曾任成均馆博士，李朝曾任许多要职。他着重从理论上对佛教进行批判，力主排佛。他肯定儒家的伦理道德观，重视“忠”、“孝”思想，认为为臣忠、为子孝，二者是人道之大端，是人立身的根本。他又特别强调王命思想及变化论观点，认为天地万物无论自然界还是人类社会都不是简单的循环，更无“定数”，而是不断发展变化的，因而社会的变革是必然的。这就为其后李朝取代高丽王朝提供了理论根据。

权近（1352—1409 年）也是高丽末期对后世朝鲜儒学有重要影响的理学家，他著有《五经浅见录》，以朱子学阐释“五经”。其《入门图说》是朝鲜时期一部最早的朱子学入门著作，他第一次论及四端、七情与理、气的关系，提出四端纯善无恶，全由理、性所发；七情则有善有恶，由气、心而成。朝鲜儒学史上著名的持续数百年之久的“四七理气之辨”即可溯源于此。

二　儒学在朝鲜的本土化、民族化

自李朝建立至1910年日本吞并朝鲜，儒学主要是朱子学的传播、发展进入鼎盛期，确立了它在朝鲜官方哲学及正统学术思想的地位。儒学完成了在朝鲜民族化、本土化的过程。

李朝建国之初，就一改高丽崇佛尊儒政策，采取了崇儒抑佛、独尊儒术的方针，以程朱理学作为制定治国方略的理论基础。儒学推崇三纲五常，以忠孝为本，提倡大义名分，反对犯上作乱、分裂割据等思想理念，成为李朝重建封建统治秩序、巩固政权有力的思想武器。程朱理学遂跃居正统地位，迅速传播发展，统治李朝思想界达500年之久。

被称为“儒教王朝”的李朝，采取了许多措施推动儒学发展。太祖李成桂设立成均馆大学，建立文庙，朝野祀孔之风更盛；又令郑道传等人编著《经国大典》。世宗时则在宫中设立“集贤殿”，组织学者编纂经史书籍，研究儒家义理。中宗时更刊行了《朱子大全》，以大力提倡、宣传朱子学。李朝的儒学教育体制更为完备，明朝此期专门向李朝赠送了《五经大全》、《四书大全》、《性理大全》等以程朱理学为标准集注汇编、由皇帝钦定的理学著作，李朝以之作为学校基本教材及科举考试的经义标准。中央国学之外，府牧郡县皆设有地方乡校，官学之外，另有许多书堂，儒学因之广为普及，产生广泛而深远的影响。李朝的科举制，把文、武两科考试的共同科目定为儒家经典，因此，李朝的文、武两班官员都通儒学，儒学的社会地位更加巩固。除了这些制度性建设外，李朝学风发生很大变化，由以词章、训诂为中心转向理论研究为中心，李朝儒学发展最突出的特征在于其思想家们的理论建设。以性理学的形成为标志，朝鲜儒学完成了其本土化、民族化的过程，又由对程朱理学的介绍、应用转向独立的理论研究，相继出现了不同的学术流派，形成朝鲜朱子学、实学、阳明学等理论体系。

（一）朝鲜的性理学

李朝前期的朱子学者中，以士林派的金宗直、赵光祖、李彦迪等人为代表。他们在政治上主张革新，反对世袭，强调加强中央集权，提倡王道政治，反对勋旧派的保守、腐败；在哲学理论上，则继承朱熹的理本论，以理为世界万物的本原。此期最能代表朝鲜理学成就的学者是徐敬德。

徐敬德（1489—1574 年），号花潭，是朝鲜理学趋向成熟时一位有代表性的思想家。徐敬德的政治、伦理思想类似于初期士林派学者。在哲学理论上，他继承、发挥了中国理学家张载的气一元论，以"气"为其思想体系的核心范畴。他认为太虚的形态是虚而不虚，虚实际就是气，无形无状，无边无际，无始无终，"太虚湛然无形，号之曰先天，其大无外，其先无始，其来不可究，其湛然虚静，气之原也"（《花潭集·原理气》）。对于理气关系，他基于罗钦顺"理气为一物"的思想，主张气本论，提出气外无理、理为气宰的思想。他认为，气之外不再存在一个理字，理存在于气中，气是万物存在的物质性本体；而所谓理是气的主宰，并不是指理游离于气之外或高居于气之上，而是指气自身运动变化本来固有的条理、规律性，理是气的一种内在本质。徐敬德的气本论思想在朝鲜性理学史中独树一帜，有着重要地位，对朝鲜朱子学的发展作出了独特的贡献。

理学鼎盛时期最著名的朱子学者是李滉和李珥，他们分别创立的退溪学、栗谷学被誉为朝鲜理学发展史上的两座丰碑，尤其是退溪对朝鲜儒学发展影响甚著。

李滉（1501—1570 年），号退溪，被称为"海东朱子"。他视朱熹为天下古今之宗师，为学独尊朱子理本论，并据以批评其他学派，对阳明学也进行了系统的批判。作为朝鲜性理学的一代宗师，他承继朱子学的理学道统，结合当时本国社会政治需要，创出朝鲜儒学的性理学体系。他曾倾半生之力，编纂《朱子书节要》，被视为攻读"四书"的阶梯，在朝鲜及日本的理学发展中产生了很大影响。他对朱子学的理气论、心性论、格致论等三个方面皆有深刻理解及精到的阐述，尤其是在心性论方面，于详尽的诠释之外，更有较大的创造、发挥与突破，依于朱子又有所超越。

退溪的理观念及对理气关系的理解和阐述，在总体继承朱熹路向的同时，对朱学中隐涵却未充分展开的逻辑环节及其内在矛盾处，多所辩证。他明显继承了朱熹的理本论，以理为最高范畴，肯定作为宇宙万物根本和主宰的“理”极尊无对，他对理的性质作了全面的剖析，认为，形而上的理、道、太极兼虚实，兼有无，兼体用，兼动静，兼偏全。由对理本体的这种全面精详的理解，在理气关系上，退溪亦同朱熹一样主张理先气后、理本气末、理主气从、理存气灭。他发挥朱熹“理气二物”又“混沌不分”的思想，认为万物皆是理与气的统一，二者相为体用，双方各以其对立面为存在条件，呈现不分不离的关系；然而，理与气又是“和而不杂”的。他以形而上下道气之分为根据，更强调理气之分，主要以理气不离而不杂为其哲学的基本立场。

对于理气动静、理有体用等问题，退溪亦有创意发挥。他把朱熹“理有动静，故气有动静”的命题铺展开来，明确主张“理自动静”。他指出太极本身自是有动有静，并非另有主宰者使之动静，宇宙本体的理遂被赋予了运动的特征。因此，他主张正是理自身的动静决定、引发了气的动静，以“理动”为“气生”的本原、根据及直接动因；而理的存在、作用及动静又只能在气的运行及其秩序亦即气动中显现出来。他还进一步阐发了“理有体用”思想，由理有本体与妙用的角度立论，这样无情义无造作的理能够生气就成为逻辑的必然，从而加强了理的能动作用。

在心性问题上，他以理气关系推论人的性情关系，创出性情理气分发说，对四端七情作了理气上的归属，“性情之辨，先儒发明详矣。惟四端七情之云，但俱谓之情，而未见有以理气分说者焉”（《陶山全书·答奇明彦论四端七情第二书》）。他强调情分四端与七情，四端是人的道德情感，七情是人的一般情感，犹性分本然之性与气质之性，因此，从本然之性专指理，气质之性兼理气出发，四端应属理发，七情应属气发。他强调四端与七情都兼乎理气，然就其所发的原始根源言，四端发于性理，七情发于形气，“大抵有理发而气随之者，则可主理而言耳，非谓理外于气，四端是也。有气发而理乘之者，则可主气而言耳，非谓气外于理，七情是也”（同上）。如是，退溪以理气分说四端七情，揭示并解决了朱子性情说所存在的矛盾，四七理气论遂成为退溪性理学最典型的特征，同时亦是对朱子学说的重大发展，在性理学史上有着非常重要的意义。

李珥（1536—1584 年），号栗谷。与退溪相异，李珥虽然推尊朱子，但并不排斥阳明学说，对其他学术流派也注意汲取、融通。在理气观方面，李珥既不同于徐敬德的气本论，又不同于李退溪的理本论，而中和二者，表现为理气二元论。他认为，气是形成天地万物的直接物质基础，阴阳二气相互作用产生宇宙世界；同时他又强调理气始终是互相依存的，它们共同构成世界的本原，“理气之妙，难见又难说。凡理之根源一，气之根源亦一”（《栗谷全书·答成浩原》），主张天地万物是由理与气浑沦无间构成的，“理者气之主宰，气者理之所乘也。非理则气无所根柢，非气则理无所依着。既非二物又非一物。非一物故一而二，非二物故二而一也。非一物者何谓也？理气虽相离不得，而妙合之中理自理、气自气，不相挟杂，故非一物也。非二物者何谓也？虽曰理自理气自气，而浑沦无间，无先后，无离合，不见其为二物，故非二物也”（同上）。但他提出的“理通气局”论点最终还是归于理本论。他认为理贯通一切事物，无本末先后，无为无形，而气却局限于具体事物，涉形迹，有本末先后、偏正不齐；所以理乃形而上者，而气为形而下者，理就成为万物化生的根柢和主宰，“理气无始，实无先后之可言。但推本其所以然，则理是枢纽根柢，故不得不以理为先”（同上），在理气关系中，仍然是理最终决定着万物的生成变化。

针对退溪四七理气论的“理发气随”观点，李珥提出了“气发理乘一途说”。他认为四端是包括在七情之中的，反对把四端与七情分作两段，主张“理气兼发”、“气发”，而反对退溪的“理气互发”、“理发”，“朱子之意，亦不过曰四端专言理，七情兼言气云尔耳，非曰四端则理先发，七情则气先发也。退溪因此而立论曰：四端理发而气随之，七情气发而理乘之。所谓气发而理乘之者可也，非特七情为然，四端亦是气发而理乘之也”（同上）。

另外，他还在动静、心性、知行等方面，进一步拓展了理学各范畴之间的联系。较之李退溪，栗谷更为关注社会现实。他代表中小地主阶层的利益，反对勋旧大臣，积极提倡社会变革，在政治、经济、军事等方面都提出了革新的方案，尤其主张实行王道、仁政，重视经济富强，强调义利统一。

二人之后，继承退溪学术思想的学者形成岭南学派，而继承栗谷学说的学者则形成畿湖学派。两大学派围绕理气性情、道德修养等问题，展开了持续三百年之久的争论，发展到极致，更演为政治上争权夺利的朋党之争。“四七理气之辩”标志着朝鲜性理学的成熟，在宇宙论、本体论、心性论等层面，更为注重对心性、性情及道德修养的研究，成为朝鲜朱子学的显著特征；也以此为分水岭，朝鲜儒学开始由鼎盛的巅峰转向下坡。

（二）朝鲜的阳明学

在王阳明《传习录》初刊的第三年（1521 年），阳明学就传入朝鲜。最早接受阳明学的南彦经、李瑶等学者，基于阳明“心即理”思想，批评主理论，认为天理只是人事、吾心，而非另有客观存在。统治者阶层宣祖本人亦对阳明学颇感兴趣。后又有崔鸣吉、许筠、张维等人主张阳明学，提倡人的平等，提倡学术自由，反对独尊理学而排斥异学。尤其是张维，张扬阳明尊重个性的思想，强调心的自主、自立，在朝鲜阳明学的发展中具有承先启后的作用。

但是，此期朝鲜学界呈现对朱子学一边倒的学风，除程朱理学外的其他学派概被视作异端而遭排斥。陆王心学本即在与程朱理学的论辩中成熟兴盛起来，所以一传入朝鲜，阳明学便成为朝鲜朱子学者“破邪显正”首当其冲的目标。朴祥斥《传习录》为禅学，李滉则撰《传习录论辩》，批判王守仁心学。阳明学虽然长期被学界和政界视为异端，受到正统朱子学的否定和压制，却以其微弱的影响一直在少数学者中流传，至 17 世纪中叶，阳明学趋向活跃，郑齐斗成为阳明学思想的突出代表。

郑齐斗（1649—1736 年），号霞谷，他积极研究、传播阳明学，在批判朱子学的过程中，凭自己的独立思考而深好阳明学。他全面阐述了王守仁“心即理”、“致良知”及“知行合一”等学说，形成自己独特的思想理论体系。他反对朱子学者的“析心与理为二”，赞成王阳明“心外无理”、“心即理”的理论，根据王学“理者，气之条理，气者，理之运用”（《传习录》中）的观念，认为理与气、心与性、性与理都是不可分离的，并统一于心，“凡言理气两决者，诸子之支贰也，理气不可分言。言性于气外者，理气之支贰也，心即理也，性即理也，不可以心性支贰矣”（《霞谷集·存言下》）。他以人心为“感应之主，万理之体”（《霞谷集·答朴南溪书》），特别强调心、“良心”的作用。

在知行观方面，郑齐斗继承了王阳明的知行合一说，批判朱子“知先行后”观点，主张“致知”与“力行”一体而不可分离，并由此批判朱子学者脱离实际，虚论空理，空谈道德修养，特别强调“行”的重要，以“力行”为真正的学问，主张以有益于社会为要。

郑齐斗的学说一直被视为异端，不能公开流传，其文集《霞谷集》直到1930年才得以面世。在正统朱子学的压制之下，阳明学一直只能以家学的形态传播。至20世纪初，朴殷植主张以阳明学说改造儒教，并引进西方学术思想，赋予阳明学新的意义，以适应时代的需要，朝鲜阳明学得到新的发展。朝鲜阳明学作为朱子学的异端学说，对于朝鲜学者摆脱保守思想的束缚，吸取中国的启蒙思潮起了先导作用，朝鲜实学思想家们都受到阳明学程度不同的影响。

（三）朝鲜的实学思想

朝鲜李朝后期（17—19世纪），由于长达七年的反对日本入侵的壬辰卫国战争，加之北方女真族的两次入侵，生产力受到严重破坏，造成内外矛盾交困，封建社会急剧衰退。朱子学日益流于空谈性理，严重脱离社会现实，无补世用。于是，以柳馨远、李瀷、丁若镛、洪大容、朴趾源、朴齐家、崔汉琦等为代表的一批思想家，立足于社会现实，提出了一系列改革主张。他们深受从中国传入的启蒙思想及实证的考据学的影响，并借助于欧洲科技典籍，积极寻求解决社会现实问题的方案，特别强调儒学中"经世致用"及利用厚生的思想，力倡远虚文近实用，学以致用，以变革社会，救国救民。于是形成了朝鲜儒学中打破朱子学传统的重要学术思潮——实学思想。

实学思潮前期有星湖学派、北学派。李睟光是朝鲜实学的先驱者，曾作为使者三次访明朝，他的《芝峰类说》树立了一种客观考察各种事物和现象的新学风。柳馨远（1622—1673年），号磻溪，是朝鲜实学的鼻祖，早期最杰出的实学思想家，为实学的确立和发展奠定了基础。他对天文、地理、数学、军事、医学等诸多领域皆有研究，并注重对西方科学的学习研究。他尖锐批判占据统治地位的朱子学，认为朱子学汲汲于明"道"，却忽略了"器"。他强调道器不相离，注重事实、经验的重要性，强调只有经过实际证明了的才是可信的。他对初期的实学思想进行了整理，在政治、经济、文化、军事等诸多领域提出了较系统的改革方案，其中又以土地制度改革为根本，主张实行土地国有化的"科田制"。

星湖学派以李瀷为代表。李瀷（1681—1763年），号星湖，继承了柳馨远的思想，并发展为星湖学派。他除对儒学有深入研究外，亦通晓天文、地理、历史、制度、风俗、军事、文学等诸多领域，而且广泛了解西方自然科学及天主教的知识，提出了许多有价值的思想。他反对朱子学的固守经义，批评将经术事物判为二道的脱离实际的学风，力主学以致用。他尖锐批判当时权威化的学术风气，主张学术自由平等。在本体论上主张气一元论，把气分为充塞宇宙的“大气”及具体事物的气两种；在认识论上则主张反映论，综合阳明学的知行合一说与朱子学的格物致知说，主张“学有兼知行”。他对朝鲜的政治、经济、文化进行了细致的考察，从实学的立场出发，提出了以改革土地制度为主的一系列政治、经济改良措施。星湖学派的实学学者主要将朝鲜的历史文化作为研究的重点，表现出关注民族自主及关心社会现实的倾向。

北学派在实学思想中具有重要地位。他们凭借燕京使的特殊身份，考察中国的政治、经济、文化及传入中国的西方科学技术，对程朱理学、华夷观念进行批判，积极主张北学清朝文化，侧重对工商业及科学技术领域的研究，并系统地提出了发展工商业及学习中国科技、文化的实学主张。他们在理论上对《尚书》“正德、利用、厚生”的顺序作了改变，特别强调“利用、厚生”，以导入技术、振兴经济为主要特点。北学派的实学思想较多地建基于自然科学实证基础之上。其先驱洪大容（1731—1783 年）是一个卓越的自然科学家，他反对儒学的空谈义理，对科学知识及文物制度等都有深入研究，对朝鲜的天文学等自然科学发展做出了重要贡献。在哲学上他是气本论者，主张气本理从。对于知行问题，则主知行合一，并格外重行，而所谓“行”，除道德践履之外，更重要的是经世实践。基于此，他提出一系列加强国力的改革方案。

朝鲜实学发展到 19 世纪达到鼎盛，丁若镛成为实学思想的集大成者。丁若镛（1762—1836 年），号茶山，精通儒家经典及中国、朝鲜的历史、文学，又积极学习新的科学知识和技术，其著述涉及哲学、政治、经济、历史、宗教、文学、法律、军事、天文、地理、医学等各个领域，且多所创见。他坚持唯物论的自然观，以“太极”为天地万物的本原，而由一气贯通其间；理只是事物内在的客观规则，根本不存在脱离具体事物的理。在社会观方面，他否定君权神授，认为从一般官吏到君王，都是基于民众的公举产生的，近乎社会契约论。他综合了星湖学派“经世致用”及北学派“利用厚生”的观点，对朝鲜社会制度的各个方面，包括田制、税制、官制、法制、学制、兵制、政体等诸多方面，都提出了改革方案。

其思想的深刻性达到了他那个时代所能企及的高度。

丁若镛之后的后期实学思想亦有许多观念超出了封建意识框架，如崔汉琦对封建帝王的批判。但总起来说，进入19世纪以后，在清朝考据学风的影响下，朝鲜实学逐渐集中到对经籍、金石学的考证研究方面，回避社会现实问题及社会改革的研究。实学思潮至此已然低落，然而，后期实学一些思想主张如反对封建锁国、提倡发展工商及对外贸易等，直接启迪了其后的开化运动。

三　朝鲜儒学的衰落及其近代化

19世纪60年代起，朝鲜王朝进入末期，内部封建制度种种矛盾全面爆发，外部则面临着欧美资本主义列强及日本的不断入侵，封建统治出现严重危机，面临崩溃的局面。1910年，李朝灭亡，朝鲜沦为日本的殖民地。儒学作为封建社会据统治地位的意识形态，随着封建制度的解体遂丧失了其独尊地位。科举被废除，新式学校取代了宣讲儒学的成均馆、书院，文庙亦久废祭祀。

作为制度化的儒学的统治地位一去不复返了，但儒学的思想理念仍然是此期士人学者的精神根柢。开化派及文化启蒙运动的思想家们，努力改造旧儒学，赋予其全新的意义，冀以实现儒学的近代化。开化运动是19世纪70年代后期形成的主张对外开放、建立近代国家体制的政治运动。开化派多是两班出身的青年士人，具有强烈的忧患意识，他们吸取了魏源“师夷长技以制夷”的思想，积极主张自主开国，实行“开化”政策，发展近代技术，废除封建两班制度，建设近代化的新国家。其中的温和派深受中国洋务运动及维新思想影响，主张学习清朝的洋务运动，传播“中体西用”、“求强”、“求富”等思想，并提出“东道西用”及“自强洋务”的主张。

19世纪末至20世纪初，以李沂、朴殷植等为代表的朝鲜爱国知识分子又掀起了文化启蒙运动。李沂（1848—1909年）初习朱子学，后转向实学。朴殷植的“儒教求新论”是朝鲜思想家对儒学进行近代化改造最具代表性的理论。

朴殷植（1859—1926年），号白岩，是朝鲜近代改革思想家、政治活动家及爱国文化运动的领导人之一。他精通儒学，曾任崇仁殿参奉。国家面临民族危亡时，积极参加救国启蒙运动。他对东方儒教的急剧衰落进行了认真反思，提出必须对儒学进行近代化改造，要把服务对象从专在帝王一方转向人民社会，把传授方式从被动转向主动，等等。他力倡阳明学，反对朱子学，认为这是重建新儒学的关键。他引入西方思想解释阳明学，认为阳明学提倡思想自由，其“自得”主张与西方科学发明精神是一致的，而阳明学的“良知”说及其“简易直截”的特点等，都是救治传统儒学的良方。

纵观儒学在朝鲜的历史，伴随着汉字、汉文化在朝鲜半岛的传播，儒学在朝鲜三国时期即得到国家承认，得以广泛流布。在两千余年的传播发展过程中，经由历代朝鲜学者的不懈努力，儒学与朝鲜本土文化融为一体，以性理学的出现为标志，成功地完成了其本土化、民族化的过程。朝鲜儒学以其独特的民族特色构成东方儒学的有机组成部分。

第四节　日本儒学的形成和展开

日本与中国文化的渊源颇为深厚。中国儒学经由朝鲜的百济传入日本，与朝鲜、越南相比，儒学传入的历史最短，但一经传入，就对日本社会生活诸多层面产生了广泛影响，形成独具特色的日本儒学。日本儒学亦构成了日本传统文化的重要内容。

一　汉唐儒学在日本的传播

儒学在日本的传播与发展在幕府时代以前主要是以五经为核心内容的汉唐儒学，此期对日本社会最重要的影响是促成了大化革新，在相当程度上贯穿了儒家的政治伦理精神。

据日本史书《古事记》载，百济博士王仁于应神天皇16年（285年）赴日本，携《论语》献给朝廷，并担任皇太子菟道稚郎子的老师，教授《论语》。这是儒学官方传播的开始，以儒家经典为内容的宫廷教育亦自此始。儒学的政治理念及道德观念很快被日本上层社会所接受，应神天皇死后，受儒家禅让及仁孝思想影响，皇太子与其兄大鷦鷯互让皇位近三年，最终自杀使以仁孝闻名的兄长大鷦鷯即位，为仁德天皇。此前的日本通行末子继承制，自此始逐渐变为长子继承制。仁德天皇受《论语》

启示，实行仁政德治。其后的200年间，以百济为媒介，中国儒学一直间接输入日本。从公元6世纪继体天皇时，日本开始系统学习儒家经典及思想学说，除《论语》外，更多的儒家典籍传入日本。百济相继派出段杨尔、高安茂等五经博士到日本讲授儒家经典，传播儒家学说。以《诗》、《书》、《礼》、《易》、《春秋》五经及《论语》为中心的儒家学说逐渐流传开来，统治者对儒学的认识进一步加深，遂采取种种措施促进儒学的传播。

至推古朝，圣德太子（574—622年）为儒学的传播开辟了广阔途径。圣德太子摄政期间，积极开展与中国的直接交往，曾数次派遣使者、留学生、学问僧到中国，学习中国文化，研究中国文物制度，特别是学习、研究儒家经典及其思想学说。这些赴唐人员回国后或从政，或从教，对儒学传播起了重要作用，而且他们把大量的儒家典籍带回日本。儒学自此由中国直接传入日本，对推古朝及其后的统治者影响颇深。

圣德太子非常仰慕中国文化，对《尚书》、《春秋》、《论语》等儒家经典颇为精通。他制定的《冠位十二阶》，官吏位阶的名称全以儒家德目命名，包括了孔孟儒家传统的“德”及汉儒的“五常”：德、仁、义、礼、智、信（各分大、小两节），这种位阶不能世袭，完全以能力确定官位的高低。《冠位十二阶》代表了圣德太子冀以官僚制度打击世袭的氏姓贵族势力的愿望。圣德太子还亲自制定了旨在对官吏行道德训诫的《十七条宪法》，这其实是一部官吏“守则”，主要以五经等儒家经典为依据，许多规定出自五经及《论语》的原文或稍作改动，贯穿着中国儒学的政治理念。如第一条称，“以和为贵，无忤为宗”，“上和下睦，谐于论事”，显然是源于儒家尊礼重和的思想；第四条所表达的则是儒家礼治为本的思想，“群卿百僚，以礼为本。其治民之本，要在乎礼，上不礼而下不齐，下无礼以必有罪。是以君臣有礼，位次不乱，百姓有礼，国家自治”；对君、臣、民关系的规定、圣贤治国的思想更带有鲜明的儒家色彩。这一切为7世纪中叶的大化革新奠定了思想基础。大化革新其实就是儒家文化应用于日本社会、政治改革的产物。

圣德太子之后不久进行的大化革新，是日本古代具有划时代意义的政治改革运动，标志着日本进入封建制社会。它以儒家学说为指导，仿效中国隋唐大一统封建制度，旨在改革内政，建立中央集权，抑制豪强氏族势力，确立君臣名分尊卑秩序。大化革新的主要推动者中臣镰足、中大兄皇子（后来的天智天皇）都深受儒家思想影响。大化二年（646 年）颁布的革新诏令最主要的措施是“公地公民”，即将皇室、贵族所有的土地、人民一律收归天皇所有，以此确立天皇的最高土地所有权及以天皇为中心的中央集权制。儒学的天命观及与之相联的符瑞思想成为革新的重要理论基点，而行仁政、德治则成为革新的重要内容，这在一定程度上贯彻了儒家的民本思想，承认了“民”的政治存在。

大化革新之后，儒家的政治理念成为日本统治阶层的政治原则，并促成了儒学教育方针的确立与实施。当时在极力输入唐文化的同时，在国内大力发展儒学教育，除继续派出遣唐使及留学生，又建立起比较完整的学校系统，中央有大学寮，地方有国学，另外还有大学寮别曹及私学，都以儒家经典为主要教学内容。这些学校既是培养官吏的教育机构，又是传播儒学的基本场所。养老二年（718 年）所修《养老令》的“学令”规定，以《诗》、《书》、《易》、《礼》、《左传》、《孝经》、《论语》为大学科目，学生考课、奖惩及入仕都与儒经的学习紧密联系在一起，正式确立了儒学化的教育制度。

奈良时代（710—794 年）开始向全社会推行儒家伦理观念，注意对一般庶民进行儒学的道德教化，特别是“三纲五常”及忠、孝、礼观念，其中又格外推重孝行。天平年间，天皇曾诏令家藏一本《孝经》，令民时时精勤诵习，对于孝行卓越者可举荐为官，而不孝者则予以发配边远地以行处罚。孔子的地位此间得到进一步提高。日本祀孔始于 701 年，大学寮举行“释奠”仪式，释奠先圣先师，孔子开始被偶像化，儒学开始宗教化。至奈良朝 768 年，又仿唐制尊奉孔子为“文宣王”，且此时祭仪之外还有“殿上论义”，即祭祀结束后在天皇面前讨论儒家经义。孔子自此在日本享有王者之尊。其后的平安时代（794—1192 年），除继承前代传播儒学的各种政策外，也开始根据日本社会需要对儒家思想学说进行融化吸收。

总之，儒学自始传日本至 12 世纪以前，所传入的均是汉唐时期注释的儒家经典。此间日本经历了封建制代替奴隶制并最终确立封建制的历史进程，适应于建立、健全封建中央集权制度的需要，儒学主要是作为先进的政治理念在日本封建化过程中起到了积极作用，其道德伦理观念只是在后半期才开始受到重视。

二　日本儒学的发展与鼎盛

进入幕府时代以后，儒学的传播内容发生了大的转向，宋代理学取代了汉唐儒学输入日本。由镰仓时代经吉野时代、室町时代至德川幕府建立，作为军事独裁政权的幕府政权一直提倡武士道及尚武精神，而儒家的伦理道德思想在武士道形成过程中成为一个重要的思想来源，统治者及其思想家们利用儒学阐释武士道，汲取了儒学忠、勇、信、义、礼、廉、耻等道德观念，依其统治利益所需改造儒学，冀以充实武士道。历届幕府执政者都很注重宋代新儒学的输入与传播。

宋代理学是通过禅僧初传到日本的。镰仓时代（1184—1333 年）中期，日本与宋朝的文化交流日渐密切，中日两国的游学僧人逐渐增多，他们为宣传禅学，多持儒佛一致论，理学因借禅学得以传播。另外，经由日本访宋的学者、宋儒与朝儒到日本的讲学、大量输入理学的著作经典、继续兴办儒学教育等途径，理学思想得到广泛传播，幕府将军、朝臣、地方官吏都受理学影响颇深。日本游学宋朝的禅僧圆尔辨圆（1203—1280 年）被称为日本传入宋学的第一人。他从宋朝带回数千卷经典，其中就有朱熹的《大学或问》、《论语精义》等著作。他曾为镰仓幕府执政北条时赖讲授南宋人的著作《大明录》，介绍了二程、朱熹的思想。

至室町时代，禅僧中出现了以五山禅僧为代表的一批同时倡导宋学的人。同时，宋学逐渐深入宫廷，公卿贵族学者开始研习宋学。室町末期，一些尊信宋代新儒学的学者为避战乱，寄身于地方豪族，理学随之扩展到地方，逐渐打破了禅僧独占宋学的局面，并形成博士公卿、萨南、海南三个研究宋学的学派，尤其是萨南、海南学派已经超出单纯讲解儒经的局限，开始侧重思想、政治、经济方面。虽然此期受日本神道及佛教影响，儒学没有独立发展为占支配地位的思想，然而，这一切已经为江户时代儒学进入鼎盛期创造了条件。

德川幕府时代（1603—1867 年），沿用前代各种措施大力提倡儒学，而且出于加强思想统治、维护并发展幕府政治、经济制度的需要，在国家意识形态方面，由佛儒并用转向独尊儒家思想学说，把儒学定为官学，同时强行禁止“异学”。儒学摆脱了对禅宗的从属，独立发展，进入在日本的鼎盛期，倡“大义名分”，把纲常伦理绝对化的程朱理学作为占据统治地位的主导思想，日本政治、经济、文化、教育都在儒学思想的主导作用下发展。儒学研究空前高涨，创出了日本儒学独立的理论体系，形成朱子学派、阳明学派、古学派等重要学术派别，这些学派开展学术研究，从事教育活动，为儒学的民族化、日本化做出了自己独特的贡献。

（一）日本的朱子学派

日本的朱子学从不同侧面改造、发展了程朱理学，形成许多不同的学派。就其师承关系看，有京师、海南、海西、水户、大阪等朱子学派。在日本儒学各学派中，朱子学派的势力最大，在幕府政权的保护下，高居官学地位，统治日本思想界二百六十多年。

1. 京师朱子学派

京师朱子学派以藤原惺窝、林罗山等人为代表，简称京学。藤原惺窝（1561—1615 年）是日本朱子学最早的开创者。原为禅僧的藤原惺窝脱离佛门，转向儒学并蓄发还俗，是日本儒学走向独立的象征性事件。他与朝鲜朱子学者金诚一、许箴之、姜沆等人进行过学术交流。因笃信朱子学，遂依程朱学说注解全部“四书”、“五经”，成《四书五经倭训》，鲜明地区别于当时明经博士家的新旧注折中。

藤原惺窝对佛教采取批判态度，尊信朱熹性理学，主张理本论。他认为“理”先于天地而存在，为万事万物之本；理与性名异而实一，“此理在天，未赋于物曰天道。此理其于人心，未应于事曰性，性亦理也”（《续惺窝文集》卷一）。他对朱熹的“理一分殊”予以格外强调，认为只讲“理一”，不讲“分殊”，就会流于释墨，他藉“理一分殊”对封建等级结构的合理性加以论证，论述的重点在伦理学，往往把“理”解释为伦理道德的“道理”、“义理”。藤原惺窝重视儒学各流派的共同性，虽然尊奉朱子学，但同时也不排斥陆王心学，且有所吸收。他对日本儒学的独特贡献还在于，用儒学的观点解释日本传统的神道，主张神儒合一，认为儒学的儒道（尧舜之道）、日本的神道的实质内容其实是一样的，其奥秘皆在于正人心、怜万民、施慈悲。藤原惺窝的思想体系是当时社会亟须现世本位理论的产物。他对朱子学的倡导，由文字训诂章句之学转向义理研究，以及神儒合一的思想，使日本儒学结束了依附禅宗的历史，走向独立发展的路程。

继藤原惺窝之后的林罗山（1595—1648 年），继续致力于儒学的独立，使之官学化。林罗山曾师事藤原惺窝，专尊朱子学。终生仕奉幕府，历四代将军，受到幕府厚遇。他深得德川家康的重用，掌握幕府的学政，并直接参与幕府政事，起朝仪，定律令。他还依据朱子学理论规范幕藩体制的等级秩序以及道德准则。林罗山更为坚决地批判佛教，力排基督教，同时也批评陆王心学。对于当时武士阶级面临的诸多问题，他都试图按照幕藩体制的要求，用朱子学寻找出解决方案。他论及的问题颇为广泛，集中体现在理气合一、忠孝合一、神儒合一论。林罗山基于朱子学立场，认为天地万物“理”是最根本的，但在理气关系上，他又受罗钦顺气本体论的影响，主张理气不可分别主次前后，认为理与气是一而二、二而一的关系，因此性情是统一于一心的。在伦理观方面，他特别强调忠孝合一，而且于忠孝两者之间更重视“忠”，主张当忠孝不能兼顾时，应该舍孝而取忠，以君国大事为重。这种忠孝观强调了幕藩体制下封臣对主君的效忠，适应了稳定幕府统治的需要。对于神儒关系，林罗山则致力于二者的调和。他以儒学尤其是朱子学的思想说明神道，努力赋予神道以理性。他指出，“本朝神道是王道，王道是儒道，固无差等。所谓唯一宗源，理当心地，最当尽意”（《林罗山文集 · 神社考详节跋》），所以他称自己所主张的神道是“理当心地神道”，强调神道之“道”就是宋儒的“理”，神儒同为一理。

林罗山对朱子学的发展，使之突破藤原惺窝时期修身齐家的范围，成为治国的武器，而且使朱子学成为德川幕府的官学。其后，京师朱子学派的著名学者还有室鸠巢、新井白石等。室鸠巢在政治思想方面提出了近于社会契约论的观点，超出了朱子学；而新井白石热心实证科学，成为倡导西学的先驱者，为儒学发展寻得新的发展方向。

林罗山之后，受到幕府统治者重视的朱子学发生分化，出现了两个不同的发展方向，其中一些学者着力强调儒学封建伦理纲常部分，用儒学理论充实神道体系，致力于朱子学的纯粹化、日本化，以海南学派的山崎闇斋为代表；另一部分学者则更注重朱子学的合理内核，侧重自然科学及“经世致用”的学问，以海西学派的贝原益轩为代表。

2. *海南朱子学派*

海南朱子学派以山崎闇斋为主要代表，对朱子学持绝对尊崇的信念，学风上表现为笃实缜密、厚重严谨，在治学、为人等方面都倾向于朱子学的严肃主义。

山崎闇斋（1618—1682年）是海南学派后期的重要代表。他少年时曾出家学佛修禅，后离佛归儒，又学习神道，并折中神儒，创立“垂加神道”。山崎闇斋的思想可以分为儒学及神道两个方面。就儒学方面而言，他尊奉朱子学如宗教，视朱子著作为教条。他认为，评判学问只以朱子学的是非为是非，朱子学之外更无他学，余皆为异端邪说。基于这种立场，他对一切与朱子学不相容的思想都采取排斥的态度，尤其力排佛老陆王。在理论上全面肯定朱子学之外，他更在实践方面身体力行，抱着笃实躬行的态度，行动以“敬义”为本。就神道方面言，他致力于折中朱子学与神道，以儒学思想附会日本神统神国的观念。他基于神道著作中“神垂以祈祷为先，冥加以正直为本”的命题，建立其神道教义，创立了新的神道流派“垂加神道”。他用朱熹的理气说解释神，认为气的正邪决定了神的正邪。他以阴阳五行配天神七代，又以周敦颐《太极图说》宇宙生成的理论附会日本神道的神话，并把儒学忠君爱国思想、正名思想与神道神国思想结合起来，提倡一种狭隘的民族主义。山崎闇斋的神儒结合与藤原惺窝、林罗山主张的神儒合一已然不同。他强调日本的神道并不就是儒道，二者之间有神秘契合之处，但神道是日本独特之道。

另外，以明儒朱舜水、会泽正志为代表的水户学派也继承了这种把儒学日本化的倾向。它力倡正君臣大义，忠孝不二，文武不歧。后期的会泽正志则以忠孝建国、尚武、重民为日本国体的特征，把尊王攘夷思想推到顶点。

3. 海西朱子学派

海西朱子学派以安东省庵、贝原益轩为代表，他们二人被称为“海西二巨儒”。安东省庵（1622—1701年）曾师事朱舜水，虽属朱子学系统，但并不排斥陆王，主张自由的学风，在理气观方面近于气一元论。

贝原益轩（1630—1714年）年轻时好陆王之学，中年以后尽弃旧学，尊信朱子学。但他并不盲目地崇朱排他，晚年更著《大疑录》，对朱子学进行了批判，主要集中于本体论与人性论方面。他对理本论、理气二元论进行了批驳，认为“理气决是一物”，理气合一于气，气主理从，“理是气之理，理气不可分为二物，且无先后，无离合”（《大疑录》卷上）。由此出发，他断然反对宋儒把人性分为天地之性与气质之性，认为所谓天地之性、气质之性其实都是本然之性。在知行关系上，他提出知行并进论，认为知与行是相互作用的，以此反对朱熹“知先行后”及王阳明的“知行合一”。受朱子学格物穷理思想影响，贝原益轩颇为重视对自然现象、经验科学的研究，著有《大和本草》，开创日本本草学；《筑前土产志》则从化石研究地壳变迁。他认为经验的科学知识高于书本教条。也正是这些研究促成他能够突破对朱子学的迷信。

不拘泥于朱子学说的还有大阪学派。大阪学派虽然属于朱子学派，但是能够吸收其他学派的思想理论，带有综合各家、突破朱子学的倾向。最具代表性的是富永仲基，他提出所谓“加上法则”，认为任何思想学说都是历史的产物，不可能一成不变，永远适用，而是后起思想排斥前代思想并出于其上。他以“诚之道”为儒家精神的核心，并以之为日本所能行之道，主张神儒佛三教其实都归于“诚”。

（二）日本阳明学

中国阳明学传入日本的时间比较早，而成为一个学派则是从中江藤树开始的。与中国阳明学派相似，日本阳明学派是在与官学朱子学的抗衡中产生并发展的，主要代表下层武士、中小地主及市民的利益，对日本社会的变革经常起着积极推动的作用。

中江藤树（1608—1648 年）一般被视为日本阳明学派的创始者。他前期信奉朱子学，读《王阳明全书》后转而尊崇阳明学。中江藤树思想最突出的特色在其“全孝心法”。他以阳明哲学为依归，认为“心”是本体，天地万物皆在人的“心”、“良知”之中。与王学不同的是，他进而将“孝”上升到与“心”同等的地位，认为“孝”是“心”的同义词，都是精神本体，强调天地万物皆由孝生。“孝”于是由日常道德规范上升为人类社会最高道德准则，成为宇宙万物的本原及实质。因此，他在伦理观上首重“孝道”，主张除父母之外，还要对祖先、天地、太虚尽孝，而且亲身实践，身体力行。对孝德的推崇成为日本阳明学的鲜明特征。

中江藤树亦持神儒结合的立场，认为儒道的本意亦在信奉神明，“明明德”的儒道即是“太虚神道”。他以神道的“正直”、“爱敬”、“无事”与《中庸》的“知”、“仁”、“勇”三德相配，又以三德配神道的镜、剑、玉三神器，形成独特的神儒合一论。此外，中江藤树思想还有重实践躬行、反对泥古、注重变通等特点，后被熊泽蕃山、佐藤一斋等学者继承发展。

熊泽蕃山（1619—1691 年）是继中江藤树之后德川前期最著名的阳明学者，曾师事中江藤树。他虽然基本倾向阳明学，但自己标榜不祖述师说，否认自己是阳明学派。他有折中程朱陆王的倾向，注重事功，主张学问应该用于国家和社会；认为汉儒之功在于训诂，宋儒则功在理学，阳明学功在心法，虽各自不同，却是分居于学术发展历史的不同阶段，前后是相因相继的关系，所以他主张学术的发展应该"合时处位"，对于先师的学问应该既不违"实义"，又随时变通。

他继承了中江藤树的神儒合一论，且有所发展，认为日本的神道是"天地一源"的神道，没有形象实体，可以借儒家经典传达出来。他也借用了儒学智仁勇三德为日本神道做注解，把日本神道思想与儒家学说更为紧密地联系在一起。他还继承了中江藤树重孝道的伦理道德观，以"孝"为天地万物一体之理，但主张以"心法"尽孝，简化儒家尽孝的礼仪。他还反对宋儒把天理、人欲相对立的禁欲主义。

佐藤一斋（1772—1859 年）是德川后期复兴阳明学的著名学者。与中江藤树、熊泽蕃山不同，他一直处于官学的最高地位，任幕府儒官近 20 年。他表面持折中程朱陆王的态度，实际主要信奉、宣传阳明学。他的主要功绩就在于在朱子学的包围中发展了阳明学，为其后的明治维新培养造就了一批人才。佐藤一斋的思想本于阳明，又不完全同于阳明，对朱子学亦有所吸收。他既认为心主万物，宇宙不外我心，理即人心之灵；又具有理气合一或气一元论倾向，认为理气相即不离，万物荣枯只在一气的消息盈虚，又以气为宇宙万物的本原。在政治思想上他主张天下为公，尊王贱霸，强调要振兴武道，加强海防。尤其是到后期，他更由尊重儒道、反对洋学，转向主张开放洋学。

佐藤一斋门下涌现出佐久间象山等一批幕末、明治维新的爱国志士，这些阳明学者成为倒幕维新的推动力量。与佐藤一斋同时力倡阳明学的大盐中斋，则发动了农民及城市贫民起义，沉重打击了封建幕府，传播了平等思想。

日本阳明学派虽然继承了中国阳明学思想，但由于社会历史条件的差异，日本阳明学者的在野地位又使得其思想学说带有自己鲜明的特点。他们一般都折中陆王，主张神儒合一论，具有反体制的批判精神，更重实践的行动性。

（三）日本古学派

古学派是日本儒学的重要派别，也是官学朱子学的反对派。古学派学者认为只有古代儒学才具有真义，汉唐以后儒学全是伪说。他们尊信三皇、五帝、周公、孔子，以古典经典为依据，冀从古典中寻找作用于社会的智慧源泉，重新构建不同于朱子学、阳明学的思想体系，实际是希望以复古的名义打破当时朱子学的一统天下。古学派的先导者是山鹿素行，另外两个著名的代表人物分别为堀川学派的伊藤仁斋、蘐园学派的荻生徂徕。他们在思想意识形态上具有共同的特点，政治上代表被闲置的贵族及中小地主阶级等在野的民间势力。“古学派的思想是日本儒学中最具日本特色的一部分，充分地表现了日本文化与日本民族心理的特征。”①

山鹿素行（1622—1685 年）是古学派的首倡者。他曾从林罗山修朱子学，对兵学、神道也有研究，中年以后转而尊信古典。他对宋明诸儒皆持否定态度，认为朱子学不足以济世，无补世用；提倡古学，主张回复周孔之道，自命继承孔子之后道统之正传。在自然观方面，反对理本论，主张“理气妙合”的理气合一论，认为阴阳之气是天地万物的本原，理只是事物间的条理。他反对朱子学“穷天理，灭人欲”的禁欲主义，认为去人欲非人，对情欲采取较宽容的态度。

他试图把儒家学说与兵学结合起来，把省身、尽忠、笃信、重义等儒学理论运用于武士阶层内部，形成一套日本武士的道德规范。他认为武士应当修文武之德以维护“礼”，正人伦于天下。所著《武教小学》、《武教本论》等著作，阐明武士之道，突出了武士阶层特权地位及其道德修养的信条，成为日本山鹿派武士道的经典著作。

山鹿素行也主张神儒合一。他认为周孔之教的内在精神与日本的古来之道是一致的，日本虽然没有儒教之名，却有儒教之实。他更强调日本神道并不亚于儒教，并由此进一步倡导大日本主义，他在所著《中朝实录》中，称日本为“中华文明之土”、“中朝”、“中国”，并和神统相联系，而把中国称为“外朝”。这种大日本中心理论在当时可能有一定的积极意

① 王家骅：《儒家思想与日本文化》，浙江人民出版社 1990 年，第 128 页。

义，摆脱了日本儒学家盲目崇拜中国的观点，但最终成为日本军国主义的思想渊源。

堀川学派的伊藤仁斋（1627—1705 年）是继山鹿素行之后古学派重要的思想家。他也是由修朱子学转倡古学。他特别尊信《论语》、《孟子》，而贬低朱子学者最重视的《大学》、《中庸》，著有《论语古义》、《孟子古义》、《论孟字义》，宣称要到《论语》、《孟子》中探求“古义”，欲以之为据，构建自己的新思想。

在自然观方面，他反对理本论，而主张气一元论。他把阴阳元气视作宇宙世界的本原，批驳宋儒的以理为本不符合孔子本意。由此，对待理气关系，他反对宋儒“理在气先”的思想，提出“理在气中”观点，强调理只是气中之条理，理的存在是作为事物的道理而存在。他还把“一元之气”构成的世界视作“一大活物”，旨在主张天地万物的变化运动，以此反对宋儒主张的寂然不动的“理”。伊藤仁斋思想体系的重点在于“人伦日用”的伦理观方面。他强调“仁爱”，比较重视人的情感，同山鹿素行一样对“情欲”持宽容的态度，反对理学以人的情欲为“恶”的思想观念。在政治方面，则据孔孟的仁德思想，提倡仁爱、德政、王道，对不实行王道的君主则认为可以进行“放伐”。

创立蘐园学派的荻生徂徕（1666—1728 年）是继伊藤仁斋之后古学派的又一代表人物。他初习林家朱子学，后受伊藤仁斋影响，但对其古义学亦持异议，遂提倡古文辞学。受明朝王世贞、李攀龙“文章立教”及复古思想影响，他以训诂学的态度从先秦古典中归纳用例，阐明古义，代表作有《辨道》、《辨名》。异于伊藤仁斋的以《论语》、《孟子》为中心，荻生徂徕特别重视“六经”与《荀子》，认为六经就是先王之道。他的最高理论范畴是“道”，这个“道”完全不同于朱子学的“理”那样既是自然法则又是社会法则。在他看来，“道”就是孔子之道、先王之道，孝、悌、仁、义、礼乐、政刑构成其具体内容，是先王制作的人类社会的生活准则，而不是天地自然之道。他反对宋儒离开具体事物空言虚理，强调通过客观存在、实际经验获得“实知”，所谓“先王之教，以物不以理”（《辨道》）。在伦理观方面，反对宋儒区别“本然之性”、“气质之性”的二性说，肯定人的情欲，批判理学“存天理，灭人欲”的思想。

日本的古学派在思想理论上对朱子学有所突破，在训诂考据方面也做出了贡献。他们“或者反对禁欲主义，或者在思维结构上瓦解了宋学乃至儒学的思维方式，内趋地成长了近代思想的要素，在客观上导致了日本儒学的衰落与崩溃”①。

三　日本儒学的近代命运

18 世纪后期，日本资本主义生产关系萌芽、发展，封建制度解体。1868 年德川幕府被推翻，封建的幕府统治从此不复存在。明治政府迫于国内外众多的矛盾压力，进行了著名的明治维新，通过一系列改革措施使日本走上资本主义发展道路。作为日本封建社会正统思想的儒学的地位从根本上发生了动摇，逐渐衰落。儒学作为日本传统文化的重要组成部分，如何应对西方文化的挑战，成为日本近世一些思想家的思考课题，他们对儒学进行批判，并开始融合西学对儒学进行改造。

（一）佐久间象山的“东洋道德，西洋艺术”论

幕末宽政异学之禁的实行，昭示着日本儒学全盛期的结束。儒学内部一些儒学者接受当时“兰学”的影响，向“兰学”转化。学习、传播欧洲近代科学知识的同时，他们开始进行嫁接儒学与西学的尝试。特别是 1854 年日本被迫“开国”后，直接面临沦为殖民地的民族危机。在这种严峻形势下，一些思想家主张全面学习西方科学技术及社会政治制度，汲取西方先进文化以应对空前的民族危机。此期以佐久间象山最具代表性。

佐久间象山（1811—1864 年）是日本近代著名的儒学家兼洋学家。他的儒学造诣颇深，笃信朱子学。在中国鸦片战争之后，其思想发生巨大变化，转而研究西方文化，主张引进西方科学技术，“以夷之术制夷”，并提出了儒学与西学互补的理论主张。他反省对照朱子学，肯定西方的“实理”之学，认为西洋自然科学的认识方法及理论，正可以补充、发展朱子学“格物穷理”的方法。他对儒学与西学的差异进行了细致分析，提出“东洋道德，西洋艺术”，以概括儒学与西学的关系，与中国洋务派的“中学为体，西学为用”一脉相通。佐久间象山主要是在自然观领域以西方自然科学知识改造儒学，而社会观、伦理观方面仍然没有超出传统儒学的范围。他的“东洋道德，西洋艺术”论在当时颇有利于新思想的

---

① 王家骅：《儒家思想与日本文化》，浙江人民出版社 1990 年，第 142 页。

吸收与发展，具有重要的历史意义。

（二）“明六社”的启蒙思想对儒学的批判

“明六社”是明治初期西周、津田真道、福泽谕吉等资产阶级启蒙思想家成立的启蒙学术团体，他们适应明治政权积极倡导的“文明开化”（西化）政策，引进西方的哲学、伦理、政治、教育、法律等思想理论，积极开展启蒙活动。在引进、宣传新学说的同时，他们对儒学进行了系统的批判。

首先，他们提倡实学，批判儒学是不切实际的“虚学”。西周引进孔德、穆勒的实证主义，认为儒学“法”（法律）、“教”（道德）不分，“物理”、“心理”相混淆，“理”是空理。津田真道也认为儒学是空言虚理的空无寂灭之学。福泽谕吉则把所有旧学问包括儒学与国学都归于无补于世的虚学，力倡实证科学及实证哲学。

其次，他们提倡功利主义及快乐说，批判儒学的封建旧道德，尤其对禁欲主义进行了激烈的批判。西周认为，儒家提倡的温柔、谦恭、无私、寡欲等道德规范，其实是以穷苦贫寒为人道，实际是最不道德的，并提出健康、知识、富有为人生三宝。津田真道则认为情欲出自自然天性，只要用理智加以克制，就有益无害，而宋儒的禁欲主义实是对人性的抹杀。

最后，他们提倡西方的文明观，主张自由、平等、独立，反对儒家尊卑上下的等级观念及君主专制。福泽谕吉力颂西方的“天赋人权”论，以之批判封建的家族制度，尤其是家长制及男尊女卑的传统。他又以“社会契约论”批判儒家维护的君主专制，强调人民是国家的主人。

“明六社”的启蒙思想在当时民众中产生了很大影响，他们所宣传的自由、平等、独立、权利等思想，促进了时人新观念的形成，成为其后民主主义革命运动、自由民权运动的思想理论基础。由于他们都是幼习儒学、转而研究西学，所以虽然批判儒学，但他们的思想中仍然深深地印着儒学的烙印。他们借用儒学的概念介绍西方新思想，虽然同一概念实指不同内涵，但这种形式使得儒学与西学之间保持着某种程度的连续性；对日本儒学中的合理因素也予以继承。

自由民权运动中杰出的理论家中江兆民，也吸收了儒家学说宣传民权思想，力图把传统民本思想与近代民权论结合，把儒学的民本论改造为具有新内涵的近代民权、民主思想。

（三）传统派复兴儒学的努力

明治二十年代，政府效法帝制德国，整备国家及文教体制，自由民权运动衰退。在这种社会政治背景之下，主张回归儒学伦理的传统派与欧化派围绕学校德育方针展开论争。政府中的保守派企图利用儒家思想抵制自由民权运动政治上“欧化”的选择，以儒家伦理观规范世道人心。传统的儒学思想呈现某种复苏趋势

传统派学者以元田永孚、西村茂树为代表，致力于以伦理道德为核心复活儒学。元田永孚（1818—1891 年）曾任明治天皇的侍讲，他主张原封不动地恢复传统儒家道德的统治地位。他据天皇授意撰写了《教学大旨》，主张道德之学应以孔子为主，强调要以儒家仁义忠孝之道为道德教育的基础。后又编写《幼学纲要》，作为儒学的通俗教科书，发行全国小学，确定了以儒教培养少年儿童的宗旨。

担任宫中顾问官的西村茂树（1828—1902 年）是传统派的骨干人物，曾是“明六社”成员，宣传过启蒙思想。他一向重视国民道德的培养，所撰写的《日本道德论》被推荐为中学以上各级学校的教科书。他主张以儒教为日本道德的基础，把复兴儒家道德视作基本国策。与元田永孚全盘恢复旧儒学的主张不同，为使儒学适应西方思想日益深入人心的时世，他注重以西方近代哲学思想改造儒学，主张以西方“学理的微妙”、“研究的精密”补儒学之短，所以日本道德的基础应该是“采取二教（儒学与西洋哲学）精华，弃其糟粕”。如是，西村茂树所主张的儒学是经过了改造、融合中西的近代儒学，比复古的儒学更符合加强天皇制统治的政治需要。

其后，天皇于 1890 年发布《教育敕语》，把儒家传统的道德论与近代国家主义相结合，形成以天皇制及封建家族制为中心、以忠孝为重点的国民教育方针，复活儒学道德的政策由此完成。《教育敕语》代表了日本政府全部的思想文化政策，影响及于日本的政治、经济、军事等各方面。儒家伦理观在明治维新以后的东西方文化冲突中，最终被确立为日本国民道德准则，在相当长的时期内继续发挥着重要的作用。

第五节 越南儒学的形成和展开

越南与中国自古关系密切。在宋以前曾长期属中国中央封建王朝统治，史称郡县时代或北属时期；自立以后，亦曾长期为中国藩属国。由于与中国有十分深厚的历史渊源，作为中国传统文化主体的儒学传入越南已有两千多年，对越南社会的发展产生了深远的影响。儒学在越南被称为“儒教”，古代越南社会的政治经济制度、文化教育体制、社会礼仪法度、民间风俗习惯等多可溯源于儒家思想学说。儒学成为封建统治及社会性教化活动的指导，长期以来一直居于越南封建社会统治思想的主导地位，正如有的越南学者所论：“孔孟的思想，经过宋儒注解的经、传，受到崇拜，被视为一切思维、语言和学术与艺术活动的规范”①。越南有选择地利用、发挥中国儒学，应用于社会实践；虽然并未创造出独立于中国儒学系统之外的学派体系，但亦具有一定的民族化特征。

一 儒学在越南的早期传播

中国儒学自赵佗建立南越国时传入越南，在其长达千年的郡县时代得到了广泛传播与发展。秦汉之际，越南北中部地区与中国有了日益密切的联系。秦始皇平定岭南，设置南海、桂林、象郡三郡，其中的象郡就包括了越南中北部地区。公元前 207 年，本为中原人的南海郡尉赵佗建立以番禺（今广州）为中心的南越国割据政权，在今越南北中部地区设交趾、九真二郡。越南旧史推尊赵佗为开国之君，把南越国列入王统。南越政权沿袭秦朝政治体制，颇受中原文化的影响，这其中就包含了儒家文化。越南古代史家黎嵩《越鉴通考总论》称，赵佗“武功摄乎蚕丛，文教振乎象郡；以诗书而化训国俗，以仁义而固节人心”（《大越史记全书》卷首）。由此可见，在公元前 2 世纪前后，汉字、诗书之类的儒学经典以及儒家的仁义教化思想已经传入越南的北方地区。此后，汉武帝于公元前 111 年平南越，以其地为九郡，其中交趾、九真、日南三郡就在今越南北

① 陈廷休：《儒教及其在越南文化中的影响》，载《越南文化综汇》，越南中央文艺委员会 1989 年，河内，第 214 页。

部及中部地区，越南自此成为中国封建王朝的郡县。此期汉武帝实行罢黜百家、独尊儒术政策，以儒学为中心的汉文化在越南也日益广泛地传播。

两汉时期派往越南的地方官吏都以儒家思想为指导，整顿社会秩序，移风易俗，并实施儒学教育，输入儒家经典。汉平帝时交趾太守锡光“教导民夷，渐以礼义”；东汉时九真太守任延，明《诗》、《易》、《春秋》，儒学造诣颇深，且在越南建立学校，导民以礼义，使百姓得以粗通礼化。他们二人对儒学初传越南做出了贡献。史称之，“岭南华风，始于二守”（《后汉书·循吏传》）。影响最大者当推东汉末交趾太守士燮。他精通儒学，对《尚书》、《左传》等经典颇有造诣。治理交趾 40 年，“习鲁国之风流，学问博洽，谦虚下士，化国俗以诗书，淑人心以礼乐”（黎嵩《越鉴通考总论》），与刘熙、薛综、程秉等避乱交趾的汉代名儒，共同大力传播儒学，奠定了后世儒学发展的基础。士燮因此被称为“南交学祖”，被尊为“士王”，先入越南帝王庙，后又入文庙，越南旧史称之，“我国通诗书，习礼乐，为文献之邦，自士王始。其功德岂特施于当时，而有以远及于后代，岂不盛哉”！（《大越史记全书》外纪卷三《士纪》）后经魏晋至隋唐，依靠国家政权的倡导、地方官吏的推行，以及南迁的中原文人学者的宣扬、移民与当地居民的密切交往，这一切都推动了儒学在越南的深入传播。尤其是唐代，国势强盛，在交州设都护府，地方官吏更加注重兴办教育，提倡儒学，以儒学移易风俗。此间越南士人亦络绎不绝地游学中原，并可以同样参加唐朝的科举考试，入仕为官。唐朝著名的文学家如杜审言、刘禹锡、韩渥等都曾流寓越南。中越士人的交流唱和，不断推动儒学在越南的传播发展。

然而，儒学虽然已在越南具有一定地位，但并不像佛教那样广泛传播，也不像佛教作为一种信仰为一般人所接受。直到越南建立自主的封建王朝后，儒学作为可以加速越南封建化进程的先进思想，渐由受抑制转变为颇受推崇，进入其大发展时期。

二　儒学在越南封建社会的发展

越南封建国家建立的初期，即吴（939—965 年）、丁（968—980 年）、前黎（980—1009 年）三期，皆戎马倥偬，国祚短暂。为巩固刚刚形成的民族政权，国家执行崇佛抑儒政策，奉佛教为国教；朝廷重武轻文，未遑文教，儒学与儒生的地位受到抑制。直到李朝建立，这种局面才开始发生变化，儒学进入其稳步发展时期。

李氏平定内乱所建立的李朝是一个中央集权制国家，迫切需要健全封建制度，维护国家统一及社会稳定，使越南封建社会进入新的发展阶段；而儒学的“大一统”思想及治国安邦之策正具有这种佛道二教所不能及的作用。所以，虽然李朝仍然崇尚佛教，佛教甚至在此期达到鼎盛，但李朝统治者已改变过去尤重佛教的政策，开始重视儒学，推行儒、释、道并尊的政策，并采取了一系列举措，不断提高儒学的地位。1070 年，李圣宗在首都升龙（今河内）修文庙，成为越南修文庙之滥觞。自此，儒学在越南开始儒教化，孔子则开始偶像化；1075 年，开始开科取士，通过科举选拔人才，越南的科举制自此实行。科举以儒、释、道三教经典为考试内容，儒学成为重要内容之一。像中国一样，儒学与仕途的结合，刺激了人们对儒学的热情，儒学传播更为迅速。1076 年，又设国子监，初为供皇子、皇亲国戚及大臣贵族子弟就学之所，后民间学业优异者也可入学就读，国子监实际成为国立学校。由于实施儒学教育，出现了新的知识阶层即儒士阶层，而且由于不断输入儒家经典，为士人学子学习、研究儒学创造了条件。这一切都表明儒学在李朝时已具有一定的地位。

继李朝之后的陈朝继续推行重视儒学的政策，而且经过李末农民的反抗斗争后，以儒家等级尊卑思想整顿社会秩序此时显得尤为重要。

陈朝进一步完善儒学教育，完善科举选官制度。立国学院，讲习四书五经；制定七年大比的规定，选取儒生中科者入仕，儒生受到统治者重用。科举考试的内容发生重要变化，由通考三教经典变为独以儒学为科考内容，且对中科者有相应的奖励措施，极大地激发了学子研读儒经、猎取功名的热情。此期从中央到地方，从官学到私学，形成比较完备的儒学教育体系。陈朝统治者已经意识到儒学对于社会，较之佛教同样具有积极作用，遂逐步确立了政教合一的统治体制，按照儒家学说更定刑律礼仪。如陈仁宗虽然游心释典，以佛治国，但亦不排斥儒学的政治理念，把“仁”视作治理天下之本，在治政中也推行轻刑薄赋、信赏必罚。由于科举选拔官吏成为定制，虽然佛教仍占据当时社会、政治的主导地位，但儒士阶层迅速成长，其代表人物取代僧侣的地位，成为朝廷的重臣。他们从政后，推行儒家的主张，兴办儒学教育，使儒学传播更为广泛普及，儒学日益在社会组织领域及精神生活中发挥重要作用，出现比较著名的儒学家，如被尊为“越儒宗”的朱文安。朱文安是越南历史上从祀文庙的第一人，是著名的儒学家、教育家，被尊为“儒圣”、“师表”。他奉行孔子“有教无类”主张，毕生从事儒学教育，曾被陈明宗延请担任太子的老师。他主要承袭了宋儒思想，以阐释性命义理之学为主，著有《四书说约》，是越南历史上精研义理之学的第一人。

由于儒士阶层崛起并发展为重要的力量，儒与佛道之间的论争日趋激烈。以朱文安、黎文休、黎括、张汉超等为代表的儒士阶层，不断发起对佛教的尖锐批判，并要求士大夫非孔孟之道不著述，罢黜异端。朝廷亦因此采取了限制佛、道势力发展的措施。至陈朝末年，佛教日衰，儒学已形成取佛教而代之的趋势。其后，胡季犛所建立的胡朝虽然国祚短暂，对越南儒学发展却是颇重要的时期。胡季犛实行限佛尊儒政策，积极倡导儒学。他设立学官给学田，扩大儒学教育，重新厘定科举之法；他用“字喃”翻译儒家经典《尚书・无逸》，用国音讲解《诗经》，并自作《诗义》，普及儒家文化。胡季犛尊孔崇儒的同时，也表现出有选择地接受儒学的倾向，他著有《明道》十四篇，抬高周公，贬低孔子，以韩愈为盗儒，尤其批评宋代理学大儒二程等人，“学博而才疏，不切事情，而务为剽窃”（《大越史记全书》本纪卷八《陈纪》），试图修正儒学的某些信条，向儒学的越南化迈进。

总之，儒学自李朝至胡朝的四百余年间，为发展、健全越南社会封建制度起了相当重要的作用，地位也有了很大的提高。这一切都为儒学从后黎朝开始居于正统地位奠定了基础。

三　越南儒学的全盛与衰落

由后黎朝至阮朝中期的四百余年间，是越南的独尊儒教时期。经过后黎朝和阮朝统治者的大力提倡，儒学特别是宋明理学在越南的传播与发展进入一个鼎盛时期，成为占据主导地位的意识形态。

后黎朝前期是越南封建中央集权制兴盛时期，历代统治者皆崇儒重道，独尊儒学，尤其是黎圣宗在位期间（1460—1478 年），更是采取一系列重要措施宣传、贯彻儒家学说。黎圣宗崇尚儒术，于儒学造诣颇深，经史子集、历数算章莫不精贯。他笃信儒家天命观，相信天人感应说，把建设尧舜式的太平盛世作为自己的政治理想。黎圣宗即位后，将僧道排斥于国家政治生活之外，从政治、经济、文化教育到规范民风民俗，均实施贯彻儒家思想，修订礼乐，改革风俗。他参照隋唐律例，颁布了《洪德法典》。同时又特别尊信儒家以礼教化人民的学说，向民间普及儒家伦理，并用法律制约百姓遵守这些道德规范，下令制定了《二十四训条》，敕谕天下百姓日常讲读，一律奉行，违者治罪。《二十四训条》倡导忠孝节义，对于父子、夫妻、婆媳、男女、师徒、乡党、军民等各方面的关系，用儒家伦理做了具体规定，以此确定家庭、乡里至于整个社会的尊卑等级关系。为了从根本上确立儒学的地位，黎圣宗特别重视儒学教育及科举制度。为确保儒家经典的权威性，黎圣宗首次专门设置五经博士，每人专治一经，教授诸生。他将科举考试制度化，定三年大比之例，通过科举考试选拔精通儒学的官吏，并于国子监立进士碑，以提高儒生的威望。越南的科举制度至此期大体完备，儒士阶层的社会地位进一步提高，在政界及文化教育领域起着极为重要的作用。儒学取得了至高无上的统治地位。

后黎朝还大量输入与翻刻儒家经典，开展儒学研究，经学、史学、文学都空前繁荣，著述丰盛，名儒辈出，出现了《易经层说》、《春秋略论》等儒学著作及全书贯彻儒家思想的史学名著《大越史记全书》，出现了阮廌、阮秉谦、吴士连、黎贵惇、吴时任等一批著名的儒学家。这些儒学家对中国文化思想尤其是儒学的接受和传播，对越南传统文化思想的丰富和发展都起着非常重要的作用。

阮廌是后黎杰出的思想家、文学家。作为开国功臣，他是黎太祖的"思想库"。他竭力将儒家学说运用于社会现实，用以指导救国、建国的实践；同时又根据社会实践的需要，对传统儒家思想做出一定的修订，使之越南化、民族化。阮廌尊奉孔孟儒家学说，其思想体系的核心就是"仁义"。他把仁义作为思考、行动的方法论基础，以仁义为处理解决问题的标准尺度和行为准则；而行仁义最重要的内容就是救民、安民。他特别重视儒家阐发的伦理纲常，以之作为自己的人生原则及行为规范，身体力行，尤其注重忠、孝二目，认为为人臣子就必须尽忠于君上，孝敬父老长者。但是阮廌的"忠"观念已与传统儒家不尽相同，着重强调"尽忠报国"，与其中、越有别的国家观念密切相关。

黎贵惇是后黎朝后期有影响的哲学家、史学家、政治家。他主要是接受了宋儒理学的思想观念，同时也受到明清实学思潮的影响，其思想体系的核心内容是对格物、致知、诚意、正心、修身、齐家、治国、平天下等宋儒所谓“八条目”的接受和阐述。他深受儒家民本思想影响，要求统治者从儒家仁义思想出发，行德政而宽民力；又从维护、巩固封建秩序出发，力倡以真才实学选拔人才，提出衡量官吏的才能应以民心的与否为标准。黎贵惇思想中还有一个突出特点，就是与“华夷观”相联系的民族自尊意识。他在接受、传播中国儒学的同时，更以一种融会、创新的精神，整理民族文化遗产，在哲学、历史等方面做了大量工作，冀使儒学越南化。他对儒家经典有系统研究，著有《群书考辨》，主要从《尚书》、《春秋》等中国经史著作中摘录一些历史事件及观点，并加以评论；《圣谟贤范》则摘录了中国儒家经典及名儒家训格言，并分 12 类目排列评论，借之宣传修齐治平之道；《四书约解》则用字喃和汉字诠解“四书”中的一些篇章；《芸台类语》中的“理气类语”则主要汇辑了宋代理学家的观点资料，并加以自己的见解评论。

后黎朝还尊孔子为“万世帝王之师”，无论京都、地方都普建文庙，祀孔的规格更高，礼仪也更加完备，孔子的地位空前提高。

阮朝继续实行后黎朝尊儒的政策，而且鉴于黎末长期的分裂割据及农民起义，面对西方殖民主义侵略的威胁及天主教传播的挑战，更加注重整顿封建秩序，以加强中央集权，发展生产，增加经济实力。阮朝开国便全面仿效清朝的文物制度，大力推崇国学。阮朝的前期儒学仍然居于正统地位，统治者在后黎朝基础上继续采取种种措施推崇儒学，尤其是明命帝和嗣德帝都精通儒学，崇尚孔孟之道。文庙遍设于各大城镇，春秋举行隆重的祭典。学校教学、政府文书、科举考试一律采用汉字，不准使用或混用喃字，自上而下的普遍的儒学教育及制度完备的科举取士，使得全社会均处于儒家思想控制之中。而且，随着疆域拓展至湄南河三角洲，儒学已普及到当时越南全境。继后黎儒学的极盛时代之后，儒学再度昌盛。此期越南学者开始大力开展自己的儒学研究，如黎光定、潘清简等；涌现一批文学、史学名著，如《钦定越史通鉴纲目》、《大南实录》、《大南列传》、《嘉定通志》等，民俗文学中也出现了宣扬儒家忠孝节义的故事书。

然而，儒学的这种繁盛背后却隐藏着深深的危机。阮朝中期以后，伴随着越南的殖民地化，儒学迅速走向衰微。主张大一统及尊卑等级制的儒学作为封建制度的思想支柱，是与越南封建制度相适应而不断得到发展的。1884年，越南被迫签订《顺化条约》，沦为法国的殖民地，作为封建社会意识形态、维护封建统治的儒学丧失了它成为统治思想的社会基础，不可避免地走向衰落。加之19世纪末、20世纪初，西方资产阶级思想文化的猛烈冲击，以儒学为核心的传统思想观念被全新的西方思想观念所取代；另一方面，法国殖民者为扼杀越南的民族文化及其人民的民族意识，亦极力压制儒学的传播和发展。汉字和喃字被拉丁化文字所取代，儒学传播失去了载体；科举制度被废除，士人学子失去凭借儒学入仕的晋身之阶，儒学教育的地位迅速下降；孔子也不再是圣至先师，文庙徒存，祭孔礼废。儒学遂丧失其独尊地位，急剧衰败。

儒学虽然从居于统治思想的独尊地位跌落下来，但经过两千年的传播、发展，儒学深刻影响了越南的民族文化，已经成为越南民族文化的一个重要组成部分，越南古代的历史典籍包括政治、哲学、历史、文学等各方面著作，几乎都打上了儒学的烙印。即使在近代衰落以后，它的思想影响仍然不绝如缕，绵延不息，积淀于越南历史的传统之中，存在于越南现代社会的机体之中；而就儒学本身的发展而言，越南儒学家将中国儒学运用于社会政治实践时所做的民族化努力，如格外强调爱国主义内容，使用民族化语言，以字喃翻译、注释儒家经典等，都丰富并扩大了儒学的内涵及社会影响，对于东方儒学的发展做出了有价值的贡献。

第三章　近代以来儒学的维系和发展——中国现代新儒家

第一节　现代新儒家的文化保守论与文化救国论

一　近代中国的时代主题

近代以来，西方列强的坚船利炮打破了中国人的帝国梦，也使中华民族陷入了亡国灭种的危险境地，“救国”成为时代的主题。在剧烈对抗中体现出来的中西之间的强弱差距，使国人意识到，要想救国，就必须学习西方。一时之间，以救国为主要目的的学习西方的运动蓬勃兴起。

随着对西方认识的逐步加深，近代国人的救国图强之路大致经历了三个阶段。首先，由于受到西方坚船利炮威力的震撼，一些人认为，中国的落后主要体现于中国的科技不如西方，从而导致了被动挨打的局面，魏源提出的“师夷长技以制夷”的口号就是这种认识的体现。正是由于这种停留在器物层面的对西方文化的认识，促成了洋务运动的发展。但是，中日甲午海战中国的惨败，使国人认识到，西方的强大并不仅仅体现于科学技术方面，其先进的政治制度也是一个重要原因。于是，向西方学习的救亡图存运动进入了第二阶段，其标志就是戊戌变法运动。但戊戌变法很快便失败了，一些知识分子终于开始意识到，西方先进的科技与政治制度并不能突兀地产生，其背后有深层次的文化因素在起着支撑作用。不重视中西文化的差异，单纯地学习西方的科技及政治制度，很难取得好的效果，学习西方运动自此进入第三阶段，即以学习西方的民主、科学，走西方近代化道路为文化的中心议题。

出于对西方文化的崇拜，新文化运动很快便在中国形成了不可阻挡之势；出于同样的原因，新文化运动的干将们对中国传统文化是否具有现代意义产生了怀疑，提出了以扫荡中国传统文化、学习西方文化为主要内容的“全盘西化”的口号。新文化运动的启蒙之功是不可否认的，但其极端性也是显而易见的。对此，不仅那些顽固保守派，就连一些对西方文化抱有好感的人也提出了反对。他们力图证明，中国文化仍有其价值，且与西方文化并不相悖，希望通过这种论证来消解中国文化面临的危机。在这方面，影响最大的当属中国现代新儒家一派。

二　第一代新儒家：文化救国的理论探讨

（一）梁漱溟的新儒学思想

在中国现代新儒家诸贤中，首当一提的是梁漱溟。梁漱溟（1893—1988），原名焕鼎，字寿铭，又字瘦民，以漱溟行世。他自幼受西式教育，少年时对儒家典籍不屑一顾，以英国式政治为理想，曾追随革命党，希图救国救世。但在实际活动中，梁漱溟对于当时所谓的革命党人的言行不一甚感失望：“渐晓得事实不尽如理想。对于‘革命’、‘政治’、‘伟大人物’等等，皆有不过如此之感。有些下流行径，鄙俗心理，以及尖刻、狠毒、凶暴之事，以前在家庭在学校所遇不到的，却时时看见了，颇引起我对于人生感到厌倦和憎恶。”① 由此带来的幻灭感，使得梁漱溟对关注人生苦乐的佛学产生了兴趣，并对强调伦理道德的儒家学说在当时的饱受打击抱有同情，对兴盛一时的全盘西化思潮产生了怀疑。因此，当蔡元培于1917年邀请他到北大任教时，梁漱溟当即宣称：“我此来除替释迦、孔子发挥外，更不作别的事。”② 1921年，他又出版了《东西文化及其哲学》这一重要著作，认为以儒学为代表的中国文化必将复兴，他也以此被公推为中国现代新儒家的开山人物。

梁漱溟认为，人类文化分为三个路向，即以意欲向前要求为根本精神的西方文化，以意欲自我调和持中为根本精神的中国文化，和以意欲向后要求为根本精神的印度文化。对于印度文化，梁漱溟认为并不适合于当时的中国，故较少涉及，他的理论重心放在中西文化比较方面。梁漱溟认

---

① 李渊庭、阎秉华：《梁漱溟先生年谱》，广西师范大学出版社1991年，第23页。

② 同上。

为，西方文化焕发出了“民主”与“科学”两种异彩，这是西方文化的优势；而中国文化则有“暧昧而不明爽”等多种弊病。梁漱溟希望人们能够认识到中国传统文化的不足之处，通过向西方学习，尽取其民主、科学之利，弥补中国文化的缺点。就此而言，梁漱溟虽被许多人视为文化保守论者，但在向西方学习这一点上，他与陈独秀、胡适等新文化运动的干将们并无矛盾之处。

但是，梁漱溟并没有仅仅停留在向西方学习这一层面。他进一步指出，西方文化有优点，但其缺点也同样明显；中国文化有缺点，但其价值也不容抹杀。并且，通过与西方文化的对比，更能够体现出中国文化的价值。在梁漱溟看来，由于西方只注重对物质的追求，造成了精神层面的缺失，以至于较高的物质享受也变成了苦事。在中国就没有产生这样的问题，中国文化——尤其是儒学——的伟大就在于，其调和持中的人生态度，从根本上解决了人类身心关系问题。中国文化讲求身心无对，内外无碍，从而避免了只讲求功利所带来的精神痛苦。他说：“中国人的一切起居享用都不如西洋人，而中国人在物质上享受的幸福，实在倒比西洋人多。……中国人以其与自然融洽游乐的态度，有一点就享受一点，而西洋人风驰电掣的向前追求，以致精神沦丧苦闷，所得虽多，实在未曾从容享受。”[①]

梁漱溟由此指出，中国文化是很有价值的，这种价值尤其体现在原始儒家那里。在他看来，孔子的人生态度原本极好，只可惜没有得到很好的落实，被后世儒生弄偏了，丧失了孔子学说的真精神。当代中国文化失序的现状，皆由此种缺失而起。因此，当下最要紧的不是向别人学习，而是恢复孔子学说在中国的影响。但梁漱溟又是主张学习西方的，这两种观点不无抵牾之处。这表明了梁漱溟既欣羡西方的科学和民主制度，又对中国传统文化痴心不改的矛盾心情。由这种矛盾心情出发，梁漱溟提出了三点主张：“第一，要排斥印度的态度，丝毫不能容留；第二，对于西方文化是全盘承受，而根本改过，就是对其态度要改一改；第三，批评的把中国原来态度重新拿出来。”[②] 这样，梁漱溟通过“把中国原来态度重新拿出来”的主张，为中国当代新儒学一派的兴起举起了领路的旗帜；其对于

---

① 梁漱溟：《东西文化及其哲学》，《梁漱溟全集》，山东人民出版社 1989 年，第 478、528 页。

② 同上。

西方文化“全盘承受而根本改过”的思想，也为之后的新儒家尝试如何对待西学定下了基调。

（二）熊十力的新儒学思想

如果说梁漱溟是中国现代新儒学的开山人物，熊十力则是中国现代新儒家诸贤中最具创发性之人。熊十力（1885—1968 年），原名继智、升恒、定中，号子真，别号漆园老人，逸翁。生于湖北省黄冈县一个农民家庭，自幼家境贫寒，未受过正规教育。但他自学不辍，经过几十年的勤学苦修，终于抉发传统儒学的精义，为中国现代新儒学的发展奠定了理论基石。

熊十力曾一度潜心于佛学，但目睹国家、民族所遭受的苦难，使他不能安心于无我，从而开始了救国救民的理论探讨。在他看来，要想解决中国问题，最急迫的不是富国强兵，而是重新树立中国传统文化中的那种对宇宙人生的终极信仰。他认为，今日中国人生活最贫乏，其生活内容至空虚，故遇事皆表现为虚妄、诈伪、自私、卑怯、无耻、下贱、屈辱、贪小利而无远计。盖自清末以来，浮嚣之论，纷纭而起，其信仰已摧残殆尽。因此，重建对宇宙人生的终极信仰是极为重要的。这种对信仰的重建，也就是陆王“先立乎其大者”之本意，以期接续中国文化的源头活水。

熊十力重建传统信仰的起点，是对中国传统的本体论的阐扬。熊十力认为，本体是一个创生实体，作为一种形而上的存在，具有孕育并鼓动万物的特性。本体不是单纯的物质性的，也不是单纯的精神性的，而是涵盖宇宙人生的一切方面。它不能超越于人类而独在，不仅体现于宇宙万物中，也体现在人心里。实际上，在熊十力看来，人心即可使本体得到完满的体现。人心分为习心和本心，习心是与物为对、追求物境之心，因其被物化，故不能证见本体，只能产生一种妄见；而本心是一种虚寂灵明的道德心，它超乎形气而存在，物物而不物于物，备万理而无妄，具众德而恒知，能够向内自证，是体认本体的唯一途径。也就是说，本体人心浑融无间，且只能通过本心才能感知，这种本体论，实际上即是心本论，是对陆王心学的继承和发展。

熊十力又进一步提出了翕辟成变说。所谓“翕辟成变”，指的是本体的流行化生方式。本体是生生化化、流行不息的，这种流行依靠本体内部永不停歇的一翕一辟来完成。翕是摄聚，由摄聚而成形相；辟的作用则与翕相反相成。翕辟一体，二者不可分离，但翕的运行是被动的，受到辟的主宰，而且它近于物化，没有自性。而辟与物无对，不舍本体之自性，故二者虽同体，实有本末之别。熊十力又将翕辟之别指称为心物之别，翕是物，辟是心，翕是宇宙物质，辟是宇宙生命。翕辟浑然一体，即是心物无间之境；而辟主宰翕，即是心主宰物。可见，熊十力的翕辟成变说不仅是其宇宙演化模式，也是对其心本论的进一步加强。

处身于中西文化之争的漩涡中，感受着国家民族的危机，在这种情况下，熊十力对心性之学的探究，是不会满足于只构建一个象牙塔的，而是希望能对中国文化的重建、寻找中华民族的出路起到一点作用。正是出于这种目的，他批评佛家学说的空疏，批评道家文化的远离人道，而独赞孔子儒学的内圣外王之道。他说："识得孔氏意思，便悟得人生有无上底崇高的价值，无限的丰富意义，尤其是对于世界，不会有空疏的感想，而自有改造的勇气。"① 这种对"改造的勇气"的推崇，体现出熊十力对现实的关注，他希望通过传统的内圣外王之道，使儒家学说能对改变现状发挥一定的作用。同时，熊十力虽然认为"外王"必须经由"内圣"才能达至，必须以对儒家道统的接续为前提，但他并不否认西方人的格致之学的积极意义。所以他强调，中国传统的内圣外王之道自然是要秉持的，但也必须学习西方人的外王功夫，以补传统儒学的不足。

应当注意的是，对于如何经由内圣开出外王，儒家的道统如何与西方的外王调和，熊十力并没有作出详尽的说明，这是其理论的一个缺陷。但他的这种重建心性之学以开外王之功、并借助西学加以调和的路数，却被其弟子唐君毅、牟宗三等人继承过去，并成为中国现代新儒学的主要特征。

（三）张君劢的新儒学思想

在中国现代新儒学的奠基人中，张君劢也是一位很重要的人物②。张君劢（1887—1969年），字嘉森，又字士林，号立斋，江苏宝山县人。他自幼接受传统儒学教育，对西学也有所接触。成年后，留学于日本和西欧

---

① 熊十力：《新唯识论》，中华书局1985年，第348页。

② 将张君劢划归本节，而不是划入港台新儒家的范围，可能会使一些人感到困惑。张君劢赴港之后，的确有较为活跃的学术活动，但这里更为看重他对中国现代新儒学基础之奠定所做的贡献，故将之与梁漱溟、熊十力等人同列。

长达十年，后又再次赴欧考察。赴欧考察时正值第一次世界大战刚刚结束，欧洲还没有从战争创伤中摆脱出来，物质和精神方面都遭到了极大的破坏。面对此种惨状，张君劢对曾盛极一时的科学万能论产生了怀疑，认识到了科学的局限性，并重新树立了对重视心性道德的儒家文化的信心。张君劢对以胡适为代表的“全盘西化”论者提出了严厉的批判。他说：

> 西方学说之入中国，远者可推之百年之久，近者亦三四十年，而尤以胡氏之文学革命、疑古及其打倒孔家店之说，为能风靡一世。……然吾以为吾国思想界之在今日，非仅仅重知识、非怀疑、非批评、非论真伪或高唱打倒所能济事也。今日之所急需者，为建立为决定为意志。有此出发点，则对于各派科学家之学说，对宗教道德对历史对传统之态度，将大异乎适之所云云矣。……则对于西方科学学说之各异者，不应如适之挟智启时期之观点而多所排斥，以妨碍自己之取精用宏。尤不应忘却自己传统，以自陷于蔑视数千年之历史根据，而自毁其特色自忘其根本。必如是，而后吾国学术之建立，乃有基础矣。①

张君劢在清华大学进行了著名的《人生观》的演讲，演讲词在《清华月刊》上发表。在演讲中，张君劢指出了科学的局限，认为科学不能解决人生观问题。张君劢认为，科学与人生观之间有着很大的差异：科学是客观的，崇尚分析的，为因果律和论理的方法所支配；而人生观是主观的、直觉的、综合的、自由意志的、单一性的。由于科学与人生观之间的巨大差异，“故科学无论如何发达，而人生问题之解决，决非科学所能为力，惟赖诸人类自身而已”。张君劢不断强调，人生观自有科学不能代替的独特价值，国人不可盲目追随西学，而应重新对注重心灵的中国传统文化加以重视。

作为一个有着深厚西学素养的思想家，张君劢反对科学万能论，却并没有因此而极端地反对西学。他将中国传统文化与西学加以对比，认为中

① 张君劢：《胡适思想路线评论·序》，见《中国哲学思想论集·现代篇》（2），台北牧童出版社 1978 年，第 3—4 页。

国传统文化有明显的不及西学之处：久处于君主专制政治下，故人民缺少独立性；盛行大家庭制度，一方增长各人之依赖心，他方以处于面和心不和之环境中，种下口是心非之恶习；学术上受文字之障碍与缺乏沦理学之素养，只注重支离破碎之考据，缺少伟大的思想体系；宗教上夹杂以功利之念，绝少真正之诚意，更少以身殉道之精神。张君劢指出，中国要想走向现代化，就必须学习西方民主、科学的长处，改正自身的不足。张君劢同时又指出，民主、科学绝不是现代化的全部，还必须重视“心的作用”，做到“理智自立”，而这正是中国文化长处之所在，尤其以儒家文化为甚。他认为，儒家思想是基于一些原则的：如理智的自立，智慧的发展，思考与反省的活动，以及质疑与分析的方式。如果这一看法不错，则儒家思想的复兴适足以导致一种新的思想方法，这种新的思想方法将是中国现代化过程中的基础。所谓“新的思想方法”，就是以儒家所强调的人心的“理智自主”为主导，兼采西方的民主、科学的长处。这种方法与梁漱溟、熊十力所采取的进路是有差异的，但总体上则可谓是殊途同归。

（四）冯友兰的新儒学思想

冯友兰（1895—1990 年），字芝生，河南唐河县人。冯友兰可谓是中国现代新儒家中的一个异数，之所以如此说，是因为其他新儒家学者大多重视直觉，走的是陆王心学的路子，而冯友兰则更注重逻辑的分析，服膺程朱理学。由于这些特点，虽然冯友兰的哲学体系被称为“新理学”，表明他对宋明理学的接续，但他仍被一些研究者摒除在现代新儒家的行列之外。

冯友兰认为：哲学乃自纯思之观点，对于经验作理智的分析，总结，乃解释，而又用名言说出之者。[①] 也就是说，在冯友兰看来，哲学虽属于形而上领域，却并不能离开逻辑分析。人们之所以能对各种事物作出分类，正是出于分析、归纳之功。作出了分类，就超出了具体事物，得到了共相，冯友兰把这种共相称为“理”。理是某种事物之所以是某种事物的原因，是潜存于“真际”的共相，是事物之“极”。众理之全体便是“太极”，“太极”是世界的本原。太极“依照”理，“依据”气，从而生成万物。气是生成万物的材料，但事物的本质与之无关。由以上叙述可以看

① 参见冯友兰：《新理学》，商务印书馆 1947 年，第 4 页。

出，冯友兰的新理学在形而上层面表现出了对程朱理学的复归，在具体进路上则采纳了西方新实在论的某些观点，因而被洪谦称为“分析的哲学”。

如何看待中西文化之争，如何处理中学与西学的关系呢？冯友兰推出了他的文化类型说。冯友兰认为，人类文化有共通之处，但也有其特质，从而形成了中国文化、西方文化等不同的类型。人们在比较不同类型的文化孰优孰劣的时候，必须注意分清某一类型的文化的主要方面和次要方面，亦即其“主要性质”和“偶然性质”。西学的主要性质是“生产社会化”，中国传统文化的主要性质是“生产家庭化”。中国要想改变落后于西方这一事实，就必须从根本处着手，舍弃自身文化的主要方面，学习西方文化的主要方面。中国文化根本性的东西都被改变了，这表现出了冯友兰改造中国文化的决心。当然，他的主要目的是通过哲学改造来保持中国的传统文化，而不是以西学取代中学，因此他着重强调，这种改造并不是要改变中国文化的本位性，我们只是将我们的文化，自一类转入另一类，并不是将我们的一个特殊文化，改变为另一个特殊的文化。①

在对其新理学体系及文化类型说作出阐述之后，冯友兰又对人的本质问题进行了思索。在他看来，人是一种“有觉解的东西”。“觉”是一种心理状态，“解”是一种依概念的活动。因为人能依靠“觉解”去了解宇宙人生，故异于木石禽兽。冯友兰认为，根据对宇宙人生觉解程度的差异，人生可分为四种境界：“自然境界”的人处于混沌状态中，缺乏思想的指引；“功利境界”的人只知为我，只能认识到“动物之理”；“道德境界”的人已能觉解到人的本性，故能尽职尽伦；最高的境界是“天地境界”，在此境界中，人能觉解到天地大全，与天地合而为一。要想达此境界，像西学那样只关注枝节问题是不行的，强调安身立命的儒学才是最好的进路。由此可以看出，冯友兰在中西文化冲突的情况下对中国文化的维护。他强调逻辑分析，强调以西学的主要方面取代中学的主要方面，但最终表现出了对儒学的归宗。冯友兰与其他新儒家学者的差别主要表现在进路方面，在目的上则是一致的，并且他为如何更新儒学提供了一种新的思路。从这个意义上讲，冯友兰应当归于中国现代新儒家之列。

---

① 参见冯友兰：《新事论》，商务印书馆 1940 年，第 17 页。

（五）贺麟的新儒学思想

贺麟（1902—1992年），字自昭，四川金堂县人。1919年考入清华学堂接受哲学教育，后去美国、德国留学多年。1931年回国后，着力于儒家思想的新开展，自创了“新心学”。在第一代新儒家学者当中，贺麟是较为晚出的一个。这种晚出给他提供了一个机会，能够对之前的新儒家尝试作出一个评价，并在借鉴梁漱溟、熊十力、张君劢等人经验教训的基础上，对当时的中西文化之争提出自己的看法。

对于如何看待西学的问题，人们有“中体西用”、“全盘西化”等几种观点。对于这些观点，贺麟不能认同。在他看来，在对中西文化的关系问题作出回答前，必须弄明白文化的体用关系。文化的体与用之间不是主次关系，也不是因果关系，而是一种本体与现象或曰范型与材料的关系。二者是一致的，不能截然分开。就此而言，“中体西用”论显然是错误的，它违背了体用合一的原则；“全盘西化”论者主张在抛弃中国文化主体的情况下学习西学，同样也是行不通的。贺麟认为，中西文化之间并不存在着无法沟通的隔阂，是可以相互补充的，关键是在互补的过程中要做到体用对应。根据体用合一的原则，正确的方针应是“以体充实体，以用补助用”，这样既能使中国文化从体用两方面得到丰富，又不至于造成体用关系的混乱。在以西学补充中学的过程中，西学也会得到改造，贺麟将这称为西学的“儒化”或“华化”。贺麟认为，儒学主要包含理学、礼教、诗教三个方面，儒化西学、发展儒学就应从这三个方面着手。具体而言，即是：以西洋之哲学发挥儒家之理学，巩固理学的哲学基础；吸收基督教之精华以充实儒家之礼教，使之具有坚贞不二之精神、慈悲博爱之精神、超脱现实之精神；领略西洋之艺术以发挥儒家之诗教，实现儒学的艺术化。贺麟认为，“东圣西圣，心同理同”，东西文化之间没有本质上的差异，二者之间并无鸿沟。儒学在哲学化、宗教化、艺术化方面的不足，完全可以通过向西方学习加以改造。

在评判前贤、梳理中西文化关系的过程中，贺麟也形成了自己的新儒学思想。他借助于西方的新黑格尔主义，并将之与陆王心学融合，从而构筑了一个“新心学”体系。贺麟认为，“心为物之体，物为心之用”，二者虽不可分离，但心才是主宰。为了阐明心对物的主宰作用，贺麟提出了三个命题：“合心而言实在”；“合理而言实在”；“合意义价值而言实在”。在他看来，无论认识物理也好，性理也好，天理也好，皆须从认识本心之理着手。不从反省着手，一切都是支离骛外。所以他说：“唯心论者认为心外无物，理外无物，不合理性，不合理想，未经过思考，未经过观念化的无意义无价值之物，均非真实可靠之物或实在。”①

三　对现代新儒家“文化保守主义”之辨析

通过对第一代新儒家学者代表人物的介绍，我们已可归纳出中国现代新儒家的一些基本特征：

1. 中国现代新儒家认为，近现代中国的主要问题，科技、制度层面的落后并不是关键，而主要在于传统文化遭到破坏，从而导致了文化失序的局面。对此，要想救国，就必须重建文化秩序。这就需要排除盲目崇拜西方的心理，重新树立对中国传统文化的信心，尤其是对儒学的信心，以儒学为重心，重建文化秩序。

2. 中国现代新儒家认为，儒学的主要价值在于其意义价值系统，亦即“道统”。这个强调心性道德的道统是中国文化的命脉所在，对人类具有重要意义，是中国文化能否复兴的关键。正是出于这种认识，中国现代新儒家学者对于儒学现代意义的探讨便多从心性道德方面入手。

3. 中国现代新儒家学者是承认西方文化的长处的，尤其盛赞其民主、科学之利，希望中国人能将西学的优点学到手，在这一点上，他们与全盘西化论者是相通的。但他们也对西学的一些缺点进行了尖锐地批评，其中不乏过分夸大之辞，这又体现了他们对西学的轻视。

4. 强调以中国儒学为主体，吸纳西方文化的长处，以实现儒学的现代化。他们调整了传统儒学内圣外王的心理结构，希望通过对西方民主、科学的接纳，开出新外王，对儒学作出新发展。

以上四条，是中国现代新儒家第一代学者的主要思想特征，这实际上也是之后的新儒家学者的共同特征，只不过在对传统文化批判的深度、力度方面，以及在如何吸纳西学的理论合理性方面有所不同罢了。

至此，有一个问题需要澄清：如何看待中国现代新儒家被视为一个文

---

① 贺麟：《中国哲学与西洋哲学》，《儒家思想的新开展》，中国广播电视出版社 1995 年，第 30 页。

化保守派别？对于这个问题，应从两个方面看：

第一，正如唐君毅所言，“保守”并不一定就是一个贬义词。唐君毅认为，不论是一个人还是一个民族，都必须有所守，不能将所有的阵地都放弃。人们多将“保守”与“进步”这两个词对立起来，唐君毅则指出：

> 人要进步只是要实现更有价值的理想，而创造未来之更有价值的东西。如果对已知其有价值之旧事物，已有之理想，尚不能守，人之价值意识托于何处？……故人要进步创造，必须先能保守。[①]

在这里，唐君毅对中国现代新儒家之“保守”所作的阐释，指的是一种对中华民族传统文化的价值自觉，以及由此而来的对传统文化的维护。这种意义上的“保守”，并不是“进步”的反义词，而是进步的基础。

第二，应当看到，中国现代新儒家的保守只是相对的。较之于一些比较激进的主张，中国现代新儒家的保守性是明显的，但他们的这种“保守”，与顽固守旧派有着明显的不同。中国现代新儒家对于西学的长处有着清醒的认识，主张学习西方的民主、科学，这是符合时代要求的，与“五四”启蒙思潮有一致之处，这是值得肯定的。当然，由于他们在如何处理中西方文化关系问题上的理论建设不够成熟，使其难避与中体西用论者并无二致之讥。但他们在引进西学的前提下对中国传统文化所抱有的信心，以及对保持中国文化的连续性方面所做的不懈的努力，则能够对新文化运动的某些偏差起到纠偏作用。

第二节　港台新儒家的缘起

20世纪40年代末，原在大陆的一批新儒家精英如钱穆、牟宗三、方东美、唐君毅、徐复观等陆续来到香港和台湾，继续他们的新儒学研究，极大地推动了当地新儒学研究的发展。他们当中的一些人如钱穆、方东美等在大陆时就已是学名素著，而唐君毅、徐复观、牟宗三等则是新儒学大

---

① 唐君毅：《中华民族之花果飘零》，《文化意识宇宙的探索》，中国广播电视出版社1992年，第445页。

师熊十力的得意弟子，到港台之前就已经打下了扎实的基础。他们的到来，使得港台很快便取代大陆成为新儒学研究的重镇。因为这些学者在一定的时间及地域范围内形成了一股较强的学术力量，故有学者将之合称为“港台新儒家”。

从学理上来看，港台新儒家与早期的新儒家学者是一脉相承的。他们主张维护儒家传统，反对全盘西化，但又不绝对排斥西学，实现一种完全意义上的向传统儒学的复归，而是主张有选择地吸收西方的哲学和文化，以实现传统儒学的更新。当然，这一切必须以传统文化为根本。正是在这种文化归根意识的支配下，港台新儒家创办了新亚书院和《民主评论》《鹅湖月刊》等杂志，讲述“中华传统文化精神之现代化”，开悟青年一代回归孔孟之道，以期在香港和台湾实现中国文化的“灵根再植”。

一　港台新儒家的思想主张及文化归根意识

港台新儒家的思想观念并不是完全一致的，甚至还有矛盾之处（如钱穆就因认识上的差异，而否认自己属于新儒家一派），但却有共同的特征：服膺儒学，将儒家视为中国传统文化的主要代表；强调儒家的心性之学，有道德理想主义的倾向；重视中西文化关系问题，将主要力量放在维护中国传统文化方面。简言之，在港台新儒家的思想体系中，贯穿着一种强烈的文化归根意识。对他们的思想作一通览，就可以体会到这一点。

（一）钱穆的新儒学思想

钱穆（1895—1990 年），字宾四，江苏无锡人。始为乡村小学教师，靠刻苦自修而成学术大家。1949 年只身赴香港，1961 年定居台湾。在港台新儒家学者中，钱穆是较为独特的一位。之所以如此说，是因为钱穆作为 20 世纪中国文化界少有的史学大师，他是从历史的角度切入了对中国文化问题的研究，这与唐君毅、牟宗三等人都不一样。在钱穆看来，历史就是人生，人生可分为自然人生与社会人生，研究文化注重的是历史人生。钱穆就这样找到了历史与文化的结合点。

钱穆对中国传统文化作出了极高的评价。他认为，人类在生存过程中必须面对三个世界，即物世界、人世界和心世界，人生也相应地分为三个层次：物质人生、社会人生和精神人生。由于钱穆持“文化即人生”的观点，因此在他的眼里，文化也可以像人生那样作出三个层次的划分。钱穆认为，中国文化既重社会人生，又重精神人生，境界最高；印度文化只重精神人生，不重社会人生，次于中国文化；西方文化只重物质人生，不重精神人生，境界最低。这就是他的文化三层次说。

钱穆认为，中国文化之所以卓尔不群，是因为自古以来就有一种“特殊精神”在支配着其发展。这种特殊精神表现为四个方面：一是以人文精神为中心，没有一个与人处于对待关系的上帝，而是通过心性修养来达到天人合一的境界；二是注重融和合一精神，不像西方人那样强调分别与差异，而是重视和合；三是注重历史精神，即“指导这部历史不断向前的一种精神，也就是所谓领导精神”①；四是注重教育精神。钱穆强调指出，这种“特殊精神”是中国文化得以延续的根本，也是中华民族赖以生存的根本。中国文化要想复兴，中华民族要想富强，就必须对这种特殊精神加以重视。

钱穆又指出了实现人生意义的具体途径。中国古人将“立功”、“立言”、“立德”称作“三不朽”，钱穆则认为，三者之中，立德是最易行又最重要的。在他看来，人生一切皆空，唯有立德是不空。立功立言是画龙点睛，还需归于立德。他有时将德释为“得”，认为德是人生唯一可能的有所得，既是得之于己，还能德于人。钱穆对中国的立德思想充满信心，认为这种思想求于内而不务于外，在现世即能解决人生问题，而不是期待来世。通过立德，能够将个人生命融入整个民族的生命之中，使个人生命超越肉体而得到永生。

（二）方东美的新儒学思想

方东美（1899—1977 年），安徽桐城人。童年时受到良好的儒家文化教育，14 岁考入南京金陵大学接受哲学深造，1921 年赴美留学，回国后在武昌高等师范大学、南昌大学等学校任教。1947 年迁居台湾，执教于台湾大学。

方东美的哲学思想被称为“生命哲学”或“生生哲学”，这与他持一种“生命本体论”有关。生命本体论宣扬“生命”即是宇宙的本体，这

---

① 钱穆：《民族与文化》，新亚书院 1962 年，第 71 页。

是方东美融合柏格森、怀特海的生命哲学及《周易》的生生哲学得出的结论。方东美认为，生命能够育种成性、开物成务、创进不息、变化通几，是一切现象得以存在的内在动力。生命统贯于整个宇宙之中，同时又能够旁通，从而使得生生之道生化流行。旁通有四义：一是生生条理性；二是普遍相对性；三是通变不穷性；四是一贯相禅性①。通过生命的纵横旁通，将整个宇宙联结成一个整体。生命的本质是“双回向”的，既向下流布，又向上超升。所谓“向下流布”，是指生命作为宇宙中的最高精神，能够贯注流遍一切境界，一直到达物质世界的底层，施恩泽于万物。所谓“向上超升”，是指生命本质上就是要向上发展的，由物质境界、生命境界、心灵境界、艺术境界、道德境界、宗教境界，一直流向原始统会。这样，方东美通过生命双回向流动的理论，打通了客观世界与人类精神之间的界限。

方东美由对生命的体悟，转入了对文化问题的思索。在他看来，文化就是对生命流行过程的体现。因此，完美的文化，必须与完美的生命境界相一致。根据生命流行的不同境界，方东美将文化也划分出了不同的层次，由低到高，分别是科学、艺术、哲学和宗教。生命是不断超升的，文化也由低到高不断演进。科学文化体现了人类以理性精神处理其与自然的关系，反映了人类征服外物、控御自然的能力。但科学文化把一切都物质化了，有很大的局限性。随着生命境界的提升，科学文化必然走向艺术文化。艺术文化是生命情感一面的表现，本着生命的冲动，借由创造的幻想，生发出灿烂的美感。艺术情感也有缺憾，它只代表客观范畴，并不代表圆满，因而需要进一步的提升，沿由哲学的途径，最终进入宗教的境界，使人类精神得到圆满的表现。

方东美将科学视为形而下境界，而将艺术、哲学和宗教划归为形而上境界，认为文化必须实现由形而下向形而上的提升。但这并不就意味着科学因其低级而不必要。在他看来，科学文化是人类文化不可或缺的一个部分。理想的文化形态应当是以科学为基础、以哲学为核心的艺术、哲学、宗教“三者合德”的一种有机结构。方东美认为，只有将希腊文化、近代欧洲文化、印度文化和中国文化这四大文化体系的优点结合起来，才能

① 参见方东美《生生之德》，台湾黎明文化事业公司1979年，第154页。

达致这种理想文化的状态。

（三）徐复观的新儒学思想

徐复观（1903—1982 年），湖北浠水县人。徐复观早年投身于政治，希望通过革命救国。后因政治理想破灭，遂毅然脱离国民党高层政界，致力于学术，期望通过对文化的研究，为中国的发展寻找一条出路。他参与了《民主评论》杂志的创办，并与牟宗三、张君劢、唐君毅联名发表《为中国文化敬告世界人士宣言》，成为港台新儒家的一位代表性的人物。

港台新儒家很喜欢在对中西文化作出比较之后提出自己的文化主张，徐复观的做法是，将艺术、道德、宗教分列为人类文化的三大支柱，然后从这三个方面对中西文化进行详细的对比。在他看来，中国文化的优势在于道德与艺术，西方文化的优势在于科学。

徐复观认为，西方文化中的道德精神，是知识型和宗教型的，讲求知识先于道德，又加以宗教的原罪观念。这种道德精神引导人们追求知识，但也将道德的源头置于形而上学之中，使得人们厌弃生命，追求物欲，造成了西方道德在现代的困境。中国的道德精神则不然。中国人也很重视向外求索，但更重视向内开拓，从而体悟到生命之奥义，使内与外、知识与道德合而为一。由于中国道德精神的这种特点，可以避免现代西方人所遇到的困惑。在艺术方面，中国传统文化也要优于西方。中国的艺术精神中包含着人生的体悟，可通过人生的修养功夫而得，故能抓住艺术精神的主体；而在西方，艺术精神则更多由对特定艺术作品的研究而来，只能涉及艺术精神的表象。

对于西方文化的优点，徐复观是从不讳言的，并且指出，中国要想获得进一步的发展，就必须学习西方的现代科学。但是，徐复观反对那种片面的科学万能论。在他看来，科学对人类文化的促进之功无可置疑，但科学是有其局限性的，它并不能解决人类社会的一切问题。科学的作用在于，它延伸了人类的感官所能涉及的领域，但人类生活中还存在着只能用心灵接触，而不能完全诉之于耳目感官的部分，那就是价值世界。徐复观认为，价值才是人类文化的核心。是价值世界赋予人类生活以意义，并提供了前进的动力。科学世界虽然也有其必要性，但与价值世界相比，只能处于次要的位置。从根本上讲，科学世界只能是满足价值世界的一种手段。科学的发展代替了人的体力劳动，同时也代替了人的一部分思想活动，但就这种替代性来讲，它并不是对人类思想的取消，而只是对思想某一部分的节约，以便转用到更深远的地方去，转入到对价值世界的探索。

因此，徐复观反对那种出于对科学的欣羡，从而对西学顶礼膜拜的观点，更加不能容忍一概否定中国文化的全盘西化论。中国传统文化是一笔宝贵的财富，其对于仁性与道德的强调，有利于现代人解除精神危机，重新寻找到精神家园，对这样一种文化传统，是绝不能截然放弃的。同时，若是放弃了中国传统文化，引进的西学也无法在中国生根。他说："中国文化固然有偏差、有流弊，需要大的洗刷，需要大的接枝接种运动，但岂有本身无文化、无精神的一群白痴，而能担任接枝接种的任务之理"①。中国传统文化与西方文化并不是绝对对立的，正像道德与科学是"合之双美、离之两伤的人性的整体"② 一样。如果能将两大文化精神结合起来，将给整个人类带来美好的前景。

（四）唐君毅的新儒学思想

唐君毅（1909—1978 年），四川宜宾人。唐君毅是一位对人生问题极其关注的思想家，终其一生，从来没有停止过对人生问题的思索。他认为，对人而言，世界可以分为外部世界和内部世界。外部世界是不真实、虚幻的，内部世界才是真实、圆满的。所以，人们不应该向外求索人生的意义，而应该求之于人的心灵，找到那个真正的"内部自己"。

唐君毅认为，人的心灵可观照万物，通过这种观照，生命可体现出九种不同的境界，这就是其著名的"生命九境说"。第一境是"万物散殊境"，在此境中，万物是一个个独立的个体，互无联系；第二境是"依类成化境"，万物以类别聚在一起；第三境是"功能序运境"，事物有先后次序，可见出因果关系；第四境是"感觉互摄境"，由自己能觉，推知他人也有觉察能力，且人我之感觉能够互摄；第五境是"观照凌虚境"，生命心灵已经能对自身的理解活动进行反观；第六境是"道德实践境"，能对自身的道德理性活动进行反思；第七境是"归向一神境"，生命心灵能感受到一个全知全能的人格神，即上帝；第八境是"我法二空境"，心灵主体已能破除主客对立，体悟万法皆空；第九境是"天德流行境"，心灵

---

① 徐复观：《徐复观文录》（二），台湾环宇出版社 1971 年，第 1 页。

② 徐复观：《儒家政治思想与民主自由人权》：台湾学生书局 1988 年，第 77 页。

主体贯通主客，一方面，人类可以体悟天德；另一方面，天德又能润泽人类①。

在生命九境中，初三境是客观境，中三境是主观境，后三境是超主客观境。唐君毅对后三境最为重视，因为在他看来，初、中、后三境不仅是顺序的不同，亦是层次上的差别，后三境真正表现出了生命主体的超越精神。后三境代表着三种宗教精神，第七境对应基督教，第八境对应佛教，第九境对应儒教。唐君毅认为，三教各有所长，故不可偏废，应相资为用。但三教亦有优劣之分：基督教是从人的罪恶出发，佛教是从人的痛苦、执障出发，都不能对世界生命的存在形成真正的体认；儒教则肯定了世界的真实性及人类生命的真实性，对于人类生命的体认，要比基督教、佛教圆满。

唐君毅又对中西文化的优劣作出差别，依据是各自不同的人文精神。这是因为在他看来，一个民族的文化是否圆满，关键就在于其人文精神。唐君毅认为，西方的人文精神是有缺陷的，从其起源，就因系由“对治或反抗某种文化上的偏蔽而兴起”，从而走上了极端。中国的人文主义则不同。中国古代虽无“人文主义”这一名词，但中国文化从一开始就是以人文主义为中心的，这与古希腊人一心冥想自然甚至忘掉了自己有着很大的不同。在中国人文主义的发展过程中，儒家一派起到了很大的作用。经过孔子、孟子、荀子等大儒的努力，直至宋明儒，终于发展出一种超人文主义的人文精神，这显然要比西方的人文主义高明。

在唐君毅看来，中国文化的人文精神主要体现于儒家的心性道德之学中。儒家的心性道德之学中蕴含着一种精神，唐君毅将之称为“道德理性”或“道德自我”。道德理性是人类文化的中心观念，文化是道德理性的分殊表现，一切文化活动都统属于道德理性。他说：

> 道德自我是一，是本，是涵摄一切文化理想的。文化活动是多，是末，是成就文明之现实的。……而如人不自觉各种文化活动，所形成之社会文化诸领域，皆统属于人之道德自我，逐末而忘本，泥多而废一；则徒见文明之现实千差万别，而不能反溯其所以形成之精神理

---

① 参见唐君毅：《生命存在与心灵境界·导论》，台湾学生书局1977年。

想，而见其贯通；徒知客观社会之超越个人，而不知客观社会亦内在于个人之道德自我、精神自我；则人文世界将日益趋于分裂与离散，人之人格精神将日趋于外在化世俗化。[①]

也就是说，在人类的文化活动中，道德理性（道德自我）起到了核心的作用。由此我们可以理解，唐君毅为什么会提出以中国的人文精神统摄西方的民主、科学这样的主张。

（五）牟宗三的新儒学思想

牟宗三（1909—1995 年），字离中，山东栖霞人。牟宗三是港台新儒家最具代表性的人物之一，对于儒学在中国传统文化中之主导地位的维护极为坚决，甚至因此而对其他学派不无贬低。他说："说到对于中国哲学传统的了解，儒家是主流，一因它是一个土生的骨干，即从民族的本根而生的智慧方向，二因它自道德意识人，独为正大故；道家是由这本根的骨干而生发出的旁枝；佛家是来自印度。"[②] 在他的眼里，与佛家、道家相较，儒家在中国传统文化中理应居于更高的地位。

在中国传统文化中，牟宗三独重儒学；在儒学中，牟宗三又尤其重视心性道德之学，这可从他对待程朱理学与陆王心学的不同态度中看出来。牟宗三认为，陆王心学中所体证的宇宙本体，既是静态的"实有"，又动态地具有生化之功。这是因为他们认识到了"心"的重要性，因而体悟到了"即存有即活动"之妙义。程朱理学则将心与理分开，将宇宙本体只归为理，心只属于形而下之气，于是宇宙本体"只存有不活动"。牟宗三认为，陆王心学才体现了儒家的真精神，程朱理学未体悟心性之妙旨，只能是宋明理学的旁支。

对于心性之学的重要性，牟宗三有时又通过中西文化的对比来加以阐释。牟宗三认为，西方文化是"以气尽理"的，中国文化是"以理生气"的。所谓"以气尽理"，就是顺应生命的向外展开，对某一具体对象发挥其才情气，曲尽事物之理。由于生命并不是无穷无尽的，因而"以气尽理"的西方文化在生命穷竭之时就会出现断灭现象。而中国文化除了像

---

① 唐君毅：《文化意识与道德理性》，台湾学生书局 1975 年，第 6 页。

② 牟宗三：《才性与玄理·序》，香港人生出版社 1963 年。

西方文化那样也有“以气尽理”的一面外，还能够逆回来讲“以理生气”，从而使生命得到调护与安顿。在这一回过头来面对生命本身的过程中，心性之学发挥了重要的作用。牟宗三认为，这种重视内在的心性之学，体现了中国人独有的智慧，也是儒学的主要方面。所以，现代人要想继承儒学，发展儒学，就必须从心性之学入手。

牟宗三倡扬心性之学的主要目的在于，希望人们不要局限于用知性的认知方式去认识外在的具体事物，还应该向内心求索，超越形而下的事物，去体悟形而上的境界。牟宗三将儒家的形而上学称为“道德的形上学”，这是一种包含本体论与宇宙论的理论。他主张通过道德的进路，由“道德性当身”所见的心性渗透至宇宙本源，达到形而上的境界。有人认为，道德界与存有界是两个不同的领域，就此怀疑牟宗三将二者合而为一创建“道德的形上学”之可能性。对此，牟宗三认为，人类是有限的，而人心所体悟到的本心仁体则是无限的、普遍的、绝对的。它虽然主要体现于人的道德行为当中，却并不仅仅局限于道德界，而是同时兼通存有界。因此，建立“道德的形上学”并没有什么理论上的困难。

牟宗三进一步指出，本心仁体并不是一种“孤悬的理性体”，只具有逻辑上的意义，而是即存有即活动，必然能在道德实践活动中呈现其自身，使人通过智的直觉感知它的存在；同时，它还能够披露其自身于个人以外之社会及天地万物，以充实其自己，从而开出以民主、科学为主要内容的“新外王”。要想做到这一点，就应当在实践之中克服传统心性之学的一些缺陷，对道德良知作出自我限制，使之从“无执”变为“有执”，从道德主体开出知性主体。牟宗三相信，通过这样的途径，中国传统文化必定能够实现自我更新。

（六）港台新儒家的文化归根意识

通过对港台新儒家几位代表人物的简要介绍，我们可以看到，在港台新儒家的思想体系中，贯穿着深厚的文化归根意识。这种文化归根意识是由多种因素促发而成的，主要有以下几点：

第一，“欧风美雨”对中华文化的冲击。近代以来，西方文化以其强大的生命力，对其他一些古老文化传统形成了强烈的冲击，中国传统文化也在其列。在这种冲击之下，国人对于中国传统文化是否还具有生命力产生了怀疑，一些代代相传的价值观念也被打上了问号。这种情况，在港台新儒家所处的香港、台湾地区表现得尤为明显。自近代以来，港台一直是“欧风美雨”冲击中国传统文化的前站，受西方文化影响较深，中西文化之争较为激烈。在这样的环境中，很多人对于西方文化了解较多，对于中国传统文化则比较淡漠。特别是年轻一代，很难对中国传统文化产生认同感。这使得港台新儒家学者深感忧虑，不得不大声疾呼文化归根。

第二，反对“五四”时期的全盘西化风潮。“五四”时期的“全盘西化”论者出于一种“时代的片面”，提出了“打倒孔家店”以实现“全盘西化”的口号，由反“吃人旧礼教”发展到整个地反传统、反国粹，从而走入了片面化、绝对化。对于这种言论，早期的新儒家学者已经作出了严厉的批判。但是，现代国人出于对富强的渴望，以及对中国传统文化落后的痛恨，依然在一定程度上将中西文化对立起来，并倾向于西方文化。港台新儒家认为，这种打倒本民族文化、实现“全盘西化”的理论，会导致整个民族的堕落。唐君毅说：

> 人在不能自信时，便只求他人之信我；人在不能自守时，即求他人之代我守其所守。……然而人不能守其所守，尚可以只停在那儿；而到了一切求信守于他人时，则是精神之整个的崩降，只在自己以外之他人寻求安身立命之地，而自甘于精神的奴役之始。……而一切人在只求他人之认识之以为其光荣时，人即已开始作他人之奴隶，并非必待他人之直加以驱使，才开始为奴隶。然而我们的民族，以种种现实的情形之逼迫，已整个的向开始作奴隶的路上走。①

因此，唐君毅号召大家保持民族自主性，重寻中华民族的文化本根。

第三，国民党从大陆的溃退，给港台新儒家一种深切的失败感。在他们看来，这种败退除了政治意义上的，又由于来自西方的马克思主义成为大陆的意识形态，取代了儒学以往所拥有的地位，这更是中国文化的大溃败。他们说：

---

① 唐君毅：《花果飘零及灵根自植》，《文化意识宇宙的探索》，中国广播电视出版社，1992 年，第 454 页。

我们所要说的，是我们对中国文化之过去与现在之基本认识及对其前途之展望，与今日中国及世界人士研究中国学术文化及中国问题应取的方向，并附及我们对世界文化的期望。对于这些问题，虽然为我们数十年来所注意，亦为中国及世界无数专家学者政治家注意，但是若非八年抗战中国遭遇此空前的大变局，迫使我们流亡海外，在四顾苍茫、一无凭借的心境情调之下，抚今追昔，从根本上反复用心，则我们亦不会对这些问题能认得如此清楚。[①]

港台新儒家不能理解马克思主义对于中国的意义，将中国内地对马克思主义的尊崇，视为全盘西化的一种表现。这给了他们很大的刺激，促使他们对中国变化中出现的问题进行更深入的探讨，更努力地寻求民族文化自主之道。

第四，西方哲学研究的转向，也在一定程度上对港台新儒家的文化归根主张形成了支持。自第一次世界大战起，一些西方思想家就已经发现，虽然现代化给欧美的社会带来了物质生活的巨大进步，但也出现了精神空虚的现象，从而导致了思想的紊乱和社会的不安。“二战”之后，西方思想家对于现代化的忧虑进一步加剧，特别是在20世纪60年代后，伴随物质进步的一系列社会矛盾和伦理问题更明显地表现出来，甚至出现了反文化思潮，这促使西方思想家对现代化进行深刻的反省，以现代化的普遍性为支撑的西方文化中心论也开始受到人们的怀疑。西方哲学研究的这种转向，从侧面证明了港台新儒家维护中国传统文化的主位性、强调文化归根的正确性，使得他们在进行中国传统文化的现代价值挖掘工作的时候，具有更强的信心。

正是基于以上因素，港台新儒家学者热切地呼唤文化归根，强调维护中国传统文化之主导地位的必要性。正如唐君毅所说，如果失去了自身的命脉，中华民族将“只有在他人园林之下，托荫蔽日，以求苟全”[②]。同时，失去了传统文化的基础，即便我们能够学到西方的民主与科学，那也将是不伦不类的。所以，他们认为当下最重要的是唤起国人对本民族文化

① 牟宗三、徐观复、唐君毅、张君劢：《中国文化与世界》，《中国文化的危机与展望——当代研究与趋向》，台湾时报出版公司，1984年，第104页。

② 唐君毅：《花果飘零及灵根自植》，《文化意识宇宙的探索》，中国广播电视出版社，1992年，第454页。

的信心，做好传统文化的重建工作。

二　对中国近现代道路的反思

自鸦片战争以来，学习西方的民主、科学，走西方化的近代化道路，成为近代中国文化运动的主要特征。近现代中国的这一特色，有其时代的必然，但也在一定程度上陷入了迷途。对于其失误之处，港台新儒家进行了反思。

最为港台新儒家所痛恨的，是那种将中西文化传统绝对对立起来，希望以西方文化代替中国传统文化的全盘西化论。全盘西化论者由于对中国的传统文化丧失了信心，或是陷入历史虚无主义，如胡适否认一国家一民族有其固有之文化传统；将现代中国的落后全部归咎于中国传统文化，进而认为救国必须通过打倒中国文化来实现。于是，“打倒孔家店”、“将线装书抛到茅厕里去”等过激口号纷纷出现了。这样的一种理论，因为应和了当时国人为救国而不惜一切的心理，遂大行其道，中国传统文化因而面临着断绝的危险。

对于这种主张抛弃传统文化的全盘西化论，港台新儒家进行了严厉的批判。在港台新儒家学者看来，对中国传统文化的落后面进行批判，并引进西方文化的先进之处，这都是毫无疑义的，但不能因此而抹杀中国传统文化的所有价值。实际上，全盘打倒传统，用西学来代替其地位，是根本不可能做到的。勉强去做的话，就会造成严重的后果。唐君毅说：

> 人接受西方文化之意识态度，恒出于一欲望之动机，而显一卑屈羡慕之态度。同时西方文化之长，又常不能真正皆为中国人所倾心接受。人恒一方以为要接受西方文化之科学与民主自由等精神，必须打倒否定传统文化；然以终为传统文化之精神所牵挂。于是今之中国文化思潮，乃陷入种种矛盾，而无出路。故中国以后之接受西方文化，必须彻底改变以往之卑屈羡慕态度，而改持一刚健高明之态度。仍在自己文化精神本源上，建立根基。①

---

①　唐君毅：《中国文化之创造》，《文化意识宇宙的探索》，中国广播电视出版社 1992 年，第 384 页。

唐君毅等人认为，全盘西化论者想以西学完全取代中国传统文化，但因中国传统文化之精神不可能完全去除，故全盘西化的唯一结果，就是陷入中学、西学互相牵绊所造成的思维混乱，从而一无所成。

要想接受西学的先进之处，并不是只有打倒中国传统文化才可以做到，中学与西学之间完全可以做到水乳交融，在以西学对自己作出更新的同时，还保持固有的特性。徐复观亦曾把中国传统文化的不断更新与形成的情形，用江汉合流的壮观景象作了一个形象的比喻。他说：

> 长江的河床，便是把许多旧流、新流，融合在一起的力量。假使新流一下子冲垮了原有的河床，便不仅会泛滥成灾，连长江和汉水，也都会消失掉。一个民族由许多大圣、大贤、大思想家所创出的民族精神的内容、理想的方向，正如河流的河床一样。谁能认为只有冲垮河床，才能容纳新流呢？谁能认为只有彻底否定维系一个民族所自来的精神、理想，才能容纳新的事情呢？①

基于这种认识，徐复观一再强调，并不是只有彻底否定中华民族所自来的精神、理想，中国文化才能走上现代化的道路。

港台新儒家又对“科学”与“民主”进行了反思。近代以来，国人急切地想要接受西方的民主与科学，在一定程度上陷入了科学至上主义，民主的价值也被无限地夸大。港台新儒家承认西方的民主、科学的价值，但他们反对科学至上主义，同时也指出了民主的局限性。

唐君毅在《科学的理智之限制与仁心》一文中指出，科学至上主义会造成四种危害：第一，科学的分析需要剖分对象，有所抽取，有所舍弃，将这种方法运用到社会中去，会造成整个社会与一切人的心“破裂”；第二，科学的理智分析方法把宇宙一切都归结为概念，人因此成为一概念，成为一抽象的存在物，因此人对他人与自己，同无真实的感情，只看其工具价值如何；第三，用科学方法分析人，把人归结为一束印象、

---

① 徐复观：《传统与文化》，《中国人文精神之阐扬》，中国广播电视出版社 1996 年，第 24 页。

一堆习惯、一群感觉，否定一切人生价值，视人如物，全不顾及人的生命与心灵；第四，科学至上主义造成崇拜技术的心理，使人忘记人之所以为人，从而丧失自我。唐君毅断言，人们如果忘记人之所以为人的根本，只是一味地崇拜科学的分析方法和科学技术，最终将毁灭人自身。

对于民主制度，港台新儒家更多地表示了赞赏，但也在一定程度上指出了其局限性。牟宗三认为，西方的民主制度是以个人主义为精神基础的。个人主义把每个人视为客观存在、相互独立的单元，使人与人之间的关系成为外在的，这样，个人主义对于人际关系的调节，便不能像中国的伦理关系那样使人与人之间感情相融，最多只能做到互相尊重，互不干涉。个人主义的这种特点，正是现代西方精神危机的根源。西方的民主制度以个人主义作为精神基础，也很难做到完美无缺。

更为重要的是，虽然港台新儒家在主张学习西方的民主和科学方面，与全盘西化论者具有一致性，但他们却并不是急功近利地照搬西学，而是认识到了其背后的文化动因。钱穆曾指出，在民主与科学的发展过程中“有一更深远更内在的历史文化之整体精神作背景”。他又说：

> 没有把握到西方此一历史文化之整体精神而真切了解之以前，于从其浮显在外层，或流漫到末梢处的种种现实问题上来作枝节之认识与模仿，则往往知其一不知其二，见其貌未见其心。[①]

在这一问题上，唐君毅的分析更为详尽。在他看来，西方之所以能够产生民主、科学，是因为在民主、科学的背后，有一段真生命、真精神加以推动之故。西方自希腊时即尚智、尚客观概念式的思维，故近代自然科学家能自觉为一了解“上帝之所知”之自然秘密而生之伟大要求所鼓舞，大大推动了科学技术的发展。西方原有种种宗教束缚、阶级对峙、国家社团、旧有法律限制，大大阻碍了个人自由。这种种阻碍逼出了西方人个人求自由之努力，并进而开出民主之花。在唐君毅看来，只有了解并接受了民主、科学背后的精神推动力，才能真正接受民主与科学。而近代国人在接受西学的过程中，没有注意到民主、科学背后的精神推动力，就只能学

① 钱穆：《中国思想史》，台湾学生书局 1983 年，第 286 页。

到一些表面的东西，而难以得到民主、科学的真精神。

港台新儒家强调，在学习西方时，若是只注目于科学技术和民主制度，忽略了其背后的文化动因，就只能是一种浅薄、片面的西化；同样，如果中国的现代化只是接受了西方的民主与科学，而抛弃了中国传统文化中一些最深层、最本源的东西，这样的“现代化”，也只是一种浅薄、片面的现代化。对这种最深层、最本源的东西，徐复观将之称为“道德的形而上学”。他认为，如果不注重道德形而上学建设的话，世界将只能算得上是一个动物园。牟宗三将之称为“道德宗教”，认为科学与民主政治不是一切生活的轨道，只有道德宗教才可以产生日常生活的轨道，亦为文化创造之动力。唐君毅将之称为“仁心”，认为仁心是判断一切价值意识之高下偏全之良知，或良心，与人之一切价值意识，得以不断生长扩大，而完满成就的根源。若能保持仁心，则人既能保持自尊自主的精神，又能养成现代的国家意识和民主的政治意识。

港台新儒家对中国近现代道路所作出的反思，其价值并不仅仅在于指明了传统文化不可抛弃，还在于点中了时代的病根：只要“富强”，而意义失落。近代国人对于现代化的理解，更多的局限于经济、制度层面，文化的、精神的东西则被忽略了。港台新儒家通过自己的努力，重新唤起了人们对于中国传统文化的重视，并加深了对于现代化问题的认识。虽然他们的理论是有缺陷的，但这并不能掩盖其思想的光芒。

三　儒家思想如何回应西方文化的挑战

近代中国所面临的西方文明的挑战，比历史上任何一次挑战都要严重。挑战是全面性的，涉及政治、经济、文化等多个层面，同时，这种挑战关乎中华民族的生死存亡，是必须做出回应的。全盘西化论可算是一种回应，但否认了中国传统文化的价值；国粹论也是一种回应，但又顽固地维护传统，否定了西方文化的价值。较有建设性的回应主要有两种：一种是学习马克思主义，并使之与中国传统文化相结合；另一种回应来自儒家传统，而现代新儒家表现得最为突出。梁漱溟等早期新儒家学者主张既学习西方的先进文明，又维护中国的传统文化思想，港台新儒家在此基础上，做出了进一步的回答。

港台新儒家回应西方文化挑战的第一步，是反思中国传统文化的不足之处，探讨其所以衰败的原因。梁漱溟曾将中国文化的病因归结为因“理性早启”而导致的“文化早熟”，港台新儒家亦就这个问题提出了自己的观点。牟宗三认为，中国人——尤其是知识分子——有一种传统的习气：不欣赏事功的精神。西方人重视的事功精神境界平庸，但是敬业乐群，做事仔细精密、步步扎实。而在中国文化中缺乏事功的精神，只强调圣贤的境界，所以在实事实功方面与西方人有较大的差距，中国文化的价值也没能在现实生活中得到很好的体现。唐君毅则指出，中国文化只有一自上而下之自觉实现的精神，而缺乏一如何使凡人之精神次第上升之客观道路，从而造成了圣贤自圣贤、小人自小人、虚伪讳饰之风盛行的局面。方东美、徐复观等人也对传统文化的落后面提出了自己的观点。由于对传统文化不足之处的省察，以及对西方文化优点的认识，使得港台新儒家能够以一种开放的胸襟去面对中西文化冲突的问题，他们从不拒绝学习西方文化。唐君毅说：

> 对西方文化、日本文化，亦承认其长处，而加以接受欣赏，更超过之，转化之，使西方传来之科学技术、民主、宗教、人文化、礼乐化，以形成一庄严阔大之中国人文世界，中国礼乐世界，即是“学中国隋唐之接受佛学，而更超化印度佛学，转化印度佛学”的回应方式。①

唐君毅主张，应当像隋唐时人接受、转化印度佛学那样，去转化西学的长处，为我所用，这才是延续中国传统文化的命脉、回应西方文化的挑战的最好方式。若是像国粹派那样，固守唯我独尊的文化自大心理，拒绝学习来自西方的先进文化，不仅不能壮大中国文化的生命力，还很可能在西方文化的冲击之下一蹶不振。同样，牟宗三说：

> 科学与民主政治，自其出现上说，是并不能自足以待的。如果生命不能清醒凝聚，则科学不能出现，民主政治亦不能出现。我们近五

① 唐君毅：《中国文化之原始精神及所经历之挑战，与由回应而形成之发展》，《中国文化的危机与展望——文化传统的重建》，台北时报文化出版事业有限公司 1984 年，第 49 页。

十年来的学习方向是向西方看齐，但是我们只知道注意西方的科学。科学中是并无生命的途径的。①

学习西学是必要的，但民主、科学并不是社会生活的全部，还应该注意到精神层面的重要性，因为这是接受民主、科学的立足点。唐君毅说：

人要能接受文化、创造文化，则系于生命主体健康充实而有力，无内在的病痛。而对此生命主体之力，有信心，此则赖于一生命的学问，或精神修养的学问，则中国传统之儒佛道之内圣之学，以及其他宗教之灵修之学，都有用处，可容人自择，但不能不有此学，以成就此生命主体之力的信心，才能救活清末以来的信心丧失之病。此即是"学宋儒之对内在生命的病痛的反省，而以生命的学问，精神修养的学问"，为回应的方式。②

要以"生命的学问，精神修养的学问"回应西方文化的挑战，就必须对中国传统文化的特性及其独特价值进行发掘，而这正是港台新儒家着力甚多之处。中华民族是最具有原初性的民族，能够独特地运用其心灵，牟宗三将之称为中华民族的"特有的文化生命"。港台新儒家认为，中华民族所创造的文化有其独特的根源性。希伯来文化作为西方文化生命的重要源头，首先把握的是"自然"，而中国文化首先把握的则是"生命"，中华民族首先是向生命处用心。对于中国文化的独特性，牟宗三作了这样的描述：

生命不只是自然生命，清一色的生物生命，而且有一个异质的理性生命，由心灵所表现的理性生命。……这个心性就是道德的心性，我们于此亦曰道德理性。这是定然如此的，无条件的。这个心性一透露，人之所以为人的"道德主体性"完全壁立千仞地树立起来。上

---

① 牟宗三：《生命的学问》，台北三民书局1970年，第34页。

② 唐君毅：《中国文化之原始精神及所经历之挑战，与由回应而形成之发展》，《中国文化的危机与展望——文化传统的重建》，台北时报文化出版事业有限公司1984年，第49页。

面通天，下面通人，此即为天人合一之道。内而透精神价值之源，外而通事为体节之文。①

港台新儒家认为，虽然近代以来，在西方文化的冲击之下，中国文化显出了一些不足之处，但其对生命的慧解以及兼通内外的天人合一之道，不仅是中华民族走向未来的基础，也能够对西方文化的不足之处起到纠偏作用。

既不能抛弃传统，又必须学习西方，这就决定了在接受西方文化的挑战时，必须寻找一个二者之间的结合点，并借此来维持传统文化的主位性。由唐君毅的“中学统摄西学说”力图论证中西学之间的相容性，即可看出港台新儒家努力的方向，牟宗三的“开出说”也是如此。港台新儒家的这种治学路向已经获得了很多人的认同，尤其是在20世纪60年代后，随着国际间现代化理论的转向，港台新儒家更是受到越来越多的人的重视。

“现代化理论”所着眼的现代化，可以说是产生于西方的以18世纪为高峰的、从17世纪开始到19世纪结束的技术、经济、政治和社会的全部剧烈的社会变革。由这次变革所产生的一些新生事物—尤其是民主与科学——所具有的摧枯拉朽的威力，使得人们对西方的现代化满怀景仰，并将欧美的现代化进路视为一种普遍性的模式。由此人们认为，落后国家要想获得发展，就必须沿袭发达国家的做法，从“全盘西化”论者身上就可以看出这种心态。但随着现代化理论研究的不断深入，人们开始对西方的现代化模式是否具有普遍性产生怀疑，认为这种模式不一定适合于世界上所有的国家。即便有些非西方国家能够按照西方的现代化模式获得成功，譬如日本，也必须是在西方的工业文明与其自身的传统文化之间的对立消除之后。也就是说，非西方国家要想实现现代化，决不能无视自身的传统文化，因为传统仍然在对现代社会施加着影响。现在，理论界已经形成了这样一种认识：虽然西方的现代化模式具有极大的优越性，但并不就意味着它是全人类唯一的发展模式。各民族的发展道路将有其自己的特

---

① 牟宗三：《中国文化的特质》，见《道德理想主义的重建》，中国广播电视出版社1992年，第35页。

色，不同的文化传统之间在未来也将是多元并存的，不会出现某一种文化独霸天下的局面。现代化理论的这种转向，证明港台新儒家维护传统的努力是有价值的。

若是换一个角度来看港台新儒家为回应西方文化的挑战所做出的努力，或许更能突显他们的工作对中国文化的发展所具有的意义。英国历史学家汤因比在其史学巨著《历史研究》中指出，文明的发展需要一种“生命冲动”，这种“生命冲动”更多的是因外部的挑战而起。对于外部挑战的回应，能够刺激文明的活力，促使其生长。缺少外部挑战，文明内部的“生命冲动”就会日渐衰竭。文明衰亡的原因不是外在的、物质的，而是因为它丧失了内在的、精神的自决能力，亦即丧失了“挑战——应战”机制。如果汤因比的理论是正确的，那么我们就可以断定：儒学在近代的日趋没落不是因为外来的挑战，而在于内在的、精神的自决能力的丧失。在这种情况下，西方列强的入侵给中华民族带来了深重的灾难，而西方文明的挑战则给儒学的发展带来了一个新的契机。汤因比还指出，衡量文明生长的标志是其内在的、精神的自决能力，就此而言，“全盘西化”论不是对来自西方的挑战的应战，因为它放弃了自我的内部更新，被西方文明的挑战压倒了；国粹论也不是应战，它只是固守自我，拒绝更新。中国现代新儒家则真正是对西方文明的挑战作出了回应，虽然他们的理论存在着这样那样的问题，但毕竟为传统儒学的更新创造出了一种吐故纳新的机制。

四　儒学与马克思主义

儒学与马克思主义一度是个十分敏感的话题。有一个时期，不论是大陆还是港台的学者，都将二者绝对对立起来。所不同的是，大陆学者以马克思主义反对儒学，而港台学者则以儒学反对马克思主义。现在，关于儒学与马克思主义绝对对立的观点已很难站住脚，但对于二者之间的关系，仍有许多问题需要进一步探讨。

实际上，虽然马克思主义是来自西方的一种理论，但它被中国人接受，并上升到意识形态，是有其必然性的。马克思主义传入中国是在20世纪初，当时的革命青年不满腐朽的封建文化传统，认为中国的文化不能解决当时迫切而尖锐的新问题，希望寻找到一种新的理论，以迅速改变中国内忧外患的状况。而马克思主义的理论特点，正是反对因循守旧，主张以革命“批判”的方式改变现状，这正符合当时“新青年”的要求。另外，俄国的马克思主义者推翻了沙皇的封建统治，又在反对西方帝国主义的斗争中取得了胜利，这更给中国早期的马克思主义者增强了信心。

马克思主义能被中国人接受，还有一个重要的因素，那就是它与中国传统文化在学理上的相容性和相似性。正如张岱年、程宜山在《中国文化与文化论争》一文中所言：“中国人特别是知识分子接受马克思主义，与中国传统文化也有密切关系。中国文化中本有悠久的唯物论、无神论、辩证法的传统，有民本主义、人道主义思想的传统，有许多历史唯物主义的思想因素，有大同的社会理想，如此等等，因而马克思主义很容易在中国的土壤里生根。”[①] 马克思主义与中国传统文化的这种共通性，也是中国人能够接受马克思主义的思想基础。

马克思主义创自一百五十多年前的西方，儒家传统则有着两千多年的历史积淀，又分属不同的文化系统，这便决定了二者之间虽然有相通的一面，也必然会有对立之处。因此，中国的马克思主义者与港台新儒家之间存在争论是很自然的事。中国早期的马克思主义者所面对的是这样一种状况：儒家伦理思想中包含的封建残余亟待清除，又有北洋军阀将儒学作为遮蔽其卑鄙行径的外衣。他们祭起“尊孔”的旗号，在宪法中写入尊孔的条文，要立孔教为国教，而实际上是搞假共和，甚至复辟帝制。在这种情况下，对儒学的批判是必然的。

从学理上来说，港台新儒家对马克思主义提出批判也是很自然的。港台新儒家强调中国人应当以中国传统文化为本根，反对全盘西化，而马克思主义在中国大陆广泛传播，甚至成为意识形态，这自然是为他们所反对的。港台新儒家认为，近代中国的社会背景、历史背景与西方不同，因而来自西方的马克思主义并不适合中国。他们反对运用马克思主义唯物史观来分析中国历史，认为中国并没有原始社会、奴隶社会、封建社会等几个阶段。他们尤其反对中国人学习、运用马克思主义的阶级斗争学说。牟宗三说：

---

① 张岱年、程宜山：《中国文化与文化论争》，中国人民大学出版社 1990 年，第 186 页。

> 中国的阶级分野不显明，自春秋战国的政治崩溃以后，君主专制的形态在政治上虽不合理想，但在下面的社会却没有阶级，所以会有“王侯将相本无种”这种话。中国的社会，基本上是属于士农工商并列的形态……士农工商只是职业的不同，不可视为阶级。[①]

在他们看来，西方历史中原本就有僧侣阶级、贵族阶级、资产阶级等阶级区别，有着各种社团之间的对立。当社会上存在不平等时，某个阶级为了自己的理想，自然要进行斗争。但在中国，从来就没有过像在西方那样明显的阶级差别。

应当说，不论是站在马克思主义的立场批判儒学，还是站在儒家传统的立场反对马克思主义，都是可以理解的。若是彼此之间的批判能够限于学理层面，则这种理论上的辩论对于马克思主义的建设，以及传统儒家精华的弘扬都有好处。但是，在之后很长一段时期内，二者之间的论争远远超出学术问题的范围，而有着更为复杂的背景。因而，一些马克思主义者认为，无论从阶级性、党性、时代性、区域性和功能性等方面，马克思主义与儒学都是水火难容的对立的思想体系；港台新儒家则认为：“彻底反对历史文化的只有共产主义，虚无主义，达达主义；彻底贯彻此一政策的便是苏联集团；这是不要大脑去想即可承认的经验事实”，[②] 二者似乎都忽视了这样一个事实：马克思主义之所以能在中国得以迅速传播，为广大人民所接受，需要儒学为其提供合适的土壤。

可喜的是，在现在的理论界，儒学与马克思主义绝对对立的状况已经出现松动。唐君毅、牟宗三、徐复观之后的一些港台学者力图摒除情绪化的因素，客观、公允地评价儒学与马克思主义之间的关系。当然，在很多港台学者的眼里，儒学与马克思主义之间的对立是避免不了的，但他们已经不再一味地否认马克思主义，对于马克思主义能够持一种更为开放的心态，有的学者更提出了中国传统文化、马克思主义、西方文化三者之间“健康互动”的理论。[③] 诸如此类的理论说明，人们开始认识到，儒学与

---

① 牟宗三：《从儒家的当前使命说中国文化的现代意义》，《道德理想主义的重建》，中国广播电视出版社 1992 年，第 23 页。

② 徐复观：《学术与政治之间》，台湾学生书局 1956 年，第 534 页。

③ 参见李存山：《儒学创新与马克思主义创新》，《哲学动态》，1999 年第 4 期。

马克思主义之间还是有结合点的，并不是绝对对立的。

大陆学术界对于儒学的态度也开始出现变化，在理论上取得了很大的发展。事实上，随着历史的发展，马克思主义也需要得到丰富和发展。但在以往一段时期内，由于受“左”的思潮的影响，对马克思主义的理解有一种教条化、神圣化的倾向，并以之反对中国传统文化，这显然是错误的。

现在的大陆学术界，比较流行的观点是“马克思主义儒家化”，其代表人物是金观涛。金观涛认为，马克思主义能在中国内地成为占统治地位的意识形态，并不仅仅因为马克思主义理论的科学性，还在于一个很重要的原因：马克思主义的基本结构在 20 世纪 30 年代发生了一次巨大的变化：马克思主义的儒家化。他说：“《实践论》对待马列经典的态度，在深层结构上类似于王阳明、王船山对待程朱理学的立场，这样，自然有助于毛泽东思想——中国式的马列主义取代外来的马列经典，成为一种新的文化。”① 在金观涛看来，《实践论》是马克思主义中国化的哲学基础，《矛盾论》则赋予了外来的马克思主义以儒家式的道德理想主义的基本结构，刘少奇的《论共产党员的修养》则代表着马克思主义完全的道德理想主义化。

此外，在大陆学术界，较有代表性的观点还有以下几种：“互补互济说”认为，儒学与马克思主义、中国文化与西方文化各有所长，应该互补；“多元并存说”认为，儒学与马克思主义确有不能相通之处，但不存在谁吃掉谁的问题，可以在多元文化结构中并存并立；“相通相合说”认为，包括儒学在内的中国古典哲学的若干基本倾向与马克思主义理论有相通之处，应当在两者之间找出结合点，一方面，使儒学吸收马克思主义而更加丰富；另一方面，使马克思主义得以与中国传统文化相结合，而有中国化的马克思主义；“西体中用说”认为，马克思主义尽管在某些具体内容上与以儒学为主的中国传统文化相背离，但在更深一层的文化心理结构上却可以融合。② 总而言之，儒学与马克思主义绝对对立的观点已无市

① 转引自张允熠《当代马克思主义与儒学关系问题的论争》，见《实与虚》1996 年第 6 期，第 34—35 页。

② 参见张允熠《当代马克思主义与儒学关系问题的论争》，见《实与虚》1996 年第 6 期，第 34—35 页。

场，相应的新的观点主要可分为两类：互相融合说和对立统一说。这两种观点之间是有分歧的，但有一个共同点，那就是强调了马克思主义与儒学之间的联系，承认了二者之间的相同、共通之处。站在儒学立场来反对马克思主义固然不对，站在马克思主义的立场来反对儒学也是行不通的。在马克思主义的指导下，中国人完成反帝反封建之历史重任，儒学更是影响了中华民族两千多年，二者对于中国人都十分重要，对它们之间的关系进行探讨是必须要完成的一项工作。

第三节　港台新儒家的主要文化主张

一　儒学复兴论

港台新儒家始终抱有这样一个坚定的信念：儒学一定能够走出目前惨淡衰败的困境，重现在历史上曾有过的辉煌，并在未来的世界文化体系中占有一个重要的地位。儒学的复兴对于整个人类都具有意义。步入现代社会后，人类遇到了新的困难，出现了种种现代病。钱穆对此做过这样的描述："今天的世界人类文化……有宗教科学冲突，有国家与国家，民族与民族间冲突，有心物冲突，有群己冲突；而且复有贫富冲突，即资本与劳工间冲突，有新旧冲突，每一社会上中老年人与青少年人起冲突；……人与人间，一若惟有冲突之存在。"[①] 又说：

> 今天的世界，由于物质的进步，而使全世界人类日趋接近。而正为此物质进步，人类日相接近，而使全世界人类在其心灵上，乃失却其粘合融合以共成为一体之主要成分，而更走向各自离散与敌对之一途。于是人心苦闷，恳切要求能有一转变。而此转变之曙光，则不幸而日益黯淡，日益渺茫。[②]

在取得了物质的极大进步之后，现代西方社会表现出的种种问题，主

① 钱穆：《孔子思想与世界文化新生》，《近四十年来孔子研究论文选编》，齐鲁书社 1988 年，第 611 页。

② 同上。

要是一种“人的问题”。对于这种“人的问题”，仅靠西方文化是很难解决的。这是因为，西方文化“有很好的逻辑，有反省知识的知识论，有客观的、分解的本体论与宇宙论，它有很好的逻辑思辨与工巧的架构。但是它没有很好的哲学”①。而中国传统儒学虽然缺乏知识论与逻辑，却有着重视生命与德性的特点，包含有十分深奥的人生智慧。在港台新儒家看来，儒学的这种特点，使得它成为医治西方之现代病的一剂对症良药。就此而言，儒学的复兴不仅对于中国人，对于全人类来说都是十分必要的。

但近代以来，儒学的衰落、儒门淡泊成为不争的事实。儒学能否实现自我更新、自我发展，还需打消人们对儒学复兴可能与否的疑虑。为了达到这一目的，他们引用了“道统”这一概念。“道统”一词系由唐代韩愈提出，以排斥外来之佛教，重振儒学。港台新儒家推奉道统，亦是希望国人能因此而对传统文化产生“同情”与“敬意”，这也是中国现代新儒学的总体特征②。他们认为，作为中国文化的“本原形态”，道统是完美无缺的，尽管中国历史文化在表现形态上会有不圆满之处，这种缺陷在近代表现为缺少知识层面的开展和客观政治法律制度的建立，但道统却不会有什么不足。并且，因为道统“注定要在历史发展中完成其自己”，其表现形态也将趋于完满。更详细地说，即道统“必须披露于个人以外之社会及天地万物而充实其自己、彰著其自己。即，必须要客观化其自己，且绝对化其自己。客观化其自己，即须披露于国家政治及法律”③。

港台新儒家对儒学自我更新所作出的阐释，在“儒学三期发展说”中表现得尤为明显。“儒学三期发展说”是由牟宗三提出的。1948 年，同属当代新儒家阵营的程兆熊接纳牟宗三的建议，在江西铅山鹅湖办鹅湖书院与《理想历史文化》杂志，牟宗三等人为之起草《鹅湖书院缘起》。就是在这篇文章中，牟宗三提出了“儒学三期发展说”。他将中国文化的精神归结为一道德实体，认为儒学兴起之前，人们并没有自觉到此一道德实

① 牟宗三：《中国哲学的特质》，台湾学生书局 1980 年，第 4 页。

② 在港台新儒家学者中，方东美对此持有异见。他认为，过分强调儒家的道统，实际上是否定了道家思想、墨家思想在中国思想史上的地位。在方东美看来，道家、墨家与儒家一起，共同组成了中国历史文化的价值源头。因此，他反对用道统观念来排斥其他思想体系。但方东美的这种观点，并不妨碍他对儒家道德实体的尊崇，也无碍于港台新儒家推奉道统的总体特征。

③ 牟宗三：《历史哲学》，台湾学生书局 1984 年，第 118 页。

体的存在。只有到了先秦儒家，经由孔子、孟子、荀子等人的努力，道德主体才得以挺立，这也是儒学兴起的标志。第一期儒学由先秦儒家开始，代表人物是孔子、孟子、荀子，到东汉末年止，代表人物是董仲舒。宋明儒学是儒学发展的第二期，经过魏晋隋唐一个很长的历史时期，宋明儒学终于将歧出的中国文化拉回到它自身，使得道德意识得以复苏。牟宗三认为，时至今日，前两期儒学已经结束，儒学发展进入了第三期。三期儒学之间是一个辩证的关系，第三期儒学体现出了对第一期、第二期儒学的继承和发展。牟宗三认为，在儒学的前两期只着重于对道德实体的发展，儒学表现为一种纯粹的道德形式；而在儒学发展的第三期，儒学又面临着新的任务，应该在肯定道德实体的基础上，开出新外王，亦即开出民主与科学。既然儒学能够自行发展出民主与科学，那么它便实在没有不能复兴的理由。港台新儒家正是试图通过这样的途径，来对儒学复兴的可能性作出肯定。

如何开出民主与科学呢？他们认为，需要对儒家之道统在历史上的固有表现形态做出改变。儒家之道主要是一种道德理性，侧重于理性之运用表现，这与西方文化侧重于知识理性在主客对立关系中层层展开的“理性之架构表现”不同。由于儒家之道超越了知性，所以没有开出与知性密切相关的民主与科学。儒学要实现自我更新，首要任务就是由道德理性“往下讲”，转出知性。具体而言，就是道德良知经过自我限制，自觉地从“无执”转为“有执”，从与物无对的直觉状态转为主客对立的知性状态，亦即从“运用表现”转为“架构表现”，从德性主体转出知性主体。他们认为，经过这样的一个转折，就能够从儒家传统中自行开出民主与科学。

对于如何从儒家传统中开出“新外王”，以便为儒学之复兴建立一个最现实的依据，港台新儒家倾注了很大的心力。但他们致思的重点却不在此，而在于心性之学。这是因为在他们看来，“新外王”的开出有一个前提，那就是以“内圣”为本，而对于中国传统心性之学的研究，是达致“内圣”的最基本的进路。

港台新儒家认为，心性之学是中国学术思想的核心，也是中国思想中之所以有天人合德之说之真正理由所在。儒家之心性之学中包含一形上学，但这种形上学不同于西方那种“一般先假定一究竟实在存于客观宇宙，而据一般的经验理性去推证之形上学”，而是“为道德实践之基础，亦道德实践而证实的形上学”①。心性之学是知行并进的，要求人们不能只服从一社会的道德规律或神的命令，而要亲身从事道德实践，依觉悟而生实践，依实践而更增觉悟。通过不断的实践与觉悟，达天德、天理、天心而与天合德。

港台新儒家提出儒学复兴论，主要目的在于使国人走出全盘西化的误区，从而维持中国文化的主体性。从这个角度来看，儒学复兴论显然是值得肯定的。但是，他们在强调儒学之现代价值的同时，也表现出了一些理论上的缺陷。最重要的一点是，作为儒学复兴论的重要依据，港台新儒家的由儒学传统中开出民主、科学的理论不能令人满意。首先，牟宗三称通过道德良知的“自我坎陷”开出“知性主体”，从而开出民主与科学，但究竟如何“坎陷”？怎样“开出”？牟宗三语焉不详。其次，从事纯粹知性的科学探索并不需要先挺立道德主体，就科学知识的产生过程来说，也不必以道德主体的挺立为前提。由于“开出说”的这种缺陷，招致了一些人对儒学复兴之可能性的怀疑。

港台新儒家的儒学复兴论遭到了很多非议。但是，在对儒学复兴论的批评当中，将“复兴”视同为“复古”，从而对之大加批判，这显然是有欠公允的。“复古”意味着作为传统儒学重要组成部分的愚忠愚孝等观念也都随儒学的兴起而复活，而港台新儒家的儒学复兴论，所着眼的是儒家智慧的现代价值，对于传统儒学中所包含的那些封建落后观念也是弃如敝屣的。将“儒学复兴”视同为“复古”，是对港台新儒家的理论及思想意图理解不够的结果。正如大陆的新儒学研究带头人方克立教授所说：

> 现代新儒家主张“复兴儒家文化”、“重建儒家的价值系统”，呼唤和推进“儒学的第三期发展”，其根本精神不在于复古，而是要畅通民族文化的本源大流，使之不至于割断和失坠，保存中华民族文化的主体性。尽管以儒学来涵盖中华民族文化传统未免褊狭，把儒学传统归结为道德心性之学亦有失全面、客观，但就对民族文化传统有强烈的自我意识，对发扬民族精神、复兴中华文明有高度的责任感，坚

---

① 牟宗三、徐复观、唐君毅、张君劢：《中国文化与世界》，《文化意识宇宙的探索》，中国广播电视出版社 1992 年，第 345 页。

决反对宣扬民族虚无主义、文化投降主义的“全盘西化”论这一点来说，现代新儒家的功绩是不可抹杀的。①

二　文化融会论

港台新儒家着力宣扬儒学复兴的可能性，以求维持中国传统文化的主位性，防止文化断绝的危险。同时，他们也大力宣扬儒学复兴的必要性，强调儒学复兴对于整个人类世界所具有的重要意义。港台新儒家并不是想要建立一个封闭的体系。在他们看来，中学与西学都有一些具有普遍性的价值，应该通过相互之间的双向流动，使自身更趋完美，并面对人类共同的问题，这就是他们的中西文化融会论。

他们指出，不仅是中学融会西学，西学对于中学独特价值的吸纳，也是极具现实意义的。这一点现在已经成为共识，但在当时，为了证明这一观点，必须先扫清一些理论上的障碍。

在中西文化融会论中，蕴含着一个理论的预设：中西文化是平等的。如果中西文化之间地位差别悬殊，那么只能是弱势的一方向强势的一方学习，而无“融会”可言。而就当时的情况来说，要想谈论中西文化融会的问题，就必须破除为西方人所抱持的、甚至许多中国人都笃信不疑的西方文化中心论。因此，港台新儒家对西方人的文化优越感进行了尖锐的批评：

> 真正的西方人之精神之缺点，乃在其膨胀扩张其文化势力于世界的途程中，他只是运用一往的理性，而想把其理想中之观念，直下普遍化于世界；而忽略其他民族文化的特殊性，因而对之不免缺乏敬意，与同情的了解，亦常不从其他民族文化自身之发展的要求中，去看西方文化对其他民族文化之价值。②

他们认为，中国文化“在理论上正应与西方之自由民主文化相结合”③，

---

① 方克立：《略论现代新儒家之得失》，《儒学发展的宏观透视》，台北中正书局1997年，第543页。

② 牟宗三、徐复观、唐君毅、张君劢：《中国文化与世界》，《文化意识宇宙的探索》，中国广播电视出版社1992年，第365页。

③ 同上。

之所以在文化结合融会的过程中困难重重，正是因为西方文化中心论在作怪。

他们进一步指出，中国传统文化之所以被人看得很低，除了西方人的文化自大心理外，在研究中国文化的时候，由于动机与路径的错误，而产生了不少误解也是一个重要因素。西方人在介绍中国文化的时候，不是顺着中国文化自身之发展去加以了解，而是立足于传教的立场；他们更多的是对中国的文物感兴趣，而不是直接注目于中华民族之文化生命、文化精神之来源及发展路向；他们在研究中国近代史时，往往是从个人一时一地之偏见出发，由今溯古，由流溯源，由因推果。由于这种种研究上的差错，使得西方人在缺乏真正了解的情况下，就对中国文化不屑一顾。

港台新儒家的文化融会的理论是大致相同的，但若具体到每个人，则有一些差异。尤其是方东美，与牟宗三、唐君毅、徐复观等人的理论差别更为明显。首先，方东美将需要融会的文化体系归结为中国文化、印度文化、古希腊文化、近代欧洲文化这四种；其次，方东美认为，当今时代是文化上的“黑暗时代”，各民族文化也都陷入了深重的危机之中，因此，方东美强调，各民族文化必须进行“自救”。他说：

> 古代希腊人——我是指他们的灵魂——应当纡尊降贵到凡俗世界，以拯救俗世之表象。中国人应当从形而上与道德的层次落实到自然世界的层次，以学习欣赏现代科学的成就。印度人应当破除种性阶级制度之妄执，以了悟众生平等之真正要义，如大乘佛学家所曾极力宣扬的。现代西方人应当引导群众在人生奋斗中走向较高尚的水准，以明了并理解精神价值，那些价值在古典时代是全世界各民族所曾致力实现的。①

“自救”是必须的，但各民族文化所面临的危机系由其深刻的内在缺陷造成的，仅靠“自救”难以解除，还必须依靠“它助”，即靠各民族文化的相互融会来取长补短。简而言之，“希腊人之轻率弃世，可救以欧洲之灵幻生奇，欧洲之延妄行权，可救以中国之厚重善生，中国之肤浅蹈浇踏

① 方东美：《生生之德》，台湾黎明文化事业公司1978年，第339、157页。

空，又可救之以希腊之实质妥帖与欧洲之善巧多方”[①]。方东美希望通过各民族文化的互相补助，建立一种以科学文化为基础、以哲学为核心的“艺术、哲学、宗教”三者合德的理想文化，从而为人类寻觅一条解除苦难之路。

与方东美不同，唐君毅、牟宗三、徐复观等人将文化融会的资源主要选定为中国文化与西方文化；另外，他们认为，正像中国文化中含有民主、科学的种子一样，西方文化中也未必没有中国文化所展现的智慧的种子。因此，他们虽然没有对各民族文化的“自救”多加论述（中国文化除外），却并没有否定中西文化“自救”的可能性，而是希望通过中西文化之融会，促使这些种子的“开花结果”。

唐君毅、牟宗三等人一直强调这一点：对于西方文化之长处的吸纳，有助于中国文化生命更完美的展现。牟宗三认为，中国文化是“综合的尽理精神”；西方文化是“分解的尽理精神”，前者属于超越性的层面，而后者是知性的。中国文化因其指向人之内在的道德生命，仁的一面特别突出，而智的一面始终未能开出；西方文化因其指向外在的自然，智的一面格外彰显。在境界层面，中国文化要高于西方文化；在现实层面，中国文化则存在着明显的不足：如果中国文化一直开不出知性，则道德理性必被封闭在个人的道德实践中，因而有窒息之虞；如果一直转不出民主政治，则近代的国家政治就建立不起来，而只能任君主制度横行。在科学与民主政治等方面，西方文化有足供中国文化借鉴之处。通过这样的论述，牟宗三指明了融会贯通西学对于中国文化的意义。

唐君毅、牟宗三等人进一步指出，西方文化发展出的民主与科学是极有价值的，但并不能就此而故步自封。若想在此基础上做出新的发展，那就需要学习东方人的智慧，以完成其自身精神思想的升进。在他们看来，西方文化需要向东方文化学习的，计有以下五点：

1. 学习中国人“当下即是”之精神，与“一切放下”之襟抱。唐、牟、徐等认为，西方文化精神的长处，在于能向前作无限之追求，无穷之开辟。但在向前追求、开辟的精神状态中，西方人虽能以宗教之上帝作托命之所，但在现实生活中却缺乏立足之地。中国人当下即是的生活智慧，

---

① 方东美：《生生之德》，台湾黎明文化事业公司1978年，第339、157页。

可以使西方人随时有立足之地，从而增加西方文化自身之安全感与坚韧性。另外，西方人沉浸于概念的积累，但概念之本身对于具体人生而言是有距离的，这种局限容易造成阻隔。若是学到中国文化的“一切放下”的智慧，那么西方人就能做到“彼此生命间直相照射，直相肯定，而有真实的了解”。①

2. 学习中国文化之圆而神的智慧。唐、牟、徐等认为，西方人所惯用的概念原理都是抽象的，应用到具体事物上时，就会忽略事物的某些方面，不能曲尽事物之特殊性与个性。要能“曲尽”，就必须学习中国人圆而神的智慧。他们说：“西方人亦必须有此圆而神的智慧，乃能真与世界之不同民族，不同文化相接触，而能无所阻隔……亦才能于其传统文化中所已认识之理性世界、知识世界、上帝世界、技术世界，分门别类的历史人文世界之外，再认识真正的具体生命世界。”②

3. 学习中国文化之温润而恻怛或悲悯之情。唐、牟、徐等认为，西方人所强调的热情与爱是至可宝贵的，但这并不是人类的最高感情，权力意志与占有欲，都可渗透其中。要想根除权力意志与占有欲的妨害，仅靠宗教信仰是不够的。若能学到中国人之温润而恻怛或悲悯之情，则能够像清泥沙一样，将权力意志与占有欲从热情与爱中除去。

4. 学习中国人如何使文化悠久的智慧。唐、牟、徐等认为，西方近代文化固然极精彩灿烂，但其一切表现都是力量的耗竭，“并未得人类文化以及西方文化自身，真正长久存在之道”。③ 中国文化则不只是顺着自然的道路走，“随时有逆反自然之事，以归至此宇宙生生之原，而再来成就此自然”④。这就是中国文化的长久之道。西方人要想免于文化速败之忧，就必须学习中国人的智慧。

5. 学习中国人的天下一家之情怀。唐、牟、徐等相信，人类最终会归于天下一家，现代人在作为一国之公民以外，必须同时兼具一天下人之

---

① 牟宗三、徐复观、唐君毅、张君劢：《中国文化与世界》，《文化意识宇宙的探索》，中国广播电视出版社 1992 年，第 369 页。

② 同上书，第 371、374、375—376 页。

③ 同上。

④ 同上。

情怀。在这方面，儒学表现得更明显，而西方的基督教“唯一制度的宗教，有许多宗派之组织，不易融通”。[①] 所以他们强调，“人类真要有天下一家之情怀，儒家之精神实值得天下人之学习，以为未来世界之天下一家之准备”。[②]

港台新儒家的中西文化融会论，是在早期新儒家学者的援西学入儒之尝试的基础上所做出的进一步发展。与其前辈学者对西学且吸纳且拒斥的矛盾心态不同，港台新儒家对于异族文化表现出了更大的开放性，这正是其超越前人的地方。

第四节　海外新儒学的发展及其特点

中国当代新儒学发展到现在，已经经历了七八十年的风风雨雨，现在人们大致将众多的新儒家学者划分为三代：第一代以梁漱溟、熊十力等人为代表；第二代以方东美、唐君毅、牟宗三等人为代表；第三代以杜维明、成中英、余英时、蔡仁厚等人为代表。第一代的学术活动重心在大陆；第二代的学术活动重心在港台；第三代的情况则较为复杂，虽然大多数新儒学研究成果仍在港台及大陆的学术刊物上发表，但他们却是散居各地的，并且，许多代表性人物定居于海外（主要是美国）。本节就是以这些旅居海外的新儒家学者为对象的，为了叙述的方便，在此将他们统称为海外新儒家，其代表人物则选为刘述先、余英时、成中英、杜维明。

海外新儒家与前期的新儒家学者一脉相承，实际上，他们中的许多人与钱穆、牟宗三、唐君毅等人有着直接的师承关系。他们在赴外国就读之前，便已打下了深厚的国学功底。再加上在西方哲学的环境中浸淫多年，以其对西方的深刻了解，使得他们能够站在一个世界文化的背景上，反思中西文化的关系问题。这就使他们具有一种明显的开放特征。他们开阔的眼界、东西兼修的学术素养，使得他们具有大大推动新儒学发展的能力，更为可贵的是，他们的贡献并不仅限于理论层面，还为推行儒家思想而身

---

① 牟宗三、徐复观、唐君毅、张君劢：《中国文化与世界》，《文化意识宇宙的探索》，中国广播电视出版社 1992 年，第 374、376 页。

② 同上。

体力行。如余英时曾在新加坡帮助搞儒家伦理建设，成中英、杜维明等人也通过讲学的方式，在欧亚美等地宣传儒家思想。中国当代新儒学的研究能够走出狭窄的小圈子，由港台重返大陆，在亚洲的日本、韩国、新加坡等国都得到回应，并得到欧美地区学者的严肃对待，是随着海外新儒家的兴起才开始的。

一　余英时的新儒学思想及其特点

余英时，1930 年生于天津，香港新亚书院文史系毕业，后赴美国哈佛大学攻读博士学位。曾任哈佛大学中国历史教授、耶鲁大学历史系讲座教授、香港中文大学新亚书院院长。现任普林斯顿大学东亚研究所讲座教授。

余英时被许多研究者视为海外新儒家的代表人物，但他自己却否认这一点。中国当代新儒家的第一代、第二代学者多以中国文化为本位，反对“五四”时期的全盘西化论。余英时则主张，既要超越“五四”，又要超越以往的新儒学研究。在以上问题上的差异，或许能解释为什么余英时不认同中国当代新儒学。

对于“五四”运动，余英时基本上持一种肯定态度。他认为，中国传统文化经过几千年的发展，表现出许多弊病。“五四”运动对于传统的落后面批判甚力，有着卓越的启蒙之功。但余英时同时又主张超越“五四”，这是因为在他看来，“五四”精英们对于文化只做出了一种通性的理解。他们努力寻求文化的共同特征，希望建立一种文化的典型。由于忽略了文化的个性，只用一个标准来看待不同文化间的问题，具体到中国文化的现代化问题上，就是将“现代化”等同于“西化”。这种认识的结果，将中国传统文化同西方文化对立起来。维护中国传统文化的人拒斥西方文化，“五四”精英则将打倒传统文化视为学习西方的前提。针对这种状况，余英时指出：“只有个别的具体的文化，而无普遍的、抽象的文化。古典人类学所寻求的是一般性的典型文化，这样的文化只是从许多个别的真实文化中抽离其共相而得来的概念，因此仅在理论上存在……我们的注意力应该从一般文化的通性转向每一具体文化的个性。”①

---

①　余英时：《从价值系统看中国文化的现代意义》，《内在超越之路》，中国广播电视出版社 1992 年，第 3—4 页。

余英时认为，最能体现文化个性的是价值系统，而不是科技、政治制度等现实层面的东西。他在对中西文化的价值系统进行了比较之后得出结论：西方文化价值系统的特征是“外在超越”，中国文化价值系统的特征是“内在超越”。西方人将超越性的价值源头归于上天，并孜孜不倦地探求其奥秘，因而西方文化的价值系统具有外在化、形式化的特点。中国人也曾将上天视为价值的超越性源头，但似乎从一开始便明白人的智力不能将之穷尽，遂没有将之作为一个研究对象而划分出去。这样，在中国文化中，超越世界与人的世界之间并没有一条不可逾越的鸿沟，表现出一种内在超越的特征。余英时对中西文化的价值系统作出这样的分别，主要目的在于指出：由于西方俗世与超越界这两个世界之间一直处于一种分裂与紧张的状况，以至于今日，有陷于价值无源论的危险。并且，西方文化的外倾特点虽然促成了科学、经济的巨大进步，但在今天却有着“动”而不能静、“进”而不能“止”、“富”而不能“安”、“乱”而不能“定”的危机。而在中国，超越界与俗世一直是不即不离的，人们靠内心的领悟即可体证到价值的源头。中国的内倾文化有一种强大的内在力量，能延续数千年而不断就是受这种内在的韧力所赐。中国文化有止、定、静、安的特点，相对于西方文化的进而不能止、乱而不能定，自然有其优越的一面，在现代也有其积极的意义。

余英时不断强调中国文化价值系统的现代意义，却并没有因此而拒斥西方文化。他指出，中国文化的价值系统有现代性的一面，但却并不是现代生活的全部。中国人在坚持自己的价值系统的同时，还应该学习西方的现实层面的一些东西，那就是民主和科学。余英时认为，中国的价值系统在接受西方的科学方面没有什么障碍，同时，中国人的“人与天地万物一体”的态度，可以防止与科技的发展而俱生的原子毁灭的危险、自然生态的破坏、能源的危机等问题，人也不会由科技的主人而沦为奴隶。在民主方面，伦理与政治一直不能相互独立，这是中国没有产生民主制度的一个重要原因。但中国文化把人当作目的而非手段，其中蕴含的平等意识、讲学议政的自由传统以及对个人的道德价值的凸显，都是中国实现民主的精神凭借，可以通过现代的法制结构而转化为客观存在。

但是，在中国文化内在资源向现代转化的问题上，余英时遇到了像牟宗三一样的困难。他从中国传统文化中找到了一些与西方民主精神接近的资源，认为对之加以转化之后，中国人没有理由不接受现代的民主观念。这种想法，与牟宗三可谓是如出一辙。牟宗三难以明确指出民主制度在中国安立的方法，余英时同样也没有做到。他只是说："中国人要建立民主制度，首先必须把政治从人伦秩序中划分出来。这是一种'离则双美，合则两伤'的局面。"[①] 应当说，要在中国实现民主制度，这更接近于是一个前提，而不能称之为方法。至少应当这样认为：把政治从人伦秩序中划分出来，只是在中国实现民主制度的第一步，后面还有许多工作要做。也就是说，余英时虽然认为中国的文化精神与西方的民主精神具有良性关系，但对于具体的转化工作，并没有交代清楚。

二　刘述先的新儒学思想及其特点

刘述先，1934 年生于上海，毕业于台湾大学哲学系，后在东海大学执教。1964 年赴美留学，获美国南伊利大学博士学位，并留校任教。1981 年移居香港，任香港中文大学哲学系讲座教授兼系主任。1986 年至 1988 年间，任国际中国哲学会主席。

作为中国当代新儒家第三代的代表人物，刘述先对于中国传统文化自然是抱有"同情"与"敬意"的。但与港台新儒家相比，刘述先对传统文化负面作用的认识显然更为深刻。他反对"盲目地紧捉着一些东西，完全听从自己情绪的反应"[②]，主张用真正理性的态度对待传统文化，并评价它在现代社会所能起到的作用。

刘述先指出，在如何看待传统文化这一问题上，必须与时代结合起来。人不能脱离自己的传统去学习新的东西，但另一方面，随着时代的发展，传统文化也是在不断更新的。他说：

> 今天我们面临的问题，不只是要恢复承继传统中好的精神，还要进一步突破传统的框框，找寻新的出路。这里就需要眼光，需要手段，一定要通过善巧的解释，把握到传统的真精神；而后分辨开来，

---

① 余英时：《从价值系统看中国文化的现代意义》，《内在超越之路》，中国广播电视出版社 1992 年，第 40 页。

② 刘述先：《时代与哲学》，《儒家思想与现代化》，中国广播电视出版社 1992 年，第 178 页。

> 哪些是我们必须抛弃的烂包袱，哪些是我们必须保存并进一步加以发扬的精神，哪些是我们需要向西方学习借镜的地方，哪些则需要我们去运用开创新的智慧。[①]

刘述先认为，今天如果要讲儒家理想，就必须结合崭新的时代成分，并做好对传统文化去芜存精的工作，才能应付时代的挑战。

基于这样的认识，刘述先对儒家文化作出了三层分解：一是“哲学的睿识”；二是“传统典章制度的机括”；三是“民间价值的储存”。他认为第一层面的儒学在当今仍是有生命力的，经过创造性的转化，可以重现光辉；第二层面的儒学在今天已经完全失去了价值，应该断然抛弃；第三层面的儒学则积极与消极作用并存，需要对之作出进一步的分疏。[②] 刘述先指出，儒学中有与时俱朽的成分，也有万古长青的成分。对这样一个复杂的体系，不能够一味地唱赞歌，也不能草率地全盘抛弃，而应该对之做出仔细的梳理，辨清其精华与糟粕，这样才能有目的地进行取舍。要想做好传统文化去芜存精的工作，仅仅封闭在中国哲学的小圈子里是不行的，必须与具有强大生命力的西方文化加以对比，才能够知道我们在哪些方面是应该向西方学习的，哪些东西是必须抛弃的，哪些则是我们传统遗留下的宝物，应该将之发扬光大。

通过对比，刘述先总结出中国文化的五大限制和三大特征。五大限制是：科学不够发达，连带着在工业化的过程之中遥遥落后，以至在现实上造成被列强宰割的局面；科学发达的先决条件是抽象的逻辑数理思考方式的发达，而中国人的思考方式一向偏重具体，切合常识，拒绝把内容与形式割离开来，所以从来没有发展出形式逻辑的观念；一元正统的观念特别强，凸显的是责任观念，崇拜权威，轻视民权法制观念，西方式的现代法律观念开不出来，在现实政治方面也始终难上轨道；轻视自由个体的观念，过分注重文饰，不敢从现实人性的深处挖掘下去，而且习尚抄袭模仿，所以显得千篇一律，浅薄庸俗；中国人对世界的阴暗面和人性的缺陷

---

① 刘述先：《时代与哲学》，《儒家思想与现代化》，中国广播电视出版社 1992 年，第 176 页。

② 刘述先：《当代新儒家思想的批评的回顾与检讨》，《儒家思想与现代化》，中国广播电视出版社 1992 年，第 297—298 页。

似乎体认得不够，所以也缺少对超越的精神力量的虔心的追求。[1] 中国文化的三大特征是：生命价值的内在性、自具性，以及由此而显露的道德形上学的文化形态；生命与自然的和谐关系，即传统的天人合一的观念，一切文化成就都有其自然的基础，契合自然而非戡天役物；以礼的观念为核心的社会结构，和为贵，不尚斗争。刘述先认为，中国传统文化的以上五条限制，是随着西方文化的冲击而日益显露的，同时，也正是通过中西文化的对比，中国文化的特性得以更加彰显。上述三大特征，也代表了刘述先所归宗的中国文化的最高理想。要想使中国文化实现现代化，就必须学习、借鉴西方文化的长处，使中国文化与时俱新，去掉其缺陷；而中国文化的理想则依然具有价值，特别是现代社会具有“非人性化的倾向”、“意义失落的感受”等种种弊病，这需要从中国文化的理想中寻求慧解。刘述先对儒学的未来充满希望：“此学在今日要成为主流殆不可能，但再经过几代的修正与发展，安知没有光明灿烂的前途?”[2] 但对于儒学在现代的没落这一事实，他却并不隐饰。总体而言，他对于重建中国文化的艰苦性有着充分的认识，对于儒学之未来的乐观也是谨慎的。

三　成中英的新儒学思想及其特点

成中英，1935年生于南京，台湾大学哲学系毕业，后留学美国，获哈佛大学哲学博士学位，现任美国夏威夷大学哲学系教授。他是英文《中国哲学杂志》的创办者，也是国际中国哲学会、国际易经学会的主要创办人和领导者。

成中英新儒学思想的一个重要特点，是以世界哲学为一个大背景，对中国哲学与西方哲学作出审视与反省，力图通过二者的互动，来创造一种更为完美的哲学。他摒弃了那种褊狭的立场，认为中国文化只有摆脱保守的状态，做到与西方文化的互诠互动，才能够实现自己的现代化与世界化。

像以前的新儒家学者那样，成中英大体上也将中西哲学的差异视为整

---

① 刘述先：《重建中国哲学在未来的方向》，《儒家思想与现代化》，中国广播电视出版社1992年，第160—163页。

② 刘述先：《熊十力与刘静窗论学书简·校阅后记》，台北时报文化出版公司1984年。

体与分疏、价值与知识的区别。他将这种区别分列为以下四条：

1. 内在的人文主义与外在的人文主义。西方的人文主义是在突破了中世纪神学之后而产生的，认为人不应该完全受制于上帝，肯定了人的主体地位。由于意识到了人与万物的差异，西方文化强调向外探索，去认识自然，控制自然，是一种外在的人文主义。而中国的人文主义强调天人合一，强调人与自然的和谐，是一种内在的人文主义。

2. 生机的自然主义与机械的自然主义。中国人将人与自然看作一个整体，认为自然和人一体同流，都是有生命的。而在西方则有一种机械的自然主义的倾向，将自然看作一个机械的工具。

3. 具体的理性主义与抽象的理性主义。在中国哲学中，人是一种理性的动物，有认识真理的能力。人能够直接体悟到宇宙的终极实在，并按照所体悟到的道理来处理生活中的实际问题。所以，中国哲学的理性主义趋向于具体化。在西方哲学中，人先天具有抽象和演绎的理性能力，这种能力与实际经验基本上是分离的。因此，西方哲学的理性主义趋向于抽象化。

4. 人格修养的实用主义与功利的实用主义。中国哲学——尤其是儒学——很强调修身养性，希望通过内在的修养实现德性的提升，并达至“内圣外王”的境界。而西方的实用主义更多地表现出一种功利性，它追求个人的功利，并希望通过提高效率来实现利益的最大化。①

成中英试图站在世界哲学的立场上，从一个整体的角度来看待中西哲学的差异。以往的新儒家学者多有这种观点：中国哲学价值优胜，西方哲学知识优胜，并最终出于一种价值优先的认识，得出中国文化优于西方文化的结论。成中英认为，中国哲学本质上是一种价值哲学，是对宇宙与人生价值的深沉的肯定，但他同时又指出，人类意志分为情感与欲望两个方面，意志之动形成价值，从完全的意义上讲，情感和欲望都属于价值的范畴。而在以往的中国哲学体系中，价值往往仅与道德心性相联，欲望被排除在外，这是传统中国哲学的一大缺陷。另外，成中英认为，既然生命存在是由产生价值的意志和产生知识的理性共同组成，就不能因强调价值而

---

① 以上四条参见成中英：《中国文化的现代化与世界化》，中国和平出版社 1998 年，第 93—103 页。

忽略了知识。他说："哲学应该是自生命的肯定，产生的价值与知识，再进而对知识的反省来探讨价值，从价值的反省来寻绎知识，并从两者交互的反省中来彼此充实与重建。借此产生一套价值哲学与知识哲学，以及衍生的文化哲学与人生哲学，才能提供人类以生命的智慧。"[①] 成中英对于知识与价值的重要性作了同等的强调，从立场上即实现了对以往的新儒家研究的超越。

在成中英看来，中西哲学传统都是有所偏重的，因而不够完美。就人类生命的提升、人类的未来发展趋势而言，中西文化之间必须互诠与互释，最后趋向于一个整体哲学的观念与系统。这种思想，具体展现于他的"本体诠释学"之中。成中英自己对这种学说作出的解释是：本体诠释学"既是一种整体哲学，同时也是一种方法哲学，更是一种分析与综合的重建（再建构）的方法。"[②] 由这一解释可以明显地看出，成中英具有一种融合中西哲学的意图。在他看来，中国哲学注重从整体上来把握本体，透显出人与万物的价值，在具体方法的运用方面则不尽如人意。而西方哲学注重分析，重视具体方法的运用，却一度抛弃了整体的价值与意义，造成了本体与方法之间的矛盾。虽然一些西方现代哲学家注意到了这一问题，并对之作出了改造，但问题并没有得到根本解决，知分而不知合仍然是西方哲学的痼疾。成中英认为，中国哲学——尤其是《易经》哲学——恰好是医治西方哲学弊病的对症良药："在体与用上面，在方法与本体上面，恐怕再没有一种哲学有《易经》那样的灵活性、生命性。"[③] 同时，在对西方哲学的改造过程中，中国传统哲学也将接受西方哲学的冲击和洗礼，使自身得到改善，从而真正走向现代化和世界化。

四　杜维明的新儒学思想及其特点

杜维明，1940 年生于云南昆明，毕业于台湾东海大学中文系。1961 年获美国哈佛大学燕京社奖学金，赴美深造。1968 年获哲学博士学位，曾经任教于普林斯顿大学和加州大学柏克莱分校。1990 年借调夏威夷东

---

① 成中英：《中国文化的现代化与世界化》，中国和平出版社 1998 年，第 237 页。

② 成中英：《世纪之交的抉择》，上海知识出版社 1991 年，第 70 页。

③ 成中英：《中国文化的现代化与世界化》，中国和平出版社 1998 年，第 283—284 页。

西交流中心，任文化与传播研究所所长。现为哈佛大学教授，多年来致力于儒学第三期发展的研究工作，并为儒学的推广做了许多实际性的工作。

杜维明治学的重点，在于阐发传统儒家思想的现代意义。杜维明之前的新儒家学者也在做着同样的工作，但他们往往在维护传统文化的同时，缺乏深刻的反思，对掀起西化思潮的五四运动大加贬抑，而忽略了其启蒙之功。杜维明也不赞同全盘西化，但对于"五四"的启蒙精神则是持肯定态度的。他指出，近代以来儒学受到了"明枪"、"暗箭"的两面夹攻。所谓"明枪"是指"五四"以来中国第一流的知识分子对于儒学的痛击；所谓"暗箭"则是指那些"借孔孟之名而行复辟之实"的政客对于儒学的利用。对于这两种反儒学的力量，杜维明更反对后者。他说："西化知识分子对儒家传统进行学术的批判，其结果对孔孟之道的精义不无厘清的积极作用。相反地，企图利用先圣先贤以维护既得利益的军阀政客，不仅没有达到推行儒教的目标，反而把儒家的象征符号污染了。"① 所以他说，他宁愿将自己看作一个五四精神的继承者。

杜维明肯定了五四精神的启蒙之功，同时也指出了其有失偏颇之处。他认为，五四时期的知识分子宁愿放弃一切以谋求富强之道，这是将实现现代化的希望寄托在一种"单线的模式"之上，而现代化是一个多层次、多元素、多侧面的复杂过程，单线的富强模式只是一条欲富而不达的途径。杜维明又指出，五四以来的西化知识分子，由于把20世纪的欧美社会理解成独一无二的现代模式，同时又把西方文化认定为有机整体必须全盘接受，所以他们将中国传统文化等同于封建遗毒，作出了尖锐而极端的批判。对于这种流行一时的认识，杜维明进行了批评。他说：

> 把传统文化等同于封建遗毒固然可以获得振聋发聩的一时效验，但忧国之情思毕竟和五分钟热度的匹夫之勇迥然异趣。假若忧国的沉痛感只能加强现象描绘的深刻性而不能引发创造转化的智慧，那么，无可奈何的悲观主义便应运而生。固然，从忧国的沉痛感所导致的悲观主义有其健康的积极意义。……但是文化的开新终究不能从悲愤的

① 杜维明：《儒学第三期发展的前景问题》，台湾联经出版事业公司1989年，第10—11页。

绝望之情处起步。①

所以杜维明强调，必须正视“文化认同”的问题，即认识到中国文化的独特性和具体性，这样就不会武断地判定中国传统文化为封建遗毒，也不会以西方的标准为标准，视中国传统文化为僵化的历史遗迹，而盲目地反对传统。

杜维明一再强调，必须认清“儒家传统”与“儒教中国”的分别。“儒教中国”是以政治化的儒家伦理为主导思想的中国传统封建社会的意识形态及其在现代文化中各种曲折的表现，而“儒家传统”不仅是中华民族文化认同的基础，也是东亚文明的体现，二者之间有着明显的差异。但许多人并没有认识到这种差异，所以将“儒教中国”的弊病也归于“儒家传统”，这对于后者十分不公平。杜维明指出，尽管儒家传统是植根于传统中国的经济、政治和社会之中，但在儒教中国趋于支离破碎的时候，儒家传统思想仍有着恒常价值，尤其是其人文精神。在他看来，儒学基本的精神方向，是以人为主的，它所代表的是一种涵盖性很强的人文主义。这种人文主义，和西方那种反自然、反神学的人文主义有很大的不同，儒家的人文主义既不排斥超越层面的“天”，也不排斥现实层面的社会与自然。它是入世的，要参与现实政治，但又不会与现实政权混为一体，而是保持着一种强烈的批判精神，希望运用道德理想来转化现实政治。杜维明承认，传统儒家学者的这种努力“影响不是很大，而且常是失败的”，但他同时又说：“其精神源远流长。从未断绝，并且一直成为中国优秀知识分子生命力的表现②。”

关于“儒学三期发展说”首先是由牟宗三提出的，杜维明又对之做了进一步的发挥。他认为，儒学是有美好前景的，依据有两个：第一个就是德国哲学家雅斯贝斯提出的“轴心时代”理论。

雅斯贝斯认为，以公元前一千年为上限，古代的以色列、希腊、印度和中国，几乎同时进入了轴心时代。轴心文化是各大文化传统的主流，对

① 杜维明：《儒学第三期发展的前景问题》，《儒家传统的现代转化》，中国广播电视出版社 1992 年，第 251—252 页。

② 杜维明：《儒学第三期发展的前景问题》，台湾联经出版事业公司 1989 年，第 10 页。

现代人仍有着很大的影响。杜维明认为，如果雅斯贝斯的理论是正确的，那么在轴心文化的其他组成部分如西方文化、印度文化仍有着强大的生命力的同时，就不能不对作为轴心文化的重要组成部分的儒家文化充满希望。其次，杜维明认为，儒学将有第三期发展的最重要的依据，还在于其历久弥新的价值。现代社会中，最为凸显的是人的问题。在现代人陷入价值失落、意义危机的时候，儒学“超越而内在”的价值体系将为人们指明一条出路。

五　海外新儒学对传统与现代化的理解

在对海外新儒家主要代表人物的思想作出简要介绍之后，可以总括地谈一谈相关的几个问题了。应当说，与之前的新儒家学者相较，海外新儒家确实表现出了一些新的特点，主要有以下几个方面：

1. 有着深厚的西学功底。在海外新儒家那里，这一特点特别明显，正如成中英所说：“深入了西方哲学的核心。”① 再加上他们对于中国传统文化的了解，使得他们能够平章华梵，在一种世界哲学的大背景下，通过中西哲学的对比反省儒家哲学的基本特性。

2. 从主观愿望来看，海外新儒家大都以推进中国哲学的现代化与世界化为职志，却又力图从一种世界哲学的立场出发，摒弃了那种维护道统的心态。在新儒学研究的初始阶段，梁漱溟、熊十力等新儒家学者重新确立了中国哲学的独特价值与地位，却欠缺对中国传统的批判性的检视，对于西方文化也往往只凭感觉来把握，因而夸大了中国文化的优点和西方文化的弊病。第二代新儒家学者在重建中国传统文化及对西学的理解方面都前进了一大步，但他们出于维护传统的急切心情，难以做到像杜维明所说的“对传统要以开放的心灵进行反思”。

在儒学重建的问题上，海外新儒家反对其前辈学者抱持的那种维护儒家道统的心态。他们强调，应对中西文化平等看待，在二者进行交流的过程中，来重建中国文化，这才是中国文化实现现代化的必由出路。近年来，杜维明等人又进一步指出，马克思主义在大陆影响十分深远，已经成为中国文化传统的一部分。因此，实现中国文化、西方文化与马克思主义

---

①　成中英：《世纪之交的抉择》，上海知识出版社 1991 年，第 398 页。

之间的健康互动是十分必要的。他们一再强调，现代新儒学的重建工作，是要在文化整体的内涵多元化的基础上进行，而不是重新定儒学为一尊，这才是传统儒学现代化、世界化的含义。如果一味强调儒学的主位性，这实际上是在用儒学排斥其他文化，只能将新儒学研究导入歧途。在对儒学的重新定位及其前景的问题上，海外新儒家比第一代、第二代新儒家学者更为理智，表现出更大的包容性。

3. 以世界哲学为背景，海外新儒家能够更为清醒地对传统儒学作出反思。以往的新儒家学者虽然也意识到了传统儒学的一些弊病，但出于维护的立场，往往会对那些批判儒学的言论作出极端的反应，最明显的例子就是他们对“五四”精英的口诛笔伐。海外新儒家也不否认五四新文化运动的不足之处及其不良后果，但对其反思传统的启蒙之功则作出了肯定。与第一代、第二代新儒家学者不同，他们以一种清醒的学术态度来对待儒学，抛弃了那种先入为主的情绪化的因素。

4. 理论研究更加深入。海外新儒家从学理上辨析了以往的新儒学研究的不足，最主要的一点就是：对文化只作通性的理解，将“现代化”等同于“西化”。第一代、第二代新儒家学者为了维护中国传统文化，一方面，不断强调中国文化的主位性、优越性，夸大西方文化的弊病，从而将二者对立起来；另一方面，又出于要使中国文化实现现代化的迫切意愿，或是主张以中国的道德心性来统摄西方的民主、科学，或是主张从中国传统文化中直接开出民主与科学。实际上，既然他们将现代化等同于西化，则不论是经由“开出”还是“统摄”所得到的现代化，仍然是在对中国传统文化加以西化，换言之，虽然他们的主要目的是凸显中国传统文化的独特价值，但就其所运用的手段而言，却是以西学为重心的。这种目的与手段的背离，是造成以往的新儒学理论充满矛盾的主要原因。基于以上认识，海外新儒家强调，应该破除以往那种只注意文化的通性，而忽视文化的个性的观念，从根本上改正将“现代化”等同于“西化”的错误认识。正像余英时所指出的：“只有个别的具体的文化，而无普遍的、抽象的文化”①，认为只有摆脱典型文化的观念，对中国文化的个性作出研

---

① 余英时：《从价值系统看中国文化的现代意义》，《内在超越之路》，中国广播电视出版社 1992 年，第 3 页。

究，才能真正地显现出中国文化的独特价值。

由于海外新儒家的理论创新，使得他们表现出了一种超越第一代、第二代新儒家学者的趋向，以至于有学者认为，他们是一批掌握了现代思想和方法的学者，在本质上与20世纪20年代的旧儒学和古代的旧礼教没有直接的相承关系。实际上，如果以是否服膺儒学、是否以促使儒学在现代社会中发生良性作用为标准的话，则杜维明、成中英、余英时等人属于中国现代新儒家一派是确定无疑的，尽管他们本人（譬如余英时）不一定承认这一点。海外新儒家出于对中国传统文化的现代价值的认识，同时也基于儒学所受批判过于苛刻这一事实，强调应将传统儒学分为理想和现实两个层面来理解。认为儒学的现实层面固然应该批判，但儒家的理想层面在今天仍有着恒常价值。应当说，他们对于传统儒学所作出的以上分梳是值得肯定的。任何社会理想，不管它有多么高妙，当被纳入现实社会的权力网络之后，都有可能被政治权力所利用，从而变得面目全非，甚至走向自己的反面。儒学便遭受了这样的历史命运，人们希望用儒家的道德理想来转化政治，而历史事实却是儒家的道德理想遭到了政治权力的扭曲。因此，一种学术理想的现实表现，往往并不能代表其本身的意向。海外新儒家对儒学作出理论层面与现实层面的区别，有助于人们更清楚地认识儒学。但我们也应该认识到，固然不能再让“儒家传统”来替“儒教中国”背黑锅，但理想层面的儒家传统真的就是那么完美无缺？海外新儒家在为理想层面的儒学辩解的同时，是否应该对这一层面的儒学也作出深刻的反思？另外，如果说传统儒学所表现出来的弊病主要是因为它被政治权力所利用，它为什么会被利用？又如何避免它在以后再次被利用？对于这些问题，还需要作出进一步的研究。

第五节　海外新儒学的延伸

一　“文化中国”论

“文化中国”这一概念出现于20世纪80年代初，具体由谁提出现在已很难弄明白。比较有依据的说法是：一些定居马来西亚的华侨创办了一份《青年中国》杂志，其中有一期是《文化中国》专号。至于是否有谁在更早的时候提出了这一概念，则不得而知了。① 自从台湾的《中国论坛》杂志于1985年以“文化中国”为主题办了一期特刊之后，“文化中国”这一概念便广泛传播开来，又经杜维明、成中英、傅伟勋等海外学人的大力推广，汤一介、庞朴等大陆学者的积极参与，“文化中国”现在已经深入人心。

“文化中国”的提出，突破了一些固有的观念：不再局限于政治的中国，同时也超越了意识形态的限制。同时，在不同的情况下，“文化中国”又有着不同的指谓。

“文化中国”的含义之一，是希望以文化作为桥梁，跨越因意识形态的不同而造成的种种限制，为祖国的统一创造一个良好的契机。“文化中国”这一概念提出的时候，香港、澳门、台湾都与中国大陆处于分离的状态，但香港、澳门的回归是毫无疑义的，故所谓的“文化桥梁”，主要是针对大陆与台湾而言。由于台湾与大陆已经分离几十年，在不同的发展环境中，海峡两岸的人民对于中国文化的看法已有不同，彼此之间出现了一种文化断层，这对于祖国的统一大业而言，是一个不好的消息。文化断层的现象在年轻人之中更为严重。台湾学者韦政通指出：

> 我们看到我们的第二代，他们很自然地具有台湾意识，他们既无实际生活经验，对现状也非常隔阂。这样发展下去，如果现在不加强文化交流，试问将来统一的基础何在？怎么样去抑制这种台湾意识普遍化的趋势？②

人们希望能够在“文化中国”的大前提下，使两岸人民共同体认文化的同根同源性，加强文化交流，以消弭文化断层，为祖国统一打下良好的基础。

要在“文化中国”的前提下，构筑一条沟通海峡两岸的“文化桥梁”，最主要的一点就是要加强两岸之间的学术文化交流。在许多学者的

---

① 以上说法依据韦政通先生的考证（详见《韦政通先生讲评》），《“文化中国”与中国文化》（傅伟勋著），台湾东大图书公司1988年。

② 韦政通：《韦政通先生讲评》，《“文化中国”与中国文化》（傅伟勋著），台湾东大图书公司1988年，第25页。

眼里，这是完成祖国统一大业的第一步，也是目前亟须解决的一个问题。正如傅伟勋所说：

> 学术交流的事绝不能拖延，因为十年就是一个世代，再拖十年下去，下一个世代的两岸知识分子没有半点“知己知彼”的能力，彼此也无甚（自然的或文化的）感情存在，则如何去沟通交流，遑论“统一中国”？我们如果能找出一些具体可行的沟通办法……有助于推动海峡两岸的学术文化交流，而此交流正是“统一中国”的首要程序，构成“统一”交响曲的前奏部分。[①]

“文化中国”的另一层含义，是针对生根于外国的中国文化而言的，代表着海外华人的这样一种信念：作为一个华人，虽然已不是中国国籍，但文化意识却仍然是中国的，文化的根源仍在于中国传统文化，不会因地域的改变而发生变化。如果说“文化中国”的前一种含义是超越了政治意义上的中国，那么在此含义上，则超越了地域意义上的中国，表现出了一种文化归根的意向。加拿大《文化中国》杂志的主编梁燕城说：“中国的历史产生了孔、孟、老、庄、岳飞、文天祥，这就是中国的历史和中国的文化，而我们分享了这个历史和这个文化，也共同承担了这个历史和文化中的苦难。然后，现在我们再反哺这个文化，把我们在国外所体验到的最好的东西带回去。”[②] 这样的话语，很好地为“文化中国”这一概念中所蕴含的归根意愿作出了诠释。

海外华人对“文化中国”的呼唤，是20世纪80年代初出现的全球性的文化寻根思潮的一个组成部分，与人们对现代化理论的认识转向有关。在现代化出现之初，由于它所具有的强大的生命力、冲击力，使得几乎所有人都认为，现代化的过程是一个普遍化、全球化的过程，将现代化视为人类文化价值的共同坐标。从都市化、工业化、大众传播等方面来看，各种不同文化间的差别在现代化的过程中逐渐被抹去了。美国人的

---

① 傅伟勋：《“文化中国”与海峡两岸的学术交流》，《“文化中国”与中国文化》，台湾东大图书公司1988年，第19页。

② 梁燕城：《走向新世纪的对话》，《文化中国》，多伦多1997年3月号卷首语。

“大熔炉意识”——认为不论是何地的移民，到了美国之后就逐渐趋于统一化，熔成一个大民族——就是人们对于现代化的这种认识的体现，而许多中国人抱持“全盘西化论”，也是出于同样的原因。但随着人们对现代化理论认识的加深，到了20世纪80年代，人们对现代化的普遍同一性产生了怀疑，寻根意愿形成一股更具说服力的思潮。

寻根意愿的出现，是由多种因素促成的。杜维明认为，其原因主要有四点：第一是种族，这是一种人们很难摆脱的民族情怀，种族歧视的存在，又加强了民族主义的兴起，如美国的黑白之争，苏联的解体，都显示出了种族的一种向心力；第二是语言，能否运用自己的母语，关系到一个民族的文化认同及民族自豪感，也是造成种族冲突的一个重要原因；第三是地域，即祖国。祖国是一个民族世世代代生长的地方，对之形成了一种强烈的归属感，容不得异族的干涉与歧视，印第安人最讨厌提及“哥伦布发现新大陆”，就是出于这样的原因；第四是宗教，寻根意愿的出现，宗教也起到了很大的作用，伊斯兰教文化圈的原教旨主义，就与反现代化、反西方化、具有伊斯兰教特色的现代文明有着很大的关系①。杜维明所提到的这四个因素，解释了寻根意愿出现的原因，同样也能解释何以海外华人学者会强调“文化中国”。从海外华人的现实处境来看，他们多身处于多元文化的国家中，如果不强调自己的民族文化，就会被人歧视和吞掉，强调“文化中国”可以保护自己的地位，但这只是一个表面的因素，种族、语言、地域、宗教（或曰文化）等因素才是更深层的原因。

“文化中国”的第三层含义，是指成为人类文明中一个精神资源的中国文化，认为由中国本土产生的一些崇高价值，如哲学、伦理、道德、美学等，均具有普遍的价值，可成为人类的共同资源之一。如果说“文化中国”的第一层含义是针对祖国统一，第二层是针对民族文化的认同，这第三层含义则是面向中国文化的未来，意在中国文化的重建与发扬。就此而言，“文化中国”对于中国文化的发展具有更重要的意义。可以看出，这层含义的“文化中国”，与海外新儒学有着很大的一致性。二者在重建与发扬中国传统文化的要求，以及以世界文化为背景的立场上都无二

---

① 杜维明：《现代精神与儒家传统》，台北联经出版社1996年，第16—18页。

致。杜维明、成中英等海外新儒家的代表人物同时也是倡导“文化中国”的主将，也说明了这一点。当然，二者之间也是有差别的。如果说海外新儒家在为重整中国文化而广寻资源的同时，最终是以儒学为依归的话，“文化中国”则是儒、法、道、佛无所不包，其内涵更广。“文化中国”与海外新儒学都持一种开放的立场，但前者比后者具有更强的包容性。只要一个人是在为发扬中国传统文化而工作，则不管他是持一种怎样的观点，像主张自由主义、对中国传统文化颇多批判的林毓生，以及与中国现代新儒家格格不入的傅伟勋等人，都可归入“文化中国”的大旗之下。可以说，一直致力于重建中国文化的海外新儒家是“文化中国”的一个重要组成部分，但“文化中国”却远远超出了海外新儒学的范畴。

因为强调中国文化的普遍价值，所以，对“文化中国”的提倡，表明了重建中国文化的必要性；但是，在对中国文化的普遍价值作出强调的时候，必须解决中国文化在世界文化体系中如何定位的问题，以免陷入民族文化中心论。文化中心论的一个主要特征，就是认为自己的文化体系是最完善的，自己的价值标准是放之四海而皆准的，其他各种文化都应该向我看齐。持“西方文化中心论”观点的人，表现出的正是这种唯我独尊的心态，而一些强调中国文化价值的学者，譬如唐君毅，视儒教为最高的“圆教”，耶教、佛教都是偏教，也显示出同样的文化意义上的傲慢。以这种心态来进行中国文化的重建工作，对于中国并不是什么好事，会引起种种猜疑，并导致被孤立。而在“文化中国”的大旗之下进行的中国文化重建工作，是立足于全球框架的，强调各种民族文化多元并存，去除了那种以中国文化为中心的心态。“文化中国”论者认为，文化中国的意念就是和谐，是多元中的相互尊重。现代化就是全球化，文化的现代化就是全球意识与民族意识的结合。在这种全球化的视野之下，没有哪一种文化能够成为全世界各种民族文化体系的价值评判的坐标，也没有哪一种文明能够再次称霸世界。中国社会科学院研究员庞朴曾运用孔子“和而不同”的思想，对各种民族文化之间的关系作出了精彩的论述。庞朴认为，孔子“和而不同”的思想有三个要旨：一、事物是各自不同的；二、不同事物互补互济；三、于是整个层面因之而和谐。可以看出，“文化中国”的提法，是更接近于“和而不同”的思想的，与民族文化中心论有着明显的界限①。

“文化中国”对中国哲学的未来所作的重新定位，走出了以往那种自我封闭的心态，从全球化的角度来看待中国文化的问题，也只有通过这样的定位，中国哲学才能突破狭隘的小圈子，来面对人类整体面临的问题。这些问题包括：在人人强调自我的时候，如何重新实现人与人之间的沟通？人类应如何更好地调整自己与万物之间的关系，以保育生态，为自己的可持续发展创造一个良好的环境？在虚无主义解构一切、破坏一切的时候，如何重建人类的共识和价值？在一切都被物质化之后，如何重新确立人类精神的地位？对这些人类共同面临的问题，决不可能依靠某一种文化来解决，而需要各民族文化的共同努力。而中国文化在试图解决这些人类共同面临的问题的时候，也就会融入世界文化的洪流。

以上是“文化中国”对中国文化定位问题的探讨，而更为重要的是如何对趋于支离破碎的中国传统文化进行重建，以使之能够重新成为人类文明的宝贵资源。在这一问题上，海外新儒家大都主张通过中西文化的互动，吸纳新鲜血液，涤荡传统文化中落后的东西，对于有价值的一面则加以现代的转换，表现出了开放性的特点，而其他一些有代表性的观点也莫不如此。

美国俄亥俄州立大学历史系教授张灏认为；“我们不但要以现代化为基点去批判传统，同时也需要借助传统去检讨现代化”，② 美国威斯康星大学历史系教授林毓生则提出了“创造性转化”（或曰“创造的转化”）的口号，他说：

> 它（指“创造性转化”——引者注）是一个开放的过程——对中国传统与西方，两面均予开放的过程。在这个过程中，首先要对中国传统的质素及其脉络与西方的质素及其脉络产生严谨而实质的了解。在这个过程中，有利于中国未来发展的新的东西是经由引进一些对中国有意义的西方质素及（或）对中国传统中的质素的重组及

---

① 李慎之、庞朴、梁燕城：《文化中国和全球化的道路》，《文化中国》，1996 年 9 月号，第 8 页。

② 张灏：《幽暗意识与民主传统》，台湾联经出版事业公司 1989 年，第 117 页。

> （或）改造而产生。“重组与（或）改造”的动力可以是西方思想、文化与制度冲激下带来的刺激，但也可来自对中国古典纯正质素的重认，或是西方的刺激与中国的重认相互影响的结果。①

这种对中国传统文化的“创造性转化”，同样是开放性的。

在重建中国文化的问题上，傅伟勋的“中国本位的中西互为体用论”或许更具代表性。他自己对这种理论的解释是：

> “中西互为体用”意味着，中国传统与西方传统，不论体用，只要有价值取向的正面意义，皆可熔为一炉，由是传统以来长久习用的“体用”二辞及其严格分辨已无时代意义可言。“中国本位”则意谓，“中西互为体用”的旨趣是在，建立合乎我国国情以及实际需要且具有独特风格（亦即他国所缺）的现代式本土文化。②

傅伟勋的这种“中国本位的中西互为体用论”，揭示了中国文化传统的独特性（中国本位）与普遍性（中西互为体用）之间的一种辩证开放的融通关系。独特性如被他国欣赏而吸纳，就可提升之为普遍性；而普遍性也只有通过特定文化传统予以具现，才能显示出它的深意。傅伟勋认为，认识到这种独特性与普遍性的辩证结合，中国人才能够修正传统文化中的泛道德主义偏差，从单元简易的自我充足心态中解放出来；认识到多元开放的文化胸襟的必要性，在生命的各大层面与佛、道及优良可取的西学谋求交流融通，中国的“道德理想主义”才能焕发出新的光辉。

以“文化中国”为目标所进行的中国文化重建工作，其开放性是十分明显的。而实际上，心态的开放性及对以往所固有的某些观念的超越性，正是以“文化中国”为目标的所有工作的总体特征。第一层含义的“文化中国”，突破了不同意识形态的限制，实现了对政治中国的超越；

---

① 林毓生：《新儒家在中国推展民主与科学的理论所面临的困境》，《儒学发展的宏观透视》（杜维明主编），台北正中书局 1997 年，第 405 页。

② 傅伟勋：《中国文化向何处去?》，《“文化中国”与中国文化》，台湾东大图书公司 1988 年，第 109 页。

第二层含义的“文化中国”，实现了对地域意义上的中国的突破；第三层含义的“文化中国”，则超越唯我独尊的文化自大心理，力图创建一个可以凸显中国文化的固有特色，同时又能够与其他文化交流融通的文化体系。这种开放性与超越性，为中国文化的创造性转化建立了一个良好的条件。可以预期，如果“文化中国”的建设能够保持这种开放性与超越性，则中国文化必能重现光辉，并为解决人类整体面对的问题贡献自己的一分力量。

二　波士顿儒学和夏威夷儒学

（一）波士顿儒学

波士顿儒学是在美国波士顿形成的儒家研究学派，该名称在一开始被认为是一个善意的玩笑，但现在在学术界已经出现了波士顿儒学的说法。[①] 而且，2000 年已经出版了南乐山的《波士顿儒学》的著作，正式宣告了这一学派的确立。波士顿儒学以查尔斯河为界，形成以南乐山与白诗朗为首的河南派，以杜维明为首的河北派。

河南派以波士顿大学神学院为中心，南乐山是该神学院院长，他不认为儒学只是与中国特殊的历史情境有关，而西方学者只能研究儒家，不能成为儒家，他宣称自己就是儒家。他对当前儒家思想在比较哲学和神学方面所带来的影响和贡献具有强烈的兴趣，从其原创性的哲学目标出发，力图在丰富而复杂地吸收柏拉图、皮尔斯、美国实用主义、泛亚洲佛教和儒家思想、基督教神学而形成的孕育体之内，对古典的西方理性形而上学或思辨哲学传统重新注入活力，因此他日益迷恋于儒家思想的分析。波士顿儒学的出现，就是源于南乐山关于全球现代思想的丰富资源之中。[②]

白诗朗认为，儒学实际上已经成为国际性的运动，儒学将成为欧洲思想自我意识的一个方面，在太平洋和北大西洋找到听众。据王晓红的研究，河南派因为与基督教神学有一定的联系，也被称为基督教儒学。他们注重荀学，强调“礼”和规范的作用，“自我”只是相互关系的网络，而

---

① 陈光林主编：《中国儒学年鉴 2001 年》，商务印书馆 2001 年，第 232 页。

② ［美］约翰·伯斯朗（白诗朗）：《道的传播：波士顿儒学初探》，深圳大学文学院《文化与传播》1996 年第 4 期。

不是孤立的自我中心。他们在自己的儒学模式中，正在完善一种现代社会之礼的哲学，而这种哲学就是部分地以荀子把“礼”作为行为规范的理解为基础的。波士顿儒学的这一思想定位不是偶然的，从中可以看到基督教思想的影响。王晓红认为其思想特点是：（1）重原罪性。他们并没有在基督教的原罪说与儒家的人性善之间作决断，相反巧妙地兼容了二者，这便是他们选取的荀子路线：承认人内在本性的善或不善不恶，而强调外在社会的恶性、原罪性。（2）重外在规范“礼”。强调社会原罪性的自然结果就是突出外在规范“礼”的作用。而“礼”的概念也易引申为犹太—基督传统的律法主义。这是对传统儒学过分强调内在德行修养的纠正和补充。（3）重“居敬穷理”。朱熹这句话成了他们的口号。这也是西方理性主义传统背景下的自然选择。他们批评过早诉诸直觉体验。朱熹和王阳明对“格竹子”的不同态度是他们课堂上经常的话题。“居敬穷理”的态度也恰是基督教神学的重要传统，南乐山本人也是重要神学家。（4）重“内在超越”说。

波士顿神学院院长南乐山（Robert Neville）和副院长约翰·白诗朗（John Berthromny）通力合作，已把波士顿大学神学院建构为在北美神学界发展儒家论说的道场。南乐山最近把数年来的几篇长文编辑成书，书名为《波士顿儒学的一个简短而愉快的生命史》（*A Short Happy Lifeof Boston Confucianism*）。他们是基督徒，但自称认同儒家。他们提出三个问题：第一，儒学能否成为国际哲学讨论的一个侧面或组成部分。南乐山是肯定这一点的，他是本届世界哲学学会会长，又做过美国宗教学会会长，一贯致力于推动东亚哲学研究。他认为孔子、孟子、荀子、朱熹和王阳明像亚里士多德、柏拉图、圣奥古斯丁以及怀特海等一样，都是国际哲学讨论的重要内容。第二，儒学提出的基本课题与儒家文化基础问题。两位神学家对新儒学的发展十分重视，认为哈佛的儒学研究应将此作为一个重点。他们还提出，西方（包括美国）的大学教育，应该开设儒学经典的课程，否则西方色彩太浓，太地方主义。一般学生应了解的基本典籍，主要是《四书》和《荀子》（在美国，知识界中不少教育家认为《论语》应是当前美国成人教育最基本的典籍之一）。在第二层次突出礼乐教化的现代意义。第三，关于自我的问题。自我是孤立的个体，还是关系网的中心点？儒家是主张后者的，这是儒家的基本理念，与西方主张的狭隘的个人主义是不同的。在以上这几方面，查尔斯河以南的儒学研究与哈佛的儒学研究是互相唱和的。[①] 当代新儒学的内在超越说与南乐山、白诗朗秉承的另一传统即过程神学有许多契合点。白诗朗也极力认同波士顿儒学，积极推动宗教之间的对话。他曾撰文批评郝大维（David Hall）和安乐哲（Roger Ames）对内在超越的否定。而这恰恰表现出波士顿儒学与夏威夷儒学的区别所在。

河北派以哈佛大学杜维明教授为代表，他注重孟学，沿着思孟、陆王、牟宗三的系统，强调心性修养的重要性，着力于人文精神的重建。杜维明组织和主持的哈佛儒学研讨会已经有了二十多年的历史，研讨会是一松散的学术组织，以结合日本汉学的"会读"和德国科研传统的 Seminar 为方法取径。参加者有来自东亚和西欧的访问学人及哈佛大学、波士顿大学的教授、博士候选人、研究生与民间学者等，每次 20 人或 30 人不等。讨论内容涉及各方面对儒学和当代新儒家的批评，包括自由主义、女性主义、基督教、佛教、新道家、新马克思主义（以美国杜克大学 Arif Dirlik 为代表）、反传统主义，以及来自历史学界的批评等。

杜维明主张必须同情地了解各方面对儒学批评的理据，构想其可能的向度，从现代性的角度审视新儒学提出的基本概念，并回应各种批评。讨论围绕着儒学思想与现代基本价值之间的对话与沟通而展开。通过交流，与会者对儒学之定位、儒学的现代性、儒学发展的出路与前景等问题有了新的认识。杜维明强调，全球化不同于一体化，人类的历史有一个轴心时代，现在也应该有一个新的轴心时代。所谓新的轴心时代，是一个从传统到现在的延伸。要超越狭隘的、片面的人类中心主义，必须面对几种关系：个人、自我、身心如何整合；个人与社群如何健康互动，人类与自然如何持久和谐。

杜维明对于儒学如何进行第三期发展的问题也谈得很多，认为儒学要有第三期的发展必须对西方文明所体现的而儒家传统所缺乏的价值做出创建性的回应，比如，科学精神、民主运动、宗教传统乃至弗洛伊德心理学所讲的深层意识的问题。其次，还要解决儒学和当前中国文化的相关性问

---

① 李明华：《响应与创新——就新儒学研究问题访谈杜维明》，加拿大《文化中国》第 23 卷。

题，以及儒学在中国内地和东亚其他国家的生存条件及再生契机问题。在前两者的基础上，儒学还应“和世界各地的精神传统进行互惠互利的对话、沟通”，比如可以和基督教、天主教、佛教、印度教、犹太教、耆那教、锡克教、神道教及各种地方宗教进行交流。杜维明认为：“多元文化各显精彩的‘后现代’社会，儒家应该以不卑不亢的胸怀，不屈不挠的志趣和不偏不倚的气度，走出一条充分体现‘沟通理性’的既利己又利人的康庄大道来。”①

杜维明在岳麓书院举办的“杜维明千年学府报告会”上，发表了《儒家文明精神与文明对话》，进一步阐述文明之间对话的重要性。他指出：儒家文明，儒家文化圈，包括中国、越南、朝鲜，还有韩国，甚至有一部分可以包括日本，都整个受到儒教文化圈的影响。从多元的景观来看，西方哲学家雅斯贝斯，在1957年提出，世界上有四个非常重要的思想家，在塑造人类文明时，起了极为重要的作用。我们应该对这四个思想家，不管你是属于哪一个文明体系，都应该有所了解。他所谓的四个思想家是苏格拉底、释迦牟尼、孔子和耶稣。如果扩大这个范围，也应该包括穆罕默德、摩西、老子和庄子。他们很明显地是不同的，虽然不同，但他们可以进行对话。基督教和伊斯兰教及佛教来进行对话。在这个对话中间，儒家文明可以起一个中介的作用。儒家的人文精神可以在文明对话中间起一个中介的作用。这并不是说由儒家的思想来统合，那是不可能的。但是他可以起一个中介的沟通作用。这种工作我们现在慢慢开始了。所以最低的要求是“己所不欲，勿施于人”，但是同时可以通过“己欲立而立人，己欲达而达人”来形成一种健康互动的可能。所以这是一条路，我们在马来西亚已经有了伊斯兰教与儒学的对话，在美国有个基督教和儒家的对话，最近在以色列也有犹太教和儒家的对话，这个工作很艰巨但是有可能。

杜维明从全球文明对话的高度，强调了儒家文明与伊斯兰文明对话的深远意义。今天，一个新的世界秩序的问题取代了超级大国的两极对立（资本主义和社会主义），当人们面对这个问题时，情不自禁地得出轻易的概括：历史的终结、文明冲突或太平洋世纪。实际上，我们所目睹的正

① 杜维明：《现代精神与儒家传统》，三联书店1997年，第468页。

是全球历史的真正起点，而不是历史的终结。从比较文化的角度看，这个新的起点必须以不同文明的对话为出发点。我们意识到植根于种族、语言、领土和宗教差别的文明冲突的危险，这使得对话的必要显得特别紧迫。霸权政治淡化之际，我们欢迎沟通、联系、谈判、互动、讨论和合作时代的曙光。因为全球现代社会的多元化是显而易见的，如果其中之一宣称自己的文化至高无上，那只是暴露出自己的傲慢自大；不同社会之间互相参照是不可避免的，不同文明之间的对话既是令人渴望的，也是必不可少的。当互相参照得到发展之际，与南亚、伊斯兰世界文明对话将使东亚得益匪浅。①

在文化中国和儒家传统的关系方面，有很多人误会了杜维明，认为他从事儒学研究，总是想儒学一枝独秀，想独尊儒术。他提出：我从来没有这个想法。我只是觉得，儒学在中国最近这一两百年里的命运太悲惨了。因为命运太悲惨，如果能够为它陈词，让它有再生的力量，就是我们的责任。我从来没有梦想过或幻想过要把儒学变成一枝独秀，即使是能够一枝独秀，我认为也是不健康的。基本上，我的立场是文化多元，从文化多元的角度来看儒家传统所具有的精神资源。从这个角度看，文化中国的观点是非常宽的，文化中国的精神资源绝对不只是儒家传统，还有道教、佛教等其他传统。中国的民间宗教传统里头，有儒家的成分，但也有很多不是儒家的成分，而是佛家的。佛家对中国文化的影响，大大超出了儒家，在台湾，在香港，在新加坡，都可以看得出来。

杜维明从广义的文化中国论域出发，认为能够有东亚的现代文明模式。由此，提出了“多元现代性”的问题，这也是西方近年讨论很多的一个问题。现在，全球化和地域化都越来越明显，但这二者并不是矛盾的，而是相辅相成的，这突出了“认同意识”。

在联合国规定的文明对话年 2001 年，杜维明提出了应该以儒家的两个基本价值观作为文明对话的基础，即恕道原则（己所不欲，勿施于人）和人道原则（己欲立而立人，己欲达而达人）。人们长期认为，近代西方是世界取得有意义进步的唯一舞台。儒家东亚、伊斯兰中东、印度教的印

---

① 杜维明：《多元现代化：儒家东亚的启示》，摘自杜维明在 2000 年 5 月 21—23 日哈佛大学召开回儒对话会议上的讲话。

度和佛教东南亚只是被动地接受这个西方现代化的过程。现代化最后会终止文化的多样性。儒家或任何非西方精神传统会有助于实现现代化过程是不可想象的。从传统到现代的发展是不可避免和不可逆转的。但是，传统继续存在于现代化之中。实际上，现代化过程本身一直受到扎根于古老传统的多样文化形态的制约。儒家坚持平等比自由重要，同情比理性重要，礼教比法治重要，责任比权利重要，人际关怀比个人主义重要，这似乎与启蒙运动的价值取向相对立。因此，毫不令人惊奇，李光耀、马哈蒂尔（Mahatir）等政治领袖弘扬的亚洲价值常常在西方引起冷嘲热讽。但是，从家庭到国家，所有层次上社会解体的危机显然证明社会正义、心灵沟通、相互理解、承担责任和休戚与共意识的需要。就像亨金（Louise Henkin）强调指出的那样，所谓亚洲或儒家价值，正如启蒙价值一样，也是具有普遍意义的。作为政治意识形态、知识分子的探求、商人道德、家庭价值或抗议精神，儒家教导从 20 世纪 60 年代起在工业东亚，80 年代起在社会主义东亚得以复兴。这是许多因素的结合。确实，一个多世纪以来，东亚知识分子热诚向西方学习。但是，他们常常无意之中求助于当地形态来重新整合他们向西方学到的东西。这种创造性吸收利用的模式有助于他们缔造一种启蒙理性和儒家人文主义的新的综合。儒家传统一直在其大一统体制性基础上发挥着作用，同时，也在以农业为基础的经济、以家庭为中心的社会结构和家长式政体方面根深蒂固。

不用说，作为对西方冲击的反应，所有这些方面都在一种新的架构中脱胎换骨。儒家政治意识形态为日本和四小龙（中国的台湾和香港地区以及韩国和新加坡）建设提供了丰富的象征符号资源。在东亚和中国（包括香港、澳门和台湾），经济文化、家庭价值和商业道德也以儒家语汇加以表达。像网络资本主义、软性权威主义、团队精神和协商政治这些在东亚经济、政治和社会中无所不在的观念全都说明，儒家传统在东亚现代化中继续发挥着作用。

杜维明认为，东亚是第一个实现现代化的非西方地区，儒家东亚兴起的文化涵义是影响深远的。近代西方提供了世界范围内社会转型原动力。当然，像工具理性、自由、权利意识、法律程序、隐私权和个人主义等启蒙价值都是放之四海而皆准的现代价值，但是，就像儒家东亚的例子所证明的，像同情、分配方面的正义、责任意识、礼教、热心公益和群体取向等亚洲价值也是放之四海而皆准的现代价值。正像东亚现代化必须整合启蒙价值，亚洲价值也会成为现代西方生活方式合时的重要参照。儒家现代化证明，现代化从根本上来说，不是西化或美国化。这是否意味着东亚的兴起象征着以新的范式取代旧的范式？不是的。但是，这为西方特别为美国指出了：它需要把自己的文明转化为一种既教导他人，也向他人学习的文明。东亚现代化的实现是多元化，而不是另一种一元化的信号。儒家东亚完全现代化而没有全盘西化的成功清楚地说明，现代化可以采取不同的文化形态。佛教的、伊斯兰教的、印度教文化形态的现代化不仅有可能性，而且可能性很大。

从总体上说，波士顿儒学的两派在思想上提出的学说，被概括为四个方面的内容：重原罪性，承认人内在本性的善或不善、不恶，强调外在社会的恶性、原罪性；重外在规范“礼”；对传统儒学居敬穷理、强调内在德行的修养作了补充；重内在超越。波士顿儒学的出现，证明了儒学普世化的可能，儒学可以成为美国文化的一部分，儒学肯定可以走向世界，在世界各国扎根开花。

（二）夏威夷儒学

夏威夷儒学的中心人物成中英教授提出了“本体诠释”学的原则，从语言、概念、观念和本体上沟通中西哲学，对中国哲学进行“解构”，以达到“重建”和“创新”，使之现代化，并走向世界。本体诠释学深受西方哲学的影响，特别是它的理性分析方法的影响。但它的最终指向是在中国哲学，因为作为诠释的最高层级的哲学本体，是以一体二元的生命本体为依归的，知识也统一于心性论，即所谓价值的知识论。在创立本体诠释学之前，成中英长期埋头于《周易》的研究之中，玩易观象甚深，他的“和谐化”洞见、有关的系统观和思维原则，就是直接地源自《周易》，得自于《周易》的熏陶。成中英在以后的思考中，中西比较哲学一直是他的兴奋点之所在，也是他工作致力的重点。所以，尽管从表面上看本体诠释学的西化色彩较浓，但它的根却是确确实实深植于中国哲学的观念之中的。

成中英从20世纪80年代初开始提出本体诠释学的构想，随后发表过一系列的演讲，也写了不少的文章，在世界范围引起一些反响。其中最有系统性的是收入《世纪之交的抉择》一书中的有关章节。他最新的规划是，写出《原始本体诠释学的雏形：周易哲学》，从理论和方法上完善本体诠释学的系统，展开其应用的两个分支：管理和伦理，并用本体诠释学的理论和方法来重新解释中国哲学史和西方哲学史[①]。他在《新传统主义——合内外之道：儒家哲学论》（中国社会科学出版社 2001 年 10 月出版）自序中说："儒家是中国文化的主流思想。儒家之成为中国文化的主流思想自然不是历史的偶然。相反的，它是多种文化因素所自然形成的价值集结。基于我们原来已有的历史资料与当代出土的文献资料，我们对孔子的生活志行、社会背景及其学派的思想取向已有了更深的理解，也从这些资料中透视出一份中华民族古典文化的深层人生观、社会观与宇宙观。儒家学派在历史上后来的发展以及其与中国的政治、社会、经济、道德教育与人格教养的交缠、互参与结合是学者所耳熟能详的。但儒家的哲学思维及其发展的极限、潜力、高度与深度却是一个值得永远探索的课题。本书是我从我多年论述儒家哲学的论文中集合起来的。这些论文自成一个体系，一方面阐述了儒家哲学与现代性的关系，但也陈述了儒家哲学亟须开拓的价值与眼光。更重要的是：论文重点在发掘儒家哲学内在的义理结构与人性主旨，力求其整体的圆融一致。我的基本方法是把儒家的思想做深度哲学的处理，而不是只问其如何与现代接轨而已。我认为如果我们能对儒家的思想作最大幅度的哲学的理性的理解，儒家思想的现代性、后现代性、与后后现代性也都会有适当的定位和公平的评价。尤其在补足西方文化的价值缺陷、促进中国文化与社会的进步发展与开脱世界人类的价值前途（包含生命伦理、生态伦理与经济伦理等方面）这三大课题上，儒家哲学都可以作出非常重大的贡献。"

成中英将诠释分为两种，一种是"基于本体的诠释"；一种是"寻找本体的诠释"。西方的或古典形而上学体系，均属于前者，就是先有一个本体的概念，然后用来解释外部的世界；而后者是没有任何预设和前置的，只是在反思的过程中形成一套世界观，这个世界观与个人自我观结合在一起，就成了"他"的本体。这个本体是个人诠释、找寻、归纳外在世界的依据，当"境"不断转化时，本体概念的内容也随之发生改变。所以这种本体是动态的"自本体"，而不是静止的"对本体"。

① 景海峰：《解释学与中国哲学》，《哲学动态》2001 年第 7 期。

基于对中国哲学本体论的特殊理解，成中英将他的诠释系统划分为两大阶段：一是“本体意识的发动”阶段；二是“理性意识的知觉”阶段。两者合起来共有十大原则。这些原则囊括了对形式与本体、经验与理性的整全思考，构成一个层级累时的有机网络系统。从具体的诠释进路来看，这些原则又呈现为现象分析、本体思考、理性批判、秩序发生等四个阶段。“现象分析”是对杂多的梳理，根据（阴阳）对偶心原理勾联关系，结织整体。“本体思考”是在现象分析的基础上，从本体来掌握整全，以达到完全性的要求。“理性批判”是掌握了本体和现象之后，用理性的方法重予呈现，包括语言的沟通、秩序的建立和综合的了解等。这也是一个以理性来延展经验，又以经验来范导理性的双向过程。“秩序发生”是在理性呈现的状态下，调适、转化、发展合理性秩序，以使经验和理性的互动达到最大的有效性。一个阶段性（单元）本体就此实现，这为诠释的展开搭起了平台。①

作为“本体诠释学”的开拓者，成中英认为任何知识活动都是整体性本体的一个方面，并有其范围的局限性。同样，任何价值活动也将是整体性本体的一个方面，亦有其效果的局限性。因而，我们必须用知识来开拓价值，也必须用价值来开拓知识。知与志互照，方能体用不二，显微无间、定慧两全、主客交融、理气相生。如此，方能显露出整体性本体的统一性、丰富性和创造性。有关这一“本体诠释学”的认识，他在 1982 年评述伽达默尔《真理与方法》一书时已提出，并据此以解释朱熹哲学。这种“本体诠释学”观点，也可以说最早见之于《易传》所说“一阴一阳之谓道”。“一阴一阳”是既差异对立，又相生相成的；志与知也可说是一阴一阳之道，故是既差异对立，又相生相成的。这种对“本体诠释学”的了解，不仅导致了我们对哲学本体的重新思考，也导致了我们对不同哲学思考方法之间的辩证关系的了解。“本体诠释学”亦可说为“本体辩证学”或“辩证体性”，因为它包含了多种对立互成的范畴，以及包涵时间发展性与空间包容性的统一前提。“本体诠释学”既可用来建立现代化的中国哲学，也可用来丰富现代化的西方哲学，使两者世界化，并交融为一体。

---

① 景海峰：《中国诠释学的几种思路》，《光明日报》2002 年 9 月 26 日。

他认为诠释有一种“包含着解释，但又不只是解释，而是能够产生深度的了解或理解。这种深度的理解又不但涉及外在的世界，也涉及自我的一种认识”①。诠释学以一个历史传统、文化现象、知识体系或哲学体系为对象，做身历其境的意义体现，并透过创造性的概念掌握对象主体所含摄的生活经验及生命真实，并指向本体。此一思考方式通过客体与主体的交互理解以扩大视野，寻求统一本体。

作为成中英的后学和同事，田辰山是夏威夷大学博士、中国研究中心研究员。这几年，他在多次场合和多篇论文中强调，儒学有与西方主流割裂式思维不同的互系性思考方式。他在自己的研究中称这种方式为“通变”式思维方式。这种思考方式不仅是儒家的，也是道家和其他各家的，也形成普通百姓的思考方法。儒学的宇宙是“自然”的，不需要有个上帝这样的先验原动者，而是万物自己自然地在动。儒学探讨的“道”是世界万物的互系，是不断性或连续性。万物的变化运动来自于偶对物事的互系，也即阴阳的那种相反相成、相悖不断的关系。可以说，区别于西方的儒学自然宇宙观和互系思考方式是产生不出绝对的概念来的。② 这也是来自一种诠释学派的解释，有一定的新意。

在个体认同方面，田辰山认为，在儒学，由于它的个体认同基点和思考永远不离开互系和具体的相对范畴，自省和自律思想很是发达。儒学的“仁”为人与人间之关系。而“仁”同是内省和自律，带点西洋语言味道又可说是自我内在认同和外在认同，也就是外在循礼（《左传》说“多行无礼，必自及也”），内在“爱人”。由于在儒学个体认同是一种认同互系，于是产生最基本的平等意识，所谓“己欲立而立人，己欲达而达人”和“己所不欲，勿施于人”。自省和自律又同是教化和修养。所以，当西方个体认同在追究个体质体上无尽无休，儒学却说：“不患人之不己知，患不知人也。”（《论语·为政》）而且，以西方个体认同似乎同样执着的精神，但问的不是“我是谁”，而是“吾日三省吾身，为人谋而不忠乎，与朋友交而不信乎，传不习乎？”（《论语·学而》）。儒学的个体，其范畴可大至与天地万物为一体。《孟子·尽心上》就提出：“万物皆备于我。”

① 成中英：《诠释转向与本体回归》，《北京大学研究生学志》1999 年第 3 期。

② 田辰山：《中国的互系性思维：通变》，《文史哲》2002 年第 4 期。

程明道《识仁篇》有“仁者浑然与物同体”（《宋元学案》卷十三）。陆象山有“宇宙即是吾心，吾心即是宇宙”（《陆九渊文集·杂说》）；又有“宇宙内事，乃己分内事”（《宋史·陆九渊传》）。朱熹则秉承庄子说法，将宇宙之广大范畴以至蝼蚁之微小范畴以一理贯通。他说：“大而天地，细而蝼蚁，其生皆是如此。”（《朱熹文集》卷58《答杨志仁》）这样的论述，举不胜举。儒学的“仁”是个体与宇宙认同。朱熹、吕祖谦编选的《近思录》卷一《道体》引程颢说：“仁者与天地万物为一体，莫非己也，认得为己，何所不至？若不有诸己，自不与己相干。如手足不仁，气已不贯，皆不属己。”有趣的是，西方个体认同是竭尽其力将个体与任何他体以独特为由相区别，恐惧与任何他体共同，张载告诉我们的却是“视天下无一物非我”，程颢所谓的“实有诸己”，让人把自己与万物切实地感受为一体。内省和修养是对天事人事互系性的内心认识和心理调整过程。人需要随时调整自己以适应人事天事的正常正当关系。这种心理调整过程就是人性的发展过程。所以人性在儒学中不是不变的概念，而是一个变化过程。①

夏威夷儒学的另外重要的代表人物是安乐哲与郝大维。安乐哲（Roger Ames），是英属哥伦比亚大学本科与硕士，英国伦敦大学博士，夏威夷大学哲学教授。郝大维已经去世，生前是美国耶鲁大学博士，得克萨斯大学哲学教授，为安乐哲多年搭档，经常合作研究。他们的共同兴趣是美国哲学及中西比较哲学。他们长期任教于夏威夷大学，发表和出版了许多有影响的论文和专著。安乐哲与郝大维认为，中国哲学与西方哲学代表了两种文化系统，每种系统有自己的基本语法与词汇，如同两种不同的语言。两种哲学系统有同有异，与同相比，异是更基本的、同时也是更值得关注的方面。他们将自己的方法概括为“比较哲学”，而将学术界与报刊上常见的比较研究称做“跨文化比较”。两者既有联系，也有区别。主要的区别在于，“跨文化比较”对于我们理解其他文化的能力持有乐观的态度，它先行假定，跨文化的理解是可能的。而比较哲学则认为，我们的确想理解另外一种文化，但在没有能够理解以前，先不要假定我们具有理解的能

---

① 田辰山：《儒学与“个体认同”》，中国青岛“国际儒学研讨会”论文，2002年8月14日。

力。借用阐释学的语言讲，“跨文化比较”假定，理解其他文化是自然而然的事情。而“比较哲学”则假定，在跨文化的交流之中，误解是随处可见的事情，关键是要弄清楚，什么原因导致了误解？什么原因导致西方人易于误解中国的哲学？安乐哲与郝大维有一个非常简明的回答：中国哲学与西方哲学有两套语法与词汇。当然，这是就哲学领域而发的。不过，很明显，在安乐哲与郝大维心目之中，这一结论可以推广到全部文化领域，只不过全部文化领域过于复杂，无法将其化约为哲学系统中最简明的范畴。①

安乐哲将中西哲学的区别归结为三个范畴：自我、真理、超越。中国哲学在这三个范畴上与西方哲学正相反对。弄清楚中西哲学在这三个关键范畴上的差别，可以比较方便地了解其他的差别。

安乐哲以夏威夷大学为基地，培养了不少学生。江文思正在从事孟子研究，试图对孟子文本进行深度解析，用美国的实用主义传统来沟通孟子思想。

诠释学派的形成，是多元思想融合的结果。其共同特点，是受到西方哲学，特别是其理性分析方法的影响，把现象学、逻辑经验论、语言分析、过程哲学、实用主义，以及社会批判理论等熔于一炉，创造出以生命本体为依归的价值的知识论为中心的中国哲学，从而使中国哲学的抽象性增加了，在世界上的地位提高了。这是诠释学派对儒学的杰出贡献。

波士顿儒学与夏威夷儒学以非常开放的心态，使用了有广泛意义的综合方法，把现代西方最流行的过程哲学、分析哲学、解释学、现象学、存在主义、结构主义等各种哲学与中国哲学融为一体，建构起一套对话派的新儒学和诠释派的新儒学，丰富了儒学思想的内容。他们力求使中国传统哲学现代化，达到东方与西方的融合、人文精神与科技精神的共存、价值理性与工具理性的平衡，以求满足中国发展科学民主的现代化需要，又能解救西方现代化以后遇到的人文价值失落的危机这样的双重目的。他们的努力正在把儒学进一步推向世界，对儒学参与世界一体化会起到重要的参考作用。儒学要真正现代化，就必须真正世界化。波士顿儒学与夏威夷儒学为我们开了一个很好的头。

---

① 程钢：《西方学者的先秦思想史研究》，《周秦汉唐文化研究》第1辑。

第四章　当代东方国家和地区的儒学

第一节　儒学的时代课题和现代命运

儒学从其产生的那一天起，就不断面临着时代课题，正如蔡仁厚所说："儒家'时中'之义，正要随时变应；故儒家之学，亦永远有时代之问题必须面对，是即所谓'时代性'之考量，或'现代化'之因应。"①

各时代的儒学大师们不断根据时代发展的需要，调整着儒学的内容，所以在中国，就有所谓儒学三期发展问题，国际社会中也有当代新儒学与中国内地及港台的第三期儒学相呼应，由此而引发了对儒学的现代命运的关注。儒学的现代化，正说明现代人与儒学之间的动态的关系。

儒学的三期发展，是指先秦儒学，宋明新儒学和现代新儒学为三个重要的发展阶段而言的。先秦以孔子、孟子和荀子为代表的儒学，是儒学发展的初期阶段，可称为原始儒学。宋明时期经过程（颢、颐）朱（熹）派和陆（九渊）王（守仁）派诸大师的努力，通过援佛入儒，对儒学进行了改造和重建，使儒学富于哲理，这是第二期的发展，称为新儒学，以别于先秦的原始儒学。20 世纪 20 年代至今，在中国又出现了一股现代新儒学思潮，这股思潮以接续儒家道统、复兴儒学为己任，以服膺宋明理学为主要特征，力图以儒家学说为主体、为本位，来吸纳、融合、会通西学，以寻求中国现代化道路②。

大体说来，现代新儒家有如下特点：（1）以儒家为中国文化的正统

---

① 谢仲明：《儒学与现代世界·蔡仁厚序》，台湾学生书局 1986 年，第 1 页。

② 参见方克立：《关于现代新儒学研究的几个问题》，《现代新儒学研究论集》（一），中国社会科学出版社 1989 年，第 2 页。

和主干，在儒家传统里又特重其心性之学；（2）以中国历史文化为一精神实体，历史文化之流程即此精神实体之实现；（3）肯定道统，以道统为立国之本，文化创造之源；（4）强调对历史文化的了解应有敬意和同情；（5）富根源感，因此强调中国文化的独创性或一本性；（6）有很深的文化危机意识，但认为危机的造成主要在国人丧失自信；（7）富宗教情绪，对复兴中国文化有使命感①。

当代新儒学不仅在中国有着广泛的市场和影响，而且还波及海外，在东方各国掀起了儒学复兴运动或文化再生运动。美国加利福尼亚大学教授吴森肯定："当代儒家思想可能是大陆中国之外最有影响和传播最广的思潮，除了它拥有众多的倡导者拥护者外，它还通过台湾的教育制度，以及在某种范围内，通过香港一些学校的课程设置，保持着它显赫的声望和很高的地位。"② 当然，东方各个国家和地区的现代儒学并不等同于中国的现代新儒学，但是，他们也有一个共同点，即以归宗儒学为己任，创造性地重建传统。在日本、韩国和新加坡等国家的现代新儒学声明，保持儒家传统作为一种安定社会的力量，对于维系整个社会的敬业乐群精神，对于创造一个稳定的投资环境以促进社会经济的发展，会有极大的重要性③。

事实上，东亚地区经济的蓬勃发展，不仅对国际经济形势造成影响，而且也使人们注意到文化价值和经济发展的关联问题。不仅在日本的经济伦理中儒家思想占有不小的分量，而且所谓亚洲"四小龙"（中国的台湾和香港地区以及韩国、新加坡）也都是在儒家传统文明的影响之内④。于是在对日本和"四小龙"的经济发展成功的原因分析上，与"制度论派"（即强调社会经济制度的突出作用）分庭抗礼的另一派"文化论派"，更为强调制度与政策只有在特定的文化环境中才能发挥有效的作用。这样，经济奇迹的文化解释也就自然形成。

20 世纪 90 年代，正当人们对东亚奇迹进行文化解释时，亚洲金融风暴发生了。于是又有人从反面提出一种论点，认为亚洲金融危机是儒学导

① 参见韦政通：《当代新儒家的心态》，《评新儒家》，上海人民出版社 1989 年，第 165 页。

② 吴森：《中国大陆之外的中国哲学》，《中国哲学史研究》1986 年第 2 期。

③ 参见郑彝元：《儒家思想导论》，泰国曼谷时中出版社 1984 年，第 2 页。

④ 参见杜念中、杨君实：《儒家伦理与经济发展》，台湾允晨文化实业股份有限公司 1988 年，第 227 页。

致的结果，传统价值观正是亚洲金融危机出现的根源。

如何评价和裁定这两种针锋相对的观点呢？

应该承认，亚洲传统文化在现代化过程中所起的作用是复杂的，既不能简单地肯定，也不能简单地否定。传统文化本身有精华和糟粕两部分，因而使其在现代化过程中所起的作用具有两重性。

以日本近代化为例，可以对此形成清醒的认识。日本在19世纪明治维新以前，在古代漫长的岁月中，一直把以儒学为主体的中国传统文化作为道德标准、价值尺度和行为趋向等而加以吸收①。但在明治维新时，这种传统受到维新思想家福泽谕吉的猛烈攻击，他举起了“脱亚入欧”论的旗帜，对中国传统文化进行了否定。他认为中国和朝鲜，“此二国者，不知改进之道，其恋古风旧俗，千百年无异。在此文明日进之活舞台上，论教育则曰儒教主义，论教旨则曰仁义礼智，由一至于十，仅以虚饰为其事。其于实际，则不惟无视真理原则，且极不廉耻，傲然而不自省”。他断言“在今文明东进之风潮中，此非维护独立之道。若不思改革，于今不出数年，必亡其国，其国土必世界文明诸国分割无疑”②。福泽谕吉指责儒学制造精神奴隶，“在后世愈传愈坏；逐渐降低了人的智力，恶人和愚者愈来愈多，一代一代相传到末世的今天，简直要变成禽兽的世界”③。一时间，一大批日本著名思想家群起响应，都来否定儒家的传统。西周指斥儒学的道德主义为“桎梏性情而求人道于穷苦贫寒之中”；津田真道指斥“五行性理、良知良能”等为“高谈空洞理论”的“虚学”；中江兆民认为日本沿袭儒学的人物，“都是狡猾的标本、厚颜无耻的小人的典型”，“他们浮躁和轻薄的重大病根”④，就在于儒学。可是，就在这些激进的思想家对儒学传统大加挞伐之时，早年曾参加过尊王攘夷运动的涩泽荣一爵士，却静悄悄地将儒家伦理运用到企业管理之中，用《论语》加算盘的道德经济合一论模式，使企业取得了巨大的成功，从而使自己成为名副其实的日本“近代工业之父”。时至今日，由于日本的经济开发和投

① 参见严绍璗：《20世纪日本人的中国观》，《岱宗学刊》1999年第2期。

② 福泽谕吉：《脱亚论》，日本《时事新报》1885年3月6日。转引自严绍璗：《20世纪日本人的中国观》，《岱宗学刊》1999年第2期。

③ 转引自严绍璗：《20世纪日本人的中国观》，《岱宗学刊》1999年第2期。

④ 同上。

资重点已转向亚洲，所以，明治维新开始的“脱亚入欧”论又受到“脱欧（美）入亚”论的挑战。

这样看来，就日本而论，儒学在近代化过程中所起的作用确实是复杂的，不能一概而论。

在新加坡的现代化过程中，儒学所起的作用同样是复杂的。新加坡自20世纪70年代以来所推行的政策，是以多元文化的共存这一思想为基础的。新加坡立国的原则是中、西文化与现代化的结合，提倡多元道德，在中学开展的宗教伦理运动，包括基督教、伊斯兰教、佛教和儒教等伦理，因为新加坡人相信：宗教也许是栽培忠实和正直国民的最佳和最可靠的途径。在这种伦理运动中，儒教伦理的推行只是其中的一种，而不是全部。新加坡一直重视亚洲人自己的价值观，这是事实，但新加坡同时也强调吸收西方和其他民族的优秀文化。新加坡的国家意识是保持多元种族、多元宗教间的容忍和节制，以协商而不是争议的方式解决问题，把社会需要置于个人利益之上，将家庭作为社会的核心单位①。作为一种服从权威的思想，教条式地推行儒教必然导致新加坡缺乏民主，起源于2500年前的儒家思想，是为中国的农业社会服务的，因此，如果把整套思想原封不动地照搬到今天资讯发达的工业社会，是绝对行不通的。儒学的价值在于实现社会安定，儒学提倡的孝道和容忍，是现代社会仍然需要的。不管科技发展到什么阶段，如果孩子不再尊敬长辈，漠视家庭的神圣性，那整个社会将岌岌可危，面临瓦解②。所以新加坡对儒学的态度是对儒学加以现代化改造，使之为现代社会服务，而不是去复兴儒学。儒学要随着时代的需要进行调整和更新③。

第二节　儒学与现代日本社会

从日本进入儒学文化圈，一直到19世纪上半叶，儒学基本上是日本占统治地位的思想，正像美国著名史学家赖肖尔所说：“日本人几乎完全

---

① 参见宋宁娜：《新加坡的多元文化与教育》，《苏州大学学报》1999年第3期。

② 同上。

③ 同上。

像中国人或朝鲜人那样，成了彻头彻尾的孔教徒。”[①] 到明治维新以后，日本受到西方资本主义文明的挑战，儒家学说受到激烈的批判，儒学作为一种思想体系在日本渐失其至高无上的地位。在实现了现代化的今天，日本人接受了不少西方的民主思想、价值观念、伦理道德原则和生活方式，不会再是19世纪以前那种意义上的孔教徒了。但就是在今天，也并不能说儒学在现代日本的社会生活中已经完全失去了影响。事实上，儒学的伦理观和价值观也还是日本人道德规范和民族心理的重要内容，儒学的影响仍然渗透于日本的精神领域之中，所以赖肖尔说：“当代的日本人，显然已经不再是德川时代他们祖先那种意义上的‘孔孟之徒’了，但是，他们身上仍然渗透着儒教的价值观和伦理观。儒教或许比任何其他传统哲学或宗教对他们的影响都大。”“今天，公开承认自己是‘孔孟之徒’的人几乎没有，但在某种意义上来说，几乎一亿日本人都是‘孔孟之徒’。”[②] 日本森嶋通夫在其名著《日本为什么成功》一书中把日本的成就归功于西方科技和日本精神，日本精神主要就是指日本的儒家思想。中国著名学者钱穆也同意上面的说法，认为维系日本民族的中心精神也还是中国的儒教，也还是孔子与《论语》[③]。

儒学在现代日本的影响，主要表现在以下两个方面：

1. 儒学研究队伍阵容庞大。

儒学在今天的日本，仍然是众多学者进行学术研究的主要对象，是思想史学术著作所讨论的重要内容。战后的日本有数以千计的儒学研究者，出版的著作更是汗牛充栋，其中主要的有：岛田虔次的《近代思维在中国的挫折》、《朱子学与阳明学》、《王阳明集》；户川芳郎和沟口雄三等合著的《儒教史》；三浦国雄的《朱子》；山田庆儿的《朱子的自然学》；柳田圣三的《佛教和朱子的周围》；小南一郎的《朱熹〈楚辞〉集注本——朱熹的文学论》；上山春平的《朱子的人性论与礼论》；志贺一郎的《湛甘泉的研究》；安冈正笃的《阳明学十讲》；楠本正继的《宋元时代儒学思想的研究》；冈田武彦的《王阳明与明末的儒学》、《近世后期儒

---

① 赖肖尔：《日本人》，上海译文出版社1980年，第231、233页。

② 同上。

③ 参见钱穆：《世界局势与中国文化》，台湾东大图书有限公司1979年，第215页。

家集》、《阳明学大系》、《朱子学大系》；宇野哲人的《中国近世儒学史》、《阳明学入门》；荒木见悟的《佛教与儒教》、《日本的阳明学》；金谷治的《论语的世界》；友枝龙太郎的《朱子思想的形成》；武内义雄的《论语》；宇野精一的《儒学概论》、《儒家思想》等。这些学者有的毕生研究儒学，如宇野哲人被誉为日本鸿儒，从事儒学研究六十余年。近年来，更有不少日本学者结合儒学与现代化的关系问题进行探讨，提出了不少有影响的观点。

高桥进在《从现代伦理学看〈论语〉道德论的构造》中提出，从现代世界史状况来看，在西洋确立和发展起来的“个”的理论乃至基于“个人主义”的世界观、社会观、伦理观已行之不通。而东洋思考方式、伦理观，对面临21世纪的人类来说可发挥领导作用的时代业已到来。而对人类21世纪有重要意义的乃是孔子学说的真髓，即“使言行一致，集心之意识于一点而尽忠信之诚（实），然后转向义，由礼而品节自、他，以此致和于人伦，努力于忠恕之实践，到达仁”①。

人称现代大儒的冈田武彦也把儒学思想同克服现代人因科技进步产生的忧虑结合起来，认为儒学的万物一体论基于人我共存的人道主义的立场，对不同的思想、文化和宗教采取兼容并包的态度，是一种宽容的、具有普遍性的思想，儒学的实学论、全体大用论、知藏说、静坐体认论、居敬涵养论等，也都足以帮助免去现代社会的弊端，从而肯定儒学必定能在今后世界的思想界扬眉吐气②。

金谷治也肯定，关于孔子与孔子之后发展出来的儒学，光是它历史的重要性，就值得我们进一步研究，而且透过现代的科学批判与评价，儒学的继承问题也相当重要③。

在日本，还相继成立了不少儒学研究机构，主要的有：斯文会、大东文化大学东洋文化研究所、东洋文化振兴会讲座、中国文史哲研究会、无穷会东洋文化研究所、东方文化学院、东方文化研究所、东方学会、日本中国学会、怀德堂讲座等。这些研究机构主要从事对儒经的翻译、注释，

---

① 见《儒学国际学术讨论会论文集》，齐鲁书社1989年，第632页。

② 参见《儒学国际学术讨论会论文集》，齐鲁书社1989年，第40—41页。

③ 参见《关于孔子研究》，《孔子研究》1989年第3期。

专题专人研究，中日朝儒学关系研究，儒学通史或断代史研究，也有组织编写丛书或大系的①。对于有些研究机构的活动，日本政府还从财政上给予支持和资助。

日本学者对儒学的研究不仅丰富和发展了儒学的内容，构成儒学史上的当代儒学这一环，而且由于这些学者的努力，使儒学在群众中也得到流传，渗透到社会生活的各个领域。

2. 儒学在社会生活各领域的渗透。

儒学在当代日本社会生活各领域的渗透是多方面的，这里仅从政治、经济和家庭三个方面进行粗线条的概括。

其一，对政治运营的渗透。在日本，有不少当代政治家在制定政策、设计政治运营方针时，常以儒学的思想为指导。这是因为，日本社会自进入后工业化社会以来，其突出问题在于物质文明高度发展，精神文明相对贫乏。因此，前首相中曾根康弘在对战后政治进行总决算的基础上，就曾把“建成拥有强大文化和充实福利的国家日本”作为自己的政治目标之一②。为此，他主张“日本要把民主主义、自由主义的想法和孔子的教导调和起来”③。还强调，为了协调民族主义和国际主义，日本的政治领导者必须把日本引上“中庸”的安全的航道④。另一前首相竹下登也强调要追求精神的充实⑤。

一些日本学者也承认儒学对现代日本的重要作用。森嶋通夫就肯定日本民族精神在当代所起的重大作用，而日本民族精神即“和魂”。另一日本学者源了圆认为“和魂”中就包含着儒家的东西⑥。鉴于儒学在当代日本所起的重要作用，海外不少学者都把当今的日本概括为“儒教文化时代”⑦、“儒家资本主义”、“新儒教国家”⑧。这些提法是否准确另当别论，

① 参见杨焕英：《孔子思想在国外的传播和影响》，教育科学出版社 1987 年，第 137 页。

② 王守华、卞崇道：《日本哲学史教程》，山东大学出版社 1989 年，第 520 页。

③ 杨焕英：《孔子思想在国外的传播和影响》，教育科学出版社 1987 年，第 140 页。

④ 参见王家骅：《儒家思想与日本文化》，浙江人民出版社 1990 年，第 420 页。

⑤ 参见日本《产经新闻》1987 年 11 月 18 日。

⑥ 参见《关于日本的“实学”》，《哲学译丛》1988 年第 3 期。

⑦ 中坞岭雄：《21 世纪中日韩领先世界》，台湾渤海堂文化事业有限公司 1986 年，第 160 页。

⑧ 王家骅：《儒家思想与日本文化》，浙江人民出版社 1990 年，第 411 页。

而儒家思想在当今日本政治中所起的作用却是不可忽视的。

其二，对企业精神的渗透。儒家思想对当代企业的渗透表现在两方面，一是对企业指导思想的渗透；二是对企业经营管理的渗透。

日本企业家很多人善于从中国儒家经典中寻求智慧，尤其对《论语》更倍加推崇。有不少企业家把《论语》作为日本工商企业的“圣经”，他们特别欣赏《论语》中的“其身正，不令而行；其身不正，虽令不从”（《子路》），“放于利而行，多怨”（《里仁》），“和为贵”（《学而》）。他们把这些古训作为企业经营管理的根本方针，如立石电机公司的创立者立石一真以“和为贵”为公司的指导方针[①]，旨在协调企业内部的关系，以谋求建立牢固的劳资关系，齐心协力对付对外的竞争。日立企业集团创始人小平浪平也以“和”、“诚”、“言行一致”为自己的根本指导方针。电力公司董事长平岩外四则特别推重“放于利而行，多怨”，说：“如果企业只是追求利润，总有一天会遭到民众的报复。”[②] 当代日本企业家们最喜欢读的一本热门书叫作《论语加算盘》，著者为日本近代资本主义创业者涩泽荣一（1840—1931）。该书提倡的理论是道德经济合一论，对《论语·里仁》中的“富与贵，是人之所欲也，不以其道得之，不处也”进行了再解释，认为富贵是人之所欲，但取得富贵的手段应合乎“道”即“公利公益”，也就是国家利益，这样就把道德与经济、义与利、士魂和商才以国家利益为媒介统一起来。

在日本企业经营管理中，“日本式经营”是其主要方式。日本式经营以“三种神器”为核心，以家族式企业公司命运共同体为基本模式，贯穿着儒家思想对日本企业的浓厚影响。

三神器之一终身雇佣制是日本企业普遍实行的一种雇佣制，最高经营者是雇主、家长，一般雇员则被视为公司大家庭中的成员。实行终身雇佣制，使雇员把自己的前途与企业、公司的前途紧紧地联系在一起，雇员也容易产生参与意识和认同感，乐于为公司的利益和荣誉作出贡献，从而使雇员与雇主构成了一个命运共同体。在这个共同体中，职工的忠诚心或爱社心被看作至高无上。

---

① 参见于时化：《现代日本社会与儒学》，《哲学社会科学动态》1990 年第 1 期。

② 王家骅：《儒家思想与日本文化》，浙江人民出版社 1990 年，第 421 页。

三神器之二年功序列制是日本企业实行的工资制度，雇主根据雇员的资历决定其工资级别，这样就避免了公司内部激烈的经济竞争、维护了雇员与雇员之间的和谐。终身雇佣制和年功序列制被认为是儒家“礼”的思想的体现，年功序列制还被认为是儒家“和为贵”思想的体现。

三神器之三集团主义也称为团体精神主义、团体归属主义、忠诚团体意识等，是企业的经营思想。这种主义提倡，个人应属于某一团体，团体成员由一种共同命运和共同利益联系在一起，团体要给予其成员归属感和安全感，而同时要求其成员对所属团体具有忠诚和献身精神①。在团体内部，成员间的关系与家族成员间的关系类似，他们休戚相关，患难与共，相互信赖、相互依靠，成员个人能从这种关系中得到相当的满足。这种集团主义与儒家以家族为中心的伦理精神有一脉相通之处。

三神器为日本经济的发展作出了很大贡献。儒家思想与资本主义经营管理相结合，成为一种重要的思想武器。尤其是在资本家与工人的对立之中，儒家思想以其温情主义色彩为双方普遍接受，容易造成一种和谐气氛②。因此，美国《大英百科全书》副主编弗兰克·吉伯尼在其著作《设计的奇迹》中，主张日本经济成功的因素，是许多世纪以来按日本方式改造过的中国儒家传统与美国经济民主主义的互相结合，强调和谐的人际关系所致③。这一观点已受到东西方学术界的普遍重视。

其三，对家庭道德的渗透。第二次世界大战后，日本的家庭观念作为封建思想已被否定，新制定的民法取消了户主权，家庭财产继承也由长子单独继承改为诸子平均继承，但孝的观念却仍在现代日本人的思想意识中发挥着作用。在一般的家庭中，父亲依然是一家之主，掌握家庭支配权，子女在重大事务上必须遵从家长的意志。对遗产的继承，实际上也很少实行诸子均分制，而是依照家长意志分给家的继承人，而继承人承担扶养老人的义务。这样的继承被半数的日本人所接受，说明“孝”道对日本人影响的程度之深。

在男女地位方面，战后虽然批判了男尊女卑和提倡男女平等，但至今

① 参见王家骅：《儒家思想与日本文化》，浙江人民出版社 1990 年，第 421 页。

② 参见方延明：《儒家的传统思想与日本的经济发展》，上海《社会科学》1985 年第 2 期。

③ 参见《日本经济发展的文化渊源》，《人民日报》1986 年 1 月 16 日。

也并未实行过男女平等。女子幼从父、嫁从夫、老从子的儒家训诫，仍在现代日本发挥着作用。在夫妻关系方面，妻子接受丈夫处于主导地位的思想，丈夫则希望妻子是贤妻良母型的。“男主外，女主内”的性别分工仍在当代继续存在。在性道德方面，男人在婚后仍有性交往的自由，而对有夫之妇的贞节要求，则比丈夫要严格得多，甚至一般的社交来往都要受到严格的限制①。

总之，在当代的日本，在社会生活的各个方面仍然浸透着儒家精神，以至有人说儒家思想仍然是现代日本精神生活与社会生活的“脊梁骨”②。还有人提出，要以儒学为基础，创造出主宰未来世界文化的东方文化。看来，儒学的影响在日本还将继续存在下去。

第三节　新加坡的现代儒家伦理运动

新加坡自20世纪80年代初由政府自上而下地推行儒家伦理运动，这一运动并不是出自偶然的一时冲动，而是有着深刻的社会历史背景，是儒家思想在新加坡长期传播的结果。

新加坡是一个年轻国家，华人占大多数，华族文化也是占主导地位的文化。初去新加坡的华人，多为谋生而去，属于穷苦下层。他们虽然没有很深的儒学理论教养，但他们的思想文化和习俗却充满着浓厚的儒家精神。一方面，他们自己具有刻苦耐劳、勤俭朴素、尊老敬贤的优秀品质；另一方面，他们又身体力行儒家所提倡的仁义礼智、忠信勤俭、勇恕正直、慎终追远等美德，由此而使儒家学说在新加坡开国之初就有广泛的市场。新加坡在现代化过程中，面对传统道德被冲淡的现实，政府倡导开展了以推广儒家伦理为主的文化再生运动。这一运动在于挖掘儒家伦理所注重的社会价值和道德价值。儒家的社会价值强调个人对于家庭、社会、国家以至天下，都应尽到自己的责任和义务。儒家的道德价值观主张人的言论和行为，都应当无一例外地受道德规范的制约。人的道德价值是以“孝亲”为基础的，以家庭为本位的。对父母孝，对国家忠，孝亲与爱国

---

① 参见王家骅：《儒家思想与日本文化》，浙江人民出版社1990年，第418页。

② 参见于时化：《现代日本社会与儒学》，《哲学社会科学动态》1990年第1期。

联成一体，儒家道德价值系统中的核心因素得到充分发挥。儒家思想中重视家庭结构、人际关系、群体利益，强调政府有责任为人民谋求福利等思想，都被当作共同价值观而加以发扬光大。各大专院校、学术团体也配合政府，时常举办有关儒家思想的学术讨论会、座谈会、讲习班，扩大了儒家思想的影响。儒学中以修养德性为中心的传统价值观对促进新加坡的社会整合，弱化工业社会功能特定的人际关系、工具理性、极端个人主义以及色情犯罪等社会问题，都起了积极作用。儒学在新加坡的正面影响被充分肯定，吴作栋 1994 年在法国记者会上公开宣布：新加坡的立国成就归功于中国的儒家思想，选贤与能，圣哲治国，推行社会和谐、和平、统一所致。

一　新加坡的儒学研究机构

新加坡自 20 世纪 30 年代开始，相继成立了几个研究或弘扬儒学的机构，主要有南洋孔教会、新加坡儒学联合会、新加坡儒学研究会、孔孟圣道院等。

南洋孔教会最初成立于 1930 年，是响应北京孔教总会而成立的。在陈焕章的倡导下，1913 年在北京成立北京孔教总会。陈焕章在美国哥伦比亚大学以《孔子理财学》而获得博士学位后回国，鉴于国体之更变，担心固有之孔子思想、道德观念、文化精华，有朝一日会被淘汰，便向国民政府参议院提出成立孔教会的倡议，倡议被批准，设总会于北京，各省县市及海外华侨聚居地成立分会，南洋各地也纷纷成立分会。1918 年，新加坡由中华总商会发起，联合各界成立孔教会。因当时新加坡是英国海峡殖民地政府的重要根据地，定名为“实得力”（Strait）孔教会。新加坡孔教会初成立之时，因主要负责人相继去世，会务几近停顿。直到 1949 年，得以重振会务，并更名为南洋孔教会。该会的主要活动是在孔子圣诞时举行祭祀仪式及庆祝活动，另外，也多次举办孔子思想征文比赛、讲座，出版儒家思想书籍，举办文物展览等活动。近年来，该会会员逐渐减少，已不足 100 人，且会员的年事已高，不再经常举办活动，早年举办的征文比赛，已经停办多年。最近几年的主要活动有：1988 年，在孔圣诞时举行庆祝会、现场书法比赛，出版《孔圣诞生 2545 周年暨南洋孔教会成立 80 周年纪念双庆特刊》。1999 年 7 月，主办儒学讲座，由新加坡国立大学教授苏新鋈博士主讲。1999 年、2000 年两年连续举行孔圣诞庆祝会。

孔孟圣道院成立于 1979 年，成立该院的宗旨是将孔孟有关真理的教育化为济世救人的真学问，而不是仅把孔孟的思想作为理论文章空谈。该院以实践孔孟之道为己任。成立之初仅有成员 50 名，现已发展为 700 多名。1999—2000 年举办的主要活动有：为发扬儒家精神开办研究班，主要是开设《论语》、《孝经》研究班，《论语》班每星期两次，《孝经》班每星期一次，每次上课人数在 30 人左右；定期探访老人院，每月组织有关人员探访老人院一次，在老人院提供打扫卫生等服务，在每年年终，为老人院赠送红包礼物，并为老人表演节目；每年在孔子圣诞时举行庆祝活动，并举行文艺表演。该院设主席一人，由辛明春担任，总务一人，由郑钟山担任。

新加坡儒学研究会是 1984 年成立的。成员多是文教界人士，其中大多数是教师。研究会成员过去曾多次与新加坡国立大学东亚哲学研究所、新社、南洋学会、国立大学中文系等单位组织联办儒学讲座，出版儒学丛书 2 部；出版不定期刊物《儒学与你》3 期，《儒家学报》1 期。现将《儒家学报》易名为《儒家文化》，于 2001 年上半年出版。目前，该会有会员 50 多名，会长为何炳彪，副会长为林宝环女士（陈荣照夫人），秘书为何子煌。

新加坡儒学联合会是 2000 年新成立的学术团体。1999 年在中国北京成立了国际儒学联合会，新加坡派员参加了成立大会，与会人员回国后，为了更有效地加强儒学研究及推广儒家思想，决定酝酿成立新加坡儒学联合会。2000 年 10 月，获政府批准注册。2000 年 11 月 2 日，在新加坡总理公署由卫生部政务次长曾士生主持，举行了成立暨庆祝大会。大会决定建立该会的常设组织机构，选举唐裕为会长，陈荣照为第一副会长，苏新鋈为第二副会长，聘王赓武、庄右铭、盛碧珠、刘蕙霞、林徐典为顾问，并聘用了秘书、财政、学术、出版、联络等各方面的负责人。该会成立后，以集体会员的身份，申请加入国际儒学联合会。该会在 2001 年 10 月 30 日—11 月 1 日举办一次题为“儒学与新世纪的人类社会”的国际学术研讨会，100 多位学者与会，并计划出版该会会讯、论文集与通俗性读物，以发扬儒家文化。

该会成立以后，已经形成了这样的共识：儒学的研究和推广应该注意其他社会团体和群体的感受。儒学的研究不能与社会现实与需要脱节，不应只限于学者专家们学术研究的内容。必须把抽象的学说发展为具体的项目，才容易为人们所消化与接受，以逐步形成气候。

总理公署兼卫生部政务次长曾士生在新加坡儒学会成立及第一届理事就职典礼上发表谈话说，儒学的研究必须向前看，而不是向后看，是要在社会经济进步的过程中提供伦理道德的框架与强化社会的凝聚，而不是把社会带回到2500年前的孔孟时代。他希望，儒学研究的学者必须谨记新加坡是一个多元种族、多元文化的国家，因此在提出研究成果时应注意其他社群的看法与感受。他认为儒家的价值观与其他社群的传统价值观有很多相似的地方，可以互相借鉴参考，形成新加坡价值观的框架。如果儒学会在提出研究成果时，能加入其他传统、文化与学说的例子，则会大大加深认同，加强共鸣，使研究成果更容易被接受。他也提醒儒学会在灌输儒家思想时，讲究方法，必须能为年轻人所接受，尊重年轻人，使他们感受到能够从中获益。他提到，新加坡儒学会成立的动机，是考虑到年轻人容易受到外来颓废文化的冲击，因而要在科技进步、经济发展的同时向年轻人灌输儒家价值观，以发挥潜移默化的作用，消除新科技带来的不良副作用。不过，必须注意年轻人难免有叛逆的心理，灌输态度与方式不当会引起反感，造成反效果。他建议，新加坡儒学会可以考虑引进能够了解年轻人的老师、辅导员、社会工作者和心理学家等，共同策划灌输儒家价值观的办法。此外，如何抓住通讯技术为灌输儒学所带来的机遇，如何克服阅读古文能力降低的局限，也是新加坡儒学会推广与发扬儒学必须考虑的因素。

新加坡儒学会主席唐裕也强调说，现在全世界追求自由民主、人权和开放，先进的科技与资讯全球化，西方思想随时侵入东方，一些不适合东方社会的行为和观念对人们起着不良的影响，如果不加以判断而全盘接受将会带来不良的后果。在这个大环境下，更需要强调儒学的重要性，以便东西方文化的价值观能在社会上取得平衡，在接受西方的先进科技的同时，不会受其腐蚀。

二　新加坡的民间儒学

在新加坡，由于华人占绝大多数，因此华族文化也是占主导地位的文化。

初去新加坡谋生的华人多属于穷苦下层。1840 年以后一些知识分子也迁入新加坡，因此华人的文化素质有所提高。这些知识分子为了弘扬中华文化，把儒家思想系统地传给下一代，开始兴办学校，教授儒学，教导学生“读孔孟之书，究洛闽之奥，以宏正道，宪章文武”（《兴建崇文阁碑记》），以发扬传播中华文化，形成良好的社会风气，使“斯文蔚起，人人知周孔之道，使荒陬遐域，化为礼仪之邦”（《萃英书院碑文》）。之后又有华文报纸相继创办，这些报纸宣传的一个重要内容，就是依据儒家经典，阐述儒家思想，儒学的中心非常突出。如《论为善莫先于孝悌》、《论为政以顺民为贵》、《诚实乃为人之本》、《崇圣学以广教化论》、《读经尊孔与科学建设》、《如何尊孔》等社论和评论，都明确把宣传儒学作为自己的主要任务。

另外，各种各样以传播儒学为己任的文化会社也纷纷成立，这些会社广泛地传播儒家思想，把儒家的主要范畴仁义、孝悌、忠恕、诚信等进行详细的介绍和广泛的宣传[①]。他们还通过各种形式从《四书》和《五经》中选取一些较有代表性的言论广泛加以阐发和宣传，使儒家思想成为新加坡华人普遍接受的社会意识，从而加深和扩大了儒学的影响。

此后，儒学一直在新加坡民间社会流传，但到第二次世界大战和稍后几年，儒学在新加坡受到一定程度的冲击。到 1955 年，华人又成立了南洋大学，并成立了九人华人教育委员会，采取积极步骤以鼓励中华文化和儒家思想。

新加坡 1970 年末跻身“新兴工业国”。由于现代化的迅猛发展，社会在急速变迁，尤其是由于都市化和工业化两大过程的冲击，使许多传统的社会组织和社会思想受到威胁和挑战，甚至受到无情的扬弃。具体说，都市化由于生活步调紧张，人际关系趋于片面而冷淡，工业化则削弱了家庭的经济生产功能，提高了个人的独立性，妇女和青年就业机会增多，经济地位提高，造成家庭社会组织结构的变化，使之趋于松散。工业化还使社会组织和社会价值观蜕变，导致理性化、机械化及极端个人主义，人们普遍趋向功利。由此，一般人都太重视金钱和地位，注重物质享受，而一

① 艾菲：《儒家伦理与新加坡社会》，《南京大学学报》1987 年第 1 期。

些传统的东西如勤俭朴素、刻苦耐劳、尊老敬贤的道德价值观念都被冲淡，人们常兴世风不古之叹，因此，当时的总理李光耀便提醒全社会说："新加坡的生活，并不只靠着更多的旅馆，更多的宴会，越来越多的餐厅，更多的汽车……更多的十三个月薪金——这一切固然是需要的，但是，如果我们在这发展过程中，迷失方向，不能认识自己，把自己和那些不同类的混淆起来……那么以上所说的一切都将是徒然的。"[①] 他的话明确表明了维护传统价值的重要性，揭示了道德危机意识。这不仅是领导人所觉察到的，事实上也是一种潜在的群体意识。于是，一种以推广儒家伦理为主的文化再生运动[②]，便在政府的倡导之下，成为全社会的一次运动。

三　政府推行的儒家伦理运动

1982 年 2 月，新加坡教育当局根据总理的提议，决定在中学德育课中增列"儒家伦理"，并委派有关专家编成《儒家伦理》的课本，作为三四年级学生的德育教科书。

新加坡朝野人士一致认为，儒家伦理在现代社会仍会有积极的作用，其表现为（1）个人方面：儒家注重修己爱人，强调设身处地，讲求自省慎独，使人人做堂堂正正自尊尊人的君子。青年可以把前代坚强不屈、谦和通达、自力更生的精神继承下来，以免走上极端个人主义、物质主义以及颓废消沉的路上去。（2）经济方面：儒家以礼待人，讲信用和尊重别人的原则，能促进人际关系的协调，而且儒家主张上司对下属应宽厚谦和，而下属则应忠于职守，这种上下合作的精神，合乎现代企业管理原则；而且，儒家注重学习、敬业乐群、遵守纪律的精神也有助于良好工作态度的培养。（3）政治方面：儒家所谓"选贤与能"、"天下为公"、"子帅以正，孰敢不正"都可以理解为人民有参政权利，既平等而又有竞争性。为政者必须是正人君子，廉政公平，尽心尽力地为人民利益与社会安定做出贡献。（4）文化方面：政府希望建立一个有文化有修养的高度文

---

① 王永炳：《新加坡的儒家伦理教育》，《孔子研究》1990 年第 1 期。

② 参见郭振羽：《新加坡推广儒家伦理的社会背景和社会条件》，《儒学国际学术讨论会论文集》，齐鲁书社 1989 年，第 1341—1345 页。

明的新加坡社会，而儒家重视精神生活与艺术修养，孔子以六艺授人便是证明，这些对新加坡文化的发展都会有正面的促进作用①。

儒家伦理教育的主要内容是突出介绍孔子、孟子、荀子、朱熹、王守仁等儒家大师的生平、思想特色，分析儒家所强调的五伦关系及主要德目仁、义、礼、智、信、勇等。

儒家伦理教育的主要教学方法，采用了西方心理学家和教育家所使用的价值观念澄清法、心智发展法、道德推理和判断法等②。在使用时，注意配合现代社会需要，从现代关系去解释儒家观念。如对五伦，把“父子”改称为“父母与子女”，“君臣”改称为“国家与人民”，“兄弟”改称为“兄弟姐妹”，五伦的内容也作了适当调整，强调男女平等，表示男性为中心的社会已一去不返，夫妻双方应互敬互爱，互相容忍，对五伦的其他关系也强调相互间的正确关系，而不是强调单方面关系。

儒家伦理教育的目标主要是：（1）培养学生具有儒家伦理的价值观念，成为有理想有道德修养的人。（2）使学生认识华族固有的道德观念和文化，认识自己的根源。（3）培养学生积极的正确的人生观，使学生将来能过有意义的生活。（4）帮助学生确立良好的人际关系③。

儒家伦理教育的效果是十分明显的，儒家以修养德性为中心的传统价值观对促进新加坡的社会整合，弱化工业社会“功能特定的人际关系”、工具理性、极端个人主义以及色情犯罪等社会问题都起了积极作用。由于系统进行传统文化教育，使学生一般都具有社会使命感、同胞感情与国家观念，对西方文化持独立态度，而且鄙薄西方的物质主义的价值观。

在推行儒家伦理教育的同时，政府还大张旗鼓地开展儒家思想的宣传和研究工作。政府以重金聘请了海外著名新儒家学者如杜维明、余英时、伍振鹭、吴元黎、熊玠、唐德刚、许倬云、陈真爱等人，他们在新加坡报纸上发表有关推广儒家课程的书面报告，并多次访问新加坡，发表个人意见，或作专题讲演，参加座谈会、讨论会，他们的来访成为维持并推动儒

① 参见王永炳：《新加坡的儒家伦理教育》，《孔子研究》1990年第1期。

② 同上。

③ 参见刘蕙霞：《怎样编写与教导“儒家伦理”》，《儒学国际学术讨论会论文集》，齐鲁书社1989年，第1362—1363页。

家伦理运动的主要动力之一，掀起了“对儒家探讨前所未有的热潮”[①]。新加坡还专门成立了东亚哲学研究所，推动了儒学研究的深入发展，并将新加坡的儒学研究与国际儒学研究网联系起来。后来，又成立了儒学研究会，成员多是教导儒家伦理课程的教师。其他团体如亚洲研究会等也参与推动华文教育和华族文化。

“新加坡儒家伦理的推行，是东亚儒学复兴的先声吗？能否成为儒学第三期发展的一部分？”[②] 这是新加坡提供给我们思考的一个问题，值得关心儒学发展的人重视和探讨。

第四节　儒学在韩国和其他东南亚国家

早在朝鲜高句丽、百济、新罗三国初建时期（公元一二世纪），中国秦汉时期的儒学就大量传进朝鲜地区。三国时期，儒家学者都重视孝的思想，主张孝是一切行动的根本准则，以孝的精神事君就是忠。三国都认为儒学可以成为维护统治秩序、加强王权的思想武器，因此采取措施推广儒学，设置专门机关推广儒学。从三国到高丽朝，儒学得到传播，出现了一些有影响的儒学家，但儒学还没有成为统治思想。高丽末年，中国宋代理学传入。李朝时儒学地位上升，成为国学、国教。16 世纪中叶，韩国儒学进入成熟期一由过去的移植、接受转入创造，出现了李退溪等大儒。18—19 世纪，儒学受到一定程度的冲击，但儒学的影响一直存在。直到今天，儒家礼教在韩国的伦理道德观念中仍然在起作用。

一　儒学在当代韩国

在儒学研究方面，成均馆大学、汉城大学、釜山大学、庆熙大学、高丽大学、岭南大学、东亚大学、翰林大学、庆尚大学、中央大学等学校及退溪研究院，有数量不少的研究者在从事中国儒学、日本儒学和朝鲜儒学

① 《南洋商报》社论，1982 年 9 月 10 日。

② 参见刘蕙霞：《怎样编写与教导“儒家伦理”》，《儒学国际学术讨论会论文集》，齐鲁书社 1989 年，第 1362—1363 页。

的研究。不少学者都肯定儒学在韩国所起的重要作用，如釜山大学日本研究所所长金日坤，著有《儒教文化圈的秩序和经济》一书，肯定儒学在日本和韩国“是最具优势的传统文化，至今仍作为重要的秩序原理而生存”，认为“儒教国家经济发展的成功，是由于儒教伦理具有与其经济发展的适应性”①。他提出，仍在发挥作用的儒教伦理秩序表现为政府主导型的经济发展方式，将作为机能共同体的企业视为命运共同体的认识和重视教育，并认为韩国人受儒家思想影响而形成的伦理观念如勤奋、诚实、节俭、相助相生等发挥了类似古典学派所说的新教资本主义精神的作用②。韩国一位元老汉学家郑太铉说，朝鲜历史“属中国文化范围之内，因而应把汉文作为学问的一个领域加以发展”，力主“今后应加强汉文教育，把这项工作作为国家性的工作”③。出于这一目的，《新东亚》杂志编辑部在1980年1月出版了一辑专刊，特聘研究中国文学、东方哲学和东方史学的大学教授、文化界知名人士组成编委，对中国古代作品100部进行了概略介绍，儒学包括《易经》、《书经》、《论语》、《春秋繁露》、《近思录》、《传习录》等多部。该杂志的专刊前言肯定中国古籍“曾经给我们的文化如此广泛而深刻的影响，使许多人都很想了解它们”④。学者们指出，在当今社会，更应该加强儒家伦理教育，如韩林书堂教师金一东就说：“青少年犯罪率以40%的速度年年在增加，正是在这样的时候，更加迫切地感到需要进行汉文教育，因为汉文中蕴含着忠、孝、仁的精神。”⑤

韩国儒学研究的成果分两类：一类是儒学通史的研究；一类是断代史的研究。通史研究以成均馆大学教授柳承国所著《韩国儒学史》为代表，该书将韩国儒学分为：三国时代的儒学、统一新罗时代的儒学、高丽前期的儒学、高丽后期的儒学、朝鲜前期的儒学、朝鲜后期的儒学六个阶段，肯定儒学在韩国民族国家体制的建立与个人、家庭、社会伦理方面，都造成很大的影响⑥。另外，成均馆大学梁大渊的《儒学概论》和汉城大学教

---

① 日本《东亚比较研究》，1988年第2期第2页。

② 参见王家骅：《儒家思想与日本文化》，浙江人民出版社1990年，第413页。

③ 沈默：《韩国学术界讨论中国文化的影响》，《国外社会科学动态》1980年第8期。

④ 同上。

⑤ 同上。

⑥ 参见《韩国儒学史》，台湾商务印书馆1989年，第1页。

授车相辕的《儒家思想史》也很有名。断代史的研究较集中的时期以朝鲜李朝为主，尤其是对李滉的研究最为突出。由退溪学研究院主办或协办的国际退溪学会议自1976年至今已举办过11次，发表论文400余篇。这些学术会议和论文，"不但使退溪学研究累积了不少的业绩，而且更加深了朝鲜理学研究的深度，进一步成为弘扬儒家思想的契机"①。

在社会生活方面，韩国也有很多地方渗透着儒家的影响，儒家礼教在现代韩国伦理道德观念中仍然在起作用。儒家的慎独、反求诸己、克己复礼、勿自欺等德目都被韩国人视为自己的传统美德②。尽管在西方影响下的现代化进程开始以来，韩国人的价值观念和道德标准发生了重大的变化，但他们仍然保持着代代相传的孝顺父母和尊敬老人的风尚。5月8日被确定为韩国的"双亲节"，以提醒人们重温渊源悠久的孝顺父母和尊敬老人的风俗。儒学对韩国人的一般思想和行为状态仍保持巨大影响，鉴于家庭处于传统儒家社会的中心，父子关系很自然地被强调为一切人类关系的核心。子女对父母履行孝顺义务有三重：首先，每个男人有义务养育孩子，传宗接代，以报答他的双亲养育他而经历的千辛万苦；第二大义务是供养并服侍父母，使父母晚年享尽天伦之乐；第三大义务则是必须遵守祭祀祖先的礼仪，孝顺父母不局限于父母健在的日子，而必须坚持一辈子，即使在父母去世之后。按照传统儒家思想，祭祀祖先被认为并非一种宗教活动，而是对已故祖先孝心的延续。韩国人牢记着孝顺的真正含义："倘若'孝'字仅仅意味着供养父母，则狗马均能做到这一点；没有对父母的真心尊敬，就谈不上孝顺。"③ 这都可见儒家思想在韩国影响之深刻。

二　儒学在现代越南和泰国华人社会

越南在第二次世界大战以后，因南北长期分裂，儒学研究并无多大进展，但在越南南方吴庭艳伪政权时期，儒学研究与学习还是相当活跃。在各中学选录古今书籍及圣贤格言进行讲授，在高等院校如顺化大学等则设汉学讲座，以经学为主，词章为辅，培养汉学专门人才。西贡市还成立了

---

① 梁承武：《退溪学研究的未来方向》，《第十一届退溪学国际会议论文》。

② 参见杨焕英：《孔子思想在国外的传播和影响》，教育科学出版社1987年，第34页。

③ 尹世铃：《渊源悠久的孝顺风尚》，《韩国画报》1990年夏秋期。

孔学会、亚洲文化协会、中越文化协会，创办《明新月刊》和出版《明心宝鉴》一类书籍，以弘扬孔孟之道，提倡孔学和保持越南传统文化。另外还出版了陈仲金所撰《儒教》、宝琴所撰《宗儒》等研究著作。出于政治目的，南方伪政权新建和修葺孔庙用以祀孔，经常举行仪式隆重的祭祀活动，并定孔子诞辰日 9 月 28 日为南方教师节，在这天举行各种形式的孔子诞辰纪念大会，以宣扬儒学。

越南北方在第二次世界大战后，由于战事频繁，无暇顾及对儒学的整理和研究工作。北方对孔子基本上是持批判态度，要求展开学术思想斗争，以粉碎包括孔孟哲学在内的“错误观念”①，所以在北方，儒学的影响不如在南方大。

越南统一后，研究儒学的学者渐多。学者们不断与国外学者交流学术观点，参加各种学术会议。在态度上，也大都改变了过去那种虚无主义的倾向，肯定包括儒学在内的传统文化的贡献。如西贡大学教授梁金定就说，儒学不只在中国一直是显学，同时它的发展对东亚每一个国家都有其贡献，所以应为亚洲设一个“道场”，以保存东方文化特性②。

泰国本是以佛教为国教的国家，但在为数众多的华人社会，儒学却占有很重要的地位。20 世纪 80 年代以来，更有一些著名学者呼吁复兴儒学，如郑午楼就热心倡导中华文化，指出：“现代工商社会不争的事实证明：商业与科技，民主与法治，具有促进社会经济繁荣的伟大力量。但同时不争的事实也同样证明：抛弃中华文化传统，随着经济现代化而出现价值观念西方化，国家也会因为丧失维系人心的精神力量而造成严重的社会问题。”提倡“我们必须在投身于一个工商社会以求生存发展的同时，努力保存并发扬华人的道德理性，实践东西文化共同冶于一炉的中庸之道”③。不少学者致力于对儒学的介绍和研究，陈贞煜博士对孔子学说有独到见解，并以泰文翻译《孝经》，他深信“东西文化汇流，信为人类之正途”④。对儒学研究贡献最大的是郑彝元，所著《儒家思想导论》是儒

---

① 参见杨焕英：《孔子思想在国外的传播和影响》，教育科学出版社 1987 年，第 80—82 页。

② 参见刘兆义：《台北举行“国际孔学会议”》，《孔子研究》1988 年第 1 期。

③ 郑彝元：《儒家思想导论》，泰国曼谷时中出版社 1984 年，第 2、3 页。

④ 同上。

学研究领域中不多见的著作，值得中外学者重视。该书以儒家四书五经及其他经典著作为依据，从教育、人性、哲学、道德、伦理、宗教、价值观等不同层面，提要钩玄地论述了儒家人文思想的理论原则与实践价值，尤其对探讨儒家思想与现代化的关系问题着力甚多。郑彝元对儒家经典《易经》有独到见解，他用“日地关系”论解释《易经》，指出“《易经》就是一部以乾坤互相作用为主旨，讲太阳与地球周天运行制约万物变化的书。《周易》就是‘日地关系论’。”① “太阳提供能量使万物得以开始变化，地球接受能量，使一切变化得以完成。这就是《周易》的主旨。乾坤就是昼夜，就是阴阳，就是《周易》，就是日地关系。太阳属阳，阳气随太阳周天运行与四时更替而消长，元、亨、利、贞就是表示阳气的季节变化。”② 这种解释被认为是精辟而独到的，颇受泰国华人学者所推重。作者以儒家的中庸原则立论，又参酌道家，古今互证，东西汇通，体现了孔子学思并重和“一以贯之”的治学精神，把头绪纷繁的儒家思想加以系统化和条理化，对于理解整个儒家思想颇有参考价值。

第五节　印度尼西亚和马来西亚儒学

一　印度尼西亚儒学研究机构

印度尼西亚从1729年起，由华人建立了明诚书院，开始了传播华人宗教孔教的工作。现在印度尼西亚有华人超过500万人，孔教在这些华人中有相当大的影响。孔教在印度尼西亚的命运虽然不是很好，曾经遭到过镇压，但总的来说，其影响还是在扩大着。印度尼西亚现政府恢复了对孔教作为印度尼西亚宗教的承认，使孔教在这个国家恢复了合法地位。印度尼西亚的儒学，主要就是对孔教的推动。

推动孔教的组织机构有如下一些：

（一）中华会馆

中华会馆成立于19世纪末、20世纪初。在此前，1875年，印度尼西亚华裔在东爪哇泗水创建了文庙，这是该国最大的孔庙。后来，该文庙被

---

① 郑彝元：《儒家思想导论》，泰国曼谷时中出版社1984年，第2、3页。

② 同上。

改称为孔夫子堂。1900 年 3 月 17 日，中华会馆正式成立，潘景赫任会馆主席，陈金山任秘书。李金福作为会馆主要负责人之一，以《华人宗教》一文，阐明了会馆的宗旨是弘扬孔子的思想，认为华人的宗教存在于孔子的学说之中，孔子的学说是华人宗教的精髓，是中华文化的根本。孔教信天拜天，行善行孝，并且祭拜祖先的灵魂。为了使华人能看懂孔子和儒家的著作，会馆开办了 200 多所学校，以从事中文的教育工作。中文学校的宗旨是“尊孔”，学校高挂孔子像，在孔子生日和逝世纪念日，各放假一天，以举行演讲会的形式，来纪念孔子。1928 年以后，会馆的主要任务，由尊孔改为加强华人的民族主义教育。

（二）孔教会

印度尼西亚的孔教会，有的是从中华会馆分化出来的，如梭罗的孔教会，有的是自立团体新成立的，如泗水和三宝垄的孔教会。1923 年，印度尼西亚各地孔教会的代表在梭罗举行了全国第一次代表大会，成立了孔教总会，决定把总部设在万隆。12 月 8 日出版的《孔教月报》刊登了孔教总会成立的消息和大会的报告。1938 年 12 月 5 日，梭罗孔教会邀请爪哇各地的孔教会举行全爪哇孔教会联合会议，选举出孔教总会的领导机构，由张震益任总会主席，胡英恭任秘书。这次大会决定出版《木铎月报》作为孔教总会联系各地分会的刊物，孔教总会的任务，就是协调各地讲经者的工作。1942 年至 1954 年，孔教总会的活动几乎停止，华人的宗教活动分散在各地进行。1954 年 12 月，孔教人士在梭罗召开代表会议，决定重建孔教。1955 年 4 月，郭谢卓为首的印度尼西亚孔教联合会成立。1956 年、1957 年、1959 年，孔教联合会分别召开了第一、第二、第三次全国代表大会，修改了联合会章程。1961 年，在梭罗召开第四次代表大会，决定统一孔教教规，把孔教联合会改名为“孔子学说学会”，学会领导人向国家宗教部部长请求，重新确认孔教在印度尼西亚宗教中的地位。1963 年，孔子学说学会在茂物举行会议，将其组织改名为“全印度尼西亚孔教联合会”。1964 年 5 月，在达西拉马雅举行的第五次全国代表大会上，又改名为印度尼西亚孔教联合大会，由曾绵礼任主席。同时，重建了全印度尼西亚孔教青年联合会，由苏里约・胡托莫担任主席。1965 年，苏加诺发布命令，承认孔教为印度尼西亚六大宗教之一。1967 年 8 月，在梭罗召开第六次全国代表大会，代总统苏哈托出席，并发表了书面讲话。会议决定将组织机构改名为印度尼西亚孔教大会，陈盛和为主席。1969 年 12 月，在北加浪岸举行第七次代表大会，由苏里约·胡托莫任主席。1971 年 3 月，全印度尼西亚孔教教徒工作协商会议召开，决定为争取普选的成功，向爪哇以外的地方弘扬孔教，扩大孔教的影响。12 月，举行第八次全国代表大会，决定接受邀请，参加 1974 年准备在比利时举行的世界宗教与和平会议。1979—1980 年间，孔教大会多次举办会议，开办实践印度尼西亚“建国五基”的训练班。1979 年，苏哈托指示宗教部，撤销孔教作为一种宗教的法律，孔教的活动受到种种限制。1979 年 2 月，在梭罗举行的第九次孔教大会，开幕后被当局勒令取消。印度尼西亚官方承认的宗教去掉了孔教。1980 年，孔教大会主席徐才英撰文强调孔教的宗教性，认为孔教有宗教所具备的八大信条：信天；崇德；树天命；知命、修身、养心、戒欲、取中；尽孝；崇孔；敬《四书》；遵圣道。但印度尼西亚官方则坚持孔子是哲学家而不是宗教先知，印度尼西亚华人把孔子学说作为一种宗教来对待的实践活动，受到严重的挑战，处于困难的境地，甚至孔教会开办的华语学校也被当局取消。到苏哈托下台后，印度尼西亚的官方政策有了重大改变，孔教会的活动得以恢复。现任孔教会会长为黄金泉。

（三）三教会

三教会是 1934 年在当时的荷兰属东印度建立起来的，其创始人郭德怀原是中华会馆的成员，是当地土生土长的华人作家。三教会的宗旨是统一、弘扬和实践三教——孔教、佛教和道教，把孔教的虔诚、佛教的超凡以及道教的逆来顺受，这些有一定区别的生活方式分别或者合在一起加以倡导。爪哇岛有些庙宇有孔子的塑像，如泗水的文庙，即后来的孔夫子堂，雅加达的观音堂，三宝垄的大觉寺。1945 年 8 月印度尼西亚独立后，华人的宗教活动活跃起来，有些孔教会加入了三教会，三教会有了较大的发展。1955 年，印度尼西亚已有三十多个三教会组织。其总部设在雅加达，名为三教联合会，郑万安为负责人。郑万安是当地土生土长的华人，但在缅甸当过佛教僧人。三教联合会出版了《三种文化》的月刊，以弘扬三教，交流各地三教会的情况。同年，三教联合会举行了全国代表大会，决定成立三教男女青年会，加入青年会的还有华人以外的当地印度尼西亚人。一直到 1965 年，三教会的活动都是比较正常的。1967 年 12 月 6

日，印度尼西亚政府颁布总统决定书，禁止华人在公共场合举行中国传统的宗教仪式、宴会和庆祝活动，当局通过官方或半官方的方式号召华人放弃孔教和道教，三教会的活动受到限制。

最近一些年来，从前总统瓦西德开始，孔教会的活动又恢复正常，且得到官方支持。

2000年2月17—20日，印度尼西亚孔教会举行了农历春节的一系列庆祝活动，香港孔教学院院长汤恩佳应邀出席。17日，举行春节庆祝会，时任总统的瓦西德出席，并在庆祝会上发表了讲话，汤恩佳也发表讲话。18日工商界举行春节团拜会，19日宗教学术团体举行团拜会，20日穆斯林团体举行活动，孔教会参加在孔教圣堂举行春节团拜会。瓦西德在团拜会上的讲话代表了印度尼西亚当权者对孔教的新态度，他说：

> 一个宗教若被其信徒所信仰，那一定是宗教。其实，宗教问题不是政府管理的事情，政府承认不承认一个宗教已经是一件糊涂的事，即使没有被国家承认，该宗教仍然活在人们的心中，而人心又滋润着宗教，这个观念应该树立起来，就像先知穆罕默德所说："人有罪恶、错误和忘却。"所以宗教徒有责任为改正错误而斗争，希望就落在该教徒的身上，别人只能从旁协助而已。这事很重要，是关乎民族生存和人类道德的问题，除此就不能以健全的基础建立国家。
>
> 我能处在这个历史时期而感到高兴，对国家掌权来说，不管高兴与否，都一定要保障宗教徒的信仰自由。我们应该把高兴与否这种感情用事的态度置于一边。有些人因为有多种组织派别而对伊斯兰的发展信心不足。我说，要有区别才能发展，因我们的国家是多元性的，所以我们要以忠诚之心尊重别人。
>
> 还有一点，宗教是活在以文化为基础的人心中。有的人认为，"文化是宗教的一部分"或"文化高于宗教"，或者"宗教是文化的一部分"。我认为，宗教只能在正确的文化领域里才能生存。因此，宗教与文化之间无高低之分，两者相辅相成，就像宗教与思想意识，宗教与科技，宗教与艺术及其他。因此我反对把宗教与生活的一面对立起来。我认为宗教的出现是为了相互理解，而不是相互为仇。《古兰经》说：人为上帝所造，分男分女，后来成为各种民族，来相互

理解。[①]

二　马来西亚儒学

马来西亚华人社会被认为是一个典型的中国传统的社会，受儒家文化影响颇深。但是多年来国内对马来西亚儒学的了解非常少，只是到1999年在香港孔教学院举办庆祝孔子2550华诞并举行“孔子思想光辉耀寰宇”的国际学术研讨会，马来西亚马来亚大学中文系系主任陈征治教授提供了一篇《马来西亚华人社会与孔子学说之影响》的论文，我们才得以对马来西亚的儒学有一个概略的了解。这里所叙述的马来西亚儒学，取材于陈教授的这篇论文。这篇论文收录在香港孔教学院所编辑成的光盘版论文集。

和新加坡的华人一样，马来西亚的华人在初来马来西亚时大多是社会下层人士，文化水平不高。他们多来自福建和广东两省。在来到马来西亚之后，仍然保留着中国传统的价值观、风俗习惯和宗教信仰。传统的中国文化就是儒学。儒家的启蒙读物《三字经》、《百家姓》、《千字文》以及《幼学琼林》，对马来西亚华人影响很大。私塾里则教“四书”、“五经”，这对弘扬和传承孔子学说是起了很大作用的。

到19世纪末20世纪初，在马来西亚华人社会兴起了“儒学复兴运动”，由林文庆和邱菽园领导。1897—1910年间，他们召集华人开会，到处演讲，通过中英文报纸、杂志宣扬儒学。应邀从中国内地来的邱逢甲、王晓沧和吴相桐等人协助了这个儒学复兴运动。张克诚在吉隆坡《天南新报》上撰文宣传孔子的学说，其著作《孔教撮要》和《白话孔教撮要》成为学童的读物。

受中国大陆的“五四”运动的影响，马来西亚的这次儒学复兴运动也受到严重冲击，逐渐式微。新文学运动和批孔思潮也影响到马来西亚，到20世纪30年代，马来西亚也兴起了反孔的思潮，传统儒学成为批判对象。从第二次世界大战后到20世纪70年代，传统文化在一些饱学之士的提倡之下，又逐渐恢复。1963年，马来亚大学成立中文系，从台湾聘请了几位儒学造诣很高的教师，如王叔岷、苏莹辉等，把儒家经典的校点、

① 《中国儒学年鉴》（2001年创刊号），商务印书馆2001年，第231页。

注释、考证工作系统地做起来。马来西亚的华文报纸也开辟介绍和普及儒学的文章，石诗元、李业霖、杨善勇等人在这方面，做出了突出贡献。20世纪 80 年代，马来西亚华人文化协会创办了《文道》月刊，曾庆豹在上面发表了近十篇儒学论文，讨论儒学与现代化、儒学与马来西亚华人社会的关系。孙和声和其他人也有多篇文章发表在该杂志。

马来西亚儒学的特点是突出孝道。华人深信“百行孝为先”，并努力实践孝道。清明节为逝去的亲人扫墓，表示哀悼，是马来西亚华人尽孝道的普遍形式，借此强调家族的重要性，把家族主义作为团结华人社会的纽带。华人社会结构的核心正是这种家族主义。由此推展开来，由己及人，敬祖先、睦亲族，扩大到爱人类、爱物类，实践齐家、治国、平天下的孔子学说。

近年来，马来西亚华人公会、马来西亚工商联合会、马来西亚中华大会堂总会三大组织，联合发起和推动“马来西亚华人思想兴革”运动。华人社会纷纷响应，召开多次学术研讨会，讨论哪些要“兴”，哪些要“革”。在讨论中，马来西亚华人贯彻和实践孔子的“己所不欲，勿施于人”的金律。工商界实践儒家的勤俭、敬业、诚信、和谐等信条，形成了美德。在政治方面，华人领袖遵守“中庸”之道，凡事采取协商的方法，尽量取得“双赢”的效果。在普通华人中，虽然不一定深谙儒家思想，但一般人也都奉行三纲五常，纲常名教成为他们自觉维护而不是被看作负担，一般家庭都是非常和睦的。可以说儒学在马来西亚华人社会中会继续得到提倡和实践。

第五章　儒学与东亚模式

儒学与现代化的关系、儒学在东西方文化中的定位，是近代以来就提出的问题。对此，当代新儒学从理论上做出了回应，而东亚各国向着现代化摸索前进的历史，则从实践上给予回答。20 世纪 70 年代后，由于日本和亚洲四小龙在探索自己的适合国际新环境又适合国情的新路子的过程中，创造了成长和发展的奇迹，“东亚模式”便作为东西方现代化比较的课题提了出来。而这一课题所包含的文化方面的含义，则少不了对于在这些国家传统文化中占主导地位的儒学作用的考察。故本章从哲学、文化的角度对儒学与东亚模式的关系作一探讨。

第一节　东亚经济腾飞的启示

由霍夫亨兹（Hofheinz）和柯德尔（Calder）两位美国经济学家合著的《东亚之锋》在开篇的第一章便以引人注目的方式提出了一个不容忽视的问题：来自东亚的挑战。① 他们看到东亚国家的高速现代化已经在商战中对他们自己的国家构成了威胁，于是惊叹下列的事实：

> 我们从东亚的输入（贸易——笔者注）超过了我们向他们的输出，比例接近 3 比 2。
>
> 1979 年，东亚生产的集成电路块即是欧洲的两倍，这种差距确实令人吃惊。
>
> 亚洲的公司正开始操纵先进的工业技术，诸如自动控制、电子通

① 参见小 R. 霍夫亨兹、K. E. 柯德尔：《东亚之锋》，江苏人民出版社 1995 年。

信、数据处理等。

可以预计东亚国家还会在航空工业方面展示其高度的竞争力。[①]

……

然后，他们又不无忧虑地写道："欧洲与美国如日中天的霸主地位已成隔日黄花，它们在亚洲，特别是在东亚曾经红火过的近百年的短时期已经结束了，它们已不能在这个世界处于主导位置了。……这里的含义与地震对于陆地的形状的含义一样明白：地震改变了世界地图……"[②]

曾以著作《大趋势》系列丛书在全球引起轰动的美国作家约翰·奈斯比特也在《亚洲大趋势》中指出：亚洲在崛起，"从 1945 年到 1995 年，半个世纪的时间里，亚洲从贫穷走向了富足"。"当代亚洲将重塑现代人类灵魂，在唤醒个性意识、树立坚定信念和倡导苦干与献身精神方面，他们将以先驱者的姿态出现。""亚洲正以其特有的'亚洲模式'运行，使经济步入一个鼎盛时期。"[③]

今日东亚到底发生了什么变化？我们还可以列举很多各国或地区经济高速度增长的数字来加以说明[④]，然而，一个最基本的事实是，自 18 世纪后期西欧工业革命引发的西方工业文明的兴起，使得位于欧亚大陆最东端的华夏古典农业文明转入沉沦后，至 20 世纪中后期，东亚的巨变使得世界的时针又一次开始新的转向，即："二战"后，日本仅用 10 年左右时间便治愈了战争创伤，开始全面复兴社会经济。从 20 世纪 70 年代到 20 世纪 90 年代，短短 20 年时间，日本人均国民生产总值（按国际货币值算）便由只及美国一半跃升到高出美国 22%。战败国的日本跃升为世界经济大国、世界最大的债权国，并享有全球最高贸易顺差。20 世纪 70 年代初，继日本之后、号称亚洲"四小龙"的韩国、新加坡及香港地区、台湾地区开始崛起，其经济增长速度、国民经济不断扩大的速度、对外贸

① 《东亚之锋》，第 4、5、6 页。

② 《东亚之锋》，第 6 页。

③ 约翰·奈斯比特：《亚洲大趋势》，外文出版社、经济日报出版社、上海远东出版社 1996 年，第 2 页。

④ 参见《东亚之锋》，第 7—8、313—316 页；《东亚现代化：新模式与新经验》，第 15、69、80 页等。

易量急剧增加的速度都是令人吃惊的，[①]“四小龙”几乎比肩而进，先后跨过了殖民地时代而跃入新兴工业化国家和地区的行列。“四小龙”之后，属于东南亚国家联盟的泰国、马来西亚、印度尼西亚、菲律宾等也已改变了殖民地面貌，紧追“四小龙”，追赶着世界现代化发展的大潮，成为东亚经济发展的“超级明星”[②]。目前，东亚现代化的趋势正在由东向西逐层扩散，形成多个经济发展中心，出现强烈的带动效应和互补效应。其中，最具带动效应的是70年代末以来，改革开放后的中国在向市场经济转轨中取得卓著成绩，经济连年高速度增长，仅自1978年至1994年16年间，平均经济年增长率即高达9.4%[③]。

总之，东亚国家和地区创造了远远超过历史上西方工业化时代经济增长速度的新纪录，也创造了根据各自条件，求得现代经济和社会发展的多元样式。而这一切，仅仅发生在一代人的世代中。这就是举世瞩目的“东亚奇迹”。正像世界银行关于“东亚奇迹”的报告中所说：“自从20世纪60年代，东亚经济的高增长速度是亚洲其他国家的两倍还要多，是拉美国家的三倍左右，是非洲撒哈拉地区的五倍。其经济的增长速度也明显超过了世界平均水平和盛产石油的中东和北非地区。在1960年至1985年间，日本和亚洲“四小龙”的人均实际收入上升了四倍多，在东南亚的新兴工业化国家也上升了两倍多。”[④]

东亚的巨变，对国际社会科学界提出新的挑战，使单纯的各色各样的经济理论都难以做出满意的解释，于是人们开始从社会文化发展的角度提出了“东亚模式”的问题。

所谓“东亚模式”，通常的说法，指东亚地区国家走过的与西方国家不同的发展道路，创造了具有亚洲特色的现代化模式。

而许多经济学家认为，文化不可能单独地或直接地对经济发生作用，

---

① 参见姜林祥、唐明贵：《儒学与亚洲金融危机》，《纪念孔子诞辰2550周年国际学术讨论会论文集》，国际文化出版公司2000年，第1063页。

② 1993年世界银行发表了长达390页的报告，研究了东亚八个“超级明星”自1965年以来的成绩。它们是：中国香港、印尼、日本、马来西亚、新加坡、韩国、中国台湾和泰国。参见俞新天：《东亚现代化的前景及其对世界的影响》，《东亚现代化：新模式与新经验》，北京大学出版社1997年，第69页。

③ 参见张琢：《现代化在东亚的地域推进》，《东亚现代化：新模式与新经验》，第58页。

④ 范燕宁：《金融危机与亚洲价值观的世纪走向》，《哲学研究》，1999年增刊，第83页。

只能通过一定的体制和结构作用于经济，因而对于经济增长来说文化只是外在的因素。而任何国家的经济增长都是内外因素的结合，是多种因素综合作用的结果，东亚也是一样。东亚“四小龙”的经济高速度增长，是环境、体制、战略与政策这三个方面有机的结合，只不过他们在有些方面比其他国家做得好，并形成一些共同的特色。例如 1993 年时任世界银行行长的刘易斯·普雷斯顿在该行出版的一本题为《东亚的秘密——经济增长与公共政策》研究报告前言中就指出：东亚高速增长的秘密在于“物质和人才资本的高积累；同时，也在于它们能够较好地配置物质与人才资源”。[①] 而在这方面东亚得力之处在于：1. 实行新市场的经济政策。2. 有效的宏观经济管理和广泛的教育制度。其管理建立在市场体制基础上，政府保有调控经济的能力。3. 还有其他非经济因素，如文化、政治、历史因素的作用。但是，东亚“四小龙”之间及东亚其他国家之间，在历史、文化、资源、环境及原有发展水平等方面都存在各种差异，因而在同具上述优势和条件的基础上，他们在外向型战略实施的深度上、在资金筹集手段上、在产业结构政策上、在产业组织上、在政府对经济的干预程度上，都有明显的差别。因而，经济界权威人士认为，东亚各国和地区的发展是多样化的，从严格意义上，“不存在单一的‘东亚模式’。”[②]

然而，东亚国家地区的发展在多元化的前提下，确实有一些共同性的特点，这主要就是上文所说的，表现为外向型经济战略和政府不同程度调控下市场经济的结合。据此特点，有的学者指出，东亚国家其干预力量很强，但市场经济也很发达，这两者之间如何协调，共同促进经济发展，与经典的西方经济学很不同。又如东亚对于经济增长和社会公平的兼顾，也不仅对发展中国家，而且对发达国家不无借鉴意义。因而他们指出，东亚成为非西方式现代化的榜样，提倡的新鲜经验令人深思[③]。实际上，这些经验不仅是在经济结构和经济发展战略方面，也涉及文化与社会价值观，即文化作为经济发展的动因问题。

从价值观以及社会历史发展的各个方面看，东亚文化与西方文化确实

---

① 巫宁耕：《对东亚发展模式的思考》，《东亚现代化：新模式与新经验》，第 82 页。

② 《东亚现代化：新模式与新经验》，第 84 页。

③ 同上书，第 73 页。

存在巨大的差异。一个最生动的例子是，韩国教授金日坤在他的著作里曾举一部反映“二战”时期题材的电影，名为《第十七号俘虏收容所》，讲的是一个被德军俘虏的美军在俘虏收容所里极端困难的条件下如何赚钱的故事。作者通过这个故事说明，“即便在俘虏收容所里，西欧现代发达资本主义的三大经济原理——私有、营利、自由，也依然作为一种社会秩序，为人们所承认。”① 而这种以个人主义为基础的西欧资本主义秩序与东方自古以来就保持的集团主义社会秩序是截然不同的。

当今，从国际上争论不休的民主、人权问题也可以看出东、西方文化的差异。以往在国际论坛上，总是西方的民主、人权概念占主导地位。随着东亚经济的崛起，亚洲国家地位和自主意识的提高，他们对西方的人权观念越来越不买账。例如新加坡前总理李光耀说过：“我认为，国家的发展更需要纪律，而不是民主。”② 1992 年 5 月亚洲国家在曼谷开会时为人权所下的定义，更强调社会和经济发展，而不是个人自由。③ 韩国汉城松岗大学教授尚伍瑞博士（Dr. Sang—Wro Rhee）说：“和谐是我们现代化追求的目标。”美国作家约翰·奈斯比特主张正视东西文化的这种差异，他说：“西方崇尚丰富多样的生活方式，亚洲则强调纪律与统一；西方喜好公开辩论，而东方厌恶正面冲突，愿意以理服人。”“西方对于现代化的典型观点主要是围绕民权、言论自由与民主展开……亚洲人把家庭放到第一位，并期望创造平等、和谐、公正的发展环境。”④ 可见在国际政治问题上，以及在现代化的观点上，都存在着文化和价值观的差异问题。

东亚经济腾飞以后，人们在探究东亚奇迹的奥秘时，提出了“儒教资本主义”的概念，更突出了东亚国家特有的文化背景——具有几千年历史的儒家文化的影响，及这种背景对经济、社会发展的促进作用。1982 年，在美国人弗兰克·吉布尼出版的名为《日本经济奇迹的奥秘》一书中，第一章《21 世纪的资本主义》就有一个小标题是以《儒家的资本主义》命名的。文中把儒家学说概括为“一种感化人心的哲学”，“宣讲兄

① ［韩］金日坤：《儒教文化圈的伦理秩序与经济》，中国人民大学出版社 1991 年，第 2 页。

② 《东亚现代化：新模式与新经验》，第 75 页。

③ 同上。

④ 约翰·奈斯比特：《亚洲大趋势》，第 252—253 页。

弟情义和正义等朴素的格言，遵礼守法和奉行各种伦常关系是它立论的基础。比起信仰先验的上帝和神灵，它更强调人们之间的和谐关系”。文中认为“在儒家学说的五种基本关系中，没有个人崇拜的地位，不论是父子之间、君臣之间、夫妻之间、兄弟之间或朋友之间，对孔子的信仰是与对社会的信仰分不开的。衡量事物的尺度是相互关系，而不是个人。”“这种思维方式渗透在日本的企业中”。因而他提出：“应该从总体上来考察我们称之为儒家资本主义、公社制资本主义或以人为中心的企业的日本企业社会，因为它是一部从苦难中诞生的成功杰作，它调整了资本主义（在某种程度上还调整了随之出现的民主主义），使之适应各种压力、需求和当前以及可预见的未来的挑战。”① “儒家资本主义”一词自此而传遍东西方。美国加州大学客座教授中岛岭雄在《亚洲的繁荣与“儒教资本主义”》一文中曾对“儒教资本主义”加以解释，他说：“严格来说，儒教并非宗教，因此在日本可以与神道共存，在中国可以与道教共存”，“儒教是极为宽容的理论，是社会的规范和道德的标准。‘儒教资本主义’也就是‘义利两全’和‘致富强国’。”他肯定“儒教的教义和儒教文化现在对于东亚国家的经济发展是重要的精神支柱，是劳动与生产、买卖与交易的伦理规范”。“在经济开始起飞的社会，拥有儒教文化传统已成为经济与社会发展的促进因素”。②

“儒教资本主义”是欧美学者在儒教的基础上对东亚经济发展的文化解释。其实，这样的解释最早源于德国社会经济学家马克斯·韦伯。他在《新教伦理与资本主义精神》一书中提出了清教徒伦理的观点，用这种观点来说明德国资本发展的文化动因，又在《中国的宗教》一书中，通过对儒教和道教的分析来说明在中国资本主义未能发展的原因。在这两本书中他使用了同样的文化论和现代文化比较研究的方法。只不过韦伯分析的是儒教对资本主义发展的逆向机能，而“儒教资本主义”论提出的是儒教对经济和资本主义发展的顺向机能。

至今，“儒教伦理”或“儒教资本主义”已经被广泛地用于解释东亚

---

① 姜林祥、唐明贵：《儒学与亚洲金融危机》，《纪念孔子诞辰2550周年国际学术讨论会论文集》，第1064页。

② 转引自《纪念孔子诞辰2550周年国际学术讨论会论文集》，第1064—1065页。

经济发展的文化动因。可以说，是东亚经济腾飞的事实修正了韦伯的结论，而他的方法则被延续地使用下来。当然，与此相关的还有其他各种提法，例如“亚洲价值”、“亚洲价值观”，也有的把“新兴民族主义意识与忧患意识”看作推动东亚经济飞跃的独特的精神因素[①]。

关于东亚模式的“儒教资本主义”和“亚洲价值观”的观点对以往的现代化即西化的观点提出了挑战，东亚奇迹用事实说明了现代化不仅有西方的一种途径，东方传统文化、儒学价值观在东亚现代化过程中同样表现出非凡的潜力。但是这种潜力是否具有并如何具有普遍化的性能；换句话说，东亚从传统社会向现代社会、从农业社会向工业社会转化的过程是后发于西方社会的，这种时间和过程上的滞后是否是使得他们在价值观上与西方表现不同的主要原因？另外，早期西方国家的现代化是原生型的，渐进式的，其动力来自内部，是一个内在的经济社会的自发过程，而东亚国家的现代化是后发型或诱发型的，是在西方冲击和现代国际环境影响下导致的社会激变，其发展动力根源于社会外部环境的逼迫和挑战；[②] 据此，有的西方学者从文化的同时性，即时代特性出发，认为所有致力于工业化的国家都具有现代价值倾向，例如民主、自由、人权等观念，在这些观念上的差异往往是由于东西方文化历时性不同所造成的，这些差异也会随着东亚现代化过程的进展而减弱或不存在。

针对上述这些问题，我们认为：第一，一切伟大的传统都具有类似的潜力，儒学作为东方文化的一种传统，其中也存在着适应社会发展的普遍化潜力；第二，儒学的潜力是在历史发展中以适应——不适应——再适应为规律进行的，东方文化、东方儒学正是在这种历时性发展中表现出活力的；第三，东西文化的差异不是绝对的，之间存在着共时性的价值取向，因此即使我们否定了现代化即西化的观点，也不等于否定现代化作为一个时代，包含着全人类共同追求的理想和共享的文明。但是，东西文化之间的差异又是会长久保持的，这种差异随着现代社会的发展，东西方之间的交流，其不同性会减弱，趋同性会增加，而多元化

---

① 参见罗荣渠：《东亚跨世纪的变革与重新崛起》，《东亚现代化：新模式与新经验》，第13页。

② 参见刘庆华：《国外发展模式的文化分析》，《宁夏党校学报》2000年第2期；又参见罗荣渠：《从西化到现代化》，北京大学出版社1997年，第1页。

的局面是不会改变的。鉴于此，本文讲东亚模式与儒学的关系，是注重文化的历时性，是注重内在于每一个特殊社会形态中的儒学在历史发展过程中所表现出的普遍化的潜力。诚然，在不同的国家，东亚模式有不同的表现。这里即是尝试从多元性与共同性结合的角度来说明东西文化背景下东亚国家的文化选择及文化开放与传统的关系，也许，这才是东亚模式中一条带有根本性的经验。

第二节　日本儒学与现代化

日本是东亚最早实现经济腾飞的国家，在亚洲率先完成了现代化，被看作东亚“儒教资本主义”的典范。然而日本也有自己的特殊情况，这就是它在近百余年的历史中，经历了两次历史性大变革，一次是明治维新；一次是“二战”后的民主改革。

1868 年日本明治维新运动标志着日本近代史的开始，也拉开了现代化历程的帷幕。明治政府实施文明开化、殖产兴业和富国强兵的三大政策，使日本迅速实现了资本主义工业化。而“脱亚入欧”，以西方文明为价值目标的现代化导向，则一方面引导日本走上了一条欧化道路，以至终于跻身于西方大国的行列；另一方面，也由于对西方文明理解的表象化，在体制上还没有触及民主政治的内核，却人为地保存了包括皇朝政治在内的民族遗产，以至传统中的负面因素恶性膨胀，走上一条与天皇制军国主义密切结合的资本主义道路①。第一次世界大战到第二次世界大战期间，日本实行海外扩张，以掠夺其他东方国家为建立其新东洋帝国的代价，结果在侵华战争和太平洋战争中彻底失败，使多年取得的现代化成果毁之殆尽，被迫在一片废墟的基础上重新开始现代化建设。“二战”失败，是日本新生的起点，战后在以美国为代表的盟军占领总司令部的主持领导下，日本实施了包括制定战后宪法、解散财阀、土地改革、劳动改革和教育改革在内的一系列民主化改革。特别是在政治上否定了“主权在天皇”的明治宪法的根本原则，将国家与神道分离，天皇自我否定“神格”，允许自由批判天皇制度等，使日本由一个军事的封建主义国家转变为资产阶级

① 参见罗荣渠：《东亚现代化：新模式与新经验》，第 8 页。

民主主义国家。[①] 同时，日本民族也通过文化上的反思重新认识自己，寻找文明转型的出路。

从明治维新开始，现代化与传统的矛盾始终摆在日本民族面前，可以说，日本经过两次经济上的现代化，才实现与旧传统决裂的真正意义的近代文化转型。为了探讨其中的经验教训，还需要从日本文化的特征谈起。

一　开放兼容型的日本文化

日本文化具有很强的开放兼容性特点，这表现在它对外来文化没有排斥感，乐于吸收，日本民族常常根据自己生存和发展的需要，创造性地改造外来文化，使之和谐地融于自身文化结构之中，形成与各种外来文化相容并存的结构形态。例如日本历史上曾经历过两次大的文化嫁接手术：日本古代文化的形成和发展，是与中国文明嫁接的过程相联系的；明治维新以后，日本文化又在与西方文明嫁接的过程中逐步实现从传统文化到现代文化的转型。[②] 正因为这样，日本文化的开放性在世界上几乎成为共识。

但是，对这种开放性的论述和解释则各不相同。例如，有的将之概括为“多元复合型”，并用继发性特点来分析。认为中国是东亚文明之“源”——“原生态”，日本文化是中国文明的“流”——“变形态”。“如同西方文明自‘发现的时代’以来突然打断亚非拉地区本土文化的自然发展线，从而使这些文化失去了自己的创造力一样，古代中国文明向日本列岛的渗透，打断了其文化发展和自我开化的自然脉络。”[③] 有的则用“重层结构型”来解释日本文化。这主要指日本文化中外来文化与本土文化、新吸收的文化与旧有文化相容并存。在日本文化发展中“每个时代都有适应于该时代的新的文化现象出现，但新的文化并不是在完全否定旧文化的基础上产生的，而是在旧文化被不同程度保留的同时，又迭加上新的文化。”[④] 有的日本学者从深层结构上分析日本文化的特点，认为日本文化是日、西两种文化因素在深处交织在一起的产物，日、西的结合已非枝节问题而属

---

① 参见张旅平：《文明的冲突与融合》，文津出版社 1993 年，第 276、277、283 页；又参见卞崇道：《现代日本哲学与文化》，吉林人民出版社 1996 年，第 168 页。

② 参见卞崇道：《现代日本哲学与文化》，吉林人民出版社 1996 年，第 151、160 页。

③ 张旅平：《文明的冲突与融合》，文津出版社 1993 年，第 10 页。

④ 卞崇道：《现代日本哲学与文化》，第 157 页。

根干问题，因而称日本文化为“杂种文化”。[①] “杂种文化”的说法代表了日本人对自身文化及其明治以来复杂文化运动史的一种自信的反思，但它也反映了日本文化中东西文化的特殊关系。鉴于这种关系，也有的学者基于生态史观提出西欧与日本文明的“平行进化论”，认为西欧与日本分别处于欧亚大陆的西端与东端，在其生态学的位置与历史进程方面有“极为相似”的条件，“明治维新以来的日本的近代文明与西欧近代文明的关系，呈一种平等并进的形势”，所以日本与西欧“曾在平行的道路上前进”[②]。

上述对日本文化特点的分析，一方面说明了日本民族和日本文化的活力，具有外向性，接受外来刺激的反应能力特别强。有人说，这正像日本国的地理位置一样，是一个四面环海，由诸岛组成的东亚岛国，呈现全方位开放态势。而从另一角度看，日本文化与西欧文化的“杂交”或“平行”关系，也可以证明东、西文化本没有绝对严格的界限，打破了在种族上的西方文化优越论。

而我们认为，日本文化就其根本性来说还是属于东方文化的，且不论在文字语系上以汉字为基础形成的日本文字及日本历史上用汉字编纂史书的传统，即使看中国的儒、释、道思想对日本文化的形成所具有的影响，也可以说明汉文化与日本本土文化的结合已成为日本文化的主体。关于这方面本书第二章已有详论，故不赘述。因此，今天大多数诚实的日本人都承认，“日本……是长期属于中国文化圈的国家之一员”。[③] “璀璨的中国文化是日本文化之母。”[④] 近代日本虽已经历过“脱亚入欧”，但正像美国著名史学家赖肖尔所说：“今天，公开承认自己是‘孔孟之徒’的人几乎没有，但在某种意义上来说，几乎一亿日本人都是‘孔孟之徒’。”[⑤]

二　“脱亚入欧”与儒学遭遇

日本的外向型文化表现出一种重学习和模仿的倾向，它虽然不着力于

① ［日］加藤周一：《日本文化的杂种性》，杨铁婴译，吉林人民出版社1991年，第4页。参见卞崇道《现代日本哲学与文化》，第123页。

② ［日］梅棹忠夫：《文明的生态史观》，王子今译，上海三联书店1988年，第77—78页。

③ ［日］尾滕正英等著：《日中文化比较论》，浙江人民出版社1992年，第6页。

④ 《幸运者来了》，载《北京晚报》1992年11月13日第1版。

⑤ ［美］埃德温·赖肖尔：《日本人》，上海译文出版社1980年，第233、45页。

独创，但却擅长“拿来”，能进行“自觉的大规模的文化引进”①，这使它在近代化上走了一条捷径，直接进入了工业化。然而，在文化转型上是无捷径可走的，因而日本近代以来在东方与西方之间、传统文化与现代文化之间呈现交错复杂的互动关系，儒学的遭遇也多有曲折。

近代日本提出了“脱亚入欧”的口号。“脱亚入欧”是著名思想家福泽谕吉的重要思想，也是明治政府的一项重要政策。它渗透于政治、经济、文化各个领域，成为一条主线，贯穿于日本近代以来的现代化过程中。

“脱亚入欧”作为日本的现代化实践是积极的。明治初期，新政府面临着欧美列强欲把半殖民地化的命运强加于日本的危机局面，采取了积极倡导“文明开化”的对策。1868 年 3 月 14 日明治新政权公布施政纲领《五条誓约》，声称要“求知识于世界，大振皇基”，以此为口号，表明了激进地推行现代化的态度。② 当时所谓“文明开化”实即“西化”，即以西方现代文明为参照系进行社会改造。明治政府取消了幕末以来对导入西方文化的各种限制，采取全面吸收欧美近代文化的政策。1871 年 12 月 23 日，明治政府派出了由外务卿兼右大臣岩仓具视为使团正使，大藏卿大久保利通、参议木户孝允、工部大辅伊藤博文、外务少辅山口尚芳为副使的赴欧美使团。该使团之庞大为他国所不及，使团出访的时间也相当可观，前后历时 631 天。代表团成员历访了美、英、法、德、俄等十多个国家，对西方国家的政治、经济、军事、法律、文化教育做了全面的实地考察。③ 1882 年，伊藤博文首相为考察欧洲宪法又赴德国、奥地利，翌年 8 月回国，之后便在井上毅等人帮助下起草宪法草案。“殖产兴业”的政策则是在 1871 年岩仓使节团出访欧美各国后，由大久保利通于 1874 年正式提出的。教育方面实行的各项政策也向欧美中心主义转变，如大量翻译介绍有关西方教育制度的文献，制定新的《学制令》、《教育令》，长期地聘用欧美来的教师，并向欧美派遣大量留学生④。日本从经济、政治制度、科技教育等方面主动学习西方先进文化的结果，加速了其建立日本近代文

① ［美］埃德温·赖肖尔：《日本人》，上海译文出版社 1980 年，第 233、45 页。

② 参见王家骅：《儒家思想与日本文化》，浙江人民出版社 1994 年，第 164 页。

③ 参见张旅平：《文明的冲突与融合》，文津出版社 1993 年，第 148—150 页。

④ 参见卞崇道：《现代日本哲学与文化》，第 165—166 页。

明的进程。

而“脱亚入欧”作为日本近代化的主导方向，除了实践方面的意义外，同时也是一种理论指导、价值目标。这个价值目标却具有双重意义。一是它表明日本思想家和政府已经认识到西洋近代文明是当时世界文明的最高发展，日本要立足于世界之林，必须把欧洲文明作为日本文明发展的目标，“一切事情皆应取西洋近代文明”[①]。福泽谕吉提出的“脱亚论”的观点是建立在人类社会文明是“不断变化发展着的”观点上的，他指出“变化发展着的东西就必然要经过一定的顺序和阶段”[②]，这说明“脱亚入欧”作为他为日本现代化设定的目标已经超越封建时代，表明日本思想界在文明观上已经实现了向近代化的转换。二是“脱亚入欧”以具体的欧洲国家为效法的榜样，主张脱离亚洲，“谢绝亚洲东方的恶友”[③]，加入欧洲资本主义列强的队伍。这种带有对东西文化判断失衡的偏激情绪，和亚洲唯有日本民族优越的狭隘的民族情感交织起来，一旦作为一种国家的政治战略理论提出来，并演化为风靡日本的口号，就隐藏着一种深深的危机，它为后来日本军国主义恶性发展埋下了隐患。

日本当时的情况正是这样，儒学的遭遇也是在这样一种复杂的背景下展开的。

明治初期，日本儒学遭到启蒙运动的批判。同时，政府的文明开化政策，也表现出对儒学作为旧有意识形态的批判。当时以“明六社”为中心的启蒙思想家，发扬日本自江户时代即已倡导的“兰学”传统，全面吸收西方的哲学、伦理、政治、法律、历史、教育等思想，批判以儒学为主的封建意识形态。这种批判，触及了儒家以封建纲常为表现的等级观念和儒家传统所维护的封建制度。例如福泽谕吉在《劝学篇》中批评“政府职能在于牧民”[④] 的说法，认为“主张正贵贱上下名分，乃源于欲行专

---

① ［日］福泽谕吉：《脱亚论》，转引自卞崇道著《现代日本哲学与文化》第143页。

② ［日］福泽谕吉：《文明论概略》中译本，商务印书馆1982年，第11页。

③ 《福泽谕吉选集》，第7卷，第224页；转引自卞崇道：《现代日本哲学与文化》，第143页。

④ ［日］福泽谕吉：《劝学篇》，旺文社1971年，第130页；转引自王家骅：《儒家思想与日本文化》，第166页。

制之权”①，他的这部著作在当时日本曾风行一时。他又进一步指出儒学“一半是属于有关政治的学问”，“生在今天的世界而甘受古人的支配”，儒学是“造成了社会停滞不前的一种因素”②。而政府方面在批判旧传统时则采取了更为激烈的行动，甚至曾下令“废佛毁释”，并根据新学制把实行儒学教育的私塾和“寺子屋”大多关闭，各藩的藩学也纷纷停办。社会上，如潮水般涌入的西方资本主义文化猛烈地冲击着属于东亚文化圈的日本文化，一时间泛滥起视传统如敝屣，甚至衣食住行皆以模仿西方为荣的风潮③。

近代东西方文化冲突，不只在纵向上表现为西方近代先进文化和当时东方落后的封建文化的差异，而且在横向上也表现出东西方两种不同类型文化的差异及不同民族深层文化心理的冲突。如何对这两者做出清醒的分析，往往是不容易的。“脱亚入欧”作为在明治初期之后提出的理论口号④，亦有它的局限性：一方面，它以明治初期启蒙运动和“西化”之风为背景，表现出激烈批判和否定儒学、割断甚至抛弃传统的特征；另一方面，它又深藏着日本民族面对西方文化冲击所刺激出的民族情绪。这种情绪不像在近代中国那样表现为对西方文化的逆反，而是一种对东方文化的哀怨。

日本文化与儒学的关系已如本书第二章所述。概言之，前近代的日本文化是儒学与本土文化相互作用、长期融合形成的，无论在政治建制、思想传统以及民间习俗方面，日本文化都深深打着儒学的烙印。特别是江户时代，日本朱子学占据意识形态的统治地位，儒学或汉学更成为武士阶层乃至一般人受教养的基础。因而直至近代，在日本尊崇儒教文化一直是知识分子及一般人的心理习惯。但是，日本的儒教文化毕竟是继发型的，所以面对先进的西方近代文化，日本民族没有因袭儒学传统的重负，能够以开放的心态接受之。然而强烈的西化之风也造成日本民族文化心理的失衡，因而“脱亚入欧”的另一个侧面便表现为由批判而痛恨儒学，由痛

---

① ［日］福泽谕吉：《劝学篇》，旺文社1971年，第133页；转引自王家骅：《儒家思想与日本文化》，第166页。

② ［日］福泽谕吉：《文明论概略》中译本，第148—149页。

③ 参见王家骅：《儒家思想与日本文化》，第165、169页。

④ “脱亚入欧”的口号及理论的正式提出始于福泽谕吉的《脱亚论》(1885年)。

恨儒学而转为鄙视儒学及鄙视产生和传播东方儒学的东方国家——在日本，则欲以欧洲文化取代儒学和东方传统文化。例如福泽谕吉曾说：“在今天的社会上，一方面实行专制，一方面受到专制的压迫，这不能完全归咎于现代人，而是从由于多少代祖先传留下来的遗毒。助长这种遗毒传播的，又是谁呢？汉儒先生们的确起了很大作用。”① 而代表自由民权运动的思想家植木枝盛则在他的《男女及夫妇论》中大声疾呼：“妇女们，抛弃儒学，撕毁四书五经及小学之类。它们都是你们的仇敌。”②

明治初期全盘西化、割断传统的倾向至明治中期得到了一定程度的纠正，这就是在思想界兴起了重新追寻传统，对中西文化进行比较，探索自身文化发展道路的风气。例如大西祝指出：“当今我们思想界的重要任务，是在把东西各种思想进行比较、判断和批判，并认识其倾向及其价值。”③ 他看到当时日本思想界的混乱状况，西洋主义、日本主义、激进主义和保守主义对立交错，传统儒教、佛教思想与新流入的西方思想混杂，因而主张在东西文化的交融中创造日本的现代文化。他说：“如若在我日本开创某种特别的新思想，那也必将是在斗争和调和之间完成。”④ 井上哲次郎则自言其志：“自己在研究西方哲学的同时，不放松东方哲学，企图以两者的统一融合为己任。”⑤ 由此可以看出，这些思想家是自觉地抵制欧化之风，并重新认识东方文化的。

值得注意的是，许多思想家将回归传统、复活儒学的思想主张直接与国家整备及文教政策的调整结合起来，这就使得儒学的地位问题与明治政府实施现代化的方略及国民道德教育的方向密切相关。

例如明治十二年（1879）元田永孚倡导醇化风俗为目标的思想善导政策，他的提案（“教学大旨”）是凭借天皇“侍讲”的地位，用天皇意

---

① ［日］福泽谕吉：《文明论概略》中译本，第 147 页。

② ［日］家永三郎：《日本近代思想史研究》，东京大学出版会，1956 年，第 120 页；转引自王家骅：《儒家思想与日本文化》，第 168 页。

③ 《当今思想界的要务》（1889），《大西博士全集》第 6 卷，日本警醒社 1904 年，第 18 页；转引自卞崇道：《现代日本哲学与文化》，第 145 页。

④ ［日］大西祝：《大西博士全集》，第 6 卷，第 10 页；转引自卞崇道：《现代日本哲学与文化》，第 145—146 页。

⑤ ［日］井上哲次郎：《明治哲学界的回顾》，见《现代日本思想大系》第 24 卷，筑摩书房 1965 年，第 71 页；转引自卞崇道：《现代日本哲学与文化》，第 146 页。

见的形式提出来的。元田永孚针对文明开化后品德恶化，风俗紊乱的思想状况，主张“道德之学以孔子为主”，根据“祖宗的训典”阐明“仁义忠孝”的品格；而代表开明派官僚的伊藤博文提出反提案（“教育议”），对元田的开明文化政策的批判，进行反批判。与元田不同，伊藤认为所谓风俗紊乱，不外乎旧有的身份道德已在崩溃，自由民权运动的发展深入到了学校教育，而这都是维新变革的副产物，是不可避免的。伊藤认为此时不能改变文教政策，使儒教成为国教。此后，元田又写了“教育议附议”，再次对伊藤进行反批判。保守派与开明派关于国家文教政策是回归传统还是坚持欧化的意见之争，同时也是争夺文教政策领导权的对立。伊藤一派既希望坚持开明政策，又热心致力于在人民心中培养崇拜天皇的感情，所以持政教分离的主张。而元田在争论中则处处打着天皇的旗号，来坚持儒教主义的复活。从实质上来说，元田在文教上坚持的复古，在政治上是以政教合一为其理论内容的，所以他对于明治维新所企图的天皇制绝对主义政权，是更合适的体系。①

传统派和欧化派围绕文教方针所展开的争论，最后是元田的意见取得了胜利。而曾充任过文部省编辑局长的西村茂树所写的《日本道德论》，也是以批判伊藤内阁的欧化主义为直接动机而写的。它标榜儒教主义，其内容既是西村对于文教政策的想法，实质上也是对前两派争论的一个折中和总结。

与元田的纯粹儒教主义不同，西村所主张的是混合儒教主义②。他对儒教最大的改制，是从西方哲学中借来了孔德的实证主义和功利主义等内容，从而增强了《道德论》的政策性和实践性。西村的《日本道德论》带有浓厚的以道德为基础的国策论的色彩。它的目的是要确保日本对外的独立和加强对内的统一，“发扬国威”，造成一个“国力强盛”、“治安而隆盛”的日本帝国。他以为欲达这一目的，除道德之外别无他法。因此，他把道德看作国家盛衰的根本问题，认为“国家的盛衰治乱，不外是人心的聚散离合”，“人心腐败涣散，人民主张个人私见，不顾国家大计，

---

① 参见近代日本思想史研究会：《近代日本思想史》第一卷，商务印书馆 1992 年，第 119—128 页。

② 参见卞崇道：《现代日本哲学与文化》，第 164 页。

都足以使国家灭亡”。[①] 这种以道德问题为中心的思路，无疑是传统儒学的思路。西村指出，当时日本的“政府没有一定的国教，民间也没有足以收揽全国人心的道德”，因而民心“轻躁浮薄”，“民心没有一定方向，尊重国民道德之心也就薄弱”，[②] 瞻望将来，国家将面临严重的危机。为了消除国家的危机，《日本道德论》主张以“儒道”为“世教”来聚合人心、推广教化，整顿国家秩序，以为“儒道”的“忠孝之教”对于“维护万世一系的天皇制，端正君臣地位，美化国民风俗，非其他诸教所能及”[③]。但是，在西村看来“儒道”本身亦有缺陷，这就是除了乏于西方哲学的学理微妙、研究精密之外，最重要的是过于重视太古，使人倾向顽固、保守，不能适应当时进步的形势。而在新形势下改制儒学，使之适合巩固绝对一元化的天皇制，并适应由上而下推行日本近代化的要求，这就是西村兼取“二教”，以之为日本近代道德基础的原因。

儒学在日本近代经历了明治初期启蒙思想的批判、西化浪潮的冲击，以及中期执政者关于文教方针和治国方略的选择，最后终于被确立为日本国民道德的基础并被保存下来，这表现了它对社会政治的极大适应性。但是，它与天皇绝对主义政权结合的结果，使其内涵中的国家主义、忠孝的服从观等观念得到了极大的发挥，并向着负面恶性地发展，结果导致了日本在“二战”中的悲剧。

“二战”后，日本国溃败了，经济发展停滞了，传统也中断了。而这种中断其实只是中断了它与带有封建专制特色的天皇制绝对主义政权的联系。在日本经历了彻底的民主改革后，仍然是这批抱着效忠国家观念的、勤奋工作的日本人民，创造了东亚的奇迹，使日本的儒家文化背景又发挥了积极的作用。对此，人们有各种解释，其中有不少人认为，“对于日本来说，当然原来不存在西方那种新教伦理，但它却有同等功能的世俗伦理和精神。”[④] 美国著名社会学家爱德华·希尔斯在《中心与边缘》中说：

---

① 参见近代日本思想史研究会：《近代日本思想史》第一卷，商务印书馆 1992 年，第 129、130 页。

② 同上。

③ ［日］西村茂树：《日本道德论》岩波文库本，第 33 页；转引自卞崇道：《现代日本哲学与文化》，第 164 页。

④ 张旅平：《文明的冲突与融合》，文津出版社 1993 年，第 233 页。

"社会有一个中心。……中心或中心圈是一个价值观和信仰王国的现象。它是主宰社会的象征、价值观和信仰的秩序中心。……每个社会都有官方宗教，尽管人们认为社会是世俗的多元的和宽容的。中心也是一个行为王国的现象，是某种制度的行为方式。正是通过这种方式，价值观才得以具体化，才能够被认识。"[①] 根据这种论述，儒学在近代日本是否也起了某种"官方宗教"的作用呢？

第三节　韩国儒学与现代化

在传统社会与现代社会的衔接方式上，韩国与日本是有差别的。自然，这与韩国儒学与日本儒学的差异是很有关系的。

在本章的上节中我们已经指出日本文化所具有的开放兼容性特点，及一些学者的研究中所指出的，日本文明与西欧文明"杂交"或"平行"发展的特殊关系。[②] 同时，我们也简略论述了在日本近代，当"西风"袭来之时，儒学地位的升降往往与明治政府实施现代化的方略及国民道德教育的导向密切相关。[③] 从这些认识和资料中，我们可以对日本儒学的特点有一个侧面的了解。正像有的日本学者指出的："日本的儒教不是制度上的儒教，而是作为一种理念上的儒教。换句话说作为理念的儒教，在任何制度里，能否现实化是完全自由的。""在制度上能促使儒教思想扎根的是科举考试。和韩国、越南不同，日本从未引入这种制度。""在日本，由于通过学校教育，使得儒教的理念更加鲜明，并最有效地普及开来。"[④]

这里应该指出，日本儒学对政治制度依赖较少，而更多地与学校教育有关。儒学正是通过国民教育的途径贯彻到日本人的深层理念和民族精神之中的。因而在近代，面对以明治维新为契机流入日本的西洋文明的波

---

① E. Shils, Center and Periphery: Essays in Macrosociology (Chicago: University of Chicago Press, 1975) p. 61；转引自《文明的冲突与融合》，第 225 页。

② 参见本章第二节"日本儒学与现代化"中的"一、开放兼容型的日本文化"，及"二、脱亚入欧与儒学遭遇"。

③ 同上。

④ ［日］谷中信一：《儒教在日本近、现代教育中发挥的作用》，见中华孔子学会编：《儒学与现代化》，人民教育出版社 1994 年，第 484、485 页。

涛，看来儒学似乎一时失势，但在道德教育上，没过多久儒学就重新活跃起来，“至第二次世界大战止，儒学仍是日本道德教育的主流”。① 韩国儒学则与此不同。有的韩国学者说，“韩国是世界第一的儒教国家”②，“韩国是只有通过朱子学才能解释的国家”。③ 确实，在韩国，儒学在一定时期是在政府扶植保护之下，作为官方的、与佛教相抗衡的正统意识形态被引进的。韩国儒家学者对朱子理学有一种近乎“原教旨主义”的情结④，尽管朱子学并非原始儒学。

在韩国历史上，儒学从高句丽小兽林王二年（公元 372 年）设立太学，以儒学教授子弟、培养人才开始，以后渐渐越出教育领域，向国家制度层面和社会价值层面渗透。三国时代传入朝鲜半岛的儒学主要是汉唐经学，从内容上是经董仲舒改造过的儒学政治思想，因而儒学在官方的倡导下发展。朝鲜王朝建国之初更明确了儒教立国的政策，自此儒教享有国教地位，支配整个思想界长达 500—600 年之久。朝鲜儒学以朱子学为正宗，具有强烈的排斥异端的色彩。不仅拒斥佛教，而且对于宋明理学内部派分出的强调主体意识和独立思考的陆王心学也严加排斥。这样就使得韩国理学比中国宋明理学更沉湎于思辨，心性义理说更周密，学说更正统，甚至于演变为一种趋于“特化”的意识形态。⑤ 这样的意识形态在政治上所造成的压抑以及学术上的烦琐在某种程度上使得韩国儒学失去了探索、创造精神，和解决实际问题、适应或应付急剧变化的外部世界的能力。在这样的氛围下，即使是作为对儒学官学化、梗塞化的反省而出现，主张经世致用的“实学派”，也难以有真正的作为。

因此，当近代来临的时候，作为朱子学“嫡统”的韩国，不能迅速熟悉由于西欧文明开创新世界的新形势，“儒教作为统治哲学，完全执着

---

① ［日］丸山敏秋：《日本的道德教育与儒学》，《儒学国际学术讨论会论文集》（下），齐鲁书社 1989 年，第 1299 页。

② ［韩］宋丙洛：《韩国经济论》（韩文），第 157 页。

③ ［韩］洪元植：《关于儒教资本主义论的评价》，《哲学研究》，1999 年 10 月增刊，第 150 页。

④ ［韩］黄秉泰：《儒学与现代化——中韩日儒学比较研究》，社会科学文献出版社 1995 年，第 461 页。

⑤ 参见［韩］崔龙水：《对朝鲜儒学发展史的反思》，见中国孔子基金会编《儒学与廿一世纪》，华夏出版社 1996 年，第 1354—1355 页。

于既得权力，没有理解异教的努力，受到官学权威的限制，没有接受新文化的雅量"[①]。韩国面对近代化的这种姿态恰"与以包括了朱子学、阳明学、实学等多种内容的儒学和神道佛教等儒教以外的思想状态来迎接近代的日本，形成了极好的对比"[②]。因而很多韩国学者在总结韩国近代化的教训时，甚至认为作为正统文化的儒学应当担负延缓朝鲜改革进程，不能有效地应付日本帝国主义国权侵夺的责任[③]。

1910 年《日韩合并条约》签订以后，韩国沦为日本帝国的殖民地。韩国在丧失了政治上独立性的同时，也被剥夺了自己文化上的特点。但韩国的儒学并未就此而中绝。一方面，它爆发为抗击日本殖民侵略、爱国家和民族的义理精神，或化为一些儒者标榜教育救国、企图通过培养后代人才来夺回国家的坚韧的努力；另外，也被少数人捏造为对日本侵略有利的"皇道儒学"。1945 年迎接光复时，在韩国也曾有许多人设想以政治、文化、思想上的传统来填补由于战败国日本的退却而造成的空白，但是这种努力却因为当时东方文化正处于衰败的国际大环境，而最终流于破灭[④]。

1945 年光复后，本已饱尝殖民之苦的韩国又承受了"二战"后国际冷战局势的恶果，陷入南北分裂局面。国家分裂后，原先统一的经济变为"南农北工式经济"，由此，韩国一下子变成彻底的农业国。不久后发生的朝鲜战争（1950—1953），又使韩国经济遭到彻底破坏。但是，朝鲜战争除了有破坏韩国经济的负效果外，也造成了另外一个后果，这就是在摧毁韩国经济的同时，也对不利于经济发展的传统社会的旧习惯、旧制度、旧的思维方式以及旧的生活方式进行了一次较彻底的破坏。作为韩国传统社会主流文化的儒学的真正中断，也正是从这时开始的。

那么，韩国儒学在经历了历史性的中断后，是否能获得劫后新生呢？

---

① ［韩］崔根德：《儒教与未来社会》，国际儒学联合会编《国际儒学研究》第一辑，人民出版社 1995 年，第 193 页。

② ［韩］洪元植：《关于儒教资本主义论的评价》，《哲学研究》1999 年 10 月增刊，第 150 页。

③ 如韩国教授金日坤指出，近代"韩国由于封闭的儒教文化传统的束缚，没能及时走向开放，因而备尝亡国之苦"。黄秉泰指出，韩国民众"把儒学看作是因现代化冲击而导致的民族羞辱负主要责任的祸根"。参见金日坤著：《儒教文化圈的伦理秩序与经济》，中国人民大学出版社 1991 年，第 133 页；黄秉泰著：《儒学与现代化》，第 495 页。

④ 参见［韩］崔根德：《儒教与未来社会》，《国际儒学研究》第一辑，第 194 页。

这其中还有一个在什么氛围中以及从什么方向上重新开发和利用儒学的问题。

在研究韩国现代化问题时，许多学者认为，韩国现代化是在政府主导下进行的，而朴正熙政府是在现代化中第一个有作为的政府。朴正熙政府将儒学精神同西方价值观、同西方先进的科学技术及管理方式结合，从而有力地推动了韩国的现代化。①

朴正熙的前任是李承晚和张勉。李承晚当政时正值 1948 年大韩民国政府刚刚成立，在美国扶植下确立了三权分立的制度框架，实行总统中心制。但李承晚当上总统不久就通过修改宪法、宣布戒严等手段，排斥打击异己势力，扩大总统权力，使韩国的民主共和制发生蜕变。他用西方的民主手段来维护个人独裁，以“先统一后建设”为执政原则，实则以“统一”为幌子，热衷于政治权力的纷争，无视经济发展和韩国现代化建设，实行的是“政治加军事的民族主义”②。1960 年，李承晚因政治腐败、政局失控而被迫下台，而接替李承晚的张勉民主党既无力控制局势，也无能发展经济，只能维持着从西方移植和引进的民主制度的空架子。因而仅只一年左右，其政权便被朴正熙等人发动的军事政变所推翻。

朴正熙是在美国支持下登上政治舞台的。他本人信奉孔子学说，既有韩国民族文化的背景及民族意识，同时又曾任日本统治时期伪满军少尉，后来上过韩国陆军士官学校，并被派到美国步兵学校高级军事班受过训，兼具东洋和西化的思想背景。③ 从韩国走过的历史看，当时在经历了 36 年日本的殖民统治及朝鲜战争，战后又接受了美国从军事、教育和行政管理渠道输入的西方科学、管理技术和文化价值观念，并经过社会内部思想的巨大震荡、国家政权更迭的反复试验，付出了巨大的人力和物力代价之后，韩国已有能力在继承自己民族文化遗产的基础上，吸收消化西方先进的科技文化和管理技术，重建自己的民族国家。历史给了韩国儒学以重新

---

① 参见赵冰波：《儒学的开放兼容精神与日本韩国现代文明的发展》，《开封大学学报》1999 年第 4 期。

② 陈峰君：《东亚与印度》，经济科学出版社 2000 年，第 92—93 页。

③ 参见沈圣英：《近现代史朝、韩经济的现代化问题》，北京中日文化交流史研究会编《论东亚经济的现代化》，东方出版社 1998 年，第 298—299 页。

发挥活力的机遇。

朴正熙执政18年，首先在政治上否定了腐败无能的旧政权，建立了有权威的高效率的政府，又以此为基础提出了“增长第一、工业第一、出口第一”的经济发展战略，制订实施了三个五年计划，并通过一系列国民精神运动，振兴了民族精神。由此，他有效地维护了社会的稳定，并实现了产业结构（从农业到重工业）的转变和经济的高速度增长[①]。从20世纪60年代初至20世纪80年代初，韩国摆脱了世界上最贫穷的国家的境地，实现了经济起飞，并为以后几年（1980—1987）的经济腾飞奠定了基础。韩国的经济发展战略后来被人们称为“韩国发展模式”。韩国仅用四分之一个世纪便使自己跃升为仅次于日本的东亚第二个新兴的工业国家。

在总结“韩国模式”的经验时，人们提出了很多看法，其中最重要的有这样几点：

1. 有致力于经济开发、相对廉洁而高效率的政府；

2. 选择了符合国情的国家主导型经济发展战略；

3. 尊重知识、尊重和重用知识分子，注重发展教育。[②]

韩国政府总结以往的经验，认为，在一个贫穷落后、面临饥饿的国家实现现代化，当务之急不是建立国民都能参与政治的西方式政体，而是以经济开发为中心课题实现产业现代化。全体国民的统一意志不能自发形成，只有靠国家意志去动员才能形成国民的定向合力。所以朴正熙当政后所做的第一件大事，就是清算腐朽政治，唤醒民族精神，利用国家权力和政府的权威，把人民推向实现国家现代化的战场。

韩国的权威主义政府在国家经济建设中往往起导向性作用，而不同于“自由资本主义发展模式”中的依靠市场主导式的调节。朴正熙政府锐意整顿官僚机构，强化政府职能，简化民主程序，用强有力的行政手段和经济政策诱导或推行其经济发展战略；用国家的意志（实现国家现代化的

---

① 从1962—1979年，韩国国民生产总值的年平均增长率为9.5%，国民生产总值从23亿美元增加到640亿美元，人均国民生产总值从87美元增长到1640美元。参见李庆臻、金吉龙：《韩国现代化研究》，济南出版社1995年，第36—38页。

② 参见沈圣英：《近现代史朝、韩经济的现代化问题》，《论东亚经济的现代化》，东方出版社1998年，第298—301页。

目标）和计划（经济开发计划）来主导民间的经济发展。而另一方面，在韩国国民看来，从国民福利到国民教育，政府必须担负起一切责任，政府官员不仅是政府职能的体现者，也应该是领导者和表率。这样就形成了韩国国民不同于西方资本主义的政府观。[①]

韩国社会从上到下都懂得尊重知识，韩国总统请专家当顾问，政府部门下决策前，首先要倾听有关专家的意见。韩国政府行政机构改革，也请专家、教授当参谋，各种长短期发展计划，都由有关专家、教授制定。韩国政府重视教育，将教育视为人力开发战略的重要内容。现代韩国把教育投资看作非常重要的生产投资，把教育投资的积累当作教育资本，[②] 在为经济建设服务的目标下推行鼓励读书的现代教育制度，激活了儒家重视教育的传统。同时儒家传统的“望子成龙”观念与美日现代教育体制的结合，推动了教育事业的发展及韩国经济现代化的进程。

综上所述，儒学在韩国近现代史上经历了一个中断过程之后，通过时代的转换，又在哪些方面发挥了积极作用呢？

1. 韩国的“新权威主义”政府在韩国现代化开创时期，起到了稳定社会秩序，形成整体号召机制，将国民意志引向有利于经济发展的方向的作用，并且政府在经济建设中亦发挥了积极的导向作用。而韩国新权威主义政府之“威权主义政治”的形成与韩国历史上儒家传统的政治文化有着不可分割的渊源关系。正如北京大学陈峰君教授在将东亚与印度——亚洲两种现代化模式进行比较时所指出的：

> 东亚威权主义政治的形成，与其传统政治儒家文化的影响不无关系。儒教是东亚传统社会占统治地位的意识形态……韩国、中国的台湾、新加坡等东亚国家和地区都具有儒家的意识形态和君主制的历史传统以及相应的政治文化……
>
> 东亚历史文化传统的这种特点，使该地区的具有现代化导向的国

① 参见李庆臻、金吉龙：《韩国现代化研究》，第45、64—65、79—80页。

② 据有关统计材料：20世纪50年代，韩国教育经费占年均国民生产总值的5.1%，60年代已增至8.8%。在此期间教育经费每年度的增长率都超过国民生产总值的增长率。据世界银行统计，1985年韩国教育经费占政府总开支的比例，在其所统计的91个国家和地区中居第11位。参见陈峰君：《东亚与印度》，经济科学出版社2000年，第75页。

> 家权威可以充分地调动潜涵于本民族深层文化中的传统政治文化因素，实现社会和政治力量的整合，这就构成了威权政治的文化根源。

同时他又指出，儒家传统政治文化的“基本特征在于：皇权主义、清官思想、等级观念、集团意识等，其核心是信奉‘大一统’，要求实行中央集权”。但是“威权主义”是“对传统专制主义的扬弃”，“东亚威权主义的产生是以传统专制主义的消亡为历史前提的”，它“与资本主义时代相联系，它代表的是新兴工业化势力的利益”。①

2. 当代韩国教育事业的发展，教育在韩国现代化进程中所占的重要地位，都与传统儒学重视教育与机会均等的教育思想有关。韩国历史上曾实行过儒家文化的科举制，特别是中国宋代儒学强调通过学习和考试竞争来取得社会成就和社会地位的传统深深根植于韩国社会。至今，从政府官员到普通百姓都保留有“学而优则仕”的儒教传统观念。这种传统观念为韩国推行现代教育制度，进而为经济建设服务提供了良好的社会环境，并加快了适应现代化人才机制的形成。同时，从更大的文化背景上看，它也使韩国，乃至东亚国家的发展在人才竞争上显示出一种优势。例如澳大利亚学者李瑞智就曾指出，“儒家传统似乎在强调严峻，甚至是冷酷的竞争，并基于此点制订规范，‘学而优则仕’，通过教育竞争，杰出者将取得职权和社会地位”，但是，“在欧美创立的国际市场上，东亚人越来越充分地表现出他们的高度竞争水平和技术能力。这种才能的来源，很明显地出于中国人或受中国文化影响者所积累的儒家传统思想的启迪并受到上述思想的规范。”②

3. 与强有力的权威主义政府对经济发展的主导作用相应的，是社会文化体系层面儒家文化的积淀所起的作用。这种层面积极作用的发挥，一方面，有赖于政府在思想意识领域的积极倡导；另一方面，它又是以传统的社会组织结构为现实基础的。而恰恰是后者，往往被人们看作是韩国乃至东亚模式在儒教文化方面的突出特征。鉴于韩国的现代化与儒学的关

---

① 陈峰君：《东亚与印度》，经济科学出版社 2000 年，第 89、84 页。

② 李瑞智：《儒家传统对西方的挑战》，《儒学国际学术讨论会论文集》（下），齐鲁书社 1989 年，第 1408 页。

系，我们仅从韩国的“国民意识改造”和“家风式的企业文化”来说明上述问题。

“国民意识的改造”。为了充分调动国民这个进行经济建设的主体，60年代韩国经济发展的初期，朴正熙政府就提出了“改造国民性以适应经济增长和国家现代化”的“第二经济理论”，号召韩国人改造民族性和国民性，强调建立一种“国民相信工业化同每一个国民的利益休戚相关”的国民精神。国民意识改造注重发扬儒家重视道德教化的传统，并把它与西方崇尚科学的精神相结合。朴正熙政府倡导和领导了“全民科学化运动”，注重提高全民的技术和技能，改造国民意识结构，倡导生活方式和思考方式的科学化，杜绝浪费、迷信、虚礼、贪图安逸、不思进取等陈规陋习。国民意识改造不同于一般的大学教育，它是一种更广泛的国民教育，其目标不仅在于培养精英，同时也更注重教育农民、培育中产阶级及锻造一般国民精神。

“家风式的企业文化”。韩国的企业文化是一种家风式的企业文化。这种类型企业文化的突出特点是重视人性，依靠礼义和人情把人们紧密地团结起来。它深深地植根于强调忠孝和仁义礼智信的儒教传统思想之中，受传统的大家族制度的家长式权力及其相关的行为准则的影响。韩国家风式企业文化有三大特点。一是以儒教思想为基础的共同价值观，表现为突出以人和人品为中心的经营理念，重视企业成员应具备的诚实、勤勉、责任感、合作精神等品德。二是集团结构。表现为集团主义的行为准则和“本分”主义的行为规范。三是位阶结构。表现为重视企业组织内的上下职位秩序，因而形成了员工对企业组织的隶属心理，服从权威、恭敬上司、忠诚于企业等。①

韩国的家风式企业文化，与它所赖以产生的权威主义政府主导型的产业化政策是一体化的，它不仅表现了韩国经济发展的特点，也表现了其社会组织结构的特点。这种特点往往被当作韩国模式的“共同体式资本主义”或“儒教资本主义”的主要特征。其实这种特征不仅仅是韩国模式所具有的，也是东亚儒教文化圈的其他国家在不同程度上所具备的。关于

---

① 以上关于韩国的“国民意识改造”和“家风式的企业文化”，参见李庆臻、金吉龙：《韩国现代化研究》，第47、58、222—225页。

这一点，《儒教文化圈的伦理秩序与经济》的作者韩国金日坤教授有着深刻论述，他指出：

> 儒教文化最突出的特征，是借助家族集团主义去建立一定的秩序。在欧洲，人们是利用以个人主义为中心的市民社会或社会契约的原理来维护社会秩序的，而儒教文化中的秩序却是靠“忠”和“孝”的集团主义原则来维护的。①

他又说：

> 在具有儒教传统的国家，政府和企业之间、企业内部人们之间，保持着上下尊卑的关系，有一种置身家族之中的感觉。……儒教文化圈内的国家，企业本身就是一个家族共同体，企业成员之间保持着宗族般的人际关系。②

第四节　中国：近代以来儒学的遭遇及其原因探析

中国近代如按国内传统说法，从 1840 年鸦片战争算起的话，则近现代社会转型大体经过了太平天国、洋务运动、戊戌变法、辛亥革命、五四运动，和中国共产党领导的新民主主义革命等重大事件③。而新中国成立后的社会主义建设和自 20 世纪 70 年代末以来的改革开放，又接续了近代中国求国富民强的目标追求，以经济建设为中心，把中国的现代化运动推向了一个崭新的阶段。

从这一过程来看儒学，则儒学在近代经历了一个与帝国衰落、解体同

① 参见金日坤：《儒教文化圈的伦理秩序与经济》，邢东田、黄汉卿、史少锋译，中国人民大学出版社 1991 年，第 111、144—145 页。

② 同上。

③ 有的学者用“新陈代谢”一词概括近代中国社会转型，其过程也以上述事件为主要环节。参见陈旭麓著《近代中国社会的新陈代谢》（上海人民出版社 1998 年）一书中冯契的《序》，第 5—6 页。

步的过程[1]，并且总是与政治上的复辟与反复辟、文化上的激进与保守问题相纠缠，直到“五四”新文化运动才“真正从理论上”和“一定程度的实践上标志着儒学独尊地位终结”。[2]

关于儒学从近代以来的遭遇，新中国成立以来国内各种史书，特别是政治思想史都有所涉及。而近年来出版的儒学史，有的认为近代以来中国传统儒学经历了三次大的冲击，即：太平天国时期对儒学的第一次冲击、辛亥革命对儒学的第二次冲击、五四运动对儒学的第三次冲击[3]。有的在探讨儒学在近现代中国的命运时指出，从辛亥革命到五四运动期间，儒学也受到三次冲击，第一次是辛亥革命南京临时政府的成立和《临时约法》的制定，在法律上、政治上确立了以民主主义思想代替儒学为国家社会指导思想的方针，1912 年的教育改革，基本上结束了儒学在学校教育中的官方学说地位；第二次是辛亥革命后，由于袁世凯在复辟帝制过程中，利用孔子和儒学制造舆论，因而便有由梁启超担任撰述主任的《大中华》杂志，及著名记者黄远生（名基，字远庸，笔名远生）为代表的批评儒学，反对尊孔复古，反对袁世凯利用儒学作为复辟帝制的工具及企图恢复儒学在国家社会中指导地位的斗争；第三次是五四新文化运动，以陈独秀创办的《新青年》为主要阵地，激烈地批判儒学，基本结束了儒学在思想文化领域中的统治地位。从此，“儒学再次回到民间，开始以自己独特的学理来寻求知音的艰难历程”。[4]

如前两节所述，如果说儒学在日本曾经历了 1868 年开始的明治维新至 1945 年“二战”结束这一时间段的转折和中断期，在思想上丧失了作为独立体系的生命，而后，发生了形态的转换，变为在日本人思维结构及民族精神中再生了的实践化伦理；如果说具有浓厚的正统意识形态色彩的韩国传统儒学，是在 1910 年韩国沦为日本殖民地时才开始历史性的中断、而后又在韩国现代化运动中获得新生的话，那么，中国传统儒学的历史性中断，应该说是以“五四”新文化运动的反对传统、呼喊启蒙为标志的。

---

① 参见罗荣渠：《东亚跨世纪的变革与重新崛起》一文中的第二部分《东亚现代化进程中的三种基本演变形式》，《东亚现代化：新模式与新经验》，北京大学出版社 1997 年，第 3—5 页。

② 姜林祥：《中国儒学史》（近代卷）；广东教育出版社 1998 年，第 21 页。

③ 参见姜林祥：《中国儒学史》（近代卷）目录及相关内容。

④ 宋仲福、赵吉惠等：《儒学在现代中国》，中州古籍出版社 1993 年，第 1—2 页。

但是，在中国，儒学并没有因为辛亥革命推翻封建帝制而退出政治舞台，也没有因为“五四”运动激烈地批判封建纲常礼教而洗清它与封建思想、旧道德的关系。例如，辛亥革命后，1915 年袁世凯复辟帝制，1917 年张勋带领辫子军进京，拥戴废帝溥仪复辟。因为在这两次复辟帝制前（1913 年和 1916 年），国会都曾讨论宪法草案中关于“国民教育以孔子之道为修身大本”的条文，并引起尊孔废孔的争论，于是袁世凯尊孔，张勋“请订孔教为国教”，儒学便被看作封建帝制派利用来为复辟帝制服务的工具。[①]

类似的实例还可以举出很多。总之，在我们以往的儒学研究中，关于近现代中国儒学的遭遇史，几乎就是其反复被利用，不断被当作维护反动统治的思想工具的历史。以至于有的学者只能认为“儒学作为统治思想地位的完全丧失是在新中国成立以后”。在此之前，“无论是五四时期的北洋军阀统治，还是后来的国民党政府，仍然把儒学作为统治思想之一。儒学作为政治、伦理道德的指导思想的指导地位并没有完全丧失”。[②]

像这样来看儒学，儒学似乎为近现代中国的历史承载了过多的重负。然而即使如此，我们仍然不能回答，儒学作为旧时代中国的主流文化，作为延续中国近现代社会发展的背景文化，究竟怎样通过中断、更新、转换、提升，来保存自己，并发挥作用的？我们也不能说明，为什么一直作为“维护反动统治的思想工具”的儒学，唯在抗战期间能够发挥积极作用，成为中华民族共同抵抗侵略的精神力量和思想武器？另有，既然在 1949 年新中国成立后，儒学已经丧失思想统治地位，只是被当作一种学术思想来研究，为什么在震惊世人的十年“文化大革命”中，仍有所谓“批林批孔”、“评法批儒”运动，而儒学仍被当作政治意识形态中的指导思想来批判？……诸如此类的问题，说明在中国近现代，儒学种种遭遇现象的背后，还有着更深层次的实质性问题。

他山之石，可以攻玉。近年来东、西方对东亚现代化及其与儒学关系的研究，或许可以帮助我们走出过去那种单一的，以阶级斗争为轴心研究

---

① 参见宋仲福、赵吉惠等：《儒学在现代中国》，第 17—20、38—40 页。

② 同上书，第 61 页。

近代史的思想构架①，从而以更广阔的视野来分析中国近现代时期传统与现代性的互动关系。

这里想借用美国研究远东思想的资深专家狄百瑞教授的观点。狄百瑞在《东亚文明——五个阶段的对话》一书中，是把东亚文明作为一个整体来讨论的，他以整个东亚文明的形成和发展为背景来看东亚的近代转化，对中国儒学与现代化的问题提出了两个值得注意的方面：一是儒学与中央政府的关系问题；二是儒学与国民性、民族性的关系问题。

关于第一方面，他指出，中国的近代化改革，一开始就“缺乏全民族有效的协调”②。19 世纪自强派（即洋务运动派）的改革努力，往往是在一个地区的基础上，在自己的势力范围内。与自强派零敲碎打的路数相对照的，是 1898 年“百日维新”时康有为的综合性纲领，“这一纲领可以看作是过渡到孙中山和毛泽东的革命纲领”。③ 但是康有为的改良不可能有任何结果，一方面，这是由于他在朝廷的政治无能所决定的；另一方面，由于清朝廷自由放任的政策，让地方政府自行动员力量去解决地方的需要，同时朝廷去颁布各种往往不能与地方的财政现实相符的理想方案和合理性计划。清政府尽管是一个中央集权的官僚体制，但它这种分散化的先天倾向，使它不能像一个近代民族国家那样行动自如。面对这样的现实，康有为的许多洞见便化作乌托邦式的计划了。但他的看来不切实际的想法却体现着他的感受。例如，他处心积虑地要定孔教为国教的基础，是因为他感受到“中国极其需要有统一的象征、道德的能力和宗教的社会纪律”，而在西方和日本，宗教都代表着一种强而有力的统一力量。为了突出儒教的统一和稳定社会的作用，使之成为代表传统的、可供利用的象征性资源，康有为还对孔教使用了“民族精华”（即“国粹”）的观念。④

关于中国儒学与现代化的另一个值得注意的问题，即儒学与民族性、

---

① 正像冯契教授指出的：“这种构架标志着一定历史阶段上的中国近代史研究的水平，然而积久不变，便成了束缚人的框框。”见陈旭麓著《近代中国社会的新陈代谢》一书中冯契的《序》，第 3 页。

② ［美］狄百瑞：《东亚文明——五个阶段的对话》，何兆武等译，江苏人民出版社 1996 年，第 84、92 页。

③ 同上。

④ 参见［美］狄百瑞：《东亚文明——五个阶段的对话》，第 95—97 页。

国民性的关系，狄百瑞指出："民族主义是近代国家建设过程中的一把钥匙"，它在近代，可以说决定着人民之支持王朝和迎接近代化考验的能力。像日本近代，这个问题就表现得十分突出。而与日本相比，无论从"国体"上，还是对民族传统的认同上，中国的清政府都缺少这方面的优势。所以在近代，清政府不能把民族主义作为一种自我防御的强有力手段。而儒学在中国传统中作为官僚体制选拔才智的一种手段，没有建立一种有效的普及学校教育的体制，也使得王朝缺少赢得民心的必不可少的条件。①

以上这两个方面，大概也就是儒学在中国近代社会转型中，未能成为延续传统的一个连续不断的活力源泉的重要原因了。

为了更深入地说明上述问题，我们有必要把东亚各国相比较地看，在《东亚文明——五个阶段的对话》这部书中，狄百瑞把儒学当作东亚共享的文明；为了说明这种共享的传统与各国本土文化的关系，他在一种极其广泛的意义上使用了"对话"一词。他的所谓"对话"，表达了最广义的思想分享或思想交流，甚至包括各种思想和制度的相互作用，譬如在关键性的历史转折时刻，一个国家或民族对于思想和文化所作的选择。② 从这种观点来看，儒学在近代中国之所以没有像在近代日本那样，成为一种可供利用的象征性资源，其原因不能只从儒学自身来找，还应着眼于儒学作为一种思想体系，与中国社会制度结构之间的历史交互作用过程。中国近代的社会转型期，始终没有形成一个统一的、强有力的中央政府的有效领导，这也就使儒学没有能够围绕现代化目标进行积极的、有选择的转换。这是中国儒学与日本儒学、韩国儒学的不同之处，事实上，这也是儒学作为传统文化而在中国屡遭批判、屡受"创伤"的原因。

与狄百瑞上述看法相契的，是美国著名社会学家希尔斯关于"社会中心"的观点。在本章"日本儒学与现代化"一节中，我们已经引用过他的观点，他说：

社会有一个中心。同样社会结构有一个中心圈，中心圈以各种方

---

① 参见［美］狄百瑞：《东亚文明——五个阶段的对话》，第87—89页。

② 参见［美］狄百瑞：《东亚文明——五个阶段的对话·序言》，第3页。

式影响着每一个人。而每个人与中心圈的关系便构成了人们的社会关系，这种关系不仅仅是生态学意义上的区位关系。……

中心或中心圈是一个价值观和信仰王国的现象。它是主宰社会的象征、价值观和信仰的秩序中心。它之所以成为中心，是因为它是终极的、不可极化的……

中心也是一个行为王国的现象，是某种制度的行为方式。正是通过这种方式，价值观才得以具体化，才能够被认识。①

他在这里指出社会中心对于在宏观上构成社会生活的象征与组织层面制度化的关键作用。没有社会中心，社会互动的有序化和社会组织上的种种制度化，都是不可能实现的。同时，社会中心也是社会共同体文化认同和社会整合的焦点。没有这个焦点，社会成员对有关国家、共同体、民族的根本认识就会陷于混乱，社会宏观秩序也缺乏合法性的根基。根据他这种观点，再对照儒学在近代中国与各种思想和制度遭遇的过程，我们也可以说：由于中国在近代的转折期始终没有形成一个统一的、强有力的社会中心，因而儒学也就没有围绕这个中心来发挥中心价值观和“信仰王国”的作用，它往往自发地被社会保守势力向着以往的旧的社会中心整合，因而只能屡遭批判，或随着社会的推进退居边缘。

中国儒学的这种遭遇，自然与它的特点有关。不过这种特点正如上文所说的，并不是单纯思想文化意义上的，而是从社会大系统结构来看的“价值观和信仰王国现象”，这种“价值观和信仰王国”，是在中国封建社会长期的发展和演化过程中形成的，它是中国儒学的特点，也包含着中国传统社会的特点，试从下列三个方面予以概括：

一是中国儒学的原发性。

中国是儒学的故乡。儒学中最主要的、构成道德的根本和基础的东西，是从中国特有的家族制度和社会组织中产生出来的。在中国，儒学不像在日本或韩国，是作为一种思想或学说来接受，而融入本土文化中的，它也不是一种道德说教，而是融入中国人社会生活的思想方式和行为方

---

① E. Shils：《中心与边缘》，转引自张旅平：《文明的冲突与融合——日本现代化研究》，第225页。

式。另外，儒学的原发性，还表现在它具有强烈的传统的“华夷之辨”思想。历史上中国长期居于东亚国际关系册封体制的中心，这养成它内向的思维和文化上的优越感。近代有的思想家说中国向来没有国家的概念，“自古一统，环列皆小蛮夷，无有文物，无有政体，不成其为国”①，实际上这也是它在近代激烈的中西文化冲突中，在中华帝国已趋解体的情势下仍漠视天下，抱残守缺，不能像日本一样采取开放态势的原因。

二是中国儒学的“大一统”性。

儒学的“大一统”性与中华帝国的大一统是相一致的。“大一统”的中华帝国形成“大一统”的文化，而儒学是这种文化在意识形态方面的主要支撑。

儒学的大一统性首先表现在制度上。儒学长期通过科举与封建统治结为一体。它与科举制度的结合，使其不仅成为一种占统治地位的意识形态，而且成为统治机构的一个组成部分，具有相当的权威性。不过儒学的权威，并不主要表现为政治统治思想的权威，而是一种核心价值观的权威。它通过科举制，灌输到知识分子的思想中，使得知识分子都遵从儒学的思维方式；它通过社会传承和家庭教育，以各种方式影响着每一个人，构成人们的社会关系，形成以儒学价值观为基础的社会秩序。而它对于统治者，是以基本的自我修养作为统治他人起点的一种政治方法。

此外，历史上中国儒学的大一统性还表现在它对多民族的中华大家庭“大一统”文化的维系上。这种维系与儒学的制度化相结合，并强化了它的制度化色彩。但更重要的，是它通过制度的维系，加强了对多民族统一国家的心理维系。例如，历史上元蒙和清朝的统治，在其建国的初期都经历过“汉化”的过程，而所谓“汉化”，其核心是对儒学的尊崇，包括任用儒生，实行汉法，尊孔崇儒，翻译汉文经史或整理儒学经典，实行科举制，整顿国子学等内容。通过“汉化”，巩固了封建帝国的统治，安定了民心，也延续了中华民族的传统文化。

三是中国儒学的整合性。

儒学的整合性体现着文化整合与政治整合的一致和统一。这本是由孔子思想奠定的基础。孔子的“为政以德”（《论语·为政》），不只是对统

---

① 梁启超：《中国积弱溯源论》（1890 年），《清议报全编》第 4 册，横滨新民社辑印，第 4 页；转引自［日］依田憙家：《日中两国现代化比较研究》，第 45 页。

治者品德的要求，也倡扬了政治治理与社会治理相辅佐的思想。而他讲“夷狄之有君，不如诸夏之亡也”（《论语·八佾》），以及“近者悦，远者来”（《论语·子路》），都是突出了先进文化的感染力和同化力。

儒家自孔子之后，“尊王攘夷”思想逐渐成为后世维护“大一统”及对待周边文化的理论根据。从汉代的独尊儒术，到唐宋以后的崇理反佛，既表现了对异质文化的排斥倾向，也包含着儒家关于文化对国家统一、政治安定、人心归向等作用的认识。所以儒学的整合，既是政治的整合，又是社会的整合和文化的整合。例如宋代初期，就曾出现一种以倡导古文运动，反对佛教思想泛滥，主张以经明道、经世致用为内容的文化整合趋势，[①] 这是儒家文化为适应社会发展而进行的自我调整。当时中国的封建社会自唐宋之际开始其发展进入了新的转折期，所以进行文化整合也是宋初为了统一国家、消除地方割据势力，加强封建专制制度的一种客观需要。通过整合，批判地继承了自先秦至汉唐以来的儒家文化传统，建立了完整的文化体系和能够以我为主吸收异质文化的自我整合机制，使得中国文化更加成熟，也更增强了儒家文化潜在的同化力。

但是儒家的文化整合，既有积极用世、自强不息的精神和含弘光大、厚德载物的包容气象，又有以我为中心同化周边文化的传统惯势。通过一次次整合，它吸收了其他的或外来的思想学说、宗教思想，充实了自己，保存了中华文化传统，同时也走向了自我完善和封闭。儒家独尊，天下一理，是儒学与封建帝国的大一统政治结合的产物，因而儒学的“道统”论在注重社会延续、文化传承的同时，也包含着对政治先例的保守和对维护皇权统治的关切。而这些，也正是儒学面对近代西方先进文化的冲击所表现出的致命弱点。

现在再回到中国近代社会儒学的作用问题上来。中国近代，先是太平天国的革命斗争使得清政府的统治机构面临崩溃的边缘，接着是靠镇压太平天国起家的湘系和淮系的私人武装集团势力的膨胀，加快了割据趋向的发展。最初的近代化改革（洋务运动），就是在这样分散的情势下，由各地方势力倡导推行的。它缺乏统一的协调，也没有形成有集中领导的现代

---

① 关于宋初文化整合的具体内容，请参见刘宗贤：《宋初学术的文化整合倾向》，《哲学研究》1996 年第 11 期。

化运动。从事戊戌变法的维新派向往统一，希望进行整体性的改革，但他们进行改革的载体清政府已日趋解体走向没落，不可能再重新调整，成为领导现代化的新的中心。辛亥革命结束了清朝统治，而此时的清政府并不是作为一个强有力的政府被推翻的，只是在西方现代化潮流的冲击下，作为形存实亡的君主专制政体被革命党逐出历史舞台的。但由孙中山领导的共和制革命，共和制的变革并没有在中国取得成功，袁世凯、张勋等保守势力重新恢复君主制的企图也不可能再奏效，故辛亥革命后中国陷入更严重的军阀混乱、分裂割据。中国“从第一次世界大战后的北伐战争开始，才转向统一的方向发展，通过新民主主义革命而完成了统一”。[①] 而在此期间，由五四运动开始的民族意识的增强，以及北伐战争使地方军阀转向没落，都起了重要作用，而全国军民对日本帝国主义的侵略日益表示强烈的抵抗，就更增强了中华民族的凝聚力。

综上所述，中国现代化进程在开始阶段遇到困难或滞后，不能归咎于儒学，而其关键在于国家不统一，缺少一个强有力的社会中心的推进。关于这一点，有的学者在研究东亚现代化问题时早已指出。他们说：“从 19 世纪 60 年代至 1949 年，中国的现代化始终是在缺乏统一中心或分裂状态下进行的。”“在中国近代整个现代化过程中，现代化从没有被中央政府在全国范围提倡，没有成为国策。”[②] 日本的依田憙家教授则强调：统一国家是近代国家实现的前提。日本在近代化初期就克服了幕藩体制的割据状态，通过明治维新成立了统一国家，因而有了这个前提；而中国近代化在开始时就没有这个前提。19 世纪后半期日中两国政治现象的差异是：日本一直朝着统一的方向发展，中国却始终有着分裂的倾向。[③]

那么儒学呢？怎样看待近代以来儒学在中国的遭遇？

如上所述，儒学的文化传承性、大一统的文化特性和文化整合性，这是儒学的三个特点，也是儒学的社会功能。概言之，历史上儒学是靠国家的统一、民族的团结来发挥文化整合作用，以便进行文化传承的。当然，其传承的环节有如家庭、教育、社会下层民众的心理意识、爱国爱家的观

---

① ［日］依田憙家著：《日中两国现代化比较研究》，卞立强等译，北京大学出版社 1997 年，第 130 页。

② 张旅平：《文明的冲突与融合——日本现代化研究》，文津出版社 1993 年，第 221 页。

③ 参见［日］依田憙家：《日中两国现代化比较研究》，第 124、130、20 页。

念等。而其关键，是大一统的中华文化，及其所依附的封建帝国政治制度。而近代，中华帝国衰落了，儒学失去了政治支撑。同时，社会现代化进程从一开始以及大部分时间是在分裂割据的局面下进行的，没有形成新的支持现代化运动的社会中心，所以曾作为“大一统”文化核心的儒学便不能被集中地、有组织地进行转换，只能或遭批判，或被用来整合旧的体制。

传统儒学与帝国政治的结合，使近代以后中国不可能像日本那样，既主动吸取西方近代的政治文明，又自觉转换儒学在国民教育中的作用；加之儒学一贯的内向思维的自我整合方式，和中国文化的自我中心论，长期以来把自己的文化看作最文明的东西，对中国文化缺乏冷静的反思，对西方文化不能有意识地进行融合，因而近代中国激烈的中西文明冲突就是不可避免的了。冲突的结果形成了：或是摈弃中国文化传统的西化论，或是保守中国政体和“国粹”的中体西用论；此外，就是主张承续文化“道统”的当代新儒家，虽然他们在中国文化学术的薪火相传方面有其特殊贡献，但他们没有政治和社会中心依托的命运，也只能是“花果飘零”。近年来有人称当代新儒家为“文化保守主义”，但是，单纯的“文化”保守能否形成真正的主宰社会价值观和信仰的秩序中心？历史已经证明是不可能的。历史终归还是按其固有的逻辑发展，近代中国经历了激烈的价值冲突，最后终于走了一条革命的路。而新民主主义革命，马克思主义的中国化，又潜在地包含着中国传统文化对时势的适应。在中国，真正形成了指导现代化的社会中心，是在改革开放以后，也只有在此时，曾经背着沉重历史包袱的古老中国才真正敞开国门，与世界接轨，中国的现代化由此逐渐步入正轨，儒学也再度恢复了生机。

回顾近代以来中国儒学与现代化关系之路，我们可以得到的最重要的经验有两个：一是中国必须统一；二是中国必须开放。只有走统一的路，只有放弃自我中心，自觉地融合中西文化、中外文化，中国才有出路，儒学才有出路，中国文化才有出路。

第五节　新加坡马来西亚模式：意识形态化的儒学

儒学之所以在古代东亚成为维系社会的精神支柱，其中重要的原因在于其成为意识形态化的官方哲学。在东亚，儒教是传统社会占统治地位的意识形态。那么在近现代以后，儒学还能否再度发挥意识形态的功能呢？这里可以通过新加坡、马来西亚现代化模式中儒学的作用来进行探讨。同时，由于新加坡与马来西亚特殊的历史关系①，及在“亚洲价值观”上的相近立场，我们将以东南亚社会为背景，把这两个国家合在一起来阐述。

一　东南亚的传统社会与意识形态整合

东南亚的文化源流比较复杂。这与其地理位置和历史都有关系。横断山脉的地势，决定了它是一条南北走向的民族走廊。就整个东南亚说，它是亚洲三大文化影响的交汇区，又地处南北陆路交通与东西水陆交通的十字路口上，历史上民族迁徙频繁，文化交流的范围广泛。所以这里既有东亚文化和印度文化的影响，又有伊斯兰教文化和西方文化的影响，同时伴之以随处可见的本土原始文化。东南亚地区内，由于地理位置差异和文化传播的重点不同，又有大陆文化和海岛文化的不同。

据有的学者考察，东南亚民族追根，很多都要追到中国②，加之近代以来大批华人迁居东南亚，所以中国文化和东亚文化在此地有很重要的影响。而近现代由于西方殖民主义的入侵，东南亚又成了诸多西方制度的“试验田”，这不仅使东南亚各国在文化、社会制度和经济发展水平上存在诸多差异，而且，在东南亚一些国家中，又是东西文化并存。例如，在“亚洲价值观”特别流行的新加坡和马来西亚，同时也流行着英语。

有人说，东南亚是亚洲社会的缩影，也是非西方社会的缩影。东南亚传统社会是亚洲传统农业社会的一个典型，在这里保留着亚洲凝重的历史遗产。③ 尽管东南亚在历史上曾分割为许多地方王国，近代以来又被西方殖民者割据，使得这一地区在地理和社会发展方面都非常分散，各自为政，但是，整个东南亚地区的各地、各国之间仍是有很多共性的。

东南亚具有亚洲内向性社会的特征，在这里，传统的价值观表现为“社会先于个人”，人们认为，这表现了亚洲集体主义的特色；而“有组

---

①　新加坡于1965年退出联邦，脱离马来西亚。

②　参见李毅夫：《东方民族与文化》，见季羡林主编《东西文化议论集》（上册），第342页。

③　参见庄礼伟：《亚洲的高度》，广东旅游出版社1999年，第2—5页。

织的集团比个人更具有普遍性”，“普遍具有天然的集体思想——在集体中每个人都有其特定的地位和职能”①，被认为是亚洲传统农业社会的共性。东南亚在政治方面具有亚洲传统社会的特色，主要表现为尊重权威，注重统治者个人的人格魅力，并以此为统治者合法权力的根据。

东南亚所具有的亚洲社会特色除了文化交流的影响外，又是以其久远的本土文化特色为基础的。早在殖民统治建立之前，东南亚人民已经形成了一些朴素的文化和信仰体系，主要是多元的万物有灵崇拜、“船货崇拜”和文化上的实用主义。东南亚传统社会具有多元宗教、多元文化格局。一方面，人民崇尚忍耐、积德、修行、追求来世、追求超凡境界等传统品德，这主要来源于古代东南亚的印度教、佛教和原始拜物教；另一方面，与伊斯兰教俱来的商业传统、追求同一以及对外的强硬性格，也对东南亚的传统性格有重要影响。后者特别突出地表现在东南亚近现代的民族主义特色中。有人认为，东南亚传统社会中的万物有灵论和宿命论妨碍了个人主动性的发挥，转而相信、服从权威和命运，而这些特性又因为与宗教的关联具有了顽强的生命力。

东南亚传统社会结构的特点是用习惯法管理社会。就是说所有的村民都愿意服从当地的传统规则。可以说这种因袭的态度与各种等级秩序和权威一道维持着社会的稳定。而这些秩序与权威建筑在以家庭伦理为基础的秩序上。例如在马来乡村，地域性的族群往往是由一个或多个血亲集团靠通婚而形成，掌握族群最高权力的是酋长，而酋长通常也是某个家族的领袖。在这样的情况下，整个社会都看重统治者是否贤明，这种习惯也影响着东南亚传统社会的政治。② 东南亚传统社会的地方行政体制也建立在传统的家族或宗族权威之上。在殖民地时期，族长的权力甚至连殖民当局也不敢加以干涉，因为据说这种权力来自神授。

东南亚的现代民族国家就是建筑在这样的传统社会基础之上的。事实上，东南亚现代民族国家建立的过程也就是意识形态一体化的整合过程。这个过程又是与东南亚各国强大的民族主义运动相关联的。有的学者在总

---

① Lily Abegg，“Ostasien denk tanders”，Atlantis Verlag，Zurich，1949；转引自翁贝托·梅洛蒂：《马克思与第三世界》中译本，商务印书馆 1981 年。

② 参见庄礼伟：《亚洲的高度》，广东旅游出版社 1999 年，第 5—6、8—9 页。

结东亚成功的经验时，认为从主观因素而言，东亚的崛起应是各种内部因素或综合因素的结合，并把这种综合因素概括为“东亚经济民族主义”。[①]所谓东亚经济民族主义是一个综合性概念，既包括经济，也包括政治方面和文化方面的意义。从经济角度讲，是从民族国家利益出发，集中国家一切财力物力发展国民经济并形成有关国家经济建设、对外经济关系的战略、路线、方针、政策；从政治上讲，振兴国家经济，实现现代化是全国全民族的最高纲领和指导原则；从文化上讲，东亚经济民族主义中体现着一种东方人特有的民族精神，即为国家富强、民族振兴而奋斗不息的民族意识和感情。[②] 无疑，在东南亚地区现代化比较成功的国家，如新加坡，这三方面特点也都具备，只不过由于上述东南亚传统社会所具有的多元文化、多元宗教以及移民多的特点，它的后两个方面的特点更为突出。也就是说，这些国家的意识形态整合突出地表现在围绕现代民族国家建立和发展以经济为中心工作中的文化和政治因素的有机结合。正像一位台湾学者所说的：“民族主义是对西方国家的入侵东南亚一个积极有建设性的反应。结果形成了一种激昂慷慨的新情操，和一种强劲莫之能御的新动力，坚持要创造一个自己能决定自己命运的新社会。”[③]

东南亚一些国家以民族主义为导向的意识形态整合表现的特征主要是：以民族主义自豪，视之为被授予权力、自由和主张民族尊严的象征；重视意识形态的强大功能，注重宣传民族意识、神圣的国家，及国家光荣的历史；创制国家和民族的象征物，要求以主人的身份书写自己民族的历史和文化，甚至在学术上也要求表现民族的尊严，摆脱西方传统的“东方学”单纯从人种学的角度来研究东南亚社会和民族的倾向。

应该指出，东南亚国家在意识形态方面注重本土和威权主义文化传统的倾向，都是以经济上采用市场经济模式为前提的。在经济运作方式上虽然有的国家是自由市场经济模式，有的具有明显的政府干预市场经济模式，但总的说，他们在经济上都是自由主义的。这样，他们在意识形态方

---

① 陈峰君：《东亚与印度——亚洲两种现代化模式》，经济科学出版社 2000 年，第 42—43 页。

② 同上书，第 43 页。

③ 朱鹤宾：《东南亚各国政府及政治》，台湾中央文物供应社 1970 年。

面的整合，明显地具有应付社会转型期的矛盾冲突，维护国家稳定和引导人民确立国家认同的性质。特别是在20世纪80年代以来，随着经济发展和对外开放程度的增加，以及传统社会结构的加速解体，意识形态整合的这种功能就更为显著。新加坡的儒家伦理运动，以及新、马所提出的“亚洲价值观”，都具有这种性质。

但是，新加坡、马来西亚把建立现代民族国家与意识形态整合一体化的方式，实际上也是一种治国方略，即政治上、文化上保守东方传统，与经济上自由主义的有机结合，以此促进经济增长，及增强民族、国家的凝聚力。这正如新加坡前总理李光耀所说：“（亚洲国家）并不轻易放弃赖以生存的传统文化与价值观”，但是“在不同程度上，亚洲人静悄悄地采用了西方不少有用的价值观、社会措施以及管理方法，因此现在他们的价值体系中有东西混合的成分。”①

二　新加坡——新马模式成功的典型

东南亚各国近现代以来的发展以新加坡、马来西亚最为受人瞩目，两国之中新加坡的现代化最为成功，跻身于亚洲“四小龙”之列，并常被人们用儒家文化来注释其经济成功的经验。故这里从新加坡入手，来分析新马模式的经验。

美国学者K. E. 柯德尔（Calder）在分析新加坡赖以取得现代化成就的社会结构模式“儒家社会主义型的资本主义”时指出：

> 在许多方面，新加坡比其他任何国家都更忠实地反映了东亚模式的显著特色。新加坡总理李光耀，尽管高度西方化，但在许多方面仍不失为一位典型的儒家领导者……
>
> 新加坡的国家政策也是完全儒家式的，盛行道德训诫，或许除中国之外，比其他任何亚洲国家更彻底。如同中国大陆用大字报抵制修正主义敦促提高生产，新加坡以政府公告形式告诫人们节俭、勤奋以至最近号召剪短发……

---

①　见李光耀在接受美国尼克松和平自由中心颁发的“新世纪缔造者奖”的仪式上所作的演讲，《联合早报》1996年11月13日。

> 除了继承儒家道德传统之外，新加坡在许多方面也显示出是东亚政治经济制度上最西化的国家。①

这是以一个西方人的眼光来看新加坡模式与儒学的关系。此外，人们在评价儒家文化在新加坡现代化成功中的作用时，常提到的是：儒家企业精神；贤能和集权的政府。而这两点也是东亚经济发展模式中的一般经验。

其实，新加坡发展中的儒家企业精神是以新加坡华人所具有的勤奋、自强、吃苦耐劳等传统美德为基础的。新加坡是个移民社会，其中华人移民占国民的大部分。从19世纪初到20世纪40年代，就有大批下南洋的移民在这里停留。早期南洋地区的开发和繁荣，是与华人的辛苦创业分不开的。但是，这只是从儒家文化对新加坡影响的历史渊源来说的。从现实看，新加坡既是移民社会，又是多种族、多元文化共存的社会，也是个开放的社会；这里东、西文化，新旧观念交织碰撞，公民多掌握英语，西方文化的传播不存在语言障碍。这使得新加坡在建立现代民族国家时突出地遇到国家认同、文化整合以及社会控制等问题。为此，新加坡采取了以儒家思想为核心的意识形态整合措施。在新加坡，儒家文化本只是多元文化之一元，但新加坡政府公开提倡儒家伦理，以儒学为凝聚人心、整合秩序的工具，因而儒家思想便成为社会的意识形态和政府的治国理念。对儒家文化的提倡可谓是一种带有实用化色彩的意识形态运动，这也体现了儒家"时中"的特性。正像李光耀所说的：新加坡"并不轻易放弃赖以生存的传统文化与价值观"，"但如果这些价值观成为了进步的绊脚石，它们就会被抛弃或者被改装"②。

新加坡的儒家文化意识形态特色主要表现在两个方面：一是贤人（或好人）政府；一是儒化社会。为了看清二者的逻辑关系，我们想先从后者说。

关于儒化社会。

---

① ［美］小R. 霍夫亨兹、K. E. 柯德尔：《东亚之锋》，黎鸣译，江苏人民出版社1995年，第74—75页。

② 见李光耀在接受美国尼克松和平自由中心颁发的"新世纪缔造者奖"的仪式上所作的演讲，《联合早报》1996年11月13日。

韩国学者金日坤曾把家族集团主义看作儒家文化的一大特性。[①] 诚然，新加坡政府也非常重视维护社会的基本单位——家庭。其措施甚至包括申请公共租屋时，对于成年子女愿意与父母同住者，可给予优先权。但是与日本或韩国有所不同，新加坡的团队主义并不突出地表现在微观的企业管理上，即把企业当作扩大了的“家庭”。移民社会的新加坡更注重树立一种国家团队精神。前总理李光耀说：“我们能够建立起团队精神、集体精神。每个人都为团队作出最大努力。这团队就是国家，反过来，国家关心个人，公正平等，政府的艺术就是建立团队精神的艺术。”[②]

新加坡政府致力于加强儒学在治理社会中的作用。这包括：用儒家的伦理教化人民，号召国民讲礼、勤劳、重视家庭、爱国，提倡公德心，号召建设“优雅社会”，“团结的社会”；同时强调权威、秩序，提高社会凝聚力；狠抓人口素质，认识到新加坡最大的资源就是人，因而重视培养人才，把最优秀的人才选拔到重要的位置。政府在运用思想和文化手段塑造和影响人们价值观的同时，也采取严厉的法治来进行道德引导和有效的社会控制，例如：严格执行罚款制度，实行新闻审查和网络审查、电影电视节目审查，实行生育控制和优生政策，以及对公务员实行严格的财务监督和财产申报制度，实行各种严厉的廉政措施等等。新加坡政府用儒家伦理塑造“好公民”，以此来整合秩序、稳定社会，同时，也注重关心人民、改善人民生活。例如：对低收入居民和高薪阶层采取不同办法，以解决绝大多数居民的住房问题，设立强制性的多功能的中央公积金制度，以及在政府与职工、工会间建立一种“共生关系”，减少社会各阶层的收入差距等。[③]

政府的富民政策使人民得到实惠、生活富足，人民也就更加拥护政府，维护政府的权威。新加坡政府与民众的融洽关系，从某一角度看，有些近似于历史上儒家的“仁政”说。而新加坡的成功之处，也正在于“政府与社会的紧密结合”，通过这种结合，营造一个儒化的社会。这对于在维持一个多元化社会的同时，又建设一个统一稳固的现代民族国家，

---

① 参见［韩］金日坤：《儒教文化圈的伦理秩序与经济》，中国人民大学出版社 1991 年，第 144—145 页。

② The Straits Times，August 16，1980；转引自庄礼伟：《亚洲的高度》，第 339 页。

③ 参见庄礼伟：《亚洲的高度》，广东旅游出版社 1999 年，第 421—422 页。

是至关重要的。所以1988年李光耀在对新加坡大学生演讲时说："华人失去儒家性格的那一天，也就是我们沦为又一个第三世界社会的那一天。"[①]这反映了多年来新加坡政府的治国理念。

关于贤人政府。

如果说新加坡政府倡导儒家文化的目的是在于营造一种社会意识氛围的话，那么这种创造社会意识的成功有赖于一个以儒家思想为治国理念的精英领导集团。这就是新加坡的贤人政治或好人政府。

新加坡贤人政治的前提是政府领导集团由精英分子组成。在总理职位上领导新加坡31年，后又任内阁资政的李光耀就是这样的精英。在他周围集中了全新加坡第一流的人才，他们都是学有专长的专家和高级管理人才，并且大多在西方国家著名学府留过学，获得了硕士以上的学位。例如1997年国会选举中上任的内阁成员中，总理吴作栋是美国威廉斯学院发展经济学硕士，内阁资政李光耀是英国剑桥大学法科学士，副总理李显龙是哈佛大学公共行政学硕士，副总理兼国防部长陈庆炎是美国阿得雷德大学应用数学博士，内政部长黄根成是伦敦大学商学硕士，等等。[②] 新加坡政府专门设置人才机构组织，把挑选高中层干部的重点放在大学毕业生身上。从小学到大学，他们实行教育分流制，让最杰出的学生留学欧美日澳，归国后很快便成了国家各部门的精英。李光耀相信精英治国的成功之处，他说："任何社会都有一个最高阶层，其人数不超过人口的5%，德才兼备。正是由于有了他们，我们才有效地利用了有限的资源，使新加坡成为南亚、东南亚出类拔萃的地方。"他甚至认为，行政、军、警、法定机构中的杰出人物挑着施政的大梁，如果这300人死于飞机失事，那么新加坡将分崩离析。[③]

新加坡政府也具有东亚威权主义的特征。这一方面表现为施政风格上对政治权力的独断，充分发挥其对经济和各项社会事务的干预、调节和启动作用，并突出表现在新加坡领导人对西式民主有自己的独到见解。李光耀多次表明这样的看法：所谓民主，并没有固定的标准，不同文化、历史

---

① Far Eastern Economic Review，May19，1988，p. 15；转引自庄礼伟：《亚洲的高度》，第424页。

② 参见庄礼伟：《亚洲的高度》，第268—269页。

③ 参见陈峰君：《东亚与印度——亚洲两种现代化模式》，第80页。

和民族具有不同的民主。[①] 他还认为两党制“不符合我们的天性，……我们是一个亚洲社会”。[②] 另一方面，从新加坡民众来说，华人社会也渴望得到权威的保护，以免在相互倾轧中财富被剥夺，这就使他们把一元的绝对权威的政治领导看成是“自然的”现象；而少数政治精英，则怀着一种“救世型的”报国心态，参政意识十分强烈，导致了对政治权力的垄断。“从这个意义上可以说，人民行动党的集权统治正是儒家政治文化的张扬。”[③]

但是，儒家政治文化，其核心在于注重当政者的素质、品格及个人修养，这一点，新加坡又可以称为世界之最。在新加坡，多年处于执政者核心地位的李光耀是一位既“贤”且“王”的君子。他威严、清廉、勤奋而又博识好学。他是新加坡发展的设计师，又视新加坡唯“生命所系”，对国家和人民怀有高度的历史使命感和责任感。所以他的政府被称为“君子政府”、“好人政府”。1990 年 11 月接任他为新加坡总理的吴作栋曾说：“我们感到特别幸运，因为 31 年来，新加坡一直由英明又正直的人统治。……我们的国会制度能运作得这么好，应归功于当政者的素质及良好的品格。”[④]

上文所述的两点——儒化社会和贤人政治，便是意识形态化的儒学在新加坡取得成功的基本经验。但是，如何看待这份经验？也就是说，新加坡到底是一个什么样的社会，以及如何衡量儒学在新加坡的地位，这却是一个有争议和值得深思的问题。

对此，有人提出：新加坡是一个商业社会、一个较发达的社会，也可以说在那里“儒风”吹拂，但它绝不是一个儒家文化占统治地位的儒家社会，在那里，儒学只是一种工具。[⑤] 这种说法有一定道理。但是，若仅把儒学概之为“一种工具”，即“儒化”人民，以维护威权体制的一种工具，那么，它又与封建社会历代君王以之为政治意识形态，强迫人们服从“三纲五常”的社会秩序之儒学有什么区别呢？

---

① 参见新加坡《联合早报》，1990 年 10 月 22 日。

② Far Eastern Econornic Review, Sept. 15, 1988；转引自庄礼伟《亚洲的高度》，第 344 页。

③ 陈峰君：《东亚与印度——亚洲两种现代化模式》，第 90 页。

④ ［新加坡］《联合早报》1990 年 10 月 5 日。

⑤ 庄礼伟：《亚洲的高度》，第 350—351 页。

对于这个问题，1982年应新加坡教学发展总署之邀访问新加坡，参与新加坡开设中学儒家伦理课程计划的杜维明教授，曾给予了特别关注。他在与新加坡各界对话中屡次谈到，要强调儒家哲学的核心价值，即长期以来启迪了东亚一代又一代心灵的那些基本观念；要把儒家思想理解为一种生活方式，一种伦理道德的形式，以此来“帮助我们的孩子培养他们的道德品质”。他认为，历史上儒家思想可以被、而且确实曾经被作为一种政治化的意识形态而应用。但是，由于这些统治者根本就不信奉儒家伦理这样一个伟大的理想，因而将儒学堕落到一种强制性的控制术。他们利用道德来达到其政治目的，把道德政治化了。而且，因为他们不是由群众心甘情愿地推选出来、在道德正义的基础上施行统治，所以他们就用强制性的手段来加强他们的影响。① 对此，杜维明指出：“当强制性的政治实体，同时垄断了意识形态和道德控制的时候，其政治化对于社会和文化的创发力可能会造成极大的危害。”②

杜维明阐述了儒学理想化的道德价值形态，同时也指出了政治化的意识形态儒学的危害性。也许，他是针对当时对话中新加坡一些人士提出的问题而对现实发出的警示吧。但是，就当代新加坡所推行的社会意识形态化的儒学来看，它与历史上封建君王的政治意识形态化的儒学确实是有本质区别的。

诚然，在新加坡儒家伦理作为一种寻根文化，作为华人社会将其代代相传的道德伦理，同时也是政府用来凝聚人心、稳固社会的社会意识形态。但是，所有这一切的前提是，它是新加坡用以建设现代民族国家的社会意识形态。新加坡儒化社会的基础是从西方引进的先进体制和先进技术，这包括法律制度、经济体制、教育体制乃至市政建设等；而新加坡弘扬儒家文化，从政府公开表露的目的看，是为了治理现代化所带来的各种弊病，“抵御西方歪风”，以建立一个具有新加坡特色的、经济发达的现代化东方社会。今日的新加坡政府与旧时的儒式政治相比，是不可同日而语的。这正如李光耀所说的：在华人传统中，统治者是胜任其职的人，具

---

① 以上参见杜维明：《新加坡的挑战　新儒家伦理与企业精神》，高专诚译，生活·读书·新知三联书店1992年，第129、39、161页。

② 同上书，第40页。

有某种学识能力，是正直的人，但是他们是世袭的，而“每五年我都必须面对一次选民”。①

对于新加坡运用儒家伦理治理社会的经验，杜维明教授是从“作为一个多民族和多文化的社会”，致力于“它自己的普遍化的趋向”角度来看的。他认为，鉴于国情，新加坡“唯一的选择就是创造性的一体化——一种寻求文化认同和普遍观点的综合”②。同时，他把新加坡的儒家伦理看作一种“转化了的儒家伦理”。他说：“在新加坡所有的，不是排斥一切其他百家的儒家伦理。……在某种方式上，西方的竞争性和经典的儒家伦理的勤奋结合到了一起。儒家伦理不再是孤立的了。这是一种为接受西方挑战而转化了的儒家伦理。这种新的模式，作为一种反应回答不仅仅是对于世界的适应。”③

而北京大学陈峰君教授从东亚模式的角度把新加坡经验看作“欧美的新教伦理创造的先进体制和先进技术”与传统文化相结合，从而创造出的新的文明，“是一种全新的‘再生机制’”。他说：

> 新加坡既是倡导儒家文化的典范，同时也是学习吸取西方文化的范例。……一方面，在新加坡具有儒家传统文化，存在着集体主义、权威主义等有利于国家意识保持发展的政治稳定，从而有助于克服与缓和急剧变革中引起的社会秩序与发展性危机，增强社会的内聚力，以及加强对分散的经济权势的宏观调控，调整集体与个人的利益冲突，保证社会公平与福利，促进社会的和谐与整合等。另一方面，“依据新教伦理而来的欧美资本主义制度，带来了西方发达国家的经济发展，创造了与此相关联的国际经济环境和资本主义精神。这样，既保障了市场原理的适用和开放性，又使得传统的伦理和秩序的存续与传承成为可能。新加坡……将西方文化的积极成果与东方文明的优秀积淀，

---

① Lee Kuan Yew, The Struggle for Singapore (Australia: 1976), pp. 248—249；转引自庄礼伟《亚洲的高度》，第424页。

② 杜维明著：《新加坡的挑战》，高专诚译，第205页。

③ 杜维明：《新加坡的挑战新儒家伦理与企业精神》，第210页。

恰到好处地结合起来，取得了令世人瞩目的突发性的成就。”①

他们这些论述对于我们理解新加坡的经验是非常有益的。

三　从“亚洲价值观”的争论看新马模式

东南亚现代化比较成功的国家，如新加坡、马来西亚常宣称他们的发展成就得益于一种精神上的力量，即“亚洲价值观”。其实就新、马模式看，亚洲价值观首先是这两个国家立足于自己的国情所实施的治国哲学和治国方略，是融合东西方文化，成功地结合了西方“发展理性”和东方集体主义价值观的一种混合型意识形态。但是，“亚洲价值观”也是时代和国际政治的产物，从这些国家发展的外部环境看，“亚洲价值观”是以新、马为代表，东亚一些发展中国家对抗西方民主和人权的说教，抵御西方自由主义思潮的一种意识形态，是亚洲国家对西方中心论的挑战和自信的表现。因而也可以说，是新加坡、马来西亚的发展成就，是东亚模式的成功，使得“亚洲价值观”成为冷战时代后的一个热门话题，使得西方国家与东亚一些发展中国家关于“亚洲价值观”的辩论成为国际关系中西方与非西方关系中的一个焦点和学界的显学。

亚洲价值观，就一般含义上讲，本应指亚洲范围内存在的各种源流的价值观的总称，它几乎包括了东方三大文化圈的内容，或指亚洲的东方价值观的主流。但目前在国际上引起争议的“亚洲价值观”，却是东亚某些发展中国家具有威权主义特色的官方意识形态，及其所倡导的主流价值观。它的内容概括起来大体可以包括：（一）国家与社会先于个人，并强调个人对国家和社会的责任，坚持集体主义的人际伦理和人权观；（二）强有力的施行仁政的“好政府”，这是政府对人民安分守己、尊重权威的回报；（三）维持有秩序的社会，有了秩序才有效率和安定的生活；（四）家庭是整个社会的基础，也是人们工作的动力和目标；（五）崇尚和谐与协商，没有非黑即白的强烈对抗意识，重视通过协商取得共识。②

---

① 陈峰君：《东亚与印度——亚洲两种现代化模式》，第190—191页；其中引文部分出于李一平、周宁：《新加坡研究》，国际文化出版公司1996年，第151页。

② 关于东亚一些发展中国家“亚洲价值观”的意识形态有很多说法，这里只取其一家之说，请参阅庄礼伟：《亚洲的高度》，第394页。

在东亚和东南亚的一些发展中国家，他们或提倡“亚洲价值观”，或在国际上以“亚洲价值观”解释、辩护自己的行为，他们对“亚洲价值观”因国度的差异而有不同的诠释和实践，但对“亚洲价值观”的阐述和实践比较具有代表性的，主要是新加坡和马来西亚两国政府及其领导人。而西方，特别是美国的媒体、学术界，及官方主流意见对“亚洲价值观”的批评、诘难也集中地针对这两个国家。

例如1994年12月，美国的一个新闻业组织“自由论坛”和香港的外国记者俱乐部联合在香港举行了一个名为“亚洲新闻论坛”的国际研讨会，对新加坡的新闻模式和它所提倡的“亚洲价值观”进行了猛烈攻击。有评论甚至说这是对“亚洲价值观”进行的一次“公审”。[①]

不仅西方媒体，而且西方国家政府也卷入了这场论战。例如1994年7月21日美国政府发表的《国家安全战略报告》，一方面，肯定“亚洲已成为美国最大的贸易伙伴”，同时又严正地批评说，有人认为民主似乎对亚洲不太合适，至少对亚洲国家不合适，人权是相对而言的，西方的人权政策仅仅是在掩盖西方的文化帝国主义——这些观点是错误的。该《报告》指出，各国都必须寻找自己的民主形式。但是，进行虐待和实行暴政在文化上是找不到理由的。美国不能听任压迫在道义相对主义的幌子下自行发展。因为民主和人权不仅是西方人向往的东西，而且是全世界所有人都向往的东西，是普遍原则。[②]

从上述西方媒体和美国政府的态度，基本上可以看出西方舆论对“亚洲价值观”的原则立场。他们认为，所谓“亚洲价值观”不过是政治的附庸，是把意识形态与传统价值观结合，为东亚的威权主义政权作论证，披上一层“全民认同”的合法性外衣；李光耀把儒家思想与西方民主摆在截然对立的位置上，“亚洲价值观”是片面强调本土文化特性，为一己之私而违背民主、人权等普世性原则；东亚经济奇迹只是靠高度数量的投入，并不是由于价值观上的优势，新加坡的经验也是有限的，在全球民主化的浪潮下，“亚洲价值观”好比“沙滩上作画”，是难以持久的。[③]

---

① 《李光耀的“亚洲价值”在公审下被瓦解了》，台湾《新新闻周刊》1994年12月18日。

② 参见美国政府1994年7月21日发表的《国家安全战略报告》。

③ 参见庄伟礼：《亚洲的高度》，第462—465页。

西方媒体和政府舆论之所以对“亚洲价值观”这样关注，倾注了这样大的力量进行批评，是因为他们把以新加坡（李光耀）为代表的，“主张威权控制下向市场经济过渡的意识形态”，当作他们向世界播散自由民主价值观、实现民主化进程的主要障碍。而实际上，西方对“亚洲价值观”的诘难，也主要是依据西方自由、民主价值观的传统，和当代在西方已经渗透到哲学、宗教、科学、政治、社会、文化、行为等各个领域的，极富号召力的自由主义理论。

例如按照亚里士多德《政治学》的传统观点，西方政治学家认为民主是随着城市化发展、受过教育和富有的中产阶级的增加，而发生的必然的逻辑结果；格拉汉姆·富勒把西方观念归结为三大基本原则，即：资本主义与自由市场，人权与世俗的自由民主政体，国际关系中的民族国家框架①；而当代西方的自由主义流派则普遍认为，政治上的好政府就是干预少的政府，经济上的自由放任政策，社会上的人权和法治，以及文化、教育上的价值中立等。按照这些观点，新马模式显然不符合西方的“逻辑”，同时他们对意识形态的引导及“一党独大”等，又是违反自由主义认定的法则的。因此，西方舆论把“亚洲价值观”的最大特色看作“独裁”和“威权政治”，他们不能认可新加坡的成功。

如保罗·克鲁格曼发表《亚洲奇迹的神话》，认为亚洲新兴工业化国家主要是靠惊人的资源投入而获得快速增长的，并不是靠提高效率来推动的。② 克里斯托弗·林格尔则针对新加坡李光耀和马来西亚对“亚洲”价值观的乐观态度，认为在他们眼里，“在发展经济的祭坛前，政治自由成了祭祀的羔羊。”在对未来世界发展趋势的预测上，林格尔认为独裁体制无法适应未来捉摸不定的全球化进程和世界市场，不一定能赢得未来。他说：“长期以来，经济增长和发展取决于文明社会的私有制。它有助于防止少数统治者控制和分化其余的社会成员，从而起到制衡作用。”“恰恰相反，独裁政权靠限制交流和信息传播，靠强行实施严格的社会控制，来削弱和排斥政治上的反对力量，从而维护自己的统治。他们也许只允许自

① Graharn Fuller, “The NextI deology”, No. 98, Spring, 1995, p. 145；转引自庄礼伟：《亚洲的高度》，第 467 页。

② Paul Jruman, “The Myth of Asia's Miracle”, Foreign Affairs, Vol. 73, No. 6, 1994, pp. 64—71；转引自庄礼伟：《亚洲的高度》，第 469 页。

己信任的党内阿谀奉承者在国内商务活动中唱主角，以确保经济力量不会用来削弱执政党的统治。”① 而《大国的兴衰》作者保罗·肯尼迪则在他的《“亚洲世纪”还远得很》一文中强调，亚洲许多国家经济依然落后；1996 年在吉隆坡出席“新亚洲论坛”的詹姆斯·加里森博士则说：“亚洲复兴（Asian Renaissance）对亚洲是重要的，可是对世界其他地方却是无关紧要的。”② 他干脆否定了亚洲模式具有任何普遍意义。

西方不仅以自由、民主、人权的价值观原则，而且以他们自身的发展模式为普遍原理来权衡亚洲的发展，而积极倡导“亚洲价值观”的新加坡、马来西亚却强调：非西方国家有权力根据自己的国情选择发展道路，确立主流价值观；从国际关系的原则来看，全球民主化不仅指各个国家内的民主化，也应该是国家间关系的民主化。在国际关系民主化的原则上，倡导“亚洲价值观”的国家觉得自己只不过是在向西方大国的“威权统治”要求民主，进行抗争而已。

例如，对于西方的民主自由和人权，新加坡更相信自己的理解。新加坡无任所大使许通美说，东亚人不相信西方的无限制的个人主义。个人是重要的，但个人并不是孤立的存在，而是家庭、家族、宗族、邻里、社区、民族和国家的成员。③ 1992 年李光耀在访问菲律宾时谈到他与“美国政治评论员”在民主观上的分歧时说：“我不相信民主对于发展来说是必需的。我相信一个国家要发展，它就需要纪律甚于需要民主。民主的泛滥导致了纪律涣散和秩序混乱。”④ 李光耀还说：“我的任务就是告知他人，如果他们的制度在其他社会行不通，就不要不分青红皂白地强行推销。身为东亚人，当我观察美国时，看到了它的美与丑。……东方国家的目标是建立秩序井然的社会，以使人人享有最大的自由。这种自由只存在于纪律严明的社会中，而不存在于任意争斗的无政府状态当中。”⑤ 而对国际论

---

① 克里斯托弗·林格尔：《别指望出现“太平洋世纪”》，见美国《商业日报》1996 年 7 月 24 日。

② 《南洋商报》1996 年 2 月 25 日。

③ 参见自庄礼伟：《亚洲的高度》，第 474 页。

④ Quoted in Clark D. Neher, “Asian Style Democracy”, Asian Survey, Vol. xxxiv, No. 11, 1994, P. 962；转引庄礼伟：《亚洲的高度》，第 475 页。

⑤ ［美］约翰·奈斯比特著：《亚洲大趋势》，蔚文译，外文出版社 1996 年，第 53 页。

争持更激烈态度的马来西亚马哈蒂尔，对西方批评“亚洲价值观”的言论更有自己的回应。如马哈蒂尔在《迈向亚洲的复兴》著名演讲词中说：亚洲很多人相信，我们的确有本身的价值观和做事的方式，这些都是为了争取一个更好的字眼：“亚洲”。对于那些认为本身价值观和做事方式放诸四海而皆准的人，这是一个异端。但“亚洲价值”难道就不能成为通用价值的基础吗?①他还说：“我只是认为，我们可以要求担任一个平等的角色。我们要求共同决定权……但西方至今还不承认这一点。”②

从上述有关“亚洲价值观”的争论，我们可以看出“新马模式”发展的国际文化背景。“亚洲价值观”本是发展中国家的发展路向问题，为什么会成为西方与东亚发展中国家意识形态论战的重要话题呢？这就关系到“冷战”后国际意识形态格局的变化了。

自“冷战”时期结束，伴随着苏联东欧集团的解体，美国在西方集团中的领导地位也在走向衰落。而东亚发展中国家的崛起，亚洲的复兴，即东亚国家和地区的经济快速增长、产业结构改善、人民生活水平提高、综合国力的增强等，都使得非西方国家、地区的重要性持续上升。不仅世界经济形成了美、欧、东亚三极而立的格局，而且亚洲发展中国家对自身传统的自觉，对选择自己发展道路的自主，以及在国际关系中要求平等地位意识的增长也已形成一种趋势。

对于世界上若干非西方文明的发展与崛起，以及相应的国际关系中意识形态变化的趋势，西方一些有远见的学者早已予以关注。例如：

美国著名政治学家格拉汉姆·富勒在他撰写的《下一个意识形态》文章中指出，当今民族文化正受到世界文化普遍均质化的威胁。第三世界面临着强大的文化压力。因权力、财富、影响力的不公平分配以及大国对小国的不尊重所引起的世界性冲突，其实要比基督教、儒教和伊斯兰教之间的教义冲突严重得多，冲突是现实造成的，文化只是冲突的载体。③因此，“下一个意识形态”对抗实质上反映的是发展中国家与西方的利益冲

---

① 《南洋商报》1996年1月21日。

② 《马来西亚总理谈亚洲的价值观念和西方的衰落》，德国《明镜》周刊1995年8月21日。

③ Graham Fuller, “The Nex tIdeology” Foreign Policy, No. 98, Spring, 1995, pp. 152—154；参见庄礼伟：《亚洲的高度》，第452页。

突。在这样的文化背景下，“尊重”、“尊严”这类词语将构成下个世纪政治言论重点的一些基本词汇。第三世界的人民和领导人已认识到，按照西方的观念，他们也应受到西方的平等对待和尊重。①

曾以“文明冲突论”引起学界争论的亨廷顿教授则警醒地指出，当代在以可口可乐为代表的西方物质文明风靡全球现象所掩盖下的文明间冲突的实质。他在《西方（文明）：独特的，但不是普世性的》一文中提到，近年来西方有不少人自认为西方文化应该就是世界文化，并不遗余力地推销这一观念。他指出，有一种看法，认为现代化就是其他文明之下的民族在追随西方模式时，放弃自己传统的价值观、制度和风俗习惯，实行全盘西化。亨廷顿认为，这些具有均质性、普世性的西方化世界的幻影是错误的、傲慢的和危险的。②

而《亚洲大趋势》一书的作者约翰·奈斯比特则更直接地提出：“全面承认并且接受东方的时代已经到来了。这种接受就和当初接受地球是圆的这一事实一样意义深远。东方不仅仅是日本和中国。东南亚国家联盟（ASEAN），包括泰国、马来西亚、新加坡、印度尼西亚……。这些都是重建世界经济秩序的强大力量和重要参与者。”③ 他还说：“整个世界舞台上正上演着一出大融合的戏剧。全球各个角落都被信息高速公路紧密地联系在一起。”“亚洲的现代化不能被看作它的西方化过程，而应是它自己的‘亚洲方式’的现代化。”④

从这些议论中我们不难看出东亚发展模式以及“亚洲价值观”提出的重要意义。

值得注意的是，当今有关“亚洲价值观”的争论并没有终止。20世纪90年代亚洲金融危机之后，“亚洲的价值”（Asian Value）观念又成为经济和社会学界被批判的对象，并作为热点问题被炒作；在对亚洲经济危机的诊断中，形形色色所谓西方世界“亚洲价值观”（Asian Values）的议论又纷纷出笼。此后，由于2001年1月27日，新加坡李光耀在瑞士达

---

① Ibid.，p. 154；参见庄礼伟：《亚洲的高度》，第452页。

② Samuel P. Huntington，“The West：Unique，Not Universal”，Foreign Affairs，Vol. 75，No. 6，1996，P. 28；参见庄礼伟：《亚洲的高度》，第452页。

③ ［美］约翰·奈斯比特：《亚洲大趋势》，第246、264页。

④ 同上书，第264页。

沃斯世界经济论坛的一次讨论会上发表演讲，针对信息技术和信息时代谈到了儒家传统，就又引起西方诸多媒体一番有关儒家价值观“已经过时”的舆论。美国《新闻周刊》网络版还以《李光耀放弃“亚洲价值观”》为题发表了专稿。

但是，毕竟时代在前进，无论是“东亚模式”，还是“亚洲价值观”，都不可能是一成不变的，它们会随着全球经济和人类文明的发展“与时俱进”。今天，由于“尖端技术通讯网的发展，低廉的运输费，无边境的自由贸易等”，“全球化”的实现已经作为一个不可避免的现实在日益靠近我们了，因此，不仅文化的开放成为不以人的意志为转移的大趋势，而且重视本土文化与吸取外来文化已同时作为越来越突出的问题摆在人们面前。在这样的形势下，我们必须走出原来的思维框架，必须重新认识、重新把握人类不同文化之间的“文化认同”问题，即需要回答：在不同地区彼此互异的文化圈里，面对文化的多样性，人们如何才能在自己文化的认同和其他民族文化之间取得协调、平衡和发展？①

而在这个问题上，无论是“新马模式”，还是儒学的价值观、文化观，都有可能会从新的角度给我们以新的启迪。

① 参见［韩］宋荣培：《略论在全球化时代里文化认同的危机与儒家伦理观的意义》，《孔子研究》2001 年第 2 期。

第六章　东方儒学的分与合——东方儒学的层次、差异及共同价值观

儒学是中国文化圈国家和地区共同的文化主体，但孔子作为圣之时者，其思想经后来者的演绎、阐释，会有时间上的差异，中国儒家中的儒学独尊型、儒道互补型、三教合一型、四教会通型以及当代已经初露端倪的多元汇合型，都是儒学在不同历史时段的表现形态。正如儒学会随时代而变迁一样，也会随国家和地区的不同而有不同的特点，由此而形成儒教文化圈内的各个层次。各层次之间儒学的表现形式是不同的，中国儒学不同于日本儒学、韩国儒学、新加坡儒学。同是中国儒学，由于地区差别也会有不同表现形态，近代以来，大陆儒学与港台儒学的区别是非常明显的。既然这样，儒学有时间上和空间上的差异，那么在中国文化圈内会不会有共同的价值观呢？答案是肯定的，本章的内容，就是通过对东方儒学层次、差异性之分析，挖掘出东方儒学共同的价值观。

第一节　东方儒学的层次

产生在春秋时期鲁国的中国儒学，经过2500年的传播，成为世界文化的一部分。它不仅是中国的，也是世界的，尤其是东方的。儒学不仅是中国传统文化的主体，在中国的长期封建社会中一直是历代王朝的统治思想，而且也是世界文化的重要组成部分，对许多国家和地区都有很大的影响，在东方世界形成了一个范围十分广大的儒教文化圈，日本和朝鲜（包括今日之韩国）都是这一文化圈的重要成员。

但是，何谓儒呢？章太炎在《国故论衡》中有一篇《原儒》文章，提出了一个“题号由古今异”的著名历史见解，认为“儒”字的意义经

过了一种历史的变化，从一个广义的、包括一切方术之士的“儒”，后来缩小到“祖述尧舜，宪章文武，宗师仲尼”的狭义的“儒”。而“儒”又和“法”一样，“皆出于道，道则非出于儒也”。这个观点，很得胡适的赞同，胡适作《说儒》发挥说，“儒”的第一义是一种穿戴古衣冠，外貌表示文弱迂缓的人。第二义是最初的儒，都是殷人，都是殷的遗民，穿戴殷的古衣冠，习行殷的古礼。鲁是殷人旧地，为殷遗民之国，保留有殷人遗俗。殷人后裔的鼎铭说：“一命而偻，再命而伛，三命而俯，循墙而走，亦莫余敢侮。饘于是，鬻于是，以餬余口。”（《史记·十二诸侯年表》）最初的儒，就是一种在野的失势人，忍耐自守，才能无咎。所以，儒是殷民族礼教的教士，继续保存殷人的宗教典礼，穿殷人服装。在六七百年中，逐渐成为教师，从事治丧、相礼、教学的各种活动。孔子的先祖是宋人，宋人正是殷人的后裔，孔子说：“殷因于夏礼，所损益可知也。周因于殷礼，所损益可知也。”（《论语·为政》）后来，儒有广狭二义，广义的“儒”是一切术士即知识分子的统称。《论语》中出现的“儒”字，系广义的用法，如“君子儒”、“小人儒”，儒不过是术士的通称。所以唐代经学家颜师古说：“儒，柔也，术士之称也，凡有道术皆为儒。”（《汉书·司马相如传》）到战国时期，《庄子》中所用的“儒”字，已经有了狭义，如《田子方》中的“儒士”、“儒者”，是戴“儒冠”、穿“儒服”的学者，《徐无鬼》中的“儒墨杨（朱）秉（公孙龙）”已经有儒家学派的意味了。《天下》中的“在于诗书礼乐者，邹鲁之士，搢绅先生”，显然也是指狭义的儒家。

儒家自产生之日便肩负着“以道得民”和“以道教民”（《周礼·太宰》）的历史重任，由于儒之言优而和，所以言能安人，能服人。这样，就不断有人加入到儒者队伍中来，夫子门徒转相师授，道圣人之经者代代相传，便形成了绵延不绝的儒家学派。

儒家学派虽统称为“儒”，但从产生至今天的历史，从来就不是一成不变的，而是不断发生变化，于是在儒家学派内部形成了数百个大大小小的学派。

就中国本土而论，众多儒家学派可以大致归成四种类型：独尊儒术型、儒道互补型、三教合一型、四教会通型。前三种类型都用不着进一步解释，四教会通型是指明代以来外来文化与儒、佛、道融合的两种类型，一种是基督教与儒、佛、道的融合；另一种是伊斯兰教与儒、佛、道的融合。除独尊儒术型主要是中国的本土文化之结晶外，其他三种类型都是儒学与外来文化的融合而形成的，儒道互补型也不例外，因为道教吸收有佛教的因素。这是文化交流的必然结果。

东方儒学本身更是文化交流的产物，没有文化交流就没有东方儒学。但是，东方儒学一旦产生，便不再是中国儒学的简单重复，而是带上了浓厚的东方国家民族性，从而与中国儒学有了明显的区别。所以，东方儒学除了有儒学的共性以外，还有东方各国的特殊性，这些特殊性便是东方儒学与中国儒学的差异之所在。

这里所指的东方儒学有三个层次。首先，是儒学文化圈国家的儒学，儒学文化圈又称儒教文化圈、中国文化圈、亚细亚文化圈、汉字文化圈或筷子文化圈（因该文化圈内各国人民大多有使用筷子吃饭的习惯），它们是受中国传统文化尤其是儒家文化影响很深的国家，主要是朝鲜（包括今日韩国）、日本和越南。其次，新加坡等以华裔为主要构成民族的国家，历史上本来就曾经是中国传统文化的载体，移居新加坡之后仍受中国传统文化尤其是儒家文化的极大影响，近年又由政府推行儒家伦理运动，因此，也是东方儒学研究的重要内容。最后，在其他东方国家，如泰国、马来西亚，儒学的传播也有很长的历史，在华人社会中有很大的影响。而在阿拉伯国家，儒学的传播晚起，但儒学的研究同样也受到重视，所以也是东方儒学研究应该重视的内容。

一　朝鲜儒学

早在公元一二世纪，朝鲜高句丽、百济、新罗三国初建时期，中国秦汉时期的儒学经典就大量传进朝鲜。三国时期，朝鲜儒家学者尤其重视孝的思想，认为孝是人的天性所具有的先天范畴，是人人都应遵守的普遍准则。同时，又主张孝是一切行动的根本准则，以孝的精神事君就是忠。三国都认为儒学可以成为维护统治秩序、加强王权的思想武器，因此都采取措施推广儒学，并由国家设置有关机关加以提倡。3 世纪末，王仁作为百济的著名儒学家，熟谙儒家经典，被授予博士称号，并应日本天皇之邀，赴日传播儒学。之后，三国又相继设太学，教授儒家经典，并派遣留学生赴中国，其中著名的就有崔致远、金云卿、金可纪等人。到高丽王朝，太学国子监所授课程也是儒家经典。高丽国王本人定期到太学祭祀孔子，提倡儒学。这时的儒家学者崔冲，首开私人讲学之风，有海东孔子之称，另有儒学家郑倍杰等人也培养出不少儒生。从三国到高丽朝，儒学虽然在朝鲜得到传播，出现过一些较有影响的儒学家，但这一时期的儒学在朝鲜并没有成为占据统治地位的思想，只是配合科举进行汉文教育时，儒学才受到重视。这时儒学的地位远不及占国教地位的佛教。高丽末年，情况发生了根本变化，统治者上层人物排佛崇儒的思想逐渐明朗化，科举选拔出来的一批文人都推崇儒学，宋代理学在这时传入朝鲜。安珦最先从元朝京都燕京抄录《朱子大典》归国，呼吁复兴儒学，但认为学孔子之道，不如先学朱子。安珦的众弟子白颐正、禹倬、权溥、李济贤等人继承师业，也都为理学传入朝鲜尽了力，这成为朝鲜理学的开端。

李朝奠基人李成桂利用儒学家除去佛教势力，推翻高丽朝，建立新政李朝。李朝文官全部改由儒生充任，国教佛教的地位被贬抑，儒学上升为国学、国教的地位，成为朝鲜士大夫的建国理念。李朝的儒学，主要是宋代理学。李朝初期理学家李穑、郑梦周、郑道传、权近、吉再等人，已经比较准确、全面地把握了理学体系，并用理学去解释自然、社会乃至人生的种种问题。经过一段时间的发展，程朱理学在朝鲜找到了自己的社会势力——士林派。士林派学者金宗直、金宏弼、郑汝昌、赵光祖、李彦迪等人，以新儒学为理论基础，不仅熟读儒家经典、理学著作，而且强调实际运用，注重躬行实践。经过他们的努力，程朱理学在朝鲜得到迅速传播，影响逐渐扩大，最终为朝鲜新儒学的成熟奠定了稳固的理论基础，为理学集大成者李滉、李珥的出现作了理论上的充分准备。这一时期，也有与程朱理学做斗争的朝鲜儒学家，代表人物是继承北宋张载关学思想的徐敬德。他的学说“气不灭”源于张载的“太虚即气”，这一学说被后世统治者看作朱子学的异端而加以压制，但对后世理学尤其是 18 世纪朝鲜实学的世界观仍有很大影响。16 世纪中叶，朝鲜儒学进入成熟期。这时的朝鲜儒学，已由过去的移植、接受转入创造，使儒学在理论深度上，达到前所未有的境地。

成熟期的代表人物有李滉、李珥等人，其中李滉是朝鲜儒学的集大成者，他将中国儒家孟子的四端说即“恻隐之心，仁之端也；羞恶之心，义之端也；辞让之心，礼之端也；是非之心，智之端也”（《孟子·公孙丑》上）和《礼记·礼运》中的七情说即“何谓人情，喜怒哀惧爱恶欲，七者勿学而能”加以改造，在朱子理学的基础上，提出“四端七情”的心性论，使朝鲜儒学超越了伦理和心理的领域，向形而上的存在论领域升华。

李滉的学说既有反对者，也有支持者。反对者奇大升和李珥，虽也持理学观点，但不拘泥于程朱，敢于提出自己的见解，坚持理气统一观，他们的学说被后来的主气派儒学家宋时烈、权尚夏、韩元震、任圣周等人继承。李滉的支持者则形成后来的主理派，主要有李玄逸、李象靖、柳致明、李震相、李恒老、奇正镇等人，最后由奇正镇将主理论发展为唯理论。

十八九世纪，朝鲜出现了一批鼓吹社会进步的实学家，洪大容、朴趾源、朴齐家、丁若镛等人都是代表人物，丁若镛是实学的集大成者。他们反对理学的空疏，全面批判儒学，最终结束了统治李朝达500年的朝鲜理学。到近代，朝鲜儒学在激烈的社会变动中出现了转向。1905年，朴殷植提出“儒教求新论”，试图用阳明学解释儒家哲学，用阳明学的简易直切克服朱子学的支离汗漫，要求人们用自发的良知为基础，学习礼法知识，追求事理判断，磨炼能动智慧。这是试图将儒学和科学时代相适应的资产阶级的改革。

在当时，儒学在韩国仍受到普遍重视，不仅有一批儒学研究者执业终生从事儒学研究，在一些著名大学如成均馆大学、汉城大学、高丽大学、庆熙大学、延世大学、梨花女子大学等都开设儒学课程，而且在社会生活的许多方面也都渗透着儒学的影响。儒家礼教在现代韩国的伦理道德观念中仍然在起作用。儒家伦理中的慎独、反求诸己、克己复礼、勿自欺等德目，都被韩国人视为自己的传统美德。① 尽管在西方影响下的现代化进程开始以来，韩国人的价值观念和道德标准发生了重大的变化，但儒学对韩国人的一般思想和行为状态仍保持着巨大的影响，他们仍然保持着代代相传的孝顺父母和尊敬老人的风尚。鉴于家庭处于传统儒家社会的中心，父子关系很自然地被强调为一切人际关系的核心。子女对父母履行孝顺义务有三重：每个男人都有义务养育子女，传宗接代，以报答他的双亲养育他

① 参见杨焕英《孔子思想在国外的传播和影响》，教育科学出版社1987年，第34页。

而经历的千辛万苦；供养并侍奉父母，使父母晚年享尽天伦之乐；必须遵守祭祀祖先的礼仪，孝顺父母不局限于父母健在的日子，而是必须坚持一辈子。韩国还规定每年有一个双亲节，用以提醒人们重温渊源悠久的孝顺父母和尊敬老人的风俗。甚至韩国的国旗图案，也是按照儒家经典《易经》八卦图中的阴阳鱼和八卦三线体符号而设计的，这些都可见儒家思想在韩国传播之普遍，影响之深远。

二　日本儒学

儒学最早约于公元 3 世纪末传入日本，朝鲜学者王仁奉百济王命携带《论语》10 卷、《千字文》1 卷赴日，并担任日皇子之师。儒学之在日本传播，始于王仁。6 世纪时，日本正式进入儒学文化圈。到 7 世纪初的 604 年，用明天皇次子圣德太子制定“十七条宪法”，明显受到儒家思想影响的就有 15 条之多。以后，日本不断派出留学生到中国，回国后带回了大量儒家典籍，逐渐形成了以“大学寮”为中心的儒学传播网，主要儒学传播者有菅原清公、菅原是善、菅原真道、都良香、纪长谷雄、三善清行、大江朝纲等。12 世纪以前，儒学在日本的传播以汉唐时期注释的儒家经典为主。到 13 世纪，宋学开始传入日本。宋学的传入是由留学中国的日僧俊芿、圆尔辨圆、兰溪道隆、兀庵普宁、大休正念、子元祖元、一山一宁等人开始的，他们在传播禅学的同时，也传播了程颢、程颐、朱熹和张载等人的著作和思想。14 世纪，日本儒学几乎被禅僧“五山僧侣”所独占，代表人物主要有高畠亲房、虎关师练、雪村友梅、中岩圆月等。宫廷中也出现了一批研习儒学的贵族学者，有的学者开始用儒学理论说明日本的国体，成为儒学日本化的开始。

到 16 世纪，禅僧独占儒学的局面被打破，宋学的研究得到重视，出现了博士公卿、萨南、海南三大宋学派。博士公卿派由朝臣和贵族组成，代表人物有清原业忠、清原宣贤、一条兼良等人，他们的贡献与五山僧侣一样，也是在讲儒书、传播儒学方面。萨南学派由桂庵玄树创立，故又称桂庵学派。桂庵的门人月渚英乘、二洲一翁、文之玄昌、泊如竹等，都属该派。该派重视朱子学，主要贡献是为日本儒学的传播和发展培养了一支潜力很大的队伍，完成了朱熹重视的《四书》的“和化”（即日本化）的工作。海南学派由桂庵的另一门人南村梅轩所创，也称梅轩学派，他提倡君子儒，反对小人儒，注重躬行实践。梅轩门人吉良宣经、吉良宣义、忍性、如渊、天室等均属该派。萨南派和海南派都不局限于传播儒学，而是侧重到思想、政治、经济等方面运用儒学，为江户时代儒学的鼎盛奠定了基础。

江户时代是日本封建社会的全盛期，德川幕府在经济上和政治上采取了一系列巩固封建制度的措施，思想上则把适应封建制度需要的朱子学尊奉为“官学”。朱子学遂成为几百年中占统治地位的官方意识形态。朱子学是在朱熹之后不久就传入日本的，后来根据在日本的师承关系，分成6个主要流派：京师朱子学派、海西朱子学派、海南朱子学派、大阪朱子学派、宽政以后朱子学派、水户朱子学派。京师朱子学派的藤原惺窝和林罗山是日本朱子学的开创者，他们使日本儒学最终摆脱了禅学的束缚，并与日本神道相结合，使儒学逐渐向伦理化发展。该派其他人物还有木下顺庵、雨森芳洲、室鸠巢、新井白石等人。海西朱子学派有安东省庵、藤井懒斋、贝原益轩、中村惕斋等人，海南朱子学派有谷时中、小仓三省、野中兼山、谷一斋、大高坂芝山、山崎暗斋、佐藤直方、浅见䌹斋、三宅尚宅等人。大阪朱子学派有五井持轩、三宅石庵、中井甃庵、五井兰洲、中井竹山、中井履轩、富永仲基等人。宽政以后朱子学派有柴野栗山、古贺精里、尾藤二洲、赖春水、赖杏坪、安积艮斋、赖山阳等人。水户朱子学派有德川光国、安积淡泊、栗山潜锋、三宅观澜、德川齐昭、藤田幽谷、会泽正志斋、藤田东潮等人。这些学者有的在不同程度上主张气一元论、理气合一论、泛神论，对宗教进行批判，发展了朱子学的穷理精神，是朱子学的左派；有的则排斥一切异端，只扩大朱子学的理一元论及保守主义的成分。

在江户时代，与朱子学相抗衡的有古学派、阳明学派，它们也属于日本儒学范畴，同属封建统治阶级意识形态，但它们与代表官方意识形态的朱子学派不同，只是代表不掌权的地主阶级及闲居京都的贵族利益（古学派）和中小地主及下层士族（阳明学）。

在古学派学者中，山鹿素行是先导者，伊藤仁斋、伊藤东涯、并河天民、中江岷山组成崛川学派（古义学派）；荻生徂徕、山县周南、服部南郭、太宰春台、山井昆仑、宇佐美潜水组成蘐园学派（古文辞学派）。该派认为三皇、五帝、周公、孔子，古代的儒学才有真义，汉唐以后的全是伪说，用复古的名义与朱子学相对抗，在1790年被德川幕府当作主要对象加以打击。

日本阳明学派的创始人是中江藤树，他之后阳明学派分为两派：德教派和事功派。德教派具有强烈的内省性格，主要人物有渊冈山、梁川星岩、春日潜庵等人。事功派注重实践，以改造世界为己任，主要人物有熊泽蕃山、佐藤一斋、大盐中斋、吉田松斋等人。日本阳明学派虽然也用传统的儒学概念，但他们有重视实践的倾向，后期学者还重视“洋学”，他们为明治维新作了思想准备，造就出一批维新志士。

到19世纪上半叶，儒学基本上是日本占统治地位的思想，儒学五伦和诚意、正心、齐家、治国、平天下等思想，对于维护万世一系的天皇制度，端正君臣地位，约束国民伦理道德，都起到了巨大的作用，连西方人也承认日本人几乎像中国人或朝鲜人那样，成了彻头彻尾的孔教徒。到明治维新以后，日本受到西方资本主义文明的挑战，儒家学说受到激烈批判，儒学作为一种思想体系渐失其至高无上的地位，传统思想已不可能以原先的面貌重新出现，但还是有学者将传统思想加以现代化，而政府对这种披上时代新装的传统思想也是需要的。西村茂树提倡日本的道德之教应该是东方的儒学和西方的哲学混合起来的以道德为主的“世教”，这种思想被称为混合儒教主义，既不是儒教，又不是哲学，更不是佛教和基督教，但又离不开儒教，离不开哲学，也采用佛教和基督教。井上哲次郎则全面展开国家主义和儒教主义的伦理，将神道、武士道作为超阶级、超时代的国民道德。明治维新初期的大企业家、被称为日本工业之父的涩泽荣一，也十分重视儒家思想，认为儒学是日本“和魂”的基础，提倡在算盘和《论语》的基础上建设日本的现代企业。在近代的日本，儒学虽然失去了近乎独尊的地位，但企图复活儒学的还大有人在，而且在思想、文化各方面，儒家传统思想的影响仍然在潜移默化地发挥着作用。

日本在第二次世界大战之后的经济恢复中，儒家思想以一种新的姿态出现，其温情主义色彩为资本家和工人普遍接受，对缓和资本家和工人的对立和矛盾发生了很大作用，造成一种在政治和伦理道德方面的和谐气氛，避免了其他资本主义国家所出现的一般弊病，保证了日本经济的稳步持续上升。

在实现了现代化的今天，日本人更多地接受了西方的民主思想，价值观念，伦理道德原则和生活方式，不再存在19世纪以前那种意义上的孔教徒了。但是，就是在今天，也并不能说儒学在现代日本的社会生活中完全失去了影响，儒家思想经过1700多年的传播，已经灌注到日本民族的思想深处，成为日本传统文化的有机组成部分，这已成为不可否认的事实。日本现代企业家仍在采用涩泽荣一的《论语》加算盘的经营模式，他们将儒家义利合一的思想运用到企业经营中来。资本家们向工人宣传伦理道德和家族观念，以家庭化或家族化作为日本式企业经营的模式，企业中的各种人际关系都按儒家的伦理原则进行处理，公司的高级管理人员从董事长、经理到普通工人，一起饮酒，一起游玩，一起分享快乐，也共同分担风险，经理厂长还深入车间、家访、给职工送生日礼品，目的在于使每一个成员都认识到自己是公司中的一分子，应该承担自己所应负的责任。公司成员日常交往的思想基础，就是儒家一贯提倡的仁、礼、忠、信、义等。孔子的仁者爱人、以和为贵、推己及人等思想，使企业内部的人际关系趋于和谐。儒学的影响已经渗透到日本的精神领域之中，渗透到社会生活的各领域之中，儒学的伦理观和价值观仍然是今天日本人道德规范和民族心理的重要内容。这种现实也被有远见卓识的政治家们充分地注意到，为数不少的日本当代政治家在制定政策、设计政治运营的方针时，都考虑到这种现实，常以儒家的思想为指导。前首相中曾根康弘就明确提倡：日本要把民主主义、自由主义的想法和孔子的教导调和起来。① 这就使孔子和儒家的思想在今天日本的经济发展中再次显示了强大的生命力，创造出一种和谐的人际关系，所以虽很难说儒家思想是今天整个日本占统治地位的意识形态，但谁也不能否认儒学的重要作用，西方把日本称之为“儒教文化时代”、“儒家资本主义”、“新儒教资本主义”、“新儒教国家”，都是对此的证明。

三　东南亚国家的儒学

越南也是儒学传入最早的国家。在2000多年以前的秦汉时期或更早一些时间，中国统治者便在越南设立郡县，派去精通儒学的地方官吏，他们用儒术治理，使当时不知嫁娶礼法、残存相当原始的婚姻关系的越南社

---

① 参见杨焕英：《孔子思想在国外的传播和影响》，教育科学出版社1987年，第140页。

会面貌大为改观，文明社会的道德观念开始逐渐树立起来。最初给越南带去儒家文物制度的是锡光和任延两人，他们分别出任交趾和九真太守，受到越南人的欢迎和拥戴。儒学对于加速越南的封建化，对古代越南的社会发展都起过积极作用。越南进入封建社会以后，教育迅速实现了儒学化，从办学宗旨到课程设置、教材审定，都体现了崇尚儒学的精神，突出了读经尊孔的特点。1075 年，越南开始推行中国的科举制度，推行以儒家为准的取士制度。

越南在陈朝时，著名儒学家朱文安开办学校，从事儒家思想教育，为学主张“穷理”、“正心”、“除邪”、“拒嬖”等，被越南史学界称为“儒宗”。莫朝哲学家阮秉谦受到中国宋代理学的影响，但他并不是纯粹的儒学家。到越南后黎朝（1428—1789），儒学成为越南的官方意识形态，统治越南 300 余年。黎朝末年，儒学家黎贵惇少年时即博览儒家“四书”“五经”，深受宋儒朱熹影响，坚持理是形而上之道，生物之本，人、物禀理而有性，禀气而有形。近代启蒙思想家潘珮珠，也推崇儒家，强调儒家学说高于宗教。在现代，越南在统一之前，南方重视弘扬孔孟之道，提倡保持越南传统文化，发扬光大孔子为创始人的儒学。南方曾新建和修葺孔庙用以祭孔，以孔子大道、孟子大道来命名街道，并定孔子诞辰 9 月 28 日为教师节，在这天举行各种形式的纪念大会，以宣扬儒学。南北方统一之后，越南国内局势渐趋稳定，学者们充分肯定包括儒学在内的传统文化在越南所做出的贡献，认为儒学不只在中国一直是显学，同时它的发展对东亚每一个国家也都有其贡献，所以他们提倡应为亚洲设立一个道场，以保存东方文化特性。①

新加坡是一个年轻国家，华人占大多数，华族文化也是占主导地位的文化。初去新加坡的华人，多为谋生而去，属于穷苦下层。他们虽然没有很深的儒学理论教养，但他们的思想文化和生活习俗却充满着浓厚的儒学精神。一方面，他们自己具有刻苦耐劳、勤俭朴素、尊老敬贤的优秀品质；另一方面，他们又身体力行儒家所提倡的仁义礼智、忠信勤俭、勇恕正直、慎终追远等美德，由此而使儒家学说在新加坡开国之初就有广泛市场。

---

① 参见刘兆义：《台北举行“国际孔学会议”》，《孔子研究》1988 年第 1 期。

新加坡1965年脱离马来西亚独立后，经过短短十几年的建设，到1970年末已跻身新兴工业国。由于现代化的迅猛发展，社会在急速变迁，尤其由于都市化和工业化两大过程的冲击，使许多传统的社会组织和社会思想受到严重的威胁和挑战，甚至于在由传统到现代的过程中，受到无情的扬弃。都市化由于生活步调紧张，人际关系趋于片面而冷淡，工业化则削弱了家庭的经济生产功能，提高了个人的独立性，妇女和青年就业机会增加，经济地位提高，造成家庭社会组织结构的变化，使之趋于松散。工业化还使社会组织和社会价值观蜕变，导致理性化、机械化和极端个人主义，人际关系转为冷淡并趋向功利。由此，一般人都太重视金钱和地位，注重物质享受，而一些传统的东西如传统价值观念、勤俭朴素、刻苦耐劳、尊老敬贤的道德都被冲淡，人们常兴世风不古之叹。于是，一种以推广儒家伦理为主的文化再生运动，便在政府的倡导之下，成为全社会的一次运动。[①] 这次运动在于挖掘儒家伦理所注重的社会价值和道德价值。儒家的社会价值观强调个人对于家庭、社会、国家，以至天下，都应尽到自己的责任和义务，这既是人的生活理想，又是生活目的，人生在世应全力去实现这种理想和目的。儒家的道德价值观主张人的言论和行为，都应该无一例外地受道德规范的制约。人的道德价值是以“孝亲”为基础的，以家庭为本位的。从对父母讲孝向外推行，对国家就是讲忠，孝亲与爱国联成一体，儒家道德价值系统中的核心因素得到充分发挥。由此再向外推衍，就是五伦，“君臣”一伦被改造成个人与国家之间的关系。新加坡教育当局把这些儒家思想编成儒家伦理的教育课本，在中学三、四年级推广了好几年，由于收效不大，最近已被取消。但新加坡政府对儒家伦理的重视并没有减弱，儒家中重视家庭结构、人际关系、群体利益，强调政府有责任为人民谋求福利等思想，都被当作共同价值观而加以发扬光大。大专院校、学术团体、各主要中文报纸也配合政府，时常举办有关儒家的学术讨论会、座谈会、讲习班，扩大了儒家思想的影响。[②] 经过这次文化再生运动，新加坡的社会面貌发生了重大的变化。儒学中以修养德性为中心的

---

① 参见郭振羽：《新加坡推广儒家伦理的社会背景和社会条件》，《儒学国际学术讨论会论文集》，齐鲁书社1989年。

② 参见新加坡《南洋商报》社论，1982年9月10日。

传统价值观对促进新加坡的社会整合，弱化工业社会功能特定的人际关系、工具理性、极端个人主义以及色情犯罪等社会问题，都起了积极作用。传统文化教育使一般青年都具有社会使命感、同胞感情和国家观念，对西方文化持独立态度，而且鄙薄西方的物质主义的价值观。

泰国是以佛教为国教的国家，但在占很大比重的华人社会，儒学也占有很重要的地位。泰国华人的不少知名人士、社会名流、商界巨贾，都热心倡导中国传统文化，如著名银行家、慈善家郑午楼，提倡弘道德，明人伦，复兴中华文化，认为现代工商社会不争的事实证明，商业与科技、民主与法治，具有促进社会经济繁荣的伟大力量，但也同样证明，抛弃中华文化传统，随着经济现代化而出现价值观念西方化，国家也会因为丧失维系人心的精神力量而造成严重的社会问题。因此，如果得到了经济现代化，却失去儒家传统，就会造成时代的悲剧。他提倡在投身于一个工商社会以求生存发展的同时，努力保存并发扬华人的道德理性，实践东西文化共同冶于一炉的中庸之道。[①] 泰国知名政论家陈贞煜也对孔子学说有独到见解，并用泰文翻译《孝经》一书出版，他深信西方文明为东方现代化所必需，而东方儒释圣贤之学实为西方救弊之良药，东西文化汇流才是人类之正途。[②] 近年来，泰国还出版了一些研究儒学的专著，其中影响较大的有郑彝元所撰《儒家思想导论》，该书联系亚洲“四小龙”经济腾飞的东亚优势的现实，用儒家的中庸之道解释这一现象，得出东西文化汇合是产生东亚优势的结论。郑彝元立论宗旨，一本执两用中，抱一无为，意在救弊匡时，力求通过复兴儒学去解决严重存在的社会问题。他把头绪纷繁的儒家思想加以系统化、条理化，其著作被认为是一本纲领性的中国人文哲学专著。

马来西亚与泰国相类似，华人几乎占三成。马来西亚与新加坡一衣带水，受到新加坡儒学复兴大气候的感染，政府当局开始组织翻译儒学经典，儒学已逐渐被重视并予以正面肯定。不少学者试图将儒学加以现代化，以解决马来西亚华人社会的问题，如李业霖、曾庆豹、石诗元等人都发表过这方面的探讨文章。马来西亚的华文报纸《南洋商报》、《星洲日

---

① 参见郑彝元：《儒家思想导论》，泰国曼谷时中出版社 1984 年，第 2、3 页。

② 同上。

报》、《马来亚通报》、《新明日报》、《中国报》、《光华日报》等也都发表与儒学有关系的信息，并组织过许多学术讨论，涉及的问题有：儒学与工商业社会及其现代意义、华人要自救能不能靠儒家思想、儒学与华裔社会、儒家思想与现代社会等，这些讨论扩大了儒学的影响，加强了马来西亚华人多数成员对于保存传统文化的使命感。就是新一代马来西亚华人，尽管他们大体上对儒学价值和作用持保留甚至怀疑的态度，但社会形势也促使他们在抉择上采取了华人要懂一点儒学的近似矛盾的立场。这样，虽然不存在马来西亚儒学的概念，但马来西亚华裔是儒家思想的熏染者，他们对儒学复兴的思潮有基本的认识，这一点已成为马来西亚华裔的共识。

四　阿拉伯世界的儒学研究

阿拉伯最早记载中国信息的不朽著作《书目》，提到了在中国流行的景教的情况。但长期以来，阿拉伯人对中国哲学的状况却缺乏详细的了解。他们虽然知道中国有一位大思想家孔夫子，但对孔子的思想和其他中国儒学家的了解甚少。

到20世纪30年代，这种状况有了明显的转变，阿拉伯人开始能详细地了解中国儒家创始人孔子的思想了。中国学者马坚，将记载孔子言行的著作《论语》译成了通顺的阿拉伯语，于1936年由埃及开罗伊斯兰协会出版。译者在正文之前，写有一篇简明扼要的文章，提纲挈领地将孔子的生平、哲学思想、在中国哲学思想史上的地位等问题，介绍给阿拉伯人。后来，开罗大学宗教学院哲学教授穆罕默德·格拉布博士在其著作《东方哲学》（1938年埃及开罗版）中，对中国哲学列专章予以介绍，篇幅占全书的四分之一，共一百多页，对孔子、孟子、荀子、周敦颐、张载、朱熹的思想都有介绍。

20世纪50年代，开罗大学师范学院文学研究系主任欧麦尔·杜斯基教授主编埃及文化协会著作，其中一套丛书《东西方思想家》，孔子是唯一被编进该丛书的中国思想家，书名就定为《孔子》，作者为法国巴黎大学文学博士、艾因·夏姆斯大学文学院讲师哈桑·苏阿法，于1956年由埃及复兴出版社出版。作者参考的著作都来自英文版，属于中国人写的仅有《中国政治思想史》（梁启超）和《孔子的智慧》（林语堂）。该书除了介绍孔子思想之外，还列了《亚洲和欧洲的儒学》一章，肯定了孔子思想在日本、朝鲜等亚洲国家和欧洲的影响。在这之后，哈那·法胡里和赫里利·杰尔在合著的《阿拉伯哲学史》（黎巴嫩贝鲁特知识出版社 1957 年版）的《绪论》部分和《古代东方哲学》中，也介绍了中国《大学》的思想，肯定包括中国在内的东方理性，从中可以窥见东方理性在建构世界思想中的作用。

对介绍儒学和中国哲学到阿拉伯世界贡献最大的是福阿德·穆罕默德·西伯尔，他所著《中国哲学》一书，由埃及开罗知识出版社出版。该书对《书》、《乐》、《礼》、《春秋》、《易》，孔子、孟子、荀子及《大学》、《中庸》的哲学思想作了介绍。对孔子，突出其哲学基础、伦理观、宗教观、政治观及历史作用。对孟子，突出其伦理观、形而上学、政治观、经济思想及评价。对荀子，突出其学习方法、人性论、社会和国家观、宇宙观。汉代董仲舒被认为是有融合倾向的儒家，介绍了他的宇宙观、心理学、个体和伦理、政治哲学和社会哲学、历史哲学等方面的观点。在《儒家的复兴运动》一章，介绍了韩愈、李翱、胡瑗、欧阳修、朱熹、陆九渊、王守仁、顾炎武、黄宗羲、王夫之、颜元、戴震的思想，尤其对朱熹、王守仁的思想作了详细介绍。

此后，从英文翻译成阿拉伯文的著作《从孔夫子到毛泽东的中国思想》在 1971 年由埃及出版总局出版。原作是西方学者 H. G. 克雷尔 1963 年在美国出版的。阿拉伯文译者是阿布杜·哈米德·萨利姆。书中对孔子、孟子、荀子、宋明新儒家等的思想及儒家对西方的影响作了介绍。

另外，在阿拉伯世界近年来出版的各种工具书，收录的中国哲学家辞条也逐渐增多，尤其是 1987 年黎巴嫩贝鲁特先锋出版社出版乔治·塔拉比什编辑的《哲学家辞典》，竟收录了近五十名中国哲学家，其中对儒家人物孔子作了重点介绍，篇幅达六千字左右，而且当代新儒家梁漱溟也占有一定的地位。

上述各种著作对介绍包括儒学在内的中国哲学到阿拉伯世界都在不同程度上起过作用，都有其不可磨灭的贡献。凭借这些著作，阿拉伯人基本上能够了解中国儒学的全貌，虽然只是粗线条的了解。近年来，由于这些著作的影响，阿拉伯学术界、教育界重视中国哲学的人多起来了。开罗大学文学院哲学系主任侯斯尼·哈乃斐博士已经培养第一位阿拉伯世界专攻中国哲学史的女硕士，她的毕业论文的选题就是中国儒家孔子的思想。看来，儒学在阿拉伯世界的影响也会进一步扩大。

第二节　东方儒学之差异性

一　中国儒学与东方儒学的差异

中国儒学与东方儒学是有差异的。对此，澳大利亚资深外交家李瑞智和黎华伦合著的《儒学的复兴》，已经指出了这些差别。该书对孔子的思想进行了分析，认为他着重于道德、学问和礼仪，借以保证人和天的和谐统一。天也就是一种道德秩序。他相信通过对于过去的风俗、传统和文学的钻研，人能理解天意，并按照天意行事。经过孔子及其后学的努力，儒家学说成为一种博大精深的思想体系。中国的儒家学说主要有六个特点：

> 1. 崇尚古代。尚古精神已深入中国社会文明中，这有助于促成一种生根的安定感和成熟感。
>
> 2. 道德至上。孔子死后的影响主要是把人的能力集中在掌握道德上，从而有利于建立一个良好的政府。
>
> 3. 重视教育。孔子的启示有助于建立一种激烈竞争的教育传统，作为获取进阶升职的准备，这也是官僚制度的特点所在。
>
> 4. 宁要人治或德治，而不要法治。
>
> 5. 接受多元文化的精神和哲学权威。孔子及其后继者的成功，却能容纳墨子的敌对理论，补充老子和庄子的道家学说的不足，并在面对韩非子的法家思想的对立理论中茁壮成长起来。儒家在中国创造了一种独特的文化，所采用的方式是综合的，但最重要的，莫过于创造了一个让各种不同精神传统都能共生共荣的环境。
>
> 6. 提出和推动仁和礼的独特概念。孔子提出以仁和礼为中心，推动整个人群社会运行的社会秩序的观念。①

由于这样，孔子为代表的儒家和老子为代表的道家就有了明显的区

---

① 《儒学的复兴》，新加坡杨泰兴私人有限公司1989年，第3—5页。

别。儒家确定了人和人、人和社会、人和国家的关系，道家则确定了“个人”和绝对的关系。道家在针对人所面对的许多重大问题上所表现的流动变易性和智慧，提供了一种更为直观的，较少社会负担的和精神上更为纯粹的哲学；而儒家思想则在它具有神话特色时，表现得最有力量。它支配着普通百姓的意识，并对未经质询的精神实际产生权威。①

后来，儒学传到韩国、日本、越南等东方国家，经过在这些国家长期的发展，形成了与中国儒家文化略有不同的东方儒学。对这些国家的儒学，两位作者把它和中国的儒学进行了对比以后，对中国以外的东方各国的儒家思想的特征进行了归纳，认为主要有十条：

1. 强调人对社会的义务甚于权利，以及相互制约的压力以保证所有成员都在这一义务网络内受到约束并且分担责任和分享报偿这样一个复杂的系统。

2. 强调人治或德治，而非法治，这可以保证在社会所能达到的和谐和内聚力；并且强调礼仪的重要，肯定竞争是在一种礼貌的规范内进行。

3. 强调严格的竞争教育，这给受教育的人灌输和立下一种优越标准，把国家的官职及其他权力授给经过考核成绩优越者。严格的考核是确保能始终保持高水准的唯一有效办法。

4. 强调过去和现在必须联系起来，养成一种敏锐意识，促进对历史时代和获得主要体制及有关成就作出长期的承担，与西方强调短期的“底线”和“成本效用”形成鲜明的对照。

5. 认为人类群体的价值观和秩序是有重大意义，并非单只为追求物质的享有和累积罢了，其愿望是最终把经济权力授给非商业性质，但对商业有实际贡献的人员。

6. 高度重视逻辑与合理性，由一种需要直观和感情牵制的强烈意识加以平衡，并以某些方式由儒家和道家的互补精神传统加以反映。

7. 敏锐意识到现实的变化性质以及两极对立的互补而非对抗的

① 《儒学的复兴》，新加坡杨泰兴私人有限公司 1989 年，第 3—5 页。

需要，分别由《易经》和阴阳五行说加以反映。

8. 对商业、工艺和科学持有一种独特的观念，认为在“市场推动”革新和“环境”考虑之间应该存在一种健康的紧张关系。对科学上的“突破”较不重视，但对各种工艺的“融合”却极为注意，例如机器人，以便更好地为群体利益服务。

9. 对体制的功利主义和革新精神具有一种本能，以便在面对各种问题时作出强烈反应，同时，表现出统治社会的官员以一种在非儒家环境看来是不可思议的方式行使权力和完成任务。

10. 避免同西化和个人主义攀上关系，以免带来“精神污染”问题，这种“精神污染”几乎被看作一种罪行，因为它会削弱大于个人的群体和国家的力量。[①]

在用亲身经历的具体事实阐述了在日本等国家经济成功的背后，传统文化所起的重大作用之后，作者指出：北亚经济成功的事实，显示了儒家观念及文化的伟大及其对西方思想家及领袖的挑战。西方现在正在遭到精神与理性的失败，传统的理性和价值观已被置诸脑后。西方的经济和法律传统，继续制造大批律师，他们只为个别顾客进行诉讼，使许多最有天分和训练有素的人才的头脑被个人的利益和权利所充塞，因此他们对社会的全面福利贡献极少。[②] 假如西方不想因不了解北亚社会的内在原动力与逻辑而蒙受损失的话，西方思想的全部结构及整体观念急需作基本、全盘的检讨与反省。他们预见全球在一二十年的将来，一个人如果不认识汉字，及了解儒家的基本传统观念，将如今日不懂英文及掌握现代西方价值观及潮流一样的不利。书中大量揭示西方文明发展至今的诸多严重缺陷与弊端，大胆引证东方优越的儒学将如何起匡正补缺之作用，从而证明东方可以成为未来世界文化的中心。作者预言：由于北亚区域内国家间竞争的结果，工业和各种机构的组织可能出现新的标准，转而制定21世纪国际化的新标准。在这一意义上，国际必将朝向“儒化”的道路前进，而不是

① 《儒学的复兴》，第40—41页。

② 同上书，第58页。

美国化。[①] 就目前来说，具有世界影响力的重要发展时常发生在使用汉字、富有儒家传统文化的国家，这个事实将使目前世界性组织、价值观变得过时。目前虽然还很难预测什么新形式可能取而代之，但最有意义的发展可能是承认儒家思想价值和传统是行得通的。这一改变对非儒家传统的社会的震撼，将不亚于15世纪以来欧洲殖民主义带来的震荡。[②]

二　中日儒学之差异的具体表现

仔细地分析东方儒学的差异性是很难的，这里仅从中日儒学分析起，其差异主要表现在以下三方面。

（一）中日儒学形上学方面的差异

梁启超在分析世界哲学体系的区别时指出，世界哲学大致可分三派，印度犹太埃及等东方国家，专注重人与神的关系。希腊及现代欧洲，专注重人与物的关系。中国专注重人与人的关系。中国一切学问，无论哪一时代，哪一宗派，其趋向皆在此一点，尤以儒家为最博深切明。梁启超的这一观点，已得到不少学者的认同。从这一观点来看，中国儒学属于伦理型哲学。

但是，这种观点并不否认中国儒学有形上学方面的内容。事实上，中国儒学也确实含有形上学的内容。成书于战国时期的儒家经典《易传·系辞上》明确指出："易有太极，是生两仪，两仪生四象，四象生八卦，八卦定吉凶，吉凶生大业。"这里已经涉及形、形上、形下的问题。所谓"形"，是"体质成器"之谓，所以《系辞上》说："形乃谓之器。"孔颖达疏："言其著也。"太极、两仪，都是形而上者，四象如果按虞翻界定为"四时"，孔颖达界定为"金木水火"，则都是形而下者，而按宋儒界定为"太阳太阴少阳少阴"则是形而上者。《易传·系辞上》总结这种宇宙发生论说："形而上者谓之道，形而下者谓之器。"孔颖达解释说："道是无体之名，形是有质之称；凡有从无而生，形由道而立。是先道而后形，是道在形之上，形在道之下。故自形外已上者谓之道也，自形内而下者谓之器也。"

---

① 参见《儒学的复兴》，第74页。

② 同上书，第75页。

汉代董仲舒继承了《易传》的传统，在《春秋繁露·五行相生》中指出了宇宙发生论图式："天地之气，合而为一，分为阴阳，判为四时，列为五行。"世间的一切，皆取诸阴阳之道，所以"道之大原出于天，天不变，道亦不变"。（《汉书·董仲舒传》）这是董仲舒对形上学方面的探索。

北宋周敦颐从儒家立场出发，明天理之根源，究万物之终始，创作出《太极图》，其图说提出了宇宙发生论的演化模式："无极而太极。太极动而生阳，动极而静，静而生阴，静极复动，一动一静，互为其根，分阴分阳，两仪立焉。阳变阴合，而生水、火、木、金、土，五气顺布，四时行焉，五行一阴阳也，阴阳一太极也。五行之生也，各一其性。无极之真，二五之精，妙合而凝。乾道成男，坤道成女。二气交感，化生万物。万物化生，而变化无穷焉。"程颐进一步明确了形而上的是理，是道，决定了形而下的气和器，"所以阴阳者是道也。阴阳，气也。气是形而下者，道是形而上者"。（《二程遗书》卷十五）朱熹也认为阴阳之气是有形的，是形而下的器，而决定气变化的理是无形的，是形而上的道，所以说："形而上者无形无影，是此理；形而下者有情有状，是此器。"（《朱熹文集》卷五十八）朱熹肯定"理"在逻辑上要先于、高于世界万物，因此，是一种本体性的存在："宇宙之间，一理而已。天得之而为天，地得之而为地。而凡生于天地之间者，又各得之以为性。其张之为三纲，其纪之为五常，盖此理之流行，无所适而不在。"（《朱熹文集》卷十七）

与中国儒学相比，日本儒学更疏于对形上学的探讨。

儒学传入日本虽然很早，几乎是与汉字的传入同时，但是，一直到12世纪以前，儒学的传播只是经典的传播。13世纪时，宋学传入日本。这之后，日本终于有了自己的朱子学。然而，早期的朱子学（镰仓、室町时代），只是佛教的附庸，还没有展开独立的思考。进入江户时代，日本儒学才摆脱佛教而独立。这以后的日本儒学家，可以真正称得上是日本的思想家，不再只是传播中国儒家经典，而是展开了独立的理性思考。

有独立的理性思考的日本儒学家，却都疏于对形而上的探讨。这里仅举几例。

藤原惺窝作为日本朱子学的创始人，使日本朱子学最终摆脱了禅学的束缚，走上独立发展的道路。他虽然主张"夫天道者，理也，此理在天未赋予物曰天道，此理具于人心未应于物曰性，性亦理也”[①]，但这种“理”最终不过是具有伦理性质的道理或义理，与人事相联结，所以他主张“人事亦不可忽诸，而人事即天理”[②]。山崎闇斋也是将性理与人事混为一起，不注重形上性，主张“盖在人在天，虽有性命之分，而其理则未尝不一。在人在物，虽有气禀之异，而其理则未尝不同”[③]。贝原益轩虽是朱子学者，但由于持气二元论思想，更注重理气合一，认为“理是气之理，理气不可分为二物，且无先后无离合”，所以“朱子以理气为二物，是所以吾昏愚迷未敢信服也”[④]。古学派儒学家山鹿素行，也坚持理气不可分，认为物之外无道之语尤为当，道之外无物之语未审也。另一古学派伊藤仁斋也认为天道既然为孔子所罕言，那就应以“人道”来言道，说“天道则夫子所罕言，而子贡之所以不可得而闻也”，所以，“凡圣人所谓道者，皆以人道而言之”[⑤]。至于江户时代朱子学派的开创者林罗山，则更为典型地把“道”和“理”看作是一体的，都是“王道”。他认为“王道一变至于神道，神道一变至于道。道，吾所谓儒道也，非所谓外道也”，所以，“自我观之，理一而已矣，其名为异耳”；“本朝神道是王道，王道是儒道，固无差等”。[⑥]林罗山的这种观点，也得到江户时代中期著名朱子学者室鸠巢的认同。他认为，天地之道即尧舜之道，尧舜之道即孔孟之道，孔孟之道即程朱之道。

对于日本儒学这种疏于形上学探讨的原因，王家骅先生曾作过分析，认为对于早期儒学来说，或许与日本是文化后进国，抽象思维不成熟有关，甚至于只有山川草木，而没有相当于汉语“自然”的词汇。而江户时代的儒学，疏于形上学思考，就不能以文化后进为据进行说明了。他援引中村元的观点，认为日本人的思维方式有“非合理主义”的倾向，其表现就是拙于思辨的、逻辑的思维，缺乏以抽象的普遍形式进行的空想性。或者如源了圆所说，是日本文化有一种“即物主义”性格，不喜欢

---

① 《惺窝文集》，日本东京：岩波书店1970年，第9页。

② 《日本思想大系》，日本东京：岩波书店1970年，第461页。

③ 同上。

④ 同上。

⑤ 同上。

⑥ 林罗山：《林罗山文集》（3），日本东京：岩波书店1980年，第66卷。

思辨的、形上学的思考，而倾向于事实、现象、经验、实证的思维方式。王先生的结论是“日本儒学疏于抽象的世界观思考，既是日本文化这一特异性的产物，又是其表现之一端”[①]。正是由此原因，造成了中日儒学之间第一个明显的差异性。

（二）中日儒学宗教性方面的差异

有关儒学是否宗教的问题，看来很简单，因为加入世界宗教同盟的宗教组织没有儒教，我国政府承认的五大宗教也没有儒教，然而事实又不这么简单，以至学术界对此问题一直也没有结论。《文史哲》1998年第3期发表了著名学者的笔谈，看法也不一致，没有结论。那到底儒学是不是宗教？这个问题自近代以来学术界便多有讨论，肯定者说儒学就是宗教，有“儒教”为证。否定者说儒学不是宗教，“儒学”是“学”而不是“教”。也有人说，即使儒学原来不是宗教，那么也有必要把它演化成宗教，“孔教”便是他们试图建立的一种宗教。这个问题看起来简单，实际上并不简单，需要对儒学进行一番历史考察，才能得出一个较客观的正确答案。

原始儒学本身不是宗教，先秦的儒家创始人和大师都不是宗教家，孔子、孟子、荀子都没有宗教色彩。孔子对天命有些想法，但他对天命是将信将疑的，而且肯定自己是生而知之的先知。孟子推行尽心、知性、知天的认识路线，有一定的神秘性，但同样没有宗教色彩。荀子不仅不信天命，反而制天命而用之，更没有宗教气味。

到汉代武帝时，情况发生了一些变化。董仲舒提倡“罢黜百家，独尊儒术”，他吸收了大量齐文化中的阴阳五行、方术之学，主张“天不变，道亦不变”，有意树立起天的绝对权威，其思想开始有宗教化的色彩。西汉末到东汉，董仲舒的思想被谶纬之学吸收，结合在一起。谶有验意，是用隐语预决吉凶的宗教预言，本身就有宗教因素；纬是织横丝，针对儒家经书而言是对经的一种解释，用巫师、方士迷信附会儒家经义，也有一定的宗教味。经过石渠阁、白虎观两次会议，谶纬成为东汉占统治地位的意识形态，有将儒学进一步发展成宗教的可能。但由于汉末经今古文合流，稍后，魏晋玄学兴起，谶纬之学不仅没得到发展，反而衰落下去，仅在王朝更迭时被当作工具加以利用。南朝刘宋开始禁谶，谶纬遭到近乎

---

① 王家骅：《儒家思想与日本文化》，杭州：浙江人民出版社1994年，第194页。

灭绝性的打击，后来纬书大部分失传。

玄学是儒道互补，儒家经典《易经》和道家经典《老子》、《庄子》被合称为“三玄”。玄学中的“道”，既有道家，也有道教，但玄学流于空虚、长于思辨，却未形成宗教。

宋代形成理学，理学是儒、释、道三教合一，“三教”之教是“教化”之教，而非宗教之教，道教和佛教都是宗教，但在理学中，道教与佛教并不是主体，儒学是主体，所以理学仍是“学”而不是宗教。理学对道教、佛教吸取的主要是思辨哲学而非宗教因素，主要目的在于论证“天理”是至高无上的存在。从宋代到明末清初，儒学的发展大致可以分成四种类型：独尊儒术型（如泰山、横渠、涑水诸派）、儒道互补型（儒与道教互补的有濂溪、百源诸派，儒与道家互补的有临川学派）、三教合一型（程朱、陆王诸派）、四教会通型。[①] 前三派都不是宗教，四教会通型有宗教色彩，主要是信仰伊斯兰教的学者如刘智、王岱舆、马注、马复初等人，用儒、释、道的中国传统文化，来解释伊斯兰教，树立真主安拉的绝对权威。但该派只在信仰伊斯兰教的少数民族尤其是回族中有影响，他们并未从整体上改变儒学不是宗教的事实。所以，儒学直到明末清初也未演化成真正意义上的宗教。

儒学虽不是宗教，但儒教的概念却早已有之。“儒教”中的“教”字，最先有教育内容和教育方法的含义，如《史记·游侠列传》中有“鲁人皆以儒教”，就是此类。后来，教字有思想体系的含义，如三国《吴书》中“孔老设教”，宋元之际刘谧的《儒释道平心论》说：“儒教在中国，使纲常以正，人伦以明，礼乐刑政，四达不悖，天地万物以育，其功于天下大矣。故秦皇欲去儒而儒终不可去。”这都属于此类。近代以来，出现了“孔教”的概念。孔教有两种用法，有在宗教意义上使用的，如陈焕章、康有为。陈焕章说：“宗教者，人类不能外者也。”他认为中国远在2500年前便有了凡有血气莫不尊崇的孔教，他尊孔子为黑帝降神，素王受命的中国特出之教主，要人宗祀孔子以配上帝，诵读经传以学圣人。陈、康所说的“孔教”，并不是西方的严格意义上的宗教之“教”，与西方的神道宗教不同，而是一种人道之教。孔教派力倡“尊崇孔教”，

---

① 参见蔡德贵：《宋元明清儒家学派的类型》，《孔子研究》2000年第4期。

是用以保存国粹，维系人心，目的在于熔国粹于一炉，笼络一切学派以抗击新学。

陈独秀等人用的“孔教”之“教”，指的是学说，毋庸赘述。

在我们的近邻朝鲜，也早有“儒教”的说法，但在开始时一般也是与儒术、儒学、儒道同义，是一种国家的统治理念。到1899年，朝鲜李氏王朝的高宗皇帝，有意把儒教宣布为宗教，却遭到儒生们的反对。今韩国成均馆馆长崔根德认为，儒学试图对普通人的日常生活，包括人们的行为和活动施加直接的影响，是宗教而非哲学的任务，因此从这一意义理解，把儒学说成是宗教或准宗教，亦未尝不可。可见，韩国的儒教，也并不是严格意义上的宗教。

日本学者武内义雄等人也用儒教的概念，但其意义比较含混，大多将儒教看作是一种学说，而非宗教，但也有少数人认为是宗教。

到20世纪80年代，我国著名学者任继愈先生连续发表《儒家与儒教》①、《论儒教的形成》②、《儒教的再评价》③，提出儒学本身有进一步发展成宗教的可能，而到汉代以后，儒家逐渐演变成宗教，宋明理学的建立标志着中国儒教作为宗教的完成，信奉的是“天、地、君、亲、师”，把封建宗法制度与出世的宗教世界观结合起来。支持任先生观点的，有中国社会科学院世界宗教研究所的研究人员，也有其他单位的学者，近几年，李申先生重申这一观点，且写成一部系统论述的专著《中国儒教史》。

反对者主要有何克让、李国权、崔大华，代表性文章是前两人合作的《儒教质疑》④ 和崔大华的《“儒教”辨》⑤。国内很多学者都不同意儒学是宗教的说法，认为历史上有过的“儒教”之教，是教化之教、名教之教、学说之教，而非宗教之教。宗教是一种信仰的学说体系，有教主、教义、教规、经典，随其发展还会有教派，这些儒学都不具备，且儒学不讲出世，不主张有一个讲来世的天国。

儒学本身不是宗教，但能不能把儒学演化成一种宗教？香港和海外有

---

① 《中国哲学》第三辑，生活·读书·新知三联书店1980年。

② 《中国社会科学》1980年第1期。

③ 《社会科学战线》1982年第2期。

④ 《哲学研究》1981年第1期。

⑤ 《哲学研究》1982年第6期。

些热心人正在致力于把儒学演变为宗教。其原因有二：一则他们看到当代新儒家虽在形上学方面作了不少努力，但儒学并未真正复兴，新儒家代表人物还不时地被当作新文化保守主义来批判，因此仅通过形上来复兴儒学已不可能，有将儒学宗教化之必要。二则由于宗教的重要性越来越被人所注意，以至有人说21世纪将是宗教的世纪。到1990年，全世界总人口有52亿多，而宗教人数有42亿，占人口总数的五分之四。至今仍有活力的世界大宗教有九个：佛教、犹太教、基督教、伊斯兰教、耆那教、锡克教、印度教、道教、巴哈伊教（中国旧称大同教），其中仅有道教是真正土生土长的中国宗教，绝对无法与其他世界大宗教相抗衡。香港汤恩佳先生主持的香港孔教学院，力主建立一个真正中华民族特色的宗教“孔教”去应时代之需要，请求将孔教定为国家宗教。汤先生吸收日本创价学会将佛教演变为俗人的宗教的经验，也主张将儒学演化为宗教。汤先生主张，中国人应有中国之宗教，中国人之宗教是道德、伦理、人性的宗教，因人之性而取体中和，用中庸为最胜义，熔情理于一炉，化人神于一体。他认为，一个国家这样大，人口众多，一定要找出一个合乎中华民族传统的宗教来，以应人民之需、时代之需，借以启发民智，填充由于“文革”的严重摧残而造成的道德真空，以恢复良知，培养民德，如果再不重视，再不想出善法，当心其他宗教专家会来为中国人换祖宗，中华民族传统的文化与信仰会面临被肢解及被同化的危机，因此，作为永久的策略，他认为用孔子思想与其他信仰竞争最为恰当，用宗教方式去推崇孔子思想，才能稳步发展儒学理论。汤先生对“宗教”也有自己独特的理解：宗是万世宗师的宗，学者宗之的宗，祖宗的宗，祖宗教诲的宗，儒家宗派的宗；教是有教无类的教，教育及教化的教。在汤先生主持下的香港孔教学院属下的学校，将孔圣的经书作为宗教科目，每天用孔子的道理，教育学院中各校学生，据说是有效兼实用的。他还建议在孔子在陈绝粮的十月九日，到孔庙以拜祭、默念、素食的方式来追思孔子。

在当今社会，官场腐败、道德滑坡日益严重地阻碍着社会的发展，引起了众多有识之士的重视。呼唤道德重整、精神回归的热浪一浪高过一浪，其中将儒学演变为宗教的呼声无疑是很值得注意的。因为在当代世界，宗教与世俗社会之间的鸿沟正在逐步缩小，它们之间正在走向趋同，世俗的宗教化和宗教的世俗化几乎在同步进行。在这种状况下，宗教的作用实际上在增大。正如李瑞环所说：我国各大宗教教义中的许多内容，比如在伦理道德方面的一些要求，与现时代社会发展的趋势，与我们所提倡的精神文明是一致的。宗教界对这些有益于社会、有益于人群的内容，要加以挖掘，加以整理，加以强调。汤恩佳先生应时代之需，有意将儒学演变为宗教，实为可贵的行为，有益于社会的发展。但他想演变成的宗教，并非真正意义上的宗教。事实上，康有为所创立的“孔教”，已经被他的学生梁启超所否定。梁启超说：吾爱孔子，吾更爱真理。又说：孔子在周朝时候虽是很好，但是在如今看起来，也是很坏。孔子作为教主的地位既然不能确立，儒学的宗教化便是十分困难的事情。这是中国儒学宗教性差的原因。

而在日本，儒学的宗教性却是相当明显的。这不仅从日本人习惯上称儒学为儒教可以看出来，而且从日本儒学本身的宗教性也可以证明。

众所周知，日本的民族宗教是神道教。不管神道两字本身是否来自于《易经》“观天之神道而四时不惑，圣人以神道设教，天下服矣”。五六世纪儒学传入日本以后，被神道教与佛教一起吸取，从而形成了比较完整的宗教体系。被视为日本神道教圣典的《古事记》和《日本书纪》，都受到中国儒学的影响，这确是事实。而且，中国儒学的祭祀活动被原封不动地引进，成为神道教的祭仪，如镇花祭、追傩、神衣祭、月次祭等都是。

日本有些思想家直接引用儒学来解释日本神道精神的本质。如一条兼良对“神”字就是用儒学来解释，说：“《周易大传》曰，阴阳不测之谓神。程子曰，鬼神天地之功用，而造化之迹也。张横渠曰，鬼神者二气之良能也。朱晦庵曰，以二气言，则鬼者阴之灵也，神者阳之灵也；以一气言，至而神者为神，反而归者为鬼，其实一物而已。”① 一条兼良以神道去统一儒、佛，认为儒、佛有一致之处，如《大学》中的“明明德”和“亲民”，就是佛教的上求菩提与下化众生，宋学的“豁然”相当于禅宗的“悟通”，如此发展了神、儒、佛三教一致说。吉田兼俱则用“根叶花实”来说明神、儒、佛的关系：“吾日本生种子，震旦（即中国）现枝叶，天竺（即印度）开花实。故佛教乃万法之花实，儒教为万法之枝叶，

---

① ［日］宇田尚：《儒教对日本文化的影响》，日本东京：东洋思想研究所1935年，第312页。

神道为万法之根本。彼二教皆此神道之分化也，以枝叶花实，显其根源也。”[①] 林罗山不仅主张神、儒合一，而且将儒学“主敬”、“持敬”学说运用于神道，认为“心为宅，神为主，敬亦为一心之主宰，故有敬则神来格。若无敬则亡本心，故为空宅。神何为来止乎？唯敬乎！敬所以合于神明也。”[②] 熊泽蕃山也强调神儒合一论，认为儒学与神道教是相通的，神道教的三要素以正直为体、爱敬为心、以无事为行，相当于《中庸》的智、仁、勇三德，从精神上强调儒学与神道的一致性[③]。其他一些思想家如度会延佳、吉川惟足、山崎闇斋等人也都以宋学来为神道建立哲学基础。这些都证明儒学中确实有和宗教一致的东西，所以很容易被日本神道教所利用。

从另外一个角度讲，日本把儒学作为宗教还有日本民族自身的特点。日本文部省调查局宗教事务课编写的《关于宗教定义的各种问题》（1961年出版）一书，集中了104项宗教的定义，这些定义虽然使人无所适从，但都强调一个共同点，就是设定一个神圣的至高无上者，让人以畏敬的感情，绝对地皈依于他。所以，日本学者加地伸行认为儒教就是同死有深刻联系的宗教，儒教有礼教性的一面（社会规范及伦理道德），礼教性是一种自上而下强加于人们的制度化的内容，仅有这一内容不足以使人支持儒教2000年，只有自下而上的大众的支持才使儒教得以长期成为中国的最高指导原理，这正是虔诚信仰的支持，也就是宗教性的支持。如今，儒教的礼教性已经衰退，而宗教性却依然存在。而儒教之所以于今日仍然坚实地存在着，实源于其宗教性。儒教的宗教性，就是成功地对死和死后进行了最适合于汉族的思维方法和特点的解释，这就是以祖先崇拜为中心的儒教之本质。但是，一般日本人并不从这一角度去理解儒教的宗教性，而是从伦理道德的角度去理解儒教的宗教性。如山川出版社1986年推出的以高中学生为对象的《伦理用语集》，对“儒教”这样解释：“儒教与道教、佛教并称三大宗教。儒教不像道教和佛教那样倡导不可知和宗教世界观，而重点倡导人的日常生活中的道德、伦理和仪礼。”[④] 日本将儒学的道德、

① ［日］渡部正一：《日本古代中世的思想和文化》，日本：大明堂1980年，第221页。
② 朱谦之：《日本的朱子学》，生活·读书·新知三联书店1958年，第162页。
③ 王家骅：《儒家思想与日本文化》，浙江人民出版社1994年，第339页。
④ ［日］加地伸行：《论儒教》，齐鲁书社1993年，第30页。

伦理和仪礼注入了宗教的内容，甚至提出了“儒教这个宗教就是伦理道德”，因此曾经是农业社会共同理论的儒教，现在作为工业社会的文化背景顽强地生存着。为此，日本学者加地伸行认为“现在需要对儒教有一个确切的理解”，“不是因亚洲新兴工业国家和地区的兴起而追随其流行趋势，而因为它是同宗教有深入关系的‘人的思想’这样一个永久的课题，需要确切地理解儒教”①。

可以说，日本神道教的需要使儒学的宗教性得到张扬，而由于日本儒学的宗教性又使其深深地扎入日本的国民性之中，甚至成为日本现代化的动力，而被应用到日本现代化的过程中，从而导致了中日儒学的第三种差异。

（三）中日儒学实用性方面的差异

中国的儒学是世俗化的思想学说，在漫长的封建社会中基本上没有起到宗教的作用，因此宗教性很差。而日本儒学则既有宗教性，又有世俗性。按照永田广志的说法，“日本儒学，其内容自然是非常偏重于伦理学和经济论（经国济民的理论，即政治及经济的理论）的。其主要任务是把《大学》中作为儒教纲领所规定的修身齐家治国平天下的道理教给诸侯士大夫；是教给他们持身之道和礼仪以期‘明明德’和‘亲民’；是通过以《春秋》笔法对历史事例作出主观的道学的评价，以正‘名分’，阐明君臣之分，这样来为巩固和粉饰幕藩体制的意识形态铺平道路”②。日本儒学经藤原惺窝之手使其宗教性得到彰显，而经林罗山之手使其世俗化得到彰显，把宋学提高到作为儒教本来面目的治国平天下的思想武器的高度，为确立儒教作为统治阶级统治思想的地位铺平了道路。到明治时期，儒教成为全国的意识形态。森岛通夫说：“在经济‘起飞’的过程中，儒教的世俗化和日本的骑士气概扮演了一个最重要的角色。儒教的世俗化在德川将军统治的最后时期即已开始，明治政府通过强制教育的方式来传播儒教，又使得这个过程加快了。……由于明治时代教育普及了，武士阶级支持儒教广泛传播，于是，儒教变成了全国性的意识形态，而并非仅是政

① ［日］加地伸行：《论儒教》，齐鲁书社 1993 年，第 30 页。

② ［日］永田广志：《日本哲学思想史》，商务印书馆 1983 年，第 36 页。

府和上层人物的意识形态了。"① 中国儒学中本来含有实用的成分，如《易·贲卦·彖辞》就说："观乎天文，以察时变；观乎人文，以化成天下。"这是一种济世主义思想，沿着这一方向本来可以使儒学有很强的实用性，在长期封建社会中，也确实使儒学实用性大有用武之地。但是宋明儒学的穷天理、灭人欲，使人的主观能动性受到了限制；太平天国对儒学进行了全面否定；20 世纪出现的"五四"运动和"文革"10 年，对儒学又进行了灭绝性的冲击，致使儒学在当今中国的实用性微乎其微。而在日本，朱子学所具有的经验合理主义得到发展，日本人的即物性格得到长足的发挥，从而促进了科学的发展，并使日本人易于接受西方的自然科学。这就更加促进了日本儒学的实用性。甚至儒学对日本的现实社会生活也具有约束力，思想家们不得不承认：在古代日本并没有可以被看作伦理学的思想，直到儒教传入之后在国民生活中才开始出现道德规范②。

至今，日本儒学的实用性仍在以下三个领域表现得特别突出。其一是对政治运营的渗透；其二是儒学对企业精神的渗透（对企业指导思想和企业经营管理的渗透）；其三是对家庭道德的渗透。关于这些具体的内容在本书第四章中已有论述，此处不赘言。

面对日本儒学的实用性，中国儒学应该急起直追，迎头赶上。事实上，儒学从创立之日起，就是一种富有生命力的学说，在今天也仍是有生命力的学说。只是学者们对儒学的研究，还只重视对儒学理论价值的挖掘，而不注重或忽视儒学的应用。

以上三个方面的差异性充分说明，中日虽然同属"儒教文化圈"，但中日儒学的不同是十分明显的。对这些差异简单地评头品足是无益的，但是有一点却是中国儒学研究者应该注意的，那就是应该重视儒学的实用性研究，使儒学研究尽量普及与平民化，这样才能真正使儒学的生命力保持青春常在，才能使优秀的传统文化得到发扬。

第三节　东方儒学共同的价值观

从上述两节可以看出，在儒学文化圈里，儒学是分层次的，有各种各

---

① ［日］森岛通夫：《日本为什么成功》，四川人民出版社 1986 年，第 49 页。

② 参见中村元：《东方民族的思维方法》，浙江人民出版社 1989 年，第 35 页。

样不同的表现形态，而且还有儒学儒教的不同叫法，那么，儒学文化圈会不会有一种共同的价值观呢？

加拿大华裔学者秦家驄教授肯定亚洲国家有共同的价值观，认为“亚洲价值观也像其他价值观一样有着它的优点和弱点”，“在经济发展的不同阶段，一些价值观可能比另一些更有用，所需要的是要用那些能够提供帮助的价值观，而摆脱那些阻碍发展的价值观”。[①] 对于中国文化圈的东亚价值观的理解是有不同表述的，黄心川先生认为最重要的是：尊重权力，个人服从社会，步调一致，牢固的家庭价值观念，勤劳节俭，重视教育；等等。而德国前总理则认为“垂直的实力主义倾向、由年龄构成的阶层秩序、学习欲望、节俭主义、家族及集团的团结性等，这些形成了儒教的文化遗产。”[②] 郭齐勇教授认为东亚儒学的中心价值系统或核心价值观念是仁爱、敬诚、忠恕、孝悌、信义，他具体论述说：“仁爱是人性之本然，中韩日诸前贤大儒均视为人之所以为人之根本，即人的类特性、类本质，亦与世界各民族各宗教伦理之精核均可以相沟通。己所不欲，勿施于人，己立立人，己达达人，仁民爱物，民胞物与，完全可以成为新的全球伦理的基石，成为化解宗教、民族、国家、文化间诸矛盾冲突的药方和协调人与自然关系的指南。敬与诚是人面对天、地、人、物、我的一种虔诚、恭敬的态度，一种责任意识和敬业精神，真诚无欺，真情自然。愚忠愚孝已被淘汰，而忠孝之心仍可以存于现代社会，化为孝敬父母，尊重前辈，老吾老以及人之老，幼吾幼以及人之幼的行为，化为对人类、民族、国家、社会、团体的奉献精神。持守道义，主持公道，讲求信用，言行一致，仍是我们做人的准则。”[③]

从秦家驄和郭齐勇两位先生的论述，可以看出，东方儒学是可以形成共同的价值观的。应该承认，儒学文化圈内的东方儒学不仅是一种世界观、价值观、思维方式、道德伦理原则，也是一种文化结构模式。东方儒学虽然有差别，分层次，但是还是有共同的价值观。这个共同的价值观，具体表现在儒家的天人哲学、伦理哲学、管理哲学、政治哲学、教育哲学

---

① 转引自黄心川主编：《东方著名哲学家评传·印度卷·总序》，山东人民出版社 2000 年，第 34 页。

② 同上。

③ 参见郭齐勇：《东亚儒学核心价值观及其现代意义》，《孔子研究》2000 年第 4 期。

等层面。

东方儒学的天人哲学是大致一致的，就是提倡一种天人和谐的观点，认为天与人是同一世界的两个既互相对立又互相依存的部分。人作为这个世界的主体，对自然界这个客体不应该是疯狂地掠夺、无限制地利用和开采、不顾后果地侵吞，而是应该处处想到人和自然界是一体的，人如果得罪了自然界，自然界是会报复人类的。西方世界以征服自然为出发点，科学技术的飞速发展，使西方人对自然界的欲望越来越大，对物质世界形成了一种疯狂掠夺的竞争，从而破坏了自然界的和谐秩序。最近一些年来，全球环境越来越恶化，大气层的臭氧空洞越来越大，气候越来越不正常，这些现象都是对大自然不尊重的结果。东方在现代化的过程中，也犯过类似的错误。面对未来世界的发展，大自然已经给人类发出了警告：如果继续不顾后果地破坏自然，其结果最终会导致整个人类的灭亡。在这样严峻的形势面前，正如季羡林先生提出的，人类脑筋里必须先有一根弦，先有一个必不可缺的指导思想，这个指导思想就是“天人合一”思想。没有这个指导思想，人类就会像是被剪掉了触角的蚂蚁，不知道往哪里走。从发展的最初一刻起，就应当在这种思想的指导之下，念念不忘过去的惨痛教训，想方设法，挖空心思，尽最大的努力，对破坏自然的现象加以抑制。在开发大自然的时候，应该把“天人合一”思想作为人类的紧箍咒，使人类在开发之时，不忘应该把和大自然的和谐放在首位。天人哲学是儒学综合思维的典型表现。综合思维要照顾到事物的整体，有整体概念，讲普遍联系，用一句通俗的话说，就是既见树木，又见森林。中医讲究头疼治脚，脚疼治头，把人体当作一个整体来看待。用东方儒学的这种天人合一的思想和行动，可以济西方“征服自然”之穷。①

儒家的伦理哲学强调做人的重要性，做人的根本问题是要处理好三种关系：天人关系、人际关系、人自身与思想的关系。天人关系前边已经述及，此不备论。人际关系的核心，如陈寅恪先生在《悼王观堂先生挽词并序》中所说：“中国文化之定义，具于《白虎通》三纲六纪之说。”陈寅恪先生所说的君臣、父子、夫妇、诸父、族人、兄弟、诸舅、师长、朋

---

① 参见蔡德贵：《季羡林先生的东西文化互补论》，《中国青年政治学院学报》2001 年，第 4 期。

友，实际上是处理人与人之间的九个关系，这九个关系用现代的观点来看，就是：国家与人民、父子、夫妇、父亲的兄弟姐妹、族人、自己的兄弟姐妹、母亲的兄弟姐妹、师长和朋友。这九个方面的关系处理好了，国家和社会自然会安定团结。当前，我们国家的稳定，是保证市场经济正常秩序得以建立的前提，而纲纪学说如果处理得当，可以调节社会秩序，可以加强安定团结，保证社会的稳定。儒家纲纪学说不合理的地方，在于只强调单方面的服从，强调了前者为后者的纲，这是其糟粕的方面。而在当代，我们应该加以改革，强调两者之间的平等的关系、相互尊重的关系。

儒家的管理哲学涉及的方面很广，其核心是强调道德经济合一论、义利合一论，突出以人为本的管理哲学。儒家强调管理哲学首先要解决的问题，是人自身的管理，或者说是自我管理。人自身的管理，要通过修身来解决。修身，自古以来被称作“务本”的功夫，是对孔子“君子务本”（《论语·学而》）的发挥。《大学》强调“富润屋，德润身”，非常重视人自身的道德建设。按照儒家的观点，不管是企业领导者，还是一般员工，人人如果都能做到“克己复礼”，也就可以做到自我管理。在完成自我管理的前提下，进行企业管理，就要容易一些了。在儒家看来，企业管理要突出道德与经济的合一，义与利的合一，崇德与广业的合一。《易经》强调“利者，义之和也”，《大学》强调“生财有大道”、“以义为利”，都是道德经济合一论的典型表述。日本企业家涩泽荣一认为，《论语》中有算盘，算盘中有《论语》，指出：“据《论语》把算盘，四方商社陆续竞兴。……是《论语》中有算盘也。《易》起数，六十四卦莫不曰利，是算盘之书，而其利皆出于义之和，与《论语》见利思义说合，是算盘中有《论语》也。算盘与《论语》一而不二。……世人分《论语》、算盘为二，是经济之所以不振。”① 在用儒家思想进行管理方面，日本企业界做得好于中国企业界，所以有一种说法，孔子讲道理，日本实践道理。现在中国企业界应该急起直追，迎头赶上。

儒家的政治哲学强调王道政治，依法治国和以德治国并重，提倡“己不正，焉能正人”，“上梁不正下梁歪，中梁不正倒下来”，强调做清官，为民做主。在治理国家和社会方面，孔子首先提出了仁礼结构和德治

① 廖庆洲：《儒家的企管哲学》，台湾台北联经出版社 1983 年，第 36 页。

主张，由仁爱之心到礼制，到德治，是以德治国的逻辑进展。“仁”是处理人与人之间关系的准则，仁要具体落实到爱人上，而爱人不是抽象的，要通过恭、宽、信、敏、惠、敬、忠等条目的实施，来处理好人与人之间的关系。由这种仁爱之心推发到仁政，就可以得天下。儒家向来主张“水则载舟，水则覆舟”，得民心者得天下，“桀纣之失天下也，失其民也。失其民者，失其心也。得天下有道：得其民，斯得天下矣。得其民有道：得其心，斯得民矣”（《孟子·离娄上》）。把儒家的这些思想应用到当代的社会实际，当政者时刻考虑到人民的利益，把仁爱之心推及普通百姓，杜绝向百姓索、拿、卡、要，时刻想到减轻人民的负担，使人民不仅能得以解决温饱问题，而且能有愉快的心情，那么，这样的国家还会治理不好吗？

儒家的教育哲学把教化作为儒家最基本的社会职能，孔子提倡“自行束脩以上，吾未尝无诲焉。”（《论语·述而》）孟子提倡“得天下英才而教之”（《孟子·尽心上》）是人生最大的快乐之一，这些思想都把教育放在很高的地位。孔子在教育方面，注意既教人做学问，更教人做人，而且把如何做人放在如何做学问之上，这就把培养人成为有德有用之才综合起来考虑，这一思想，在当代有特别重要的意义。一个人，有了好的道德，再有了好的技术和知识，会为社会做出很大的贡献；而即使没有很多知识和技术，也不至于对社会形成危害。相反，一个人如果仅有丰富的知识，很高的技术，但是道德败坏，这样的人，知识越多，对社会造成的危害就越大。希特勒是非常典型的例子，网络犯罪的出现也是典型的例子，其他高智商犯罪也是典型的例子。现代教育应该把儒家的这种思想认识清楚，把教书和育人放在同样重要的位置，注意用先进的思想教育人，用先进的科学武装人，使受教育者在德、智、体诸方面均得到全面发展。

总括以上天人哲学、伦理哲学、管理哲学、政治哲学、教育哲学，可以把东方儒学的共同价值观概括为：厚德载物，自强不息；忍耐；仁爱；和平；忠孝；信义；包容；谦和；尊重权力；个人服从社会；家国一体观念；步调一致；勤劳节俭；重视教育；……在克服东方文化中的不良因素如封闭、保守、自大、缺乏时间观念、缺乏法治、不重效率的前提下，继续完善东方儒学共同的价值观，是东方儒学文化圈国家共同的责任。韩国政府从 1982 年开始，将传统价值观中的优秀部分挖掘出来，注意克服国民的懒散习惯、封闭自守、精神空虚、缺乏创造力等不良素质，净化民族精神，通过教育改革，力求培养出新的韩国人：健康的韩国人——强健的体魄、刚强的意志、高尚的情操、丰富的情感；独立的韩国人——具有自信、自主决策力、进取开拓的精神、强烈的民族意识；创造的韩国人——基本的学习技能、科学研究能力、理智解决问题的能力、创新的思维；道德的韩国人——正确的价值观、人类的认同感、优秀的公民意识、关心他人的精神。韩国人在金融危机中的表现，已经说明这种做法已经唤起了国民的高度自觉，他们把自己家的首饰等物贡献给国家，以帮助国家渡过金融危机。这正是家国一体的价值观的现代体现。韩国政府的做法，是否值得儒学文化圈其他国家效法呢？如果东方儒学文化圈国家都能把传统文化的价值观进行现代转换，那么，东方文化确实会再现辉煌。

作为世界十大思想家之首的孔子，既是时间人又是空间人。从他生活的时代到现在，2500 多年来，一直对人们的思想起着巨大的影响作用。近代以来，太平天国和义和团运动、五四运动、“文化大革命”，都对孔子有过不同程度的冲击，尤其是“文化大革命”，几乎把孔子彻底打倒。但时隔不久，随着对外开放的不断扩大和深入，孔子的思想又密切地和现实结合起来，在现代化过程中发挥着作用。孔子的思想，不仅在中国国内有重大的影响，而且跨越了国界，在儒教文化圈也产生了重大影响，在韩国、日本、新加坡都有力行孔子思想的人，在努力推行孔子的道德，使孔子的道德思想不仅是中国人的行动指南，而且也是儒教文化圈国家和人民的行动指南。

第七章　儒学与宗教

儒学与宗教的关系，是近代以来在儒学研究领域讨论较多的话题，这个话题包含这样几方面的含义：一是儒学自身是不是宗教；二是儒学在受它影响的各个国家中与其他宗教的关系；三是如何看待近代以来香港、印尼等地把儒学发展成一种宗教的问题。第一个问题是讨论的热点。

中国学者对儒学自身是否宗教的讨论兴起于近代，康有为是率先力倡儒教论的代表人物。康有为对儒教的定位是孔教，他在 1886 年提出，孔教与佛教是世界上真正的宗教，孔教是入世之教，佛教是出世之教。在 1898 年的《孔子改制考》中，他又系统论述了儒教在中国的产生、发展及在中国思想史上的地位。他认为儒教也有自己的教主，即孔子，有教义（载于“六经”之中），更有自己的仪式。它不同于西方宗教的地方在于，孔教是以人道设教。而康有为的学生梁启超却不认同此论点。他认为：“所谓宗教者，专指迷信宗教信仰而言，其权利范围乃在躯壳界之外，以魂灵为根据，以礼拜为仪式，以脱离尘世为目的……”（《保教非所以尊孔论》）他认为没有天国的追寻、没有来世的观念，是不能称为宗教的，所以他断言儒学不是宗教。对于梁的论点，蔡元培、陈独秀等人皆撰写文章给以支持，认为孔子之学只是研究道德伦理，没有超世的世界观，宗教所具有的传法统绪、神灵崇拜，儒家都不具备，不能把孔子与宗教混为一谈，陈独秀更指出，把儒学看成儒教是别有用心的。

经过“五四”的批判之后，儒教论受到压抑，第一代新儒家代表人物如梁漱溟、熊十力等一般认为儒学非教，梁漱溟是其中主要的代表之一。对于他的观点后面将论及。但是到了 20 世纪五六十年代，港台及海外的第三代新儒家则着力于强调儒家的宗教性，特别是它在中国历史上所起的宗教性的功能。牟宗三说：“一个文化不能没有它的最基本的内在心灵。这是创造文化的动力，也是使文化有独特性的所在。……依我们的看法，这动力即是宗教，不管它是什么形态。”所以，“了解中国文化也是同样，即要通过作为中国文化之动力之儒教来了解。”[①] 唐君毅、牟宗三等人从儒家作为“精神生活之途径”入手，强调的是儒家怀有宗教情感，儒家的内在超越精神具有的宗教特色，他们着力说明儒家不能等同于传统的宗教，儒家是一种“人文教”。这与西方近代兴起的文化宗教观是一致的，在近代西方许多学者的眼中，儒家是一种宗教。当然在新儒家内部也有不同的意见，如徐复观、张君劢，他们认为，中国人从来就没有把孔子看成是先知或教主，孔子本人也根本不想创立超现实的宗教。

在中国内地，传统文化研究经历了一段特殊的时期之后，人们重新以客观的眼光来审视传统，关于儒学与儒教的问题又重新成为讨论的话题。但是“最近关于‘儒教’这个概念，是1979年提出来的。十年来响应者寥寥”。[②] 以冯友兰先生为代表的反对儒教论者属多数，冯先生说：“信宗教的人，于不能自主之中，要求有一个主。……儒家指出，不需要这个‘主’。”人的精神若达到儒家的高度，宗教就对他失去作用。[③] 另外，牟钟鉴也是儒学非教论的主要代表，他说：“儒学毕竟是理论形态的学术文化，而传统的宗教是以祭祀活动为中心的实体化和实践化了的社会事物；……两者不可混为一谈。”[④] 蔡尚思、郭齐勇等也明确表示儒学不是宗教。[⑤] 与此相对，部分人则坚持儒教论的主张。任继愈先生首先提出了“理学宗教论”，他以划分阶段的方式来对中国儒学发展中每一阶段的宗教性进行了分析，认为，宋明理学之后，儒学就成为成熟的宗教，宗教的一些特点在宋明之后的儒学中都得到了体现。[⑥] 李申也持此观点，他先后在其《中国古代宗教百讲》、《中国儒教史》等书中论证其观点。

这里，首先要明确的是，儒学与儒教的问题虽然不是古代思想家研究

---

① 牟宗三：《中国哲学的特质》，上海古籍出版社1997年，第93页。

② 李申：《中国古代宗教百讲》，中国广播电视出版社1993年，第53页。

③ 冯友兰：《中国哲学的底蕴精神》，《冯友兰文选》，上海远东出版社1994年，第448页。

④ 牟钟鉴：《中国宗法性传统宗教试探》，见《走近中国精神》，华文出版社1999年，第266页。

⑤ 两人观点参见《文史哲》杂志1998年第3期之《“儒学是否宗教”笔谈》。

⑥ 任继愈：《儒教的形成》，《中国社会科学》1980年第1期。

的中心问题，但是要想对这一问题给以辨析，就必须回过头来，从历史的考察中寻找论据。在此章中，我们试图通过对儒家思想在不同国家的历史与现实中存在的形式，对儒学自身是否宗教的问题及儒学与其他宗教的关系作一个辨析。在对历史的辨析中，表明自己的观点。此章中的宗教一词，除在文化宗教学的语境中，一般是在宗教一词的传统意义上使用它，即以是否存在实体信仰、正规而严谨的宗教组织、神谕性的教规教义、专职的宗教人员以及宗教仪式等为判别的根据。

第一节　东亚各国的儒学与宗教

一　韩国历史上的儒学与宗教

在韩国，儒学通常被称为儒教，有时也被称为儒家。从历史上看，儒学在韩国所处的学术地位与在中国大致相当，即虽然在儒学思想中存在超越性理念，和所谓的终极关怀，但是问题的核心始终在现世的人伦道德上。韩国历史上并未存在像西方基督教那样严密的教阶制度、专门的宗教组织、严明的教义教理等，其主要的传播途径就是像太学这样的教育机构。现代韩国，也并不存在有组织的儒教教会，只有一些社会团体，比如成均馆在各地设的乡校、青年儒道会、女性儒道会、学生儒道会等，另外在成均馆这个韩国儒学研究的中心，还定期地组织释典仪式。所以，韩国的儒学也像中国儒学一样，处于哲学与宗教的边缘，而且，在韩国儒学的发展历史中，也与本土的及外来的宗教发生着时而交融、时而斗争的联系。

韩国对儒学的正式的记载出现在《三国史记·高句丽本纪》的第17代小兽林王（371—384）2年条，“二年夏六月，秦王符坚遣使及浮屠顺道，送佛像经文，王遣使回谢，以贡方物，立太学教育子弟”。[①] 从记载可以看出，中国的儒、佛两家在传入朝鲜的过程中，传播途径上的交叉，使得初入朝鲜的儒学就势必要与佛教发生关系，这种关系最初是友好的。在六七世纪新罗佛教的鼎盛时期，一些佛教高僧的思想中，明显带有受儒学影响的痕迹。比如高僧圆光把佛教的“三规五戒”解释为“事君以

① 转引自韩国哲学会编：《韩国哲学史》（上），社会科学文献出版社1996年，第73页。

忠”、“事亲以孝”、“交友有信”、“临战无退”和“杀生有择”①。还有名僧元晓也是一个熟知儒家经典的僧人，他“吸取了儒家思想中的精华，以用于深入浅出地解释佛理，从中概括、提炼，以丰富自己的和诤思想”。② 到三国时代中期，在官方的倡导下，儒学有了较大的发展，和朝鲜的文化有了密切的结合，特别是与韩国的宗教发生着紧密的联系，这种密切的联系主要表现在它与花郎道之间。

韩国宗教中，属于其本民族思想根源的是风流道，风流道的思想本质就是依凭从天地、自然中获得的风流性，体感生命的根源，相信被永恒的生命、无限的生命、绝对的生命所感应，也就自然地使自己的生命根源与之相契合。三国时代，新罗的真兴王在风流道的基础上，创设花郎道。花郎道在风流精神的基础上，重视人的社会价值的实现，因此它被视为“第一次确定了韩国式的人道主义思想”。③ 新罗创设花郎制度，一是与当时政治经济上维护王权稳定的需要有关，同时也体现了在儒佛道传入朝鲜的情势下，他们融会外来思想、保持自己民族精神的一种努力。这种融和对新罗统一三国起到了积极的促进作用。统一后的新罗在风流精神的沃土中，吸收了儒、佛、道三教的一些精神，并根据时代的要求，去开发伦理思想。它不是单纯地吸收某一种思想，而是以综合的、调节的态度去兼容并包。有的学者认为，花郎制度，在一定程度上，对高句丽的儒生制度也有模仿。比如在花郎的选拔中，花郎道徒将道义与歌乐视为鸟的两翼，这同孔子将礼乐作为君子学的两翼是一样的。在《三国史记》中，有一个关于著名的花郎斯多含的记载，从他的精神中，可以看到真心爱国、爱百姓、清廉正直等品格，这被认为是修己和安民的儒家思想的实践理念的具体体现。当时真兴王选拔人才是通过花郎制度来完成的，被选拔出来的花郎徒在培养高洁的心志、豁达的气质、陶冶心神等方面，基本上是以研修儒家的伦理道义，作为精神教育的基础的。

另一方面，韩国的儒、佛、道也在花郎道中融为一体。在《三国史记·真兴王三十七年条》中记载崔致远的《鸾朗碑序》曰：“国有玄妙之

---

① 参见《东方著名哲学家评传·韩国卷·总序》，山东人民出版社 2000 年，第 14 页。

② 同上书，第 103 页。

③ 《韩国哲学史》（上），第 148 页。

道，曰风流，设教之源，备详仙史，实乃包含三教，接化群生，且如入则孝于家，出则忠于国，鲁司寇（孔子）之旨也。处无为之事，行不言之教，周柱史（老子）之宗也。诸恶莫作，诸善奉行，竺乾太子（释迦）之化也。”① 在花郎道中，儒家的忠孝论、道教的无为说、佛教的善恶观，都融为一体。这就减弱了儒、佛、道之间的相互争斗性，减少了社会的不稳定因素，也为新罗的统一打下了基础。在为三国统一的战斗中，花郎道的团结一致、不怕牺牲、浑然一体、为国家尽忠的精神，正是立足于儒家思想的实践精神。

进入高丽时期，佛教成为统治思想，高丽后期，朱子学被引进，14世纪李朝建立以后，朱子学占据了统治地位，出现了像李彦迪、李滉、李珥这样的大家。这一时期的哲学问题主要集中在理气关系、人性心性、四端七情等方面，而且排佛也是此时学者的立论重点，学者们强调儒学与宗教的差别在于，儒学注重从日常的伦理生活出发，来讲修身养性的问题，从学者讨论的问题来看，超现世的实体信仰并不是他们研究的重点。

到朝鲜朝初期，在排佛势力大增的情形下，一些佛教的僧侣认识到，要寻求生存发展之路，与其直接地反抗，不如主张佛教和当时的国教——儒教的相互融合，会通论在此时萌芽了。会通论主张禅和教的统一，当时的己和僧人提出，儒家的修身、齐家、治国、平天下，也是有了信奉佛教的正心才能形成的，而主张以道德教化人、反对以刑法惩罚人，是儒家与佛教的相通之处。在修行境界上，儒家讲的寂然不动，和佛教的“寂静而明照”相通，儒家的“感而通”，无不静，和佛教的“照明常静”是一致的，因此儒家、佛教的教诲相暗合。② 稍后的修静在他的《儒家龟鉴》里也说：“曰德，曰仁，曰静，曰诚，言虽殊而理则一，无非所以明此心之妙也。”③ 也就是说，发挥妙心之德，就和儒家重视仁、诚、敬等相通，但是相通并不能否定佛教的教理比儒家更深刻的事实。到朝鲜朝中叶，二教会通论仍然流行，韩国的佛学者还引进中国佛教的会通论以丰富其本国的会通论，在僧人的佛教教义观、修行观中都透露出受儒学影响的痕迹。

---

① 原文出自《三国史记·真兴王三十七年条》，转引自《韩国哲学史》（上），第129页。

② 参见《韩国哲学史》（中），第304—308页。

③ 转引自《韩国哲学史》（中），第326页。

当时有像仁岳等这样的佛教高僧都以酷好朱子之书为乐，仁岳在回答别人对佛教教理提出的疑问时，讲天地日月山川等都是心之相，心是万法的根源，了解了心也就了解了万法的理致，这种论调与儒家思想有深刻的一致之处。与仁岳同时的莲潭，在论证因果报应论时，曾引《周易》中的“积善有庆，积不善有殃”的语句来做说明，这就把佛教的因果报应说与儒家思想对应起来，可见当时的一些高僧对儒家经典也有深入的研究。[①]而且在朝鲜佛教的会通论中，受中国佛儒融合思想的影响较多，甚至有僧人原封不动地引用中国僧人讲会通论的原文。

李朝后期，实学和阳明学兴起，实学立足于现实，致力于提出一些有关国家政治、经济的改革措施，反对朱子学的空谈。在实学家中，有的人对佛教的思想进行研究和吸收，比如五洲李圭景就是其中有代表性的一位。五洲虽然也称佛教为异端，但是认为其“异端”性没有超出“名物度数之学”，他在《海东佛法辩证说》、《三教诸论辩证说》等文中，以儒家理论理解、批判道佛思想的同时，又从道佛思想中寻找与儒家思想的共同之处。他说：“释氏言心吾所谓意，释氏言性吾所谓心。”（《三教诸论辩证说》，《五洲衍文长笺散稿》上卷）也就是说儒家的心性与佛教的心性只是在概念上互换了，要讲的道理是一致的，儒家的“劝善惩恶”与佛教的“因果说”是一致的。在这种思想相通的基础上，李圭景提出：“唯吾夫子之教，君君臣臣，父父子子，夫夫妇妇，各安其分，率其性。古往今来无断续，即此长生。间往间来无粘着，即此员空。此二氏之所以羽翼吾儒，吾儒何必袒彼教哉？”（《三教诸论辩证说》，《五洲衍文长笺散稿》上卷）。在他的理解中，佛教的“员空”思想是对儒家思想的补充，没有必要排斥。

近代以来，由于受世界历史发展进程的影响，朝鲜的学者们力图通过对传统的改良，来推进国家的发展。在这一时期，由于西方的基督教和天主教传入朝鲜，一些儒学者在探讨儒学改革的过程中，对天主教思想进行研究和吸收，比如实学的集大成者丁若镛，在1797年写《自明疏》，阐述了对天主教思想的理解。他说自己接受西学，是因为受西方的科学技术的吸引，认为人优于动物的地方，在于人能依靠群体力量促进社会发展，

---

① 参见《韩国哲学史》（下），第150—153页。

他受利玛窦《天主实义》影响，立足于实践儒学，吸收天主教的思想，追求新的人格的面貌，对“天”、人性等有不同的理解，他在人性中加入了个体的特殊性，并认为人性向善还是向恶并非由本质决定，而是在实践中自主选择的。在韩国天主教传播的先驱李檗那里，试图把儒学与天主教融和的意图体现得较明显。他强调道、正直、忠孝是天主赞赏的美德，他说要想得到灵魂的永生，就必须克己复礼，他主张要克服社会的弊端就要对人进行改革。虽然天主教的传播者试图把天主与儒教中的上帝结合、甚至合一，但是儒学者在研究这种宗教的过程中还是体察到它们之间的差别。于是，部分儒学者试图创立一种新的宗教拯救传统思想的衰败、与外来的宗教抗衡，比如崔济愚创立的东学，引导人们信仰上帝，同时，他又说他的信仰是：“兼儒、佛、道三教，圆融为一，主五伦五常，居仁行义，正心诚意，修己及人。”① 可见他的思想意图，还是融会东西，以适应现代进程的要求。另外，还有朴殷植的大同教也做了这方面努力，但是其思想也表现出较混乱的特点，他提倡大同，又用了佛教的词汇，把拯救世界的大同思想称为大乘法，把拯救自己的修养方法称为小乘法。这些立足儒学精神又试图融会宗教思想的做法，反映了韩国近代的学者们力图改革传统弊端，实现精神突破的愿望。

二　日本的儒学与宗教

在日本，最初与儒学发生较为深刻的相互影响的宗教，是同样来自于中国的佛教。廉仓时代以后，以朱子学为核心的宋学传入日本，“朱子学从 13 世纪传入日本后一直依附于佛教。到江户初期，在德川幕府的支持下，才开始从佛教分离出来。”② 当时儒学的传入，主要依靠到中国留学的僧人，如兰溪道隆、大体正念、一山一宁等，此时由于日本的武士好禅，在听取这些受宋学影响的禅师讲禅同时，也就接受了宋儒之学的影响。14 世纪出现的像雪村友梅、中岩圆月等一批禅儒兼修的“五山禅僧”，对宋学在日本的传播起了进一步的促进作用，所以在当时有了“儒

① 崔济愚：《东经大全》；转引自《东方著名哲学家评传·韩国卷》，山东人民出版社 2000 年，第 44 页。

② 黄心川：《东方著名哲学家评传·日本卷·总序》，山东人民出版社 2000 年，第 12 页。

佛不二”的思想。至16世纪的室町时代，儒佛不二又与神佛调和说相汇合，遂有神、佛、儒三教一致说。如吉田兼俱所提倡的“根叶花实”说，认为日本生种子，震旦（中国）现枝叶，天竺开花实，所以佛教是万法之花实，儒教是万法的枝叶，神道是万法的根本。所以在日本，儒学最初是通过与佛教的结合才扎下根的。

江户时代，儒学主要是与日本的神道教相互影响，或排斥、或吸收，儒学的发展也分成三个阶段：朱子学勃兴时期、古学派与朱子学对抗时期和阳明学的兴盛时期。第一阶段，对于儒学与神道教的关系，在儒学者内部有两种观点，以山崎暗斋为代表的一派，以日本固有的古代神话为基础，来改造朱子学，形成所谓的垂加神道。在暗斋看来，朱子学中的理，与日本神道中的本源神国常立尊是等同的，一切神都是理的具体表现，他说：“盖宇宙唯一理，则神圣之生，虽日出处日没处之异，然其道自有妙契者存焉，是我人自当敬以致思也。”① 在神理一致的基础上，暗斋又用阴阳五行说和理气说，附会“七代天神”、“五代天神”的神话，说天神第一代时是天地一气，二代至六代为火木金土；第七代则阴阳之神。他又把《太极图说》附会到伊奘若尊和伊奘冉尊创生日本的过程中，以说明神人一致。在暗斋的哲学中，汇合了儒家的伦理思想和神道教的神造万物的思想。这一时期的另一种观点认为儒家思想与神道是不能融会的，如室鸠巢以子不语怪力乱神为根据，揭穿僧侣的黑幕，认为人们要是相信这些东西，就是受了迷惑、失却正理了，他在与游佐木斋的《议神道书》中，申明神道与圣人之道是矛盾不和的，并指斥了山崎暗斋将神道与圣人道德结合的做法。

在日本儒学发展的第二阶段，以复古为名的古学派开始和朱子学抗争。古学派的先行者是山鹿素行，后来的两个派别分别以伊藤仁斋和荻生徂徕为代表。其中以荻生徂徕为代表的护园学派，致力于提倡把儒学与神道结合的“神道设教”的思想。徂徕认为上天是“百神之宗者”，圣人是掌握了神圣知识的人，是传达天意的，为了使人们都遵从社会的秩序、不获罪于鬼神，所以圣人以神道设教。徂徕的学生太宰春台继承徂徕神道设

① 《山崎暗斋全集》上卷，第73—74页；转引自《东方著名哲学家评传·日本卷》，第108页。

教的思想，认为天不是理，是神，而真正能表达天意的圣人以及他所创造的教化众生的教理，不在日本的神道，真正的“神道”出于中国，而且他认为道不是常人能够思议的，人们只要信仰就行了，他要人们信神，信二帝三王之道。荻生徂徕等人的神道设教思想，将中国的圣人之道与日本的神道思想结合，提倡祭政一致，为封建统治者提供了一套统治安民之术。在以上这些儒学者将儒学与神道结合所创设的宗教思想中，都深深地受着来自中国思想的影响。

17世纪，以贺茂真渊、本居宣长、平田笃胤为代表的国学者，为了和外来的佛教、儒学相对抗，提出要发掘纯正的日本精神。他们以《万叶集》、《古事记》等据说包含着日本固有的纯神道的典籍为根据，排斥儒佛，要复兴纯正的日本古道。但是，虽然古学派学者不认可儒学在日本所具有的主导学术地位，但他们长时期所受的以儒家思想为主导的官方意识形态的影响，使他们的思想不可能完全摆脱儒家思想的痕迹。

明治以来，由于西方思想的传入，日本思想家们试图在接受外来思想的基础上，总结和改造以儒学、佛教和神道教为核心的日本传统哲学，同时再以日本固有的传统思想的精髓来解读西方的哲学，以形成与新时代相适应的日本近代哲学。在这个过程中，面对来自西方的宗教，一些日本儒学者试图立足于儒学本身的特点，倡导一种新的、所谓的道德宗教观。西村茂树在其代表作《日本道德论》中认为，日本的当务之急就是建立道德自觉，他将教分为世教和世外教两种，世教以道理为主，如儒学；世外教以信仰为主，如佛教和基督教。西村认为适合于日本的是道德之教，日本应建立在内容上求教于儒学、在方法上求教于西方哲学的道德宗教。比西村稍晚的西田几多郎也提出了相类似的思想。西田认为，宗教并不是什么神秘的东西，宗教本质上是以自己对生活的体验为基础的，学问和道德都是宗教的，所以他认为无论是哲学家们所进行的学术研究，还是在历史上一直对东亚各国发挥伦理教化影响的儒家的道德学说，都是宗教的。西田的宗教观，是一种泛化了的宗教观。

虽然在日本儒学发展的历史上，形成了一些与神道教相融合而成的宗教流派，但是从儒学本身来看，它不应该被视为一种完全意义上的宗教，它主要还是作为一种道德伦理学说存在。正如日本社会学家中根千枝说的，从日本的国民性格来看，人与超越性的神的关系并不像西方那样重要，[①] 虽然在日本人的生活中存在着很多与宗教仪式有关的习惯，但"一个日本人的一生中，可能于神社中过'七五三'节，在基督教堂举行婚礼，而在佛教寺院举行葬礼，日本人并不觉得这样做有何不妥。"[②] 所以日本的最高价值规范不是出于宗教，而是出于道德。任教于英国伦敦大学的日本学者森岛通夫在其《日本为什么"成功"?》一书中也说："儒教在日本被理解为一种伦理道德制度，而不是一种宗教。"[③] 所以，虽然儒学在历史上与日本其他宗教产生过深刻的相互影响，但是从传统宗教观的角度出发、从儒家思想自身在日本历史上所起的作用来看，儒学在日本也不能被视为一种完全意义上的宗教。

第二节　东南亚国家的儒学与宗教

一　印度尼西亚的儒教

在印度尼西亚华人中，儒家思想是被作为一种严格意义上的宗教来对待的。印尼最早的有组织的儒教团体是20世纪初形成的孔教会，1923年散布在印尼各地的孔教会联合起来，在万隆成立了孔教总会，把孔子当成圣人，把孔子的学说看成宗教，把"四书""五经"看作圣经。"二战"后，孔教团体的会员逐渐减少，为了促进儒教的发展，1955年，经过重新组织的印尼孔教团体联合会在雅加达诞生。60年代初，印尼政府实施排华政策，儒教发展受到挫折。稍后，政府为了推行同化，提倡各种宗教运动，1965年和1969年，政府两度颁布的条例中，孔教与伊斯兰教、基督教、天主教、印度教和佛教一起，成为官方承认的宗教之一。

为了努力使孔子的学说演化成与基督教相类似的制度化的宗教，印尼孔教信徒加速了孔教的制度化建设。1967年，印尼孔教中央理事会召开专门会议，以确定孔教的性质、庙宇祈祷时的仪式、教士体制等方面的规定。孔教士分为三等，即HAKSU（学师）、BUNSU（文士）及KAUSING

① 参见王家骅：《儒家思想与日本的现代化》，浙江人民出版社1995年，第248页。

② 同上书，第258—259页。

③ ［日］森岛通夫：《日本为什么"成功"?》中译本，四川人民出版社1986年，第125—126页。

(教生)，教士们负责筹备宗教礼拜、礼仪、典礼等活动，活动一般是用印尼语来进行的。孔教的圣经是 SUSI（“四书”的闽南语音），进行礼拜的礼拜堂称为 LITHAN，祈祷完毕，信徒们齐声念颂 SIANCAI（善哉）。印尼儒教的活动核心是其教义，这是在印尼华人所遵从的宗教、传统、文化的诸因素基础上整合而成的。主要体现在它所提出的八条信仰原则上：信仰一位至高无上的神；信仰明德；信仰对神的诚；信仰精神和灵魂的存在；信仰虔诚的价值（比如孝顺）；信仰遵从孔夫子的教导；信仰尊敬“四书”的真理；信仰遵循道。这与西方宗教中讲的信仰上帝、信仰天使、信仰启示录、信仰先知等是一致的。儒教教义中的最大特色，就是强调对伦理道德的虔诚。按照印尼儒教伦理的概念，道德不是建立在人们的理性认同的基础上的，而是建立在至高无上的神谕的基础上。

在印尼，儒家除了作为一种独立的宗教存在，它的思想还广泛地渗透于其他宗教。最有代表性的是，儒教、道教、佛教相融合形成的叫作“三教”的教派，该教创立于 1934 年，创立者是印尼土生华人作家郭德怀，其宗旨是团结和奉行儒教、佛教和道教，三教会的信徒可以只信仰其中的一种宗教，或者将三教中不冲突的教义结合起来以信仰。所以，印尼的儒教徒有两种：三教成员和儒教成员。在某些地区，儒教和三教共享一个教堂，这两个组织在社会活动时也往往一起工作。除此，在其他独立的宗教中，也能看到儒教思想的影响，在遍布印尼的 3000 所佛寺道场中，除供奉佛教塑像外，常常有孔子的神像陈列其中。总的来说，印尼儒教是作为印尼华人宗教、华人的外部形式而存在于印尼社会中的。

二　新加坡的儒学与宗教

在东南亚地区，新加坡是华人最集中的地方，华人占新加坡总人口的 76%，在华人的传统中，儒家价值观始终占主导地位，因此，从 20 世纪 70 年代后期开始，新加坡政府开始发起一系列的推广儒家文化的运动。1982 年，当局宣布中学高年级学生必须选择一门宗教课程作为接受道德教育的方式，在同年二月，又把儒家伦理列为该课程之一。为了推动儒家伦理的教学，专门设立了以吴德耀为首的儒家伦理委员会。从儒家思想在新加坡社会所发挥的作用及存在的形式来看，儒学并不是被作为一种宗教来对待的。从形式上说，新加坡推行儒家伦理道德的方式主要是加强学校教育，编写了一系列教材，开展广泛的学术研究。1982 年夏天，新加坡先后邀请了 8 位海外儒学者来商讨推行儒家伦理的原则与实施计划，举行专题讲座。在新加坡，也成立了像东亚哲学研究所、儒学研究会等一些学术研究机构，但没有专门地形成独立的、有体系的、严格的教阶制度、专职的神职人员等，没有那些作为完整意义上的宗教应该具备的因素。

从儒家思想对社会所发挥的道德教化的作用上说，它主要是培养社会成员成为有理想有道德的人、使青少年认识华族固有的道德观念、培养积极的人生观等。虽然它作为一门教育课程与其他宗教课程并列，但是在新加坡人的观念中，“融会了道德和宗教的孔子儒学虽然具有圣人天降或天启的意识，但是这种意识到底没有形式化，所以孔子的儒学并没有形成好像基督教那样的道成肉身的教义，由于这个原因，孔子儒学虽然有类于预示型的宗教，但在形式上并不显著。”① 儒学是入世的、不排外的，因此政府当局以及大众传播可以大张旗鼓地推广它、鼓吹它，而不致引起什么严重的后果。正如许倬云教授所说：“儒家具宗教情操，但不具备宗教独占性，它本身是开放的哲学，没有排他性。”② 在新加坡的其他宗教看来，儒家伦理和各大宗教有相通之处，但儒家是入世的，宗教是出世的。

当然，在新加坡由于儒家思想所具有的深刻影响，在其他宗教的信奉中也能看到儒家的影子。在大大小小的五百余所庙宇及社坛中，除了供奉本教的神祇，还时常看到孔夫子的塑像。而且，新加坡还有一种同时崇拜老子、释迦、孔子、耶稣和穆罕默德的五教合一的组织。

三　越南的儒学与宗教

儒学在 1 世纪左右传入越南，在 1 世纪至 10 世纪的历史中，越南民族是华夏民族之外受儒家学说影响很深的民族，越南人通过与中国相似的中央集权、科举考试和官吏选拔制度使得儒家思想的影响得到深化。

在越南历史上，与儒家处于此起彼伏的斗争状态的，是佛教。968 年越南本土的丁部扫平越南境内，建立独立的封建王朝。丁朝和前黎朝是越

① 龚道运：《孔子的儒学与基督教的比较研究》，《儒学与二十一世纪论文集》，华夏出版社 1996 年，第 913 页。

② 《星岛日报》1982 年 8 月 20 日。

南历史上国祚短暂的朝代，两朝以严刑峻法为治国的主要手段，在思想意识形态上更多地倚重佛道势力，以至“圣学不闻，儒风未震，僧尼半于民间，佛寺满于天下。”（黎嵩《越南通考总论》，《大越史记全书》卷首）李朝时期（1054—1220），儒学受到统治者的重视，而此时，佛学、佛教在社会上的影响还很大，加上受中国的儒释会通的影响，越南的儒学与佛教表现出相互融通的特征。李朝的第三代国王李圣宗之时，国势强盛，对内尊重儒学，建文庙，开科举，同时，他又是越南草堂禅宗派的首传弟子，这无疑会使儒释两家走向融合。随着李朝的灭亡，草堂禅宗衰落，随陈朝而兴起的，是竹林禅宗。竹林禅派的创始人应该算是陈朝的陈太宗，竹林禅宗的第一代祖是陈仁宗。在陈朝，处于统治地位的思想虽首推佛教，但统治者也认识到儒、佛二教在社会生活中各有不同的作用，所以不能排斥儒家，在他们的思想中体现出一些受宋代影响的三教合一的色彩。所以，虽然陈朝是佛教的光荣岁月，但是“陈朝的佛教正是在与儒教相融合的情况下得以发展的”。[①] 在陈朝部分思想家的思想中，也有儒、释、道融合的特点。比如陈朝号称“越儒第一人”的朱文安，他的诗作中，时常出现像“敬老崇儒政化新”、“佛界清幽尘界远”这样的词句。

陈朝于1400年被外戚胡季犛夺权，胡氏政权仅存在7年，1427年黎朝（1427—1784）建立以后，针对前几个朝代过分崇佛、以致影响国力的情况，黎圣宗实施打击佛教的政策，勒令大批僧人还俗，大力推崇儒学，形成“崇儒重道”的局面，佛道两教势力衰弱。不过在思想领域，融合还是一种无法阻挡的趋势。如儒学家阮秉谦就因深受北宋道学家邵雍的影响，主张将儒学与道家思想融合，既要人们顺应社会的变化，“安分”“安闲”，又要人们因时制宜、等待时机，寻找报国的良机。18世纪，越南兴起了“三教合一运动”，像郑穗居士专门撰写了《三教一源说》、吴时任撰写了《竹林宗旨原声》等文章，阐发“三教合一”的思想。后黎朝末期最有影响的哲学家黎贵惇也对此专门论述。他认为，佛老虽然义理玄虚，但是有其高深之处，儒生带着偏见来驳斥佛老，并不客观，佛老的“玄风妙法，实与天地相为不朽”（黎贵惇《芸台语类·理

① 黄心川主编：《东方著名哲学家评传·越南卷·犹太卷》，山东人民出版社2001年，第100页。

气》)。他还以气道之理说明两家的合理性，认为无论是儒、释还是道，都是为了说明宇宙间的道和理的，虽殊途，却可同归。通过历史的回顾可以看出，尽管越南儒学在历史上不断地与佛教、道教发生着相互影响，它这自身不是被作为一种宗教来对待的。

1945 年以后，越南建立了民主共和国，马克思主义成为国家的主导意识形态。在现代越南，儒学也是被作为一种传统的哲学思想、而不是一种宗教来对待的。在胡志明讲到儒家思想时，主要用儒家的诸如勤、俭、廉、正心、修身、亲民等思想，来教育劳动党党员要提高自身的修养和素质，服务于越南社会的精神文明建设，对儒学与宗教是有区分的。胡志明说："孔子学说的长处是重视个人的道德修养，耶稣的宗教的长处是高贵的仁爱之心……"① 可见，在越南人的观念中，儒学与宗教是有区别的。在现代社会，越南的儒学研究者站在批判继承的立场上来看待儒学，把儒学看成是越南传统文化和传统思维的一个重要组成部分，在学术研究中，儒家思想始终被称为儒学而不是儒教。如果它是一个有着严密的教会组织、严格的教阶制度、专职的神职人员等的宗教的话，在以马克思主义为主导意识形态的越南，也不可能得到政府的大力提倡。

鉴于传统的儒家思想对越南民众的深刻影响，越南的一些现代宗教，在宣传自己的教义时，也会考虑到民众的传统心理，通过融合儒家的思想来扩大自己的影响。比如越南的高台教，就尊奉老子、孔子、姜太公、玉皇大帝、释迦和耶稣等各种神灵。儒学思想被其他宗教吸收以使其教义符合民众心理，这也是儒学在东南亚国家存在的一个共同特征。

第三节　中国历史上的儒学与宗教

在人类思想史上，宗教与哲学是一对孪生姐妹，都是来源于人类最古老的神话传说，在中国也不例外。儒家思想作为一种源远流长的思想体系，在它产生的时候，就与远古的神话、宗教信仰有着不可分割的联系。中国上古的夏商周时，存在的是从自然崇拜到生殖崇拜，再到宗族崇拜的宗教文化。后来据胡适的考证，儒士在最早的时候，是从殷的祝宗卜史转

---

① 陈民仙:《胡志明传》，上海三联出版社 1949 年，第 91 页。

化来的，他们也许是在奴隶制王朝权力重心的下移之后流落势微的人，由皇家的专门御用术士而流落到民间，他们是殷礼的保存者和宣教师。儒家创始人孔子说“吾从周”，他所崇拜的周礼，就是周朝在进行宗族崇拜的过程中所采用的一种形式，当然孔子所重视的，是这种宗教形式中蕴涵的“敬德保民”的伦理思想。在孔子思想中，由于时代的原因，以及他所继承的那种礼制文化的渊源，决定了他的思想中有着明显的宗教色彩，他也时常讲天命，但是儒家对早期宗教所重视的彼岸、天国、鬼神等思想并没有给以过多重视，而且儒家也不像世界其他传统宗教那样，在其早期着重讲实体信仰、神迹的发生，孔子本人则“不语怪、力、乱、神”。在儒家的发展中，也没有致力于宗教仪式、神职人员的体制建设等方面的努力。但是尽管儒学在中国一直没有成为一种严格意义上的宗教，它作为一种研究人的精神领域的思想，在其发展过程中，不可避免地要与宗教发生各种各样的关系。故这里主要叙述儒学在与宗教交互作用中嬗变的形式及儒学与民间宗教的关系。

一　独尊儒术型

儒学在中国历史上的独尊地位开始于汉代。经过了秦代的苛政后，汉初的统治者通过休养生息使社会生产力得到发展，此时，巩固统一的中央集权的要求逐渐凸显。统治者为了服务于统治的需要，塑造出“太一”的至上神，把地上的王权投影到天上。但是就在神权和皇权之间还缺乏系统的理论说明，这是当时的统治者急需解决的问题。在武帝的举贤良之士的问策中，董仲舒的《天人三策》得到赏识。他提出的“罢黜百家，独尊儒术”思想之所以被采纳，在于他继承和发展了原始儒家思想中一些带有宗教性的命题，如天命、神权等，把它们与被秦汉方士神秘化了的阴阳五行说结合，又用春秋公羊学的附会类比的方法加以发挥，构造出一套以天人感应为中心的神学体系，在理论上对封建的皇权与神秘而至上的神权结合做了一个说明，给了中央集权的巩固以有力的支持，同时也使儒家思想在这一时期呈现出类似宗教化的倾向。

董仲舒所说的天是有意志的天，他说：“天高其位而下其施，藏其形而见其光；高其位，所以为尊也；下其施，所以为仁也；藏其形，所以为神也；见其光，所以为明也。”① 这样的天，显然是有意志、以一种神秘的力量支配人间的存在。而且这个作为“百神之大君”的至上神——“天”，有喜怒哀乐、有仁爱等道德品质。春天代表喜气，秋天代表怒气，夏天代表乐气，冬天代表哀气。人受着天的主宰，天子受命于天来统治人民，因此人们都要服从天子，人世间的伦理道德也是由天来规定的，人必须无条件地服从。这就把封建的人伦道德赋予了来自天的神秘而绝对的权威，使人们对道德的遵从带有了信仰、盲从的色彩。被董仲舒作为至上神来对待的天，与基督教所崇拜的“耶和华”有相似的地方，但他所讲的人格神，并不是实体化的，没有与人一样的形体，他所神秘化的天，从存在上来说，也不是一个人，在这一点上，董仲舒的神学与基督教的早期教义是有差别的。但是不能否认，在儒学发展史上，董仲舒所创造的思想体系是最具有宗教神秘主义色彩的。

继董仲舒之后，儒家的经典在汉代相继被加以神秘化的发挥，而此时儒生的主要工作，就是根据对经书的不同理解，来确定对国家有重要意义的神祇是历史上的什么人，诸如句龙、周弃是社神？稷神？或只是社稷的配食者？应该以什么样的礼仪定期进行哪些祭奠？等等。当时针对儒家经典，又出现了所谓纬书。根据讲纬书人的说法，是孔子先作了六经，又恐怕后人不能完全了解，而作了一些补充的著作，这些著作对经而言，称之为纬。纬书的主要倾向是把六经神秘化，把儒家思想宗教化，力图把孔子塑造成超人的教主。春秋纬《演孔图》说，孔子是“黑帝”的儿子，胸前有文：“制作定，世符运。”说孔子身高十尺，腰大九围，“坐如蹲龙，立如牵牛。就之如昂，望之如斗”。圣人不是凭空生出来的，一定“必有所制，以显天心”，所以除了说孔子出生时西狩获麟，还说在鲁国的端门上，有天所下的血书，书上说：“趋作法，孔圣没。周姬亡，慧柬出。秦政起，胡破术。书纪散，孔不绝。”（《春秋纬·演孔图》）这血书又飞为赤鸟，化为白书。这显然是把孔子作为神、作为儒教的神圣教主来对待。既然孔子成为神了，汉代的统治者就要对他进行祭祀了，史书上记载汉代多位皇帝到孔庙进行祭奠，祭孔从皇帝的个人行为，发展到正式的国家祀典，其规格是“依社稷”而行。另外，当时的儒者中，具有高尚德行的

---

① 《离合根》，转引自冯友兰《中国哲学史新编》第3册，人民出版社1985年，第53页。

人往往被认为是有通神的能力，比如《后汉书·儒林传》载，当时一个研究施氏《易》的经师刘昆，任江陵县令，县里连年火灾，他时常向火叩头，就能唤来风雨灭火。这些都增强了这一时期儒家思想宗教化的倾向。

从汉代以后，儒学在中国历史上占据主导地位的时候居多，虽然在个别的历史时期，出现了道家、佛教的兴盛，也出现过三教并尊的时候，但是，任何一种宗教的兴盛都只是一时的，过后儒家总是会重新迎来自己的光荣岁月，它对中国封建社会大厦的支撑作用是无法取代的。

二　儒道互补型

儒与道的互补首先发生在魏晋时期。汉末，随着封建中央集权权威的解体，社会陷入混乱，儒家所提供的以等级伦理一统天下、巩固中央集权的说教已不能得到继续贯彻，因此儒术的独尊地位必然受到挑战。世态的混乱使思想家既想建功立业、又对世事满怀忧惧，这种思想状态就为儒道互补的形成奠定了基础。这一时期，儒道互补是在两条途径上完成的。一条途径是作为民间宗教存在的道教，对儒家的思想作了吸收和融合。之所以会出现这种融合，是因为在经历了汉代的“独尊儒术”之后，儒家思想对中国社会的影响之深使道教人物无法摆脱，而且汉末的一些道教人物，最初是研习儒家经典的，由于战乱对社会失去信心，故出儒入道。同时为了适应民众的基本心理和本国统治者的要求，他们也提出要吸收儒家的一些伦理思想，以避免被视为消极的亡国之音。东晋的葛洪力主吸收儒家的纲常名教，要求道教徒要以儒家的忠孝仁信为本，而后，寇谦之在北方大倡天师道，亦主“儒道兼修”，从而“佐国扶民”，这就使之取得了北魏统治者的大力支持。

另一方面，在学术领域，玄学家们“祖述老庄立论”，又用经他们改造过的老庄思想来注释《论语》和《周易》，从他们所推重的经典上来说，把《老子》、《庄子》、《周易》并称为三玄，就意味着对儒道两家的融合是他们立论的宗旨。王弼说：“圣人体无，无又不可以训，故不说也。老子是有者也，故恒言其所不足。”（《魏志·钟会传》引何劭之《王弼传》）这里表明了王弼的儒道兼综的思想，他认为，圣人体无是一种神秘的认识方法和过程，所以像孔子这样的具有超人的神明的人，可以直接体认无，并以不言为教，老子在体道的层次上比孔子差了一层，所以反复宣讲无。根据王弼的论述，圣人就被神化为与无同体的真理化身，宗主、圣人、道就一体化了。在向秀、郭象那里，这种儒道融合的倾向，是以自然与名教的合一为特征的，他们要说明的就是名教亦自然，自然含名教。王弼所要做的是“援道入儒”，而郭象做的则是“援儒入道”，合二者为一。

严格地说，在玄学中所实现的儒道互补，还称不上是儒家与宗教之间发生的关系，因为玄学本身也并不是一种宗教。但是在玄学思想中，本身蕴涵着倡导神秘体验的神秘主义的认识论，在其本体论中，更蕴涵着精巧的唯心主义思辨，这都与外来的佛教有诸多的相似相通、可以互相嫁接的地方。因此，初传时期的佛教僧侣，大都利用老庄玄学的概念来解译般若空宗的理论，由文字的“格义”到思想的会通，使佛教适应了当时的知识分子即名士们的思想风格，进而以其思辨的繁复、对百姓的超越需求的适应，而在中国的土壤中生根发展。玄学为儒、佛、道的大融和创造了一个中介环节。

在后来宋明时期许多思想家的思想中，也可以看出儒道兼综的特点。这一时期，儒与道的互补也表现为一种是儒家思想与道教思想的互补；另一种是儒家思想与道家思想的互补。① 在周敦颐等人的思想中，周氏对宋初道士陈抟的修炼成仙之术加以研究，糅合阴阳五行思想，形成了他的太极图说。邵雍的《皇极经世》吸收了道教的思想，认为“道为太极”，太极生出天地、天地生出阴阳。而此时的临川学派的王安石等人则注重于对道家学派的思想的吸收。他所说的“万物一气也”阴阳冲气生五行，还有“轻者必以重为依，躁者必以静为主”带有鲜明的道家色彩。

三　三教合一型

南北朝时期是中国佛教传播的第一个高潮期。从这一时期开始一直到隋唐时期，儒道佛处于既交融又斗争的形势，经过许多思想家及佛教信徒的努力，使得儒、释、道“三教合一”成为中国哲学史上的一股潮流。

南朝的梁武帝在这方面做出的贡献是很有代表性及影响力的。在

---

① 参见蔡德贵：《宋元明清儒家学派的类型》，《孔子研究》2000 年，第 4 期。

《梁书·梁武帝纪下》中记载，梁武帝萧衍“文思钦明”，“洞达儒玄”，精于研读《周易讲疏》、《文言》、《尚书大义》等典籍，他的许多朝臣在学术上也要请教他。而他对于佛教也是笃信不疑，长于解释佛典，曾多次在寺中亲自讲经，也曾四次到同泰寺中“舍身为奴”，大臣们用钱以亿万方才把皇帝赎回。萧衍尝以儒道佛并称“三圣”。南朝齐梁之际，儒释道三教合流的趋势成为思想领域的主流，也出现了一些典型的代表学者。比如雷次宗，年少入沙门，同时又精通《三礼》、《毛诗》，兼综儒佛；严植之，少善《老》、《庄》，能玄言，又精解《孝经》、《论语》、《左氏春秋》，是儒道兼通型的人；另外还有伏曼容、周弘正、张讥等人，要么是儒佛兼通，要么是儒道兼通。

这种三教融合的倾向在隋唐之际得到延伸。从思想领域来说，自隋代以来的科举考试，使对儒家经典的研究陷于烦琐，于是部分喜欢玄虚之学的儒者为了满足探究心性之学的治学要求，出入于佛老，吸收了佛道的不立文字、以心传心思想，来补传统儒学之不足。从治国的角度来说，佛道之书虽空虚荒诞，但它很容易满足普通百姓的精神需求，有利于社会安定。这就是一些儒家学者或多或少、或明或暗地吸取佛道思想的原因。王通是隋代在这方面很有代表性的一个人。他认为，国之兴亡，并不在于尊崇儒、佛还是道，关键在于什么样的人以什么样的方式来统治人们的思想。他认为三教不能并行而各自为政，这样会扰乱人们的视听，使人们无所适从，若强行地以一种思想来压制或取代其他的思想，则会激起人民的反感，最好的方法就是三教归一。[①] 作为一个儒家的学者，王通还是倾向于立足于儒家，来吸收其他派的思想。在唐朝建国初期，以儒、道、佛三教并举，这也是统治者采取的稳定国家的文化策略。唐太宗同其他帝王一样，把儒学作为稳定社会秩序和中央集权的工具，立周公、孔子庙于国学，诏颜师古考定《五经》颁于天下，科举考试以儒经为主。同时出于李家政治的需要，对道家又大加偏护，确定了“先老，次孔，末后释宗”（《集古今佛道论衡》卷丙）的顺序。对于佛教，唐太宗虽认为过于沉湎会导致“社稷俄顷而为虚”的结局，但又清醒地认识到佛教是麻痹百姓的一种较为有效的手段。因此，儒、佛、道在唐代的官方那里，同样得到

---

① 参见谢祥皓、刘宗贤：《中国儒学》，四川人民出版社 1993 年，第 447 页。

尊崇。

在官方的支持下，三教合流成为时代的潮流，著名诗人白居易指出："儒门释教虽名数则有异同，约义立宗，彼此亦无差别，所谓同出而异名，殊途而同归者也。"（《白氏长庆集》卷六十七）著名僧人宗密也说过，孔子、老子、释迦都是圣人，三教虽教派不一样，但是本质上没有什么差别，对一个人来说三教都可以遵行。在这种潮流中，韩愈逆流而上，举起反佛的大旗。他认为佛是夷狄之人，不懂什么人伦纲常，不值得尊崇。为了和佛道对抗，韩愈创立了一个儒家的道统，他说儒家也存在这样一个世代相传的道，这个道对于儒家来说是永恒的最高存在，贯穿于天地之间，其实就是一种以封建社会的人伦道德为核心的客体精神。韩愈虽以反佛斗士的形象出现，但是他毕竟生活在汉儒、玄学、佛教的兴盛之后，他的思想中能看到玄学的无、佛教的真如、佛性等思想的痕迹。从形式上来说，他的道统，仿照了佛教的祖统，把儒家思想的发展系统化、谱系化，这种作为神秘的最高存在的道，是封建社会的伦理道德原则，被异化为一种强制的外在精神，是要人们去信仰的，这不能说没有受佛教精神信仰的影响。与之同时的李翱，在他所著的《复性书》中，把《易》、《中庸》和老庄、佛义融合起来，自己说自己是"以心通"，他所要"通"的，就是把《易》的寂然感通、《中庸》的诚明，与老庄的复性、佛教的寂照调和而已。

三教合流的思想倾向被宋明理学继承下来。一些宋明理学家虽然要立足于儒家来批判佛老，但是在深研佛经的同时，又深受佛老思想的影响，这就成为理学的一个重要特点。程颢虽然认为佛老之言危害深重，但是也承认，佛老之言中也体现了一些天理，如叶适说"（程颢所言）皆老、佛、庄、列常语"（《习学记言序目》卷十五）。梁启超也曾称大程为"儒表佛里"之学。在程伊川对他哥哥的描述中说："（他）自十五六时……慨然有求道之志，泛滥于诸家，出入释老几十年"（《宋元学案》卷十三），可见大程对佛教有较深的研究。程颐则说释氏平生只是学一个"心"字，而他自己也说修养要在心上下功夫，要使"心有主"，为了避免与佛教相同，他用"敬"字而不用"静"字，而修养的功夫是类似的。理学的集大成者朱熹早年曾出入于佛老十几年，其思想必然深受佛老的影响。比如他在解释理一分殊的时候，举了一江水、一桶水、一缸水的例子，这种理论来源于华严宗的“一多相摄”，他还用“月印万川”比喻“理一分殊”，并说明这与释氏讲的“一月普现一切水（月），一切水月一月摄”是一致的，带着十足的禅味。宋明心学的主张，与禅宗有着更相近之处，陆氏之心学在当时已被指责为“狂禅”，他所说的“宇宙便是吾心，吾心即是宇宙”与禅宗的心即真如本体真是如出一辙。王阳明吸收了禅宗的“无著”思想，把它融入自己的人生哲学体系，《传习录》曾记载：“先生尝言：佛氏不著相，其实著了相。吾儒著相，其实不著相。”①王阳明的意思其实是嫌禅宗讲无著讲的还不够彻底，真正无著应该是在讲求君臣父子的时候体现出无相无念。因此程朱理学派的人往往指心学派为“禅”。总的来说，理学家虽都以排佛为己任，但是他们所讨论的理气心性，却带着浓厚的佛教气息。

四　四教会通型

四教会通指在已有的儒释道会通的基础上，分别与从外部传来的伊斯兰教、基督教的相互融会贯通的类型。

基督教传入中国时间较早，大约在三四世纪。基督教在唐代被称为景教，在元代被称为也里可温教。真正使基督教在中国产生点影响的是明末清初的利玛窦。他对儒家的经典进行世俗化，并糅合了基督教的思想，宣传一种基督教与儒学一致的思想。利玛窦之后，又有邓玉函、毕方济、汤若望等人在中国供职，促进了基督教与儒家思想的融合。第二次鸦片战争之后，各种教会学校和译书机构建立起来，使得西方书籍得以传播。中国人首先感受到的，是西方的坚船利炮后面隐藏的先进的科学技术，而真正从宗教文化的角度反省中国的传统，并力图也使中国的儒学以宗教的形象与基督教抗衡的，当首推康有为，在后面将讲到他的观点，在此不多作论述。

在中国的外来宗教中，伊斯兰教是与中国本土思想相处得最好的一种宗教。伊斯兰教于唐永徽二年初传入我国，唐代穆斯林一直过着独自的宗教生活，基本不向外传教，同时也由于它主张与中华文明相融合，所以在唐武宗会昌五年的“会昌法难”中，伊斯兰信徒没有受到什么冲击。宋

---

① 《王阳明全集》上，上海古籍出版社 1992 年，第 99 页。

代以后穆斯林在华定居的逐渐增多，从元代开始，中国本土化的伊斯兰教开始形成。为了与占统治地位的儒家思想相融合，从一开始，伊斯兰教的学者就致力于在教义中寻找与中国的传统文化的共同之处，中国的伊斯兰教尊孔，不反对儒家思想，对于中国人所尊的天，也不反对，以为天与安拉是一致的。他们读儒家经典，参加科举考试，也遵循统治着整个社会的儒家道德思想，“所以儒回之间，决不发生什么冲突，很能博得历来儒家的好评”[①]。所以在宋明时期的思想家那里，有排佛的，但基本没有波及伊斯兰教的，大概就是因为伊斯兰教信徒在思想上保持与儒家调和。

在伊斯兰教与中国传统思想的融合中，学校教育在其中起了很重要的作用。北宋时期首创了蕃学，宗旨就是传授中国传统文化，元代有了“回回国子学”，学习的内容为“四书”、“五经”、诗赋、章表、诏告等，对于想出仕的人，必须通过以儒家思想为内容的科举考试，这种教育制度造就了一批穆斯林儒学家。元代的回族中已有了儒学家，比如赛典赤赡思丁，“邃于理学，尤深于《易》”，写了《四书阙疑》、《五经思问》、《老庄精旨》等著作；丁鹤年，元末人，他对诗书礼三经的研究，为大儒周怀孝所赏识。

明清时期，回族人士中更出现了一批“通习四教”的学者，其主要代表人物有王岱舆、刘智、马注等人。王岱舆被认为是开创“以儒解回”之先河的人。他祖籍阿拉伯，明朝初年其先人来到中国，在明太祖时任天监，世代免除徭役。王岱舆自幼继承家学，熟悉伊斯兰教教义和波斯典籍，长大后又攻读儒家的性理之学与诸子百家的书，被誉为“博通四教”的学者。他“以阿拉伯伊斯兰教哲学中宇宙本体论和认主学丰富了中国哲学的内容，用中国儒家及佛、道教的概念去阐述、补充、丰富伊斯兰教哲学”[②]，对中国伊斯兰哲学的形成做出了巨大贡献。活动于清康熙年间的学者刘智，被认为是中国伊斯兰教哲学的集大成者。他的著述很多，代表作有《天方性理》、《天方典礼》、《礼书五功义》、《天方三字经注解》等，他“用儒家的语言、思想，系统地研究、整理总结了伊斯兰教义，

---

① 王治心《中国宗教思想史大纲》，第155页。

② 李保林等主编《中国宋学与东方文明》，河南大学出版社1996年，第447页。

完整地构造了中国伊斯兰教体系”。[①] 在这些伊斯兰学者的努力下，儒家的思想伦理与伊斯兰的教义较好地结合起来，形成了这样一些有创新意义的观点：

1. “教理同源”论。穆斯林学者认为伊斯兰教与儒学是“隔教不隔理”，伊斯兰教义的根本宗旨与儒家思想并无二致，刘智说他用10余年的时间阅读百家之书，得出的结论就是“天方之经”即是孔孟之旨，伊斯兰教的“五功”（念、礼、斋、课、朝）就是“五典”的反映，而“五典”的内容就是仁、义、礼、智、信。[②] 儒家说的存义去欲也对他们深有影响，他们说，心正则天理具在，不正的时候则生出人欲，所以人应该“克尽人欲，复完天理”[③]。程朱的“格物致知”思想被他们吸收来丰富认主论。朱熹说“知在我，理在物”，物我之别是主体与客体之分，认知的方法是“格物致知”，认识的目的是穷尽天理。中国穆斯林学者认为，“格物致知”是万学之先务，不能“格物致知”就讲明心见性，都是空话。而做到了“格物致知”就是做到了明己，明己是敬主、畏主、顺主的前提。[④] 儒家的人性论观点，也被他们吸收进了自己的体系。理学家讲人的天性是善的，之所以有善与恶的分别，是因为气禀的不同，这就有了“天命之性”与“气质之性”的分别。受这种思想的影响，伊斯兰学者马注说：“性有二品，一个是真性；一个是禀性。”[⑤] 同时认为人的气质是可以改变的，就像是藏在蚌中的珍珠终究会得以放射光芒一样。要使真性得以恢复，就要加强个人的修养，按伊斯兰教的说法就是用“回回清真镜子”对照自己的本来面目，回到无极之真中来。这些思想与儒家道德修养理论是一致的。

2. “道统同源”论。清代伊斯兰教义学家认为，《尚书》、《诗书》中说的昊天上帝就是安拉，就是真主，后人混同天、帝是错误的，帝是主宰，天是主宰之动静，阿丹就是盘古氏，雅伏西就是伏羲氏，而且说当有人问孔子他是否是圣人的时候，孔子说“丘闻西方有圣人”，这里指的是

① 李保林等主编《中国宋学与东方文明》，河南大学出版社1996年，第447页。

② 参见秦惠彬：《中国伊斯兰教与传统文化》，中国社会科学出版社1995年，第93页。

③ 《天方正学》卷五《真一发微》；转引自《中国宋学与东方文明》，第450页。

④ 同上书，第451页。

⑤ 《清真指南》卷三《性命》；转引自《中国宋学与东方文明》，第452页。

穆罕默德，而且穆罕默德、孔圣、基督等都是圣人，由此得出“华西一体”论。[①]

3. 伊斯兰教可以弥补儒家之不足。王岱舆、马注等人认为，儒家有两点不足，一是不讲求世界的原始；二是不考究身后的复归。在这两点上伊斯兰教可以补儒家之不足，他们认为人生有先天、当今、后世之三世，后世是与复活有关的。中国伊斯兰教义学家认为如果“真主造人”的观点被儒家吸收，那儒家思想就更加完备了。[②]

五　儒家思想与中国民间宗教

中国的民间宗教，多是庞杂而易变的，天神祖灵、佛祖菩萨、老君吕仙、门神关公等，都在祭祀之列。在一个中国百姓的家庭生活中，随时会用到这些无所不在的大神小神。这些神也是有等级的，他们在庞大的神—人官僚机构中均有自己的位置，就像人类社会中存在的上下尊卑的等级一样。百姓生活中常见到的土地、城隍、门神、灶君属于等级低的，他们都是具有地方特色的。在中国百姓的民间信仰中，中国人的实用主义精神得到充分的体现。中国人供奉的神祇花样繁多、职能齐全，在神与人之间就像有契约关系，人在仪式中要用纸钱酬报神，而神则提供某种帮助。[③]

儒家思想对中国民间宗教发生影响是在两条途径上完成的，一是在民间宗教对国家性宗法宗教的模仿中完成的。在中国的民间宗教中，民间的风俗与传统的国家宗教所确定的礼仪相互交融，上层贵族的宗教礼仪，如祭祖、祭社、蜡祭等，也为下层民众所沿袭，而有的民间的风俗，如祭灶、祭户、祭关帝等，也为国家宗教的祭祀所吸收。同时，属于国家的宗法性宗教又与儒学有着密切的关系，儒学最早的起源正是对有宗教意义的周代祭礼的继承和发展，儒家伦理与宗法伦理是相通的，所以“传统宗教与儒学是同一株宗法等级社会的大树上结出的两个果实”[④]。在传统宗

---

① 参见《正教真诠》和《真要道》，本文参考秦惠彬：《中国伊斯兰教与传统文化》，第98页。

② 参见秦惠彬：《中国伊斯兰教与传统文化》，第99—100页。

③ 参见克里斯蒂安·乔基姆：《中国的宗教精神》，中国华侨出版公司1991年，第163页。

④ 牟钟鉴：《中国宗法性传统宗教试探》，《走近中国精神》，华文出版社1999年，第248页。

教中，天子是皇族的首席，所以具有主祭天神和皇族祖先的权力，就像在一个家庭中，主祭的权力属于男性家长。

在对国家宗教的模仿中，中国的民间宗教深刻地受着正统的儒家思想的影响。首先，儒家的经典是民间宗教的礼仪和权威性经籍的来源，民间宗教的仪式常常是由模仿儒家或道家的典礼演化而来的。国家规格的祭奠是由皇室来完成的，皇室祭奠的项目、仪式细节等是根据儒家经典的记载而进行的，代表皇帝主持各种祭奠的也是在官僚机构中任职的儒士们。普通百姓生活中所举行的祭奠等仪式，是模仿国家的仪式来的；[①] 另外，百姓信仰的神祇，常常要由皇帝来加封、授予名号。

儒家思想对民间宗教发生影响的另一渠道，是在对百姓道德观念的塑造中完成的。儒学作为一种主导型的价值观念，它所倡导的道德伦理必然体现在百姓的日常生活中，当然也包括宗教。在这种形式多样的融合中，不管是信奉什么的人，几乎都接受了儒家经典所倡导的道德准则，最突出的体现就是宗族观在民间宗教中所处的重要地位。中国民间神祇大部分起源于孝的宗教形态——祖先崇拜，封建社会中的家庭大多相信自己的已去世的祖先会保佑这个家族。根据人类学家菲力浦·白蒂的观点，由此而延伸开来，那些死去的忠烈英贤之所以被选择作为神祇供奉，一方面，是因为人们相信他们会保佑百姓；另一方面，是因为这些人常常是在特殊境遇下死去的，身后没有留下子嗣以奉祀自己的亡灵；由于断了香火的这种可怜的境地，人们会把这些对人有功的英雄当成神来供奉。[②] 在这种意义上，儒学对百姓发生影响，主要不是靠儒家学术的理论，而是靠祖先崇拜的信念、各种道德信条的影响来实现的。

其次，在民间宗教神系人物的产生过程中，民间的神祇常常由儒家或道家那些修养达到一定境界的圣贤演化而来，比如老子、孔子。百姓选择什么样的人物作为保护神，德行的高低往往成为选择的标准。就像城隍是城市的守护神，老百姓一般都以当地前代有政德的官吏作为城隍主神，如苏州祀春申君、镇江祀纪信、江西祀灌婴等。[③] 另外，一些在某一领域做

---

① 参见克里斯蒂安·乔基姆：《中国的宗教精神》，第198—205页。

② 菲力浦·白蒂的观点，参见上书第164页。

③ 参见李申：《中国古代宗教百讲》，第221页。

出突出业绩的人，也被后世的人奉为该领域的神，比如春秋时的范蠡，因经商致富成功，被后世的人尊为文财神。而在一个家族中正式的家祭仪式是由男性家长来主持的，一家之长子对祭奉祖辈有不能逃避的责任，由此可见长幼尊卑的观念的深刻影响。这也说明，与百姓生活水乳交融的儒家道德，不可避免地要时时在民间宗教中得到体现。

第四节　儒学是否宗教及把儒学宗教化的问题

一　在历史的反思中对儒学是否宗教的辨析

近代以来，中国面临着西方的挑战。在这种中西之争的过程中，中国文化的现当代发展和中西文化的融合，必然要提出一个如何理解和处理儒家的生命智慧和西方的基督宗教的超越智慧之间的关系。

在这个问题上，首先应该明确的是，中国既有的儒家是不是宗教，和近代以来部分人试图把儒学发展为宗教是问题的两个方面，这里要讨论的是前一方面。

首先要表明的观点是，在中国历史上及当前儒家思想发展的主流中，儒学更应被视为一种哲学思想，而不是传统意义上的宗教。要辨明这个问题，就要首先说明宗教一词的含义。关于宗教的定义有很多种，学者们从社会学的、人类学的、历史学的角度对宗教做出自己的规定。有人认为，宗教就是对某种无限存在物的信仰；有人认为宗教就是“各个人在他孤单时候由于觉得他与任何种他认为神圣的对象保持关系所发生的感情、行为和经验。”[①] 我们一般最常使用的是马克思和恩格斯对宗教的论断。马克思说：“宗教是人的本质在幻想中的实现，因为人的本质不具有真正的现实性。”[②] 恩格斯在《反杜林论》中又说：“一切宗教都不过是支配着人们日常生活的外部力量在人们头脑中的幻想的反映，在这种反映中，人间的力量采取了超人间的力量的形式。”[③] 按照

---

① 詹姆士：《宗教经验之种种》（上），商务印书馆 1947 年，第 30 页。

② 《马克思恩格斯选集》第 1 卷，人民出版社 1995 年，第 1—2 页。

③ 《马克思恩格斯选集》第 3 卷，人民出版社 1995 年，第 354 页。

这种观点，任何一种宗教，都应该具备这样几个基本的要素：即与神谕相连的宗教观念、神圣的宗教情感或体验、宗教的行为活动（祭典仪式等）、宗教组织和制度。具体来说，宗教的观念一般包括灵魂不死观、神灵观、神迹或天命的观念；宗教体验包括对神圣物的依赖感、在神圣物前的敬畏感、对神圣力量之神奇的惊异感、对违反神意而生的罪恶感；宗教的行为主要有祈祷、献祭、禁忌、巫术；宗教体制有由信徒组织化形成的宗教组织和教阶制度、由宗教观念信条化的教义系信仰体制、由宗教行为的规范化而成的宗教礼仪。

具体到儒学来说，西方学者认为儒学是宗教的根据主要有这样几条：对天命的敬畏；精神追寻上的超越性；根源于儒家经典的国家礼仪对中国百姓生活的广泛而深刻的影响；以及人们对儒家伦理的深刻的尊敬等。

首先来看关于天命的争论。天命观念，在夏商周时代就已形成了，如果以此作为儒学成为儒教的根据，那么在孔子之前的那段历史也应包括在内。孔子多次讲到天命。“君子有三畏，畏天命，畏大人，畏圣人之言。”（《论语·季氏》）孔子认为天命是可畏的，他还说：“获罪于天，无所祷也。”（《论语·八佾》）还常说“天厌之”、“天丧予”之类的话。这表明，孔子认为人生在世，有些事情是自己所不能支配的，好像有一个人所不能控制的力量在背后支配着，但是这种力量并不一定是有人格和意志的。孔子说“天何言哉？四时行焉，百物生焉，天何言哉？”（《论语·阳货》）而且孔子认为，君子的道德修行是由自己的努力决定的，与天命无关，“为人由已，而由人乎哉？”（《论语·颜渊》）生活于三代之后的孔子，不可能冒天下之大不韪而否定天的存在，他对天的威力加了限制，这只能说是有宗教性的意识。对于鬼神是否存在，孔子的态度有些模棱两可，当学生问他时，他说不必着急，等死后你就知道了。但他明确地说过“未能事人，焉能事鬼”、“敬鬼神而远之”的话。儒家讲天命，最终目标就是要达到天人合一。在中国人的观念中，人的最高境界即可以说是天，他没有此岸与彼岸的划分，不要求人们去希求来世的天堂，只讲在现实的社会中，通过修行达到人的文化与宇宙大自然的合一。所以，儒家的伦理观的确来自于宗法传统，而且“儒家的天命鬼神思想确实包含着某种宗教性，但其基本倾向是入世的，以修身为出发点，以平治天下为最后归宿，所以它不是宗教。”[①]

再来看儒家的精神追寻上的超越性。哲学和宗教都是解决人的精神领域的问题的，所以精神追寻上的超越性往往就是二者的共同之处。儒学作为一种哲学思想，它“认为人生的意义价值，在不断地向上实践他所看到的理。”[②] 所以它引导人们追求一种精神的提升。但是，儒家与宗教有一根本不同，如梁漱溟先生所说：“在孔子有他一种精神，又为宗教所不能有。这就是他相信人都有理性。”[③] 正因为以人的理性精神作为超越追寻的基础，所以儒家讲的，是要人信自己，而非外在的上帝。“儒释道都属内在超越的形态，而区别于外在超越的基督宗教传统。可是，从另一方面说，儒家与道家毕竟要在现实世界之外有所标立，唯有儒家以‘圣王’为依归，立足于把超越理想落实于世间。……以儒家所论，人通过道德实践体悟天道并不是一个‘舍其自信而信他的过程’。”[④]

有的儒教论者，比如克里斯蒂安·乔基姆在其《中国的宗教精神》一书，李申在他的《儒教、儒学和儒者》等文中都提出：儒学源生于宗法传统，同时儒学的典籍在历史上也成为国家的祭礼所依凭的理论典籍，这也是儒家应被视为宗教的根据。的确，儒家思想的最初来源是周代的礼仪制度，所以孔子也是非常重视礼的，但是孔子所重视的，不是在进行祭奠的礼仪中得到神灵的庇佑，而是其中体现出来的社会人伦道德。他从来没有暗示从祭奠仪式中得到宗教利益或实际的好处。所以，一直把儒家称为儒教的马克斯·韦伯也说：“儒教也认为巫术在面对德行时是无计可施的。”[⑤] 牟钟鉴也说，儒学与宗法性传统宗教“确有交渗的地方”，而且“儒家经学中的礼学，有很大一部分就是研究祭礼和丧礼的，它是传统宗教的理论基础”，“但儒学不等于宗教：儒学只是有一定的宗教性，但又有更多的非宗教性，它的轴心不在宗教祭祀，而在修身治国”，“儒学有

① 牟钟鉴：《中国宗法性传统宗教试探》，见《走近中国精神》，第 243 页。

② 分别见梁漱溟：《中国文化要义》，学林出版社 1987 年，第 135 页。

③ 同上。

④ 郑家栋：《宗教性与儒家思想的现代阐释》，见《儒学与二十一世纪》论文集，第 990—991 页。

⑤ 马克斯·韦伯：《儒教与道教》，江苏人民出版社 1995 年，第 181 页。

自己的传统，宗教有自己的教统，彼此影响着但保持着相对独立的地位。”① 宗法性宗教从儒学那里得到理论支持，对于中国封建社会来讲，这种宗法传统宗教是位于儒学之下的“次尊”的地位的。

再来看儒学的社会功能。要说儒学所发挥的社会功能，的确是对传统社会的稳定和一体化起到了重要的作用，但是能发挥这种功能的不一定是宗教。宗教的社会功能的发挥是建立在它的以神为核心的象征体系的基础上的。

从百姓对儒家伦理的态度来说，儒家的伦理的确是在百姓心中根深蒂固，但这种深化不是靠无理性的信仰来完成的，不是靠对神迹的敬畏来完成的，而是靠理性的疏导完成的。就西方宗教而言，对教义的遵循和个人精神的提升是超经验、超理性的，这在儒家是不具备的。儒家极重礼，但对礼的传播却不是靠什么神奇的现象来使百姓敬畏，而是靠说理。宗教上是奉行神的教诫，其标准是外定的；儒家教人所行之礼，是人自己认为应行的，是内定的。儒家所言的道德实践体悟，与基督教的天启有实质性的差别。依儒家所论，道德实践并不是舍弃自信而信他的过程，而是人自身的理性得到觉醒的过程。儒家说“人人皆可以为圣人”，肯定天人之间并不存在不可逾越的界限；而基督教的传统则说人只可以成为基督徒，不可说成为基督。儒家的道德理论肯定了人具有达到最高境界的可能性，这就是对神的高不可攀、对不可思议令人敬畏的神迹的一种挑战。所以孔子始终是一位圣贤（指在儒家思想发展的主流中），圣贤自然就不是超自然的神。所以我们说，在我们所给定的宗教的定义内，在以构成宗教的几种要素为评判标准的前提下，儒学不是一种宗教。当然，这并不排斥当今在广义的、文化意义上的“儒教”概念的称谓。

二 戊戌时期把儒学宗教化的尝试

儒学发展的主流不是宗教，但并不是说没有人曾尝试把它宗教化。戊戌时期，康有为等人就曾做过这方面的努力。戊戌时期的维新派之所以要做这种尝试，是基于当时中国的思想领域内的种种现实。首先，由于西方在物质方面的强大，使中国面临失败的境地。维新派的思想家通过对西方

① 牟钟鉴：《中国宗法性传统宗教试探》，见《走近中国精神》，第245页。

文化和社会、历史的了解，感到基督教在西方人的生活中占有极为重要的地位。西方文明的发达、西方人独特的精神风貌、价值观念、理想追求，都与基督教有密切的关系，而且西方社会的迅速发展，也与宗教信仰增强了民族凝聚力有很大关系，宗教组织、宗教生活使社会成员得以“联属”。在他们看来，重宗教是西方文化优于不重宗教的中国传统文化的地方，所以他们要提倡宗教以弥补中国传统文化的不足。另一方面，当时西方在华势力也在加紧对中国的宗教渗透，旨在扩大西方文化的影响，其目的也是要排挤中国文化。如果中国不发展一种属于自己的宗教，就相当于给西方宗教让出了地盘。因此为了在文化领域的民族自救，要提倡一种中国本土的宗教。

康有为把儒学孔教化的观点是最有影响的。康有为在青年时代就有宗教思想和宗教热情，他曾在隐居期间产生过神秘体验，并曾上《统筹全局折》和《请尊孔圣为国教，立教部、教会，以孔子纪年，而废淫祀折》。在康有为看来，中国民间存在着多神崇拜，这与西方的一神教比较起来是一种落后，所以要建立一个一神教的宗教，民间的多神信仰，即“淫祀”要废除。他认为，在以前，人们仅以孔子为“纯德懿行之人”，没有把他作为教主来看，这是一种遗憾。现在，当中国需要一个宗教的时候，就只有孔子有这种资格。以孔子为教主还有一个优越性，这就是在人类日益进步的时代，以迷信起家的宗教已不适宜了，只有不以迷信起家的孔子才是文明世界的教主。在康有为的奏折中，对如何建立孔教的宗教体制做了说明：在国家立教部，地方立教会，自京师至城野府县都立孔子庙，一乡有千百人就设一庙，废除民间神祇的庙；在地方的孔教会中，公举通晓“四书”“五经”的士人为讲生，仿照西方要男女老幼在礼拜日聚集到庙中听讲经；讲生兼为奉祀生，就像神甫一样；然后十几个乡的孔教会就设一司，在司这一级讲经的称为讲师，从讲生中选拔；从讲师中再公举大讲师，掌握一个县的奉祀；随行政机构的升高所选的讲师的级别越高，府一级的称宗师，省一级的称大宗师，最高一级的称祭酒老师，为全国孔教会之长，这个祭酒应兼着行政上的教部尚书。在康有为设计的孔教体制中，每一级的教会领导都由下一级选出来，而且教会与皇权应是分立的，皇帝只有加封祭酒为教部尚书的份，不能任命或干预其教会活动。

康有为倡导的是一种应用型、道德型的宗教，他的目的是解决中国的现实问题，服务于中国社会的变革事业，这一任务不是旧宗教能够承担的，所以他在呼吁建立孔教的同时提倡宗教改革。康有为的孔教中，加进了与近代社会现实相一致的东西，如推举制、政教分离等，所以梁启超称他为“孔教之马丁·路德”。康有为要复活的不单纯是原始的孔教，他是要在中国建立一种体现近代文明的新宗教，并且试图通过这种宗教信仰的建立，来统一、振奋国民的精神，由此达到振兴国家的目的。康有为的这种主张，也是带有乌托邦色彩的。

民国成立以后，康有为继续坚持以孔教为国教的主张，并继续从事建立孔教会的活动。他希望宗教为民开智，为民心涣散、民志脆弱的中国提供一种精神动力，试图通过宗教的建立改变中国“政敝”、“学亡”的状况。他认为那种要抛弃孔教，代之以西方宗教或思想的做法是愚蠢的，因为“中国一切文明，皆与孔教相系相因，若孔教为可弃，则一切文明随之而尽也，即一切种族随之而灭也。”①

戊戌时期，除了康有为提倡把儒学发展为孔教的主张外，还有一种把儒与佛融合的潮流，谭嗣同、欧阳竟无等人就是其中的代表。谭嗣同认为佛的精微与儒家思想没有什么差别，因为“佛教纯者极纯，广者极广，不可为典要。唯教所造，极地球上所有群教群经诸子百家，虚如名理，实如格致，以及希夷不可见闻……无不异量而兼容，殊条而共贯。”（《仁学》）也就是说人世间的一切哲理、信念都包含在佛法中了。他极力糅合儒佛，《大学》被他理解为“唯识之宗”，“仁”的最高境界是“人我通”，也就是以佛家的“无人相”、“无我相”去破除世间的妄生分别相；而且他认为佛法给中国人民提供了打破纲常礼教、获得平等自由的精神武器。这一时期，欧阳竟无在融合儒佛方面成就更大。他认为在中国几千年的儒学史中，孔子之学被乡愿之教歪曲了，他期望借助佛学内典及般若之学来拯救文武之道。他认为，“佛学与儒学的差别，不过是求道的深浅、广狭而已”，佛学渊广、孔学简晦，“孔学是菩萨分学，佛学则是全部分学”，所以“佛不碍儒，儒不碍佛”。②

以康有为为核心的儒学宗教化运动并未取得预期的成效。他们是站在

---

① 《孔教会序》，见《康有为政论集》（下），北京中华书局1981年，第738页。

② 参见李广良：《近代儒佛关系史述略》，《学术月刊》2000年第2期。

政治改革家而非虔诚的宗教家的立场来提倡宗教的。因此他们始终以一种实用主义的态度对待宗教，宗教并不是目的而是手段，他们对宗教的教旨、仪则、组织生活并没有充分设计，在结构上是不完整的。实际上他们是欲用宗教之名来倡导一种人生观、世界观。另外，从中国历史上到他们所处的时代，都缺乏宗教生成的气候和土壤。不过他们的努力也有一定的影响。民国初年，国会制定宪法，有一部分议员主张在宪法中规定以孔教为国教，另一部分议员竭力反对，双方各执一词，后来用了一种折中的办法，在宪法草案中写上“国民教育以孔子之道为修身大本”①。这也算是维新派倡导儒学宗教化运动的一个结果。

三　陈焕章在香港的孔教主张

在香港，很多人认为儒学是一种宗教，宗教界人士也承认孔教是六大宗教（基督教、天主教、佛教、道教、伊斯兰教、孔教）之一。在瑞士日内瓦设立的世界宗教协会，也承认孔教是宗教。在香港作为孔教的代表参与宗教活动的机构是孔教学院。它与香港的其他几种宗教共同组设香港六大宗教领袖联席会议，每年联办各种活动。该学院曾获邀请参加1989年在澳洲举行的第五届世界宗教和平会议，在会议上的一个祈福活动中，香港孔教学院前任院长黄允畋绅士和现任院长汤恩佳先生以中英语朗诵了《礼记·礼运篇》，以祈求世界升平。

香港孔教学院的创办人是陈焕章博士，他之所以要倡导孔教，是认为在世界几大文明古国中，只有中国的传统至今得到保存；传统固然有其过时的地方，但是把中国近代的衰落归于孔教是不对的。西方仍旧信奉基督教，反倒成为世界最强大的。西方之所以强大，在于养民、保民、教民，而儒家讲的伦理道德也是为了这些，这对今天的个人、国家、社会都有益处。最初他在北京设立孔教总会，筹建孔教大会堂，在各省设孔教支会近百处。香港孔教学院以孔子之教为宗教的主要理论依据在陈焕章博士的《孔教论》、《至圣本纪》、《儒行浅解》等书中得到细致的说明。

在陈焕章的主要论集《孔教论》中，首先辨明何谓宗教。认为宗教有以人道设教的，有以神道设教的，孔教是兼明人道与神道的。如果说它

---

① 转引自冯友兰：《中国哲学史新编》第6册，第118页。

不是宗教的话，就像是说冬天的皮裘不是衣服，晚餐不是吃饭一样，岂不是大谬误了。对于孔教的上帝，他根据《中庸》中的“天命之谓性，率性之谓道，修道之谓教”来做发挥。他说：“天者，上帝之谓也，由上帝所命，与生俱来者，则谓之‘性’。……尽人合天之功，而致力于天人相与之际者，非教而何?”[①] 在另一个地方，他又做了另一种解释，说《彖传》中的“大哉乾元，万物资始，乃统天”中的“元”即上帝之代名词，“天”非指上帝，而指有形体的天。这个“元”，在《系辞》中称为“太极”，《礼运》中称为“大一”，这个“元”就是仁德，也就是上帝。陈焕章认为，孔教的最大特点就是上帝与祖宗崇拜并重，郊社之礼是为了事上帝，宗庙之礼是为了祀先人；在具体的崇拜物上，“专拜上帝者，固可以为宗教矣；专拜祖宗者，亦可以为宗教矣，即专拜下等动物者，亦可以为宗教矣，甚至一无所拜，而倡无神之论者，亦可以为宗教矣。”[②] 所以，如果以祖宗崇拜与上帝崇拜并存就否认儒家是宗教，是不合道理的。孔教的教主当然是孔子，为了与基督教的神迹说相仿，他也引用了一些关于孔子出生时西狩获麟、血书悬于鲁之端门等传说，来证明孔子自身的神奇性。[③]

陈焕章对孔教作了一些形式上的规定。孔教的名号自然就是“儒”，他认为作为一种宗教，儒士就不能像古代的一些人规定的那样只是指士大夫，凡是奉孔夫子之教的人都应该称为儒。孔教的衣冠应该是模仿孔子的，“孔子衣逢掖之衣，冠章甫之冠，此所谓儒服也。”[④] 陈焕章认为孔子所制儒服有特殊意义，这种服装是有益于人的精神修养的，因为“制外”即可以“养中”，“资衰苴杖者不听乐”，“黼衣黻裳者不茹荤”，这就是穿儒服的好处。孔教的信条是什么呢？他认为，遵奉儒行，就是孔教之信条，儒行的规定是在孔子自卫初返鲁的时候作成的，在《儒行篇》中作了 17 条规定。孔教的礼仪，在《仪礼》、《礼记》中有记述，事神事人均有规定。孔教的鬼神观，陈焕章认为孔子是信鬼神的，而且多处讲到鬼神，孔子说的“未知生，焉知死”是说能知生才能知死。孔子之教的神

---

① 陈焕章：《孔教论》，香港孔教学院 1990 年，第 14、33、29、27 页。

② 同上。

③ 同上。

④ 同上书，第 27 页。

不止一个，而是有上百个，在诸多神之上就是上帝。

关于孔教的灵魂观，他认为，孔教的灵魂有几种称谓，在《大学》中称之为明德，在《中庸》中称为天命之性、德性、诚，在《礼运》中称为知气，这都是指灵魂。很明显，他受孟子的影响，把儒家所提倡的一种精神，视为儒士不死的灵魂，这种灵魂在人死后是否还会存活，就要看你是否以道德修养去善养它。如果一个人的道德修养不够，在他死后，灵魂也会消散的。孔教的报应观是为了劝善惩恶，报应可能在自身，也可能在子孙后代，“所谓积善之家，必有余庆，积不善之家，必有余殃”（《周易·坤·文言》），这就是要人注重道德修养。

孔教的统系，陈焕章认为可以分为大同和小康两派，小康之道由仲弓传之荀卿，到李斯为秦相，后世皆遵之，这是流传最久的一派；大同之道，又分两支，一支由有若、子张、子游、子夏传下来；另一支由曾子经子思传之孟子。孔教的庙堂就是学校，在古代或称为文庙、圣庙、学宫；孔夫子之庙堂不像其他宗教那样称为教堂，因为它是教育人的地方。在这里，“春秋释典，朔望释菜，礼拜有期，仪式有定”。[①] 在文庙引导这些仪式的人称作教官。孔教的圣地就是孔林。

陈焕章之后，孔教学院在香港的宣教活动得到发展，除了在教义上与时俱进，更主要的是参与社会活动，尤其是在大陆推广传统文化的活动更积极和广泛，现任校长汤恩佳在此方面做出了很多努力。除了对孔子的道德学说进行宣扬，汤恩佳还对儒教做了一些教义上的补充。

在儒教观上，汤恩佳认为，孔子有宗教思想而无迷信。对鬼神之事常不愿正视（这与陈焕章有所不同），孔子相信人力，但在人力做不到的地方，他也顺应天命。他说：“一般人以为有神才是宗教，其实宗教的定义是以信仰为对象的，所以除了有神道的宗教外，也有人道的宗教。孔子之道德伦理，便是人道宗教。”[②] 他进一步引用钱穆的观点，认为没有神道的儒家哲学，获得了多数人的信仰，就可以称为宗教，认为“儒教只是学说不是宗教，实际上是对孔子的贬低。”[③]

---

① 陈焕章：《孔教论》，第37—38页。

② 汤恩佳：《孔学论集》，文津出版社1996年，第26页。

③ 同上。

汤恩佳是一个注重践行的人，他计划要在大陆的30个省市“燃起孔圣的火炬”。他提出了他的宣扬孔教的建议，即将孔子的教义纳入中小学及大学的教材，在各地大小城市设立教堂，名称可用孔圣堂或孔教青年会；把孔教作为宗教来对待，每年的孔圣诞为全民的假期。且不说他的这些建议在大陆是否可行，只说他把孔学作为一种宗教对待所提出的行动计划，倒是比目前我们在弘扬传统文化领域做得更富于实践意义。他通过捐建孔子学会与孔子纪念地、赞助孔子理论研讨会等形式来进行宣教活动，其富于实践精神的努力，使得香港孔教学院得到较大的发展。

四　中国内地儒学宗教化是否可能

虽然从理论上说，儒学在大陆大多学者中一直被作为一种哲学思想来对待，但在儒学发展的历史以及现实社会，仍不乏把儒家作为一种宗教来对待，并致力于宗教体制和教义传播的人。第三代新儒家也明确地试图发扬儒家的宗教情怀。那么，在现代中国，儒学宗教化是否可能？儒家思想有其内在的超越情怀，有对天地人生的洞彻、感悟，在历史上的确曾被作为神秘化的宗教来对待，在现实中它也在一些地区被作为宗教来发展。但是在中国内地，儒学发展的主流不可能宗教化。宗教热的兴起是需要特定的文化背景、特定的时代环境作为它生长的土壤，就目前来讲，儒学宗教化找不到这样的土壤。试作如下分析：

首先从宗教信徒的潜在的群体国民大众来说，中国人是一个缺乏宗教激情的群体，中国的百姓对自己的精神生活是以理性的态度来对待的，属于一种实用主义的思维方式。对于外在不可抗拒的力量，中国古人也有一种畏惧心理，所以才会有一些民间的以祈福消灾为目的的宗教形式的存在，但是对于自己的精神生活，中国老百姓是要掌握在自己手中的。从孔圣人开始也教人要通过道德修行来提升自己的境界，认为终有一天会达到与天合一的。这与西方不同，西方宗教信徒把天视为与人相外在、相对立的精神主宰，上帝的至圣领域是人达不到的，人只能把自己的全部精神交给上帝。这是一种宗教得以兴起的精神土壤。

从一种宗教兴起时的社会思想领域的状况来看，历史上，儒学被神化的时代是在封建社会的中央集权尚需稳固的时候，封建统治者需要一种人所不能认识和控制的神秘力量来给自己的政权以支持。所以才会凭借专制皇权把儒学神秘化。应当注意这时只是神秘化，百姓对神秘化的儒学只是出于一种敬畏，并没有把自己的精神交给神秘的力量。在今天的中国，这种靠专制来推行神秘化思想的现象不可能再重演了。中国的精神文明建设是以马列主义、毛泽东思想、邓小平理论为指导的，社会主义的文化是代表着先进文化的前进方向的，任何一种宗教思想都不可能在意识形态领域取得主流地位。所以尽管在现代化的香港和今天的印尼等地，儒学的的确确被发展成一种宗教，在中国内地却不太可能。我们只能汲取传统中有益于中国社会主义精神文明建设的道德观来作为它的一个组成部分。或许在宗教信仰自由的政策下，有人出于对传统的热衷、出于使传统现代化的努力更切实可行的原因，而在一定范围内作一些儒学宗教化的尝试，但这不可能是大陆儒学发展的主流。

五　“一国两制”在儒学与儒教问题上的特殊理解

出于祖国统一的需要，中国政府提出“一国两制”，在港、澳、台回归祖国以后，大陆实行社会主义制度，港、澳、台三地实行资本主义制度。在传统文化领域，这也应是一种值得借鉴的态度。

传统文化是连接海内外华人感情的精神纽带，在大陆，儒学不可能发展成一种宗教，但在香港有孔教学院，在台湾有力主把儒家发展为宗教的新儒家。基于这样的背景，即使我们不主张把儒家作为宗教来对待，出于统一的需要，出于对港、澳、台同胞精神信仰的尊重，我们不妨在对待儒学的问题上，也实行“一国两制”。大陆的学者把儒学作为哲学来研究，同时也不限制在统一后，这三个地区的学者把儒家作为宗教来对待的做法。这对港、澳、台地区的同胞是一种很重要的情感向心力。比如香港孔教学院的汤恩佳多次满怀喜悦之情地提到“多年来我国很多省市都举办了相似性质的孔子与儒学研讨会，是非常难能可贵的。过去这是一个禁区，现在已经开放，这证明了现在的国家领导人已秉承了邓小平先生的构想”，“北京举行的纪念孔子 2545 诞辰及国际儒学联合会成立大会时，江泽民总书记亲自在人民大会堂接见会议代表，国家又拨出 20 余亩地去建造国际儒学中心，这已经证明国家的文化思想走向。”[①] 正是受着这种鼓舞，汤恩佳决心在国内30个省市燃起孔圣的火炬，这也就是他积极在大陆赞助各种儒学活动的原因。

从香港孔教学院的态度可以看出，国家对传统采取什么样的政策，深深影响着海外同胞的回归之情。对儒学宗教化问题采取“一国两制”的态度，这对中国的和平统一及统一后的稳定至关重要。国内的学者或者还要对儒学是否宗教的问题进行讨论，但对港台地区既存的宗教，包括孔教，我们是无法改变的。我们应该做的是，如何发扬传统精华，使儒家思想中适合现代社会的伦理规则得到更好的实践，并由此展开积极的合作，以推进传统的现代化。

第五节　文化神学话语背景下对儒学宗教性的重新审视

在西方，随着中世纪浓重夜色的消退，宗教神学独尊的地位被动摇了，在人类理性主宰世界的背景下，宗教必须对自己的内涵、对自己在人类的精神生活中所处的位置作出新的反思，于是就有了文化神学的诞生。在文化神学的话语环境下，对儒学是否宗教的问题我们又会有一种全新的理解。

一　从宗教作为“人类精神底层”的定位来看儒学的宗教性

文化神学的代表人物蒂利希等人首先对宗教的性质做了新的诠释。他们认为人类的精神在尘世是有创造性的，因而宗教应当被视为是人类精神的产物，这与传统的神学是不同的，因为在传统神学家看来，宗教不是人的精神的产物而是上帝的恩赐。蒂利希认为，宗教是人类精神的一个方面，这个论断的含义是，从特殊的角度去看待人类精神的话，凡是涉及人的精神生活的方面都属于宗教的。在以往的时候，宗教曾以各种神化了的功能来为自己争取地盘，或者是被作为道德的“穷亲戚”，或者是被当成认识论的“帮工”，而现在，宗教应认识到，宗教本应就是涉及人类一切

① 汤恩佳：《孔学论集》，第64—65页。

精神活动的方方面面的总称，用蒂利希的话说，“宗教是整个人类精神的底层”①，这无异于把宗教从功能到内涵都最大化了。

那么在中国几千年的历史中，儒学的定位是什么呢？儒家的道德教化已渗透到中国人生活的方方面面，即使是不识字的山野村夫，也会在对封建制度所规定的社会礼法秩序的遵循中，接收到儒家文化的信息。新儒家代表人牟宗三认为，“宗教启发人的精神向上之机，指导精神生活的途径”，“儒教也有这方面”。“周公制礼作乐，定日常生活轨道，孔子在这里说明其意义，点醒其价值，就是指导精神生活之途径。”② 儒学为民众开辟了“精神生活的途径”，它指导人生，调节个人内心世界，客观上又完成了创造文化传统的重任。儒学没有把重心放在人道如何体现天道上，而是以道德实践为中心，把终极目的放在成圣成贤上。从宗教之事的方面看，儒学把宗教仪式转化为日常生活之礼乐；从宗教之理方面看，儒学有高度的宗教性，有极圆成的宗教精神，所以，儒家思想不可质疑的是中国人精神生活的底层。如此，根据文化神学的观点，认可了它是中国人民精神生活的底层，就相当于认可了它作为一种宗教存在。

二　从宗教提供人类终极关切的职能来看儒学的宗教性

蒂利希对“人类精神的底层”又做了进一步的解释，所谓人类精神的底层，是指人的精神生活的终极的、无限的、无条件的方面，也就是人的终极关切。宗教的关切是终极性的，即在终极的意义上排除了其他种种关切，使之成为最初级的、无条件性的，独立于诸如性质、意愿、环境等。同时它还是无限性的，即时时需要人去关注的。这种终极的关切对人的存在是有决定性意义的，它决定着我们是生存还是毁灭。其实蒂利希所说的终极关切就是人得以安身立命、得以充实自己灵魂的东西，就是人除了肉体、在精神上对人之为人的本质规定的一种关切。

从这一方面讲，儒家思想从创立到衰落，一直就是讲一个人如何成为一个完整意义上的人的问题，儒学一直试图做的也就是为人提供一个安身

---

① 蒂利希：《文化神学》英文版，牛津大学 1959 年；转引自张志刚：《宗教文化学导论》，东方出版社 1996 年，第 213 页。

② 牟宗三：《中国哲学的特质》，第 95—96 页。

立命的理论依据。孔子对人之为人的规定是“仁”，《中庸》说：“仁者，人也；”也就是说人是对仁的本质的规定，故又说：“君子不可以不修身，思修身不可以不事亲，思事亲不可以不知人，思知人不可以不知天”。“仁”是人的规定，也还是人所要达到的最高标准，事亲是开始，知人就是要对人之所以为人进行反思，由这种反思知道人的特点；而人的最本质规定又是与天道相通的，故人在知人的过程中最终要达到的是与天道的合一。孟子更清楚明确地对决定人与非人的本质标准做了表述，这也就是他所说的性善，孟子要告诉人们的，是善性的四端天生地隐含于人心中，人要保证自己人格上的完整，就要全力去保持、并发扬它，这是人生中最重要的事，也是人最重要的精神关切。宋明理学时期，对人的底层精神的规定与一个外在的绝对的客观精神实体联结起来，人的终极关切就是向天理的复归，理学家为自己设定的任务就是“为天地立心，为生民立命，为往圣继绝学，为万世开太平”（张载《西铭》）。儒学所要承担的任务就是为民众的精神生活提供一种最基本的支撑。在他们看来，人的伦理关切对人而言是第一位的，在排除了其他一切的关切之后所剩下的就是对人的道德的这种关切，对人而言这是具有至上性的。人的道德提升的最高境界就是与天道的合一，这在人的一生中是需要人的无限努力的，人的品格修养空间是无限的，人要时时注重自觉自省，道德的重要性在人的一生中会一直被关注。

在当代新儒家中，牟宗三认为：“儒教立教的重心与中心是落在‘如何体现天道’上。在这如何体现天道上，最重要的是尽性”，“尽性知天的前程是无止境的。它是一直通向那超越的天道之最高峰而趋。而同时尽性知天的过程即是成德的过程，要成就一切价值，人文价值世界得以全部被肯定。”① 杜维明认为，儒家虽不把一种人格化的上帝的存在作为其超越性的信仰，但现实人性最终是善的，这种人性与天命是连续的，即：“儒家对人的固有意义的‘信仰’，是对活生生的人的自我超越的真实可能性的信仰。一个有生命的人的身、心、魂、灵都充满着深刻的伦理宗教意义。具有宗教情操在儒家意义上，就是进行作为群体行为的终极的自我转化，而‘得救’则意味着我们的人性中所固有的既属天又属人的真实

① 牟宗三：《中国哲学的特质》，第105、101页。

得到充分实现。"[1] 所以，儒学作为宗教性哲学，所追求的是"立人极"。从为人提供一种终极关切的意义上来讲，儒学与文化神学者讲的宗教倒是存在着深刻的一致之处。

三　从对终极存有内涵的全新解释看儒学的宗教性

如果把宗教理解为对人之为人的规定的终极关切，这其中必然要涉及宗教的超越的、终极存有的问题。以往反对儒教论的学者的主要论据就是，中国的儒学不存在对人格神的信仰，如果把对一神或多神的信仰作为对宗教的定义，儒学显然不是宗教。孔子虽说"畏天命"（《论语·季氏》）"知我者其天乎"（《论语·宪问》）等，但是儒学毕竟没有把超越性存有具体化为人格神，相反，它把天道转化为形而上的实体。这一点恰恰是文化神学学者所作的新的发挥。

蒂利希认为，信仰实质上就是为某种终极关切所把握的存在状态，而上帝就是该种关切所指内容的名称。而这个指称着终极关切的名称，与哲学上的绝对是一致的，在这里，蒂利希对自己所设定的这个绝对的解释是："人直接领悟到某种无条件的东西，它无论在理论上还是在实践中都是主体与客体彼此分离、相互作用的先在（PERIUS）。"[2] 虽然他没有明说，但是根据他的这种解释，在宗教中被称为上帝的那个存在与一种绝对理性或绝对精神是非常类似的。再看他的进一步的解释。他认为，"领悟"不是指直觉、经验的认识，经验一般是用来描述主体所体察到的现存状况，而领悟却不是一种跟经验观察有关的活动，它是指一种不以推论为中介、而只要把注意转向终极存在、终极存在就会呈现出来的过程。接下来他又说，对无条件一词也需要做新的解释。不为条件所限制是上帝得以为上帝的根据，但是无条件的事物决不是某个具体的事物，它只是一种先在。总而言之，蒂利希竭力是想把上帝——这个宗教的最高存有规定得更理性化、非人格化一些，这一点在一些新兴的宗教中也有所体现。比如巴哈伊教在其教义中就规定，天国是人之精神的完满状态，指摆脱愚昧、得到真理，地狱是精神的不完满状态，复活的观念是与肉体无关的。

---

① 杜维明：《儒家思想》，台北东大图书公司 1997 年，第 67 页。

② 蒂利希：《文化神学》；转引自张志刚《宗教文化学导论》，第 221 页。

对最高存在的这种理性化的规定，就消解了儒学的最高存在的非人格性与宗教的最高存在的人的人格化的特征之间的差异。

儒学一直在讲天，但是这个天一直与传统宗教所说的上帝有区别。在文化神学的理论中，这种区别被消解。对天命的信仰在远古时代就存在，到周代，周人的天与天命信仰就具有了“敬德保民”的伦理内涵。在孔子说“知我者其天乎”、“获罪于天，无所祷也”（《论语·八佾》）、“天生德于予”（《论语·述而》）的时候，不可怀疑他对天这种超自然、超人间的力量的敬畏之情，天这种超人间的力量已经具有了最高的伦理权威的含义。在他这里，天命观念表示在冥冥之中有一个标准存在，它就是先在于人类的伦理标准。对人世的道德生活而言，它是最根本的规定，同时又是一种超越了人世间的伦理存在。用牟宗三的话说，孔子在其生命中可以与天遥契，对天命的知决不是什么经验的或科学知识的知，这种知是使人增强对自己的伦理本质的认识的。[①] 孟子说：“尽其心者，知其性也；知其性，则知天矣。”（《孟子·尽心上》）在他这里，天也是人世间的伦理道德的最终决定力量，是先在于人的。对于这种天命如何去发现它、领悟它呢？孟子说：“万物皆备于我，反身而诚，乐莫大焉。”（《孟子·尽心上》）诚是天之道，只要“思诚”或“诚其身”，就是尽心，就是去体验天道。在这里他所讲的认识也不是从物到感觉和思想，而是开始于对自己内心和本性的探索，在一种“悟”中达到认识的最高境界、体会最高存在的奥妙。

在宋明理学家那里，终极存在的表现形式被转化为“天理”这种先在的理念。朱熹认为“三纲之要，五常之本”是“人伦天理之至，无所逃于天地之间”（《晦安先生朱文公文集·癸未垂拱奏札二》）。这个天理在本质上是尘世间人伦道德的最高规定，对人世来讲，它是一种先在的理念，所以朱熹说：“未有天地之先，毕竟也只是理。”（《朱子语类》卷一）这个理是先验的，有了它就有了天地，有了世界的事事物物，“万一山河大地都陷了”，这个理也是不会灭绝的。在朱熹这里，天理决定了某物之所以为某物，对人而言就是人之所以为人、即是人的底层精神，那理就是终极存有，它不可以以具体的形象规定出来，就像文化神学中讲的含

---

① 牟宗三：《中国哲学的特质》，第 35 页。

于一切存在之中的存在的力量。

牟宗三认为："儒家并没有把意识全幅贯注在客观的天道之转化为上帝上，使其形式地站立起来，由之而展开其教义。"[①] 儒家的重点，在体现理性化的、非人格化的天道上。唐君毅亦认为，儒家所信的那个终极存有，是"信各种道德实践"，"信人有能为仁义礼智之善性"，"仁义礼智之悦我心"，"信人之自尽其此性此心"，"信贤圣为人伦之至"等。[②] 对儒家而言，那个作为信仰对象的终极存有，是一种理性的精神。从孟子开始，儒学以尽心知性立人道，融宗教于道德，宋明时期重立人道，肯定的是自我心灵的无限性、超越性，都本之于人之本心、本性，在此儒学就是以良知为其终极信仰的一种宗教。

所以根据文化神学对宗教信仰对象——终极存有的新诠释，终极存有不应该再强调其实体性，而应该突出它的终极理性的意义。由此儒学的天道、天命就可以被视为准宗教的超越的信仰，相应地儒学就有理由被视为宗教。

四　从宗教对道德要求的无条件性来看儒学的宗教性

根据文化神学的观点，在人类的所有精神活动中，都蕴涵着这样的终极关切，这种关切对人们的日常生活的最大影响存在于道德领域。它在道德领域的要求是无条件性的，即人对道德的遵从是不需要什么理由的，它是人之为人的规定中必然内涵的。就像马克斯·韦伯说的："世界的宇宙秩序是固定和牢不可破的，社会的秩序不过是世界宇宙秩序的一种特例罢了。……只有融入内在和谐的宇宙之中，才能实现天国幸福的安宁和心灵的平衡。"[③] 根据他的解释，人对道德的遵循，是为了使人内在的、与天一致的本性得以表现出来，人只有与天相和谐，才有可能达到最完美的境界。这似乎与儒家的要求不谋而合。

在儒学对人之本性的规定之下，人天生就是道德的人，对道德或仁的遵循是人性的内在要求。孔子说："为仁由己"（《论语·颜渊》）。又说：

---

① 牟宗三：《中国哲学的特质》，第100页。

② 唐君毅：《中华人文与当今世界》（下），台北学生书局1988年，第73页。

③ 马克斯·韦伯：《儒教与道教》，第178页。

"我欲仁，斯仁至矣。"（《论语·述而》）。孟子也说："仁，人心也；义，人路也。"（《孟子·告子上》）他说人有不学而能者、有不学而知者，体现在人的行为中就是人的无意识的道德行为，如果人不能遵从道德，就与野兽无异了。所以无论对于文化神学者还是对儒家学者，道德要求都是无条件性的，并不是从理性中推演出来的，是不能问为什么的。在宋明理学时期，这种观点得到充分的发挥，理学家认为，人要想成为一个君子，就要去追寻那个天理；人的成圣的途径，就是如何通过"格物致知"或"发明本心"，去达到与天理的和谐、统一，对人来讲，这才是最根本的。而天理的先在性，也决定了人无法追问道德的最终根源及最高约束力的合法性。

五　从对宗教外在形式的不同要求来看儒学的宗教性

以往，反对儒教论观点的学者所依据的另一个理由就是儒家没有形成一个有着严谨的教阶制度、教义、严格而有规律的礼仪戒律的教会组织，文化神学者在这方面做的新解释似乎也是为了消解这种差异。蒂利希认为，既然宗教寓于人类精神生活的所有功能中，为什么人们还要通过各种形式，诸如神话、迷信、礼拜、教会等来专门地发展宗教呢；传统的宗教往往忽视了一个根本的问题，即专门的教会的存在，恰恰正是人的世俗存在与本质的精神存在分裂的结果。以往的教会盲目地以上帝的代言人自居，并将神话、教义、戒律、礼仪等形式的东西统统作为终极的东西来对待，这也就是为什么世俗世界一向强烈反对宗教的主要原因；因此宗教更应注重的是在人类精神生活的底层发现自己的真正处所。① 根据这种观点，是否具有专门的宗教组织、严格的教阶、礼仪制度等就不再是判断一种思想或学说是否宗教的主要根据，而是说，只要某一思想或学说发挥了人类精神底层的支撑作用、解决的是人们的终极关切问题，就可以被视为一种宗教。这样，儒家思想没有发展起专门的教会组织就不再成为反对儒教说的根据，应该说，儒家思想凭它在中国几千年封建社会所发挥的精神支撑网络作用，应当被视为一种宗教。

另外，宗教对生死问题的关切也是它的一大特征，有人认为宗教如果

---

① 参见张志刚：《宗教文化学导论》，第215—216页。

不关注这一问题就失去了它的存在价值。而过去，儒家孔子被认为是不讲死亡问题的。现在有人提出这样一种观点：孔子所说的“未知生，焉知死”并不是只关注现世而否认对死的意义或超越现世的关注，孔子强调的是生之道与死之道的一以贯之，他是说真正了解了生的意义，才能了解死的意义。孔子谈死亡确实不多，但这并不是说儒学没有自己的解脱论，儒学的解脱论不是指灵魂不灭，而是指体悟到“浑然与物同体”的境界。这种境界也许就像是蒂利希所认为的，当人发现了上帝时，也就发现了自己，发现了既与自身分裂、又与自身统一的东西，也就是人自身所应具有的最高本质。① 根据这种观点去理解，超越就不应当是追求来世的天堂，体悟死的终结的意义就在对生的认识之中。这也正是新兴巴哈伊教的观点，后面我们将说到。

通过以上分析可以看出，文化神学对宗教性质和定位所做的新诠释，缩小了儒学与宗教之间的距离，使得它们之间有了一种可比性。在儒学与新兴宗教巴哈伊教的比较中，这一点将体现得更清楚。

第六节　儒学与新兴人文宗教的比较

在这一节中，我们将选择近年来发展较快的巴哈伊教来与儒学作一番比较。巴哈伊教是19世纪兴起于伊朗的一种宗教，它最初是在伊斯兰教内兴起的，以后逐渐发展成为一个独立的宗教。在其150多年的发展历史中，巴哈伊教的规模和影响迅速扩大，成长为分布范围仅次于基督教的宗教，近年来在人文思想领域也备受关注。之所以选择这一宗教来与儒学进行对比，因为它在人文精神上与儒学有诸多一致之处，但两者在现代化进程中的境遇却不一样。我们希望通过比较，能为儒学现代化提供借鉴。

一　儒学与巴哈伊教的诸多相通之处

在巴哈伊教中，充分体现了现代宗教要把解决人的精神底层问题、终极关切问题，而不是把严格的礼仪问题、戒律问题作为自己关注的焦点。巴哈伊教所提倡的精神观念、它的入世性、它对人性的认识、它在人的精

① 参见张志刚：《宗教文化学导论》，第216页。

神生活中所起的作用，与儒学思想有着很多相似之处。

儒学和巴哈伊都主张对现世生活的积极关注。儒家从孔子开始，讲天就是为了讲人事，对鬼神天命敬畏是为了实践人的价值、培养美好的品格，就是事天的最好方法。并认为不必过分追求来世，作好此世的事就会达到天人合一的状态。与儒家这种思想相似，巴哈伊教作为一种宗教，固然有其超世间的追求，但该宗教认为信徒最应关注的是此世的生活，而不是无所作为地期待来世的天堂。人只有首先做好此世的事，才能期待得到精神提升。“那些特别受宠者之灵魂以及崇高的乐园的神圣居民，今天都热切地渴望着返回这个世界。”①

儒学和巴哈伊教都相信人性本善，都相信由本善之人性必能生长出美善之社会；大同是儒家和巴哈伊的共同理想，通过和平的方式达到殊途同归、和而不同是他们的共同追求。如梁漱溟所说：“中国古人却正有见于人类生命之和谐。——人自身是和谐的；人与人是和谐的；以人为中心的整个宇宙是和谐的。”② 所以“彼此遇到问题，即互相让步，调和折中以为解决。”③ 这种和，不是要去掉人的个性，不是无原则的同，而是在协商中达成一致，求同存异。这种和以致异也是巴哈伊教所主张的。在《巴哈欧拉之天启——世界体制之目的》中，邵基·阿芬第对统一目标的解释是：否认过度的集权，否认一律化的企图；他们的口号是多样化的统一。“世界和平的目的必须是：使所有的团体、宗教都能在其中实现各自的最高愿望。”④

在一些具体的道德设计上，儒学与巴哈伊也有许多共同之处，如要求人们宽容、敏于行而慎于言、重义轻利、谦逊、诚信、节制等。通过这种比较可以看出，当文化观念越来越渗透到宗教中的时候，宗教作为人类精神生活底层支撑的功能得到突出，亦宗教、亦哲学的特点也越来越明显，这样，儒家思想与宗教之间的距离也在缩小。

儒学和巴哈伊具有这些相通之处，决定了它们在解决人的精神生活领域的问题中，具有相似的地位和价值。在人类物质文明的现代化进程中，

---

① 邵基·阿芬第：《巴哈欧拉天启》，澳门巴哈伊出版社 1995 年，第 19 页。

② 梁漱溟：《中国文化要义》，第 133 页。

③ 同上。

④ 阿博都·巴哈：《世界团结之基础》，马来西亚巴哈伊总灵体会 1993 年，第 33 页。

面对人们的精神失落，西方传统的科技理性显得无计可施的时候，儒学和巴哈伊所倡导的价值理性、所表现出的对人的精神本质的关注，突显出其特殊的价值。这似乎也为两者的振兴提供了机遇。但面对机遇它们呈现给世人的答案却是不同的。

二　儒学与巴哈伊教在现代化进程中的不同境遇

在东西方文化的碰撞与交融中，儒家思想本应该迅速获得人们的认同，但事实却是：尽管现代新儒家对儒学理论的发展越来越精深，儒学思想的体系也越来越精巧，它却始终未能在现实生活中发挥应有的作用。儒学现代化问题，自 20 世纪 80 年代起就成为学术界谈论的焦点，关于儒学体系中的所谓精华与糟粕讨论得可谓多矣，但能被现实生活所融合的传统中的精华却是少之又少。儒家传统中极有价值的内容复而不兴，成为传统文化的一种尴尬。而巴哈伊教的发展形势却是：在一百五十多年中，它已成为分布范围仅次于基督教的世界性宗教，发展速度令人惊奇。在巴哈伊教的现代化进程中，他们把对教义的现代化诠释作为根本，使之更能为现代人接受。比如讲天国是人的精神完满的状态，地狱是人的精神堕落的状态，复活的观念与肉体无关，而指的是精神上的永存等。以这样的理论革新为基础，他们更着重实践。正是这一点，使得儒学与巴哈伊的一些相似的思想在现代社会面临截然不同的境遇。

儒学与巴哈伊都强调在认同精神至上的同时，关注现实生活。早期儒家代表人物孔子孟子著书立说，并不是为了构建一种脱离人世的超现实学说，儒学的立足点应是现实。在孔子和孟子那里，现实与超现实保持了一种微妙的平衡：他们一方面致力于理想主义的伦理构建；另一方面积极参政授学。但是这种平衡，被逐渐打破，情感上的理性主义被过分地张扬，对现实的关注逐渐减少，其结果就是："当儒学关于现存社会制度的矛盾减少时，儒学就丧失其社会效用和社会的参与。"① 这样一种超时空的、泛世的、永恒的文化，普通百姓似乎只能敬而远之。

与儒学的做法相对，巴哈伊教在现代社会中坚持对工商业等现实社会生活的积极参与。它的教义及对教义的阐释，均涉及现代社会生活的内

① 黄秉泰：《儒学与现代化》，社会科学文献出版社 1995 年，第 157 页。

容，如对于法律应维护劳动大众的利益，关于劳资关系的论述，对发达国家与不发达国家的经济平衡关系的论述等。巴哈伊信徒在许多地方建立了新型的巴哈伊商业社团，如“东欧服务工程”等，目的就是为东欧国家的商业经济发展提供良好的价值观引导。

在对社会未来发展目标即大同世界的实现方式上，儒学和巴哈伊教都提倡和以致异，在求同存异的基础上发展世界和平。但是儒学的这种思想一直处于理论上分析的状态，在当今未见得有更多的发挥和形而下的推广，更谈不上对国际社会政治生活起什么重大影响。但为了实践这些巴哈伊教创立之初就存在的思想，巴哈欧拉和阿布杜·巴哈在有生之年就在为推进和平运动四处演讲、呼吁，甚至忍受牢狱之苦。现代巴哈伊信徒积极参与联合国非政府组织的和平运动，参与《地球宪章》等文件的制定，发表了《世界和平之承诺》、《人类的繁荣》、《所有国家的转折点》等文件，以实际行动表明他们的主张。在处理与其他宗教的关系上，他们通过一些共同的话题，如世界环保、人权等问题，本着磋商的原则，拉近与其他宗教的关系。

目前，在对传统思想的挖掘中，人们谈的最多的是天人合一与环保问题。儒家提倡的天人合一，讲求天与人之间的和谐相处，并对传统意义上的道德之天进行改造，以形成与环保相一致的理论，其有关论述也颇为丰富。但这些论述仍旧是学者们的讨论，在解决实际问题的国际国内环保大会上，很少甚至听不见儒家学者的呼吁或提议。而在这类会议上，却能听见来自巴哈伊的声音。1990 年 8 月，巴哈伊国际社团向联合国环境发展大会筹备会提交了国际环境立法必要的声明；该教还参与了 1995 年世界九大宗教环保会议，参与了“圣文基金会”的环保运动，并在里约热内卢等国际环保会议上，提交了建设性的建议和章程，通过杂志等媒介宣传报道世界环保信息。凡此种种活动，都让人们切切实实地看到了巴哈伊的环保意识，以及他们对世界环保作出的努力。①

巴哈伊社团所着力从事的另一事业，就是倡导发展教育、特别是对妇女的教育。在世界很多地方，尤其是发展中国家的落后山区，办教育已成为巴哈伊传播其信仰的重要方式。他们在印度的村庄创办学校，在南美的

① 参考了巴哈伊国际社团之通讯季刊《天下一家》杂志。

穷乡僻壤设立电台，帮助人们了解外部世界的信息，同时对落后部族进行精神启蒙。他们还在澳门办巴哈伊小学，在玻利维亚、哥伦比亚、巴西等地兴办大学，通过这些学校传播巴哈伊精神，同时也提供给当地人更多受教育的机会。他们以“教育抗衡仇恨”的宗旨在世界得到认可，巴哈伊的队伍也不断壮大。在巴哈伊教徒中，既有大量高级知识分子，也有目不识丁的土著居民。[①] 再来看儒学，虽然孔子本人就是大教育家，儒学本身也提倡发展教育，可是目前在这方面，它并没有对社会产生多大影响，教育也并没有很好地用来作为传播儒家思想精华的手段。

三　儒学在与巴哈伊教的比较中应该获得什么启示

通过比较可以看出，为什么儒学与巴哈伊教同样作为人类精神生活的底层，思想有相通之处，都有许多可以为现代社会所用的东西，两者获得的发展境遇却有很大不同？总的来看，儒学面临的最大问题，在于它还没能够从现代生活的范式中汲取足够的动力，以促进它迈向现代化的内部活力的形成。儒学中有精华，这在理论上已经讲得很多了，但是如果精华不发挥作用，挖掘再多的精华也没有用。巴哈伊则走出来一条将理想付诸现实，把传统进行现代转换的成功之路，力图将上帝的天国建立在人间。它把触角延伸到社会的每一个角落，汲取新的营养和动力；在实现设想的过程中，不断使教义与现实磨合，这正是儒学所缺少的。

儒家思想要解决自身面临的难题，首先要确立起一种真正的开放态势。儒学和巴哈伊所面对的共同问题，就是如何实现传统与现代社会接轨的问题，进一步说就是如何将观念的东西变得具有可操作性。在这一过程中，不论是宗教还是一般人文学科，都应该相互沟通、相互借鉴，采取开放的态度。正如有的学者所指出的：“传统社会的真正危机，不在于西潮的冲击与入侵，而在于……权威性阻碍了政治的现代化与民主化。”[②] 如果儒学抱着内向的、保守的态度，始终以唯我独尊的态势拒斥其他思想体系中的精华，不能形成一种由内部深层的开放，辐射到外部的开放姿态，便不能真正汲取新的生机与活力，不能实现创造性转换。儒学必须面向现

---

① 参考了巴哈伊国际社团之通讯季刊《天下一家》杂志。

② 郑志明：《中国意识与宗教》，台北学生书局 1993 年，第 76—77 页。

实社会生活的各个层面，并从社会生活各个层面汲取营养，充实自己，确立起一种多维的价值观，形成一个有大容量的多面体系，增强与现代社会的磨合力。这种真正的拿来主义，是立足于儒学体系本身，在保持其基本精神基础上的革故鼎新。这对在现代社会条件下，将儒学发展成为一种世界性的文化体系具有重要意义。

儒学要获得新的生机，不仅要确立一种开放的态势，还应当确立一种实践的机制。对实践的不同态度，是使得儒学与巴哈伊教有根本不同境遇的关键所在。从前一节对巴哈伊社团所做的一些工作，以及这些努力所取得的成效可以看出，巴哈伊教作为一种新兴宗教在一百五十多年的历史中能够迅速扩展，在现代社会得到越来越多的认同，就是得益于它的注重实践的态度。儒学从创说之日起，就以经世致用为最终目的。这也本应该是儒学在现代社会中得以存在的一个合法性根据。而儒家思想与现代化接轨的问题提出已久，结果是收效甚微。学者们苦心孤诣地发掘传统精华的努力，只是在学术圈子里转来转去，在它本应发挥重要作用的百姓生活领域，传统的精华似乎越来越少地被人感受到。其中的关键在于实践。所以我们提出要发展一种实用儒学，它不同于历史上的实学，也不同于新儒家，其不单单是为了理论上的重建，而是为了使儒学中的精华如何更好地为现代社会所用。

第八章　儒学之实用化

第一节　关于"实用儒学"的主张

一　"实用儒学"不同于"实学"

当前中国在建设现代化的过程中存在的社会问题还很多，诸如环境污染、贪污腐化、制售假冒伪劣商品，等等。为什么会出现这样一些严重问题？解决这些问题的出路何在？

这些问题的出现，其原因是多方面的，而其中一个重要的方面，就是由于在发展中国特色经济的同时，忽视了思想领域对中国特色的教育和灌输；突出了现代化，而放弃了传统，割裂了传统与现代之间动态的发展关系。解决这方面的问题，出路在于用传统文化尤其是儒家学说中有生命的部分来整饬人心。为此，这里提出"实用儒学"的概念和研究课题。

事实上，儒学从创立之日起，就是一种富有生命力的思想学说，它经历了两千多年的世变沧桑，虽也有过坎坷，有过失落，甚至有过毁灭性的"被打倒"，但由于儒学本身的可塑性，而使它能够不断适应社会发展和变化的需要，从而总能够重新崛起，然后又有新的发展，新的壮大。儒学在今天仍然是有生命力的，其表现不仅在于不断有大批学者对它进行自觉的系统研究，而且在于在社会生活的各个层面或多或少都有儒家思想不自觉的渗透。问题在于，学者们对儒学的研究，还只重视对儒学理论价值的挖掘，而不注重或忽视儒学的应用。而当今社会生活中儒学不自觉渗透的影响又在西方思想文化大量输入的形势下，显得微乎其微、苍白无力。为使中国现代化的过程始终保持中国特色，解决当前社会中严重的犯罪问题、道德水平下降的问题，有必要从现在起就开始建构"实用儒学"。

任何科学，不管是自然科学还是社会科学，都应重视基础性研究，但基础性研究包括两类性质不同的研究：基础理论研究和基础应用研究[①]。就儒学的研究而论，对基础理论的研究，可以说已经达到很高的水平，但大陆的研究者对儒学始终是批判有余而继承不足，台湾的研究者为了中国传统思想文化的复兴，亟欲进一步发展代表中国传统主流的儒家思想，却因笼统的继承有余而严格的批判不足，迄今仍无创造性的突破迹象[②]。这就是说，对于儒学的具体应用研究，不论是大陆还是台湾，都缺乏系统性和体系化，而这与儒家本身的思想倾向是不相符的，因为儒家思想向来扣紧人生实际，不主张从宇宙大全体探寻其形上真理，再迂回来指导人生。儒家面对人生现实，不忽视人类之情感实况而运用其理智，故儒家重知识，不重理论，而其求知识，又贵证验，不重玄思[③]。实用儒学之建构，正是为儒学的实际应用而设计出来的，因为它注重儒学的实用性，所以对儒学有指导意义的积极面，特别注意挖掘，而对其消极面，则采取存而不论的态度，并不是有意掩盖其消极面。

这里提出的“实用儒学”，与“实学”不是一个概念，时下学术界有些学者所热衷探讨的“实学”，实指明清实学思潮，而这一思潮在过去是以“早期启蒙思潮”、“经世致用思潮”、“个性解放和人文主义思潮”等概念来称谓的[④]。或者说实学是17世纪以来受西方科技知识冲击后出现的实测实用之学，它是宋明儒学中的异军突起，是摆脱了宋明“身心性命”之学的樊篱而走向经验科学的新思潮[⑤]。实学的突出特征是经世致用精神，即强调学术研究与现实政治之间的联系。基于此，所谓实学是一个历史的概念，而“实用儒学”则是一个现实的概念，重视的是儒学中有价值的部分在当今社会的现实应用，是对儒学的实际应用。

“实用儒学”与现代新儒学也不是一个概念。现代新儒家不管是在港台、海外，还是在大陆，他们的主张虽然千差万别，但他们的共同点还是

---

① 参见钱学森：《基础科学研究应该接受马克思主义哲学的指导》，《哲学研究》1989年第11期。

② 参见［美］傅伟勋：《儒家思想的时代课题及其解决线索》，《孔子研究》1987年第4期。

③ 参见钱穆：《世界局势与中国文化》，台湾东大图书公司1979年，第150页。

④ 参见陈鼓应：《明清实学思潮史·卷首语》，齐鲁书社1989年。

⑤ 参见［美］杜维明：《论陆象山的实学》，《孔子研究》1988年第3期。

以接续儒家道统、复兴儒学为己任，以服膺宋明理学为主要特征，力图以儒家学说为主体、为本位，来吸纳、融合、会通西学，以寻求“中国现代化道路”①。而“实用儒学”决不是要创造性地去重建传统，而是要使儒学中本来存在的优秀传统服务于当代，使这些优秀传统在当代社会继续发挥作用，以解决现代化过程中所出现的诸多问题，如自然环境的破坏、人际关系的冷淡、重利轻义拜金主义的倾向、工具理性的负作用，等等。

二 儒家的明体适用传统

体和用是中国哲学史上常用的哲学范畴，也是儒家学者常用的范畴。

在儒家学者使用的“体”“用”范畴中，其含义主要有三方面，其一，“体”指实体，“用”指功用。如《荀子·富国》：“万物同宇而异体，无宜而有用为人，数也。”其二，体指本体，用指现象。程颐《易传序》：“至微者，理也；至著者，象也。体用一源，显微无间。”其三，体指根本原则，用指具体方法，张之洞《劝学篇·会通》：“中学为体，西学为用”，“中学治身心，西学应世事”。

儒学的基本思想原则和主张，都可以归之于体，这些原则在实际中的运用则可称之为用。儒家提倡“内圣外王”，即是一种明体达用之学。北宋初儒学家胡瑗创“苏湖教法”，首先将“明体达用”作为教育宗旨，清代关中学者李颙完善了明体适用之学，这正是儒家明体适用传统。

胡瑗是宋初三先生之一，是理学的奠基人之一。他与孙复、石介同学于泰山，攻苦食淡，终夜不寝，一学十年不归。他后来以经术教授吴中，先后被聘为苏州、湖州教授。他倡明正学，身先士卒。在盛暑酷夏，必公服坐于堂上，严师、弟之礼。他教人之法，“科条纤悉具备，立‘经义’、‘治事’二斋：经义则选择其心性疏通、有器局、可任大事者，使之讲明《六经》。治事则一人各治一事，又兼摄一事，如治民以安其生，讲武以御其寇，堰水以利其田，算历以明数是也”（《宋元学案·安定学案》）。这就是有名的苏、湖教法，被宋仁宗推广于太学。宋神宗时，胡瑗高足刘彝在皇帝面前陈述“苏湖教法”的明体达用之学，说：“圣人之道，有

① 方克立：《关于现代新儒学研究的几个问题》，《现代新儒学研究论集》（一），中国社会科学出版社 1989 年，第 2 页。

体、有用、有文。君臣父子，仁义礼乐，历世不可变者，其体也。《诗》、《书》史传子集，垂法后世者，其文也。举而措之天下，能润泽斯民，归于皇极者，其用也。国家累朝取士，不以体用为本，而尚声律浮华之词，是以风俗偷薄。臣师……尤病其失，遂以明体达用之学授诸生。……始于苏、湖，卒于太学，出其门者无虑数千余人。故今学者明夫圣人体用，以为政教之本，皆臣师之功”（《宋元学案·安定学案》）。宋神宗题赞其像说：“经义治事，以适士用；议礼定乐，以迪朕躬。敦尚本实，还隆古之谆风；倡明正学，开来学之颛蒙。”（《宋元学案·安定学案》）

李颙对儒学可以说是条分缕析，层层剥离，最后强调做儒要做真儒。在他看来，儒家决不是铁板一块，而是可分的。从大处来看，儒宗、儒教、儒林，是指儒学整体而言的。什么是儒？李颙的解释是：“儒”字从“人”从“需”，言为人所需也。道德为人所需，则式其仪范，振聋觉聩，朗人心之长夜；经济为人所需，则赖其匡定，拯弱亨屯，翊世运于熙隆；二者为宇宙之元气，生人之命脉，乃所必需，而一日不可无焉者也（《二曲集》卷三十三）。但从道德和经济两方面来看，前者为体，后者为用：“道德而不见之经济，则有体无用，迂阔而远于事情；经济而不本于道德，则有用而无体，苟且而杂乎功利”，因此仅有一方面，就不能算作儒，起码不能算作“全儒”。他反对“各居一偏，终非全儒”之“儒”，而提倡“道德经济备而后为全儒”。因为只有这样的“全儒”才能“穷可以仪表人群，达则兼善天下，或穷或达，均有补于世道，为斯人所必需”（同上）。在另一个地方，他又说：“德合三才之谓儒。天之德主于发育万物，地之德主于资生万物，士顶天履地而为人，贵有以经纶万物。果能明体适用而经纶万物，则与天地生育之德合矣，命之曰儒，不亦宜乎！”所以，“能经纶万物而参天地谓之儒，务经纶之业而与天地参谓之学”（《二曲集》卷十四）。

但是，从现实社会层面来看，人们并不这样要求。所以，凡是读儒书，言儒言，冠儒冠者，都算“置身于儒林，以儒自命”（同上）。这样就使“儒”的范围相当宽泛。从时间方面来分，有“昔儒”、“今儒”、“后儒”；从褒义方面来分，有“大儒”“巨儒”、“业儒”、“世儒”、“宿儒”、“吾儒”、“全儒”、“名儒”、“君子儒”、“高儒”、“真儒”；从贬义方面来分，有“俗儒”、“腐儒”、“霸儒”、“小儒”、“小人儒”、“应付儒”；不一而足。李颙要人们做“真儒”和“君子儒”。

真儒与君子儒是同类概念，应付儒与小人儒是同类概念。它们之间的区别是：一为大而通，一为拘而滞；一为为天地立心，为生民立命，为往圣继绝学，为万世开太平，一为反是；一为喻于义，一为喻于利；一为实心实行，一为色取行违；……（同上）李颙指出儒家有自己的异端：儒外的异端，儒内的异端，都对儒家造成危害，而内部的异端危害更大。他指出，孔子对异端剔然有感，故曰“攻乎异端，斯害也已”，孔子时的异端就是“乡愿”。战国时的异端，有告子、许行、庄周、邹衍、邓析、公孙龙子，而杨朱、墨翟的“为我”、“兼爱”“尤为世所宗尚”。汉唐以来的异端，有托老子行世的魏伯阳的仙术、张道陵的符箓，而佛教五宗密布，禅宗盛行，自然也是异端。对儒外的这些异端，虽然“其危害何可胜言”，但程朱辟之，“人始晓然于是非邪正之归”，“不至生心害政”。生心害政的是儒中的异端：“盖吾儒之学，其端肇自孔子，思孟阐绎，程朱表章，载之“四书”备矣，无非欲人全其固有之良，成己成物，济世安民也。……否则止以荣肥为计，其发端起念，迥异乎此，与《四书》所载，判然不同，非吾儒中之异端而何?”这种异端“生于其心，害于其事，发于其事，害于其政”，甚于洪水猛兽，其害“深而难距”（《二曲集》卷三十一）。因此，要排除儒外的异端，更尤其要排除儒中的异端。“全其固有之良，成己成物，济世安民”，是需要用行动来保证的，所以，要归结于行，“行儒之行，始为真儒”（《二曲集》卷十三）。

李颙提倡“真儒”要“明体适用”。何谓明体适用？他说：“穷理致知，反之于内，则识心悟性，实修实证；达之于外，则开物成务，康济群生。夫是之谓‘明体适用’。明体适用，乃人生性分之所不容已，学焉而昧乎此，即失其所以为人矣！明体而不适于用，便是腐儒；适用而不明于体，便是霸儒；既不明体，又不适用，徒灭裂于口耳伎俩之末，便是异端。”（同上）所以，“明体适用，乃吾人性分之所不容已，学而不如此，则失其所以为学，便失其所以为人矣”（同上，卷二十九）。可见，体，指的是明道存心，明体，就是在道德修养上下功夫；用，指的是经世宰物，就是在治国平天下的具体事务上下功夫。所以，不管是明体也罢，适用也罢，都突出了儒学的实用性。但在道德为体方面，古今儒家的主张并不一致，“或以主敬穷理标宗，或以先立乎大标宗，或以心之精神为圣标宗，或以自然标宗，或以复性标宗，或以致良知标宗，或以随处体认标宗”，虽然有区别，但在他看来，“要之总不出悔过自新四字，总是开人以悔过自新的门路”（《二曲集》卷一）。

在李颙看来，悔过自新的理论基础是人人都有的良心。良心，也称灵原、天良、心。他认为，人“形骸有少有壮，有老有死，而此一点灵原，无少无壮，无老无死，塞天地，贯古今，无须臾之或息”，“人人具有此灵原，良知良能，随感而应”（《二曲集》卷二）。“良知即良心也”（同上，卷十五），“夫天良之为天良，非他，即各人心中一念独知之微，天之所以与我者”（同上，卷十六），人为学的目的，就是要发明这种良心，所以他说：“论学于今日，不专在穷深极微、高谈性命，只要全其羞恶之良，不失此一点耻心耳。不失此耻心，斯心为真心，人为真人，学为真学，道德、经济咸本于心，一真自无所不真，犹水有源，本有根；耻心若失，则心非真心，心一不真，则人为假人，学为假学，道德、经济不本于心，一假自无所不假，犹水无源，木无根。”（同上，卷三十八）悔过自新就是要使此心澄洁，这也就是修身的目的所在：“修身当自‘悔过自新’始，察之念虑之微，验之事为之著，改其前非，断其后续，使人欲化为天理，斯身心皎洁”（同上，卷二十九）。

为使悔过自新顺利进行，李颙提出了一系列方法。其中最主要的有两条：

一为立志。“立志，当作天地间第一项事，当作天地间第一等人，当为前古后今着力担当这一条大担子，自奋自力”（同上，卷六）。李颙认为立志最根本的是脱俗，“大凡立志，先贵脱乎流俗。是故行谊脱乎流俗，则为名人；议论脱乎流俗，则为名言。果能摆脱流俗，自然不埋于俗、安于俗。而不思脱俗者，斯其人固已惑矣；欲脱俗而又欲见信于俗，则其惑也不亦甚乎？”（同上，卷十四）脱俗就要矫正时弊，其门人王心敬在《南行述》中记载：

一友谓：“世路崎岖，日趋日下，奈何？”曰：“世路固日趋日下，而自己跟脚，则不可不坚定，中立不倚，毫无变塞，方为强哉能矫。否则，人趋亦趋，随俗浮沉，见粉华靡丽而悦，遇声色货利而移，如是，则虽日日讲道德，谈性命，不过口头圣贤，纸上道学，其

可耻为何如耶!”(同上,卷十)

有了这种脱俗之心,就能“处富贵如无与,处贫贱如无缺,处患难如无事,随遇而安,悠然自得”(同上,卷三十)。也能正确处理争、欲和谤的问题。对于争,李颙认为,“世人多事,多起于争”,“文人争名,细人争利,勇夫争功,艺人争能,强者争胜”,“无往不争,则无往非病”,因此要改变这种争的现实,君子做到“学不近名,居不谋利,谦以自牧,恬退不伐”,有什么可争的?“惟是见义争为,见不善争改”(同上,卷三十二)。对于欲,他认为,“人唯有欲则不刚,不刚则不能直内而方外,故圣贤之学,以无欲为主,以寡欲为功”,因为“龙为有欲,则为人制;人为有欲,则为物屈”(同上,卷三十三)。所以,他主张“日用之间,以寡欲正心为主,以不愧天为本。欲不止乎声色货利,凡名心、胜心、矜心、执心、人我心,皆欲也。寡而又寡,自念虑之萌,以至言动之著,务纳乎天理,无一毫夹杂,方始不愧于天”(同上,卷十五)。对于谤,他主张“凡毁誉之来,听其自然,一以空豁旷达之宇处之”,因为“宾实之名,虽经千谤而不坠;无根之誉,虽强护持而必湮。”在他看来,“宾实之名,譬如佳木植于芳苑,经风雨而弥茂;无根之誉,譬如翦采缀于宫树,历时日而随败。”所以对于谤的正确认识,应该是“谤之来也,有真有伪,我有是而人谤之,方将修省痛改之不暇,不容置辩;我无是而人谤之,则惟任其自起自灭,付之罔闻而已,又何必置辩?”(同上,卷十六)正因为如此,脱俗就成了立志的第一要务。

二为慎独。有学生向李颙请教何为慎独,他回答说:“子且勿求知‘慎’,先要知‘独’;‘独’明而后‘慎’可得而言矣。”在他看来,“凡有对便非独,独则无对,即各人一念之灵明是也”。(同上,卷四)慎独是悔过自新的重要一步,“须整顿精神,中常惺惺,一言一动,并须体察。必使言无妄发,行无妄动。暗室屋漏,一如大庭广众之中,表里精粗,无一或苟。明可以对人对天,幽可以质鬼质神”(同上,卷六)。慎独是需要“实实体认”的硬功夫,只有靠长期静坐,才能养成习惯。所以,李颙说:“水澄则珠自现,心澄则性自朗。故必以静坐为基,三炷为程,斋戒为功夫,虚明寂定为本面。静而虚明寂定,是谓‘未发之中’,动而虚明寂定,是谓‘中节之和’。时时反观,时时体验。一时如此,便是一日圣人；一日如此，便是一日的圣人；一月如此，便是一月的圣人；终其身常常如此，缉熙不断，则全是圣人，与天为一矣。”（同上，卷二）

在道德修养方面，李颙同样重视实行。他要求人们做到“念念切己自反，以改过为入门，自新为实际”（同上，卷十三）。阅读儒家经典，要时时考虑“与自己身心有无交涉，务要体之于心，验之于行。苟一言一行不归诸此，是谓侮圣言，空自弃”（同上，卷十三）。所以他明确说：“我这里重实行，不重见闻；论人品，不论才艺。”因为“多闻多识，不见之实行以蓄德，人品不足，而才艺过人，徒擅美炫长，无补于世”（同上，卷十五）。为此，他反对纸上道学，指出“人生吃紧要务，全在明己心，见己性，了切己大事。诚了大事，焉用著述？如其为也，何贵著述？”“口头圣贤，纸上道学，乃学人通病”（同上，卷十六）。“作口头圣贤，纸上道学，因循犹豫，以老其身，呼吸一去，千古无我，抱憾何及，可惜孰甚”（同上，卷十九）。他赞成尚行，反对尚言，指出“古人尚行，故羞涩其言而不敢轻出；今人尚言，故鼓掉其舌而一味徒言。若果学务躬修，自然沉潜静默，慎而又慎，到讷讷然不能出口时，才是大进；否则纵议论高妙超世，总是顽不知耻，总是没学问，没涵养”（同上，卷三十三）。对儒家经典，要身体力行，心口如一，“只心口一不相应，正人君子早已窥其中之不诚而恶之矣”（同上，卷三十三）。只会背诵儒家经典，而不会应用，于世无补，“（儒家经典）乃万古不易之常经，日用常行，而不可违焉者也。吾人口诵而身违，书自书，我自我，是谓叛经；讲了又讲，解了又解，徒夸精斗奥，借以标名，是谓侮经”（同上，卷四十二）。

在实行方面，在上者更为重要。因为“天下之治乱，由人心之邪正；人心之邪正，由学术之明晦；学术之明晦，由当事之好尚”，“上之所好，下即成俗，感应之机，捷于影响”（同上，卷十二）。所以正人心，首要的是正君心。“好恶不公，由君心不清；君心之所以不清；声色、宴饮、珍奇、禽兽、宫室、嬖幸、游逸为之也。君若以二帝、三王自期，以度越后世庸主自奋，以建极作则，治登上理为事，自无此等嗜好而心清；心清斯好恶公，好恶一公，则理财、用人事事皆公，与天下同其好恶而合乎天下人之心”（同上，卷二十九）。

为了使儒家学说能得到真正贯彻执行，李颙写过一部《儒鉴》，目的在“俾儒冠儒服者，有所考镜，知所从事，念非切己急务，遂辍不复为”（同上，卷十六），因为在他看来，这是维护儒学的正统所必需的，“士既业儒，则儒不可以无鉴。镜以照面，则面之净垢见；鉴以观儒，则儒之得失见。见净垢，斯知去垢以求净；见得失，斯知舍失以求得”。“儒惟无鉴，以故业儒者无所惩劝，学术不明，人才不兴”（同上，卷十八）。但可惜，这部《儒鉴》没有流传下来。

以上内容，都属于儒学适用论。而李颙的明体适用论，还包括有许多经济实用之学，涉及农业、水利、人口、地理等方面的内容。他甚至非常具体地谈到大兴农田水利的方案，对西北地区泾、沮、清河、石川诸河的治理，提出了自己的看法。这些看法是否正确，现在已无评论的必要。我们应该注意的是他对“实行”的重视，这在今天看来，是特别有意义的。

由胡瑗、李颙所提倡的明体达用之学，对后人的影响是相当大的，私塾、官学都将此作为教育学生的根本，以致清代许多学者比如纪晓岚，主张“儒者本旨，明体达用而已”（公木：《纪晓岚全传》十八章《阅微知著》）。私塾教育中贯彻这种思想，主张“儒者，明体达用，讲求实学，不沾沾于辞章训诂，而独以风俗人心为己任。夫风俗之所以美，必由于教化，教化之所以兴，始于童蒙”，如“子与子言孝，弟与弟言悌，望而知其为义，学中来也”①。清代儒臣也崇正学，黜浮华，养成明体达用之风气。京师大学堂也申明：“先课之以经史义理，使晓然于尊宗之义，名教之防，为儒生立身之本；而后博之以兵农工商之学，以及格致、测算、语言、文字各门，务使学堂所成就者明体达用”（孙家鼐：《奏大学堂开办情形折》）。

上述“明体达用”、“明体适用”，用今天的话，正可以说成“实用儒学”，其主旨即是把儒家道德、思想原则中至今仍有活力的内容，具体运用到社会实际之中，形成实用儒学的各个层次。

三　实用儒学的层次

实用儒学应该建构一个完整的体系，这一体系大致包括这样一些层次：实用宇宙学、实用伦理学、实用教育学。

---

①《河北省志》第76卷《教育志》，中华书局1995年，第38页。

（一）实用宇宙学

不论在中国，还是在外国；不论在东方，还是在西方，也不论在发达国家，还是在发展中国家，全球都普遍存在着严重的环境生态危机。现代工业文明虽然取得巨大成就，为人类进步做出了重大的贡献，但由于在工业生产、技术革新和核能实验中没能充分地注意到人与自然之间关系的协调，因此出现过核泄漏、核辐射、核污染，为躲避核污染曾出现过不得不迁徙转移的“核能吉普赛人”；石油泄漏、废气泄漏、有烟工业，造成工业酸雨和臭氧层越来越薄，造成对人类的危害；滥伐森林树木，造成大地沙化日益严重；建筑抢占耕地，使可耕地面积越来越少；江河湖海的改造和利用，给人类带来许多实惠，但也不可避免地导致一些生态失衡；对鲸鱼和许多珍稀动物、生物的近乎灭绝性的捕杀，已经造成了部分地区的生态失衡；对地下矿产资源的掠夺性开发，造成地球表面部分的破坏……。人类的这些行为，已经破坏了人与自然之间关系的平衡，破坏了生态环境，给人类造成了难以估量的巨大损失，威胁到人类的健康。据核科学家推算，世界上现存的核武器，足可以把地球摧毁100次。人类如果还不警惕，地球将毁于高科技，人类的生存面临着巨大的隐患，这绝非耸人听闻之论，而是严峻的现实。

而现实又是明显的，人类为了更好地生存，矿山不能不开采，地下资源不能不利用，核工业不能不发展，山河也不能不改造。

矛盾就是这样尖锐地摆在人类面前。

如何解决这一尖锐矛盾，树立起人类自觉的生态意识，注意人与自然之间的协调，中外科学家为此做了不懈的努力，但效果并不明显。直到1988年1月，75位诺贝尔奖获得者聚集巴黎，在会议宣言中明确声明：“如果人类要在21世纪生存下去，必须回头到2500年前去汲取孔子的智慧。”① 这里所说的孔子的智慧，就是以孔子为代表的儒家宇宙学说。

传统上，中国哲学史研究者一般都不认为儒家哲学中有宇宙学的内容，但是却一致承认儒家哲学涉及许多天人关系的问题。正是“天人合一”思想，构成了儒家实用宇宙学的核心。

儒家“天人合一”的思想提倡天道与人道、自然与人之间的关系是

① 马来西亚华文《南洋商报》之《儒家思想与现代社会研讨会报导》，1990年4月9日。

相通、相类和统一的关系。这种思想在儒家学者那里是一贯的，孔子已经提出“天何言哉！四时行焉，百物生焉，天何言哉”（《论语·述而》），强调“巍巍乎唯天为大”（《论语·泰伯》）。所以，人不应该“欺天”（《论语·子罕》），而是应该“畏天命”（《论语·季氏》）、“知天命”（《论语·为政》），因为“不知命，无以为君子也”（《论语·尧曰》）。如果说孔子所主张的，还不是明确的“天人合一”思想，那么，《易传》则说得明确了：“大人者，与天地合其德，与日月合其明，与四时合其序，与鬼神合其吉凶”（《易·乾卦·文言》），“天人合一”成为人生追求的理想境界。孟子提倡“仁者无不爱”，“君子之于物也，爱之而弗仁；于民也，仁之而弗亲。亲亲而仁民，仁民而爱物”（《孟子·尽心上》）。《中庸》的“天人合一”思想更为明确，“惟天下至诚，为能尽其性；能尽其性，则能尽人之性；能尽人之性，则能尽物之性；能尽物之性，则可以赞天地之化育，则可以与天地参矣”。人与天地万物融为一体，就必须实现整个宇宙的整体和谐，做到“万物并育而不相害，道并行而不相悖”。为此，荀子提倡对于草木鱼畜都要“不夭其生，不绝其长”，做到“万物皆得其宜，六畜皆得其长”，“群生”（包括人类在内）才能“皆得其命”（《荀子·王制》），才能正常生长和发展。董仲舒更提出“天人之际，合而为一”（《春秋繁露·深察名号》），但他把天人合一向天人相类的方向发展，认为“天亦有喜怒之气，哀乐之心，与人相副，以类合之，天人一也”（《春秋繁露·阴阳义》），因此，人如果得罪了天，破坏了自然，天就要发出警告，甚至降下灾祸以报复。为了不受到自然的报复，程颢要求“仁者以天地万物为一体”（《遗书》卷二），王守仁也主张让人与鸟兽、草木、瓦石“皆为一体”，做到“以天地万物为一体”的“一体之仁”（《王阳明全集·大学问》）。

儒学重视人与天的相通，达到天人协调、和谐与一致的境界。这样的思想，强调人只有尊重自然规律、顺从自然规律，人才能得到自然的赐予和恩惠，反之，只会身受其害，破坏了自然只会尝到自然报复的苦果。

正是儒家思想中蕴涵着这种人与自然要和谐一致的思想，所以诺贝尔奖获得者才号召到孔子中去寻找人类彼此能和平共处、共同生存的智慧。人称现代大儒的日本人冈田武彦，也把儒学思想同克服现代人因科技进步而产生的忧虑结合起来。他认为科学文明的进步一日千里，但本来应该贡献于人类共存繁荣的科学文明反而产生了危害人类生存的弊害。在此前提之下，在拯救人类的对立斗争中，万物一体论基于人我共存的人道主义立场，对不同的思想、文化和宗教采取兼容并包的态度，是一种宽容的、具有普遍性的思想①，因为儒家期望与物一体从而实现理想的人、理想的社会，与物一体就是使物各得其所，实现万物生存的理想的态度②。这正说明儒家的宇宙学即天人之学是一种整体性的大生命观，它与当代生态学相一致，同时又表现出热爱生命、泛爱万物的纯朴情感，在中国生态环境虽然局部有所改善、整体却在继续恶化的情况下，我们应当依照儒家天人一体的思想，吸取现代科学的最新成果，建立起生态哲学，从而向更高级的生态文明转型③。

儒家的“天人合一”学说把天看作大宇宙，人是小宇宙，人是天的缩影，人副天数，而且人性也来自天性。人作为小宇宙，不仅要保持与大宇宙（天）的和谐一致，而且人与人之间、人的内在自我和外在表现之间，也应该是和谐一致的，有一些规范性的关系制约，而这些关系也就是儒家的实用伦理学所要解决的问题。

（二）实用伦理学

儒学的核心是伦理学，儒家学者都以伦理为本位，价值观念、行为准则、人生哲学修养都在伦理纲常的限制之内，伦理准绳是评判社会行为的价值尺度④。而在当前令人忧虑的社会状况中，最为严重的也就是伦理道德状况，儒学中最能发挥作用、最有实用性的也只能是伦理学部分，因此，实用伦理学自然也就成为实用儒学的核心。

儒学实用伦理学是一个非常宽泛的概念，为了明晰和方便起见，这里把它再具体分为价值学、修养学、管理学和人格学。

当前社会状况不佳、伦理道德宏观失控、水平下降，原因很复杂，但其中一条主要原因是由于传统的价值观发生动摇。

---

① 参见冈田武彦：《儒教的万物一体论》，《儒学国际学术会议讨论会论文集》，齐鲁书社1989年，第40—41页。

② 参见冈田武彦：《孔学的运用》，《孔子研究》1989年第3期。

③ 参见牟钟鉴：《生态哲学与儒家的天人之学》，转引自傅云龙《海峡两岸首次儒学学术讨论会综述》，《孔子研究》1992年第1期。

④ 参见尚志英：《儒家伦理精神的价值诠释》，《学术月刊》1992年第11期。

人的经济地位在最近一些年来有了明显的提高，由此而引起的负效应是金钱至上、金钱万能，人的价值哲学发生了变化，社会中于是发生了许多不良现象：去医院看病，医生接受红包已非个别现象；教育单位学生缴纳名目繁多的额外费用严重；建筑部门承包回扣；社会上各种各样的服务费、手续费；对农民的乱摊派；甚至公安系统也有提“钱”就释放犯人的现象，金钱向法律提出严重挑战；至于见危不救或者救人先讲价钱的现象，也不是个别的，等等。这一切都与金钱有关，是拜金主义。

金钱果真那么重要？在义与利的天平上，到底应该往哪方面倾斜呢？

在儒家的价值哲学中，向来认为人的道德价值高于物质利益，孔子的“见利思义”（《论语·宪问》）、“见得思义”（《论语·季氏》），奠定了义利关系的基础。在义利之间，就价值地位说，义高于利；就价值比值说，义重于利[①]。在进行价值选择的时候，合义的利可取，“富而可求，虽执鞭之士，吾亦为之”；不合义的利则坚决不取，“饭疏食饮水，曲肱而枕之，乐亦在其中矣。不义而富且贵，于我如浮云”（《论语·述而》）。孔子坚决反对那种孜孜以求利只见利而不顾义的人，斥他们为小人。后来的荀子，提出“先义而后利者荣，先利而后义者辱”（《荀子·荣辱》），“正利而为谓之事，正义而为谓之行”（《荀子·正名》）。董仲舒提出“利以养其体，义以养其心。心不得义不能乐，体不得利不能安。义者，心之养也；利者，体之养也”（《春秋繁露·身之养莫重于义》）。在价值观上基本上定型为“先义后利”、“以义率利”的义利观。

儒家的这种价值观，在当今社会的应用，应体现在两方面，即道德上的以义率利和经济上的义利双成。在道德上，价值标准不能以“利”为首出，而必须导之以“义”，有了义的引导，使得利也可以在价值原则的规范之下达到“善化”。而在经济上，属于客观面的救世济民（如政法工商农医等），不能不讲利，但也不能只顾利而不要义，而必须义利双成[②]。

社会伦理状况的改善，在于社会成员个人道德水准的提高，而要使个人道德水准提高，就必须加强个人的修身养性，儒家的修养学说至今仍是

---

① 参见周立升主编：《中华魂·哲理卷》，山东人民出版社1992年，第259页。

② 参见蔡仁厚：《道德上的义利之辨与经济上的义利双成》，转引自傅云龙《海峡两岸首次儒学学术讨论会综述》，《孔子研究》1992年第1期。

有其实用性的。

儒家修养学说的核心是“慎独”说，这是一种反身内省、独善其身的道德修养论，是一种道德自律。这一点正是当今社会所缺乏的。不仅在国内的旅游景点“×××到此一游”的留言到处可见，就是在埃及的有4000多年历史的金字塔里，也有广东×××到此一游的“题词”；大学校园里不文明的所谓“厕所文化”；车站、影剧院、会堂等公共场所中的乱吐痰、乱丢烟头现象；个体商贩短斤少两；等等，都是不慎独的表现。针对这些现象，应该提倡儒家的慎独说，“莫见乎隐，莫显乎微，故君子慎其独也”（《中庸》），“诚于中，形于外，故君子必慎其独也”（《大学》）。这种慎独说，要求人在做只有自己知道而不为别人知道的事情上，能够严格谨慎、一丝不苟地要求自己。因为个人独处之时，欲望不加节制于隐微之处显露，自然比在众人面前更为严重。所以要用慎独的修养功夫加以戒慎自守。通过慎独，可以“反求诸身而自得之，以去夫外诱之私，而充其本然之善”，从而可以“遏人欲于将萌，而不使其滋长于隐微之中”（朱熹《四书集注·中庸章句》）。

儒家的修养学说还主张寡欲、节欲，这也是在当今社会有实用性的学说。儒家承认“饮食男女，人之大欲”（《礼记·礼运》），即肯定人的正常物质生活欲望。但人的物质欲望如果战胜了理性，人就会成为外物的奴隶，所以要通过自我反思、自我体验来减少或节制欲望，只有在平时寡欲、节欲，才能在关键时刻做到“舍生而取义”（《孟子·告子上》）。今天的社会风气不正的一个原因，就是因为在经济发展的条件下，忽视了对欲望的控制、限制而使物质欲望过分膨胀的结果。如果能减少或节制欲望，那就不至于出现一顿宴席吃掉百万元，社会风气也就不会出现一切向钱看的现象了。

儒家伦理还可以用在管理上，企业管理和社会管理都可以运用。在企业管理中，儒家的管理学可以和现代化接轨。企业经营者应遵从“放于利而行，多怨”（《论语·里仁》）的儒家古训，把追求企业利润和整个国家利益、人民利益结合起来，不然，如果只是一味片面追求企业利润，总有一天会遭到民众报复①。企业领导应以身作则，遵守国家和企业的法令、方针，因为“其身正，不令而行；其身不正，虽令不从”（《论语·

① 参见王家骅：《儒家思想与日本文化》，浙江人民出版社1990年，第421页。

子路》）；“其身正，天下归之”（《孟子·离娄上》）。企业首长的本身行为就是无声命令，是员工的榜样。对自己严格要求，对部下，则应坚持“和为贵”（《论语·学而》），就可以使企业保持凝聚力。日本的企业领导人，有不少就是因为应用了这些古训，协调了企业内部的关系，建立了牢固的劳资关系，齐心协力对付外来的竞争，取得了良好的经济效益，所以被称为道德经济合一论的模式。

社会管理是一种更为复杂的管理。当代社会的急速变迁，使全社会普遍受到都市化和工业化两大过程的冲击，这不仅在亚洲“四小龙”是突出的问题，在中国内地同样也是突出的问题。由于这两大过程的冲击，造成人际关系趋于冷淡，家庭的经济生产功能受到削弱；妇女和青年就业机会增多，提高了家庭成员个人的独立性，家庭社会组织结构趋于松散；重视金钱名利，注重物质享受，道德危机确实存在。在这种社会态势之下，儒家伦理可以起到调节人际关系的作用，使社会管理易于进行。具体说来，就是要用儒家提倡的忠恕精神。比如孔子就特别提倡忠恕，“夫子之道，忠恕而已矣”（《论语·里仁》）。忠要求的是积极为人的态度，“己欲立而立人，己欲达而达人”（《论语·雍也》）；恕则是人一生可以终身行之者，要求推己及人，“己所不欲，勿施于人”（《论语·卫灵公》）。这种忠恕精神表现在人际关系方面，就其消极面上是减缓了人与人之间的紧张对峙与冲突摩擦；就其积极面上促进了人与人之间心志与情感上的结合。这种规范人际关系的信念，推移到社会，就会孕育敬业乐群的工作观。有了这种工作观，就使一个人的工作与事业植根于深厚的内在精神之中，从而能培养出恭慎诚敬的自觉自持态度①。有了这样的态度，社会管理自然会趋于合理。

儒家伦理追求的目标是理想人格的实现，这也正是当今社会需要大力提倡的。近些年来，对青年人的理想教育有所忽视，社会上讲理想的人少了，成名成家的思想淡化，财迷心窍的观念流行，这是一种很危险的信号。

儒家学者向来重视理想人格的培养，把道德精神的完美作为追求的目

---

①　参见曾春海：《试由儒家的忠恕精神培养国人敬业乐群的工作观》，转引自傅云龙：《海峡两岸首次儒学学术讨论会综述》，《孔子研究》1992 年第 1 期。

标。孔子一生忧道不忧贫，为寻求道义而执着追求，“朝闻道，夕死可矣”（《论语·里仁》），把道德精神价值看得高于生命价值。孔子本人一生都坚持“学而不厌，诲人不倦”（《论语·述而》），活到老，学到老，乐以忘忧，不知老之将至，为实现自己的理想而奋斗，为中华民族树立了良好的楷模。孟子一生注重丈夫气概的培养，“威武不能屈，富贵不能淫，贫贱不能移”（《孟子·滕文公上》），其伟岸形象也不断启迪世人昭示后代。儒家大多数学者都把修身、齐家、治国、平天下当作自己一生的奋斗目标。宋儒张载更以“为天地立心，为生民立命，为往圣继绝学，为万世开太平”（《张子语录》）作为自己的座右铭。儒家的理想人格突出了人的道德精神价值，高扬精神生活、强调社会责任感和使命感，是一种甘为理想的实现而奋斗而献身的积极人生态度。他们把个人和国家命运联系在一起，扶危定倾、身任天下，这正是我们今天建设精神文明应该大力提倡的。

儒家的伦理学说涉及了许多方面的问题，但就目前社会状况而论，最具实用价值的是上述四个方面。而要使儒家的伦理原则、伦理准绳能够发挥作用，培养人的高尚道德情操，还必须借助于儒家的教育学。

（三）实用教育学

儒家学者向来重视教育。孔子把增殖人口、使之富有和实施教育作为立国三要素，自己从事教育40余年，为社会培养出大量有用人才。孟子也提倡“谨庠序之教，申之以孝悌之义”，把“得天下英才而教育之”当作自己的“三乐”（《孟子·梁惠王上》）之一，他自己也长期讲学，教授门徒，为教育事业付出了巨大的精力。

儒家在从事教育的实践中，提出了许多有价值的思想，其中有一些在今天仍有实用价值。

当今的社会处在科技时代、信息时代，科技的竞争主要就是智力竞争、人才竞争，从而也就是教育的竞争。对于教育，国内许多有识之士是十分重视的。近几年来推行的“希望工程”，为许多失学儿童创造了就学机会，教育单位的教师们为培养四化新人贡献了很大精力，培养出许多有用之才。但教育方面也存在一些令人忧虑的现象。我们吸取儒家在教育方面的一些智慧、方法，是非常有益的，这一部分内容就是儒家的实用教育学。

儒家的实用教育学，包括教育目的和教育方法两个方面的内容。儒家的教育目的分为两个层次。第一个层次是教人如何做人，第二个层次是教人如何做官。

孔子本人提倡“有教无类”（《论语·卫灵公》），“自行束脩以上，吾未尝无诲焉”（《论语·述而》）。施教对象是很广泛的，不论富家子弟、贫家子弟、品德好的人、品德有缺陷的人，他都招为学生，教给他们如何做人的道理，力图把他们培养成“君子”。君子的标准就是仁、知、勇，通过德（仁）、智（知）、体（勇）三方面的教育，使他们在这三方面全面发展，最后达到“仁者不忧，知者不惑，勇者不惧”（《论语·宪问》），因为“仁者乐天安命，内省不疚，故不忧也。知者明于事，故不惑。勇者折冲御侮，故不惧”（《论语疏》）。孟子则把“明人伦”作为如何做人的基础，通过明人伦，最后做到“父子有亲，君臣有义，夫妇有别，长幼有序，朋友有信”（《孟子·滕文公上》）。这五伦当然不能照搬，因为这是封建社会的人伦关系，但我们却可以把它改造成父慈子孝、爱国爱民、夫敬妇爱、尊长爱幼、交友诚信的人伦关系，形成人伦关系的双向调节机制，使当代社会体现出儒家提倡的“人和”精神、“信义”原则。

如何做官是儒家进一步追求的目标，也是其教育目的的核心。儒家对做官者要求诚意、正心、齐家、修身，严格要求自己，以身作则，为人垂范，因为“上好礼，则民莫敢不敬；上好义，则民莫敢不服；上好信，则民莫敢不用情”（《论语·子路》）。为政者端正自身，坚持用礼、义、信的标准治身，就能做到“正己而物正”（《孟子·尽心上》）。可见，做好官的根本原则就是以身垂范，这在儒家教育思想中是极为重要的，所以儒家提倡“以其昭昭使人昭昭”，反对“以其昏昏使人昭昭”（《孟子·尽心下》）。“为政以德”是十分重要的，以此为基础，进可以兼济天下，做到“老吾老，以及人之老；幼吾幼，以及人之幼，天下可运于掌上”（《孟子·梁惠王上》）；退则可以独善其身。真能做到这样，天下国家还有什么不能治理呢？目前社会风气不正的原因，正可以从儒家的这种教育思想来寻找根源，从而把领导层本身的教育放在首位。治理社会风气要从治理党风入手，治理党风要从领导者入手。

儒家的教育方法，最有实用价值的，是因材施教、启发式教学、注重知识的实际运用、温故知新等。这方面学术界已有不少论述，此处不赘言。

四　实用儒学的意义

行文至此，有必要对建构实用儒学的意义做一下申述。

其一是有利于保持中国特色。近代以来开始的体用之争，至今并没有得出一致的结论。但现实的中国是，马克思主义为体，中国传统文化为用。马克思主义的“体”，使中国走的是社会主义道路；中国传统文化的“用”，使社会主义保持中国特色。我国要实现社会主义现代化，不能脱离现实的国情，不能离开传统，而传统离不开儒学[①]。而儒学本有积极、消极两方面内容，消极面只会阻碍现代化进行，而积极面才有助于现代化进程。积极面正是本文所提出的“实用儒学”，加强儒学的实用性研究正是当前学术界应该重视、应该下大力气有更大投入的研究课题。

其二是实用儒学可以作为海峡两岸统一的思想基础。中国已经分裂了50多年，现在该到结束分裂局面的时候了。海峡两岸统一的模式只能采取“一国两制”，而不可能采用别的形式，因为别的形式不可能带来真正的统一。但“一国两制”的难题是，用什么来沟通两岸的思想呢？大陆方面提出基本路线坚持一百年不动摇，当然是继续坚持社会主义、马克思主义，这是台湾方面不可能接受的；而台湾方面当然也会继续坚持“民主政治”为核心的资本主义，这也是大陆方面所不能接受的。可见两岸统一的基础不可能是政治思想。相形之下，儒家思想作为传统文化的主体则是两岸都可以接受的。这是因为大陆的社会主义可以赖其保持中国特色，而台湾的资本主义也可以赖其调整人际关系。与此相联系，海外华人在寻根过程中，也比较容易接受儒学为核心的传统文化，形成文化上的认同。这也正是儒家思想日新、日日新，不断追求发展、追求进步的超时代性、超政治性之所在。正如蔡仁厚先生所说的，“儒家‘时中’之义，正要随时变应；故儒家之学，亦永远有时代之问题必须面对，即所谓‘时代性’之考量，或‘现代化’之因应”[②]。实用儒学之价值也就在此。

---

① 参见冯契、朱义禄：《儒家理想人格与中国文化》一书所写的“序”，辽宁教育出版社1991年，第1页。

② 谢仲明：《儒学与现代世界·蔡仁厚序》，台湾学生书局1986年，第1页。

最后，我们提出如下建议：建立两岸统一的儒学研究机构，定期开展经常性的实用儒学研究的交流，以期促进两岸的思想统一，增强中华民族的凝聚力。同时，也希望两岸学者对实用儒学的研究课题展开讨论。

第二节　儒学儒教一体化有利于推广儒学

有关儒学儒教的争论，无论在国内，还是在国外，都是由来已久，且有很长的历史。上章已有详述，这里我们主张的是儒学儒教一体化，儒学儒教是一而二，二而一的。儒学儒教一体化有利于在更大范围内推广儒学。

一　儒："学"与"教"的双重品格

儒最早作为一种职业，是殷民族礼教的教士，保存殷人的宗教典礼，穿殷人的服装，在六七百年中，逐渐成为治丧、相礼和教学等各种活动的教师。这说明儒的职业是与宗教活动有关的。从孔子开始，逐渐形成儒家学派。儒作为一种思想体系，既是"学"，又是"教"，也有宗教因素存在其中。何以见得？有儒家代表人物和经典为证。

我们先看代表人物，以孔子、孟子、荀子、董仲舒、韩愈、朱熹、王守仁为例。作为儒家始祖的孔子，在其思想中，既有"学"，又有"教"。关于孔子和其他儒家代表人物的"学"，似乎不用多说，所有学者都注意到了。而其"教"，很多学者是不承认的。即使承认其"教"，也是在"说教"之"教"或"教化"之"教"的意义上承认的。事实上，孔子的思想中，确有宗教因素，不注意是不对的。孔子说"畏天命"（《论语·季氏》），"不知命无以为君子"（《论语·尧曰》）；弟子颜渊死时，说"噫！天丧予！天丧予！"（《论语·先进》）在遭受迫害时，说"天生德于予，桓魋其如予何！"（《论语·述而》）"天之将丧斯文也，后死者不得与于斯文也！天之未丧斯文也，匡人其如予何！"（《论语·子罕》）在困境中，孔子表现出对超自然的力量、超人间的力量——天命的信仰和敬畏，说明他有宗教心理的追求，是一种对终极的境界和终极的关切的追求，这正是孔子思想中宗教性因素所致。

孟子也肯定天命的存在，说“莫之为而为者，天也；莫之致而至者，命也”（《孟子·万章上》）；又说“君子行法以俟命而已矣”（《孟子·尽心下》）；“莫非命也，顺受其正，是故知命者不立于岩墙之下。尽其道而死者，正命也；桎梏而死者，非正命也”（《孟子·尽心上》）。他认为天命是人伦道德的根源，而人伦道德又是天命的体现。“存其心，养其性，所以事天也；夭寿不贰，修身以俟之，所以立命也”（《孟子·尽心上》）。他提倡“尽其心者，知其性也；知其性，则知天矣”（《孟子·尽心上》）。归根到底，孟子崇拜的还是天的权威，孟子的最高范畴还是天。这也是孟子有宗教需求的表现，是孟子思想中有宗教性的证明。

荀子常被学者们誉为唯物主义的哲学家，是没有宗教因素的。其实不然。确实，荀子提倡“天行有常，不为尧存，不为桀亡”，提倡“明于天人之分”（《荀子·天论》），且反对迷信，主张“善为《易》者不占”（《荀子·大略》），但荀子把“诚”看得高于一切，认为“诚心守仁则形，形则神，神则能化矣”，认为“天地为大矣，不诚则不能化万物”（《荀子·不苟》），把“诚”抬高到这样的地位，不能不说与宗教情怀有关。而且，荀子也肯定“神道设教”的办法，认为求雨的活动“以为文则吉，以为神则凶”（《荀子·天论》），这“以为文”，就是“神道设教”，属于宗教性特征之表现。荀子还承认上帝的存在，如说“皇天隆物，以示下民。或厚或薄，帝不齐均”（《荀子·知赋》），“皇天”、“帝”显示着天帝的神通广大，这明明是对旧时代人格神的承认。这样看来，就连这位被尊为唯物主义者的荀子，也难免有宗教性的一面。

董仲舒在儒家发展过程中是个非常关键的人物，过去对这一点认识是不够的。董仲舒在战国时邹衍“天人相类”思想的基础上，又吸收了齐学中的其他有些思想因素，想把儒学改造成儒教，建立中国的宗教。他试图建立起“天”的绝对权威，使“天”有近乎“上帝”的意义，“天者，百神之大君”（《春秋繁露·郊语》）。董仲舒建立起天的绝对权威，目的是建立起地上君主的绝对权威。这正是董仲舒的真实目的所在，“天人之际，合而为一”（《春秋繁露·深察名号》），他努力建立天与人之间的联系，即神权与王权的联系，主张“唯天子受命于天，天下受命于天子”，“王者承天意以从事”（《春秋繁露·尧舜汤武》），“春秋之法，以人随君，以君随天”（《汉书·董仲舒传》）。以“天”为最高范畴，董仲舒建立起天人感应论、三统说、灾异说，这些都是真正的宗教学说了。宗教性的因素在他的思想中比其他任何儒家学者都要多。如果沿着此路发展下去，有可能建立起中国的“国教”。但是很可惜，董仲舒思想中的天人感应论作为思想信仰的层面逐渐减少，而术的成分增多，逐渐演化出一套谶纬迷信，完全堕落成专讲灾异祥瑞的宗教巫术，受到人们的批判，后来又受到当权者的禁止，导致了它的衰落，终使儒学没有最后完全演变成宗教。

韩愈作为儒家学者，排佛、反佛，同时也反对道教的立场非常明显，从此出发，可以把他看作无宗教因素的思想家。但事实上，韩愈却并不是没有宗教因素的思想家，在他的思想中，也有明显的宗教性。他在谏唐宪宗迎佛骨表中，承认“上天监临”（《昌黎先生集》卷三十九），认为儒家的“道”，不但合乎人性，而且合乎“天意”，主张“郊焉而天神假，庙焉而人鬼飨”，“天地神祇，昭布森列，非可诬也”（《昌黎先生集》卷十八《与孟尚书书》）。韩愈承认鬼神是存在的，“无声与形者，物有之矣，鬼神是也”（《昌黎先生集》卷十一《原鬼》）。他甚至相信有妖怪存在，认为人受“魑魅”蛊惑能变成妖怪。韩愈相信有有意志的天存在，这个天可以赏善罚恶；又有一个鬼神系统，以帮助天去赏善罚恶。这样看来，韩愈是有神论者，是多神论者。这就说明在韩愈的思想中，宗教性是并不缺乏的。

朱熹是宋明理学的集大成者，同时也是儒、释、道三教合一的思想家。这似乎已成公论，没有异议。而王守仁是心学的集大成者，同样也是儒、释、道三教合一的思想家。这也没有异议。不管是理学派还是心学派，整个宋明理学其实都是三教合一的产物。这在学术界已成定论，是没有争论的。然而还有另一面，不管是朱熹，还是王守仁，他们还都从《大学》、《中庸》等儒家典籍中汲取了不少宗教性的因素，篇幅所限，此不详论。这也就充分证明，整个宋明理学都有宗教性的一面。

以上各儒家代表人物已经充分证明了儒家思想中宗教性的一面。

那么，儒家经典又如何呢？

《论语》和《孟子》作为“四书”中的两种，因为已经谈到孔子和孟子思想中的宗教性因素，所以，在这里就不用再费口舌去谈它们了。“四书”中的《大学》和《中庸》有没有宗教性呢？

《大学》引《太甲》说“顾是天之明命”，又引《诗》说“殷之未丧师，克配上帝；仪监于殷，峻命不易”，引《康诰》说“惟命不于常”，肯定“导善则得之，不善则失之矣”。《中庸》更提倡“诚者，天之道也。诚之者，人之道也”，并认为“至诚之道，可以前知。国家将兴，必有祯祥；国家将亡，必有妖孽。见乎蓍龟，动乎四体。祸福将至，善必先知之，不善必先知之，故至诚如神”。“天命之谓性，率性之谓道，修道之谓教”；“鬼神之为德，其盛矣乎”；“郊社之礼，所以事上帝也，宗庙之礼，所以祀乎其先也。明乎郊社之礼、禘尝之义，治国其如示诸掌乎”。这些内容同样都是宗教性的表现，我们很难否认。

“五经”中的宗教性因素比“四书”要多得多，《诗》、《书》、《易》、《礼》、《春秋》中有关“上帝”、天命、命的思想比比皆是。《诗》中的《雅》大多是贵族庙堂乐歌，不少篇章是敬奉天地、祖先的祭歌，不乏天命鬼神思想，如《大雅·云汉》就有大旱之年祭祀天地、祈求神明免灾赐福的场面。不少诗作宣扬天命观，散布对天地鬼神的崇拜，使人们慑服于天地鬼神的权威。《颂》则是鬼神宗庙祭祀歌舞之乐，颂神、颂祖或祭悼之词，如《维天之命》、《昊天有成命》、《执竞》（上帝是皇）、《思文》（克配彼天、帝命率育）、《臣工》（明昭上帝），其宗教性不言而喻。《书》中天、天命、上帝的概念也很多，甚至俯拾即是，如《汤誓》“有夏多罪，天命殛之”、“夏氏有罪，予畏上帝”、“尔尚辅予一人，致天之罪”，《盘庚》“先王有服，恪谨天命”、“予迓续乃命于天”，《召诰》“祈天永命”，都是神权之明证。《易》作为卜筮之书，其宗教性毋庸置疑。《礼》之宗教义，上述《大学》、《中庸》已经提及，不须重复。《春秋》中有很多微言大义，经三传之发挥，宗教性更为明显，如《左传》“天其殃之也”（襄公二十八年）、“天命”（襄公二十九年）、“天命未改”、“天所命也”（宣公三年），“所谓道，忠于民而信于神也”（桓公六年），“秋七月，有神降于莘”（庄公三十二年）等，也多得很。至于《公羊传》则更把其宗教性加以发展和扩大，含有浓厚的以元统天、以天统君的天人之学意义，建立起天人感应的神学目的论体系，此不备论。

综上所述，可以看出，儒家代表人物和代表著作都有明显的宗教性因素。由这些宗教性因素，构成了儒的“学”和“教”的双重性品格，也就说明儒学与儒教本来就是一体的，不能截然分开。

二 是儒教中国还是儒学中国

既然儒学与儒教是一体的，不可分的，那为什么在中国一般人都不接受儒教的概念，而接受儒学的概念呢？此事体大，不可不分辨清楚。

在“儒”中，可以说，“学”与“教”是一对矛盾。在这一对矛盾中，“学”大多是处于矛盾的主要方面，人们往往只看到这一主要方面，而忽视了“教”的次要方面。因此，池田大作认为中国正像孔子“不语怪力乱神”所代表的，不是用固定的三棱镜去观察事物，而是把目光对着现实，从实际中探索出普遍的规律来，因此中国是最早和神诀别的国家[①]。而吉川幸次郎博士则把中国定名为“无神的文明”。因为在中国文明中找不到像基督教、伊斯兰教中那样的神[②]。这种说法不无道理。中国一般被认为是没有国教的国家，普通中国人尤其是汉族人宗教信仰很淡漠。但即使这样，能不能就说中国是没有儒教的呢？

要回答这个问题，首先要对“儒”进行分析。我们同意这样的分析，把“儒”分为政治之儒、学术之儒和民间之儒三个层次。

中国的政治儒学继承了邹衍、董仲舒以来的天人感应论，奉行“奉天承运，皇帝诏曰”，把皇权当作上帝所赐，建立起一套神权政治。中国的皇帝动辄用这一套吓唬百姓，他们所吸收的儒学，是其中的宗教性内容，而对儒学中的道德哲学部分，则向来不闻不问，更不用说用儒家的道德哲学来约束自己了。

中国的学术儒学可以分为四种类型：独尊儒术型、儒道互补型、三教合一型、四教会通型。这四种类型，都有宗教性因素。而且，越是到后来，宗教性越强。但能不能说中国的学术儒学就是儒教呢？我们认为还不能这样说，因为即使是宗教性很强的四教会通型儒学，其矛盾的主要方面也还是“学”，而不是“教”。

中国的民间儒学包括庙宇等建筑物中的儒学和《三字经》、《千字文》等通俗读物及汉族民俗中的儒学。这些儒学中渗透着不少宗教因素。而且孔庙等场所的活动，有很多是宗教仪式，是典型的宗教活动。但是中国普

---

① 池田大作：《我的人学》，北京大学出版社 1992 年，第 347 页。

② 同上。

通汉族百姓有多少人去孔庙进行宗教活动呢？无人对此进行统计，但据我们估算，人数不会太多，肯定不能占到汉族总人口的1/3。至于在一般汉族百姓中，有多少人是把“儒”当作宗教来看待的，更是无法说清楚的。因此，我认为民间儒学从整体上来说，构不成宗教。

那么，为什么会有儒教的说法呢？

儒教的概念，早已有之。“儒教”的“教”字，最先有教育内容和教育方法的含义，如《史记·游侠列传》中有“鲁人皆以儒教”，就是此类。后来，“教”字有思想体系的含义，如三国《吴书》中“孔老设教”，宋元之际刘谧的《儒释道平心论》说：“儒教在中国，使纲常以正，人伦以明，礼乐刑政，四达不悖，天地万物以育，其功于天下大矣。故秦皇欲去儒而儒终不可去。”都属于此类。近代以来，出现了“孔教”的概念。孔教有两种用法，有在宗教意义上使用的，如陈焕章、康有为。陈焕章认为宗教是人类不能外者，中国在2500多年以前便有了凡有血气莫不尊崇的孔教，他尊孔子为黑帝降神、素王受命的中国特出之教主，要人宗祀孔子以配上帝，诵读经传以学圣人。但是陈焕章所说之孔教，并不是西方严格意义上的宗教，与西方的神道宗教不同，而是一种人道宗教。孔教派力倡“尊崇孔教”，是用以保存国粹，维系人心，目的在于熔国粹于一炉，被当时的人们指斥为笼络一切学派以抗击新思想。

在我们的近邻朝鲜和韩国，也早有儒教的说法。但在开始时，一般也是与儒术、儒学、儒道同义的，是一种国家的统治理念。到1899年，朝鲜李氏王朝的高宗皇帝，有意把儒教宣布为宗教，却遭到儒生们的反对。今韩国成均馆馆长崔根德认为，儒学试图对普通人的日常生活，包括人们的行为和活动施加直接的影响，是宗教而非哲学的任务，因此从这一意义上来理解，把儒学说成是宗教或准宗教，亦未尝不可。可见，韩国的儒教，也并不是严格意义上的宗教。

日本也有不少学者使用儒教这一概念，但其意义比较含混，大多是把儒教当作一种学说，而非宗教。当然也有少数人认为儒教是宗教，而且把儒教的精神纳入到日本人的精神生活之中，出现过神（神道教）儒合一论。

在当代中国，到20世纪80年代，我国著名学者任继愈先生连续发表

《儒家与儒教》[①]、《论儒教的形成》[②]、《儒教的再评价》[③]，提出原始儒学本身有进一步发展成宗教的可能，而到汉代以后，儒家逐渐演变成宗教，宋明理学的建立标志着中国儒教作为宗教的完成，信奉的是天、地、君、亲、师，把封建宗法制度与出世的宗教世界观结合起来。支持任先生观点的，有中国社会科学院世界宗教研究所的研究人员和其他单位的研究人员。近几年，李申先生重申任先生的观点，且出版了一部《中国儒教史》[④] 上下两卷。该书出版后在学术界引起重大反响，有可能重新引起争论。

在中国学术界也有反对任先生观点的，主要有何克让、李国权、崔大华，代表性文章是前两人合作的《儒教质疑》[⑤] 和崔大华的《“儒教”辨》[⑥]。据我们所知，国内有很多学者都不同意儒学是宗教的说法，认为中国历史上有过的“儒教”之“教”，是教化之“教”、名教之“教”、学说之“教”，而非宗教之“教”。他们认为真正意义上的宗教，是一种信仰的学说体系，有教主、教义、教规、经典，随其发展还会有教派，这些儒学都不具备。且儒学不讲出世，不主张有一个讲来世的天国。

通过以上的论述，可以说，“儒”虽然有宗教性的因素，但还构不成严格意义上的宗教。这也就可以说，中国的儒学始终没有上升为国教，直到今天，中国还是一个没有国教的国家。所以，中国是儒学中国，而不是儒教中国。

三　儒学儒教之得失

在“儒”中，我们已经论述过，既有“学”的成分，又有“教”的成分。因此儒学、儒教虽然是同具于一体之中，但“学”与“教”名称不同，作用也是不同的。

儒学作为一种思想学说，是中国传统文化的主体，对中国人的思维方

---

① 《中国哲学》第 3 辑，生活·读书·新知三联书店 1980 年。

② 《中国社会科学》1980 年第 1 期。

③ 《社会科学战线》1982 年第 2 期。

④ 《中国儒教史》上海人民出版社 1999 年。

⑤ 《哲学研究》1981 年第 1 期。

⑥ 《哲学研究》1982 年第 6 期。

式、行为方式都起过非常大的影响。但进入近代以来，在太平天国运动、义和团运动、“五四”运动中，儒学受到了不同程度的冲击，尤其经过“文化大革命”的剧烈冲击，使儒学的影响越来越小。到今天，在普通中国青年中，很多人已经不知儒学为何物了。这绝非骇人听闻之说。中国当代青年还保存有多少儒学的因子？可以说太少了！太少了！

从儒学本身已经产生的影响来看，我们注意到一个与宗教的影响不同的现象。作为一个宗教徒，不管是伊斯兰教徒，还是基督教徒，我们认为他们都是从小就熟读宗教经典，宗教中的道德金律已经牢牢地深入到他们的灵魂之中。这些道德金律教育孩子从小就知道应该如何做人、如何做事，而且伴之于一个人的一生。所以，基督教徒和伊斯兰教徒在思想理念中已经解决了如何做人的问题。而中国因为没有国教，没有作为国家理念的道德金律，所以，我们始终要强调做人的问题。在学术界，也是强调做人、做学问同样重要，甚至认为做人更为重要。这就使我们不得不把做人摆在十分重要的地位，下大气力去解决做人的问题。

在如何做人方面，不能说儒家没有自己的主张，儒家的修身之道应该说就是做人之道。儒家提倡通过修身养性，使人成为君子，成为圣人、贤人。但儒家从孟子开始提倡尽心、知性、知天的认识路线，把如何成圣锁定在心的领域；又提倡性善论的人性论，使人人都有善性成为普遍定律。经过明代心学大师王守仁的推动，演变出一套“满街都是圣人”的泛圣论逻辑。这样，你也是圣人，我也是圣人，你有你做圣人的一套办法，我有我做圣人的一套办法。结果如何呢？自然成圣就没有客观标准了。王守仁启发一个“梁上君子”也有良知的故事充分说明，提倡性善论的结果，会让人人都自诩为性善者，做事的动机都是善的。性既然是善的，那就用不着外界的约束，任性去发展就是了。道德失范是性善论的必然结果。

宗教世界里，不管是基督教世界，还是伊斯兰教世界，都经过了至少1400多年的不懈努力，树立起上帝或真主的最高和绝对的权威。即使尼采喊出“上帝死了”，也没有完全动摇上帝至高无上的地位。而且，一般人是只知道上帝而不知道尼采的。上帝作为外在的能管理人的力量，在人的心灵深处起着主宰作用，使人对这种外在力量时刻怀有一种敬畏之心。这敬畏之心，在时刻提醒人们，不管是做什么事，都有一个外在的力量在监视着自己。做善事，上帝会给予奖赏；做恶事，上帝会给予惩罚。人类历史证明，有这样一个上帝管着人类，比没有一个上帝管着人类，要好得多。设想出一套天堂地狱的赏罚系统，再加上人类自己制定的法律、规章，社会的管理机制应该说就完全了。而儒家经过发展演变，最后由王守仁把“心”说成是最高实体，天的权威被破坏了。再加上中国自古以来法制就不健全，结果就会导致“无法无天”的现象发生。震惊世界、影响深远的“文化大革命”，就是这种“无法无天”的最有力的证明。而“文化大革命”作为“无法无天”的产物，既否定了“天”的权威，就难免否定“儒”的权威了。事实上，“儒”在“文化大革命”中是首先被冲击的对象。“儒”的威信被扫荡殆尽，孔夫子被打入“老二”行列，直到今天，还没有完全翻身。这不能说不是“儒”的悲剧。如果“儒”真正变成一种宗教，恐怕任何人要想打倒“儒”，都是不容易的了。

确实，儒学是伟大的，它伟大到能消化一切外部的或外来的文化和宗教，如道教、佛教，都不得不被儒学同化，被纳入到儒学的体系之中。但也正因为儒学的伟大，使它最终没有形成宗教，没有变成一套宗教的道德金律。这又是儒学的可悲之处。现在的年轻人不知道儒学，将来再过几代还会有人知道儒学吗？

鉴于这一原因，香港和海外有些华人正在致力于把儒学演变成宗教（有人主张“儒”本来就是宗教，无须演变，但须强化其宗教功能）。他们的动机有二：一则他们看到当代新儒家虽在形上学方面作了不少努力，但儒学并未真正复兴，新儒家代表人物还不时被当作新文化保守主义来批判，因此，仅通过形上学来复兴儒学已不可能，有将儒学宗教化之必要。二则宗教的重要性越来越被人所注意，以至有人说21世纪将是宗教的世纪。到1990年，全世界有总人口52亿多，而宗教人数有42亿多，占人口总数的4/5。至今仍有活力的世界大宗教有九个：基督教、伊斯兰教、犹太教、印度教、佛教、耆那教、锡克教、道教、巴哈伊教（中国旧称大同教），其中仅有道教是土生土长的中国宗教，绝对无法与其他世界大宗教相抗衡。香港汤恩佳先生接手孔教学院，力主建立一个真正有中华民族特色的宗教“孔教”，以应时代之需要，请求将孔教定为国家宗教，建立起中国的国教。汤先生吸收日本创价学会将佛教演变为俗人的宗教的经验，也想把儒学变成像创价学会那样的宗教。汤先生主张，中国人应有中国人之宗教，中国人之宗教是道德、伦理、人性的宗教，因人之性而取体中和，用中庸为最胜义，熔情理于一炉，化人神于一体。他认为，一个国家这样大，人口众多，一定要找出一个合乎中华民族传统的宗教来，以应人民之需，时代之需，借以启发民智，填充由于“文革”的严重摧残而造成的道德真空，以恢复良知，培养民德。如果再不重视，再不想出善法，当心其他宗教专家会来给中国人换祖宗，中华民族的文化和信仰会面临被肢解及被同化的危险。因此，作为永久的策略，他主张用孔子思想与其他宗教信仰竞争最为恰当，用宗教方式去推崇孔子的思想，才能稳步发展儒学的理论①。

“儒”是否能变成真正的宗教，是一个值得深思的问题。中国人是最缺乏宗教情怀的，再加上“文革”的严重冲击，中国人的宗教情怀几乎被扫地出门。但从最近一些年来看，宗教徒在中国也有增加的趋势，基督教、天主教都增加较快，这一点，我们无须隐讳。从这一方面来看，汤恩佳先生的“孔教”在一定程度上得到推广，也不是全无希望。然而，没有高屋建瓴的统筹，没有高层的大力支持，恐怕是很难建立起“孔教”的。

原因何在呢？我们认为，在中国，人们长期受到马克思主义的教育，形成了崇信唯物主义的传统。即使不崇信马克思主义的人，他们也不愿意有一个外在的教主来管着自己。尤其是人们很长时间都牢记着马克思的一句话：宗教是人民的鸦片，但人们很少有知道马克思的另一句话的：“宗教是这个世界的总的理论，是它的包罗万象的纲领，它的通俗逻辑，它的唯灵论的荣誉问题，它的热情，它的道德上的核准，它的庄严补充，它借以安慰和辩护的普遍根据。”② 就是在现代社会里，宗教还是有其合法存在的根据。这是用不着大惊小怪的。但是，由于中国特殊的国情，要人们去马上接受一个儒教，又是很困难的。很多人对儒教的否定，已经证明推广儒教是十分困难的，也可能是出力不讨好的事情。所以，我们认为，与其去无休止地争论“儒”是不是宗教，或花大力气去说服人们接受“儒”是宗教的说法，还不如扎扎实实做些普及儒学的工作。当前，最值得推广

① 汤恩佳：《在孔子铜像揭幕典礼上的讲话》，1996 年 5 月 3 日河南淮阳弦歌台。

② 马克思、恩格斯：《马克思恩格斯选集》第 1 卷，人民出版社 1995 年，第 1 页。

的是儒家伦理中的普世因素。如果能把这些普世因素挖掘出来，变成像宗教那样的道德金律，用以指导人们的道德实践，是完全可能的。比方说，《论语》中的“己所不欲，勿施于人”。季羡林先生就说过，用不了半部《论语》就能治天下，用这八个字就能治天下。能做到这八个字，到共产主义也不过这个水平[①]。在我们看来，只有这样，才能重新树立起儒学的权威，使儒学的价值观重振雄风。

所以，我们的结论就是，儒学儒教是一体的，用不着再去争论是儒学还是儒教，要花点力气把儒学中的普世因素挖掘出来，把它变成道德金律，起到教化的作用，普及到民间，就算完成了一项大任务。

第三节　儒家伦理成为普世伦理的可能性因素

最近一些年来，国际学术界、宗教界热烈地讨论了全球伦理或普世伦理的问题，提出了一些不同的观点。作为全球伦理观点提出者的代表，孔汉思对普世伦理作出这样的界说：全球伦理不是指一种全球性的意识形态，也不是一种超越一切现存宗教的单一而又统一的全球性宗教，更不是指一种一切宗教的混合物。全球伦理所要做的，是要阐明各种世界宗教尽管有种种分歧，但在人类的行为、道德的价值和基本的道德信念方面，已经具有的共同之处。换言之，全球伦理不是要把各种宗教简化为最低限度的道德，而是要展示世界诸宗教在伦理方面现在已有的最低限度的共同之处。它不是要反对任何人，而是要邀请所有人，信教者和不信教者，一起来把这种伦理化为自己的道德，并且按照这种伦理去行动。[②] 对孔汉思的这种观点，有不少异议。异议之一是，孔汉思想把信教者与不信教者统统划归到这种伦理之下，化为自己的道德，是根本无法实现的。但我们认为如果以儒学为基础，却有可能造就出一种普世伦理。儒家伦理有成为普世伦理的可能性。这也正是实用儒学可能发展的趋势。

---

① 季羡林：《季羡林文集》第14卷，江西教育出版社1998年，第497页。

② ［德］孔汉思、库舍尔编：《全球伦理·世界宗教议会宣言》，何光沪译，四川人民出版社1997年，第1—2页。

一　中国文化有可能成为未来世界的显学

英国著名历史学家汤因比在与日本著名学者池田大作对话时，提出了他对未来世界文化的一些看法。他认为，全人类发展到形成单一社会之时，可能就是实现世界统一之日。这种统一不是靠武力，而是靠和平。而和平统一一定是以地理和文化主轴为中心，不断结晶扩大起来的。这个主轴在东亚，中国的可能性最大。因为中国人在几千年来，比世界任何民族都成功地把几亿民众从政治文化上团结起来，显示出在政治上、文化上统一的本领，具有无与伦比的经验。这样的统一正是今天世界的绝对要求。中国早在汉朝时，就把中国人民族感情的平衡，从地方分权主义持久地引向了世界主义。将来统一世界的人，就要像中国这样具有世界主义思想，同时也要有达到最终目的所需的干练才能。他主张，世界统一是避免人类集体自杀之路。在这点上，现在各民族中具有最充分准备的是两千年来培育了独特思维方法的中华民族。汤因比的观点，得到池田大作的认同："从两千年来保持统一的历史经验来看，中国有资格成为实现世界统一的新主轴。"[①] 美国著名未来学家约翰·奈斯比特致力于社会经济研究长达40多年，甚至自豪地认为自己是一个"商业通"、"市场通"，他在其名著《亚洲大趋势》中不无感慨地说："在本世纪九十年代以前，西方还在主宰一切。他们制定了'游戏规则'。日本人就是遵从了这些规则而获得经济腾飞的。但现在，亚洲人——除日本人外——是按照他们自己的一套规则办事，并同样稳操胜券。即使日本也将被新崛起的东南亚各国抛在后面，也会由强大的中国及海外华人势力控制经济发展的走向。""当今，西方需要东方远胜于东方需要西方。"他在分析了亚洲的现代化不等同于"西化"，它呈现出的是特有的"亚洲模式"之后，主张这种亚洲模式不论现在或将来，都不会实行给国家经济带来极大负担的社会保险和福利制度。在亚洲的文化体系中，家庭照顾好每一位成员是首要任务，强调个人的责任感。在此背景之下，他强调考虑一个问题——是否应以这种亚洲式的个人与家庭价值观来带动全球的经济复苏呢？他本人考虑的结果是：

① 汤因比、池田大作著：《展望二十一世纪——汤因比与池田大作对话录》，荀春生、朱继征、陈国梁译，国际文化出版公司1985年，第294—295页。

"'世界'一词过去曾意味着'西方世界'。今天，全球大趋势迫使西方人接受一个事实：东方在崛起。东方人和一些西方人已开始明白，我们正迈向一个亚洲化的新世界。操纵世界的轴心已从西方转入东方。亚洲曾经是世界的中心，现在它将重振昔日风采。"[①] 这里的亚洲化的新世界，指的是儒家伦理与现代市场理性相结合而形成的亚洲模式指导下的世界。这些国外的知名学者所持有的观点是值得注意的。

不仅国外学者有持这种观点的，国内学者也不乏持这种观点的。季羡林先生是持这种观点的国内学者的代表。从20世纪80年代末，季羡林先生提出了一个"三十年河东，三十年河西"的著名观点，认为在21世纪，已经统治世界几百年了的、以分析思维为主要特征的西方文化，将让位给以综合思维为特征的东方文化。这当然不是说西方文化会被消灭，而是说西方文化不会像这几百年来那样是世界的主流文化，未来的世界主流文化，必将是东方文化。季羡林先生的这种观点，既有赞成者，也有反对者。反对者把季羡林先生作为"国粹"派的代表，把他划入"新文化保守主义"。实际上，季羡林先生决不是国粹派，他并不是无保留地提倡弘扬中国传统文化，而是对中国文化中的落后一面有严厉批评的，如他的《我们的民族性出了问题》等文章，对中国文化中的消极东西批评得相当尖锐。他只是就思维方式方面来强调的，认为分析思维已经走到穷途末路，必需改弦更张，接受东方文化的综合思维方式。21世纪将是中国人的世纪，已经被很多人所接受。国内如此，国外也如此。季羡林先生的这种观点，如果不被误解，显然是没有任何"国粹"派的因素的。

美国资深外交家赛缪尔·亨廷顿从文化冲突方面立论，认为未来世界，儒家文化与伊斯兰教文化的联合，将对西方文化构成重大威胁，预言未来的世界大战，将不是武力的战争而是文化的战争。这种理论的偏颇，是显而易见的，因为文化冲突虽然会发生，但决不会成为主流，成为主流的将是文化交流。没有文化交流，就没有人类的历史。这是人类历史已经证明了的真理。亨廷顿的观点舍去其荒谬性的一面，从中可以透出的信息，是他不否认儒家文化会崛起在世界文化之林。

---

① 约翰·奈斯比特：《亚洲大趋势》，外文出版社、经济日报出版社、上海远东出版社1996年，第4—8页。

中国文化是否会在未来成为世界的主流文化或是显学，暂且不论。现在我们可以从眼前看到的一些迹象，很可能就是未来中国文化会成为世界主流文化的端倪。这就是世界范围的学习汉语热。近十年来，国外学习汉语或到中国学习汉语的人越来越多。不仅发达国家的人学习汉语的多起来，而且发展中国家的人学习汉语的也多起来。随着中国的进一步强大，进一步对外开放，汉语将成为新的世界语。从现在的发展势头来看，此话不会为过。汉语在世界范围传播得越来越广，中国文化的影响肯定也会越来越大，中国文化成为世界主流文化的时间也会越来越近。正如澳大利亚资深外交家李瑞智和黎华伦合著的《儒学的复兴》一书所说："我们可以预见全球在一二十年的将来，一个人如果未学方块字及了解儒家的基本传统观念，将如今日不懂英文及掌握现代西方价值观及潮流一样的不利。"①此话现在看来绝非耸人听闻，而是一种带有前瞻性的科学预见。世界范围的汉语热，就是对此预见的最好证明。

二　儒家伦理具有普世伦理的条件——宗教性与世俗性的统一

对普世伦理之是否可能，国内学术界虽然有分歧，但学者们还是肯定，由于普遍的人性原则和理性及逻辑思维法则的存在，就有了普世伦理存在的哲学基础。而且，从目前来看，普世伦理已经具备了三个重要条件：全球一体化的必然趋势，为普世伦理的建立提供了经济基础，"地球村"的形成，必然会形成普世伦理，这是普世伦理形成的外部条件；价值观的趋同倾向必然随着全球一体化的进程，越来越明朗化，尤其生态价值观在"大家共有一个地球"的全球意识下，已经基本形成，这是普世伦理形成的内部条件；普世伦理并不否认多元文化的事实，多元的民族文化，不仅不排斥普世伦理，而且还为普世伦理的实现提供文化资源和历史性的文化前提，因为所有民族文化中都有自己的伦理精华，体现出全球伦理的一致性，因此，"和而不同"就成为普世伦理可能存在的形式。②

有的学者指出，普世伦理不是宗教伦理，普遍的宗教伦理在当今世界

① 李瑞智、黎华伦：《儒学的复兴》，新加坡国际图书有限公司1989年，第81页。

② 参见赵景来：《关于"普遍伦理"若干问题研究综述》，《中国社会科学》2000年第2期。

不但是不合理的，而且是不可行的。未来的伦理价值观既不是前现代的神圣价值观，也不是现代主义的世俗价值观，而是神圣价值观与世俗价值观的结合。① 我们对这种观点持认同的态度。因为当今的世界，既不是纯宗教的，也不是纯世俗的，而是宗教与世俗的结合或统一。或者说，当今的世界，既有宗教世俗化的趋势，也有世俗宗教化的趋势。这是无法否认的事实。那么，在这样的现实面前，就只有神圣价值观和世俗价值观的结合，才能适应世界的需要。

能充当宗教价值观与世俗价值观结合的文化，只有儒家文化。因为只有儒家文化，既是宗教，又不是宗教。说它是宗教，因为早就有儒教之说。说它不是宗教，因为也有儒学之说。正如季羡林先生所说："在孔子还活着的时候以及他死后相当长的一段时间，只能称之为'儒学'，没有任何宗教色彩。"后来孔子被神化了，"到了唐代，儒、释、道三家就并称为三教。到了建圣庙，举行祭祀，则儒家已完全成为一个宗教"。② 由于儒学的这种两重性，致使到今天，有关儒学儒教的争论仍然没有解决。事实上，儒家文化中既有宗教的内容，又有世俗的内容。只不过其中宗教的内容往往被世俗的内容掩盖着，人们一般不易发现。20 世纪 90 年代以来，香港孔教学院汤恩佳院长一直致力于恢复孔教的工作，而且在孔教学院属下的几所中学，身体力行孔教的基本教义，如五德仁义礼智信，八德礼义廉耻孝悌忠信，都取得了很好的成果。新加坡在中学宗教伦理课中，增设了儒家伦理的课程，也很有成效。他们的经验说明，以宗教的形式来推行儒学，更容易使儒学深入人心，使学生牢牢记住儒家的基本学说，按照儒家的学说，去实践做人的道理。"无法欣赏孔子的价值"的英国哲学家罗素，却不得不承认：孔子"与其他时代其他人种的教主相比，人们必须承认他具有极大的价值，尽管这些价值主要是消极的。他的体系，由他的追随者发展之后，成为一种纯属道德而非教条的体系；这个体系没有造就强大的僧侣队伍，也没有导致宗教迫害。他却理所当然地成功地造就了一个言行得体、彬彬有礼的民族。"结果就使中国人同时可以信仰两个

---

① 赵敦华：《关于普遍伦理的可能性条件的元伦理学考察》，《北京大学学报》2000 年第 4 期。

② 季羡林：《儒学？儒教？》，《文史哲》1998 年第 3 期。

宗教，“一个人可以是佛教徒，同时又是孔教徒，两者可以并行不悖”。[①]儒学的这种两重性，决定了儒学对外来文化的宽容。在儒学参与全球一体化的过程中，儒学是不会与别的文化发生冲突的。而儒学所具有的宗教性，又可以使其他宗教徒感到亲切，被认为都是有信仰的人，容易被宗教徒所理解。这样看来，儒家伦理有可能成为普世伦理。

三　儒家伦理中的普世因素

儒家伦理中是否含有普世的因素呢？答案是肯定的。

2000 年 10 月，时任中国政协主席的李瑞环在接见参加“纪念孔子诞辰 2550 周年大会暨国际儒学联合会第二届会员大会”的专家时说：“儒家学说博大精深，包括了政治、经济、哲学、伦理、教育、艺术等方面的思想和主张，构成了中华民族传统文化的基础，对于中华民族的形成、繁衍、统一、稳定和自立于世界民族之林都起了不可替代的作用，对于人类文明的进步和发展作出了极其重大的贡献，有着超越时代、超越国界的深远影响。儒学的许多重要论著，特别是做人、处事、立国的至理名言，至今被人们广为引用。”李瑞环在这里已经触及普世伦理的问题，“做人”、“处事”云云，都是伦理的问题。有关伦理的至理名言有超越时代、超越国界的深远影响，这就是普世伦理。

对儒家伦理中的普世因素，因为刚刚在探讨，所以提出者往往因人而异。

季羡林先生特别欣赏陈寅恪先生在《悼王国维先生挽词并序》中所说的一句话：“中国文化之定义，具于《白虎通》三纲六纪之说。”因为“这里讲的实际上是处理九个方面的关系：国家与人民、父子、夫妇、父亲的兄弟、族人、自己的兄弟、母亲的兄弟、师长和朋友。这些关系处理好，国家自然会安定团结”。[②]“纲纪学说，如果运用得法，可能调节社会秩序，可以加强安定团结。国际上何独不然？”[③]季羡林先生认为“我们东方文化是有些好东西，如中国古书上的一句话：‘己所不欲，勿施于

---

① 罗素：《中国问题》，学林出版社 1997 年，第 150 页。

② 《季羡林文集》第 14 卷，江西教育出版社 1998 年，第 509、502 页。

③ 同上。

人'。能做到这八个字，到共产主义也不过这个水平"。他说："历史上讲宋太祖时赵普说过半部《论语》治天下的话，有人说这是胡说八道，我看实际上用不了半部《论语》，有几句话就能治天下。"[①] 类似于季羡林先生所说的，《论语》中的几句话就能治天下，学术界有不少人是有疑问的。但是，"己所不欲，勿施于人"确实是很难做到的，可能由于这样的原因，这类话被当作道德金律。而且，在其他宗教里，也有大体一致的道德金律。如犹太教拉比希勒尔所说："你不要别人对你做的事，就不要对别人做。"耶稣所说："你们愿意人怎样待你们，你们也要怎样待人。"耆那教经典所说："人应当对此世的事物无所用心，但对待此世的一切生灵，应该像自己想要得到的对待那样。"佛教经典所说："在我为不喜不悦者，在人亦如是，我何能以己之不喜不悦加诸他人?"印度教经典所说："人不应该以己所不悦的方式去对待别人：这乃是道德的核心。"[②] 显然，这些道德金律都带有普世伦理的意义。"己所不欲，勿施于人"，也属于此类金律，有普世伦理的意义。

陈寅恪和季羡林两位先生可以作为老一代学者的代表，值得注意的是，他们早年都是在西方留学多年，但最后都对西方文化的弱点看得很清楚，倾向于中国传统文化。

当代有些学者也肯定普世伦理存在的可能性。以东亚价值观为例，黄心川认为最重要的是：尊重权力，个人服从社会，步调一致，牢固的家庭价值观念，勤劳节俭，重视教育等。[③] 郭齐勇教授认为东亚儒学的中心价值观或核心价值观是仁爱、敬诚、忠恕、孝悌、信义，"仁爱是人性之本然，中韩日诸前贤大儒均视为人之所以为人之根本，即人的类特性、类本质，亦与世界各民族各宗教伦理之精核均可以相沟通，己所不欲，勿施于人，己立立人，己达达人，仁民爱物，民胞物与，完全可以成为新的全球伦理的基石，成为化解宗教、民族、国家、文化间诸矛盾冲突的药方和协调人与自然关系的指南。敬与诚是人对天、地、人、

---

① 《季羡林文集》第14卷，江西教育出版社1998年，第497页。

② 参见［德］孔汉思、库舍尔编：《全球伦理·世界宗教议会宣言》，何光沪译，四川人民出版社1997年，第75页。

③ 参见黄心川主编：《东方著名哲学家评传·印度卷·总序》，山东人民出版社2000年，第31页。

物、我的一种虔诚、恭敬的态度，一种责任意识和敬业精神，真诚无欺，真情自然。愚忠愚孝已被淘汰，而忠孝之心仍可以存于现代社会，化为孝敬父母，尊重前辈，老吾老以及人之老，幼吾幼以及人之幼的行为，化为对人类、民族、国家、社会、团体的奉献精神。持守道义，主持公道，讲求信用，言行一致，仍是我们做人的准则”。[①] 实际上，现在对儒家伦理中的普世因素很难一时统一意见，但应该承认，普世因素确实是存在的，如仁爱、和平、忠诚、勤劳，等等，只是取得共识还有待时日。

中国已经加入 WTO，融入到全球一体化的大潮之中，儒家提倡的世界大同、天下一家思想，正是世界主义的思想。这种思想为儒家伦理成为普世伦理提供了足够的思想基础。下一步，就是通过国际范围的磋商，将儒家伦理中的普世因素发掘出来，参与普世伦理的共建，为建立正常的世界新秩序做出贡献。

四　儒家伦理如何参与普世伦理的创建

儒家伦理中含有普世伦理的因素，但还不能说就是普世伦理。儒家伦理成为普世伦理有一个过程，需要与世界文化融为一体。因此这里涉及一个儒学与世界其他文化的关系问题。

儒家文化本来是鲁文化，具有一定的排他性和保守性。但在战国及以后的时代岁月中，面对着其他各种文化的挑战，为了保卫和发展自己，儒家文化也开始从其他文化中吸取一些有利于自己的因素，因而形成了儒家文化的不同形态。根据我们的理解，从文化交流的角度来看，儒家文化到目前为止共经历了四种形态：独尊儒术型、儒道互补型、三教合一型、四教会通型。[②] 这些不同形态的儒家文化共同构成了生生不息的儒学之流。时至今日，儒学要参与世界文化的创造，很明显，它要面对的是世界多元文化，因此就必然与世界各种文化接触和交流，就必然要取世界各种文化之长，补自己之短。根据以往儒家文化发展的方向，我们认为，在参与普

---

① 郭齐勇：《东亚儒学核心价值观及其现代意义》，《孔子研究》2000 年第 4 期。

② 参见蔡德贵：《宋元明清儒家学派的类型》，《孔子研究》2000 年第 4 期；《新华文摘》2000 年第 10 期。

世伦理的创建过程中，儒家文化会形成一种新的形态：多元复合型。这种形态的儒家文化，肯定要超越以前的四种形态，对多元的世界文化都会有所汲取。它肯定不会是儒学的西化，也不会是西学的儒化，而是儒学与世界多元文化的会合。儒学要吸取西方文化的优秀成果，但决不是仅此而已，它还要吸取东方其他文化中的优秀成果，不断地丰富自己，发展自己。惟其如此，儒家文化才不会被其他文化同化掉，既保持自己的鲜明特色，同时又不保守封闭。这样，儒家文化就会成为世界文化大花园中的一枝奇葩，永远保持它的青春活力。

具体说来，儒家文化应该在以下两个方面努力，为普世伦理作出自己的贡献：

1. 积极参与联合国有关全球伦理建设方面的工作。就目前来说，联合国仍然是一个松散的世界性组织，没有形成权威性。但是，在解决世界性难题方面，毫无疑问它是唯一的能在一定程度上解决世界问题的国际组织。不管所起的作用如何，联合国在维持世界秩序方面确实做了许多工作。为了维护世界秩序，联合国对于普世伦理也给予一定的关注。联合国教科文组织干事泰勒博士说："如果人们思索一下孔子的思想对当今世界的意义，人们很快便会发现，人类社会的基本需要，在过去的二千五百多年里，其变化之小，是令人惊奇的。不管我们取得进步也好，或是缺乏进步也好，当今一个昌盛、成功的社会，在很大程度上，仍立足于孔子所确立和阐述的很多价值观念，这些价值观念属于中国，也属于世界，属于过去，也会鉴照今天和未来。"① 这段话已经肯定了儒家伦理是一种普世伦理。而新加坡政府把儒学为基本精神的东方道德价值观上升为"国家意识"，使新加坡大部分人民都受过儒学价值观的熏陶，克服了无数困难和挫折，促进了新加坡的现代化，更证明儒家伦理作为普世伦理会起到重大作用。甚至俄罗斯科学院院士贝列罗莫夫博士（嵇辽拉）也肯定，作为一个欧亚国家的俄罗斯，既要学习西方，也要学习孔子，因为"对今天的俄罗斯进行一番思考，你就会发现，她太需要孔夫子的道了"。② 这都

① 转引自汤恩佳：《孔学论集》，文津出版社 1999 年，第 45 页。

② 列·谢·贝列罗莫夫：《孔夫子与俄罗斯文化》，转引自陈开科《"莫斯科的孔夫子"》，《孔子研究》2000 年第 3 期。

是承认儒家伦理可以成为普世伦理。1993 年世界宗教议会在美国芝加哥发表了有关全球伦理的宣言，然而在这个宣言中没有中国儒家的声音。对这样的宣言，儒家可以不参与，以便保持自己的独立性。但是，对于全球伦理的建设，儒家却不能再保持沉默，而是应该不断提出自己的主张，以便影响其他世界文化，提高儒家文化知名度。儒家文化一定要走出去，与世界其他文化进行交流。参与联合国在这方面的工作，是进行文化交流的捷径。

2. 在一定范围内，推广儒家伦理。在这方面，香港孔教学院、山东威海光威集团、青岛海尔集团都做出了一定的贡献。在东方文化圈内，也出现了一些儒商集团。它们在用儒家伦理整治企业伦理方面，取得了一些经验，如光威集团提出了“孝为大，礼为先，俭为本，勤为根”的厂训，作为广大员工的行为准则，在此基础上，又形成了“自力更生，艰苦创业，团结拼搏，追求卓越”的企业精神和“科技进步，质量万岁，勇于超前，争创一流”的兴业宗旨。在其厂训中就渗透着儒家伦理。如果能把这些企业的经验很好地总结一下，上升到一定的高度，然后在一定范围内推广儒家伦理，取得进一步的经验，就有可能在一国之内、数国之内把儒家伦理推广开来，然后在更大的范围内推广开来，逐步形成普世伦理，参与全球伦理的创建。

西方的儒学研究者已经为儒家伦理成为普世伦理提供了一种理论支持，而且在美国波士顿这样的城市已经出现了“波士顿儒家”的说法。波士顿大学神学院院长南乐山以儒家自称，且肯定儒学实际上已成为国际性运动，将在太平洋和北大西洋世界找到新的听众，也将变成欧洲思想自我意识的一个方面。[①] 鉴于西方儒学研究的新趋向，有的学者预言：儒学作为价值信仰的一种类型，已进入全球意识，它不仅可以为中国、东亚地区的人士提供安身立命之道，亦会成为西方人士信仰方式的一种可能性选择。[②] 这在实际上为儒家伦理成为普世伦理提供了西方的支持，也为上述论题的成立提供了支持。

---

① 参见彭国翔：《从西方儒学研究的新趋向前瞻 21 世纪的儒学》，《孔子研究》2000 年第 3 期。

② 同上。

第四节　儒与商：相反又相成的结合

最近一些年来，以儒商命名的组织和书刊经常出现，在香港成立了国际儒商联合会，在大陆出版了《儒商读本》系列丛书，各地召开了规模不等的儒商学术讨论会。有人对此提出疑问：儒与商是两个不同的概念，儒一方面从学派来说属于“士”的范畴，是农业文明的产物，在农业文明“士农工商”的等级中居上流，而商属末流，他们是不能结合的，儒商是不可能出现的。另一方面从学术思想来说，儒学又可以属于道德范畴，讲的是义，而商则是争利的，道德与市场是不相容的。鉴于此，探讨一下儒与商结合的可能性就是十分必要的了。

一　儒——农业文明的产物

在中国传统文化中，齐文化和鲁文化起着举足轻重的作用。经过长期的历史选择，形成了鲁文化为主体、齐文化为补充的格局。我们认为，鲁文化是农业文明的产物，其典型是儒家文化；儒家文化是仁者型文化。齐文化是工商文明的产物，其文化成分是复合的而不是单一的；齐文化是智者型文化。

儒家文化之所以是仁者型文化，是农业文明的产物，齐文化之所以是智者型文化，是工商文明的产物，是由鲁、齐两国的地理环境、经济条件、经济政策、政治方针和民情风俗等方面的差异造成的。

齐文化和鲁文化的不同，首先是由地理环境不同而引起的。齐国是沿海国家，鲁国则是大陆国家。关于这两个国家地理环境的不同，被公认为我国最早的地理学著作，大约成书于战国时期的《尚书·禹贡》篇（关于《禹贡》的成书年代，本文采顾颉刚说）在分析青州和兖州的地理状况时，说：“海岱惟青州，嵎夷既略，潍淄其道。厥土白坟，海滨广斥。厥田惟上下，厥赋中上。厥贡盐絺，海物惟错，岱畎丝、枲铅松、怪石。莱夷作牧，厥篚檿丝，浮于汶，达于济。”“济河惟兖州，九河既道，雷夏既泽，雍沮会同。桑土既蚕，是降丘宅土。厥土黑坟，厥草惟繇，厥木惟条，厥田惟中下，厥赋贞。作十有三载乃同。厥贡漆丝，厥篚织文。浮于济、漯，达于河。”

这里提到的青州、兖州，都是古代九州中的州。青州，包括了后来的齐地和齐国，兖州则包括了后来的鲁地、鲁国。齐国是一个典型的沿海国家，齐地是典型的沿海区域，有很长的海岸线，《尔雅·释地》说："齐曰营州"，"齐有海隅"。《禹贡》篇说这里"海滨广斥"，"海物惟错"，所以这里盐碱地很多，进贡的东西也是盐和各种各样的海产品。鲁地、鲁国则是典型的大陆区域、大陆国家，这里"厥草惟繇，厥木惟条"，到处都有草冒出新芽，到处都有树木在不断地长出新的枝条。大陆国家是以农业为主的，所以《尔雅·释地》说："鲁有大野。"

关于这两国的不同地理环境，《史记·货殖列传》也说："齐带山海，膏壤千里"，"宜桑麻，人民多文采布帛鱼盐"。齐国首都临淄"亦海岱之间一都会也"。司马迁说："吾适齐，自泰山属之琅玡，北被于海，膏壤二千里。"（《史记·齐太公世家》）战国时，其疆界是"南有泰山，东有琅玡，西有清河，北有渤海"（同上）。鲁国则在泰山之阳，是处于洙泗之间的一片丘陵地带，《史记·货殖列传》和《汉书·地理志》都说："邹、鲁滨洙泗。"

由地理环境之不同，又引起两国经济条件之不同。齐国是沿海经济，存有多种经济类型：农耕、渔业、制盐业、通输业、手工业。这种经济类型在太公建国初期就已确定，《史记·齐太公世家》就说太公时期"通工商之业，便鱼盐之利"，齐桓公时期，又得管仲辅助，"设轻重鱼盐之利，以赡贫穷，禄贤能"（同上）。到战国时，齐国的商品经济已经相当发达，其首都已经成为远近闻名的商业大都市："临淄之中七万户，……临淄甚富而实，其民无不吹竽鼓瑟，弹琴击筑，斗鸡走狗，六博踏鞠者。临淄之途，车毂击，人肩摩，举袂成幕，挥汗成雨，家殷人足，志高气扬。"（《史记·苏秦列传》，这里有"五民"，即士、农、商、工、贾，"临淄、海岱之间一都会也，其中具五民"（《汉书·地理志》）。在齐国，商人们"群萃而州处……以其所有，易其所无"，工匠们也是"群萃而州处……旦暮从事"（《国语·齐语》）。

鲁国则不同，一向只重视农业，商品经济极不发达。在鲁国，百姓"择瘠土而处之"，因为瘠土可以养成热爱劳动的品格，"沃土之民不材，逸也；瘠土之民莫不向义，劳也"，他们所从事的只是农业，所以"君子务治而小人务力，动不违时，财不过用"（《国语·鲁语上》），就是说的不违农时致力于农业的情况。鲁国人过的是择瘠处贫自给自足的生活。这里，“宜五谷桑麻六畜，地小人众，数被水旱之害，民好畜藏，……好农而重民”（《史记·货殖列传》）。

由地理环境尤其是经济条件之不同，又引起其他方面的差异，如经济政策、政治方针、民情风俗等的差异。首先是经济政策的差异。《汉书·地理志》说：“太公以齐地负海舄卤，少五谷而人民寡，乃劝以女工之业，通鱼盐之利，而人物辐凑”，采取的政策是“修道术，尊贤智，赏有功”，齐国在这种政策的刺激之下，生产出的“冰纨绮绣纯丽之物，为冠带衣履天下”。而鲁国所采取的政策则是针对农业经济的，如“敬事而信，节用而爱人，使民以时”（《论语·学而》），后来的鲁宣公所采取的“初税亩”也是针对农业经济的。

其次是政治方针的差异。齐国重视霸道和法术，齐桓公九合诸侯，一匡天下，依靠的主要就是霸道和法术。后来的管晏之法大多也都是谈霸道和法术。当然，齐国也重视“礼”，太公修政“简其礼”，但齐国的统治术是把法治和礼治结合起来，而且是以法治为主的。而鲁国则重视王道，尚礼义，鲁国向来以尧、舜、周公为楷模，以礼为本，实行礼治，保存宗法制度，所以鲁国的宗法关系非常牢固。法治在鲁国行不通，春秋时，少正卯被诛杀，战国时代，法家人物吴起到鲁国任职，但很快被赶走（参见《史记·孙子吴起列传》），都是明证。

最后是民情风俗之不同。齐国“民阔达多匿智”（《史记·齐太公世家》），“其俗宽缓阔达，而足智，好议论，地重，难动摇，怯于众斗，勇于持刺，故多劫人者，大国之风也”（《史记·货殖列传》）。“齐俗贱奴虏”，“逐渔盐商贾之利”（《史记·货殖列传》）。“齐赵设智巧，仰机利”（同上）。“夫齐之水，遒躁而复，故其民贪粗而好勇”（《管子·水地》）。“其士多好经术，矜功名，舒缓阔达而足智。其失夸奢朋党，言与行缪，虚诈不情，急之则离散，缓之则放纵。始桓公兄襄公淫乱，姑姊妹不嫁，于是令国中民家长女不得嫁，名曰‘巫儿’，为家主祠，嫁者不利其家，民至今以为俗”（《汉书·地理志》）。其他许多典籍也都提到过齐国民俗风情方面的特异之处，如《礼记·乐记》引用子夏的话说：“郑音好滥淫志，宋音燕女溺志，卫音趋数烦志，齐音敖辟乔志，此四者，皆淫于色而害于德，是以祭祀弗用也。”庄子目“齐谐”为“志怪者”（《庄子·逍遥游》），以齐国徘谐之书多记怪异之事。南朝齐、梁之际的文艺评论家刘勰在《文心雕龙》中也多次提到齐俗，如“齐威（王）性好隐语”，好“谐”，“谐之言，皆也。辞浅会俗，皆悦笑也。昔齐威酣乐，而淳于（髡）说甘酒”（《谐隐》）。邹衍“养政于天文”，其说“心奢而辞壮”（《诸子》），刘勰承认齐风是确实存在的，他引用魏文帝曹丕的话，“论徐干，则云：‘时有齐气’”（《风骨》），据陆侃如、牟世金先生说，齐气是指齐地之气，特点是比较舒缓，属于阴柔的一类。唐代徐坚等编撰的《初学记·雅乐》也说：“郑音乱雅，齐音害德。”宋朱熹所说的“齐俗急功利，喜夸诈”（《四书集注·论语·雍也》），也是指此而言的。齐国之所以有这些民情风俗，就是由齐国经济基础决定的。正像《吕氏春秋·上农》篇所说的“民舍本而事末，则好诈，好诈则巧法令，以是为非，以非为是，不如农人之朴实而易治。”

而鲁国则“有周公遗风，俗好儒，备于礼，故其民龊龊……地小人众，俭啬，畏罪远邪。及其衰，好贾趋利，甚于周人。”（《史记·货殖列传》）“鲁人俗俭啬，……家自父兄子孙约，俯有拾，仰有取，世代行贾遍郡国。邹、鲁以其故多去文学而趋利”（《史记·货殖列传》）。鲁国“民涉度，幼者扶老而代其任。俗既益薄，长老不自安，与幼小相让”，“好学，上礼义，重廉耻”（《汉书·地理志》）。朱熹也承认鲁俗是“重礼教，崇信义，犹有先王之遗风焉”（《四书集注·论语·雍也》）。

可见齐、鲁两国的民情风俗是有很大区别的。

然后，我们要指出，齐、鲁之间的学术文化也是不同的，各有其不同的特点。

齐文化具有很强的兼容性。齐国是沿海国家，开放程度比较高，对外来文化能够兼收并蓄。齐文化中先后容纳了儒家、法家、墨家、阴阳家、纵横家、农家、兵家、方技、术士、方士等百家之学，成为春秋战国时期百家争鸣的主要基地。“天下谈客，坐聚于齐。临淄、稷下之徒，车雷鸣，袂云摩，学者翕然以谈相宗。”（戴表元：《齐东野语序》）

鲁文化则是单一性的文化。鲁文化是在鲁国单一农业经济基础上产生的文化，以儒家思想为宗，排他性特别强，因为只有儒家思想才适合农业社会的国情需要。

齐文化具有很强的变通性。代表齐文化的《管子》曾经指出“圣人者，明于治乱之道，习于人事之始者也，其治人民也，期于利民而止，故其位齐也。不慕古，不留今，与时变，与俗化”（《正世》）。这里所说的，就是指齐文化所崇尚的是变革精神。

鲁文化则表现出守常性。鲁国一直保存先王之遗风。所谓“周礼尽在鲁矣”就是指此而言的，因此鲁文化倾向于保守，不主张变革。《论语·先进》载：“鲁人为长府。闵子骞曰：‘仍旧贯，如之何？何必改作？’子曰：‘夫人不言，言必有中。’”孔子所赞同的“仍旧贯”三字是反对“改作”的，至于“齐一变至于鲁，鲁一变至于道”中的变，齐、鲁也是有异的。齐变是改革，而鲁变指的是振兴，并不是改革。因为在孔子看来，齐变至鲁，是要变功利为礼教，变夸诈为信义。鲁变至道则仅是举废兴颓，以复周公之旧，扶衰救弊以还文武之初。

齐文化是智者型文化。齐国作为沿海国家，其环境颇有似于地中海沿岸的国家希腊。沿海国家“水滨以旷而气舒，鱼鸟风云，清吹远目，自与知者之气相应”（王夫之：《读四书大全说》）。在齐国，科学技术比较发达，天文学家甘德、邹衍，医学家扁鹊，军事家孙武、孙膑，逻辑学家公孙龙，修辞学家邹奭（奭被称为雕龙奭），方仙道者流徐福，等等，或是齐国人，或长期在齐国居住过。科学著作《考工记》，医学著作《素问》等也是出在齐国。

鲁文化是仁者型文化。鲁国作为大陆国家，多山地丘陵，“山中以奥而气敛，日长人静，响寂阴幽，自与仁者之气相应”（《读四书大全说》）。“乐水者乐游水滨，乐山者乐居山中”（同上）。孔子一生大多数时间居住在鲁国，在齐国居留时间极短，一部《论语》中只有一处提到海，就是：“道不行，乘桴浮于海。从我者，其由与。”（《公冶长》）孔子是在周礼行不通的情况下才想漂洋过海的。孟子在齐国居留的时间比孔子长，所以对海的感触也比孔子深，《孟子》一书提到海的地方有9次，体会比较深的一句话是：“观于海者难为水，游于圣人之门者难为言”（《尽心》上）。鲁国文化的主干是“尊尊而亲亲”（《汉书·地理志》），孝悌是仁的根本，这是适合农业国家的国情的。

最后，我们要由此深入一步，说一下为什么中国传统文化是以儒学为主体的，或者说是以鲁文化为主体的，而不是以齐文化为主体的。关于这方面的问题，学术界有过不少讨论，可谓仁者见仁，智者见智。我们在这里提出的观点，可能是陋见。我们认为，造成这种局面的原因很多、很复杂，但其中一条大家都没予以充分注意的原因，就是：齐国是海洋国家，鲁国是大陆国家；齐文化是沿海文化，鲁文化是大陆文化。只有以大陆文化为主体的鲁文化才会成为统一中国的主导文化。

我们知道，战国时期齐、秦为最强的诸侯，齐国在经济条件方面有很大优势，但最后被秦国所灭，统一中国的是秦国，而不是齐国，这就有其历史必然性在起作用，因为齐国作为海洋国家，它想统一中国，想按自己的模式来改造其他地区，但从当时整个中国大陆来说，除齐国和吴越之外，其他绝大部分地区均为大陆地区，所以从事的经济大多都是单一农业经济，因此不可能接受齐国比较开放的沿海经济的模式。而秦国则不然，它所在的地区是大陆，也从事农业经济，所以它以农业经济的模式来统一中国，广大大陆地区都可以接受。秦国一向崇尚法家，秦统一中国之后，曾有焚书坑儒的举动。但历史事实证明，在大陆国家，只能有一种经济—农业经济，意识形态也只能有与农业经济相适应的儒家思想为主体的意识形态，这就是鲁文化。秦没有提倡儒家思想，反而镇压儒家，所以很快灭亡了。汉代秦立，马上意识到这一点，所以推行了“罢黜百家，独尊儒术”的政策，这就和整个中国作为大陆国家、农业国家的格局相适应，所以汉代就出现了空前的大繁荣，以后在长期中国封建社会中，一直保持着大陆国家的特色，思想界也始终是以鲁文化为主的。宋代以后虽然有过儒、释、道三教合一的趋势，但儒学作为主体的地位，在整个封建社会中却始终没有动摇。

二　儒的恒定性与变通性

儒是农业文明的产物，经过漫长的历史发展，逐渐演变成中国封建社会共同的价值观和普世伦理。正像乔羽所写的《千古孔子》的歌词所说：百年千年万年，昨天今天明天，多少亭台楼阁早已化作瓦砾一片，多少功名利禄早已化作过眼云烟，你仍旧是你，你仍旧是你，你是一位善解人意的朋友，永远活在众生之间，活在众生之间。……在孔子的思想里，已经蕴涵了一些可以称得上普世伦理的内容，如“己所不欲，勿施于人”，这样的话今天的人们还很难做到，即使到更高级的社会，能做到这一点，也很不容易。孔子和其后继者将儒学凝固为“天不变，道亦不变”的恒定的孔孟之道，这就是三纲六纪。陈寅恪先生在《悼王国维先生挽词并序》中说：中国文化之要义，在于《白虎通》之三纲六纪。三纲是君为臣纲，父为子纲，夫为妇纲，六纪是父亲的兄弟、自己的兄弟、族人、母亲的兄弟、师长、朋友。这九个方面的关系处理好了，社会就稳定了。在当代社会里，仍然存在这九个方面的关系，只是需要加以变通，使这九个关系都照顾到相互之间的利益，不要再强调单一方面的主导关系，比方说君臣关系要演变成国家和人民的关系，而且这个关系是相互之间的关系，国家与人民是相辅相成的。其他关系，也要互相照顾到对方的利益。这样，辩证地处理这九个方面的关系，任何社会都可以保持稳定。这正是儒学恒定性的一面。

但儒又不是静态的，而是动态的，儒学根据时代的变迁而不断地改变自己的形态。儒产生和演变的历史是对此有力的证明。

儒最初本是一切术士即知识分子的通称。《论语》中有“君子儒”、“小人儒”之称。经过孔子、孟子、荀子诸位大师的努力，形成了儒家学派。在《庄子》中，儒已经有了学派的意义了，如《田子方》中的“儒士”、“儒者”，就是戴“儒冠”、穿“儒服”的学者，《徐无鬼》中的“儒墨杨（朱）秉（公孙龙）”已明确是指学派了。

儒学随着时代的变迁，不断改变形态，所以在战国至清代就有了汉儒、唐儒、宋儒、明儒、清儒等不同时期的儒家学派。近代以来，则产生了新儒家。

作为儒家学派创始人的孔子，被称为“圣之时者”。儒家学派的思想内容，也是因时而进，与时俱进的。因此，儒是分为不同层次的。

儒学从产生到现在，已经有2500多年。儒学虽然产生在中国，但影响却波及海外。在东方，形成了范围十分广大的“儒教文化圈”。然而，虽同属“儒教文化圈”，中国儒学与东方儒学也是有区别的，中国以外的东方儒学，包括韩国儒学、日本儒学和新加坡等国家的儒学。在中国儒学、东方儒学之外，还有属于西方世界的“西儒”。可见从世界范围来说，儒学是划分成很多层次的。

事实上，即使是中国儒学，也并不是铁板一块，而是划分为很多层次的。如果从学派的纯杂程度来分，儒家学派大致可以分为四种类型：独尊儒术型、儒道互补型、三教合一型、四教会通型。这些学派的形成是受文化交流影响所致。即使是独尊儒术型，也离不开交流，只不过是对交流有所选择罢了。

“罢黜百家，独尊儒术”是汉代董仲舒最早提出来的，但他并没有做到独尊儒术，在他的思想中，已经杂糅了许多属于阴阳五行等齐学的内容。这说明独尊儒术是非常难的，连提出者也做不到。从儒学道统来说，真正恪守孔子学说的，有战国时的孟子，唐代的韩愈，宋代的安定、泰山、横渠、涑水四派，真可以说是凤毛麟角。

儒道互补型又可以分为两种：一种是儒家思想与道教思想互补，如北宋濂溪、百源诸派；另一种是儒家思想与道家思想互补，如魏晋玄学。

“三教合一”型是宋代以后儒家学派势力最大的一派，程朱、陆王诸派概莫能外。

四教会通型的儒学是明代以后出现的儒学新派别，有两种类型：基督教与中国传统文化的会通和伊斯兰教与中国传统文化的会通。[1]

至于近代以后出现的新儒家，则是中国传统文化与西方文化融合的产物。

这些事实统统说明，儒学是动态的，而不是静态的。

三　儒与商结合的可能性与现实性

儒的变通性特点说明儒学可以适应社会主义市场经济发展的需要，这需要开发儒文化的现代功能才能实现。开发儒文化的现代功能，主要可在两个方面努力。

其一，开发儒文化的天人学，实现生态平衡。

儒学提倡天人合一思想是众所周知的。这种思想提倡天道与人道、自然与人之间的关系是相通、相类和统一的关系，孔子强调“巍巍乎惟天为大”（《论语·泰伯》），因此，人不应该“欺天”（《论语·子罕》），而应该“畏天命”（《论语·季氏》），“知天命”（《论语·为政》），因为“不知命，无以为君子”（《论语·尧曰》）。《易传》提倡“大人者，与天地合其德，与日月合其明，与四时合其序，与鬼神合其吉凶”（《文言》），天人合一成为人类追求的理想境界。孟子提倡“仁者无不爱”，要求做

① 参见蔡德贵：《宋元明清儒家学派的类型》，《孔子研究》2000年第4期。

到："亲亲而仁民，仁民而爱物"（《孟子·尽心上》）。《中庸》提倡尽性，尽人之性，尽物之性，"能尽物之性，则可以赞天地之化育，可以赞天地之化育，则可以与天地参矣"。人与天地万物融为一体，就能够实现宇宙的整体和谐，做到"万物并育而不相害，道并行而不相悖"。荀子提倡对草木鱼畜"不夭其生，不绝其长"，使"万物皆得其宜，六畜皆得其长，群生皆得其命"（《荀子·王制》）。董仲舒更主张"天人之际，合而为一"（《春秋繁露·阴阳义》）。人如果得罪了自然，破坏了自然，自然就要发出警告，甚至降灾祸以报复。为了不受自然的报复，张载提倡万物一体、民胞物与，程颢提倡"仁者以天地万物为一体"（《二程遗书》卷二），王守仁主张人与鸟兽、草木、瓦石"皆为一体"，要做到"一体之仁"（《大学问》）。儒家的这种天人合一学说重视人与天的相通，强调人只有尊重自然规律、服从自然规律，人才能得到自然的赐予和恩赐，反之，破坏了自然，只会尝到自然报复的苦果。这种天人学告诉我们，要时刻注意保持生态平衡，爱护大自然中的一草一木，一鸟一石，"劝君莫打三春鸟，子在巢中待母归"，正是万物一体之仁要求的。有了生态平衡的意识，才有可能逐步实现生态平衡。

其二，开发儒文化的伦理学，实现社会的稳定。

儒家的伦理学涉及人与社会的关系、人与企业的关系、人与人的关系，对处理这些关系，提出了一些基本准则。

在人与社会之间，儒家向来关注社会的统一和稳定，提倡天下一家。《礼记·礼运》提出"以天下为一家，以中国为一人"，为了实现天下一家，必须树立天下为公的思想，此即"大道之行也，天下为公，选贤与能，讲信修睦"。这就要求把个人、家庭、国家、天下看作一个统一的整体，一切都从天下一家着想，做到"格物、致知、修身、齐家、治国、平天下"，一步步实现社会的稳定。在日益现代化的今天，由于市场经济不断推动工业化和都市化两大过程，人际关系冷淡、下岗失业者增多、家庭社会组织结构趋于松散，有一些不稳定因素。在此形势之下，要用儒家的忠恕来调节，忠要求积极为人，"己欲立而立人，己欲达而达人"（《论语·雍也》），恕则要推己及人，"己所不欲，勿施于人"（《论语·卫灵公》）。将这种忠恕推及人际关系，既能减缓人与人之间的紧张对峙与冲突摩擦，又能促进人与人之间情感上的结合；推及社会，就可以孕育出敬业乐群的工作观，使社会管理趋于合理。

人与企业或单位之间的关系，可以运用儒家伦理来调节。企业经营者应遵从“放于利而行，多怨”（《论语·里仁》）的古训，把追求企业利润和国家利益、人民利益结合起来，一味追求企业利润，会遭到消费者报复。企业领导应以身作则，遵守国家和企业的法令、方针和规章制度，领导者“其身正，不令而行；其身不正，虽令不从”（《论语·子路》），“其身正，天下归之”（《孟子·离娄上》）。对自己严格要求，对部下，则坚持“和为贵”（《论语·学而》），就可以使企业保持凝聚力。日本企业开发儒家的伦理功能，创造出一种《论语》加算盘或《论语》加计算机的模式，在企业内部实行日本式经营，用三种神器即终身雇佣制、年功序列制和集团主义的核心观念，来经营家族式企业公司命运共同体，取得了很好的成效。

在人与人的关系方面，要提倡仁爱、忠信和中庸之道。要用爱己之心去爱人，做到“老吾老，以及人之老。幼吾幼，以及人之幼”（《孟子·梁惠王上》）。人与人之间以诚相见，忠信，礼之本也，所以要“主忠信”（《论语·学而》）。奉行中庸之道，就可以做到不偏不倚，保持人际关系的平衡与和谐。因此，中庸应成为最高的美德，“中庸之为德也，其至矣乎！”（《论语·雍也》）人际关系和谐了，社会自然也就和谐稳定了。

当代的社会主题是稳定和发展。综上所述可以看出，鲁文化的伦理功能可以保持社会稳定，齐文化的智力功能可以促进社会发展，齐鲁文化相互补充，就可以建立起“仁智合一”的观念形态，仁为主干，旨在保持社会稳定，稳定才能保证发展；智为作用，旨在促进社会发展，发展才能巩固稳定。这正是“仁者安仁”“智者利仁”的境界和本意之所在。

就实践层面来说，东方几个国家如新加坡、日本、韩国等在开发这两大功能方面已经取得了成功的经验。对于中国来说，尚没有开发这两大功能的成功经验，但事实证明中国在进入社会主义市场经济的今天，更需要开发儒文化的这两大功能。尤其是开发出儒文化的伦理功能，就可以实现儒与商的结合，用义利合一论或道德经济合一论来约束商业行为，改变市场经济条件下的道德滑坡现象。

事实证明，儒商已经出现在当代市场经济的舞台上，香港李嘉诚、霍英东、汤恩佳、熊德龙，山东海尔总裁张瑞敏、威海光威公司董事长陈光威先生……他们或者将传统经营理念运用于现代市场经济的运作之中，或者用儒家的伦理来调节企业内外部各种复杂的关系，都取得了一些接近成功的儒商经验。推广这些经验，扩大儒商队伍，有利于社会主义精神文明建设事业。

鉴于此，我们认为，儒与商的结合不仅是必要的，而且是可能的。我们盼望着儒商阶层的出现，并依此规范整个市场行为，使市场有序、有理地运行。

第五节　将传统与现代结合的试验场
——香港孔教学院

香港孔教学院于2000年9月23日在香港伊丽莎白体育馆举行盛大集会，庆祝该院成立七十周年。香港特别行政区行政长官董建华为庆祝仪式主礼，为孔教学院题词“圣道昭章”，并参加了为孔教学院剪彩仪式、为该院聘任的永远名誉院长颁发了证书。中华人民共和国国家宗教局局长叶小文发来贺函，称赞孔教学院自“成立以来，培养人才，有教无类，弘扬孔教，研究国学，成绩斐然，功德无量。主张祖国统一，反对民族分裂，为世人所敬佩”。教育部副部长韦钰也在贺函中赞扬“香港孔教学院成立七十年来，为弘扬中华文化做出了成绩”。那么，香港孔教学院在七十年中到底为弘扬中国传统文化做出了哪些成绩呢？

一　香港孔教学院的成立

香港有四大孔教组织：1909年由刘铸伯倡办的孔圣会、1921年由冯其焯等创立的中华圣教总会、1927年由卢湘父等人筹办（1935年建成堂址）的孔圣堂、1930年由陈焕章创办的孔教学院。这四大组织之间互有来往，有长期合作的经验。其中以孔教学院为知名度最高的组织，而且近年来与内地的来往也最为密切。

香港孔教学院的创立，是经过了长期的准备的。其创始人陈焕章，广东高要人，生于1881年，早年曾入万木草堂，受学于康有为，1904年中进士，1905年赴美留学，1907年在美国创办“昌教会”，开始了他的尊孔事业。他虽然肄业于哥伦比亚大学，但由于1911年用英文著《孔门理财学》一书，获得哲学博士学位。1911 年游历英、法、德、意后回国。1912 年 10 月，他与沈曾植、梁鼎芬、麦梦华等人在上海发起创立了孔教总会，其宗旨是“昌明孔教，救济社会”。张勋任名誉会长，康有为任会长，陈焕章任主任干事。1913 年 2 月，创办《孔教会杂志》，他任主编，倡导共修孔教之伟业，光大中国之声名文物，勃兴中华民族。在该杂志的创刊号即第一卷第一号上，陈焕章发表了一篇《序》，称“宗教者，人类不能外者也”，主张孔子是“黑帝降神，素王受命”的“中国特出之教主”，孔教独以人道为重，不以神道为重，使“宗教为之一新，超越了大地诸教”，宣称孔教会“以讲习学问为体，以救济社会为用”，要“挽救人心，维持国运”，必须“大昌孔子之教，聿昭中国之光”，因为只有孔教是“最高尚之民德，最文明之民度，最刚强之民气”，因此号召“鸿儒硕学，志士仁人，效忠素王，报恩教祖同声响应，大力提倡”。孔教会则要“集思广益，讲德与仁，启迪先圣微言，共阐救世新义，图以标古，论以振今”。同年，孔教总会迁入北京，1914 年迁入曲阜。1914 年 9 月，孔教总会在曲阜召开了全国大会，与会者多达二三千人。1917 年 12 月，陈焕章把《北京时报》改组为《经世报》，作为孔教会的机关报，他自任主编。1923 年，他又在北京西单创办孔教大学，亲笔题写了“北平孔教大学”几个大金字。据季羡林先生回忆，该大学并没有招过学生，也没有开过课。[①] 但附设的中小学是招过学生的。陈焕章在《经世报》第二卷第六号上，申明该校宗旨是“昌明孔教，培养通儒”。陈焕章力倡孔教，他的出发点正如《孔教会杂志》第一卷第四号上所说，是反对当时的革命“独革孔教”，夺中国人“保身保家之护符”。所以，他在《经世报》第二卷第三号上说：“孔教若不为国教，则中国必亡。”

1930 年，因北京多事，陈焕章来到香港，与一群志同道合者在般含道 13 号创建孔教学院，被公推为院长。香港的孔教学院，将爱国主义与弘扬中国传统文化紧密地结合在一起，在香港这个洋场，树立起一面自立自强的旗帜。在外国势力统治香港期间，弘扬中国传统文化，成为坚持中华民族风格与骨气的象征，有效地抵制了西方文化对香港的渗透和占领。这面旗帜，时刻在唤醒炎黄子孙，不可数典忘祖，不可忘却自强与自立。

① 《季羡林文集》第 13 卷，江西教育出版社 1996 年，第 232 页。

自此，孔教学院确立了这样的根本宗旨：以弘扬圣道，匡正人心，兴学办校，培育青年为职志，一本立己立人，树木树人之旨，夙夜孜孜，未尝稍懈。从此以后，孔教学院成了将传统与现代结合的试验场。

二 孔教学院的主要活动

陈焕章1933年病逝，朱汝珍接任院长。朱汝珍1942年离港，卢湘父接任。1970年，卢湘父以102岁高龄辞世，黄允畋接任。1992年黄允畋让贤，推荐汤恩佳接任。70年来，孔教学院所做的工作集中在以下几个方面：

1. 讲学宣道

香港孔教学院自1930年创立以来，一直坚持提倡尊孔读经，讲学弘道。院长本人经常讲学宣道，并聘请硕彦鸿儒讲学论道，定期举办“国学讲座”、“宣道月会”。为了推广儒学，主办过《弘道年刊》，并在有关报纸上主编“孔学”双周刊和“孔教”版专刊，近年又出版《孔教学院丛书》，包括陈焕章著《孔教论》、《儒行浅解》，吴康著《孔子哲学思想》，36位学者的《孔学论文集》，何沛雄著《孔学五论》，汤恩佳著《孔学论集》。

1977年以来，在香港各地广树孔子圣像，庶借尼山日月，万流景仰，以匡正人心，重振金铎。1992年汤恩佳继任后，在内地各处继续广树圣像，以期扩大孔子的影响，引起世人对孔子的敬仰。他还先后向香港政府有关部门申请兴建大成广场及孔子纪念堂，并抓住大陆改革开放之机，在国内重新展开弘扬孔教的工作，捐款在内地举办孔子文化节，以重新唤起国人对孔圣之仰慕及对中国传统文化之认同。

1997年，香港孔教学院与香港中文大学新亚书院等单位联办“1997庆回归《孔子思想与21世纪》国际学术研讨会”，1998年举办“孔圣诞寰球庆祝大典”，1999年举办第二次“孔圣诞庆祝大典”暨《孔子思想光辉耀寰宇》国际学术研讨会，2000年举办“孔子思想与中国统一大业”国际学术研讨会，利用这些大型学术活动，汤恩佳院长不遗余力地宣传他的孔教论，以期借这些场合扩大孔子在国内外的影响。

2. 兴学办教

孔教学院共在香港兴办了四所学校：孔教大成中学、孔教大成小学、三乐周勿桅学校、大成夜中学，容纳学生数千人，每年的办学经费超过港币 7000 万。孔教学院附设各校，均以“敬教劝学”为校训，敬教要求教师对学生要春风化雨，乐育英才；劝学要求学生导民成俗，达德向善。从小学四年级开始设经训科，选讲《论语》章句；中学经训，教授儒学精要；由院内学者编成《经训》课本四册，其内容均取自《论语》和《礼记》等儒家经典。这些学校均能秉承孔教学院之精神，以弘扬孔道，化导人心，发扬我国固有道德文化，为社会培育有用人才为办学宗旨，全力推行德、智、体、群、美五育，以使学生有更全面的教育及健康成长。教育目标包括：让学生认识儒家思想，冀能弘扬孔道，发扬中国传统文化；启导学生养成探求知识，培养解决疑难、辨别是非以及适应生活等多方面的技巧，使学生能树立积极的人生观及正确的价值观，为社会做贡献；培养学生的责任感、社会意识及艺术欣赏能力；让学生有健康的生活习惯和健康的体魄。各校在学生辅导方面所做的工作主要是：由训导组专门负责维持学校的秩序及纪律，通过奖惩制度的执行，建立起良好的校风，诱导学生自律自尊，培养学生良好的操守及正确的待人处世态度；学生辅导组的最终目标，在于帮助学生处理成长过程中出现的种种困难，建立正确的人生观及适当的生活方式；德育及公民教育组的工作，主要是让学生了解自我及认识社会，从而建立正确的道德价值观，并认识公民的权利和义务，培养一颗关怀社会的心。孔教学院还组织各属校，积极地大力推动社区的敬老扶幼活动，让学生通过表演、筹款及嘉年华会等活动，认识服务社会、热心公益事业及弘扬孔子孟子大同思想的重要性。

孔教学院所属各校特别注重道德教育，重视宣扬圣贤思想，阐扬儒家精神，借以匡正社会颓风，使青少年能走上健康的正确轨道。各校对学生优良品德之培训，尤为重视，训育宗旨以四维八德为基础，以圣贤之哲理为依归，编定德育纲目作为每周的训育重点，列举实践要点，载于学生手册之内，由教师在每周周会或早会时轮流讲述，以期学生之思想行为有所遵循，成为品学兼优之良好公民。另外，除遵照政府教育例则、符合教育原理为准绳外，还切合实际需要，适应环境要求，配合社会发展，订立常规，以推行公民教育。

香港孔教学院取得的成绩令人瞩目，中华人民共和国国务院宗教事务管理局前局长任务之、张声作在任时多次到院访问，现任局长叶小文和教育部副部长韦钰更对孔教学院取得的成绩予以充分肯定。

三　汤恩佳院长推行儒学的工作

香港孔教学院的五任院长中，有两位在中国内地的政协中担任过或正在担任职务。一位是黄允畋，生前曾经担任过全国政协委员；另一位是汤恩佳博士，现在是广东省政协委员。其他三位院长，虽然没有担任过此类职务，但也都有较高的政治地位。他们都有一个共同点，全身心地推行儒学。近年来，汤恩佳院长更是竭尽全力来做这一工作。

汤恩佳院长推行儒学的前提，是有鉴于儒学在现代可以发挥作用。他特别喜欢并经常引用李瑞环在 2000 年 10 月接见参加“纪念孔子诞辰 2550 周年大会暨国际儒学联合会第二届会员大会”的学者时所说的一段话：“孔子是中国古代伟大的思想家、教育家，他所创建的儒家学说博大精深，包括了政治、经济、哲学、伦理、教育、艺术等方面的思想和主张，构成了中华民族传统文化的基础，对于中华民族的形成、繁衍、统一、稳定和自立于世界民族之林都起了不可替代的作用，对于人类文明的进步和发展作出了极其重大的贡献，有着超越时代、超越国界的深远影响。儒学的许多重要论著，特别是做人、处事、立国的至理名言，至今被人们广为引用。”李瑞环还说：“当前，人类社会正处在世纪之交，面临着许许多多的矛盾和问题。解决这些问题，固然首先要依靠当代人的聪明才智，但也可以从古代哲人那里寻找智慧。两千多年来的历史充分证明，儒家学说可以为我们解决人类社会面临的问题提供有益的启示。”李瑞环号召：“要结合新的时代情况赋予其新的意义，并使之有机地渗透到政治、经济、文化以及生活的方方面面，更好地为现实服务，真正做到古为今用。”从李瑞环的这些论述来看，实际上涉及一个普世伦理的问题。随着全球化趋势的加快，儒家伦理作为中国传统伦理的基础，参与全球化的进程，并从而成为普世伦理，是有其实现的可能性的。因此，对李瑞环的这些论述，汤恩佳博士感到极为振奋。

从 1992 年出任孔教学院院长以来，汤恩佳博士一直致力于在世界各地活动，捐赠孔子铜像、出资帮助内地筹建孔庙、资助国内的儒学研究，至今已捐赠了数千万元港币。他利用一切机会，宣传他的孔教论。

汤恩佳先生的孔教论，是基于这样的立场：希腊文 Religion，其含义是信仰。而孔子是万世师表，博大精深，后人尊崇之如高山仰止；在信仰上无与伦比。而数百年前从日本传入的“宗教”二字，用中文作为主导来解释，“宗”是宗师之“宗”，“教”是有教无类之“教”，是修道之为教之“教”。也就是说，儒教就是儒家的学说，儒家的教化。因此，儒教或孔教与儒学或孔学，是不矛盾的。但儒学与儒教也有细微的差别：“学”是一种知识体系，理性因素占主导地位，说理、论证是其主要方式，“学”人必须有一定的文化程度，“学”对文化程度低或文盲基本上发挥不了什么作用。而“教”是以感性因素为主导的，有纯朴的感情、虔诚的信仰、严明的纪律等因素，其中信仰是首要的。儒学有高深的“四书”“五经”，让人望而却步，而儒教则只要求有简单的信仰崇拜，便是儒教中人了。从这一立场出发，他认为中国历史上，既有儒学，也有儒教。祖先崇拜、祭祀、孔庙（在其中举行的点烛、烧香、跪拜等）、三纲五常，都是儒教的表现形式。但在“文革”中儒教受到致命的冲击，几乎遭到灭绝。这是中国文化的不幸。因此现在要恢复儒教或孔教。

汤恩佳先生认为，恢复孔教为宗教，对国家有百利而无一害：1. 对宣传儒教更有生命力；2. 如果单是用学术去推行，只是在教授、专家、学生等范围之内，占比重较小，普遍性不够；3. 有利于制衡外教入侵、坐大；4. 与西方各教派平起平坐；5. 更容易争取到更广大的各阶层民众，因而更能增强民族的凝聚、团结、防分裂、自尊心、爱国情怀与传统的价值观；6. 亦可说孔子是先知者，因他的思想直至今天，仍为世人所用；7. 国人有信儒学的自由，也有信儒教的自由，各有各自的立场，不能否定对方。1998 年以来，香港孔教学院每年举办一次大型孔圣诞庆祝活动或儒学国际学术研讨会，邀请全世界有志于研究中国传统文化的学者和专家与会，商讨如何促进中国传统文化与现代化结合的重大问题。2000 年适逢孔教学院创立 70 周年，该院更配合和平统一中国的问题，举办了“孔子思想与中国统一大业”的国际学术研讨会，出席者有 350 人之多。这次会议，对于促进海峡两岸的统一具有特别重要的意义。其反响，在不久的将来即可显现出来。正如汤恩佳院长在大会闭幕词中所说：“要和平统一中国，我认为首先必须将孔子提倡的‘和而不同’的思想作为中华民族精神文明的轴心，使不同的文化信仰实现‘多元互补’，才能融合、贯通上述（指在国内存在的儒、释、道、伊斯兰教、天主教、基督教等等思想和宗教信仰）不同的文化信仰，以利于团结各方人士，实现和加强国家、民族的团结统一，增强凝聚力。理由是全国人民的文化基础是植根于儒家文化，而孔子是儒家的宗师，集中华文化之大成，后世尊为万世师表，其有教无类、因材施教、诲人不倦的教学精神，至今仍是举世教师之表率。因此，以孔子思想来维系中国 56 个民族，当可融合彼此间的冲突、化解彼此间的矛盾，而求同存异，团结一致。一个和平大一统的中国的出现，自是指日可待。”

最近几年来，汤恩佳院长在广东每年的政协会上，都提出一份《关于请求将孔教、儒教正式恢复为中国人民宗教一事的提案》，详细论述了他有关儒教的思想。对这个提案，肯定会有不同意见。但汤恩佳院长表示，不管如何，他都将坚持提出这个提案，并最终将儒家的伦理价值观恢复、推广开来。他还力主将 9 月 28 日孔子的生日定为香港和大陆的教师节，以延续中华民族尊师重道的优良文化传统，可见，他对弘扬中华民族传统文化的一番良苦用心。

第九章　当代西方儒学及东西文化观

西方世界最初是通过在东方传教开始认识儒学，朱谦之先生认为，孔子学说传入欧洲，以16、17世纪来华的耶稣会士为媒介，传教士介绍中国思想的本意是为自己宗教的教义辩护，借以达到传播教义的目的；但是，他们对中国哲学文化、理性文化的介绍，并不足为宗教的思想辩护，反而给予反宗教论者以一种绝大的武器，由此引起了欧洲学者研究中国哲学的极大兴趣。在17、18世纪，中国儒学曾对欧洲产生相当重要的影响，成为许多思想家借以对抗神权的思想工具，孔子及其哲学对欧洲，特别是法、德两国产生了很大影响。随着欧洲科学文化的日渐昌明，"由18世纪而至19世纪，这时欧洲科学文化即希腊文化已渐压倒中国文化，所以，18世纪末19世纪初一般人已不相信希腊文化为受中国文化的影响，反而相信中国文化为受希腊文化的影响；这么一来，情形一变，中国哲学已不能影响欧洲思想界，而欧洲的科学反而影响了中国思想界了"①，儒学被西方学者视为与现代化格格不入的一种前现代文化；而在近代以来的东方社会，面对西方文明的猛烈冲击，古老的儒家学说受到了前所未有的挑战，这种情形包括了中国、韩国、日本等国在内的整个儒家文化圈，儒学被视作阻碍社会现代化发展的主要思想根源，西方文化价值成为标准范式，欧洲文化中心论似乎成为不争的事实。然而，进入现当代社会，随着资本主义社会弊端日渐显现，亚洲"四小龙"迅速崛起，中国改革开放取得巨大经济成就，东方传统哲学独特的思维方式及价值观念再度引起西方学者的思考与重视，尤其是儒家学说的理论价值及实践意义得到了重新的评价及定位。为了了解当代西方儒学研究的概况，本章将选取几个有代

---

① 朱谦之：《中国哲学对于欧洲的影响》，福建人民出版社1985年，第187页。

表性的人物并对其思想予以介绍。

第一节　马克斯·韦伯的儒教伦理观

马克斯·韦伯（1864—1920年）是德国著名的社会学家、哲学家、历史学家，是现代文化比较研究的先驱之一。作为当代西方有影响的社会科学家，他一生致力于考察世界各主要宗教的经济伦理观，对当代西方社会学的发展有着深远的影响。《宗教社会学论集》是韦伯著名的文化比较系列专著，集中体现了韦伯的理论贡献。该系列专著主要包括：《新教伦理与资本主义精神》、《儒教与道教》、《印度教与佛教》、《古犹太教》等，它们都是韦伯对世界主要民族的精神文化气质与社会经济发展之间的内在关系进行比较研究的重要成果。

《新教伦理与资本主义精神》一书奠定了韦伯对于宗教的经济伦理观的理论基础。他试图证明，除了经济与社会的原因，西方资本主义的发展还有着非常重要的文化与精神的原因，新教伦理对近代资本主义发展起了特别重要的作用。而对于中国、印度等古老民族宗教伦理精神的考察，都是在这样的理论基石上展开的。他在《新教伦理与资本主义精神》一书中提出了这样的问题："为什么资本主义利益没有在印度、在中国也做出同样的事情呢？为什么科学的、艺术的、政治的或经济的发展没有在印度、在中国也走上西方现今所特有的这条理性化道路呢？"① 他的另一本著作《儒教与道教》正是对这个问题的系统展开与回答，集中体现了韦伯的儒教伦理观，他在该书中系统考察了中国传统思想文化主要是儒家学说与社会历史发展之间的关系。

一　韦伯的新教伦理观

韦伯的儒教伦理观是以其新教伦理观为参照系的。韦伯在《新教伦理与资本主义精神》一书中系统剖析了理性的资本主义的起因与结果，他指出，"近代的理性资本主义不仅需要生产的技术手段，而且需要一个

---

① 马克斯·韦伯著：《新教伦理与资本主义精神》，于晓、陈维刚等译，生活·读书·新知三联书店，1987年，第15页。

可靠的法律制度和按照形式的规章办事的行政机关"[1]，"但与此同时，采取某些类型的实际的理性行为却要取决于人的能力和气质。……各种神秘的和宗教的力量，以及以它们为基础的关于责任的伦理观念，在以往一直都对行为发生着至关重要的和决定性的影响"[2]。显然，韦伯强调西方近代资本主义是在经济基础、社会政治组织及占主导地位的宗教思想这三个独立的历史因素交互影响下产生的。其中，他特别注意到宗教观念对经济发展所起的作用，肯定文化与精神也可以在历史进程中发生重要的作用，注重"某些宗教观念对于一种经济精神的发展所产生的影响，或者说一种经济制度的社会精神气质"[3]。

韦伯认为物质与精神并不存在决定与被决定的关系，它们之间是可以相互独立的，理念与理想可以成为社会经济变迁的一种自发的、独立的动力。具体到资本主义问题上，韦伯强调资本主义制度的产生正是由资本主义精神所推动、促成的，除了适当的制度性的支持，资本主义必须具备理性的经济精神，"近代资本主义扩张的动力首先并不是用于资本主义活动的资本额的来源问题，更重要的是资本主义精神的发展问题"[4]。韦伯认为，资本主义性质的企业和企业家自古有之，而且遍布世界各地。但是，部落社会、东方社会都缺乏资本主义精神，近代资本主义社会虽然在制度性方面尚不完备，但资本主义精神高度活跃，现代资本主义社会就是这种资本主义精神的规范性与制度性高度结合的产物。而所谓资本主义精神到底是什么呢？韦伯指出，"一个人对天职负有责任——乃是资产阶级文化的社会伦理中最具代表性的东西，而且在某种意义上说，它是资产阶级文化的根本基础。它是一种对职业活动内容的义务，每个人都应感到、而且确实也感到了这种义务"[5]，这是一种奇特的伦理，"认为个人有增加自己的资本的责任，而增加资本本身就是目的"[6]，值得注意的是，"这种伦理

① 马克斯·韦伯著：《新教伦理与资本主义精神》，于晓、陈维刚等译，生活·读书·新知三联书店，1987年，第14—16页。

② 同上。

③ 同上。

④ 同上书，1987年，第35、37—38、39页。

⑤ 同上。

⑥ 马克斯·韦伯著：《新教伦理与资本主义精神》，于晓、陈维刚等译，生活·读书·新知三联书店，1987年，第35、37—38、49页。

所宣扬的至善——尽可能地多挣钱，是和那种严格避免任凭本能冲动享受生活结合在一起的，因而首先就是完全没有幸福主义的（更不必说享乐主义的）成分掺在其中”[①]。韦伯强调，这种资本主义精神产生和发展的根源正是新教伦理。

所谓“新教伦理”就是新教的禁欲伦理。韦伯认为新教的入世苦行思想特别有利于近代资本主义的发展，尤其是构成新教伦理精神最根本理念的“天职”思想在物质与精神两方面同时促成了资本主义的产生，“职业思想便引出了所有新教教派的核心教理：上帝应许的惟一生存方式，不是要人们以苦修的禁欲主义超越世俗道德，而是要人们完成在现世里所处地位赋予他的责任和义务。这是他的天职”[②]，新教伦理改变了传统主义意义上的宗教观念，同是禁欲主义，加尔文教已与中世纪迥然不同。加尔文教的伦理建立在预定论的基础上，为了证明上帝的恩宠，强调“必须在世俗活动中证明一个人的信仰”，认为只有入世尽人本分才符合上帝的愿望，才是超越此世的唯一途径，这种观念“给更为广大的具有宗教倾向的人带来一种明确的实行禁欲主义的诱引”[③]，“个人只有成为神的工具，才能切实得到得救的确信”。[④] 加尔文教的“上帝”理念，使得上帝与人世间保持着绝对的距离，此世与“彼岸”截然分明，信仰上帝预选说的加尔文教徒无休止地辛勤劳作，并有秩序、有条理地进行世俗活动，冀以此争取获救，避免遭到上帝的惩罚。

这种新教伦理首先是使合理的经济行为得到肯定，追求财富、金钱的活动本身成为目的，因为“上帝的神意已毫无例外地替每个人安排了一个职业”[⑤]，这既不是一种罪恶，也不是达成其他目的的手段，而是在上帝的旨意下拒斥俗世，并竭力去改造它、理性地支配它；而禁欲主义教义又导致了物质财富的大量积累，“禁欲主义的节俭必然要导致资本的积

---

① 马克斯·韦伯著：《新教伦理与资本主义精神》，于晓、陈维刚等译，生活·读书·新知三联书店，1987 年，第 35、37—38、49 页。

② 同上书，第 15、93、125、135 页。

③ 同上。

④ 马克斯·韦伯著：《儒教与道教》，王容芬译，商务印书馆 1995 年（下同），第 292 页。

⑤ 马克斯·韦伯著：《新教伦理与资本主义精神》，于晓、陈维刚等译，第 15、93、125、135 页。

累。强加在财富消费上的种种限制使资本用于生产性投资成为可能，从而也就自然而然地增加了财富"[①]，现代资本主义的产生因此具备了必要的物质条件。其次，新教伦理使得劳动本身成为人生的目的，促成了一种特殊的劳动精神，勤奋努力工作是一种美德和道德义务，是确立受到神宠的证据，这种劳动精神为资本主义生产提供了充满谨慎、勤勉精神力量的劳动力资源。最后，新教伦理影响到教育，促成了"职业人类"的形成，它主张各种专门化的职业教育，人类通过种种专门化的职业技能而理性地支配、改变世界。

总之，韦伯认为现代资本主义的产生，当时占主导地位的宗教思想起了非常重要的作用，正是新教伦理促成了制度性与规范性、物质与精神高度结合的现代资本主义。

二　韦伯的儒教伦理观

与上述新教伦理的理念紧密相连，韦伯在从社会学角度剖析中国历史文化时则在竭力证明，中国传统宗教与文化尤其是占主导地位的儒教文化无法引导出类似于西方社会的现代资本主义，中国没有成功地发展出理性的资本主义，主要原因就是缺乏西方新教那样一种特殊的宗教伦理的精神源泉。

韦伯在《儒教与道教》中，具体阐述了中国的儒教伦理阻碍资本主义发展的思想。他以较多的笔触研究了中国古代的社会基础，分析了中国的社会结构，认为古代社会虽然也存在着发展资本主义的许多有利因素，如没有以家世背景为标准的身份限制，可以自由居住及迁徙等；但在物质制度的层面，中国所有的几乎都是对资本主义的产生不利的方面：高度中央集权的政府，没有形成类似西方那种独立的城市及经济、政治独立的市民阶层；封建俸禄国家"不可能建立一套精确地运转的国家机器"[②]，一直没有建立起有效的理性化的行政体系；"同政治上的统治者权力对等"的血缘宗族体系，阻碍了个人的独立性与个性化发展，不利于发展独立工业生产方式；注重实质伦理的法律，等等。韦伯强调

---

① 马克斯·韦伯著：《新教伦理与资本主义精神》，于晓、陈维刚等译，第135页。

② 马克斯·韦伯著：《儒教与道教》，王容芬译，第102页。

造成这一切障碍的根源就在于儒教，“西方以产业为特殊摇篮的理性的经营资本主义所遇到的重要阻碍，除了没有形式上受保障的法律和理性的行政、司法以外，还有俸禄化的后果以及缺乏一定的思想基础，最重要的则是存在于中国人的‘气质’之中并为官员及候补官员阶层所持有的态度”[①]。这种所谓的“气质”和“态度”，韦伯认为就是由儒教的伦理价值观决定和塑造的。

韦伯对于“儒学”、“儒教”的概念并没有明确清晰的界定，他基本以“儒教”统称儒家学说。他认为，儒教代表着中国社会统治阶层的价值体系，但其影响却远不止于统治阶层，“儒教是受过传统经典教育的世俗理性主义的食俸禄阶层的等级伦理。这个阶层的宗教的（也可以说是非宗教的）等级伦理的影响，远远超出了这个阶层本身，它规定了中国人的生活方式”[②]。所谓“食俸禄阶层”就是指士阶层，韦伯认为士阶层自孔子以来两千余年始终是中国的统治阶层，这个居于领导地位的知识分子阶层，“构成了中国文化统一的决定性标志”[③]。

韦伯认为，“道”是儒教的根本理念，“‘道’本身是一个正统儒教的概念：宇宙的永恒秩序，同时也是宇宙的发展本身，一切非辩证地完成的形而上学往往认为秩序与发展是同一的”[④]，“道”是宇宙及人类社会的和谐、寂静、均衡的不变法则，既是宇宙及人类社会的本原，又从根本上规定着宇宙及人类社会的发展，宇宙与社会是和谐的，宇宙与人生亦是和谐、平衡的结构；人类应该顺应“道”，理性地协调自身与永恒的宇宙、社会法则的关系。

韦伯强调，与西方宗教的“上帝”截然不同，“道”所导出的不是人们对现实世界的拒斥及对彼岸世界的向往，“儒教至少总是用绝对不可知的根本否定的态度对待任何彼岸的希望”[⑤]，儒教由此引申出的是强烈的入世性、顺世性。它要求人们在现实的人伦宗法秩序中实现自身的价值，在君子人格的修养中体认“道”。“彼岸在儒教中却既不照顾

---

① 马克斯·韦伯著：《儒教与道教》，王容芬译，第6、158—159、196、232页。

② 同上。

③ 同上。

④ 同上。

⑤ 同上书，第196—197、203、258、288页。

凡人，也不照顾贵人。儒家惟一的高于生命的利益是他的名誉。为了名誉，他必须准备献出生命”①。在儒家的经典学说中，人与人在伦理方面原则上是平等的，儒教中没有“人们的不平等的（宗教）资格的经验（儒教认为全无所谓），因此也没有任何关于‘恩宠地位’的宗教性差异的思想”②。儒教没有任何转世论、救世说，即使是其他宗教如道教与佛教，“对自身彼岸生活的关心，也远不及对鬼神可能在此岸生活中产生的影响的关心”③。

韦伯强调，就儒教的本质言，儒家学说是一种纯粹入世的世俗的道德伦理，“儒教仅仅是人间的俗人伦理”，“儒教适应世界及其秩序和习俗，归根结蒂不过是一部对受过教育的世俗人的政治准则与社会礼仪规则的大法典”④。韦伯注意到，儒家以追求君子人格为最高的人生理想，君子的最高伦理境界是“仁”，而“中庸”则是社会适应伦理中最高的“仁”。这种君子理想必须在对“礼”的感知和践履中才能够得以实现，“‘道’既非事业，亦非理想，仅仅是约束人的传统主义礼仪的体现而已”⑤。因此，“礼”同时也是儒家学说的中心概念，“儒教高雅的君子，是集‘仁’与‘信’、‘智’与‘直’于一身的人。但这一切都在‘慎’的限度内……尤其要注意社会礼节的限制——这才是这种伦理的特点。因为，只有对礼的感知才塑造了君子的儒教人格”⑥。

韦伯认识到，这种君子人格培养的具体途径，就是在宗法伦理的种种关系中履行传统规定的责任义务。韦伯强调，儒教把“五伦”视作既有世界的结构核心，“在中国，任何事务性的共同体，无论是政治的、意识形态的或别的性质的，都没有责任感。一切社会伦理在这里不过是将与生俱来的孝顺关系引申为可以想象的诸如此类的关系。对君、父、夫、兄（包括师）和友这5种自然的社会关系的义务包括了一切无条件的制约伦

---

① 马克斯·韦伯著：《儒教与道教》，王容芬译，第196—197、203、258、288页。

② 同上。

③ 同上。

④ 同上。

⑤ 同上。

⑥ 同上书，第213、260、288—289、299页。

理的实质"[①]。对祖先的那种慎终追远的虔敬是至高无上的，"一个信奉儒教的中国人要尽的义务，无论何时何地，都是对那些通过现存的秩序与之接近的具体的活人或死人的虔敬，从来不是对某位超凡的神的虔敬，因而也不是对某项神圣的'事业'或'理想'的虔敬"[②]。

与此相关联，韦伯认为，儒教的"理性"是一种秩序的理性主义。他指出，理性主义是新教及儒教伦理所共有的，不同的是，"儒教理性主义意味着理性地适应世界；清教理性主义则意味着理性地把握世界"。然而，"只有以超世俗为方向的清教理性伦理才贯彻了入世的经济理性主义"，因为，"入世的工作仅仅是追求超验的目标的一种表现"[③]。西方的宗教伦理理性化的一个伟大业绩，是"挣断了宗族纽带，建立了信仰和伦理的生活方式共同体对于血缘共同体的优势，这在很大的程度上是对于家族的优势。从经济角度看，这意味着将商业信任建立在每一个个人的伦理品质的基础上，这种品质已经在客观的职业工作中经受了考验"[④]，而儒家伦理的理性化则恰恰相反，它是对宗教纽带的加强，"儒教伦理把人有意识地置于他们自然而然的发展起来的或通过社会的上、下级联系而造成的个人关系中"，从而"导致了中国对宗族制约的维系和政治、经济的组织形式完全系于个人关系的性质。这些组织形式明显缺乏理性的客观化和绝对的人际目的联合性"[⑤]，在这个意义上，儒教伦理显然又是一种宗族伦理，由此而造成的后果就是，"一切信任，一切商业关系的基石明显地建立在亲戚关系或亲戚式的纯粹个人关系上面"[⑥]，因此，无法形成西方那种理性的企业及纯粹客观的经营关系。

韦伯认为，正是这种人生理想导致了儒教"逐位不逐利"的经济信念及对专门人才的拒斥。他指出，儒家虽然把利欲视为社会不安定的根源，但并不否定经济活动，"对于儒家来说，财富是能够高尚地，以及合

---

① 马克斯·韦伯著：《儒教与道教》，王容芬译，第260、288—289、293—294、289、299页。

② 同上。

③ 同上。

④ 同上。

⑤ 同上书，第211、289、297—298、293—294页。

⑥ 同上。

乎尊严地生活，并致力于自身的完善的重要手段”[①]。但是，由于经济营利的风险往往会动摇灵魂的平和，影响到君子人格的培养，“财富又似乎靠不住，会破坏高贵的心灵平稳，一切本来的经济职业工作都是庸俗的匠人的活儿。在儒家眼里，匠人即使借助他的社会功利价值也不能提高真正积极的尊严”[②]，于是，“食官俸者的立场在伦理的理想化中出现了，官职地位于是成了上等人惟一值得追求的，因为它才保证了人格的完整”，而像营利的农、医、卜等“小道”因会导致职业专门化，与君子的理想是相悖的。韦伯强调，儒家伦理思想的一个核心命题就是“君子不器”，“‘君子不器’，这个基本原则的意思是：他是自我目的，而不像工具那样只能派一种专门用场的手段”[③]，也就是说，“他在适应世界的独善其身的过程中，始终是终极目标，而不是任何事务性目的的手段”，这种伦理导向的实质就是，“反对专业化，反对近代的专业科层和专业训练，尤其反对为营利而进行的经济训练”[④]。韦伯认为，这同禁欲清教的天职概念是水火不相容的，基督徒的尊严正在于他是神之“器”，“他正想成为一种理性地改造世界和把握世界的有用的工具”[⑤]。

韦伯强调，儒学的这种伦理价值观最终通过教育影响、熏陶着中国人的“气质”，一方面，儒家学说本身就视教育为这种伦理达到完善的唯一放之四海而皆准的手段；而另一方面，事实上也正是儒学教育的制度化促成了儒学伦理价值的实现。韦伯对于儒学教育在中国历史文化中的特殊作用给予了特别的关注。韦伯认为，陶冶教育最终是想培养一种按照统治阶层的理想具有不同性质的“文化人”，儒学教育属于陶冶教育。他指出，儒学教育是一种类似西方传统人文主义的、更为专门化的教育考核，但是，“西方与中国的一个十分重要的差别在于，在我们这里，除了等级制的教育考核之外，还出现了理性的专业训练，并且部分地取代了前者”，这正是中国的教育所缺乏的，“中国的科举根本不像我们近代考法官、医

---

① 马克斯·韦伯著：《儒教与道教》，王容芬译，第 211、289、297—298、293—294 页。

② 同上。

③ 同上。

④ 同上书，第 173—174、298、300 页。

⑤ 同上。

生、技术人员等的理性官僚制的考试制度，根本不确认专业是否合格”①。

他特别强调，儒学教育有其迥异于其他各国的特定的内容，这是“一套理性的社会伦理系统”，“这种教育一方面具有纯世俗的性质，另一方面又束缚于正统地诠释圣人的严格规范，具有极端排他性的通晓文学典籍的性质”②，儒学教育完全排斥了神学教育，也全然没有西方那种职业教育的理念，“中国的教育为俸禄利益服务，受经典束缚，但又是地地道道的俗人教育，一半儿打上了礼仪的烙印，一半打上了传统伦理的烙印。学校既不教数学，也不教自然科学、地理和语言理论。哲学本身既没有思辨的与系统的特征，如希腊的或者印度与西方的神学教育；也没有理性与形式主义的特征，如西方的法学教育；也没有经验案例学的特征，如拉比的、伊斯兰教的或印度的教育”③。

正是这种教育培养了中国历史上的士阶层，“中国受过教育的等级从来不是婆罗门那样自治的学者等级，而是一个由官员和候补官员组成的阶层”④。韦伯认为，虽然，“士大夫的统治造成了受过教育的人同未受过教育的人之间的不可逾越的鸿沟”，但是，由于儒家的社会伦理所坚持的“平等”观念，以及儒学教育著名的“有教无类”的原则，“起决定作用的不是出身，而是教育，这种教育原则上是有教无类”，韦伯强调“这是一种缺少超凡的伦理神的独特结构”，中国的经籍考试成为一种地地道道的政治事务，这也就影响到中国人的整体观念：通过读书受教育进到士大夫阶层。儒家教育因此促成了全民的对儒家伦理价值观的完全认同与接受，“从来不追求不可企及的东西的儒教官僚制的国家观和社会伦理所要求的东西，至少是每个人都能做到的”⑤。

韦伯强调，虽然儒教缺少救世宗教的那种“有条不紊地指导生活的核心力量”⑥，但是，儒家学说所提供的伦理体系在社会生活中确实又具有一种宗教功能，起到了一定的宗教作用。他对儒家伦理进行了这样的概

① 马克斯·韦伯著：《儒教与道教》，王容芬译，第173、174、298、300页。

② 同上。

③ 同上书，第174、178、197、222页。

④ 同上。

⑤ 同上。

⑥ 同上。

括总结，“没有任何一种伦理，能够像激进的现世乐观主义的儒教体系那样，坚定不移地彻底消除现世同个人超现世的规定之间悲观的紧张关系”，“这种伦理中根本没有自然与神、伦理的要求与人类的不完备、今世的作为与来世的报应、宗教义务与政治社会现实之间的任何一种紧张关系，因此也没有任何一种不通过单纯受传统与习惯约束的精神势力来影响生活的理由。影响生活方式的最强大的力量是以鬼神（祖灵）信仰为基础的家孝”，“中国伦理在自然成长起来的个人联合体（或并入、模仿这种联合体的组织）的天地里发挥了最大的动力”①。韦伯认为，“从一切迹象看，中国人有能力，甚至比日本人更有能力吸收在技术和经济方面都在近代文化领域中获得全面发展的资本主义”②，可是事实却恰恰相反，除了受到政治、经济命运的影响，儒家伦理“对世界的实际态度”亦即所谓“心态”的基本特征，是阻碍中国全面发展资本主义的极重要的根源。

韦伯儒教伦理观对于儒家伦理价值系统的研究与评判，其后数十年，一直主导着西方学术界对于中国思想研究方面的趋向，许多关于中国社会及思想的论著，大都沿着韦伯理论的路向演绎并延伸。其中又以列文森的研究比较有代表性。

第二节　列文森与《儒教中国及其现代命运》

列文森（1920—1969 年）作为美国 20 世纪五六十年代“中国研究”领域的重要代表，与其导师费正清同被视作“哈佛学派”的主要代表人物。他以一部《儒教中国及其现代命运》奠定了其令人瞩目的学术地位，成为中国历史研究方面的巨擘，他“在探讨近代化与文化演变问题上，锲而不舍，富有想象，在美国战后数十年研究中国的史学家中堪称首屈一指，在许多读者心目中他的著作也许最有说服力”③。列文森的主要著作还有《梁启超与近代中国思想》、《革命与世界主义》等。其《儒教中国

① 马克斯·韦伯著：《儒教与道教》，王容芬译，第 288、300 页。

② 同上。

③ 保尔·柯文著：《在中国发现历史——中国中心观在美国的兴起》，林同奇译，中华书局 1989 年，第 47 页。

及其现代命运》被视为一部“现代经典”，成为“西方‘中国研究’一个时代的象征”（杜维明语）。

马克斯·韦伯的“现代化”观念对于列文森有着深刻的影响，而“冲击—回应”模式在五六十年代西方学术界对中国问题的研究中则占有支配地位，这一切都必然在列文森的思想轨迹中留下烙印。《儒教中国及其现代命运》是列文森中国历史研究的“三部曲”，全书分为“思想继承性问题”、“君主制衰亡问题”及“历史意义问题”等三卷，分别于1958年、1964年、1965年出版。在这部巨著中，他着重从思想、政治、历史等三个不同的视角层面，剖析了主要由儒学所培养的文化精神对中国社会历史发展进程的影响，以及儒教在现代社会的命运。他以一种广阔的视野，对于传统与现代、历史与价值、保守与激进、东方与西方、民族主义与世界主义等重大问题进行了深入地探讨，提出了许多深刻的见解，尤其着力于揭示儒家文化的内在特质及由其所决定的儒教在现代社会成为一种历史存在的必然性。

一　儒家文化的内在特质

列文森注意到中国近代早期思想界出现的一些新气象，并由此入手，在第一卷开篇伊始，即提出了这样一个问题：“十七八世纪，先前占统治地位的唯心主义思想家则被大多数中国思想家公开地抛弃了。那些早期的唯物主义思想家的出现究竟意味着什么？难道它表明即使没有西方工业主义的催化作用，这个看上去平稳的、传统的中国社会，凭借自身的力量也将迈入一个具有科学取向的社会吗？”①

显然，列文森的回答是否定的。他指出，中国近代唯物主义思想有与近代科学相吻合之处，但它们本身既不科学，也非必然导致科学的产生，并不意味着科学理性精神的形成，“我们不应该将这些清初的经验论者视为科学家的先驱，他们的思想并不是中国将要产生科学之内在趋势的征兆”，“他们对宋明先辈们的批评仍是中国传统世界内部的分歧，它证明

① 列文森著：《儒教中国及其现代命运》，郑大华、任菁译，中国社会科学出版社2000年（下同），第3页。

的是传统的稳固性，而非传统转化的象征”[①]。列文森认为，当近代科学最终在中国受到重视时，汉学确实起到某些作用，但是，“对于汉学来说，经验论和实际观察与其说是一种积极哲学，还不如说是对神秘主义内省之反动的一种象征。汉学真正强调的是另一种反对内省的古典进路——儒家最基本的实践工夫，即对经典的研究”[②]。显然，同韦伯一样，列文森视野中的中国文化传统也是几乎不可能孕育出科学理性精神等近代价值的，这也就决定了中国历史发展不能够独立实现现代化的转折，而这种文化精神正是由于儒教思想的浸润培养而形成的。

列文森强调中国从来不乏科学，却始终不曾形成一种“不断积累的科学传统”。他非常赞同李约瑟对于中国科技史的评价，“科学主要是与道家和其他非正统思想发生联系。这正如李约瑟所说，科学不具有社会声望，传统的中国学者从来没有想到靠发明和创造来获得荣誉”，所以，他认为就中国的文化而言，对于科学要讨论的不是“能不能”，而是“愿意不愿意”的问题，“近代以前，中国曾有过重要的科学成就，近来的研究已开始向我们显示出它的影响是多么的深远。但是在整体上，儒家文人始终对此不感兴趣”，“如果近代中国被迫在他的文化遗产中寻找其科学的存在，那么，这不是因为他们的祖先生来就不能发展科学传统，而是他们根本就不愿意这样做”[③]。列文森认为，即使是明末清初的那些经验主义者，“他们反对唯心主义的内省法，主张认真研究农业、水利、军事战略和武器装备等实用性和技术型的问题。他们还要求对历史和经典从事应用性的研究。但一旦满洲的征服稳定了下来，这个具有自己的文化理想的官僚社会显示出其延续的能力时，上述那些动乱时代的课题，便在正规的教育中只剩下文学研究这一项了”[④]。

这就又触及到了儒学的那个重要命题：君子不器。列文森通过对明代文化主要是文人画的具体剖析说明中国的学问中“反专业化的文人传统”。他指出，“作为统治阶级的知识分子，他们本能地希望社会稳定。

---

① 列文森著：《儒教中国及其现代命运》，郑大华、任菁译，第 8 页。

② 同上。

③ 同上书，第 11—13、29、360 页。

④ 同上。

因此，就其意愿而言，他们反对变化的观念和创新的要求”①。这种与“科学、进步、商业、功利主义”现代西方文化主题相悖的“君子不器”的文人理想，正是由儒家文化的内在特质决定的。

列文森认为，“中庸”是儒教最本质的思想特性，儒教之所以能够长期存在并居于显赫的地位，就是因为受益于这种特性，“儒教的思想特性是‘中庸’，儒家——原则上是指那些与汉和汉代后历代王朝的官僚有着密切联系的知识分子——的社会特性是介于封建贵族和专制君主之间起平衡作用”，“儒教的这种‘中庸’特性使它特别地适合于长期存在，亦即在漫长的官僚社会中充满了活力”②。他把儒家学说与同期其他思想派别进行了比较，认为是晚周激烈的思想争论的竞争环境成就了儒家“中庸”的特性，“当它在晚周与其他思想派别展开争论时，儒教的‘中庸’特性就清楚地表现出来了”。③

列文森指出，儒家的“中庸”取向主要表现在以下几个方面。首先，介于道家“无我”的利己主义与墨家“无我”的利他主义之间，儒家主张“爱有差等”，“对人类的各种关系抱一种特殊的、有区别的情感，这既和墨家无差别的对待所有社会成员的‘兼爱’不同，也和道家超越所有社会感情关系的清静无为有别。儒家的立场是‘中’，介于道家个别的‘此处’和墨家普遍的‘彼处’之间”，而这种取向则使得家庭与文化构成儒家学说中最根本的内容，“正是在这一意义上，中国家庭的团结一致和文化上的区别对待（不是自我，不是世界，而是家庭和文化）这两者都成了典型的儒家世界观中本质的部分”④。

其次，就对人生社会的理想态度而言，儒家介于法家的“平天下”与道家的“内圣”之间，取内外折中调和的中间取向，主张“内圣外王”。列文森认为，作为比墨家更外向的一种社会极端，法家只是单纯强调通过强权暴力、法律建立并维护社会秩序，“法家则只单方面强调‘平天下’和社会秩序，把一切都归之于暴虐统治，而不是美德，认为社会

---

① 列文森著：《儒教中国及其现代命运》，郑大华、任菁译，第13、360—361页。

② 同上。

③ 同上书，第361页。

④ 同上。

秩序只有通过暴力或法律，而不能通过道德的榜样力量建立起来”[①]；道家作为哲学上的无政府主义者，则完全反对社会秩序，反对政府，只强调人类自我所固有的美德。较之法、道两家处于完全对立的两个极端，儒家的“内圣外王”具有明显的折中调和的中间取向，“儒家经典《大学》（从《礼记》中分出来的）将‘修身’与‘平天下’，亦即个人的美德和社会治理紧密地联结在一起。儒家的理想是通过统治者之美德的榜样作用来影响被统治者，从而建立起社会秩序”[②]。

最后，列文森认为，对教育作用的强调是儒家的又一中庸取向。他指出，基于对人性的不同认识，道家以自然个性为美而反对教育的人为作用，法家则以人性本恶而主张暴力，都不相信教育的力量。儒家在道家与法家之间寻求中道，无论主张性善、性恶，都直接导向对于教育的格外重视，“在道家看来，自然和个性都是善的，因此教育这种来自外界的人为作用只能使人性受到伤害。而对于法家来说，人性是恶的，所以只有使用暴力才能控制它。但儒家认为，人性是善的（《孟子》对此有详尽论述），因而易于教育，或者人性是恶的（《荀子》对此有详尽论述），因此需要教育。儒家对人性的这两种认识，以及他们对介于道家极乐的空无境界和法家相信暴力而不相信学问之间的教育作用的强调，是另一种‘中庸’取向的证明”[③]。

总起来看，列文森强调，与法家学说主要在政治领域、道家主要具有文化意义不同，作为一种普遍的学说，儒家与法家、道家一起分别塑造了中国的政治与文化，“法家学说主要是在政治方面。而对政治持彻底反对态度的道家学说，作为一种建设性的力量，具有的主要是文化上的意义。只有儒家学说才是普遍的学说，正是在这一意义上，我们说儒家学说具有无比宝贵的中庸特性。其内容既涉及政治领域（如法家学说），又涉及文化领域（如道家学说）。儒家学说和法家学说一道在官僚制度与君主制度的关系方面，塑造了中国的政治；儒家学说又和道家学说（后来还有佛教）一道塑造了中国的文化。因此，中庸之道这个常用词，这个平衡

① 列文森著：《儒教中国及其现代命运》，郑大华、任菁译，第361页。

② 同上书，第361—362页。

③ 同上。

（亦意味着稳定）的支撑点，即是儒教”①。

儒家文化的“中庸”特质成就了中国传统社会的长期稳定，但无论对文化的关注、对内圣外王的向往、对教育的强调，都环环相扣，造就了中国文化精神的“非职业”特征，它与现代社会的时代特征是格格不入的，“儒家文明所推崇的是非职业化的人文理想，而现代的时代特征则是专业化。在现代世界里，儒教的‘中庸’特性已没有存在的余地，它不再是可供选择的一种方法，而成了来自新的权力中心之新精神的对立物”②。儒家所一贯强调的“内圣外王”实际是一种非职业化的人文理想，“中国的士大夫是这样一种类型的人文主义者，即在本性上要求掌握一门定型的文化，或一种人文学科的遗产”③，“他所学习的东西对于治国没有任何价值，但却是学问之体，无论在艺术上，还是在道德上，都是如此。学问的价值就在学问自身”④。

基于这种人文理想的儒家教育制度及科举考试所培养的正是这样一种非专业人才，列文森称之为“反职业化的官僚”，“这些人高高在上的社会地位是其深深地敬仰人文文化，而不是技术性的职业文化的象征。既然国家的治理主要靠的是道德榜样而不是法律，那么，对于官吏来说，最适合他们需要的就是儒家的道德学说”⑤，官吏们所受的教育并不是也不可能使其成为行政内行，“他们是全整意义上的‘业余爱好者’，和人文文化的娴雅的继承者。他们对进步没有兴趣，对科学没有嗜好，对商业没有同情，也缺乏对功利主义的偏爱。他们之所以参政，原因就在于他们有学问，但他们对学问本身则有一种‘非职业’的偏见，因为他们的职责是统治”⑥。

列文森指出，与西方相比，中国的官吏从来都不是某种专家，官员的知识结构不具有职业性、技术性及有用性的特点，知识不仅仅是谋生的手段，而更具有使官员获得尊荣的内在功能，“学者的那种与

---

① 列文森著：《儒教中国及其现代命运》，郑大华、任菁译，第361—362页。

② 同上书，第16、35—36、42、367页。

③ 同上。

④ 同上。

⑤ 同上。

⑥ 同上。

为官的职责毫不相干、但却能帮他取得官位的纯文学修养，被认为是官员应具有的基本素质。它所要求的不是官员的行政效率，而是这种效率的文化点缀”[①]。当官职成为文化、知识和文明的终极价值的象征时，为做官而苦读就成了人生的目的，“在反职业化的古典世界里可能是成就最高的儒家教育，所追求的目标是培养出具有很高文化修养的非职业化的自由人，这些人摆脱了非人格的系统的控制。因此，与本质上是审美的，是目的而非手段的科举考试有着密切的联系的中国官僚制度阻止了向职业化方面的发展。在这样的环境下，儒家反对专业化意味着反对（和剥夺）科学，反对（和剥夺）合理化和抽象化的符合逻辑的经济系统，反对（和剥夺）历史发展的观念，所有这些在西方都是与专业化的精巧之网紧密地联系在一起的，并使西方成了中国的破坏因素”[②]。

鉴于此，列文森认为，虽然中国传统社会内部充满种种紧张与冲突，如儒教与君主政体的紧张与冲突（包括儒教与君主制的基本对立、儒教对暴政的制约、君主—儒家官僚—贵族之间的制衡）、儒教内部的基本矛盾（包括内与外、公与私、家庭与家族、身份与学问、惯例与法律、自由与监督）等等，它们共同促进了中国传统社会内部的变化发展；但是，由于儒学思想“中庸”的内在特质在官僚社会的整合作用，这些促进变化发展的“张力与活力”最终并未也不能导向真正的社会变革。列文森强调，单纯的思想传播不能够改变传统中国的社会走向，无论是佛教的传入，还是16、17世纪基督教的传播，都是如此。它们只会被“中庸”特质的儒学同化，佛教的情形最能说明这个问题，“佛教的发源地印度没有对中国整个社会产生过冲击，它与中国的接触仅限于思想方面。在佛教传入中国的早期，从汉末到中唐，中国社会自己发生了一些动乱，佛教似乎对儒学构成了一种严重威胁，这本是正常运作中的中国官僚社会的一种正常现象。但是，恢复中国官僚社会的正常运作，却进一步使中国儒学成了源于印度的佛教主人，同时佛教自身也根据神圣的中国文化背景作

① 列文森著：《儒教中国及其现代命运》，郑大华、任菁译，第14、367—368页。
② 同上。

了改造”[①]。

只有整体社会秩序受到相当程度的冲击，这种变革才可能发生，而近代中国社会走向及中国思想主题的改变正源于鸦片战争以后西方的冲击，“在20世纪之前西方对中国和日本的影响，以及历史上中国和日本对西方的影响的所有事例中，都存在着这样一个共同特征：这些影响主要是思想上的，而不是社会上的。观念融合的结果，新的思想环境的混乱程度，似乎并不取决于脱离实际的抽象思想的性质”[②]，“而是取决于它们在多大程度上使异质的母体社会脱离了原有的轨道”[③]。列文森用“词汇”和“语言”的关系对此作了形象的描述：“只要一个社会在根本上没有被另一个社会所改变，那么，外国思想就会作为附加的词汇，在国内思想的背景下被利用。但是，当由外国势力的侵入而引起的社会瓦解开始后（这种情况在中国，而不是在西方发生过，而且在中国也只发生在19世纪和19世纪之后），外国思想便开始取代本国思想。一个社会的语言变化，从客观方面看，它是在外国全面入侵，而不仅仅是纯粹的思想渗透的背景下作出的新的选择；从主观方面看，它是在日益紧张增长的思想紧张的背景下做出的新的选择，这是一种迫使外国思想本土化和本土思想理性化的强大力量的努力所造成的紧张，一种在普遍的理性要求和特殊的理性要求之间永远存在着的背离所造成的紧张”[④]。因为不同的社会状况决定了不同的接收外国思想的心理状态，列文森认为，近代以来中国社会“变革的根源则深植于一个半世纪以来西方对中国早期社会结构的破坏性冲击”[⑤]。

二　对近代中国思想继承性问题的剖析

基于上述立场，列文森对中国儒教传统向现代化社会转变的内在困境进行了剖析和阐述。他具体探索了近代以来有代表性的中国思想家、学者等知识群体曲折的心路历程，认为知识分子那种在理智上要疏远传统，而在情感上要依恋传统的困局贯穿了整个近代中国的思想文化历程，“人们

① 列文森著：《儒教中国及其现代命运》，郑大华、任菁译，第141、143页。

② 同上。

③ 同上书，“代译序”第9页。

④ 同上书，第42、92、141、144页。

⑤ 同上。

在寻找一种能使特殊与普遍的需要纳入同一的思想轨迹，并能在激烈的斗争中保持住不可替代和不可辩驳之地位”①，系统地展现了他对近代以来中国重要的社会、思想学术思潮历史脉络的把握。

列文森指出，由于受到商业力量潜在威胁的儒家官僚的社会地位仍十分稳固，西方科学在十七八世纪只在观念上对儒家构成潜在的威胁，商业价值也在儒家阴影的笼罩之下；然而，“鸦片战争后，欧洲的工业主义和商业事业开始成为传统的中国社会的催化剂”②。19世纪作为强大异端力量的西方文化的冲击促成了近代中国各思想派别的联合，“‘新’还是‘旧’的问题仍然是价值的判断标准，但评判的对象已从中国扩展到了西方。当他们感觉到西方的严重威胁时，中国各思想派别的第一反应就是放弃了他们之间的谁旧谁新的争论。因为他们都是旧的（在西方文化来到之前，他们就已经存在），只有西方文化才是新的”③。古老的东方文明的基础在西方的社会制度、政治法律思想、宗教文化面前动摇了，中国思想的有用性受到了挑战。列文森认为，由于西方思想在某种程度上强加给了并不情愿的中国人，“受这种强力和不情愿的感情的驱使，一种中西调和论抢先占据了中国思想史的位置”④。

列文森重点剖析了体用论、今文经学派、民族主义、反传统主义等思想学说及社会、学术思潮。第一，列文森对于中国近代思想历史中影响颇大的“中体西用论”作了较全面的剖析。他指出，这是“应中国社会环境的要求而产生的第一个中西调和理论”⑤。为了满足“中国优越地位仍没有受到挑战的愿望”，张之洞力倡中学为“体”，西学为“用”，在他及所有“自强派”看来，需要向西方学习进行改革的是只具有实用价值的领域，而“在最基本的文化价值领域，中国不止和西方相等；而且远超出于西方之上”⑥，西方科学技术、工业、商业、军事等知识只是被用以保护作为核心的中国文明的工具，“力图在现代西方技术的世界中强化中

① 列文森著：《儒教中国及其现代命运》，郑大华、任菁译，第42、92、141、144页。

② 同上。

③ 同上书，第40、47、49、62页。

④ 同上。

⑤ 同上。

⑥ 同上。

国人对其文化认同”。然而，这个试图在激进派与顽固派之间居中调和的理性主义主张，并未被双方接受，他们都认为，这种体用模式“没有真正地将特殊的需要和普遍的需要融合在一起”，他们必须另寻出路，“既然‘体用’模式不能证明改革是合理的，因此，传统主义者拒绝改革，而改革者则在寻求一种新的模式”①。

列文森认为，中体西用模式没能达到预期的目的，失败是必然的，虽然“张之洞的中学为体，西学为用强调的不是西方科学比中国科学更有价值，而是西方科学在价值上不如中国的道德和美学，这种不如正由于它的有用性，如果某种东西有用，那它只能是手段，而手段在价值上不如目的”，但它失败的原因也正在于此，由模式本身来解释，“在这个被综合过的文化中，中学是体，但在现实社会中，它又是作为进入仕途的敲门砖，即‘用’来使用的。而被当作‘用’来引进综合的西学，并没有像这个整齐的模式所要求的那样充当中学的补充物，相反取代了它。因为在事实上，中学所以被珍视，是由于它具有进入仕途之敲门砖的功用，现在它的功用被剥夺了，其‘学’也就必然会枯萎。西学越是作为生活和权利的实际工具被接受，儒学便越是失去其‘体’的地位”②。从哲学的意义言，列文森强调，体用模式不仅体现了外来因素造成的儒教衰落，也是儒教本身衰落的象征，“这个未能容纳工业主义的儒家模式，也没有表达出真正的儒学精神”③，他指出，张之洞无意中改变了朱熹体用论的本来意义，“张之洞的‘体用’理论具有社会学的意义。他关心的不是事物的本质，而是文化的本质。根据他的理论，在具体事物中体用是两分的（这与朱熹不同），而在抽象思维时体用是合一的。这就是说，人们可以将有的东西（如中学）作为‘体’，而将另外一些东西（如西学）作为‘用’”④，而西学本身自有体用，“从学术思想的角度看，应用科学和工业化是‘用’，但从普遍的社会改革的角度看，它们又是‘体’。当张之洞努力寻求西方的应用科学和工业化以保卫中国的文化遗产时，他没有认识到西方的应用科学和工业化是强大的社会催化剂，是具有破坏性因素的

① 列文森著：《儒教中国及其现代命运》，郑大华、任菁译，第50、54、56页。

② 同上。

③ 同上。

④ 同上。

力量之一”[①]。

第二，关于康有为的今文经学。列文森认为，以康有为为首的今文经学派的改革者正是要完成“体用”派没有完成的事业，他们试图在避免体用模式谬误的前提下，给历史注入新价值，实现“光荣地西化”。他们努力在中学中把“体”与“用”统一起来，“这些改革派认为，中学不仅有‘体’，而且有‘用’，他们要恢复‘体用’不分的传统，从而使近代西方的价值不是作为中国传统的补充物，而是作为它的整体的一部分而存在”[②]。列文森把康有为的意图概括为：要保存西方的价值，但要在儒学中发现它。

今文经学派在理智上是疏远中国思想的，但因为任何力量也无法改变的中国人的身份，又使他们在感情上要认同中国思想，相信西方精神与中国精神是完全相等的，“于是他们力图通过中西文化的调和而使中国的精神和西方的精神统一起来，尽管这种统一是表面上的”。[③] 他们采取的方法是把中国传统与中国生活方式剥离开来，“他们试图说明，形塑中国生活方式的中国文化，不是中国的真精神，中国的真精神一直遭到曲解和压抑”，而一旦这种真精神得到重新认同和维护，“中国就能够与西方并驾齐驱”，原因在于，如果把现实中国文化说成非儒学的东西，非物质层面的更完整意义上的政治、伦理等层面的改革，才可能“不会使中国之体丧失其信誉，相反有利于它的重新发现”。列文森注意到，在康有为的思想体系中，“所有给人以深刻印象的西方价值都被说成是中国的东西了”，“这里，没有产生于西方而为中国屈尊俯就地加以接受的‘用’，而只有自我认定的儒家血统”[④]。列文森对于康有为的进化思想给予了相当的重视，康有为一直坚持，“进化的阶段也就是儒学发展阶段；进化的价值以及现代的价值”，列文森认为，“这种进化的思想，既是与陈旧的儒家观念的一种决裂，同时又是解释这种决裂

① 列文森著：《儒教中国及其现代命运》，郑大华、任菁译，第57、65、67页。

② 同上。

③ 同上。

④ 同上书，第68、70、71、83、84、88页。

的一种工具”[①]，更重要的是，“一种新的保卫中国的可能性，一种新的改革的理论，则有可能从‘今文经学’的教义中提炼出来，因为如果像‘今文经’学派所认为的那样，进化是一普遍的过程，那么，古老的‘体’则一定能够被取代”[②]。

第三，列文森阐述了民族主义在传统自我否认中的作用。他指出，使“国家”成为“天下”，亦即“使一政治单位成为带有价值的一种文明”是儒教的一贯传统，凸显的是文化、文明的价值；而民族主义者则努力使“天下”成为“国家”，因为，“作为一个国家，它没有任何必须遵循的固定准则。但作为一种特定的文明，它就必须坚持某种价值观念”[③]，所以，“如果是国家而不是文化成为人们关切的第一对象，那么，对那些看起来没有多少用处的文化价值的抛弃，则是一件幸事而不是痛苦的灾难”[④]。民族主义者冀以民族为比较的合适单位，来实现其“在中西之间建立一种文化上的平等地位”的希望，“他们极力主张放弃那种毫无希望的要求，通过变革文化价值来增强政治势力，并从作为‘天下’的中国的失败中取得作为‘国’的中国的胜利”[⑤]。

列文森注意到中国的民族主义学说具有“明显的、日益增长的内在紧张”，它否定文化至上论，但并不否定传统，“民族主义者维护传统，其目的是为了使自己能‘成为’一个民族主义者，并便于对传统进行攻击”[⑥]。中国的思想家因此面对着两项无法调和的要求，“他既应对中国的过去怀有特殊的同情，但同时又必须以一种客观的批判态度反省中国的过去”，于是，“择东西之精华而取之”的纯价值模式就成为“满足这两项要求的最合适的方法”。列文森认为，“这种模式似乎调动起了民族主义者的反传统潜力”，思想家唯一关切的似乎只是价值，因为“精华”“这一文化上的中性价值术语表达了思想家所追求的目标”[⑦]，但实际仍无法

---

① 列文森著：《儒教中国及其现代命运》，郑大华、任菁译，第68、70、71、83、84、88页。

② 同上。

③ 同上。

④ 同上。

⑤ 同上。

⑥ 同上书，第92—94、98、101页。

⑦ 同上。

否认普遍性与特殊性之间持续不断的冲突。列文森强调，“如果对‘精华’的客观追求慎重地使用价值判断的话，那么，认为西方与中国之‘精华’的结合将会产生一种很好的新文化的看法将是错误的”，因为这种模式“对普遍接受的价值之信仰的假定，掩盖了对其特殊的历史的价值之源的关切”①。它的意义只能是文化上的，“即努力通过促使特殊的中国价值与普遍的世界价值的配合来加强中国的地位”，这种思路实际已经“陷入严重的紧张和困境之中”②。

第四，列文森对反传统主义给予了高度重视。他认为，在20世纪20年代中，中国最富有挑战性的思想派别就是反传统主义者，他们“把科学吹捧为现代人所必须具有的那种新精神之基础”，被视为“中国精神遗产的造反者”。列文森强调，反传统主义者也希望维持中西文化的平等地位，但与“择东西精华而取之”的民族主义者路向不同，“他们的平等是两种文化之糟粕的平等，而不是两种文化之精华的平等”，他们以反儒教批判传统中国，“他们同样以其反基督教来指责西方”③。在中国，世俗的西方化进程非但没有为基督教的传播铺平道路，反而使其遭到激烈反对，列文森认为主要原因在于，基督教的性质在国人眼中发生了某种质的变化，已由17世纪“一种非中国传统的东西”转变为“非现代性”，“在前一时期，基督教因为不是儒教而受到批评，这种批评是中国文明所特有的。在后一阶段，基督教因为不是科学而遭到抨击，这种抨击来自于西方文明”④。列文森强调，反传统主义者正是通过拒绝基督教达到了心理情感的补偿，“儒教必须被打倒。但是，如果基督教被挑选出来作为儒教的西方历史时，就不会产生痛苦的感觉了。当基督教独自成为儒教的难兄难弟时，儒教向工业主义的投降，也就不会被看成为中国向西方的投降了——如果基督教也仅仅是一个投降者。在拒绝基督教时，犹如他们抛弃了自己历史的主要传统一样，现代中国人也希望西方历史的重要传统令人鼓舞地被扔掉。因为，当中国的儒教和西方的基督教被一起打包送进历史博物馆时，中国旧日的地位似乎得到了恢复”，于是，“作为‘现代’文

① 列文森著：《儒教中国及其现代命运》，郑大华、任菁译，第92—94、98、101页。

② 同上。

③ 同上。

④ 同上书，第105—107、101、109页。

明，而不是作为‘西方’文明的科学和工业化，似乎终于得到了普遍的承认，因为它既超越了儒教中国，同时也超越了基督教欧洲，如果这种承认就是真正普遍的，那它当然就是中国的”[①]。因此，列文森认为，反传统主义使得“中国思想与历史上中国价值之背离”成为可能[②]。

同时，列文森视反传统主义仍属于民族主义阵营，所不同的只是这些民族主义者“过多地让他们的民族主义承载了反传统主义的内容，从而成了准共产主义者和实际上的共产主义者”[③]。

第五，列文森对于儒教与孔子在现代中国的历史命运作了总结。他认为，在现代中国，“人民的传统是能被重新解释的中国的过去，而以前一直作为中国过去的儒家传统或地主传统则被完全地否定掉了”[④]。他指出，共产主义的理论实际要求认可中国传统，并重建与传统的联系，对共产党人来说，“他们采用阶级分析方法，不是要消灭传统的中国文化，而是此前的一系列驱除衰败这个幽灵的努力都失败后，而进行的最后一次努力”[⑤]，“马克思主义者对古代经典的态度既不像有些人那样，必定将它们斥之为封建思想，也不像儒家那样将其赞颂为万古不变的真理。马克思主义者认为，古代经典是后来人深入研究精神世界的主题，但却不能像它们曾经所做的那样去统治精神世界本身”[⑥]。所以，宣传反“士大夫”传统的“人民”传统与肯定孔子的地位并不矛盾，“共产主义者既排除了封建守旧分子对孔子的过分推崇，又把孔子从资产阶级知识分子的全盘否定中解救出来，使他成为一个既不受崇拜，也不遭贬斥的民族历史人物”[⑦]。

因此，在列文森的视野中，儒教最终成了历史，因为历史已超越了儒教，随着君主制的结束，儒家传统失去了赖以栖身之地，成为历史博物馆的陈列品，儒学在现代中国已不可能再有新的发展前景。列文森注意到现代中国建立自己现代化模式的努力，“将共产主义历史学家对近代、现代

---

① 列文森著：《儒教中国及其现代命运》，郑大华、任菁译，第101、105—107、109页。

② 同上。

③ 同上。

④ 同上书，第123、127、316、332、340页。

⑤ 同上。

⑥ 同上。

⑦ 同上。

和将来的研究连接起来看，他们关注的目标并不是要为中国寻找一个西方模式，而是要为长期受到西方剥削的各国建立起一个中国模式”①。由此列文森得出这样的结论：“中国人在使中国的传统文化走进自己的博物馆的过程中，在不妨碍变革的情况下，又保持传统文化的连续性。他们的现代革命——在反对这个世界的同时又加入这个世界，在抛弃中国过去的同时又使过去成为他们自己的过去——是一个建造他们自己的博物馆的长期奋斗的过程。他们不得不对自己的历史作一番清算，用一条新的绳索将它牢牢拴住，而同时朝着和它完全相反的方向前进”②。

第三节　李约瑟的《中国科学技术史》与中国文化观

英国学者李约瑟博士（1900—1994 年）是当代英国著名的科学家、汉学家。他原是生物化学专家，英国皇家学会会员；又是中国文化的知音，致力于汉学四十多年，对中国的哲学、文学、科学、技术等诸多领域皆有研究。其科学史巨著《中国科学技术史》（原名《中国科学与文明》）凝结了他对中国传统文化的满腔热情，倾注了他毕生的精力和心血。这部皇皇巨著多达 7 卷本 20 册，洋洋百万言，跨越语言与时空的障碍，记载了从公元前 1 世纪到公元 15 世纪中国人在科学技术领域的辉煌成就，“研究中国文化领域内的科学、科学思想和技术的历史”③，具体展现了中国古代科学技术发展的基本线索和概貌，为中国在世界科技史上争得了一席之地。其中的第 2 卷《中国古代科学思想史》，旨在“探索中国哲学对于科学思想发展的作用”④，学界认为该书是“他在中国古代哲学与科学之间‘搭建桥梁’的结果”，作为一项系统的工作，是在此之前

---

① 列文森著：《儒教中国及其现代命运》，郑大华、任菁译，第 316 页。

② 同上书，第 383 页。

③ ［英］李约瑟著：《四海之内》，劳陇译，生活·读书·新知三联书店 1987 年（下同），第 23 页。

④ ［英］李约瑟：《中国科学技术史·科学思想史》，科学出版社、上海古籍出版社 1990 年，“导言”第 1 页。

“中外学界所从未作过的”前无古人的工作[①]。李约瑟曾先后担任英中友好协会及英中了解协会会长，对中英两国的文化交流做出很大贡献。

一　东西文化应该平等对话

李约瑟认为，东西方各有自己固有的文明，“三千年来旧世界的东西两方一直在进行着对话，彼此给予很大的影响，但是双方所形成的文化却是迥然不同的”[②]。他强调，东西文化各具特色，都对世界文明做出了自己的重要贡献，所以，他对西方流行的一种傲慢与偏见持激烈的批评态度，指出：“许多西欧和美洲人认为自己是文明的代表，负有统一全世界的使命。在他们思想上只有西方的文明是具有普遍性的，因为它本身是统一的，完整的，所以能统摄其他一切文明。这种自我吹嘘是毫无根据的”。[③]

他剖析了欧洲中心论的认识误区，认为“欧洲中心论的基本错误就在于它隐含着一种武断的臆说：因为现代的科学技术确实产生于文艺复兴后的欧洲并且具有普遍性，因此，任何欧洲的东西无不具有普遍性”[④]，李约瑟指出，认为只有西欧的文明才具真正的历史价值，这种结论是很不正确的，因为科学在本质上是一种社会性的事业，“真正具有普遍性的是现代科学和现代技术，以及形成这种科学技术的哲学思想。而且还必须清楚认识，欧洲所产生的并不是‘欧洲的’或‘西方的’科学，而是普遍适用的世界科学”[⑤]，而对这种世界科学，东西方文明都曾做出了它们自己的贡献，“科学的基石也并不只是欧洲人，而是全世界绝大多数人民所共同镌刻和奠定的”。他指出，现代理论科学和应用科学并不是“完整的在文艺复兴的母体中形成而诞生出来的”，“现代科学的诞生经历了几个世纪的准备时期，在这个时期内全欧洲曾经吸收了阿拉伯的学术知识，印

---

① 周瀚光：《李约瑟〈中国科学技术史·科学思想史〉述评》，《哲学研究》，1994 年第 5 期。

② ［英］李约瑟著：《四海之内》，劳陇译，生活·读书·新知三联书店 1987 年，第 1、3、4、18 页。

③ 同上。

④ 同上。

⑤ 同上。

度的思想意识和中国的工业技术"[①]。

李约瑟列举了大量东方文明与欧洲文化相通的因素及对欧洲文化的影响。他指出，在政治历史、哲学历史方面，西方对于东方的文明实际表现得很无知，西方人认为只有西方人懂得民主真谛，但他们根本就不了解印度乡村自治会、伊斯兰的会社组织、中国的文官考试制度及监察机构，"他们对于中国、印度或者阿拉伯的历史中最基本的情况一无所知"[②]。就社会哲学而言，"在欧洲人的思想上有一种典型的看法，似乎只有宗教才能恢复人的地位"，但是欧洲人也忽略了这样一个事实，"尽管人们说亚洲人没有发展现代的自然科学，但是在中国人和阿拉伯人的社会哲学中却从来没有忽视过人道主义的本质"[③]。他强调亚洲的人道主义值得全世界采取更加虚心的态度进行探讨。

他更以一个科学家的身份，批评西方对于科学技术的历史的无知。他提醒人们注意这样一个事实，许多东方的科学技术成就却被误认为是西方发明的，"现在人们普遍都承认，希腊人从巴比伦和古埃及人那里受益之多简直是无法估计的。但是还有大量的事实欧洲人至今还没有充分认识。根据已有的材料证明，在纪元后最初的14个世纪，欧洲从亚洲接受了许许多多基本的科学发明与发现，往往不知道它们来自何处。在切斯特的罗伯特和巴斯的阿德拉特时代，欧洲人必须学习阿拉伯语才能获得最好的科学知识；他们从阿拉伯人和大草原人民那里获得了不少的技术知识，后来成为文艺复兴时期建设的基础。有多少人知道现在全世界天文学者普遍使用的星位坐标系是中国人而不是希腊人创制的？有多少人认识到现在给全世界带来燃料和石油的深井钻探技术，据可靠资料证明，是古代的中国工程师发明的？欧洲人以哥伦布及其他航海家的探险功绩而感到自豪，但是欧洲人却不肯问一问，使航海事业得以实现的那些重要发明是从何而来的——指南针和船尾骨舵来自中国，多层桅樯来自印度和印度尼西亚；尾桅三角帆来自伊斯兰的航海家"[④]。

因此，李约瑟提出，欧洲人必须认识这一点，"他们的亚洲兄弟们应

---

① ［英］李约瑟著：《四海之内》，劳陇译，三联书店1987年，第6、8、13页。

② 同上。

③ 同上。

④ 同上书，第11页。

该和他们分享现代科学给世界人民带来的无穷福利（现实的或潜在的）。但是他们决不能再勉强亚洲人接受他们的思想方式和生活方式，那是与亚洲人固有的伟大文明格格不入的”①。他反复强调，科学只能由全世界人民以最充分的自由方式共同享受。就东方而言，各国人民应该自由地发挥自己千百年形成的思想体系的内在效能，“决不能勉强地去接受欧洲的思想方式，更不能接受欧洲现代庸俗化的思想”；就欧洲而言，欧洲文化应该和其他兄弟文化处于完全平等的地位，不能强迫还不具备现代工业力量的国家接受自己的思想观念和生活方式，“欧洲人要把科学看作自己的私有财产，那是极其荒谬而且不可能的。科学不是欧洲人可以利用的一种手段，借以使他们的传统和生活方式强加给其他的人民。科学也不是欧洲人所能享有永久专利的东西。科学总是属于全世界的人类社会的”②。李约瑟认为，西方还要进一步学习、认识东方的社会哲学，“欧洲人和美洲人必须随时准备，不仅要和亚非人民分享现代科学技术所带来的认识和利用自然的宝贵财富，而且还要向他们学习关于个人生活以及社会集体的许多道理”③。

二　李约瑟的中国文化观

李约瑟于东方文明中特别对中国文化给予了高度评价，指出：“如果真正要说具有历史价值的文明的话，那么，“光荣应属于中国”④。他认为把中国文明的特质归于“静止性”是不确当的，“所谓‘不动的运动者’基本上是希腊的观点，而中国的‘道’的含义却是永恒不息的运动，正如天体的周日运行一样”。“在中国的文化中从来没有静止不变的东西；只是它有两个特点，（1）就语言和文化的一贯性和独特性而言，它的历史可能比其他任何国家都要长（也许以色列可以与之相比）；（2）中国没有发生过像欧洲文艺复兴那样的社会现象，以及当时和后来所产生的那些变革。中国的文化，和其他各国一样，有突飞猛进的时期，也有相对静止

① ［英］李约瑟著：《四海之内》，劳陇译，第5—7页。

② 同上。

③ 同上书，第22、4页。

④ 同上。

的时期”[1]。李约瑟对中国文化有许多深刻见解，其中最重要的莫过于他对中国传统社会制度的分析及对儒家与科学发展关系的剖析。

首先，李约瑟对具有意见分歧的中国传统的官僚封建制度持有自己独特的洞见。他认为中国古代社会制度和欧洲人所知道的任何制度都不相同，“中国传统官僚封建制度确实是从古以来的社会体系中最稳定不变的一种形式”，并且，这种制度“对于保证中国文化的延续性一直起着主要的作用”。同许多西方学者一样，他也认为正是这种制度阻止了资本主义在中国的发展，“那个制度最重要的一个特点就在于它（像在印度一样）阻止了资本主义在本国的发展。这种官僚制度的统治是非常成功的；它抑制商人，使他们不能上升掌握国家权力；它限制商会的范围使它只能起福利互助的作用；它扼杀了资本积累的萌芽；它对矿业课以重税使它不能生存；它对航海事业和对外贸易施加压力，彻底摧毁（如15世纪郑和逝世以后的情况）”[2]。

然而，与韦伯从社会学角度批评这种官僚制度造成中国社会“非职业化”特征的认识相异，李约瑟却是从这个制度成功的角度立论，提出了他与众不同的见解，他强调在这种传统的封建官僚制度中，最为重要的一个特点是，“这个制度两千年来收罗了社会各阶层中最优秀的人才为之效力”，“只凭这最后一点就可以有力地说明，为什么西方的封建制度不得不让位于资本主义制度，而中国的官僚封建主义却可以平安无事地一直保持下来”[3]。他对孔子提出并为后世中国所实践的“学而优则仕”原则给予了高度评价，他认为士阶层是中国两千年来掌握文学和行政的优秀知识分子，中国的官僚机构是从“文士贵族”中经过考试择优录用的非世袭的官僚系统，这与西方贵族世袭原则迥然不同，“‘学而优则仕’这个概念，首先提出来的是中国，而不是法国或任何其他欧洲国家”，“确凿的证据说明文官的公开考试制度是西方国家在19世纪有意识地从中国学习来的”[4]。正因这种迥然的差异，“西方贵族世袭的原则不能使最优秀的人才登上最有权力的位置。当社会上最聪明能干的人才不走教会统治集团

① ［英］李约瑟著：《四海之内》，劳陇译，第5页。

② 同上书，第25、27页。

③ 同上。

④ 同上。

的捷径，而从事商务贸易或者成为皇室顾问时，西方的封建制度就濒临末日了。在中国则不然。因为行政官吏都是从那个时代最优秀的人才中选拔出的，就不会像西方社会那样，由于贵族后裔的懦弱无能而引起人民强烈的不满和反抗；这是导致西方封建制度崩溃最重要的一个因素”①。

而且，李约瑟还指出，中国封建社会的官僚特性与中国古代的科技发展有着比较密切的关系，“中国的官僚封建主义能够更好地把科学（可以说，常常是一种客观上似乎并不存在的理论科学）应用于人生事务上，在这方面比希腊的帝国主义，或者中古世纪的西方封建主义，要高明得多”。像地震仪、量雨计、量雪计、大规模有组织的大地测量确定子午线等，“这些中古世纪的发明有一些是和中国文化的官僚性质密切联系的”②。

由此出发，李约瑟强调指出，“今天西方人必须认识，对中国人来说，资本主义在本质上完全是外来的东西”。与一般西方学者认为中国传统无法发展现代资本主义的结论不同，他认为无论西方人采取什么手段，如凭借军事力量，都无法强迫中国人接受资本主义，这是中国的文化传统所决定了的，“归根结底，资本主义这种社会制度是中国人民从来不习惯的，不需要的，而且愈来愈不愿意接受的”③。

其次，李约瑟剖析了儒家思想学说对中国古代科学技术发展的影响。他认为儒家与道家学说共同构成了中国人思想深处“极其重要的历史背景”④，“儒教和道家的基本思想却已经成为每一个中国人的精神世界的背景，无论他受过多少世界主义的教育和环境影响”，“中国人的生活方式中有许多最优良的传统都是从这两个思想体系中汲取来的”⑤。在李约瑟看来，儒道二家的思想（特别是儒家的道德观及道家的社会抗议思想）都是永恒的，只是二者的地位与作用力不同。“古代的道家哲学家们都是对当时的封建社会的强有力的抗议者。他们拒绝和封建统治者合作”⑥。

① ［英］李约瑟著：《四海之内》，劳陇译，第27—29、56、81—82、107页。
② 同上。
③ 同上。
④ 同上。
⑤ 同上。
⑥ ［英］李约瑟著：《四海之内》，劳陇译，第57页。

基于对道家思想与中国科学技术密切关系的认识，他对道家学说极为推崇，“道家哲学虽然含有政治集体主义、宗教神秘主义以及个人修炼成仙的各种因素，但它却发展了科学态度的许多最重要的特点，因而对中国科学史是有着头等重要性的”，“东亚的化学、矿物学、植物学、动物学和药物学都起源于道家”[①]，道家的“道”是指宇宙的运行之道。

李约瑟对儒家的态度则要复杂得多。他意识到儒家与道家的不同，儒家的“道”主要意指人世社会里道德的理想境界，宇宙亦以道德为经纬。他对儒家的道德观、价值观极为尊崇，“儒家的学说是最富于社会意识和人道主义精神的；这是世界上任何地域的哲学思想所不能比拟的。儒家所关心的主要是社会的道义准则（当然，不能脱离当时的封建社会背景的局限性），以及社会和统治者与被统治者，家庭与国家，等等之间的关系”，“在人类所认识的具有神圣色彩的各种体系中，可能儒教含有超自然主义的成分最少”[②]。他认为儒学是一种重视今生及关心社会的学说，孔子儒家思想本质上表现为一种伦理观，它具有一定的保守性，也具有某种恒常的延续性，这是它能够一直支配整个中国思想的原因，“从本质上说，儒家学说并不是一个哲学体系，而是代表着一种伦理观点。那是在孔夫子时代（纪元前 6 世纪）的封建社会范围内所能设想的一套社会正义的标准。儒家学说之所以具有保守性，是因为孔夫子将君臣或主仆的关系列在他奉为神圣的五伦之中。但是，儒家认为社会上每一个成员和其他成员之间有一种特定的功能上的关系，这个道理却是可以不断更新而永远施行的”[③]，如“孝”的观念、强调义务而非权力的理念、“有教无类”的教育原则等，李约瑟认为即使是现代社会也应得到普遍承认。

问题在于如何评价儒家对待科学的态度及贡献。从总体方向上，李约瑟认为儒家对待科学的态度是消极的，其过分的人文主义传统阻抑了科学的发展，儒家学说对科学发展贡献甚微，“在整个中国历史上，儒家反对对自然进行科学探索，并反对对技术做科学的解释和推广”[④]。然而，李约瑟也注意到儒家思想对于科学技术实际存有的两种根本自相矛盾的倾

① ［英］李约瑟：《中国科学技术史·科学思想史》，第 175 页。

② ［英］李约瑟著：《四海之内》，劳陇译，第 57、87 页。

③ 同上书，第 57 页。

④ ［英］李约瑟：《中国科学技术史·科学思想史》，第 8 页。

向，“一方面，它助长科学的萌芽，一方面又使之受到损害。因为就前一方面来说，儒家思想基本上是重理性的，反对任何迷信以至超自然的宗教”，“就后一方面来说，儒家思想把注意力倾注于人类社会生活而无视非人类的现象，只研究‘事’（affairs），而不研究‘物’（things）”，所以，李约瑟得出这样的结论，就对科学的贡献而言，儒家不如道家，“对于科学的发展来说，唯理主义反而不如神秘主义更为有利”①。

然而，在具体的层面上，在具体剖析中国古代科学技术及科学思想发展的历史时，李约瑟实际对一些儒学思想家、一些儒学重要理念对于科学的影响和贡献又给予了充分的肯定。其一，他认为宋代理学对中国科学思想做出了重大贡献，其重要性并不亚于道家。他指出，“新儒学家这一思想体系代表着中国哲学思想发展的最高峰”，“它是对自然的一种有机的认识，一种综合层次的理论，一种有机的自然主义”②，“新儒学派最深奥的思想包含在‘无极而太极’这一句话中，意思就是说，把整个宇宙作为一个有机的整体，实际上是单一的有机体的概念”③。他认为宋儒的理气学说是一种有机主义的自然观，并予以高度评价，“理学的世界观和自然科学的观点极其一致，这一点是不可能有疑问的”④，因此，他认为宋代科学技术所取得的辉煌成就与理学有着内在本质的联系，“宋代理学本质上是科学性的，伴随而来的是纯粹科学和应用科学本身的各种活动的史无前例的繁盛”⑤。

李约瑟认为，中西方虽然存在着人间法律与自然法则等“法”的思想的差异，但是，儒家世界观中自有其利于近现代科学发展的思想路线。在西方观念中，“正如人间帝王的立法者们制定了成文法为人们所遵守那样，天上至高的、有理性的造物主这位神明也制定了一系列为矿物、晶体、植物、动物和在自己轨道上运行的星辰所必须遵守的法则”⑥；中国的观念则迥然相异，“中国人的世界观依赖于另一条全然不同的思想路

① ［英］李约瑟：《中国科学技术史·科学思想史》，第12页。
② ［英］李约瑟著：《四海之内》，劳陇译，第61—62页。
③ 同上。
④ ［英］李约瑟：《中国科学技术史·科学思想史》，第526—527、551、619页。
⑤ 同上。
⑥ 同上。

线。一切存在物的和谐合作，并不是出自他们自身之外的一个上级权威的命令，而是出自这样一个事实，即他们都是构成一个宇宙模式的整体阶梯中的各个部分，他们所服从的乃是自己本性的内在的诫命”①。李约瑟认为，这种思想路线与近现代科学的发展非常合拍。

其二，李约瑟肯定儒学含有怀疑的理性主义因素，并由此形成了中国的怀疑主义传统，而这是科学思想发展的必要前提。他对汉代儒家学者王充颇为推崇，称之为“中国任何时代里最伟大的人物之一”，因为他的怀疑论哲学、离心的宇宙生成论、对谶纬迷信的抨击批判等，都促进、推动了科学思维的发展，“他在中国科学史上的功绩已受到近代中国科学家和学者们的高度评价”②。李约瑟认为，在王充之后，中国历史上历代都有极富批判精神的儒家学者，形成儒家的怀疑主义流派，如南北朝的范缜，唐朝的傅奕、吕才、柳宗元、韩愈，宋朝的石介、胡安国，元朝的刘基、谢应芳，明清的曹端、王夫之等，而这个以王充为代表的儒家怀疑主义传统正是中国古代科学思想发展不可或缺的条件。

另外，李约瑟对儒家学者对于中国科学思想基本观念如阴阳、五行等观念的发生、发展、演变的贡献也予以了肯定。他认为对于阴阳、五行的“关联式思考方式”解释得最好的是汉代大儒董仲舒，他强调对董仲舒“天人感应”、“同类相动”等思想不能简单地视之为迷信，其实这正是中国独特的思想方式，即关联式思考方法。他认为这种关联式思考方式对现代科学启蒙时的科学思想有一定的影响。在批评儒学过分的人文主义传统的同时，他也注意到儒学的科学人道主义立场，认为这种科学人道主义应当被发掘出来，以解救西方的科学危机及人文危机。

李约瑟曾自述他编纂《中国科学技术史》的动因：“为什么在上古和中古时代，中国的理论科学和应用科学有惊人的发展，而在17世纪初期伽利略时代之后，现代科学在中国却没有发展，或者，可以说，完全没有发展呢?”“为什么在18世纪以前中国社会比西方社会更有利于科学的发展，而到18世纪以后却阻止了科学的发展呢?”③ 这个问题促使李约瑟下

① ［英］李约瑟：《中国科学技术史·科学思想史》，第619页。

② 同上书，第395页。

③ ［英］李约瑟著：《四海之内》，劳陇译，第78页。

决心“要以毕生的力量编纂一部关于中国的科学、科学思想和技术发展的全面和系统的著作”①。虽然他最终并没有为自己提出的这个被后人称为“李约瑟难题”的疑问寻找出确切答案，但他使世界认识了中国，他本人则成为了中国文化的知音，有一点他确信不疑，“现代科学对于人类文明所起的最大作用就是使整个世界在地面上统一起来。人类在向更高级的组织和联合形式进展的过程中，在当前我们所面临的许多统一的任务之中，我想最重要的任务就莫过于欧美文化和中国文化之汇合了。我们愈深入地研究这两种文化，就愈深刻地感到它们就像两个不同的作曲家所谱写的两部交响曲，而其基本旋律却是完全一致的”②。

第四节　汤因比的历史哲学与中国文化观

汤因比（1889—1975 年）是英国著名的历史学家，是现代西方“思辨历史哲学”最重要的代表之一。他一生著述颇丰，主要有《民族和战争》、《世界与西方》、《中国之行》、《一个历史学家的宗教观》、《历史研究》等。其中《历史研究》一书成为历史哲学的经典之作，奠定了汤因比蜚声国际的学术地位。该书于 1934—1961 年间相继出版，共有 12 卷，它的问世被视为“20 世纪精神史上最重要事件之一”③，汤因比则被西方学者誉为当代最伟大的史学家、国际性智者。汤因比在这部卷帙浩繁的历史哲学巨著中，试图描绘出一幅人类历史的总图式。他反对“欧洲中心主义”，认为任何人类文化都有生长直到灭亡的过程；而作为中国文明在现代西方为数不多的知音，汤因比对中国文化给予了公允的评价，并对东方文化寄予很大的希望。

一　汤因比的历史哲学

汤因比历史研究的基点就在于，在他看来，处于世界文明发展过程中

① ［英］李约瑟著：《四海之内》，劳陇译，第 80 页。

② 同上书，第 94 页。

③ 康恩：《哲学唯心主义与资产阶级历史思想的危机》，生活·读书·新知三联书店 1961 年，第 272 页。

的各种文明之间具有可比性，这条法则贯穿了他整个的历史哲学理论体系，“文化形态史观”（或称“历史形态学”）构成其理论核心。他提出应以生活在某种文明中的社会整体（即文明）为历史研究的单位，“历史研究的可以自行说明问题的单位既不是一个民族国家，也不是另一极端上的人类全体，而是我们称之为社会的某一群人类”[①]。

汤因比批评所谓“文明统一”的理论是完全错误的，他剖析这种错误的成因，是由于在近代历史时期，“西方文明用它的经济制度之网笼罩了全世界，在这样一种以西方为基础的经济统一之后又来了一个以西方为基础的政治统一”[②]。但是，这一切却不能作为文明统一的证据，“虽然世界各地的经济的和政治的面貌是西方化了，但是它们的文化面貌却大体上维持着在我们西方社会开始经济的和政治的征服事业以前的本来面目”[③]。他强调文明是可以比较的，他指出，相对于人类全部历史而言，六千年的人类文明中，“所有的这些文明社会都可以说是完全同时代的”；而就价值论而言，所有的文明“如果同原始社会相比，都可以说是有很大的成就的；如果同任何理想的标准相比，它们全部都还是非常不够，其中任何一个都没有资格瞧不起别人”。他认为所有的文明“都可以假定在哲学上是属于同一时代的，在哲学上是价值相等的”[④]。

汤因比对于种族论及环境论进行了批判和抨击，他以大量事实考察证明，“无论种族或是环境，如果孤立地看，都不足以成为积极因素；在过去六千年中，它们都未足以刺激人类，使其脱离原始社会水平的静止状态，进而使其追求高深莫测的文明生活”，“迄今为止，种族论或环境论都没有也不可能提供任何关于在人类历史上（不仅在某些特定地点，而且还在某些特定时间）发生的这一度伟大变革的线索”[⑤]。故而，汤因比坚持认为“所有的文明都是由许多种人共同创造的”[⑥]。

---

① 汤因比著：《历史研究》（上），曹未风等译，上海人民出版社 1966 年（下同），第 14、45—46 页。

② 同上。

③ 同上。

④ 同上书，第 53、67、73 页。

⑤ 同上。

⑥ 同上。

汤因比认为文明的起源包括原始社会向文明社会的过渡及一种新文明代替旧文明两层含义，他借用中国哲学“阴”、“阳”重要范畴论述文明起源的性质，“在无产者脱离了少数统治者的运动当中，一个社会从静止状态又过渡到活动状态里，因此产生了一种新的文明”[①]，而“这种一动一静的交替的节奏，这种前进、停止、又前进的交替的节奏乃是宇宙本身的一种基本性质。古代中国社会的圣贤们用他们充满了智慧的形象的说法把这种现象称为‘阴’和‘阳’——‘阴’代表静，‘阳’代表动”[②]。他把人类六千年历史划分为多元并存发展的二十六种文明，其中包括五个发展停滞的文明。通过对这些文明发展的历史论证，他认为，过去的人类文化或文明分成许多独立的个体，而各个个体之间的文化的发展是不平衡的，每一种文化或文明都要经历发生、发展、衰退、解体的阶段。他对于文明发展的四个阶段——文明的起源、生长、衰退、解体等过程进行了重点阐述。

首先，汤因比提出，文明起源和生长的原因在于挑战和应战。“如果文明的起源不是生物因素或地理环境单独发生作用的结果，那么一定是它们两者之间某种交互作用的结果。换一句话说，我们企图发现的因素不是简单的事物而是复杂的事物，不是个统一体而是一种关系”[③]。他以大量的历史事实证明，文明是通过对环境挑战的应战所经受的考验而产生的，文明起源不可违背的法则就是挑战与应战，“在文明的起源中，挑战和应战之间的交互作用，乃是超乎其他因素的一个因素”[④]，挑战和应战的相互作用、遭遇的结果是新的创造和发展，促成文明的起源。

汤因比对于文明的逆境有个著名的论断，“安逸对于文明是有害的”[⑤]，一切人类文明皆源起于自然环境与人为环境的挑战。他把文明遭遇的种种挑战概括为五种类型的刺激，自然环境的挑战包括了困难地方的刺激、新地方的刺激两种，人为环境的挑战包括了打击的刺激、压力的刺激、遭遇不幸的刺激等三种形式。二者之中，汤因比更强调人为环境的挑

---

① 汤因比著：《历史研究》（上），曹未风等译，第62、63页。

② 同上。

③ 同上书，第74、95、109页。

④ 同上。

⑤ 同上。

战，而最大的挑战是遭遇不幸的刺激，他以生物生理现象作比，“如果一个生物丧失了某一种器官的有生机能，同它同类的其他生物相比，成为某种机能的残废者，那么对于这种挑战，它很可能产生一种反应，使它的另外一种器官或机能特别发达，其结果在这方面超过它的侪辈以弥补另一方面的不足”，同样，“在一个社会体内，一个群体或阶级如果发生了社会性的缺陷——或由于意外，或由于自己的行为，或由于他们生活在其中的社会里某些人们的行为——也会产生同样的反应，在这方面受了妨碍便集中精力向别的方面发展，结果在那些方面占优势”①。

汤因比认为，“文明诞生的环境是一个非常艰难的环境而不是一个非常安逸的环境”，而且“挑战愈强，刺激就愈大”；同时他又强调，这并不意味着挑战越严重，应战能力就越强，文明就越能得到发展。他提出在挑战和应战的相互作用之间存有一条“报酬递减律”，也就是“中庸之道”，“足以发挥最大刺激能力的挑战是在中间的一个点上，这一点是在强度不足和强度过分之间的某一个地方”②，过犹不及，只有在严重程度的这一个中间点上刺激是最强的，“在超过了中间点以后，挑战的严重性愈增加，相随而来的并不是应战成功程度的增加，反而是应战减少了”③。而衡量最适度的标准则应看它是否能持续地促动文明的生长，“真正的最适度挑战不仅刺激它的对象产生一次成功的应战，而且还要刺激它积聚更大的力量继续向前进展一步：从一次成就走向另一次新的斗争，从解决一个问题走向提出另一个新问题，从阴过渡到阳。”④

其次，汤因比认为文明生长的标准是由社会内部自决能力决定的，文明的生长由少数伟大人物的历史活动而决定。他指出，文明的生长过程有内外两个方面，在宏观上表现为对环境占有力量的扩大，具体而言，意味着军事征服、地理扩张、技术的进步；在微观上则表现为一种精神自觉能力及自我表现能力。汤因比强调，对外部环境的占有，无论是军事征服、地理扩张，还是技术进步，都不能作为文明真正生长的标准，“差不多每

---

① 汤因比著：《历史研究》（上），曹未风等译，第155、174、181、236页。

② 同上。

③ 同上。

④ 同上。

一个文明的历史都提供了在地理扩张的同时出现了实质退化的事例"[①]，而大量的事例证明，在技术进步和文明进展之间显然不存在着什么相互关系，相反，更存在"技术停滞不前而社会却大力前进的情况"[②]。文明真正生长的标准在于社会内部自决能力的增强，"对于一系列挑战的某一系列胜利的应战，如果在这个过程当中，它的行动从外部的物质环境或人为环境转移到了内部的人格或文明的生长，那么这一系列应战就可以被解释为生长现象。只要这个现象生长和不断地生长，那么外部力量的挑战和对于外部方面应战的必要性，就要逐渐减少它的重要性，而在它的内部，在它对它自己之间的挑战作用就越来越大。生长的意义是说，在生长中的人格或文明的趋势是逐渐变成它自己的环境、它自己的挑战者和它自己的行动场所。换一句话说，生长的衡量标准就是走向自决的进度"[③]。

进而，汤因比指出，文明生长的自决主要通过社会与个人的关系来实现。他认为，社会只是行为的场所，组成这个社会的个人才是行为的源泉。文明生长的动力并非来自社会整体，而是少数富有创造性的人物推动文明走上生长的过程，"所有的社会性的创造行为，都是个别的创造者的工作，或至多也不过是少数创造者的工作；而且在每一次继续不断的前进中，社会上的绝大多数成员都是被抛在后面的"[④]，这些天才、超人制定模式，对普通人进行示导，而社会中大多数的普通人则靠模仿跟随那些超人，从而缩短差距，保持社会的整体一致，成功应战一系列挑战，文明由此不断生长发展。

最后，汤因比认为，文明衰败的原因就在于社会中少数创造者失去了创造性，促成文明生长的自决能力丧失。他指出文明衰退的实质具体可分为两个方面，其一，丧失了创造能力及创新精神的少数人已退化为统治的少数人，已经不能靠创造性及示导作用影响多数人，只能依靠权力及地位维持统治；其二，多数人则撤销了他们对少数人的模仿和支持，与之离心离德，起来反对暴力统治。这样，社会整体就会出现分裂，统治者与被统治者相对立，整个社会失去新的应战能力。文明的没落是不可避免的，文

---

① 汤因比著：《历史研究》（上），曹未风等译，第241页。

② 同上书，第249、262、271页。

③ 同上。

④ 同上。

明衰落的标志是“统一国家”的诞生，而社会体和灵魂的分裂则是文明解体的特征。

然而，汤因比强调，一个文明的解体，并非意味着整个人类文明的终结，他提出一个文明和上一代文明总会发生子体关系，而统一国家、统一教会及英雄时代的蛮族军事集团就是新旧文明更替的环节和中介，他尤其强调，统一教会是孕育新文明的“子宫”、“蛹体”。而且，他认为，人类文明发展的最终目的和归宿就是实现四大高级宗教的全教会社会，这是人类文明发展的最高境界，对上帝的模仿不会使人失望，可以使人保持精神上强大的凝聚力，“如果没有神的参加，就不能有人类的统一”①。宗教被汤因比用作协调文明发展最后的调节器，成为人类文明发展的轴心及目的。

二　汤因比的中国文化观

在西方“欧洲中心论”、“种族决定论”大行其道之时，汤因比对中国文化给予了公允的评价，他就世界论中国，把中国文明与西方文明相提并论，视之为世界文明重要的组成部分。为中国文化在世界文明史上的地位正名，汤因比可谓西方史学界第一人。他一生关注中国文化，尤其在晚年更对中国文化寄予厚望。

在写作《历史研究》时的汤因比看来，作为世界文明重要组成部分的中国文明亦毫不例外地遵循着起源、生长、衰落、解体的法则。他把中国历史划分为三个文明：商代文明、古代中国文明（约公元前11世纪的商末—魏晋时代）、远东文明主体（公元5世纪—20世纪，包括日本—朝鲜分支）。他认为，远东文明主体生长的顶峰在隋至盛唐时期，五代以来，出现了正常的解体过程，至明清在解体过程中进入僵化状态，但尚未出现孕育子体文明的统一教会。他强调，“自我中心主义”及对官僚制度的崇拜是作为远东文明主体的中国在近代走向解体和僵化的主要原因。他认为，近代西方国家对中国的侵略，既是东、西两种文明在空间的碰撞，同时也是西方文明对中国文明的挑战。他强调，相互碰撞的这两种文明各是古希腊文明及中国古代文明的子体文明，并无高低上下之分；只是中国

---

①　汤因比著：《历史研究》（下），曹未风等译，上海人民出版社1966年，第129页。

文明已经处于解体过程的僵化状态，而西方文明还在生长过程中，所以中国社会的一系列应战过程诸如鸦片战争、洋务运动、戊戌变法等都惨遭失败，并加速了中国文明的解体进程。汤因比肯定中国文明自有其独特的价值及独立地位，但同时强调所有文明中只有西方文明还处在生长阶段，“在20世纪上半叶的后期，西方文明是它这种社会中没有显出不可置辩的解体征兆的唯一现存代表”，“西方社会的扩张和西方文化的辐射已经把其他一切现存文明和一切现存原始社会卷进了一个囊括世界的西方文化范围之中”[①]，对未来世界秩序作出贡献的只能是西方文明，“一个现已遍及于全世界的西方社会把全人类的命运掌握在自己手里”[②]。

然而，晚年的汤因比对中国文明及中国在世界未来发展中的地位和作用有了新的认识，随着世界局势的变化及对中国文化的更深入了解，他的思想理念发生了重大的转折。

汤因比在与日本著名学者池田大作对话时，提出了他对未来世界文化的一些新的看法。他认为，总起来看，西方社会的扩张及西方文化的辐射扩展全球的结果是实现了技术的统一，而人类历史发展的未来阶段，主要是要实现政治与精神方面的大同，在这个阶段，西方将让出主导权，以中国为代表的东亚文化将能够起到主导作用，“期待着东亚对确立和平和发展人类文明能作出主要的积极贡献”[③]。因此，汤因比对于传统中国文化给予格外关注，“像今天高度评价中国的重要性，与其说是由于中国在现代史上比较短时期中所取得的成就，毋宁说是由于认识到在这以前两千年期间所建立的功绩和中华民族一直保持下来的美德的缘故。中华民族的美德，就是在那屈辱的世纪里，也仍在继续发挥作用。特别在现代移居世界各地的华侨的个人活动中也都体现着这种美德”[④]。

首先，汤因比强调只有世界统一才是避免人类集体自杀之路，而且这种统一将在和平中实现，“全人类发展到形成单一社会之时，可能就是实

---

① 汤因比著：《历史研究》（下），曹未风等译，上海人民出版社1966年，第371、373页。

② 同上。

③ 《展望21世纪——汤因比与池田大作对话录》，《东西方文化议论集》（上），季羡林、张光璘编选，经济日报出版社1997年，第275—276页。

④ 同上。

现世界统一之日。在原子能时代的今天，这种统一靠武力征服——过去把地球上的广大部分统一起来的传统方法——已经难以做到。同时，我所预见的和平统一，一定是以地理和文化主轴为中心，不断结晶扩大起来的"[①]，正是在这点上，他指出，"现在各民族中具有最充分准备的，是两千年来培育了独特思维方法的中华民族"[②]。他认为东亚主要是中国有很多历史遗产，都可以使其成为全世界统一的地理和文化上的主轴。汤因比列举了东亚历史遗产的八个方面，其中有六个方面在中国，"第一，中华民族的经验。在过去21世纪中，中国始终保持了迈向全世界的帝国，成为名副其实的地区性国家的榜样。第二，在漫长的中国历史长河中，中华民族逐步培育起来的世界精神。第三，儒教世界观中存在的人道主义。第四，儒教和佛教所具有的合理主义。第五，东亚人对宇宙的神秘性怀有一种敏感，认为人要想支配宇宙就要遭到挫败。我认为这是道教带来的最宝贵的直感。第六，这种直感是佛教、神道与中国哲学的所有流派（除去今天已灭绝的法家）共同具有的"[③]。正是中国文化培育的世界主义与世界精神、儒教世界观提倡的人道主义、儒教及佛教存有的合理主义等思想渊源，将促成中国"肩负着不只给半个世界而且给整个世界带来政治统一与和平的命运"[④]，而在事实上，"就中国人来说，几千年来，比世界任何民族都成功地把几亿民众，从政治文化上团结起来。他们显示出这种在政治、文化上统一的本领，具有无与伦比的成功经验。这样的统一正是今天世界的绝对要求"[⑤]，因此，"将来统一世界的大概不是西欧国家，也不是西欧化的国家，而是中国"[⑥]。

其次，汤因比强调人类拯救自己的唯一希望在于实现人世间普遍的爱，只有这种普遍的爱才能够使现代世界实现感情统一，而中国的传统文化为这种普遍的爱提供了丰富的思想资源和范例。他对儒家的伦理观及墨子的"兼爱"都给予了充分肯定，认为孔子之道更易于实践，而

① 《展望21世纪——汤因比与池田大作对话录》，《东西方文化议论集》（上），第283页。

② 同上书，第277—279、284—285页。

③ 同上。

④ 同上。

⑤ 同上。

⑥ 同上。

墨子之道更符合现代的绝对要求，“儒家主张，爱应分阶段地加以分配。用同心圆作比喻，以自己为圆心，随着向外扩展，爱则逐渐减少。这种主张和把无差别的普遍的爱作为义务的墨子学说相比，显而易见易于为人的本性所接受。爱知己比爱无故的他人更为容易，这是为任何人的经验所熟知的。但是，爱自己不熟悉的他人，把普遍的爱落实到行动上，并满足这种伦理上的困难要求，那才是现代的绝对要求”①。他力倡，“现代人应当为追求实现没有阶段、没有限制的普遍的爱而努力。墨子之道，的确比孔子之道更难实践。但我认为墨子之道，比孔子之道更适合现代人的实际情况”，因为“只有普遍的爱，才是人类拯救自己的唯一希望”②。

另外，汤因比对中国传统的其他美德如重视家庭等亦予以高度评价，“在现代世界上，我亲身体验到中国人对任何职业都能胜任，并能维持高水平的家庭生活。中国人无论在国家衰落的时候，还是实际上处于混乱的时候，都能坚持发扬这种美德”③；而同基督教、伊斯兰教的不调和性及排他性相比，他则赞赏中国儒教、佛教的宽容性及温和性。

综括观之，汤因比在以儒学为主体的传统中国文化中寻找到了未来世界发展的新的契机。他一再强调，中国既然已经被西方的扩张引进到一个新的全球的文明网中，就无法再退回到东亚孤立的“中华王国”，“中国人和东亚各民族合作，在被人们认为是不可缺少和不可避免的人类统一的过程中，可能要发挥主导作用”④。

第五节　汪德迈视野中的“新汉文化圈”

法国著名汉学家汪德迈（1928—　）“长期生活于汉文化诸域，并把

① 《展望21世纪——汤因比与池田大作对话录》，荀春生、朱继征、陈国梁译，国际文化出版公司1985年，第426—427页。

② 同上。

③ 《展望21世纪——汤因比与池田大作对话录》，《东西方文化议论集》（上），第277、284页。

④ 同上。

毕生的精力献给了对汉文化的研究"①。他一直是在东亚这个被他称为"汉文化圈"的大背景下研究汉文化。他在其代表性著作《新汉文化圈》一书（1986 年）中，将汉文化圈国家和地区的经济与政治发展置于历史、文化的整体背景下考察，具体剖析了它们在历史进程中的经验教训，向人们指明现代化并非只有西化一条道路的方向。该书的意义，正如译者所指出的那样，"《新汉文化圈》的作者从东亚这一地区而非中国一国出发研究汉文化，是有其独到之处的。这不仅仅是一个研究范围大小的问题，而是为对传统文化进行重新考察提供了一个更为宽广、从而也更为深刻的视角"②。

一　汉文化圈的共同基础

汪德迈认为，在众多纷繁的文化或文明中，显然存在着文化圈，汉文化圈是其中之一，"自史前时代起，亚洲东部便是人类文明发展的最重要的摇篮之一。诞生于此的悠久的中国文明不仅普照中国本土，而且光耀四邻。公元 1 世纪以来，这一文明的触角甚至冲破了地域的限制而向南伸展。正如我们分别称世界其他文明地区为印度教国家、伊斯兰教国家、拉丁语系国家一样，我们将这一亚洲地区称为汉文化国家。从人类学上讲，这一地区的人民同属蒙古人种，文化上也曾先后次第地趋于统一"③。

他指出，汉文化圈包括了中国（包括香港、澳门、台湾）及那些"受中国文明影响或曰为汉字所渗入的国家或地区：朝鲜和越南是政治殖民的结果，日本则为文化渗透的典型，还有新加坡，那是中国人口扩张所至"④。虽然这八个不同国家和地区受中国文化影响的程度（汉化程度）很不相同，各有其本土文化的背景，文化与哲学思想亦有相当大的差异，政治制度更是相距甚远，"然而政治的差异丝毫不足抵消这些国家和地区在生活方式、思维方法和社会关系等方面惊人的相似性"⑤。奥秘就在于

---

① ［法］汪德迈著：《新汉文化圈》，陈彦译，江西人民出版社 1993 年（下同），第 161 页"后记"。

② 同上书，"译者的话"，第 6 页。

③ ［法］汪德迈著：《新汉文化圈》，陈彦译，第 1—3、87 页。

④ 同上。

⑤ 同上。

这些国家和地区具有共同的“心态基石”——汉字，“中国、日本、越南、朝鲜之间语言的差异，民族特性的区别，远较拉丁、盎格鲁—撒克逊和南斯拉夫语系各国之间为甚。然而，汉文化诸国之间不同的文化特质都深深嵌刻在一个共同的心态基石之上，从而又使得这些国家之间的近似性远较西方以印欧文明为基础的国家之间的近似性为强。这一共同的心态基石，就是普遍运用于汉文化圈各国的汉字”，汉字通过被用以记录各民族语言，深深地渗入到各国的民族文化特性之中，“使得整个汉文化区域的思维传统都深深地打上了它的印记”①。

汉字之外，汪德迈还注意到汉文化圈同一性的另一特点——筷子，“汉文化各民族不仅由于久远地使用汉字的传统受同一文化精神所熏陶而成为一体，而且它还有一个与众不同的物质文明上的特点，即筷子的使用。世界上除汉文化各国外，没有任何民族使用筷子”②。

汪德迈通过与西方文字的比较分析了汉字的特性及其威力，具体剖析了朝鲜、越南、日本等国运用汉字的历史及现实，得出了这样的结论，正是汉字保持了传统文化的连续性，并能促进社会对西方文化的适应，“汉字因袭着传统思想的重负，在稳定精神，保持过去的连续性（这一过去不是被扫除了而是发生了嬗变）的同时，还大大促进了中国社会对西方文化的适应，这不能不说是一个奇迹”，“汉文化圈诸国是唯一非西方文化之国，能够承受分娩阵痛而不造成母亲的死亡”③。就现实而言，“共同使用汉字作为记录各民族口语的工具这一事实仍然是汉文化诸国聚合的一个强有力因素。它从很大限度上消除了汉文化圈内部的语言障碍。尽管各国民族语言差异极大，但是从交流角度出发，一个中国人在日本、在朝鲜，或一个日本人、一个朝鲜人在中国都要比一个法国人在意大利更为方便。从汉文化圈的一种语言出发学习另一种圈内语言要比从非汉文化圈语言出发学习汉文化圈语言容易得多”④。而当人们需要重新发掘传统价值的时候，汉字则架起了通往传统遗产的桥梁，“汉字系统正充当了保存儒

---

① ［法］汪德迈著：《新汉文化圈》，陈彦译，第 87 页。

② 同上书，第 2、102、104、111 页。

③ 同上。

④ 同上。

家精神的太平间，汉字的词义网络正是儒家思想网络本身”①。

二　儒家文化传统与新汉文化圈的崛起

近代以来，面对西方科学技术、经济技术、政治模式、思想理念的引进及冲击，东方国家在某种意义上被迫中断了自己的一贯传统（包括帝国制度），面临着社会制度、文化教育、发展模式、发展道路的新的选择，汪德迈把这个过程概括为东方西化的历史，“自上世纪中叶以来的汉文化诸国和地区的历史，就是一部汉文化诸国和地区为发展而西化，由西化而日益淡化自己的文化传统的历史”②。但是，当它们成功地实现了向现代转化尤其是在经济上获得较大成功之后，人们开始重新发掘传统的价值，“自 20 世纪 70 年代末起，人们设想东亚国家的发展具有特殊根源，并从这一角度出发重新认识这些国家的性质，重新估价它们的生命力”，这种设想由美国经济学家首先提出，其后，“东亚也开始探求自己特有的文化的价值，探寻其中是否还有东西值得发扬光大”③。

对于这种探索，汪德迈予以充分肯定，他强调这种探寻是在儒教传统社会彻底衰亡的前提下进行的，“正是具备了这种条件，才既能重新发掘利用某些传统价值，又不助长保守主义。只有当传统彻底转化为完全失去生命力的腐殖土以后，才能利用它来为变革服务”④，“正是因为儒教已经彻底衰亡，它的遗产才能重新输入到新时代的精神中去而不同国家发展相冲突。传统文化遗产得以存留并随时可供启用，就是实现这一关的充足条件”⑤。

汪德迈注意到汉文化圈国家和地区的共性及它们与西方社会的不同，“这一地区的企业、国家和社会在发展上有着某种共性，使这一地区具有一种与西方国家十分不同的总体特点，而且具有悖论意味的是，随着该地区西方化的日益加深，这种不同还愈显突出。当西化程度很低的时候，与西方的不同仅仅是经济的不发达和社会的落后，如今差异是从发达社会的

---

① ［法］汪德迈著：《新汉文化圈》，陈彦译，第 111 页。
② 同上书，第 105—108、111 页。
③ 同上。
④ 同上。
⑤ 同上。

运行机制中暴露出来的”[①]。他认为这种运行机制的差异就源于汉文化圈地区的社会结构，而汉文化圈诸国和地区的社会结构是由儒教规定的，所以儒教的结构——家庭、礼仪、文官制等实际在对社会运行机制的影响中起着重要的作用。

他把汉文化圈地区与西方不同的总体特点概括为群体主义、礼治主义及功能主义，并提出只有以儒教传统为参照，才可能对这些独有的特征和现象做出合理的解释，“东亚新型工业国或正在工业化的国家的社会活动中，所表现出来的各种新型行为也都有一些变化，这些变化也只有以儒教遗产为参照才能得到合理的解释。参照以家族关系为纽带的古老的社会模式，我们可以对仍然活跃于当世的一种可以称之为‘群体主义’的社会现象做出解释；以儒家礼仪观为参照，我们可以对汉文化社会为什么会成为一种突出的‘礼治主义’的社会做出解释；以旧有的国家科举文官制为参照，我们可以求得对很大程度上建立于某种‘功能主义’之上的与‘政治’国家观正相反的国家观的解释。这些参照系统之所以必不可少，是因为群体主义、礼治主义和功能主义从未在西方传统中出现过”[②]。

首先，就群体主义而言，汪德迈认为儒家思想有着深刻的反个人主义色彩，是与西方不同的另一种人道主义，儒家的群体主义原则就是社会先于个人而存在。他特别提到群体主义的两个特点，其一，它是一种社会范畴，“群体主义决非政治性的，它是一种社会范畴，可以在任何政治制度中生存。然而反过来说，只要它存在，它就必然作用于建立其上的政治制度”；其二，它没有宗教意味，“儒教群体主义的一个明显的特点是其不带任何宗教信仰色彩”，“儒家的唯一的终极目的就是实现社会的和谐——宇宙和谐在人世间的影子”[③]。汪德迈指出，儒教的这种群体主义不仅使得现代的汉文化圈地区某些传统生活特性得以保存，而且“给工业社会结构注入了一种性质迥异的精神”，这种新的社会活力不仅生机勃勃而且颇有效益，群体主义持续存在的首要标志就是“弥漫于这些国家和地区的那种社会氛围”，他强调，“我们有理由将其看作是东亚国家经

---

① ［法］汪德迈著：《新汉文化圈》，陈彦译，第110、112页。

② 同上。

③ 同上书，第116—117、120、122、126页。

济起飞的一个首要因素"[①]，因为，"群体主义社会远比个人主义社会平衡稳定"[②]。

其次，汪德迈具体剖析了儒家的礼仪观。他指出，儒家伦理的基础是礼仪而非宗教，"在古代中国，宗教仪式被精心地、有意识地、智慧地同其他宗教基础分离出来，经过改头换面而系统地用于日常行为"。"礼仪便是为保证个体行为顺应自然法则而设的形式系统。礼仪的目的不是达到某种目的或目标，而是寻求个体行为之间以及个体行为与自然界万事万物的生息机制的合一，即形式的和谐"[③]。他认为儒家的礼治主义与西方的法制传统显然是对立的，但是事实是在汉文化圈国家内，虽然建立起全套必须的法律机制，礼治精神并没有消散，"与其说礼仪处于一种边缘的位置，毋宁说它在深层结构中起作用，在那些为制度所规定的异常有生命力的日常习俗中起作用"，"无论是自由政体还是社会主义国家，社会生活都同样的十分礼仪化"[④]。这里，汪德迈特别强调这样一种观点，"在中国，自由的概念是无法得到确切的表述的"，而这是由群体主义、礼治主义传统共同决定的，因为，"自由思想是典型的个人主义，群体主义的心态无法予以阐明。自由的全部含义只能在法制而不是礼教传统中得到体现"[⑤]；但是，他指出，礼治主义中"自然"的概念起着与"自由"同样的作用，"在礼治主义中还有另外一个概念起着自由在法制主义中同样的作用，这即是'自发'（中文称自然）。自发同礼教规则不可分就如同自由概念与法的概念不可分一样"[⑥]，这个"自然"（自发）就是事物本质的动力。这是由礼仪的性质决定的。

另外，汪德迈对于儒教的国家功能主义亦进行了深入的探讨。他指出，儒家认为用国家权力控制社会是合乎自然的，"因为世界本身就是受某种巨大的宇宙力量所调节的"，这种观点是宇宙论意义上的，"中国传

---

① ［法］汪德迈著：《新汉文化圈》，陈彦译，第117、120、122、126、128、129页。

② 同上。

③ 同上。

④ 同上。

⑤ 同上书，第128—130、135页。

⑥ 同上。

统一直将国家机构同哲人思辨中的宇宙运行结构的各个部分相提并论"[①]，"儒家认为，社会不是后天建成的，而是先验存在的，同样国家也不能被建成"，"它的形成机制可在运行中逐步完善或者起变化，但是其基本结构却是先验地设定的"。这样的国家权力实际是功能性的，是一种纯行政国家，而不是政治的，"同由政治权利支配或自生于某种社会形式的组织相反，古代中国的帝国组织是一种只具备行政管理性质的权力制度，它无须政治权力支配只以礼仪来进行调节"[②]，中国功能主义具有官僚系统自我调节机制。汪德迈强调，国家功能主义对汉文化圈内国家的影响仍然存在，"长期强大的非政治的行政统治传统仍然留下了不灭的影响，这即是社会政治化程度低弱和偏重于行政而非政治的统治倾向"[③]。

在上述分析的基础上，汪德迈进一步指出，作为整体的汉文化圈在历史上曾表现出很强的内聚力，只是在近代西方文明强大冲击下而一度解体，但发展到今天，那些原先导致解体的因素或者消失，或正减弱；而另一方面，则出现了"促成统一的强大因素，那就是经济发展的协同作用（synergie）和文化的一致性"[④]，其中又以文化的一致性最为重要，"这种文化一致性是一种异常有效的统一因素"。它在三个层面起作用，其一是在语言层面，"汉字仍然是汉文化民族之间，最可宝贵的举世无双的交流桥梁"[⑤]；其二是在"那种共有的浸透了儒家传统的社会形式上"，汪德迈指出，"这一层面代表了一个非政治的侧面，一个可以抵消意识形态上的两极对抗的侧面"；其三是在思想层面，汪德迈强调应考虑"十分接近的思想方式所给予整个汉文化圈的积极影响"[⑥]。

如是，汪德迈向人们描绘出了他视野中的"新汉文化圈"，"从文化上看，一种与西方相媲美的文明将伴随着新汉文化圈的出现屹立于世，它将在经济、科学技术等成就上与西方鼎足而立，但所依据的价值体系、社会意识、世界观念则独具特点。与300年来西方独尊地位所创造的神话相

---

① ［法］汪德迈著：《新汉文化圈》，陈彦译，第130、131、135页。

② 同上。

③ 同上。

④ 同上书，第147—149、152页。

⑤ 同上。

⑥ 同上。

反，发达与西化之间并不存在完全的一致。汉文化也许是世界上最难深入的非西方文化”①。

第六节　狄百瑞的儒学研究

自从韦伯为解释资本主义发生的根源而提出他的庞大的宗教比较研究体系以来，对现代文化过程的文化主义分析便成为西方最有影响的理论工具之一。在中国研究方面，韦伯在《中国的宗教：儒教与道教》一书中曾断言②，由于儒家思想中没有自我得救、道德自主、人同宇宙之间的紧张等精神体验和政教对立的意识，使人同世界之间的矛盾几乎化解为零，结果中国人便丧失了挣脱传统规范的内在动力。韦伯这一论断长期被西方学者奉为中国社会思想史研究的圭臬，数十年里影响了一大批汉学家。但是20世纪70年代以来，面对东亚地区社会经济的迅速嬗变，迫使西方研究者不得不对这一地区的精神文化遗产给予重新评估，其研究结果已使韦伯的上述论断大为动摇。在这批学者中间，美国哥伦比亚大学教授狄百瑞（Wm Theodore de Bary）可以说是最有建树的人物之一。狄百瑞自1953年写成有关《明夷待访录》的学位论文以来，孜孜不倦于东亚儒家思想史的研究，数十年勤于笔耕，硕果累累，影响遍及欧美、日本和中国港台地区，已成为美国最具权威性的东亚思想史专家之一。

狄百瑞生于1919年，1941年毕业于哥伦比亚学院（哥伦比亚大学前身）。他的著译包括《明夷待访录》英译本（1957）、《明代思想中的自我与社会》（1970）、《新儒家思想的展开》（1975）、《理与实：新儒家思想与实学论文集》（1979）、《元代思想：蒙古人统治下的中国思想与宗教论文集》（1982）、《新儒家正统与心学》（1981）、《中国的自由传统》（1983），以及散见各处的大量论文。此外，狄百瑞曾积极参与东亚思想史文献的整理迻译工作，同陈荣捷等人编译《东方学典籍指南》（1959）、《日本传统资料汇编》（1958）、《中国传统资料汇编》（1960）等，为美

---

① ［法］汪德迈著：《新汉文化圈》，陈彦译，第152页。

② M. Weber: The Religi on of China: Cenfucianism and Taoism (luinois, 1951)，第156－157、229—236页。

国这方面学术研究的发展打下了十分必要的资料基础。

一　对儒家思想传统的基本认识

狄百瑞的儒学研究始于他对明代思想家黄宗羲的兴趣。他由于对《明夷待访录》的研究而渐及《明儒学案》和《宋元学案》。在这一过程中，他强烈感到西方学术界囿于韦伯等人的论式，对宋明理学殊多误解。他从黄宗羲的例子中领悟到，西方人不应该站在西方文化价值观念的立场上评价中国的传统。按他的话说，黄宗羲给予他的最大启发就是黄批判时代政治“是从中国政治传统的内部入手；我们做研究也应该如此”[①]。因此他一直把黄宗羲称为自己的精神导师。

自近代以来，研究黄宗羲的学者便络绎不绝，一些人强调黄的思想的反传统性，另一些人则断定黄的目标没有超出儒家政治观的格局而予以轻视。狄百瑞对这两种看法均有保留。在狄百瑞看来，黄的价值在于他根本上代表了儒家传统中的一个重要取向，这就是由宋明理学发扬光大的为己之学精神所开启出的道德独立的人格论。

狄百瑞早年对黄宗羲的研究已显示出，他是把儒家思想作为一个具有可析性和动态性的连续统一体（Continuity）来看待的。从这一立场出发，他一方面注重儒家思想中不同因素的整体性；另一方面又始终注意把尊重个人道德完成的儒家思想同作为皇家意识形态的儒家思想加以区分。在这一点上他同一些“现代新儒家”人物是相当一致的。

狄百瑞对儒家思想传统的这种认识，早在50年代写下的《新儒家中的某些共同趋向》[②]一文中已显端倪。他在该文中就已指出，作为一个思想体系的儒学是不能完全从其“官方统治工具”的功能去言说的。虽然许多中国和日本学者认为儒家思想对塑造权威人格的重视同纲常名教结合在一起，成为它同专制权力结构密切配合的最重要原因，但狄百瑞提醒说，思想就其本质而言，并不是很易于控制的：“我们可以认为两个国家（指中国和日本）接受这种哲学使其地位大大加强，但我们也不能抹杀其

---

① 《旧传统的新探索——访狄百瑞》，周阳山编《中国文化的危机与展望：文化传统的重建》，台北1982年，第296页。

② 载尼维森编：《行动中的儒家》，斯坦福，1959年。

作为一个哲学体系的内在感召力和价值。我们不能否认理学这场运动有其内在的生命力，有创新和自我维护的能力，它使理学延续了许多世纪，抗拒着国家控制对它的阉割作用。”① 对于儒家传统这一“绵延不绝的活力”，狄百瑞认为是以其中的几个特征为基础的，它们分别是“原教旨主义”（Fundamentalism）、“信仰复兴精神”（Revivalism）或称“复古主义”（Restorationism）、“历史心态”（Historical－mindedness）、“理性主义”（Rationlism）和“人本主义”（Humanism）。这些特征相互关联和制约，决定着儒家学者的人生观和行为方式。

所谓“原教旨主义”，狄百瑞是指韩愈那种粗朴的卫道思想，也可以说它是复古主义的早期形态。狄百瑞从王安石、顾炎武和日本的荻生徂徕等人那里发现了复古主义进取、改革和批判的功能。狄百瑞的这一论述也表明，为了淡化儒学中的教条主义成分，他对于儒家倡导“托古改制”这一中国历史上一再演出的现象，更重视其“改制”的热情，而不是其“托古”的形式。这同他对孔子的评价是联系在一起的，他认为孔子之不安于现状固然同其缅怀周制有关，但这却激发出他对当时制度的批判和改革精神，而理学正是这一传统的生动反映。

关于儒家的人本主义因素，狄百瑞大体上蹈袭旧说，强调它同佛、道人生观的对立，对现世的肯定和关切而不汲汲于超世的拯救，以及济世救民的抱负和自我完成等。狄百瑞也进而指出了这种人本主义对日本江户时代佛教衰落和武士阶层的文官化所起的积极作用。至于儒家的理性主义，狄百瑞认为集中表现于儒家的三种态度：1. 宇宙是有秩序的，是各部分和谐统一的整体；2. 人具有认知事物背后这种秩序的能力；3. 致知需要格物，循此积累知识，是“君子”的不二使命。狄百瑞说，儒家理性主义和其中潜在的经验主义没有进一步向自然科学发展，可能是由于儒家的另外两个趋势在作怪，即原教旨主义和历史心态。在这一点上他已同“现代新儒家”有很大不同，而与胡适十分接近。胡适在其晚年曾指出，儒家学者之崇古，是因为古书对全民族的道德、宗教生活有绝大的重要性，这使他们的经验主义变成了故纸堆里的作业方法，但其提倡怀疑与求证的“苏格拉底传统”还是不可忽视的。如狄百瑞所说，儒家的崇古主

① 载尼维森编：《行动中的儒家》，斯坦福，1959 年，第 28 页。

义对其理性主义的干扰，表现在程朱那里，“格物”便成了对恒久的客观道德精神的探求；而在王阳明那里，则表现为对人类伦理行为的心理学揭示。因此从这些儒家大师的例子中“我们不难理解为什么儒家理性主义是被用来研究历史（如清代史学的伟大事业），或把功夫完全花在范围有限的实践生活上，这反映着传统道德修养的局限”①。不过狄百瑞同胡适一样，还是肯定了清代考据学同宋明理学的继承关系，把它视为明代心学的直接产物。而对于“现代新儒家”来说，朴学却无异于对宋明理学的背叛。

狄百瑞所谈到的这些儒家思想中的特征，对他以后的研究有着重要意义。他后来虽然放弃了其中的一些说法，但对“复古主义”的批判精神、“人本主义”的现世关切以及“原教旨主义”给予信仰的牢固支持的肯定，使他有可能通过对儒家价值系统中一系列精神论范畴进行演绎和重构，建立起一个充满个体论、意志论和自由主义的儒学形象，让隐而不彰的潜在价值焕发出现代光彩。

二 对“儒家自由主义”的讨论

儒家思想中有自由传统吗？或更确切地说，它是否包含着一些可同西方自由主义概念相比较的等值因素？

首先，狄百瑞在《中国的自由传统》中试图从孔子那里找到自由主义的源头活水。孔子坚信三代之治为人间秩序完美的永恒范例，虽然有着强烈的保守主义倾向。但孔子以这种理想为基础去批判时政，却有着自由主义的内涵。狄百瑞此说当然甚符合西方一部分人的想法。他引用 G. 默里的研究来佐证自己的论点：在西方，自由主义同保守主义并不是对立的，而是互补的，“保守的目的是为了拯救社会秩序，而自由的目的是为了使这一秩序更接近一个自由人的判断所要求的状态；变革秩序是为了更有效地拯救秩序”②。孔子身为一个保守主义者，但一生为改革奋斗不息，宋明理学正是继承了孔子这一传统，并把它推向一个新阶段。在狄百瑞看

---

① 尼维森编：《行动中的儒家》，斯坦福，1959 年，第 41 页。

② 《中国的自由传统》，第 7 页；狄百瑞所引书为 Gilbert Murray：Liberlity and Civilization（London，1938），第 46—47 页。

来，这一发展开启了一个“近代的、自由主义的”新方向。

我们知道，孔子的复古取向延续至宋代，便成了一种系统的道统论。这一道统的概念同官方的“正统”密不可分，近代以来一直受到极猛烈地攻击。但是在狄百瑞眼里，“道统”一词有着鲜明的主体创造因素，他把“道统”一词译为“repossessi on of the way”或“recon stitution of the way”（“道的取回”、“道的重建”）便反映着这种理解。从这个意义上说，“道统”的概念表达了一种个人英雄主义的理想，因此也代表着一种个人从外在权威获得自由的精神。只有个人才是传统的激活者和“改制”与“新人”的执行者。狄百瑞确信，儒家道统观中个人的重要性、他实践良知（仁心）的义务感以及创造性解释传统时个体的相对独立性，均同西方自由主义的价值观有异曲同工之妙。

关于儒家思想中个人创造性的问题，狄百瑞特别强调了朱熹“无极而太极”的意义：此说乃是天道能够“生生不已”的哲学依据，而许多学者却忽视了它的意义。狄百瑞认为，《近思录》作为首要原则提出无极而太极，才使得“理”具有了一种无规定性和开放的特征，从而给人的行动留下了余地。朱熹感到在确认太极（不变的理）的同时，也有必要重视道家的变化观。只有当理被理解为尚未定型、无所限制（无极）时，个人才有可能不但做到自我完成，更可以做到自我超越。因此狄百瑞反对把无极之说视为朱熹哲学中无关宏旨的道家因素。以太极言理，使理有了明确无误的道德内容，以无极言理，则可防止理被看成固定不变的东西。狄百瑞说：“近代学者出于不同原因，认为程朱思想是一种只强调原则（理）的学问，太极乃是理的本质”，“这种解释把人和人类秩序看作受永恒自然规律的等级结构所制约，因而使人性受到严格的道德规范的束缚；这种道德秩序是由理性悟得，支持着个人服从既定秩序的主张。结果理学据称有着‘封闭性’”。但是，“朱熹认为无极和太极是存在的无先无后的不可分割的两个方面，它们是道的同时存在的两个要素。因此这个道在一种意义上是无规定性的，在另一种意义上又是万物的最高价值和终极目的。”① 当然，沿着这一宇宙论的解释路线推论到人的道德修养上，便会

① 《新儒教的个人主义和整体主义》，见门罗编《个人主义和整体主义：儒教和道教价值的研究》，安·阿博，1985年，第336—337页。

得出人性的完美不受固定的量的限制，而是以仁爱与创造的方式“向一无限的现实前景开放”。

从以上的介绍已可看出，狄百瑞对“儒家自由主义”的讨论，已明确包含着对儒家“个体论”或“个人主义”的肯定。

在狄百瑞看来，这种儒家形式的个体论在朱熹那里得到了最好的体现。朱熹从哲学上肯定了人人皆内在地分享着天理，于是人人皆可为圣贤，圣贤便不再是高不可及的理想。圣贤理想与自我的切近性、当代性（如《近思录》所举圣贤的例子，宋代的便多于古代的），明确表达着理学对个人的尊重。

狄百瑞认为，儒家思想中“己”的概念，虽然有“克己复礼”、“存天理、灭人欲”这类表述中的消极意义，但由于它对作为道德主体的“己”的肯定，使得私欲、人情的约束不采取把外在规范强加于负担着原罪的自我的形式，而是以内在于自我的原初的善为获得自由的基础。这使程朱有可能以乐观的态度看待人的自我发展和自我完成。

狄百瑞由对儒家个体论的分析而得出的一个政治学结论也是值得一提的。狄百瑞认为，就儒家在政治上主张“修己治人”这一主旨而言，理想的统治应是依靠普遍的自律，因为儒家相信人人都有自我支配的意志。强权政治自然不符合这种信条。朱熹的“乡约”思想可以说是这一点的明确反映。如狄百瑞所说，“约”虽然没有交易公正的经济内容，但它也表达着自愿结合的含义，因此同西方的契约论有相通之处。朱熹因不满于国家权力的无限扩张，不满于让社会道德完全依赖家庭生活的法规和五保制度而提出“乡约”思想。他试图把自愿的原则纳入社会结构。这一社会纲领的基础显然是朱熹不怀疑人有自我改造和自我约束的能力。与此相一致，王阳明后来也把民约制度的复兴视为地方自治的关键。在王的思想里，社会契约中的自愿原则虽同他的知行合一的意志论相一致，但也反映出他和朱熹对地方自治有着共同的信念。在受儒家影响的朝鲜，由于李栗谷等主要儒家学者的推行，乡约制度得到很大发展，它一直延续到20世纪，成为以“自律律人”为原则的地方自治的主要形式。

三　对宋明理学与东亚文明的研究

不言自明，狄百瑞对儒家思想史的研究，当然不是简单的发思古之幽情。从以上的分析已不难看出，他的本意是想从宋明理学中发掘出一些历久常新的价值，来接续东亚地区传统崩溃造成的文化断层。因此他曾多次具体分析了宋明理学的发展给这一地区的精神生活带来的变化及其近代意义。

其一，宋明理学同文艺复兴的比较。在欧洲历史上，人本主义和世俗论（secularism）历来被看作近代思想体系的两个主要特征，因此也是中世纪思想向近代转变的重要标志。从这一观点出发，狄百瑞也在宋明理学的运动中找到了许多同文艺复兴相似的地方。他指出，理学是在佛教统治了中国精神生活近千年之后，通过复兴儒家学问而产生的。“在超验的、否定生命的和反社会的佛教背景下，这场新运动试图确立在中国土生土长的社会和文化价值。从这个意义上说，理学同追求古希腊精神的文艺复兴是可比的。”① 虽然古希腊的人本主义同儒家人本主义有重大不同，尤其是在科学研究的潜力方面；但是它们都重新发现了古代先哲的学问，并且都认为其中体现着一些永恒不变的人类价值，能够成为现实生活的指南。狄百瑞认为，宋明理学对古代学问的再发现，其人本主义的意义表现在这样几个方面：(1) 它重新肯定了从家庭与社会的人际关系方面规定的基本伦理观念；(2) 理学的“复古”论，即对理想化的古代制度的向往；(3) 文学上的古文运动，提倡师法平易畅晓的古代文风，反对佛教的神秘主义语言观，“重新确定了文学乃是人的活动”。狄百瑞的结论是：著名思想史专家克莱斯泰勒教授所说的文艺复兴的主要论题——人的尊严、灵魂不朽、真理的统一性“都可以在理学的中心论说中找到十分相似的对应物”。②

其二，日本的例子。宋明理学中的人本主义和世俗论，其最明显的社会功效还是表现在明治前后的日本历史中。早在20世纪50年代，狄百瑞已对费正清等人把中国近代化的失败归因于“传统的儒家社会和制度”表示怀疑。他对传统具有再生力的信念，使他从日本的例子中不是肯定了反传统的必要，而是确认了改良成功的日本政治家其思想和教育过程中儒家精神因素的正面作用。在理学传入日本之前，日本的精神生活也为佛教

① 《理与实：新儒家思想与实学论文集》，纽约哥伦比亚大学出版社，第5页。

② 同上书，第7页。

所笼罩。随着战国时代的结束和江户时代的开始，儒学逐渐作为一个统一的意识形态成为日本的思想主流。狄百瑞认为这一变化中有两点是不容忽视的。一是观念领域关注的焦点从中世纪的宗教精神转向世俗主义。二是在政治领域里文官统治逐渐加强，取代了过去武士的军人统治体制。关于这种变化同日本近代化的关系，狄百瑞提到了幕府末年围绕“实学”与“虚学”的争论。他指出，福泽渝吉和津田真道（均为明治时代启蒙思想家，“明六社”成员）把西方知识（实学）同儒佛体系对立起来虽有其时代的原因和道理，但其偏颇也是显而易见的。他们显然忽视了宋明理学家在他们自己的“实学”同佛道思想之间明确划出的界线。理学家们在追求自我修养的同时，也肯定了外在世界的实在性。实际上，理学中实证的和实践的一面也在为津田等人不自觉地继承着。因此狄百瑞不同意许多历史学家的观点，认为理性的和经验主义的实学是作为儒学的反动而兴起的。他认为，从东亚尤其是日本的成功这一广阔的视野来看，便不能轻易断言儒家思想只有阻碍进步的反动作用。事实上，正是儒学的传入使日本人的观念世界从中世纪的形而上学转向人本主义和世俗论，日本出现的实学不过是由理学酝酿而成的实学的一个方面。

其三，儒家社会的教育和家庭。1985 年初，狄百瑞应邀在新加坡发表了一次演讲。他在讲话中一再肯定了新加坡的经济成就同儒家文化环境的关系。在这个环境里一个最重要的项目便是儒家传统的敬学精神。他说，由宋代儒家教育普及到社会每一个角落而培育出的敬学风气，“直到今天仍然是追求新知的强大动力。虽然学习的内容大为改变，但儒家价值观念培养出的东亚各国人民对学问的热爱，已经证明是不断的活力和适应力的重要来源。它使这一地区在经历了文化解体的早期阶段之后，成为最有能力同化西学和迅速现代化的范例”。①

同海外许多学者一样，狄百瑞认为儒家传统的现代载体最重要的是家庭。他指出，在佛教盛行的时代，抵抗佛教人生观的重要力量就是家庭，而自宋代以后，朱熹的《家礼》和《小学》在东亚许多地区几乎成为基本的“社会手册”。今天人们所谓的“后儒家社会”包含着儒家价值观念在新的商业社会起着重要作用的意蕴，其推理依据即有这种家庭制度的作

---

① 狄百瑞：《作为东亚和世界文明的一部分的儒家思想》，新加坡 1986 年，第 6 页。

用。在国家、学校、家庭这三个儒家的制度基础中前两个已遭到破坏的情况下，家庭的作用“无论怎样强调也不过分”。值得一提的是，狄百瑞肯定儒家家庭制度的现代意义，是针对儒家价值观同资本主义的关系而发。儒家价值体系虽不太鼓励利润动机，但它并没有把公与私完全对立起来，而是要求利润动机服从群体的利益。在现代社会的群体范型是家庭的情况下，经济活动，包括资本主义活动的利弊标准便转向以家庭为基础了。因此狄百瑞认为，说现代世界儒家更适合于极权主义而不是资本主义实无根据，至多也只道明了一半真理。

从这一儒家家庭制度的观点出发，狄百瑞也谈到了我国1976年以来的经济改革的意义。他没有像一些西方人那样预言这一改革最终必然导致西方式的资本主义，而是认为它更有可能产生小规模的、家庭式的资本主义，其结果将是一种混合经济，它的结构同传统结构不无相似之处，包括家庭式地方小企业和国家一贯扮演重要管理角色的大型企业。他的结论是，“如果我没有弄错的话，那么新中国的‘资本主义’也将符合它的传统。它会比西方典型的个人主义色彩少，至少个人的作用会更多地从家庭生活和价值的角度来考虑。我认为这一点常被那些为中国的‘资本主义’新趋势而欢呼的人所忽视，他们没有根据中国的历史和社会来看待这些趋势。”①

1996年，在中国内地出版了狄百瑞教授的著作：《东亚文明——五个阶段的对话》，这是作者于20世纪80年代后期，应哈佛大学邀请，担任赖绍华（Reischauer）讲座讲演，将系列讲演结集所成，作者在为这个中译本所写的《序言》中称此书是他“对东亚文明毕生研究与思考的结晶，它们代表我目前的思想”②。书中，作者认为无论在古典形成时期、佛教传入时期、宋明新儒学时期，还是近代东、西方碰撞时期，在以儒家为价值内核的东亚文明内部，均展开过持续的思想对话。而他这部著作的主旨，正是以此种对话性为主线，来追问支持文明之发生和发展的基本动力。这本书在某种程度上，可以看作是作者晚年对自己研究成果的一份提纲式的总结。

---

①　狄百瑞：《作为东亚和世界文明的一部分的儒家思想》，新加坡1986年，第9页。

②　狄百瑞著：《东亚文明——五个阶段的对话》，何兆武等译，江苏人民出版社1996年，《序言》，第4页。

第十章　当代韩国、日本、中国的儒学研究

第一节　当代韩国的儒学研究

自李朝（1392—1910 年）以来，儒学一直在朝鲜半岛占据着主流地位。当西方列强挟坚船利炮横扫亚洲时，儒学所受到的冲击是十分巨大的。1953 年后，朝鲜一分为二，儒学在朝鲜处于饱受攻击的境地，在韩国则得到了延续。不过，在西方强势文化咄咄逼人的攻势之下，儒学始终受到强有力的公开挑战，人们无法消解这样的疑问：儒学是否真的阻碍了现代化的实现？

20 世纪 70 年代，韩国经济的突飞猛进，给儒学的复兴提供了一个契机，人们开始理性地思考儒学与现代化的关系，对于儒学的态度重新趋于乐观。虽然反对性的言论始终存在，包括《孔子死，国家兴》这样批评强烈、影响巨大的著作的出版[①]，但仍有许多韩国人对于儒学研究投入了很大的热情，对于儒学的未来抱有信心。下面通过对《儒学与现代化——中韩日儒学比较研究》、《儒教文化圈的伦理秩序与经济》、《韩国儒学思想研究》这三本书的介绍，对当代韩国的儒学研究作一总结，虽不免挂一漏万，仍能从中看出韩国儒学研究的主要特点。

一　黄秉泰的《儒学与现代化——中韩日儒学比较研究》

黄秉泰，生于 1935 年，1958 年毕业于韩国汉城国立大学，获经济学学士学位，并步入仕途，在韩国外交部以及经济企划院任职。后重新步入学校，在美国哈佛大学和美国加州大学伯克利分校学习，先后获得公共管

① ［韩］金京一：《孔子死，国家兴》，韩国海出版社 1999 年。

理学硕士和政治学博士学位。1982 年，任韩国开发研究院高级研究员，并任韩国外国语大学国际关系系教授，两年后出任校长。1988 年后，历任韩国统一民主党副总裁、国会议员、统一民主党政策委员会议长、自由民主党中央执行委员会委员。1993 年，任韩国驻中华人民共和国特命全权大使。

在繁忙的事务性活动中，黄秉泰始终没有放弃对儒学的研究，这是因为他意识到了“文化传统在一个国家的经济发展中的独立作用”①，《儒学与现代化——中韩日儒学比较研究》一书正是其努力研究的成果。在这本书中，他从历史角度并且用比较方法对儒学进行阐发性的说明，对东亚儒学进行了全面而系统的论述。黄秉泰选取了中国、日本、韩国这三个受儒家文化影响最深，同时又在现代化进程中处于不同阶段的东亚国家进行比较研究，试图找到这三国儒家文化的共同点和差别，并将其儒学的不同特点与各自的现代化进程联系起来，以解释儒家文化对三个国家的发展所起到的不同作用。这一切，是为了弄清楚这样一个问题：儒家文化在现代世界上处于什么地位？

黄秉泰对中、日、韩三国儒学传统的考察，随着以下三个问题的回答而展开。第一个问题是：儒学是否有助于现代化的产生？

黄秉泰认为，儒家文化是不利于现代化的产生的。在他看来，现代化是西方自由理智主义的产物。自由理智主义的存在有两个前提条件：一是保持个人的私有领域以与社区传统和社会准则相抗衡；二是保持一方面认识取向和另一方面精神及价值观之间的平衡②。西方的基督教把上帝和人分开的做法为自由理智主义的存在提供了条件，在产生于中国并盛行于东亚的儒家文化中，则没有为自由理智主义提供这种结构保障。儒家文化是一种伦理内在论，在这种文化体系中，个人命运的最终主宰是社会道德和伦理准则，个人不能提出脱离名教传统的合法要求，而完全陷入世俗的伦理道德中，他的理智无法处于超然状态去追求这个领域之外的东西。这样，儒学的伦理内在论很难包容自由的理智主义，在结构上就取消了在现代化中实行自身冲破的可能性。

---

① ［韩］黄秉泰：《儒学与现代化·序言》，社会科学文献出版社，1995 年。

② 同上书，第 24 页。

黄秉泰对中、日、韩这三个受儒家文化影响最大的国家的文化传统进行了细致的分析和比较研究。他认为，当儒家思想在中国出现的时候，其创始人孔子是将伦理原理作为一种思想文化整体加以倡导的，虽然儒学并没有为自由理智主义的存在提供一种组织上的保障，也没有完全妨碍理智主义的自由。到了孟子那里，孔子原来的理智主义分裂为探讨人性和精神的存在论起源的形而上学理智主义和追求社会设施的正统名教真理的常规理智主义，理智主义的自由流动已经感受到了很大的压力，当汉王朝采用孟子的论辩性儒学作为正式的国家意识形态时，儒家文化体系中的理智主义已经所剩无几。尤其是当董仲舒用天人感应的观念将儒学加以神秘化和道德化，并用来为当时的感情需求和宗教需求服务时，甚至连孟子的形而上学理智主义也失去了自由。这样，儒学在从先秦到汉代的发展过程中，一直处于一种自由理智主义失落的态势。

汉朝的官方儒学在汉朝灭亡后遭受了重大的打击，到了统一的隋、唐，儒学的正统地位在中国重新得以确立。并且，到了宋代的朱熹那里，儒学的发展达到了一个新的高度：理智主义被与精神和价值观融合和系统化起来，成为一个集大成的和严整的文化体系，儒学的理智主义在中国历史上第一次获得了辩证动力。当朱熹的理论同理智辩证主义结合起来，在明朝统一成王阳明的一元论的时候，理智主义已经成为宋明理学文化体系的第一动力。但是，清代儒学对宋明理学进行了大反动，它所追求的是汉代以前的古代真理和经验的、空想传统主义和感情怀古主义，自由理智主义被断然拒绝。这样，中国的儒学文化不仅没有发展出现代化，也没有能力对抗近代西方合理的理智主义。

日本的儒学背景与中国、韩国有很大的不同。当中国的程朱理学传入日本时，它仅仅是被当作禅宗教义的一种较为合适的补充，就算是在德川幕府将宋明理学当作官方学说的时期，儒学在日本也从来没有成为一种完整的文化体系，只是有助于达到江户的政治目的的一套文化学说。日本儒学不允许超越社会、国家、民族的现实界限，耽于形而上的思辨；也不允许在伦理关系的社会领域之外，耽于心理学的沉思，作为中国儒学特质的文化泛世大同主义和文化永恒论，从没能在日本土壤中扎根。到了18世纪，儒学已被肢解而为各个社会阶层取用，成为替不同的目的服务的具体伦理守则。这样，儒学在日本历史上的影响是有限度的：“没有哪种社会活动因儒家伦理守则的受禁而受到妨碍，没有哪项政治活动因儒家道德律令的禁止而受到制止，没有哪项经济决策因儒家伦理的受禁而被变更；学术活动也未因儒家的道德主义和传统主义而萎缩退化"①。现代化是否在日本产生，其发展是否受到阻碍，与儒学都是没有太大关系的。

与日本的情况不同，韩国的儒学是在政府的全力支持下，作为主导性的社会意识和信仰体系而被引进的。自进入韩国后，它迅速成了支配整个韩国的文化生活领域的垄断性意识形态，在社会上层确立了具有影响并垄断政治领域的势力。由于忠实地继承了朱熹理学这一文化体系，并严格地奉行它，其结果是产生了凌驾于韩国社会之上的一种综合性的、抽象的理学文化体系。韩国的环境更加速了儒家文化的永恒性和普遍性的绝对化进程。农业自然经济、自然的宗法家庭社会和不变的王朝持续，贯穿整个韩国的历史。这些不变的条件，为儒家文化的永恒性、普遍性提供了最为理想的环境，甚至使其比在中国更为绝对。在中国，阳明学派和泰州学派从未允许朱熹的体系拥有无上的文化垄断权，韩国儒学则在全国范围内完成了理论的遵奉主义和形式的道德主义的紧密结合。可以说，自由理性主义很难为自己在韩国的发生流行寻找到一个突破口，现代化的自发产生也是一种无法想象的奢望。

第二个问题是：在现代化的发展过程中，儒学起到了怎样的作用？

黄秉泰认为，在现代化的发展过程中，中、日、韩三国的儒学思想也没有起到什么积极的作用。当西方现代文化的浪潮波及这三个国家时，中国的儒学根本就不能适应现代化的要求，韩国的儒学比中国的儒学更无招架之力，日本的儒学也是通过内部的转变才适应了现代化的要求。由此可见，儒家文化与现代化之间有着较大的距离，这鲜明地表现在以下六点：

其一，现代化要求人们必须具有一种清醒的意识：人与社会环境和自然环境的分离。而在儒学之中，人、社会、自然构成了一个有机整体，控制社会和自然环境的合理化社会行动是不可思议的。

其二，现代化要求对社会传统和自然环境形成功利主义的观点，而在儒学体系中，自然被道德化，道德被自然化，功利取向很难确立。

其三，现代化的逻辑需要有与时俱进的进化论观念和集团的独立自主

---

① ［韩］黄秉泰：《儒学与现代化》，第460页。

思想，而儒家文化的永恒主义和泛世主义倾向与此格格不入。

其四，平等民主是现代化的一个先决条件，儒学则存在于等级分明的国度里。

其五，结构的分化是合理化社会行动进入社会各部分的一项先决条件，儒学则是一个笼统的道德有机体，宗教与道德融合无间，这与西方把宗教与道德分化开来的历程完全背道而驰。

最后，现代化的又一先决条件是不能存在反动政权和既得利益集团，它们反对实现社会结构体系的分立和提供实用知识与实用技能的教育课程及设施。而在中国和韩国，以有限的社会体系的分立为基础的中央集权帝国体制的持久存在，阻碍了进一步的社会结构体系的分立。①

由此黄秉泰得出结论："在现代化的进程中，儒学的角色仅限于充当一个被动的连续统一体。统一体的两端一是充其量灵活适应现代化，另一则是顽固反对现代化。"② 在中、日、韩这三个有着深厚儒家文化背景的国家中，日本最先适应了现代化的潮流，那是因为它对儒学进行了深刻的改造；中国与韩国得以在现代化的潮流中保持中立，则一是因为外来的摧毁（韩国），一是因为革命性的打击（中国），使其儒学传统改变了原初的模样。

第三个问题：现代化实现以后，儒学将充当怎样的角色？

在现代化的产生、发展过程中，儒学所起到的都是反动的作用，那么，在现在及未来，儒学是否已经完全失去了意义？黄秉泰并不这样认为。日本的成功能够给人以启迪。当儒学被介绍到日本时，其作为一统天下的文化体系的本质和特性从一开始就被改变了。日本的儒学消除了中国儒学把意识形态的古典儒学具体化和神圣化的做法，同时又保持了其原始的意识形态的实用观点，没有陷入传统主义和有机整体主义的陷阱。这样，日本儒学成功地迎接了西方现代化的挑战。通过这样的现实事例，黄秉泰充满信心地说："我们可以相当有效地假定：如果被中国后来的儒学绝对化了的儒家传统主义和有机整体主义得到清除，而古典儒家意识形态

---

① ［韩］黄秉泰：《儒学与现代化》，第476—480、499页。

② 同上书，第486—487、499页。

原来的灵活性又得到恢复，儒学与现代化就不会相互排斥，而是彼此相容了。”①

黄秉泰又从三个不同的角度，对儒学的命运进行了揭示。

首先，看一下儒学与现代化国家的社会价值体系之间的关系。黄秉泰借用罗伯特·贝拉的现代化理论指出，现代化有两种形式：一种是目标制定的合理化；另一种则是目标实现的合理化。为了保存现代化的果实，必须拥有一套稳固的、不论是由宗教还是道德提供的社会取向、思想意向和价值观，以维持现代工业化民族国家的规范性秩序。在这一点上，儒学大有可为。以日本为例，在日本的儒家文化环境中成长起来的传统价值观和思想意向不仅促进了日本对工业化社会的有效管理，更使这种管理富有人情味。虽然由此预测中韩两国与儒家文化的关系为时尚早，但日本的范例似乎预示儒家文化在现代工业社会中将发挥积极的作用。

其次，看一看儒学在现代技术社会中的作用。现代化的目标是建立一个现代工业化社会，这是一个具有高功能、高效率文化的技术社会。技术的作用不断扩张，正在使目的变成手段。过去仅凭其本身具有价值的东西，现在只有当它能有效地为某种目的服务时，才能具有意义。这样，在技术社会中，人与社会同时被异化了。黄秉泰认为，要想解除现代工业社会的这种弊病，儒家文化正好是一剂对症良药：

> 在这样的世界，能够发挥作用把人带到一个既能与自然又能与天直接交流的世界中心、并使人成为现实世界与机器世界两者的主人的最为合适的方案是儒学的整体主义人本主义。儒学的人本主义认为，世界是一个因道德的内在流动而获得灵感的有机整体。这种人本主义的宏论与技术的化身、囚禁人的机械牢笼，正好针锋相对。儒家的人本主义似乎当然是救治技术社会的残忍无情弊病的理想良方。②

最后，看一看儒学在现代文化中的地位。儒学是一种即道德即宗教的文化体系，既起着宗教的作用，又通过对生活中、宇宙间和意识里的客体

---

① ［韩］黄秉泰：《儒学与现代化》，第486—487、503—504页。

② 同上页。

进行抽象思考，从而满足人类对那些超越经验世界之外的东西的渴求，这与西方把道德从宗教中分离出去的做法完全相反。儒学所具有的这种特点，或许能在现代社会中起到意想不到的作用：

> 由于现代科学实证主义逻辑的进一步发展及由此带来的宗教的伦理化，给寻求精神安慰保留下来的地盘就只能是科学与宗教之间的中间地带了。而儒学既不过于超越以致完全脱离尘世，也不过于实证以致完全脱离象征性的意义，它完全可以作为一种新型的现代宗教来满足现代人在当今实证化的世界中在文化上的需要。①

在作出这种具有乐观意义的论断时，黄秉泰不无警惕地指出，儒学很难为现代化进程作出贡献，只有当现代化实现以后，才能从中寻找支持现代化的潜在因素。因此，“儒学这个潘多拉的魔盒在现代化尚在进行时必须被牢牢封住，只有在现代化已经成为现代性之后，才能小心翼翼地把它打开。”②

二　金日坤的《儒教文化圈的伦理秩序与经济》

金日坤先生是韩国釜山大学教授，专攻经济发展理论，同时还是韩国银行金融通货运行委员会委员，对国家经济政策的制定与推行具有较大的影响力。1982 年 2 月至 7 月，他到日本名古屋大学经济学部经济结构分析资料中心，任客座研究员。他的主要研究课题是经济发展中的文化因素，本书就是他在名古屋大学 6 个月的研究成果。

金日坤认为，一个国家、一个民族的经济发展，虽然经济原理在其中起到了至关重要的作用，文化因素的影响力也不可忽视。譬如，许多发展中国家现在都认识到了经济发展的重要性，热衷于经济开发，引进资本主义经济的原理，并为此竭尽全力，但事实上，能够成功地发展经济的国家却寥寥无几，绝大多数发展中国家的经济依然处于落后的状态。金日坤由此指出：

---

① ［韩］黄秉泰：《儒学与现代化》，第 505—506 页。

② 同上。

> 发展经济的关键并不仅仅在于必须引进有效的资本主义经济原理或经济原则，而在于必须处理好这一个国家的社会文化同经济的内在关系这一根本问题。
>
> 任何国家的社会现象，包括经济现象在内，都具有一定的历史性的地区性，从而，一个国家所具有的历史性的地区性特征，亦即一个国家所具有的文化，必然会制约着这个国家的经济的发展。[①]

那么，文化在何种程度上，又是以怎样的一种方式对经济发展起着制约作用？换言之，金日坤更为关心的一个问题是：儒家文化是对于儒教文化圈国家的现代化进程发生着怎样的影响？对于这个问题的解答，金日坤主要是通过两种对比来进行的。

首先，他将儒家文化与西方近代文化对经济发展之作用进行对比。

金日坤认为，所谓现代化，指的是能够造就一种使所有的人都能够获得平等和自由之权利的人类文化，它的实质内容是政治上的民主化和经济上的现代资本主义[②]。西欧资本主义从一开始就是建立在极端个人主义的基础之上，西方民主主义也是在极端个人主义的基础上发展起来的。欧洲由于在漫长的中世纪中实行分权制的缘故，进入现代社会后，逐渐在个人主义的土壤上形成了集团文化；东亚则具有长期实行中央集权制的历史，儒教的社会秩序理论在思想史上占据了主导地位，形成了以家族集团主义为中心的集团文化。因此，现代化只能在欧洲才能产生，东亚的儒家文化圈是无法产生这种思想的。

金日坤指出，欧美在成为发达国家之前，个人主义并没有发展到极端之地步的时候，权利和义务能够得到调和，集团利益和个人利益处于一种均衡的状态，在这个时候，其个人主义对于资本主义的发展和民主化的产生都是有好处的。但是，欧美的个人主义有其极限。随着经济的成熟和教育水平的提高，人们注重自我本位的个人利益越来越超过共同利益和共同

---

① ［韩］金日坤：《儒教文化圈的伦理秩序与经济》，中国人民大学出版社 1991 年，第 4、132 页。

② 同上书，第 132 页。

目的，出现了个人主义思想严重、一意孤行的局面，这就是发达国家之经济状况不佳的深层次原因。

儒教文化圈的国家和地区是在西方文化的冲击之下才走向了现代化之路的，但在这个过程中，越来越显示出了自己独特的优势，主要体现在以下几个方面：

其一，儒家思想中，关于社会秩序原理的核心是寻求中央集权的社会组织结构的稳定性，这就使东亚国家形成了一种整体号召机制，国家具有高效率地实现某个既定目标的能力。尤其是在以自由企业制度和市场机制为主要特征的资本主义经济表现出其限制时，东亚国家所实行的与整体号召机制相连贯的、以计划经济为主的混合经济体制更彰显了其成功："政府制订计划，确立目标，建立有关制度，形成个体经济的强大后盾。集中各个经济实体和个人的能力，整体号召机制使整个国家的经济取得成功。"①

其二，优越的社会整体性。资本主义经济曾经仅仅依靠自由竞争和市场调节的机制，这是一条死胡同。个人主义无限膨胀、对利益的追逐阻碍了经济组织和集团的正常运行。与此同时，亚洲新兴工业国家则显示出了巨大的发展潜力，这来源于儒教文化圈社会所拥有的统一机制。

其三，整体效率高，注重长期效益。在欧美国家，判断人的标准主要是看其能力，优秀的人才受到重用，低能的人将被抛弃。这样的做法有其优点，但作为社会整体，未必会产生高效率，因为这样的社会机制往往会导致社会动荡。儒教文化圈内国家更重视的是人性，不抛弃弱者，让他们做与其能力相称的工作，具有家族集团主义特征。这样，依靠礼义和人情把人们团结在一起，构成长期稳定的社会机制。从长远的眼光和全社会角度看，这种社会机制具有发挥持续稳定高效率的特点。同时，欧美国家企业过分重视短期利益，儒教诸国的家族企业则总要做长期投资，虽然短期效益或许不能尽如人意，但企业结构稳定，具有驾驭新潮流的能力。

此外，儒教文化圈的人们所显示的优点还有：具有健康的劳动观和耐劳精神；注重教育等。这一切，都会成为经济发展的动力。

其次，他将日、韩儒学的不同特点对经济发展的不同影响进行对比。

---

① ［韩］金日坤：《儒教文化圈的伦理秩序与经济》，第141页。

儒学发源于中国，对日本和韩国的文化产生直接影响的主要是朱子儒学。金日坤所探讨的主要是朱子儒学对现代集团文化的影响，特别是考察集团生活方式的伦理秩序原理。在此一点上，朱子儒学的主要思想是：第一，中央集权的政治体制；第二，忠孝一致的伦理关系体系；第三，和平主义倾向；第四，重农主义的经济观。这四个方面，可以说是日本和韩国的儒学所共同具备的，但在所受影响的程度上则有所差异。金日坤认为，正是这种差异，对日、韩两国的经济发展程度产生了巨大的影响。因此，他以这四个方面为主要考察点，对日、韩两国进行了细致的分析（主要考察壬辰倭乱之后的李朝社会和德川社会）。

1. 中央集权的政治体制。在李朝建立之前，韩国实行中央集权制已有1200年之久。李朝时代，受到一元化的朱子儒学的影响，中央集权的程度进一步加深。为了维护中央集权的政治体制，李朝政府建立了两种制度。一种是地方官任命相避制，就是在任命各地方行政单位负责人时，当地出身者必须回避，以避免官员与同族集团勾结起来进行谋反。一种是地方官任期制，官员在一个地方的任期不能过长，以避免与当地人士关系密切起来，从而产生分权倾向。这两种制度作为维护中央集权的措施来说是相当有力的，但对于经济发展而言，负面作用则很大。

德川时代的日本也采用朱子儒学来维护其政治体制的长期稳定，但与李朝时期的韩国相比，则有两个很大的差别。首先，日本虽然实行天皇制，但由幕府进行实际统治，由此而具有政治结构上的二元体制。其次，德川幕府体制虽然是集权的，但又具有相当程度的分权要素。幕府极力维护参勤交替制的体制，从而极大地刺激了人员和物资的流动。另一方面，各藩又以独立自治体的形式存在着。可以看出，日本对于儒学秩序原理从一开始就采用了一种变化了的形式，保持了分权制与集权制结合的体制，造成了其集团文化与经济文化的繁荣。

2. 忠孝一致的伦理关系体系。儒教根据家族内部“孝”于父母的集团主义思想，确立了“忠”于君主的秩序，建立了一个绝对的“纵式”社会。在这种社会中，首先被要求的是家族集团内部上下人际关系的伦理，以及作为家族扩大形式的国家集团中维护尊卑秩序的对君主的“忠”。在这一方面，韩国的李朝就是一个典型，甚至比在儒学的原产地中国还要绝对。这种以忠为原则的秩序，只是一种统治者的逻辑，对于庶民来说，是一个纯粹的压迫机构。在这样的社会中，不可能产生根植于利益动机的个人自发参与机制。

李朝按照儒家的秩序原理，建立了一种绝对的纵式社会，日本的德川社会则具纵式与横式两方面的社会结构，并保持着一种平衡的状态。李朝的纵式社会中，只有底层的家与上层的官僚组织两种形式，没有中间结构；在日本德川社会中，血族的"家"与君主的"家"之间，还存在着一种中间形态的"家"，这可以说是一种"扩大的家"①。"扩大的家"，与其说是以孝，毋宁说主要是以忠的原理确保其秩序，这种中间结构的存在，对于国家体制及集团文化的稳定起到了重要的作用。

德川社会还存在着横式结构，这就是大名分国的各藩并列与城下町的形成发展。各藩之间互相竞争，为了藩生产力的全面提高、积累财富、改善财政和提高生活水平而不断地努力。城下町是幕府兵农分离政策的产物，由于武士们大多集中于城下町，为了供应其生活物资，德川幕府就将商人和手工业者迁至城下町，从而确立了工商业与农业的分离，同时也提高了农村与城市经济上的交往。

3. 和平主义的倾向。儒家思想具有和平主义倾向，受儒家思想的影响，李朝高度防范分权倾向，极力加强集权制，推行彻底的文官制度。李朝 500 年间未任命一个武官担任作为国防部长的"兵曹官书"，这与日本德川时代一直实行武家政治的状况完全相反。对于日、韩之间的这种不同，金日坤未作明确的评价，但他指出了这样一个事实：为了维护统治，李朝主要通过教育来训练统治阶层和驯化百姓，教育的内容是彻底的儒学教养及文献学。李朝的儒学教育与社会现实缺乏联系，始终是一种空洞的理论，与人民生活水平的提高毫无关系。另外，受儒家思想教育的官员鄙视对利润的追求，对经济的发展有阻碍作用。虽然认识到了儒学空洞之流弊，李朝于 17 世纪前后兴起了实学思潮，但由于传统儒学理论的势力很强，实学很难作为现实的政策被采用，无法产生推动现实社会与经济的影响力。

4. 重农主义的经济观。儒家的经济观是农本主义，以农为本，以工商为末而轻视之。在韩国的李朝，这种农本主义的经济观贯彻得非常彻

① ［韩］金日坤：《儒教文化圈的伦理秩序与经济》，第 73 页。

底，农业之外的经济活动都受到了限制。但是，尽管对农业如此重视，由于王土思想，农业私有制得不到实行，仅仅种植粮食作物，农民的收入很低，无法激发他们的积极性。同时，由于作为社会经济主干的农业水平很低，自然也就无法为工商业的发展打下基础。这样，对于农本主义的绝对贯彻，就造成了这样一种结果：重视农业，农业却得不到发展，工业、商业和手工业的发展也陷入停滞。

儒家的农本思想对日本社会显然也造成了很大的影响，但与韩国李朝不同的是，其对于儒家之农业思想的贯彻不是那么纯粹。德川时代的土地名义上都为天皇所有，但实际上实行的是一种公权所有制，将军和诸大户及部分臣下以分封的形式，具有实质上的所有权。同时，在现实中，农民的土地私有化和阶层分化不断发展。德川社会中的这种地主、自耕农、佃农等阶层分化的产生，意味着农业生产力的集中，推进了农业经营的资本主义化。同时，随着农业的发展，工业、商业和手工业也发展起来，“士农工商”儒教思想的壁垒也被打破。因此，虽然日本的经济发展正式向资本主义经济过渡还是明治维新之后的事，但在德川社会时期就已经“具备的资本主义经济基础，为明治维新以后的近代资本主义经济的发展，造成很强的适应能力与发展的潜力。”①

金日坤通过以上四个方面对韩国李朝与日本德川社会作出的对比，明确传达出了这样一种信息：日本经济发展的成功，是因为受儒家文化影响较小，而韩国之所以对现代化的适应程度不及日本，对儒学的过度崇奉是一个重要原因。

值得注意的是，金日坤在将儒家文化与近代欧美文化作出对比时，对于儒家文化的命运表现出了一种乐观的态度，认为其与欧美文化相比有着自己独特的优越性。但是，当他在儒家文化圈内部就韩国李朝与日本德川社会作出对比时，却又表明：儒家文化阻碍了韩国经济的发展，不利于资本主义的产生。这不能不说是一个矛盾。对此，或许可以解释为：关于儒家文化对于经济发展的作用，其优越性在于能很好地适应现代化的进程，并能补助西方文化的一些不足；其落后性在于，在资本主义的酝酿阶段，儒家文化会起到阻碍作用。这种解释是很勉强的，但到底原因何在，金日

---

① ［韩］金日坤：《儒教文化圈的伦理秩序与经济》，第93页。

坤在此书中并无明示。

三　崔根德的儒学研究

崔根德，号南伯，1933 年 6 月生于庆尚南道陕川郡凤山面鲁坡里。童年读私塾，学四书三经等儒学典籍，1962 年毕业于成均馆大学国文科。历任成均馆大学儒学大学学长、儒学大学院院长、韩国儒教学会会长、礼学会会长、栗谷学会会长、成均馆馆长、儒教会中央会长、国际儒学联合会理事长等职务。现任韩国精神文化研究院韩国学大学院教授、成均馆大学儒学大学教授。

崔根德一直致力于韩国儒学史的研究，对此他有这样的认识："韩国儒学史的体系化，首先要从资料整理入手，其次要在治学方面将曾经被曲解的部分纠正过来。只有及时纠正原典解读方面出现的错误或者把已将思想和事件引入了歧路的部分加以修正，才能称其为正确的思想史。"[①] 在这种思想指导下，他完成了《儒学讲义》、《韩国儒学思想研究》、《论语人间学》、《元代性理学》等作品的著述。本节文字即是根据《韩国儒学思想研究》一书，对他的儒学观所作的总结。

崔根德认为，儒学是一种立足于现实，以人为中心的宗教，它具有：尊圣人为万世师表；运用超越时空的大经大法，提示人类终极问题的解决点；实现个人及社会理想的一以贯之的信仰体系；四礼等一整套仪式；排斥异端的威严等特点。[②] 儒学不仅不承认人之上的世界，也不考虑人之下，一步也不超过人们生活的地方，始终关注着现实人生。这使得儒家文化形成了独特的人世观，即：第一，人是生活在传统之中的，并不是单独的个体，而是过去漫长岁月的继承者和即将到来的未来岁月的中介者。第二，儒学把人视作道德的主体，认为人天性善良，又能通过后天的磨炼使自己达至完美的境界。第三，人是历史性的存在，又是义务与道德的存在[③]。崔根德认为，儒家的这种人世观，对于朝鲜民族之理想人格的形成具有很大的影响。

---

① ［韩］崔根德：《韩国儒学思想研究・卷首语》，学苑出版社 1998 年。

② 《儒学是宗教吗?》，第 59 页。

③ 《儒学的人世观》，第 1—5 页。

崔根德进一步指出，儒学对于韩国文化传统的形成具有巨大的影响，这主要表现在以下几点：第一，在韩国文化的形成和展开过程中，礼成为基准，这对于韩国的文物制度、服饰制度甚至建筑等都有影响。第二，以“易”为基调的阴阳五行思想渗透到所有的文化现象当中。三国时代的文化已带有明显的易学特征，统一的新罗时期已经达到了圆熟的境地。第三，韩国文化中简洁、朴素或单纯、俭约的部分，也是受儒学的影响所致；含蓄、坚韧、光明正大等韩国文化的特点，亦可看作皆缘于此。第四，受儒学性善观、道德观、义理观的影响，韩国文化的内容带有劝善惩恶的倾向。第五，执着于现世的现实性文化现象，表现为儒学对于死后世界敬而远之的态度。①

崔根德承认儒学对于韩国的巨大影响，同时也十分强调韩国文化的主体性。他认为，要想把握韩国之思想，就必须追寻土俗信仰、儒学思想、佛教思想与道教思想这四大思想脉络。其中，儒家思想所起到的巨大作用是无法回避的，但韩国原初的土俗信仰也不可忽视。也就是说，不能忘却韩国文化所独具的特色。关于这一点，是他时时刻刻强调的。在谈到韩国儒学思想之形成时，他首先提到了儒家文化的影响，同时也郑重地强调：“我们的民族性和固有思想成为其底蕴。也许下面这种说法更切合实际一些：我们的民族性和固有思想是其基础，此后儒学的教义投射进来被我们所接受。”② 在介绍李退溪和柳成龙等先哲时，他也特意抉发其主体性思想，着重加以强调。

崔根德指出，儒学在丰富了韩国文化的同时，也曾在韩国历史上起过负面作用。例如朝鲜末叶的学者李建昌在其著述《党议通略》中，将当时严酷的党争之原因归结为八条：一为道学太重；二为名义太严；三为文词太繁；四为刑狱太密；五为台阁太峻；六为官职太清；七为阀阅太盛；八为承平太久。崔根德认为：“这些都可以视为儒学思想的表现或其逆功能。尤其是道学太重和名义太严这两条，如实反映了当时社会伦理思想推移的状况。”③

---

① 《韩国文化与儒学》，第 176 页。

② 《儒生精神的本质及形成》，第 170 页。

③ 《朝鲜时代的伦理思想》，第 229 页。

由于儒学过于强调礼，导致了把它绝对化的思潮，造成了伦理思想的僵化，从而对社会形成了不良影响。出于对这种风气的反动，17世纪之后，兴起了实学思潮。崔根德将实学思潮的特点归纳为以下五点：在解释经典时，敢于批判以往的程朱之说，提出自己的学说；强调道与器的相互补充、相互协调；严厉批判现存秩序，将矛头指向伪善道德律、游手好闲的两班阶级和只尚空谈的学风；揭露国法不及士大夫、科举不公等现存秩序的弊端；具有重财利，劝奖生产性生活的思想。① 崔根德认为，实学派的主张，点明了社会不良风气存在的根源，指出了富国强兵之路，给以往的伦理思想带来了重大变革，有利于解除传统儒学之流弊。

进入近代以后，西方思想对于韩国的儒学传统形成了近乎毁灭性的打击，许多人因此而对儒学抱一种悲观失望的态度。崔根德则认为，传统儒学并没有完全失去生命力。他说："如果我们能够同意文化传统的反刍现象，它只有植根于传统才能保持生机勃勃的活力，从而能长久地为大众所喜爱，那么就不能完全抹杀儒学在创造未来新文化中所起的作用。"②

崔根德对儒学的信心还建立于他的以下两点认识上：未来社会仍有阴影；儒学的特长在将来会起到作用。

崔根德认为，未来的社会将是一个国际化、信息化、科学化的社会，这样的社会具有两面性，既有很多肯定性的因素，也存在着给人类社会带来阴影的因素：其一是核能，它有可怕的破坏力和后遗症，一两个核弹就可以毁灭世界；其二是遗传工程学，可以任意制造遗传基因，存在着使人类灭种的危险；其三是环境破坏，这将剥夺人类生命的源泉；其四是公害，这与死神的作用是一样的。③

崔根德指出，要想消除未来社会的这种两面性，就只能把希望寄托于人类的理性。这样，儒学就将发挥很大的作用：

第一，儒学根据随时处中、随时变通的易哲学，可以适应未来社会的多种多样的变化，并固守人类的良心。

第二，如果儒学能扩充以天赋性善说为根据的人类主体思想，就能发

---

① 《朝鲜时代的伦理思想》，第235—241页。

② 《韩国文化与儒学》，第177页。

③ 《儒学与未来社会》，第452页。

挥克服机械文明弊端的能力。

第三，研究诚和敬哲学生活化的途径，可以使它成为信息化时代的伦理。

第四，儒学关于恕的思想，可以成为国际化时代人类圆满地处理你我之间关系的伦理。

第五，儒学的孝思想，可以用来进行对祖先的原始报恩道理的教育，使人们懂得对父母应有尊敬心和对子女应有慈爱心，巩固家庭，培养家族血缘关系的凝聚力。

第六，儒学的礼教可以起确立地球村秩序的基本作用。①

在作出这种判断时，崔根德表现出了谨慎的态度。他认为，儒学要想在未来社会中发挥出作用，还在于以下努力成功与否："第一，儒学能否摆脱过去封建时代的俗儒、腐儒扭曲和窜改了的旧壳，恢复其本来面貌，即回归到纯粹的原始儒学（孔孟儒学）中去；第二，能否以原始儒学为大经大法，实现适应现代的新的变革；第三，能否以这种变革，取得走向未来的活力。"②

第二节　当代日本儒学研究概况

虽然有些学者认为日本的现代化是从明治维新开始的，但在此处，我们所说的日本现代儒学，则以20世纪为其开端。20世纪以来，儒学在日本哲学领域已经不再居于主流的地位，而是更多地表现在日本人民的日常生活、伦理行为、思维习惯中。对日本儒学的研究，主要应从儒学与资本主义发展进程的关系、儒学作为一种民族文化的存在形态、儒学所导致的东方思维方式与西方思维方式的差别等角度展开。在本节的论述中，将选取上述各个方面比较有代表性的学者，对他们的观点作一些介绍。

一　儒教资本主义

在日本资本主义的发展过程中，日本人创造了一种不同于西方的经营

① 《儒学与未来社会》，第453页。

② 《韩国文化与儒学》，第177页。

管理模式，在这种日本特色的经营模式中，儒家思想在什么程度上、起了什么样的作用，都成为西方及日本的思想家研究的核心问题。有些学者对此持否定态度，而有些学者则认为儒家思想在日本资本主义经济的发展中起了核心理念的作用，后者的代表人物有涩泽荣一、森岛通夫、山本七平等人。

涩泽荣一（1840—1931 年）在日本，涩泽荣一被誉为“日本近代资本主义经济的最高指导者”和“日本财界之王”。他出身豪门家庭，从小接受儒家教育。最初做过德川家的幕臣，1867 年曾赴法国出席万国博览会，目睹了西方资本主义文明的发展。1869 年他任职于明治政府的大藏省，1873 年因与当政者不和退出政界，投身工商业。他首创了日本第一家股份制银行“第一国立银行”（现在的第一劝业银行），以后又参与组织了王子制纸会社、大阪纺织会社、东洋汽船会社等企业。在涩泽荣一的一生当中，他的成就不仅在于他创立了众多的企业，而且在于他重释了传统精神资源，吸纳西方近代思想，提倡“道德经济合一”说，或称“论语加算盘”的思想，在他投身实业界的 43 年间，他坚持亲自向员工讲授《论语》，并著述《青渊百话》、《论语加算盘》等书，影响了几代日本人。

涩泽荣一所做的这种努力，在当时的日本具有重要的社会意义。明治维新以后，日本虽进入资本主义时代，但社会上官尊民卑和贱商意识仍然十分浓厚，工商业者在官员面前仍然没有任何地位。在这种状况下，要想改变人们的观点，较为可行的做法，应当是通过对人们产生深刻影响的儒学知识进行重新解释，使之符合资本主义精神。

1. 以儒家思想的重释赋予工商业以庄严的价值。涩泽荣一首先从不同角度论述了从事工商业和追求财富的超越意义和庄严价值，以改变传统的贱商观念。涩泽荣一指出，发展工商业是国家富强的必由之路，他说：“欲强国必富国，欲富国必隆盛工商业。”① 他甚至认为，国家的政府官吏平庸对国家不会有什么大的损害，但是工商业者必须都是贤才，所以在日本，当务之急是改变人们心中的谬见，提高商人的地位驱使人才投向商业

---

① 《涩泽荣一全集》第 2 卷，平凡社 1930 年；转引自王家骅：《儒家思想与日本现代化》，第 163 页。

界。他批判了官尊民卑和贱商意识，这对自古以来日本人对本国所具有的“神国”观念也是一种超越。

另外，他还对《论语》中的论述加以新的解释，以说明谋求财富的超越价值。例如，涩泽荣一指出：“孔子认为，博施于民而能济众，使仁以上之仁，亦可称为圣。……如欲博施于民而能济众，首先需要金钱。如何想施民济众，若无财富，终究不能实现其愿望。”① 依照他的观点，财富乃“博施于民而能济众”的前提，也就是“为圣”的前提。涩泽荣一赋予工商业的道德超越价值，类似于马克斯·韦伯所说的新教伦理中的天职，他们都赋予财富的追求以庄严的意义，并把对超越意义的追求作为资本主义发展的动力，但是涩泽荣一的超越并非在彼岸，而是在此世。

2. “义利合一”说。涩泽荣一认为，“义”与“利”是相容而不是相对的，道德与经济合一，他的这种思想又被称为“论语加算盘”的思想。他是从两个层面上论述“义利合一”说的。

首先从理论层面上说，涩泽荣一认为离开利益讲道德，不是真正的道德，而正当的财富，必须通过符合道德的手段得到才是可取的。在尧舜禹汤文武之时，算盘与道德之间并没有矛盾，后来随着社会分工的出现，才使得算盘与道德之间出现鸿沟，以后这种倾向越来越严重，到宋代的哲学家那里，伦理道德的学说成为“思索游戏的伦理哲学”，与人民的日常生活基本脱节，于是民间才有了“仁而不富，富而不仁”的说法。这种风气传入日本后，也对民众、尤其是武士产生深刻影响。在涩泽荣一看来，《大学》中讲的“不以利为利，以义为利”的观点是不对的，利就是利，当然这种利，不是一己之私利，更主要的是指国家社会之公利；而义是指什么呢？在工商业活动中，实行仁道就是义。在涩泽荣一的理论框架中，公益成为连接义与利的中介。当然他也并未完全否定个人之利，而是认为，个人之利，是追求公益的必然结果。这种“义利合一”说，不但有利于发展国家资本主义，而且也容易为士族所接受。

另外，他还从具体的工商业行为上来论述他的“义利合一”说。他认为，工商业者必须以正当的手段来获取利润，他说：“真正的利益，若

---

① 《涩泽荣一全集》第2卷，平凡社1930年；转引自王家骅：《儒家思想与日本现代化》，第163页。

不基于仁义道德，则决不可永续。”[①] 他认为从商者首先要讲信，一个人的有形资本是有限的，但其信用这一无形资本是无限的。其次，在商业竞争中，应当提倡的是善意竞争，应该反对恶意竞争；在财富的运用上，涩泽荣一主张正当支出，善用财富，为国家多做好事，用他的话说就是“用出色的手段谋求收入，而以善良的方法使用之”。[②]

当时与涩泽荣一的“义利合一”说相似的，还有金原明善、佐久间贞一等人的理论，正是在“义利合一”说的影响下，明治时代不少出身武士的人投身商界，成长为“士魂商才”型的企业家。时至今日，仍有不少人对“论语加算盘”的思想非常重视，有一些企业仍用它作为经营的基本精神。日本当代许多企业家，对自己的企业经济活动，也怀有一种“国事意识”，例如被誉为战后“日本经营之神”的松下幸之助就认为经营者没有信念，就必定会失败，而为社会、为人民贡献，则是实业家的使命。

森岛通夫　二战以后，日本从战争的废墟中崛起，经济很快恢复到战前水平，并且从50年代开始，经济飞速增长，1986年其人均收入已超过美国，达到1.7万美元，无论在日本还是在国际上，人们都在大谈日本成功之道。马克斯·韦伯曾提出的儒家思想与资本主义经济发展不能相容的思想受到怀疑，美国著名未来学家赫尔曼·卡恩首先明确以儒家伦理来解释日本经济的成功的原因，在他的《1979年及其后的世界经济发展》一书中，他称日本与东亚其他迅速崛起的韩国、新加坡和中国香港、台湾地区为“新儒教”影响的国家和地区。

许多日本学者也开始从自身的思想文化传统中寻找现代化成功的原因。森岛通夫率先出版了《日本为什么“成功”——西方的技术和日本的民族精神》。在这本书中，他首先肯定了由马克斯·韦伯提出的一个前提：一个社会的伦理道德是既定的，任何一种类型的经济，如果它要求人们具有与这个伦理道德相违背的民族精神，那么这种经济将不会发展。以此为前提，他批评了韦伯的观点，在韦伯看来，儒家的理性主义所提倡的

---

① 《涩泽荣一全集》第2卷，平凡社1930年；转引自王家骅：《儒家思想与日本现代化》，第167页。

② 《论语加算盘》，转引自王家骅：《儒家思想与日本现代化》，第168页。

适应世界的思想方式，阻碍了中国的资本主义兴起。森岛通夫通过对日本和中国的儒教的比较研究，提出日本的意识形态的主要组成部分也是儒教，但是这种儒教与中国的儒教已经不同，中国的儒教以“仁”为核心，而日本的儒教却强调忠诚、礼仪、勇敢等美德，尤其是忠诚，更成为日本价值观念体系的核心。对于“忠孝”，中国和日本也有不同的理解，中国的“忠”是讲忠于国君，日本的“忠”则是指要完全奉献于自己的主人，在日本，忠诚、孝顺和对年长者的义务塑造了一个价值的三位一体。所以，日本形成了一种与中国完全不同的民族精神，正是这种精神，有助于建立一种适宜于资本主义发展的经济环境，而中国的情况则不适于资本主义的兴起。

他进一步结合日本的社会实际，分析了儒教在日本的作用。在日本儒教最先被武士阶层所接纳，德川时代的武士忠于他们的大名，每个大名忠于幕府将军，幕府将军忠于天皇，当德川末期武士们认为幕府的行为不符合儒教道德时，他们就积极参与“尊皇倒幕”运动，成为日本近代化的启动力量之一。从官僚阶层的思想状况来看，中国的文人官僚对文学感兴趣，日本的武士官僚则对武器感兴趣，所以也就对科技感兴趣，所以当他们面对与西方的技术差距时，就会用急行军的方式迎头赶上，甚至不惜牺牲自己的生命。明治维新之后，儒教借助于政府的强制教育方式成为统领国民的意识形态，这种教育也提高了国民的整体素质。到二战后，即使实施了一系列的民主改革，日本儒教所提倡的价值观、伦理观仍然渗透在每个日本人的心中，它所倡导的崇尚节俭等观念仍然深入人心，并且也有利于资本主义发展初期的资本积累。而且，儒教提倡集体主义，崇尚理智，这也有利于资本主义在日本的发展。所以，在明治维新之后，“一种以完全不同于英国资本主义的精神来管理的资本主义经济，一种把日本的精神和西方的技术结合起来的经济在日本建立起来了”。①

另外还有一些学者力图从比较客观的角度，对日本的现代化进程中儒学的作用加以研究和说明。如伊田熹家的《日中两国现代化和儒学》一文中提出了儒学功能限定论，即认为日本的现代化得以顺利进行，是因为日本从开始现代化进程以来，就对儒学的作用有一个清醒的认识，日本人

① ［日］森岛通夫：《日本为什么“成功”?》，四川人民出版社1986年，第128页。

不拘泥于传统的儒学思想的束缚，只是让儒学在伦理道德方面发挥它的作用，其他领域则让给了西洋学问。[①] 小池喜明则在他的《攘夷与传统》中提出，由于日本哲学史上像佐久间象山这样的一些哲学家的改造，使得日本儒学中的一些理念发生了变化，所以更有利于日本的儒学吸收来自西方的实证精神，这无疑为日本人接受现代化理念、发展科技奠定了理论基础。[②]

1987 年，日本文部省捐资建立了跨学科的大型研究计划“关于东亚的经济社会发展和现代化的比较研究”，90 多名学者参加了这一计划，该项目负责人中岛岭雄、日本著名思想史学者源了圆等人，在该研究会第一次会议上都从不同角度说明在经济的现代化进程中，东亚国家研究儒学有重要意义，而且如沟口雄三等学者在后来的研究中也进一步提出，现代对儒学的研究，不应当仅停留在说明儒学与资本主义如何一致，更应该探讨在资本主义发展进程中，如何以儒家思想为指导，重新确立一种道义。[③]

二　日本文化论学派思想中的儒家文化

随着日本经济的发展，日本不仅是以经济强国的形象出现在世界上，而且是以一个具有不同于西方文化的独特文化国家的形象出现。相应地，日本许多学者对日本传统的社会结构特点、文化结构及特点、日本人的国民性格等都表现出越来越浓厚的兴趣，出现了诸如日本论、日本人论、日本社会论、日本现代化论等观点，这些统称日本文化论，其目的，就是通过对日本的文化源头的追溯，弘扬日本的民族性。现代日本的文化论可以分为战前和战后两大阶段，战前的文化论代表着主要发展国家主义的思想，以和辻哲郎为代表；战后日本文化论着重于日本文化的特征和日本文化的意义，从文化上求得“日本成为日本人的国家”。

和辻哲郎（1889—1960 年）和辻哲郎出生于一个乡村医生家庭，由于家庭环境较好，使他能够接受当时日本的最高教育，他于 1909 年进入东京帝国大学哲学科。1920 年，和辻就任东洋大学教授，以日本精神史、

---

① 参见卞崇道主编：《战后日本哲学思想概论》，中央编译出版社 1996 年，第 412 页。

② 同上书，第 413—414 页。

③ 参见王家骅：《儒家思想与日本现代化》，第 7—8 页。

日本文化史为基础，从精神史的视角对佛教、儒教等文化的源流进行考察，使自己从审美学家发展成为哲学家、伦理学家。1926 年他留学德国，接触了海德格尔的解释学方法。1933 年，他发表了《人学伦理学》，奠定了他在日本伦理学领域的地位，得以主持东京帝国大学的伦理学第一讲座。1949 年退休后继续从事伦理学研究，直至逝世。

和辻的伦理观带有鲜明的儒家特色。他认为，日本的伦理一词是从中国传去的，伦带有伙伴、共同体的含义，所以在中国古代典籍中，父子、君臣、夫妇即被视为人之大伦，具有重大的意义。古代典籍中常说的"人伦五常"，指的是人类共同体的五个恒常不变的法则。这是人类共同体的根本特征。如果没有这种秩序，就无所谓人类社会，如果父子之间没有父子秩序，父子关系就不能成立，相应地，没有其他的关系秩序，其他关系也不能成立。所以，人伦五常是人类共同体的本质规定。

人伦五常的具体内容就是父子有亲、君臣有义、夫妇有别、长幼有序、朋友有信，亲是父子共同体的本质规定，义是君臣共同体的本质规定，这样依次顺延。如此，人与人之间的普遍关系就可以归纳为父子、君臣、夫妇、兄弟、朋友这五种类型。这些人伦关系在祭祀中可以得到另一种表现形式，古代虽有祭祀十伦之说，但是祭祀中的贵贱之等、政事之均都是人伦的表现。这一类的人伦关系与人伦五常的区别，仅仅在于它们划分共同体的方法和角度不同。和辻认为，所谓"伦理"之理，就是"道"或"道理"，就是讲人们之间关系的秩序，"伦理"一词比"伦"并没有增加什么其他含义，而是强调了秩序或道的含义。伦理是关于人间共同体的概念，是关于人间共同体本质规定的概念。

和辻哲郎在他的伦理学之前总是加上"人间的"这样一种限定。在日语中，"人"与"人间"一词被混用了，这种混用在日本是逐渐发生的，人间原意为世间，它所指代的是人的全体，但是也可以指个别人，因为部分只能存在于全体之中，人只有在社会中、在与他人的关系中，用日语就是"间柄"，才能确认自己的位置。人与"间柄"又是相互否定的，即否定个体而成为整体，否定整体而成为个体，人的存在是个体性和全体性的辩证统一。同时，在"世间"这个词中，"世"是含有时间性和空间性含义的，"间"也是含有空间性的，所以"世间"又是一个空间性和时间性含义的概念，世间这个词也就含有历史性和风土性的含义。在《风土》一书中，和辻着重考察了人的存在的规定的风土，以日本为范型考察了风土对人的存在特性的规定性。他认为，历史的风土的现象都是人的自觉存在的表现，风土是这一存在的自身客体化，他把风土分为沙漠型、季风型、草原型，日本属于季风风土，所以日本文化的特征是“台风性格”，日本人传统的生活方式既有生活于季风风土中那种被动、忍从的态度，同时又因季节瞬息万变而易于发生感情变化。日本人性格的这种辩证性，正与和辻在他的伦理学中所论述的个体与“间柄”的相互否定、相互统一一致。

在季风风土类型中形成的日本的特性在于“家”，作为“家”的日本人的存在方式无疑以家族的形式，实现了日本人的激情与恬淡相糅合的性格特征，从家庭、乡镇到县、国家，不同层次的“间柄”组成了不同的人伦组织，和辻认为最理想的人伦组织就是国家，所以尊皇之道也就应该是日本伦理思想的基础，所以他的伦理学也被称为“天皇制的伦理学”。

战后初期文化论的两种典型　这一时期有两种文化论比较有代表性，一是加藤周一的“杂种文化论”；二是梅卓忠夫的“平行进化论”。在加藤周一的“杂种文化论”中，他提出日本文化既与英法的纯种文化不同，又与亚洲其他国家如中国、印度、马来西亚等国不同，这种不同表现在日本在历史上深受来自中国、印度等国思想的影响，但是近代以来西方文化又深深地渗透到日本文化的根中，滋养了日本文化的新的成长，这使得日本文化结构表现为日西两种文化因素的结合。有些学者要除掉日本文化中的西方因素，但是即使是这些人的生活方式、思考方式以及他们所使用的概念，都是西方化的。他认为，与其为日本文化的杂种性烦恼，还不如去积极地利用这种杂种文化的兼容并蓄的特征，推进日本的发展。①

在加藤周一提出他的文化论的同时，梅卓忠夫则基于生态史观提出了“平行进化论”。他不同意按照西方与东方的模式来划分世界，他提出按照文明发展的高度来划分世界，这样日本和西欧数国已经实现了高度的现代文明，属于第一区，其他落后国属于第二区，这两个区分别有自己的变迁类型，在古代，第二区文明发达，到近现代第二区则在技术达到一定水平情况下得到发展。日本分别处于欧洲大陆的西端和亚洲大陆的东端，兼

① 参见卞崇道著：《现代日本哲学与文化》，吉林出版社 1996 年，第 123—125 页。

具两区的特点，所以走在一条平行的发展道路上。他的观点从比较新的角度来肯定地评价日本文化，其目的与加藤周一的文化论一样，都是为日本在经济腾飞时期寻求“自我同一性”提供根据。①

梅原猛　梅原猛是日本当代有名的文化哲学研究者。他于1925年出生于仙台市的海町世家，由其伯父母抚养长大，从小受到良好的熏陶。从高中到大学期间，西田—京都学派所介绍的西方哲学思想对他影响很大，后来，他感觉到西方的实存哲学对人生的冷漠，于是他开始探求新的哲学。1955年他开始执教于立命馆大学，并在此开始研究日本思想文化；1969年又开始从事日本古代思想研究，创立了独具学术价值的日本古代学体系。其著作有《美与宗教的发现》、《地狱的思想》、《日本文化论》等。

1967年，他的第一部关于日本文化的论文集《美与宗教的发现——创造性的日本文化论》问世，这是他学术思想发展的里程碑。他在序言中说：“要理解我们的文化、祖先的文化，就必须知道他们的美与宗教，发现我们文化传统中美与宗教的真正姿相，并以这一新发现的价值为根底，向支配着现代的物质主义进行唐·吉柯德式的挑战。”② 梅原所说的宗教，指的是密教，所说的美，指的是《古今集》中的美学观。他通过对密教和《古今集》的分析，向研究日本思想文化的多位权威提出挑战。他批评铃木大拙把日本文化整体归结为禅，批评和辻哲郎蹈袭国学偏见；批评自明治以来，人们往往离开宗教来理解日本文化；过去，人们一说到美学观，就指的是《万叶集》，一说到日本宗教，指的是国家神道、儒教最多再加上佛教，这都是国学偏见，加上西方文化至上主义、明治国家主义等造成的。在该书中，他比较了欧洲的和东方的存在论：欧洲存在论从物质出发观察一切，东方存在论把山川草木与人视为活生生的整体；欧洲价值论重视真善美，日本价值论以“净”为中心。③

在另一部有关日本文化的书《地狱的思想》中，他进一步发挥了前一部书中的批判。在1976年出版的《日本文化论》一书中，他提出“两

---

① 参见卞崇道著：《现代日本哲学与文化》，第127—130页。

② 《梅原猛著作集》第3卷序；转引自卞崇道主编：《战后日本哲学思想概论》，中央编译出版社1996年，第380页。

③ 参见卞崇道主编：《战后日本哲学思想概论》，第380—381页。

种文明原理”论，认为以基督教、希腊文化为核心的西方文明，是“力”的、“攻击性”的文明；基于佛教或儒教的东方文明则是“和”的文明、平静的文明。[①]“和”的思想贯穿于日本文化的体系，是日本精神的核心。在日本，人际关系比自由有更重要的意义，接着他上溯到圣德太子时期的思想，认为圣德太子制定的十七条宪法就已包含“和”的思想，这十七条既是宪法又是道德规范，其中第一条就是“以和为贵”，因此“和”是日本社会结构原理的中心。梅原认为，西方的文明曾经是强大的，但是现在已经落后了；今后世界文明的发展方向将是科技文明与和平文明的融合，因此着力发扬东方优良传统，尤其是像“和为贵”这样的思想是很有意义的。因此应该加强佛教思想教育、古典文学教育、情操教育。[②]

从20世纪60年代开始，梅原开始转向日本古代学研究。这一部分主要包括三大支柱：第一是关于《古事记》、《日本书纪》的学说，他提出这两本书表现了当时的统治者为适应新的国家体制对宗教所做的改革；第二大支柱是关于法隆寺的学说，在此他提出备受日本人崇敬的圣德太子是蒙冤而死；第三大支柱是他关于柿本人磨的学说。梅原的古代学研究以历史上某一时期的权力斗争为横线，“以怨灵和镇魂思想为纵线，政治与佛教交织”[③]形成他的独特学术体系。

梅原的日本文化论和古代学研究合称日本学，他说：“历来关于日本的学问，只是局限一个方面，例如，日本的历史就是历史，文学就是文学……综合性地、统合地研究日本文化的学问还没有。”[④]所以他要从综合的角度研究日本文化，以期看到过去看不到的东西。

上山春平　与梅原猛同为日本文化研究重要代表的学者还有上山春平，他的最具特色的文化理论是其“深层文化论”。

在上山春平看来，当今人们的文化结构可以分成不同层次，在最深层次的是祖先的文化，这种祖先文化并不是过去的遗物，它仍然对今天的生活发生作用。根据这种理论，他分析了日本文化，认为明治以来的近代文化构成日本文化的表层，第二层是中国文化色彩很强的农业文化；最深的

---

① 参见卞崇道主编：《战后日本哲学思想概论》，第382页。

② 参见卞崇道著：《现代日本哲学与文化》，第131页。

③ 转引自卞崇道主编：《战后日本哲学思想概论》，第387页。

④ 同上。

一层是日本本土的无土器文化或绳文文化。他指出，深层文化在历史的发展中虽几经变形，但仍与当今的日本人怎样生活等现实问题密切相关，比如日本民族是“同一人种”的所谓自然共同体或命运共同体的观念，产生于古代的以天皇为核心的时期，但是在今天仍有深刻的社会认同。所以追溯文化的深层，有助于弄清现今的文化的性质，在这里他是借鉴了弗洛伊德的精神分析方法。

他在提出“深层文化论”的同时，也谈到“日本学”的问题。在他看来，为了更深刻地理解日本，必须了解给日本文化以丰富营养的中国、印度和西洋，所以日本学也就是世界学。日本学在形成过程中，多次吸收外来文化，把它们分层次地保存起来，并把它们变成自己的主导性的东西，这是日本的最大特色。日本没有文明的自体，是“虚的文明”，所以能吸收各种外来营养。他认为《古事记》和《日本书纪》的成书时期，正是日本受中国文化影响最深的时期，所以其中记载的日本的远古的神话，就体现着中国的儒家和道家老庄思想的影响，日本神系的产生类似于老子的一生二，二生三，三生万物；从天照大神开始活跃之后，儒教思想受到重视，这是出于当时政治改革的需要。另外，日本的神道思想也受到来自中国的影响。这其中都体现着日本的绳文文化和中国文化的融和。[①]

他把日本文明史分为自然社会时代（公元700年以前）、第一次文明时代（700—1900年）和第二次文明时代（1900年以后），从日本的近代化过程来看，第一次文明时代日本与西欧是平行的，到第二次文明时代这种平衡就被打破，日本成为围绕西欧这个太阳运行的行星，日本不断从西欧吸取能量。在这样一次文明转换中，有得也有失，人们对科学等理念也逐渐产生不满，所以，日本文化形态中一些传统的东西仍然有研究的价值。[②] 由上可见，他的深层文化论贯穿于他的整个文明论中。

中根千枝　中根千枝是日本著名的社会学家，由她提出的日本“纵式社会论”在当代日本思想领域产生较大影响。她于1964年发表的《纵式社会的人际关系》一书中，提出了自己的“纵式社会论”。她运用了“资格”与“场”两个概念来分析日本的社会构造，认为“资格”是使

---

① 参见卞崇道主编：《战后日本哲学思想概论》，第390—391页。

② 同上书，第394页。

某个人与他人区别开来的种种属性，由“资格”构成的团体的人际关系是横式的；“场”是指把一些个人构成为团体的场合，由之构成的人际关系是纵式的。不同民族的人对这两者的重视程度不一样，日本人更为重视“场”，更为重视纵式的人际关系。例如日本人向他人做自我介绍的时候，总是先说明自己是哪个机关、企业的，然后才介绍自己从事哪种职业；在家庭中，娶进家的没有血缘关系的儿媳妇要比嫁出去的有血缘关系的姐妹或女儿关系更亲近。对日本人来说，经常在同一工作场所的小团体是最重要的，在农村则是“家”是最重要的。小团体是第一义的，大团体是第二义的。①

在这样一个纵式社会中，最需要的道德不是欧美式的个人伦理观，而是以儒学道德为主要内容的传统伦理观。个人与个人或团体之间的特殊关系凌驾于普遍性的原则之上，首先要问清对象是谁、与自己是什么关系之后，才会确定使用什么样的关系规则，这与儒家孔子讲的“爱有差等”是一致的。在这种“场”中，儒家的“和为贵”发挥着重要的作用，对日本人来说，内部的“和”是至上的美德。日本团体的领导未必是最有能力的，但必定是最德高望重的。

中根千枝的纵式社会理论，从社会学的角度对日本社会给以深入剖析，并对儒家道德在其中发挥的作用加以透视，给日本的现代社会结构和人际关系以文化的说明。

三　作为日本人文科学研究对象的儒学

王家骅先生指出：“在现代日本，作为意识形态体系的儒学已不复存在，儒学仅仅作为人文科学研究的对象，成为中国思想史或日本思想史著述的评价内容。”② 由于战前日本对中国哲学的研究往往被国家主义所利用，战后日本哲学界注意纠正这一倾向，从学术史、思想史、哲学史的角度，通过对翔实的资料进行深入分析，对朱子学、阳明学等的研究都形成了一些特点。

沟口雄三　沟口雄三是日本当代著名的研究儒学史的学者。他利用不

① 参见王家骅：《儒家思想与日本的现代化》，第244—245页。

② 王家骅：《儒家思想与日本文化》，浙江人民出版社1994年，第416页。

同的方法对中国儒学和日本儒学的源流进行研究，对当代日本的儒学史研究做出重要贡献。

沟口雄三对儒学在21世纪的价值有充分的自信，他认为，面对21世纪，“我们的中国学所应承担的课题是，在世界经济的发展中，批判经济至上主义的风潮，并且与利己及追求利润的原理相对抗”，所以，“如何将中国思想作为深厚的传统而积蓄下来的仁爱、调和、大同等道德原理作为人类的文化遗产向全世界展示出来”，便成为日本从事“中国学”研究的学者的任务①。沟口雄三对日本的中国学研究进行了历史的考察，他认为，日本的中国学研究的立场曾经有过古典派、革命派、近代派、相对派等形态，到20世纪80年代后期开始，出现了多元派的立场。这种多元派的立场的特征是：不立足于对世界的东西方划分法，而是从多视角来把握东方世界；承认欧美列强在近代化过程中的优势，但是不认为它意味着文明价值、文化价值或者历史发展阶段上的优劣；不以先进、后进的时间序列对不同国家的发展进行排序；不照搬欧洲模式；不采取裁决历史的态度等。②

那么，以多元化的世界观来研究中国的日本学者的课题应该是什么呢？他认为，首先，应该是“在中国历史中切实地验证先进、后进序列的虚构性”；其次，“有必要对西方原理的有效性给以准确的历史性的界定”；最后，“要从多元化立场把世界各地的历史价值相对化、并把各自的原理相对化作为工作的一环，重新确定自己的位置”。③

进而，沟口雄三站在新立场的角度上，对日本已有的汉学研究的弊病进行了批评，指出，“无中国的中国研究”也是日本汉学家的弊病，所谓“无中国的中国研究”，是指在脱离历史背景的情况下，对中国古代学者的思想进行纯粹的解说或解释，使得每个学者的研究都十分闭塞；④ 另

---

① 参见沟口雄三：《儒学在未来世界文化中的位置》，《儒学与二十一世纪》论文集（上），华夏出版社1996年，第29页。

② 参见沟口雄三：《日本现阶段的中国研究及21世纪的课题》，《国际儒学研究》论文集（二），中国社会科学出版社1996年，第126—128页。

③ 同上书，第132—133页。

④ 参见沟口雄三：《日本的中国思想史研究之改革与进程》，《国际儒学研究》论文集（四），中国社会科学出版社1998年，第17页。

外，一元性的普遍主义、教条的后现代主义也是日本汉学研究的弊病，这种方法也是打着“全人类”的立场的旗帜对中国古代哲学进行研究，而实质上也是把中国置于研究对象之外进行研究，无法深入内部做全面的考察。对此，他提出，应该“第一，从内部和外部两方面来把握个别世界。第二，与其他个别世界相对比。第三，在从中看到的共通性中放入普遍性的根据。”①

他的《中国儒教的十个方面》一文，是从宏观角度对儒学展开研究的代表作，该文在对中国儒学历史进行逻辑分析，对中、日、韩的儒学不同结构进行剖析的基础上，将儒学的本质归结为礼制、礼法、礼观念，哲学思想，世界观，政治经济思想、教育论、学问论，民间伦理，共同体伦理等十个方面，这种界定，对日本学术界展开对儒学的研究有重要借鉴意义。在他的《中国的思想》等论文中，他对中国哲学范畴，如“天”、“理”、“道”、“心”、“自然”等进行深入研究，指出这些范畴的基本意义、理论结构及演变轨迹，都极有意义。如关于“理”，他指出，这一概念的基本意义是作为宇宙万物的存在根据和存在法则，是儒教思想中的核心观念。在“理”的发展过程中，不同时期有不同的侧重点，在宋代是作为“理气一元论”的理，明代是“天理人欲论”的理，明末是“肯定人欲”论的理，明末清初是“社会调和论”的理，清代是“情理论”的理，近代在孙中山那里是“公理论”的理。从理的范畴的演绎轨迹，可以把握中国前近代哲学思维发展的主脉。

1991年，沟口雄三又出版了自己的专著《中国的思想》，从比较哲学的立场，对中日哲学的重要范畴和中日哲学的代表性思潮进行比较研究。该书对范畴的不同使用进行比较，并从一定历史时期的整个思潮中，从整体思想的网络联系中，从时代精神的多维结构中进行比较，为中日比较哲学的研究开创了新的思路。

高桥进　高桥进是当代日本著名的思想史学家，他对韩国的儒学思想史、尤其是李退溪思想的研究独具特色。在他的《李退溪和主敬哲学》一书中，他认为，李退溪的人道思想表现在《乡立条约》一文中，在该

---

① 沟口雄三：《日本的中国思想史研究之改革与进程》，《国际儒学研究》论文集（四），第20页。

文中李退溪以孝悌忠信为人道之大本，家与家乡即为实践这种人道的场所，孝悌忠信之不行是王政之大患，其责任在乡里。孝悌忠信的美德是基于人的天赋本性的，应该作为国家开设学校教育的成果来追求。高桥进还认为，李退溪在《天命图说》中表现的对人的看法，是吸收朱子学及中国古代的思想，通过重构而形成的思想。朱熹、程颐等人关于元、亨、利、贞的说明，没有达到世界、存在、人物生成等严密的逻辑结构，而李退溪则用逻辑构成展开了人们的理气心性论。另外关于“敬”，在程颐那里只是作为一种修习学问的方法，但是到了李退溪那里，“敬”的概念已经被置于其哲学体系的核心地位，而且这种观念又被江户初期的日本儒学所接受，通过这样一个过程，新儒学以“敬”的思想为中心的体系就被确定下来。李退溪对“敬”的这种重构，体现了现实世界中的自我对自身存在之觉悟和主体性的确立，使朝鲜哲学思想发展到一个新的高度。

在《论现代日本的家庭道德》一文中，高桥进分析了战后日本社会的现实状况，强调了以儒家伦理为核心强化社会道德建设的重要性。他说，战后日本的民主和平思想逐渐取得广泛认同，“个人尊严与两性本质性平等”的精神在家庭生活和国家的宪法精神中都得到体现，这都有利于现代日本经济的繁荣，但也出现了与发达国家相同的病态现象，家庭问题增多、社会暴力现象频繁、家庭教育荒废等，所以加强新的家庭道德势在必行。在家庭这样一个共同体中，必须保持和睦，所以必须实现《论语》中说的“和而不同”中的和的道德，在认识到自我存在的同时，也必须认识到他人的存在。这种“和”是使家庭充满活力的基础，这种“和”必须包含“礼”与“义”的精神，在此基础上实现的“和”的共同体，才是真正充满平安、依赖和爱敬的共同体。整个社会在重视横向人际关系的同时，还必须重视家长与孩子之间、兄弟姐妹之间的纵向人际关系，要以慈爱、孝顺、礼仪、和睦为核心，形成新的家庭道德风尚。

冈田武彦　田武彦是深受中日两国哲学史研究者尊重的中国哲学史家、儒学家，杜维明先生在他的《冈田武彦先生的儒学》一文中曾称他为“儒学祭酒”。①

冈田是日本著名儒学家楠本正继的学生，楠本正继对现代日本儒学研

① 台湾《中国时报》，1977 年 8 月 24 日。

究的主要贡献是打破了以实证主义的方法来研究中国儒学的风气，开创了以东方精神来研究中国哲学的先河。冈田是在他老师的影响下开创了中国哲学研究领域的新路。冈田曾深入研究明末儒学家高忠宪的思想，发现这位朱子学者主张应以体验进行内省来实践儒学，他由此认为自己找到了宋明理学正统方法的继承人，而高忠宪所提出的这种方法，在他看来也是东方的传统方法。

1960 年，冈田以《明末之儒学》一文获得博士学位。1970 年，他又发表了他的《王阳明与明末儒学》，以明末儒学为主题，进行了系统的阐述。其后，他的儒学研究着重于明末诸子。他认为，从儒学中体现的由体认到实践的精神是能与西方哲学相抗衡的原动力。在他的实践方法论中，他认为静坐是一个重要的办法，这也是儒家的重要的实践功夫，这种功夫在“中国最后一位儒学家”梁漱溟以后就绝迹了。他还把静坐归结为中国儒学之道的“简古”二字，所谓简古，也就是从简易平淡中求真精神。他认为要理解一个思想家，就应该以体验为主去了解这个思想家的功夫，这与西方是不同的，而且也是东方优越于西方的地方。当前，静坐就是发扬这种简古精神的根本所在。

在冈田看来，中国哲学史上虽然历代都有优秀的学者，但是能称为优秀哲学家的却寥寥无几，那么他所谓优秀的哲学家应该是什么样的呢？应该是“根据哲学史、思想史，创造面向时代、面向未来的哲学、思想的学者。他们应当具有经常忧虑时势、拯救时势之流弊的热情。”[①] 在今天，哲学研究中的主要弊病就是一谈到哲学，好像仅仅指哲学史，而且是专门的实证方面的。从东方哲学所注重的自我修养论出发，从事新的哲学、思想创造的现代人越来越少，力图救治社会弊病的也越来越少。当前，西方哲学处在衰落时期，东方哲学应该积极地抓住这个机会，发扬东方哲学在世界的影响作用，为了实现这种目的，儒学的研究就必须结合现实社会的时事政治来展开。

另外，冈田对禅的思想也有研究，他在《坐禅与静坐》一书中，分别论述了儒学的禅、道学和佛学的禅的异同之处，对于儒学研究、尤其是

① 转引自卞崇道、加藤尚武主编：《当代日本哲学家》，中国社会科学文献出版社 1992 年，第 67—68 页。

对于西方学者对东方儒学的研究有一定借鉴意义。①

还有一些学者从文化比较的角度研究儒学，如中村元的《比较思想论》，从文化史的比较立场，研究中、日、印的思想特征，以这些作为东方文化代表与西方文化进行了比较；尾腾正英的《日中文化比较》从思想史立场出发，对日本和中国文化进行系统比较，对中日文化的差异性进行深入剖析。这些研究都使日本的儒学研究进入一个新阶段。

第三节　改革开放后中国内地对儒学及传统文化的反思

进入 20 世纪 90 年代末，儒学研究再掀高潮，并且，“儒学热”本身也作为一种文化现象引起研究者的兴趣。不管是“赞成”儒学的，还是“反对”儒学的②，人们不约而同地把目光集中到这样的问题上，即：如何看待儒学在中国的命运，并且把儒学放到与各种文化思潮相关的背景下来研究；儒学究竟有没有现代价值，以及从什么样的角度来研究儒学的价值；儒学在未来世纪多元文化的背景下将会充当什么样的角色及其通过怎样的努力来扮演好自己的角色，等等。

一　关于儒学命运的回顾与反思

儒学作为一种文化传统，它的发源地是中国，但是儒学在中国自近代以来大起大落的命运却非同寻常。特别是它在“文化大革命”中被彻底批判、搞倒搞臭，几尽灭绝之后，却又在改革开放以后的 20 世纪八九十年代的中国大陆东山再起、“死而复生”，这样一种戏剧性的社会文化现象，本身就足以引起人们对它的思考，更何况如何看待儒学与传统文化，又总是与中国社会向何处去的问题联系在一起。20 世纪 90 年代后期对儒学的研究和评价首先集中在对近代以来儒学和儒学研究发展的回顾与反思上。

---

① 参见卞崇道、加藤尚武主编：《当代日本哲学家》，第 69 页。

② 这里的“赞成”或“反对”都只就象征意义上讲，因为学术研究领域中不应崇尚针锋相对，而应提倡广泛对话。

有的学者提出，对儒学的问题，也应遵从由事物的全过程中来把握事物整体面貌的原则："20世纪之初，儒学还安坐在庞大中华帝国的官学位置上"，作为正统的意识形态，它所外化的礼教体系，支配着社会道德和民间习俗。辛亥革命成功，帝制社会瓦解，儒学失去了政权依凭，地位迅速下降，至"五四"新文化运动，儒学在先进思潮的批判中声名狼藉，几乎成了封建保守的同义语，从此衰败沉沦达半个多世纪。至"文化大革命"批儒反孔运动，才以反面教材的身份又一次亮相，但已面目全非，致使人们并不知道真儒学为何物。直到20世纪80至90年代，随着东亚经济的腾飞，儒学文化圈的意义被东亚和世界人们重新认识，中国的改革开放，给了儒学一线复转的生机，从而逐步形成一个世界性的文化思潮。所有这些，说明儒学在20世纪的衰落和世纪末的复苏，有着时代的深刻动因，是社会及文化辩证运动的表现。儒学的衰落，一是因为传统帝制宗法社会的崩溃；二是西方文化成为主流；三是社会革命运动高涨。儒学的复苏，一是得力于中国改革开放政策；二是得力于东亚地区的迅速发展；三是由于西方有识之士对工业文明的反省。儒学在社会文化辩证运动中兴衰的过程表明，是社会生活"扬弃"了儒学，锤炼和转换着儒学，推动儒学走向现代化的道路；也说明了对于一个关涉民族精神发展、有着巨大影响的思想体系，一个有着深厚内涵和多层面结构的文化系统，是不能用强烈情绪化的政治批判手段加以消除的，而深刻反思，重新审视儒学，给它以一个合乎时代精神的解释，这个问题关系到我们民族文化的存亡①。

有的学者从中国以及整个东亚的大视野上，来思考儒学与现代化的关系，认为儒学与现代化的关系是一种动态的作用过程。在前现代，儒学作为维系传统政治与经济秩序的官方意识形态，造成了社会的停滞；继之，面对现代文明的挑战与冲击，儒学及其所维护的既成秩序，进行抵抗并与之发生摩擦；而后，在现代化的进程中，儒学为图生存而被迫进行自我调整，以与现代化相适应；调整后的儒学，可能也应该为现代化的健康发展起到某种纠偏补弊或正面推进的作用②。这种观点实际上是从更大的范围

① 参见牟钟鉴：《二十世纪儒学的衰落与复苏》（上、下），《孔子研究》1998年第3、第4期。

② 参见张海晏：《近年有关儒学的讨论》，《光明日报》1999年1月1日，第7版。

内肯定了儒学与社会文化进行辩证运动的过程。

对20世纪儒学及儒学研究的总结和回顾，集中于“五四”运动、“文化大革命”、改革开放后至80年代中期，及80年代末至90年代这样几个主要的时段上。其中尤以“五四”前后儒学在中国的遭遇和“五四”新文化运动对儒学的批判问题为重点。“五四”在中国近代史上的重要地位自不用说，它既是上继辛亥革命革除帝制，下启中国共产党成立并参与和领导抗日救亡运动、新民主主义革命，以至建立新中国政权的一场深刻的社会革命，又是中国现代化进程中，在中西、新旧文化的交汇点上所进行的一次必不可少的思想启蒙、社会批判和文化转型的新文化运动。其时，中国的政治问题、思想启蒙和文化转型问题，交织在一起难解难分，而如何对待中国的传统文化，以及如何面对西方现代文化的冲击来进行新的文化选择，亦关系着中国究竟向何处去乃至于中华民族的生死存亡。正因为这样，如何看待“五四”新文化运动对儒学的批判，也一直是学界争论较大的问题。对这场批判大多数学者是持肯定态度的，亦有持否定论者。例如当代新儒家中的许多人即坚持儒家道统观，认为“五四”运动造成了中国传统文化的断裂，由此而导致了“文化大革命”对儒学及中国文化传统的彻底否定。这里，存在着一个是从政治变革的视角，还是从文化发展、文化思潮的视角，抑或从社会和文化辩证运动的视角来进行分析研究的问题。可喜的是，近年来人们已经开始注意从多种不同的角度来研究这一问题。主要涉及的方面，有儒学与马克思主义的关系、儒学与西方现代文化或启蒙思潮的关系、儒学与“西化派”及文化保守主义的关系、现代新儒学与后现代主义的关系等。

关于儒学与马克思主义的关系，通常人们认为有代表性的观点，包括“对立说”、“并存说”、“融合说”等。[①] 值得提出的是，目前许多学者已经突破了以往那种单纯从政治意识形态的观点出发，简单下结论，或各执己见的争论方法，而是通过综合的实证性研究或对话的方式，提出一些更有说服力的看法。例如有的学者分析“五四”时期中国早期共产主义先进分子学习和传播马克思主义的思想资料，指出，中国先进知识分子选择

① 参见阮青：《儒学与马克思主义关系研究现状》，《鲁迅研究月刊》（京）1998年10月12日。

马克思主义，最初是把它当作救亡图存的思想武器。他们在接受马克思主义的初期，其知识结构、思维框架、理论水平都不免受传统思想文化的制约，他们自觉不自觉地以中国的传统方式介绍和诠释马克思主义，因而使马克思主义与中国传统儒学某些思想出现相容、相通和相融。例如他们用儒家“求善”、“均平”的道德价值观批判资本主义制度，以儒家“天下为公”的“大同”思想诠释和描述马克思主义对未来社会的构想，以儒家“明道救世”、“兼善天下”的处世态度仿效马克思主义的人格理想等。固然，随着马克思主义的广泛传播和中国先进知识分子的不断学习和探索，他们逐渐认识到马克思主义与中国传统儒学无论在时代内容和思想体系上都存在着根本差别。在文化传统上也存在着民族性的差别，因而应用马克思主义观点批判了儒学思想体系中的专制主义、平均主义、道德空想主义，推进了唯物史观和科学共产主义的传播；但是他们强调发掘中国文化优良传统和中西文化结合来重构中国新文化，亦为以后马克思主义的中国化和民族化打开了思路。[①] 有的学者提出了儒学创新与马克思主义创新的“健康的互动”问题，认为这是中国文化发展所不得不面对和解决的问题。从中国近代以来所走过的曲折的现代化历程看，它是与在帝国主义的压迫下艰难地寻求民族解放道路的过程交织在一起的。现代性对于东方各民族既是一个进步的契机，又是一场空前的劫难。我们在接受西方启蒙思潮时不得不面对西方的帝国霸权主义和殖民主义。种种原因决定了中国人民需要寻找一个既代表西方文明的先进成果，又对西方文明的弊病持批判否定态度的真理。当时的儒学没有提供这样一个思想文化基础，这就决定了中国人接受马克思主义是一个必然的历史命运。从“五四”以来中国逐渐形成的三大思想流派——西化派、马列派、新儒学的动态关系上看，西化派充分肯定了西方启蒙心态的进步性，而对它的霸权政治、殖民主义没有正视和回应，马列派是对后一方面的回应，而新儒学则是对西化派和马列派对传统儒学采取的激进态度的回应。儒家传统在近几十年或近百年的自我转化，并没有形成洗刷掉自身价值观负面作用和充分地开放地吸收西方自由、民主、人权等价值观的基础，儒家的纲常名教“百世不

① 参见都培炎：《“五四”时期马克思主义与传统儒学的关系》，《中共党史研究》（京）1998年第5期。

可变更”的观念，在近代史上也有待于马克思主义唯物史观的转化创新；今天，马克思主义在建立社会主义市场经济理论方面和实践的创新方面需要与对市场经济社会的批判融会贯通，同时，传统儒家“义利之辨”的旧观念，也应该转化为适应市场经济的道义与效率统一的原则，这说明儒学的创新与马克思主义的创新是可以形成“健康的互动”的。①

基于“五四”新文化运动中三大思潮（西化、马列、儒学）的互动关系，有的学者分析了“五四”中儒学传统与启蒙运动的关系，指出，享誉“中国文艺复兴”的新文化运动，以激烈的西化主义和反传统主义为基本特征。然而，启蒙与传统的断裂性，并不是新文化运动的唯一面相。实际上，“五四”“全盘反传统”的激烈表象遮盖了启蒙与传统的深刻的连续性。例如启蒙者的新人生观，一方面体现了西方人文主义的个体本位价值观的现代性；另一方面依然崇尚中国人生理想之社群本位的无我境界，表现出中西二元的价值取向。启蒙者的新社会理想也并没有完全接受西方现代性和舍弃中国传统思想资源。他们一方面批评西方资本主义文明由竞争造成的社会不平等的流弊，同时又以儒家大同和谐、释道平等无差等古典理想主义抵抗西方现代主义，期待超越西方的“第三种新文明”的崛起。论者认为，“五四”新文化运动是一场未完成的现代性启蒙。它奠定了中国文化转型的现代方向，却又徘徊于文化与政治、中国与西方、传统与现代之间，未能完成现代性的价值整合。② 显然，这也给传统儒学、传统文化在当代社会的转型带来复杂性的一面。

鉴于新儒家是对西化派和马列派在文化、政治态度上激进主义的回应，人们往往对它概之以文化保守主义，而如何看待其文化保守主义倾向，亦存在着不同的观点。有的学者从后现代文化的视野，来回观作为现代新儒家保守主义的开山者梁漱溟的中西文化观，认为他对中西印文化各自的“最初本因”（意欲），作了颇具特色的对比考察，从而对人类文化的未来走向作出了与当时甚嚣尘上的西化浪潮相反的判断。梁漱溟站在人类文化之一般的高度来论说中国文化的民族性，从而以一种特殊的方式赋

---

① 参见李存山：《儒学创新与马克思主义创新——和杜维明先生对话》，《哲学动态》1999年第4期。

② 参见高力克：《五四启蒙的困境：在历史与价值之间》，《浙江学刊》1999年第2期。

予了中国文化以可能的世界性意义。他的思想虽然在具体内容上有许多未当之处，但是他以睿智卓识切入了20世纪中国文化的时代主题，预示了中国文化的未来走向，这一点，在20世纪90年代后中国的全民性“国学热”和西方后现代文化对民族文化多元化走势的认同中可以看得更清楚。梁漱溟作为中国现代文化保守主义的重要代表，他在文化价值取向上是反对全盘西化派为代表的文化激进主义者的，但是，他以东方本位的一元文化观对抗全盘西化派的西方本位的一元文化观，并导致“中国文化中心论”，其理论偏颇也是显明的①。与上述看法不同，有的学者注重从新儒家与马克思主义的关系来看他们的文化保守主义倾向，提出，20世纪20年代梁漱溟发表《东西文化及其哲学》，得出了中西文化之争不是古今之争的结论，并对马克思主义的唯物史观提出了批评；20世纪50年代，流落港台的现代新儒家学者，面对马克思主义在大陆全面胜利的事实，以“花果飘零”的心态，致力于复兴儒家传统，以对抗马克思主义理论的发展。以梁漱溟为代表的新儒家主要是针对西方文化和马克思主义而产生的，是对“中国向何处去”问题的保守回应。“中体西用”是现代新儒家的基本框架，他们遵循的是中西文化二元对立的框框。这些学者还认为，近年来“国学热”的兴起在客观上为文化保守主义的复兴提供了条件，文化保守主义由海外向大陆蔓延，其批判指向亦由文化激进主义转向政治激进主义，由此导致对中国现代史的否定，认为“五四”新文化是无根的文化，这些都是值得高度重视和批判研究的。② 与上述观点相近的，有的学者把90年代的文化讨论和“儒学热”看作“文化保守主义的大合唱”，认为儒学与东亚经济腾飞的关系及儒学的人文思想、现代价值等都是虚构，“儒学从根本上具有明显的反现代化倾向”，“在90年代的今天，民族主义的关怀如果离开了现代化这一时代主题，它便被抽去了现实的理性内容，成为一种空洞虚浮的自我陶醉和自我欺骗。”③

总之，20世纪90年代后期关于儒学的研究和讨论显示出大视野、深

---

① 参见李翔海：《世纪之交的回观——后现代视野下的梁漱溟中西文化观》，《北京社会科学》1998年第3期。

② 参见李毅：《对文化保守主义和现代新儒家的再认识》，《教学与研究》（京）1998年第10期。

③ 杨阳：《90年代复兴儒学运动批判》，《天津社会科学》1998年第4期。

刻的反思和广泛的对话等特点，略显不足的是，关于“五四”和新中国成立前的研究多而集中，而对于五六十年代及“文化大革命”期间的研究较少。诚然，在探讨“五四”与儒学的关系时，亦有的学者指出“五四”批孔与“文化大革命”批儒在本质上的不同①，有的学者指出了从新民主主义革命新中国成立到以后革命者在文化问题上的“左”倾偏激情绪②。然而，对于儒学、传统文化与“文化大革命”的关系，仅从“政治阴谋”、“反传统”和“民族虚无主义”来解释毕竟是远远不够的，为将来计，我们还应从继承与批判传统的问题上作更深刻的反思。

二　儒学的现代价值

儒学的现代价值是20世纪80年代儒学复苏以来人们谈论的重要问题，而过去谈论的内容大多涉及儒学与东亚经济、东亚模式，儒学与东方文化、亚洲价值，儒学与全球化、与文明冲突等带有国际性、全球性的文化话题。这说明儒学自近代以来经过了那么多的磨难，几十年上百年艰难的自我转化，如今确已成为“当代世界性的显学”、“诸多现代文化思潮中的一支”③ 了。然而，儒学毕竟是发源于古老中国、传播于东方的一门传统学术，它在自己的故乡曾受到那样激烈的批判，如今又重新被人们看重，这其中固然有许多社会历史的原因，但也与它自身的理论体系和所发挥的社会功能密不可分。这些都值得人们去深入探索、去重新思考和发现。“解铃还须系铃人”，20世纪90年代以来，面临新世纪到来诸多问题的挑战，许多中国学者又重回到中国问题上来，更多地把目光转向自己，从理论上去发掘儒学遗产的价值，分析它的正、负效应。

许多学者认为，儒学最突出的理论价值在于它独具特色的人文精神。有的学者立足于一种哲学阐释的视角，在明辨概念的基础上，对儒家人文精神作了比较性的辨析，指出中国文化是一种弱宗教文化或强世俗文化，其“人文”和“人文精神”的特质不同于西方文艺复兴时期那种与正统宗教神学相颉颃的世俗化人文主义理想和价值精神。但它具有更为鲜明连

---

①　参见吕明灼：《再论五四批孔》，《齐鲁学刊》1999年第3期。

②　参见牟钟鉴：《二十世纪儒学的衰落与复苏》，《孔子研究》1998年第3、第4期。

③　同上。

贯的人生哲学内涵。作为中国传统文化的主体，儒家伦理不仅是一个成熟而完备的价值理念系统，也是中国人文精神最精练的表达。儒家伦理之为“仁学”，首先，在于它始终而彻底地从一种伦理化的人文世界观和人生观立场来看待世界和人生。其次，还由于它所追求的“人”、“仁”同格同位的道德主义人文理想。儒家伦理不但具有强烈而纯真的人文理想精神，而且也形成了自己独特的人文（化）实践精神，这一点正构成其完备的人文精神本色。然而在某种意义上说，儒家伦理缺乏目的价值与工具性价值、道德人格化与公共社会化、世俗主义与宗教超越等“内在紧张”。从社会思想与现代文化的创造性转化视角来看，这些“内在紧张”也确是传统社会和文化之现代转化所需要的“必要张力”，由此也可以看出儒家伦理及人文精神在现代意义上的局限性。[①] 有的学者就目的理性与工具理性的话题来分析儒学，认为儒学是一种目的理性学说。它既不同于西方的神学目的论，主张自然界之外有一个最高目的，即超自然的目的，又不同于西方的自然主义传统，主张自然界无目的，一切都由自然规律决定，人性也由“自然法”、“自然权利”决定。儒学的“天人之际”认为自然界有一种向善的目的性，有一种有序化的秩序，人类的善是继之而后有的，人不能脱离自然界生生之“德”而存在，而人的“继之成性”是主体发挥内在的潜能，是主体自觉的实践过程，也是目的性活动；人“为天地立心”，只能是“辅相天地”、“参赞化育”，而不是把自然作为对象去宰割、去破坏，因为人与自然界是统一的，而不是对立的。与康德一样，儒家也认为人是目的，但它不像康德那样把本体与现象、物自体与自然界决然对立，而是将最高的善即“仁”视为自然界“生生之道”的目的性实现，视为人的内在生命之动力和目的；其所说的自然界，本不是因果律的物质世界，而是有目的性的生命世界。儒学的这种目的理性学说，自有它的特色，为我们提供了丰富的精神资源，但是缺乏工具理性的支持是它的最大缺陷。在人类的发展中，工具理性已经成为文明进步的标志，儒学要为现代文明作贡献必须吸收工具理性，并与之结合；儒学必须改变其固有结构，由成圣成贤之学变为现代社会人人能够接受的德性之

---

① 参见万俊人：《儒家人文精神的传统本色与现代意义——试以先秦儒家伦理为例：一种比较阐释》，《浙江社会科学》1998 年第 1 期。

学，而又能够与专业化、市场化的社会相适应。改变儒学的结构，需要在工具理性和目的理性之间找到一个“度”，以实现二者的统一；因为，使人成为目的，而不是工具，这才是最重要的。①

关于儒学的现代意义，有的学者主张从自由与规范的范畴来进行思考，指出，自由与规范是现代社会的根本特征，自由属精神价值领域，“上帝死了”，旧形而上学理念体系的崩溃，标志着人类社会已进入价值多元乃至无限元的时代；规范是经济体系和法律体系的规范化，随着世界范围内人们交往的密切、利益冲突的加剧，人们不得不制定出为大家共同认可的经济、法律原则，以便在同一原则规范下进行利益交往，处理彼此的利益冲突。就二者的关系而言，精神价值体系并不具有干涉规范体系的权力。历史上一切源于精神价值体系的对经济、法律之干涉，皆可以说是违背了社会现实本身的运行规律，原因之一是旧哲学形而上学思维方式的弊端所致。从这点来看，把儒学作为包治今日社会固症的万能良药，是对儒学的不尊重，也是对今日社会发展的不尊重。儒学只能作为个体走向内在澄明的哲学方法，使人有一澄明的、不为物移的安身立命之本。至于现代社会的具体问题，则需面对现实，运用现代诸学科的先进方法，制订出理性、实证的解决方案。② 有的学者提出，不应该把儒家的家族主义作为它与现代性相关的唯一原因。在儒家家族主义基础上产生的社会结构与现代社会的根本原则是相悖的，使儒家学说历久弥新的不是家族主义，而是其道德精神遗产。儒家学说对道德责任的关心，对价值传承的重要性的强调和对生命的人道主义的理解，是其与21世纪密切关联的最重要因素。这有助于强化责任的伦理观，有助于推动全面的教育体系的建立，也有助于人们在短暂的生命历程中探寻到其终极价值。还有人指出，儒家思想的本质是以人作为宇宙的中心，其特点是相信人具有改造世界的能力，以及人的可塑性和可完善性。儒家的信仰就其本质来讲是人本主义的，它认为要创造一个更美好的世界和更安乐的未来，其责任不在于超自然的神灵，而恰恰就掌握在普普通通的人手中。为了复兴这种信仰，在现代社会，儒

① 参见蒙培元：《目的与工具——儒学与现代文明的一个理论课题》，《北京社会科学》1997年第4期。

② 参见高予远：《自由、规范与儒学的发展方向》，《山东大学学报》1997年第4期。

家正全力以赴地与其他传统观念对话，以便适应和满足多元并存的社会中的精神需要。[①]

除了就儒学的理论特色和精神价值讨论外，有不少学者开始注意从现实的制度层面，以及从现代人的社会心态等方面来探讨儒学的作用。例如有的学者从儒学精神与儒学社会的关联上来思考儒学在实际生活中的意义。把儒学精神概括为三个相互联系的命题：以仁爱为基础、以秩序为目的、以伦理控制为手段；认为儒学社会的主导精神是儒学精神，儒学精神的内在规定是伦理理性，伦理理性在社会实际生活中则表现为伦理控制。儒学以秩序为目的，指的是君主秩序，如果说仁爱是对王道理想的呼唤，那么以伦理控制为建立君主秩序的控制手段则更合乎实际。儒学选择了宗法伦理作为社会控制的方式，它塑造了特定时空条件下（儒学社会）所有的个体行为或社会行为方向，以及经济、政治、文化运作的倾向，它所致力的是一种精神的限制。如果说儒学的伦理理性在中国传统社会的主要作用是关联着社会的治乱兴衰，那么它在现代社会中的作用则更多地表现为负功能。例如，伦理控制主张的是一种特殊主义、多元主义原则，不是以职业选择、而是以血缘地缘关系为纽带，窒碍了社会发展所需要的普遍主义、一元主义的形成；又如，儒学社会的伦理控制只讲义务不讲权利，从而压抑了人性、抑制了创造力等。[②] 有的学者认为，中国人背着“儒学传统文化的包袱”，应该换一种思维方式看儒学，厘清儒学传统对现代社会的阻力作用和对现代人的主要负面影响。认为儒学传统对现代社会的主要阻力作用是：强化了封建君主专制正统意识和家国同构的稳定意识，阻碍了近代中国的资本主义进程；“对于中国现代化的主要作用是负面效应”，其影响，如缺乏民主意识的政治倾向、拒斥科学的思想倾向、重义轻利的价值观念，及剥夺人格权力、抵制平等竞争、泯灭创造个性的等级观念等。儒学传统对现代人性的主要负面效应，如助长历代权威主义的专制政治，导致“个人迷信之现代狂潮”，助长“官本位”的价值观念，浇铸现代人求同思维、保守心理，浸淫惰性无为、平均主义价值心理等。[③]

---

① 参见姚新中：《儒家思想与二十一世纪——对儒家道德遗产及其现代相关性的思考》，《高校理论战线》1998 年第 9 期。

② 参见陈劲松：《儒学社会的治乱兴衰：一种精神的限制》，《浙江学刊》1999 年第 1 期。

③ 参见萧鸿江：《儒学传统对现代人的负面效应》，《辽宁师范大学学报》1998 年第 6 期。

对于儒学在现代社会的作用，尽管研究者的角度不同、估价不同，然而目前绝大多数学者都已经认同了辩证的解析和科学的转化方法。就是对儒学批评较多的学者，也主张“分解其封建统治思想与原始民主思想两个层面内容，剔除其封建的负面效应的内容，提取其有现代价值的民主性内容，作为构建现代文化的营养。”① 有的学者还从传统社会与现代社会的联系来分析儒学传统，反思过去对儒家文化的批评。指出，二战结束后一段时期，以五六十年代美国的“经典现代化理论”为代表，西方学术界的主要倾向是强调传统与现代性的不同，对传统文化一概否定，这与当时理论家们“西化”的现代化观相一致。20 世纪初以来，对传统的不断否定是中国学术的主流，一直发展到“文化大革命”的“破四旧”运动。这种把现代化看成是否定传统价值体系过程的思潮，与“不断革命论”或“阶级斗争论”的哲学直接联系。现在，人们已经越来越清楚地认识到传统社会与现代社会的紧密联系：对现代经济发展起到推动作用的一些伦理因素，可能恰恰是曾经阻碍过现代化的传统伦理因素；同样，儒教文化中“最好的”和“最坏的”东西都是从同一伦理教条中导出的。究其原因，应该归于传统伦理的角色变化，即某一社会因素的变化可以引起相应伦理观念的角色变化；又，个体行为是有选择性的，当社会市场化并建立起相应的制度与体制时，传统伦理的角色就会发生转化，即由消极的因素变为积极的因素。因而，现代化并不是一个抛弃传统道德价值体系的过程，而是不断变革制度结构的过程。世界近代史的事实说明，大文化传统是抛弃不掉的。有些激烈而范围广阔的意识形态运动，带来的也只是对传统伦理形式上的破坏，中国的“文化大革命”便是一个例证。“破四旧”运动只是砸烂了庙宇、文物，废止了一些传统礼仪（如祭奠、磕头等），传统道德信条却依然保留，“四人帮”恰是利用传统的“忠”字观念来煽动红卫兵，“斗私”的口号又恰是“存天理、灭人欲”道德口号的变种。这都证明了传统文化在现代社会的生命力。②

三　儒学与 21 世纪的世界

关于儒学与 21 世纪，近年来讨论涉及的主要方面有：儒学与东西方

① 参见萧鸿江：《儒学传统对现代人的负面效应》，《辽宁师范大学学报》1998 年第 6 期。

② 参见尹保云：《现代化与传统伦理的角色变化》，《学术月刊》1999 年第 4 期。

文化、儒学与21世纪社会发展及多元文化格局的关系，儒学与后现代主义、儒学与宗教的关系等。

首先是儒学与西方文化或其他异质文化进行广泛对话的问题，其实，这也正关系到儒学在21世纪将如何进行改造与发展。对此，有的学者指出，就文化研究的方法论而言，有一个研究者对自己研究的对象如何定位的问题。如完全以西方文化为坐标来参照、衡量东方社会，必导致一种新的西方中心论；而以为祖宗的东西总是好的，以此来抵制、排斥西方文化，则将陷入一种不合时宜的妄自尊大的夜郎心态之中。要提倡文化研究的开放肚量，要摆脱“文化部落主义”的心态。在当今这个多元文化共存的文化语境中，在思想文化方面，任何国家、民族都无法完全地“自力更生”。因此在文化研究中，要力图避免单一实体的特殊性被绝对化的倾向，和传统的静态实体研究所暗含的排他性。[①] 有的学者指出，在跨文化研究中，应注意到一种特殊的“文化围城”现象，即跨文化的隔障及其可能带来的文化误解。有的学者提出，要促使传统文化现代化，就必须对现代化的标准进行讨论，应避免“西方中心论”命题；现代化精神，即是包容与宽容的精神，而不是独尊西方的文化虚无主义或独尊儒术的文化国粹主义；现代化或应是现代人类对世界历史、文明批判的综合创新精神与实践。[②]

关于儒学的未来发展方向与态势，有的学者提出“超越”论，指出，20世纪是儒学回归的时代，随着东方现代化的进程与中国近20余年成功的改革开放、快速发展经济、长期濒临厄运的儒学开始新的转机；但面临新世纪，在新的生存环境中，它又遭遇了新的多元文化的挑战，现代化也对它提出了新的要求。鉴于历史的经验，对儒学既不能采取故步自封的保守主义，也不能实行批判打倒的否定主义，应该既继承又超越，在多元文化的氛围中，走中西文化融通之路，超越传统儒学，创建符合时代精神的新文化体系。[③] 有的学者提出“综合创新”的“健康互动”论，认为中国未来的希望乃在于中国传统文化、西方文化和马克思主义的“健康的

---

① 参见吴晓群：《世纪之交的文化思索》，《文艺争鸣》1998年第1期。

② 参见吴根友：《“传统文化与现代化——兼评大孔子学说”学术研讨会综述》，《武汉大学学报》（哲社版）1997年第6期。

③ 参见赵吉惠：《论多元文化与儒学超越》，《唐都学刊》1997年第4期。

互动”，马克思主义与中西文化的综合创新是中国文化发展的方向，儒学创新与马克思主义创新是中国现实迫切需要解决的问题；其中儒学创新非但不排斥马克思主义的创新，而且有赖于马克思主义的创新。马克思主义可以担当和完成“媒介”东西方文化之重任，这体现了东西文化辩证发展的真理。[①] 有的学者提出“以正确的态度迎接世界文化结构转换”的观点。认为20世纪末全球格局出现了最为重要的变动，世界正在走向多极化。过去数百年间占据世界中心的欧洲中心主义文化观遇到了严重挑战，其他各种文化的评价和认识正在成为人们研究的重要课题。21世纪到来时，世界文化也面临着重大的转折。一方面欧洲中心的文化格局将结束，欧洲文化自身将进入重大的调整时期；另一方面儒学的价值被重新评价，亚洲各民族文化不断进行调整和改组。在今后多元文化并存的格局中，中国儒学应继承它在历史上具有强大包容性的特点，有选择地摄取西方文化，通过重新整合而为人类发展和文化进步作出新的贡献。[②] 还有的学者从当代新儒家复兴儒学、发展儒学的立场出发来展望未来儒学，认为，面向21世纪，很多民族都面临着经济发展与环境破坏之间的冲突；物质生活提高与精神价值沦落之间的冲突，不同的族群具有共同关心的共性问题，因而各种不同族群、不同的文明之间应该有更多的沟通、交流，形成一种全球性的“文明对话”。儒学在当代的复兴和发展，是在全球文明对话的大环境中进行的。但是，当今人类文明日益明显的多元化趋势，又决定了儒学不能单独地成为世界文明发展的主导，因为从“世界文化观”出发，儒学的发展史历来是在人类文明发展史中展开的，例如儒学的第一期发展（先秦儒学）成为世界“轴心文明”的重要组成部分，第二期发展（宋明儒学）成为“东亚文明的体现”，而儒学在当代的发展（第三期）以全球文明为背景。这种观点基本上代表了海外新儒学的观点，表现了他们在传统儒学文明与当代人类文明的关系上有着比较开放的文化心态。而他们认为作为新儒家的第三代，所要做的工作就是“将儒学人文精神推向世界”，使之成为推动当今世界文明发展的一支重要的精神

---

① 参见李存山：《儒学创新与马克思主义创新》，《哲学动态》1999年第4期。

② 参见高增杰：《儒学在二十一世纪的历史使命——论儒学关于人类与自然和谐的思想》，《齐鲁学刊》1999年第2期。

力量。①

因为关心儒学在未来世界文明中的地位和贡献，儒学与后现代主义的比较也是人们感兴趣的问题之一。这个问题关系到二者的差异性及如何进行比较等方面。有的学者主张从时代性和民族性的双维角度来考虑这一问题，而把现代新儒学与后现代主义进行了比较探析。认为，从民族性看，新儒家倡导在现代社会中规范地重建儒学，试图通过显发传统儒学仁心与仁性的现代意义和建立主客对置的现代认识论，来为人类确立安身立命的价值之源；而后现代主义的基本精神是“自由”与“虚无”，这是西方文化自文艺复兴以来已有的传统，当代也正是自由成为后现代主义所倡导的内在性、不确定性、非一致性、多样化、多元化的真正底蕴。从时代性上看，后现代主义是在现代性得到较为充分的发展以后兴起并以对现代性的批判和一定程度的否定为特征的，现代新儒学的基本理论意图，则是要通过自身价值系统的内在转化，以在儒学中容纳现代性。但是新儒学与后现代主义之间的相似性也很鲜明：一方面，后现代主义在批判启蒙理性、弃置镜式哲学同时表现出的反对主客二分、寻取人与世界万物之和谐交融的理论意向，与中国传统哲学天人合一的理想境界有某种契合；另一方面，它们在批判和超越现代工业文明的弊端与现代性的负面效应方面，保持了价值取向的一致性。就儒学与中国文化发展的前景看，西方后现代主义哲学与中国儒学传统主题的相似性，并不能说明21世纪将是中国文化的世纪；面向21世纪中国哲学仍面临双重任务：一方面必须完成价值系统的现代转换；另一方面又必须充分体现中国哲学的优良特质。②

当今，儒学与宗教的关系问题也是把儒学放在多元文化中进行比较，及关乎儒学未来发展的问题。特别是在21世纪，中国将向何处去，中国文化将向何处发展，不只是学界关心，亦是广大中国人共同关注的问题。近年来在港台有一种儒学宗教化的趋向，更有一些实业家及爱国人士致力于儒学宗教化，以使之继续成为凝聚中华民族的维系力量。例如香港孔教学院院长汤恩佳热心于宣扬孔教、创办教育，主张将儒学普及到平民中，以防外来宗教“给中国人换祖宗”。中国的改革开放，也使得西方的各种

① 参见余秉颐：《近年来海外新儒学的动向述介》，《哲学动态》1998年第12期。

② 参见李翔海：《论现代新儒学与后现代主义》，《教学与研究》（京）1998年第9期。

宗教学说、宗教理论纷纷传入，马克斯·韦伯“新教伦理观”和亨廷顿的“文明冲突论”都提出宗教与文化的关系问题。因此近年来，儒学是否宗教的问题又重新被提出，《文史哲》杂志辟专栏发表笔谈，在笔谈中有人主张儒学是宗教，有人主张不是宗教，有人认为开始不是宗教，后来神化为宗教等。如张岱年指出，孔子不语怪力乱神，言生而不言死，在这一意义上，孔子学说与其他宗教不同。然而孔子提出人生必须遵循的为人之道，使人民有坚定的生活信仰，在这一意义上，又具有宗教的功用。由此，孔学可以说是一种以人道为主要内容、以人为终极关怀的宗教。有的学者提出，中国人文精神可以代替宗教的功能，并且不与宗教敌对。儒家道德、伦理及儒者生活中间有深刻的终极根据，有超越的形上关怀。有的学者坚持“儒教”的观点，认为教化之教就是宗教之教。① 值得注意的是，对于儒学与宗教问题的研究目前已经扩展到儒学与当代外国新兴宗教的比较方面，这将有利于从更多层面和更新的视角来考虑儒学自身的现代化和未来发展问题。除此之外，儒学的经世精神②，儒学关于人类与自然和谐的思想③等，都是人们预测儒学在未来世纪意义时比较关注的问题。

第四节　展望21世纪中国儒学的发展趋势及其前景

20世纪末叶以来，人类愈加关注自己的命运和前途，于是各种新思潮纷纷登场，各种不同文化乃至宗教思想的研究也交相辉映，备受学界及广大普通百姓的关注。在中国大陆，愈演愈烈的“文化热”和“儒学热”促使我们更多地思考了儒学的兴衰及儒学研究的命运问题。同时，这种形势也向我们说明，近年来文化研究和“儒学热”的兴起并不是人为炒作起来的，它包含着历史文化发展的客观需要。而当今一个世界性的东方文

---

① 参见张岱年、季羡林、蔡尚思、郭齐勇、张立文、李申：《儒学是否宗教笔谈》，《文史哲》1998年第3期。

② 参见陈祖武：《儒学的经世精神与世纪之交的中国文明》，《中华文化论坛》（成都），1998年第3期。

③ 参见高增杰：《儒学在二十一世纪的历史使命——论儒学关于人类与自然和谐的思想》，《齐鲁学刊》1999年第2期。

化热和儒学热的本身就说明了儒学是有价值的。但是，在中国近代以后几经批判和打倒，有着大起大落命运的儒学，还能不能在普通中国人精神生活中占有位置？在经历了“文化大革命”的致命打击后，孔子作为中国人精神文化先师的地位还能不能在中国人心目中重新树立起来？21 世纪乃至更远的未来，儒学还有没有生命力，今天的儒学研究又将何去何从？这一系列问题都值得我们深入思考，并由此对中国儒学及儒学研究在中国的发展前景问题做出回答。

一　儒学是一种世界性精神文化资源

历史上的宗教、传统文化，也曾有不少是经受过批判或经历了改革的。特别是 20 世纪 50 年代以后的一段时期，由于“西化”的现代化观点的流行，很多非西方国家把自身经济落后的原因归咎于“传统”的影响，因而批判和疏远了传统，或者不重视自身传统的弘扬。但是作为一个民族的主流文化，像中国儒学这样屡遭批判，直至在“文化大革命”的“破四旧”和批林批孔运动中同历史文物一起被砸烂，同民族传统美德一起被扫地出门，这样的命运在世界上确实是少见的。固然，儒学的特殊命运与它自身固有的政治伦理特性有关。它在历史上被尊为正宗的意识形态，总是比较直接地服务于社会政治，而没有形成系统的宗教超越思想；它对统治阶级是一种进行思想控制的工具，对士人知识分子、社会精英是人生的信条，又是借之参与政治的手段。儒学摆脱不了它作为民间文化学说和官方意识形态双重身份的矛盾，这就将它自己推向了尴尬的境地。对儒学的批判运动虽然集中于近代以后，但在中国批判儒学的反传统思想却不是始于近代，而是自有渊源的，它是宋代以后儒学自身演化的产物，是发自儒学内部的一种反叛思潮。①

近代以来，儒学经历了辛亥革命对帝制的革除，经历了袁世凯称帝、张勋复辟闹剧的失败，经历了“五四”新文化运动的思想批判和启蒙思潮的冲击，经历了中国共产党领导的新民主主义革命运动和马克思主义在意识形态领域的全面胜利，被认为早已经丧失了生机，退出了主流文化的

---

①　指宋明理学中朱陆的分歧，以至明代王阳明的道学革新和阳明后学衍化出来的反道德、反传统倾向。其中以明末李贽为突出代表。

地位。照理说，它也已经退出了中国人的精神生活，20 世纪 70 年代后期至 80 年代前期，在中国的年轻一代中有一大部分竟不知孔子为何人，即使是老一点的平民百姓，也只知有“孔老二”，不知有“孔夫子”。然而 20 世纪 80 年代中期以后，儒学竟又奇迹般地复苏，回到了中国的理论界。先是改革开放以后的中国，迎来了越来越多的港台和海外华人，掀起了一股“寻根热”。在歌坛上，《龙的传人》、《我的中国心》等流行歌曲唱遍港台、大陆，响彻海峡两岸；在书架上，既有武侠言情小说，亦有台港、海外学者的儒学著作与大陆学者的中国哲学著作并列在一起。接着，日本、韩国等亚洲及西方的商人、旅游者到中国来，都免不了要到山东曲阜去拜谒中国文化的老祖宗——孔子。之后，中华孔子学会、中国孔子基金会、山东孔子学会，以及各省、各地的孔子学会等群众组织应运而生。各种全国性的、省级的以儒学为专题的讨论会相继召开，引来了更多的东方和西方的学者。这种国际性的文化流促成了国际儒联的成立，亦促进了儒学研究的发展。

对于儒学的重新兴起，儒学研究的再度繁荣，人们有各种议论。究其原因，其说不一：有人说，儒学是一种注重社会秩序的学说，中国的改革开放需要安定团结，而维护安定团结的局面需要儒学；有人说，儒学热先在港台和海外兴起，大陆的儒学热是“出口转内销”的产物；也有人通过分析儒学在 20 世纪从衰落走向复苏的经历，说明中国儒学的盛衰，是社会及文化辩证运动的表现。① 这三种说法，各有自己的道理。特别是第三种说法，揭示了自近代以来中国社会内部文化与政治、经济之间的辩证运动，说明了一种文化传统能否有生命力，能不能延续，主要在于它自身的适应性，而不在于人为的各种因素；对于一个有着深厚内涵和多层面结构的文化传统，是不能用强烈情绪化的政治批判手段来加以消除的。

然而，什么叫适应性？固然，儒学在清末的社会历史条件下，没有成功地实现自身的批判和转换，也就没能成为社会改革的动力，因而必然遭受暂时的失败；儒学在近代不能回应欧美文化和社会主义文化的挑战，因而只有退出主流文化的位置……种种这些，都表现了它对社会发展的不适应。但这也只表现了适应性的一方面含义，即社会制度及占领社会意识形

---

① 参见牟钟鉴：《二十世纪儒学的衰落与复苏》，《孔子研究》1998 年第 3、第 4 期。

态领导地位的主体对它的主动选择。而从另一方面讲，儒学失去了作为统治阶级思想的地位和主流文化的地位，并不等于民族文化传统的中断，儒学的衰微、儒学的“冬眠期”也不等于儒学的消亡。因为儒学作为中华民族形成的文化历史背景，是构成中华民族生存方式的一部分，这个大前提是没有变的。最近的一些研究成果表明，即使在以激烈地主张西化、激烈地反传统为特征，被认为是表明了中国文化传统断裂的“五四”新文化运动中，新的主流思想与传统之间同样存在着深刻的连续性。例如“五四”时中国的先进知识分子，早期的共产主义分子在接受马克思主义的初期，其知识结构、思维框架、理论水平都不免受传统思想的制约，他们总是自觉不自觉地以中国的传统方式介绍诠释马克思主义：以儒家“求善”、“均平”的道德价值观批判资本主义制度，以儒家“天下为公”的大同理想诠释马克思对未来社会的构想，使得马克思主义与中国传统儒学某些思想出现了相容、相通和相融。① 又如五四运动的启蒙学者虽然洞察到中国传统价值体系与西方现代性之间的深刻时代差异，因而以西方人文主义思想为武器，对儒家伦理展开了激烈批判，但他们的新人生观、新社会理想同样体现了中国思想传统的深刻影响。他们反传统并非全面而彻底，他们对儒学的抨击也主要限于与帝国政治功能连锁的礼教意识形态和社会伦理层面，并未染指其价值内核的生命意义和超越伦理层面。② 这就告诉我们，文化传统的适应与不适应，既在某种程度上决定于负载文化的主体对它的自觉选择，又不完全取决于主体选择的自觉性，因为作为文化内核的价值观总会千方百计地改装自己，无孔不入地对新思想施加影响。对于文化的这种功能，也有人用传统伦理的角色变化来分析，认为对现代经济发展起着推动作用的伦理因素，可能恰恰是曾经阻碍过现代化的伦理因素。因为，其一，某一社会因素的变化可以引起相应伦理观念的角色变化；其二，个体行为是有选择性的，当社会市场化并建立起相应的制度与体制时，传统伦理的角色就会发生变化，由消极的因素变为积极的因素。在今天，传统社会向现代化、市场化转型的时期是这样，在以往的社会转

---

① 参见都培炎：《“五四”时期马克思主义与传统儒学的关系》，《中共党史研究》1998 年第 5 期。

② 参见高力克：《五四启蒙的困境：在历史与价值之间》，《浙江学刊》1999 年第 2 期。

型期亦是如此。因为"大文化系统中的伦理教条是在悠久的历史过程中形成的，在人性论和进化论的基础上获得其高度的抽象性，因此其变化也极其缓慢。"① 这样的分析具有一定的说服力。如此，我们也可以这样说，一种文化的适应性即表现了它的恒常价值，而其恒常价值往往会在社会变动或面临异质文化挑战时有顽强的表现。

儒学在中国历史上曾多次面临异质文化的挑战，多次接受选择，也多次表现了它的适应性。这种适应性表现为它以宽阔的胸襟、包容的精神，对异质文化的吸收和接纳，亦表现为它自身经过改造和包装，融入其他主流文化之中。而今天儒学在中国的重新兴起，不只是中国自身的现代化对它的需求，也是当今世界文化多元共存的融合趋势对它的选择。世界越来越小，变成了地球村，不同民族的人们在交往交流中渴望了解对方的文化已经形成一种趋势。中国的改革开放为中国文化走向世界提供了条件，中国经济的发展，中国的日益强大又为中国人与其他民族国家的人交往增强了自信，奠定了坚实的基础。我们感到中国文化、中国儒学又面临一次新的选择，即走向世界的选择。中国有自己的文化底蕴，中国人民有自己的性格气质，而儒学作为中国历史上的主流文化与中国人的道德、精神、生命息息相关，这也就是尽管经过了"文化大革命"，人们仍然往往把中国与孔子联系在一起的原因。它也说明，孔子在中国文化中的地位是抹不掉的。当今人类共同面临的问题，都有待于发扬各民族文化中的精华来求得共同解决，而儒学作为有源远流长历史的一种民族文化传统，既有自己的优势，也有自己的使命和责任。儒学过去的辉煌，后来的衰微，现在的复苏，都表明它的生命力；儒学是包含着中国人生命气质的一种世界性文化资源，它像一座富矿，蕴藏着对现代人的精神生命、未来人类社会发展有积极意义的恒常价值。因此，我们对它的责任不是褒贬和摒弃，而是开采和提炼，通过自觉的文化选择，促成它的积极转换，使它在人类未来的文化发展过程中作出新的贡献。

二　儒学研究发展的背景

儒学作为一种精神文化资源的实质，是在当今世界多元文化共存发展

---

① 参见尹保云：《现代化与传统伦理的角色变化》，《学术月刊》1999 年第 4 期。

的背景中凸显出来的，所以儒学研究也应该走出中国，走出东方，走到世界的大文化氛围之中。

首先，儒学研究的发展应该面向全人类共同需要解决的问题。21 世纪是一个富于挑战性的时代，而面临挑战的不是哪一个人、哪一个国家、哪一个民族，而是整个地球，是生活在地球上的全人类。随着工业化在世界范围内的进展，科学技术的发展、信息产业的发展，不仅带来了世界经济的全球化，也带来了世界困境的全球化。人口问题、资源问题、环境问题、发展问题、失业问题，以及和平与安全等问题正在困扰着越来越多的国家和地区，而生存的意义、文明与道德的发展方向也作为共同性的问题摆在各民族人民面前。所谓“全球伦理”的观念，正是在这样的背景下提出的。1993 年在芝加哥举行的国际宗教会议上，签署了由瑞士神学家孔汉斯起草的《全球伦理宣言》，提出“对于一种更好的全球秩序，我们全都负有某种责任。”① 联合国世界文化与发展委员会号召，要通过提倡全球伦理来保护世界各民族的创造性、多样性，以便增强人们对地球村的认同。近年来，跨文化问题、世界秩序问题、协商与解决冲突等问题已经被列入许多国际合作交流计划，而儒家的伦理思想也参与了探讨指导 21 世纪人类社区生活的普遍伦理学研究的国际合作计划。②

其实，就儒学自身的特色来讲，它本是一种包容性很强的文化思想体系。儒家经典《周易》中有“天行健，君子以自强不息”的名句，表明了儒家积极用世的精神，而“地势坤，君子以厚德载物”，则表明了儒家“德合无疆，含弘光大”的包容气象。历史上的儒家曾多次融会了各家学说，如先秦的百家之学，汉魏以降的佛教、道教文化，表明了它是一个开放的思想体系。但是，儒学又是自我整合性很强的思想体系，汉代的儒术独尊，宋明以后的儒、释、道合一，依赖于统治阶级的提倡，也是儒家学说的自我整合。通过整合，它吸收了其他的或外来的思想学说、宗教思

---

① 孔汉思、库舍尔编：《全球伦理：世界宗教议会宣言》，何光沪译，四川人民出版社 1997 年。

② 1997 年联合国教科文组织成立了普遍伦理学指导小组，探讨再次由孔汉斯起草的《关于人类责任的世界宣言》，该小组于 1997 年 3 月和 12 月举行了两次会议，会议代表有政治家、哲学家、宗教界人士及各种不同文化和传统背景的人士，其中有新儒家的代表哈佛大学的杜维明和香港中文大学的刘述先。

想，充实了自己的理论体系，保存了中华文化的传统，同时也走向了自我完善和封闭。儒家独尊，固然是儒学与政治结合的产物，但儒家的“道统论”却是它在继承沿传中形成的整合机制，具有一定的封闭性和保守性。20世纪初以来，新儒家的学者面对滚滚而来的西化浪潮，虽然对西方思想采取了学习和吸纳的态度，但是，由于各种因素的影响，他们仍然坚持儒学的“道统”思想，他们在信仰上皈依儒家的态度也没有根本性的改变。这就为我们提出了这样的问题，儒学研究的发展要面向世界，要参与解决全球性的伦理问题，就必须改变一贯的道统式的思维模式，把自己融入世界文明发展的潮流，也只有这样，儒学才能真正成为世界性的文化资源，有更广阔的发展前景。

其次，儒学研究应打破自我中心的心态，确立在多元共存的世界文化中的地位。

关于儒学在世界文化中的地位，往往是在东西文化冲突中谈起的话题。例如20世纪20年代初，被人们后来称作中国现代文化保守主义的开山者梁漱溟就曾提出中国文化的世界性意义问题。他以为中国文化的复兴（其曰“翻身”）“不仅说中国人仍旧使用东方文化而已”，而“亦是同西方化一样，成一种世界的文化”，“如果不能成为世界文化则根本不能存在，若仍可以存在，当然不能仅只使用于中国而须成为世界文化。”① 梁漱溟对西、中、印三种文化样式的分析，在世界文化发展路向中展开了人类文化多元的现实图景，因而在当时一片西化的声浪中预言了中国文化和东方文化发展的前途。梁漱溟提出的“世界最近将来的文化将要向中国文化复归”的东西文化观自有他的局限，但他所提出的中国文化要复兴就不能只使用于中国，而必须成为世界文化的观点至今仍值得我们深思。今天世界文化的格局已经发生了根本性的变化，不仅欧洲文化中心论遇到了严重的挑战，而且其他任何一种文化想代替欧洲文化重新占据世界中心的位置都成为不可能。当今人类文明多元发展的趋势，决定了任何文明系统都不能单独成为世界文明发展的主导，而只能成为全球多元文明的组成部分，参与世界文明的对话，因而任何国家、任何民族在思想文化方面都

① 梁漱溟：《东西方文化及其哲学》，《梁漱溟全集》第1卷，山东人民出版社1993年，第338页。

无法完全地“自力更生”。这也就赋予了中国文化“须成为世界文化”一种新的意义，即不是取西方文化中心而代之，而是确立儒学在多元共存的世界文化中的地位。为此，我们必须走出“围城”，以更加平等、开放的心态看待东西方文化及其关系。在对待儒学价值的问题上，不能再以西方为坐标来衡量东方社会，重搞西方文化中心论；又不能关起门来看自己，把儒学看作包罗万象的“国粹”。在研究领域和研究方法上，要主动地将儒学融入时代、融入现实，与世界性的各种新思潮对接，以寻找新的发展点。

最后，儒学要成为世界多元文明发展的一个组成部分，就要重视与其他文明系统的交流和对话。自20世纪80年代中期以来，大陆的儒学研究已经走向海外，但真正意义的交流和对话往往限于与台湾、香港地区和日本、韩国、新加坡等亚洲国家之间。而21世纪儒学要真正发展，必须进一步打破疆界，走出亚洲、走出东方，在东西方文化交流的大背景下展开对话。1999年，在与联合国教科文组织合办的法国巴黎“中国文化展览周”期间，国务院新闻办公室主任赵启正曾说：“要让欧洲了解中国。”确实，我们不仅应该让欧洲，而且应该让整个西方了解中国；不止要了解中国的主张，中国改革开放的成绩，还应了解中国人的文化传统，中国人的思维方式和办事方式等。但就儒学与西方文化的交流来讲，目前困难和障碍都很多。首先，语言问题，儒学要走出中国，学儒学、搞儒学的人必须要能够走出中国。我们必须能够用世界通行的英语向西方人讲中国儒学。其次，在知识背景上应当拓展，不仅要懂中国哲学，而且要懂西方哲学，熟悉西方现代思潮；就儒学自身来讲，也要打破传统的局限，搞多学科、东西方思想的大会合。最后，也是最重要的，要在思维方式上沟通，建立共同的多维的思维空间，寻找共同的人类行为规则。要使儒学在西方人头脑中成为一种思想，一种精神资源，而不只是代表中国及中国古代文化的一种符号，就要沟通和交流，建立共同的问题观，在解决共同问题中吸取各家之长，共同为人类文化的发展做贡献。

三　儒学的生命力在于普及和传播

关于儒学在未来的发展，人们通常认为的是“重新整合”和“重新创建”。有的提出要“有选择地摄取西方文化，通过重新整合而为人类发展和文化进步作出新的贡献”[①]，有的认为应“超越传统儒学，创建符合时代精神的新文化体系”[②]，有的提出“对传统儒学必须采取深刻理解但却是重新创建的态度”[③]，也有的坚持“马克思主义与中西文化的综合创新”。[④] 这都是突出了文化的时代特性和对传统的批判的态度。我们认为儒学在未来的生命力在于普及和传播，是建立在把儒学看作带有抽象意义的相对稳定的大文化系统基础上，并认为儒家伦理教条是对现代未来社会具有积极意义的可供选择的道德遗产。从这样的意义上，对儒家思想的“深刻理解”、“重新整合”等都必须有一个条件，就是要使儒家伦理重新活起来，重新进入现实与社会生活，成为能对百姓的价值观念和行为方式发生积极作用的道德伦理，而不仅仅是作为博物馆里的陈设或在学者书斋里才谈论的话题。儒学在历史上既是一种精英之学，又是百姓日用的“常道”之学。按照某些西方学者的观点，儒家的教育目标在于培养一种不受职业限制的具有高文化层次的自由的人，他们可以在受他人操纵的制度体系中摆脱个人名利束缚，追求自由境界，并和谐地处理好周围的关系。其实这只是说对了儒家思想的一个层面，即“精英”层面。从另一层面说，儒学又是一种“百姓日用而不知”的学问。儒家提倡的亲情伦理，道德良心，公道正义，忠信仁义，以及“家国天下”的爱国思想，普通百姓天天讲，天天行，却没有人去探求它的深奥道理。

当然，以上只是就儒学作为一种道德文化遗产在中国社会的一般教化功能来讲，若就它作为一种与社会制度相关的文化思想体系来看，则情况要复杂得多。如上文所言及，儒学自近代以来在中国受到多次批判，“文化大革命”中又受到极“左”思潮的冲击，使其思想在很多方面已经面目全非，加之在中国思想史上由儒学内部产生和由外部而来的非道德、反传统倾向的影响，给传统道德的继承带来一定的反弹力。在道德遗产继承的问题上中国历来有一种传统，即多讲批判，少讲继承。从教育方面讲，

---

① 高增杰：《儒学在二十一世纪的历史使命——论儒学关于人类与自然和谐的思想》，《齐鲁学刊》1999 年第 2 期。

② 赵吉惠：《论多元文化与儒学超越》，《唐都学刊》1997 年第 4 期。

③ 余秉颐：《近年海外新儒学的动向述介》，《哲学动态》1998 年第 12 期。

④ 李存山：《儒学创新与马克思主义创新——和杜维明先生对话》，《哲学动态》1999 年第 4 期。

新中国成立以后，我们在从小学至大学的系统教育中完全排除了儒学经典和传统人文道德教育的内容，即使在大学的哲学专业，也很少能系统地学习中国文化的经典，并且“中国哲学”仅是作为一门知识来传授的。这样，使得传统道德教育只剩下一个通行的领域，即是家庭教育或是教师的言传身教。而在“文化大革命”中批判“十七年修正主义教育路线”的口号下，连这一个领域也遭到非难：当时有多少无知的学生受极“左”思潮的影响，竟把老师对自己的道德感化说成是“和平演变”。因此“文化大革命”以后，随着一代在“文化大革命”的“批判”和“打倒”声中长大的人做了老师和家长，连这种传统道德教育的延续也面临着危机。

所有这些，给我们提出了一个问题，即要使儒学重新转化为国民心灵中的某种精神力量，使它重新发挥积极的道德教化作用，就要重新普及儒学。在我们看来重新普及儒学有两方面的意义：一方面，如果说在中华民族的历史上，儒学作为在人性论和进化论的基础上获得高度抽象化的伦理教条，曾经是靠言传身教的自然延续来传承的话，那么今天，它在经历了那么多的洗礼和非难之后，需要在百姓中重新恢复名誉，让每天在日用常行中无意识地实践着儒学的百姓和他们的后代，了解儒学作为中华优秀文化道德传统的一面。另一方面，如果说历史上的儒家伦理对于百姓曾只是一种“日用而不知”的学问，那么今天它也须靠主动的普及和传播才能深入到百姓之中。因为当今，普世的大众文化已经伴随现代化的进程，靠着科技和信息产业的发展而流行于世界，人们对精神文化产品的需求往往不是靠理论的引导，而是通过传媒的作用转化为一种精神消费（如声乐、影像和普及读物的形式），因而更依赖于个体的自主性选择；在这样的形势下，儒学也不能甘于被冷落、被忘却，而要主动参与文化传播的过程。除此之外，就世界范围讲，儒学的传播也应成为一个紧迫的话题。因为在当今全球文明对话的背景下，儒学已经走向了世界，受到各国人们越来越广泛的关注。故我们儒学研究者也有责任让对它感兴趣的人进一步了解儒学，从而把儒家优秀的道德伦理当作人们选择的有价值的精神资源之一。从另一方面讲，未来世纪儒学在世界多元文化体系中的发展，也有赖于它的普及和传播；没有世界上更多的人对儒学的认识和了解，所谓儒学与其他文明体系在深层次的交流和对话也不可能有真正的价值。

最后，关于儒学的普及和传播，这里有两个问卷调查。一个是香港孔教学院院长汤恩佳先生在他的著作《孔学论集》中提到的，1994 年 10 月 7 日他的一个朋友在北京市东城区一家中学初三·四班的调查，结果发现全班 50 名学生中只有一人知道孔子的名为丘，而无一人知道孔子字仲尼。对于孔子的伟大思想学说则是更知之渺渺，全班竟无一人知道为什么称孔子为万世师表。[①] 另一个是 1999 年 8 月 8 日，我们在瑞士兰德国际大学举办的青少年暑期班进行儒学讲座时所做的调查。参加讲座的是来自法国、德国、美国、荷兰、加拿大、厄瓜多尔、挪威、瑞士、列支敦士登、新加坡、刚果、多哥、匈牙利等十几个国家的 11—15 岁的青少年，共 44 人。当问到在我们讲课之前有谁知道孔子和他的事迹时，回答知道的有 19 人，不知道的有 23 人，没有回答的有 2 人。这两次问卷的时间相隔 5 年，参加问卷的人年龄大体相同，只是一个地点是在北京，参加的是中国学生，另一个是在瑞士，参加的是中国以外的一些其他国家的学生。我们无意将这两次问卷进行比较，其实它们之间也有很多不可比因素。但只是感到我们作为儒学研究者，除了研究书斋里的学问外，还负有一种重要责任，即将儒学思想的人文精神，儒家道德伦理中的精华发掘出来，用通俗易懂的方式，深入浅出地讲给世人听，只有这样，儒学研究才可望在 21 世纪有真正的发展。

---

① 见汤恩佳：《孔学论集》第 59—60 页，文津出版社 1996 年，1999 年印刷。

结束语

历经三年艰苦的研究与撰写，我们的书稿终于完成。该书是国家社会科学基金项目《当代东方哲学的新进展——当代东方儒学的现状、特点和发展趋势研究》（项目批准号：99BZX023）的最终成果。而承接这样一个带有创新性的课题，对于我们是有相当大的难度的。研究的课题背景广阔，内容宽泛，地域和时间上都跨度大，需要翻阅的资料多；这些都超过想象的程度。相关的研究成果虽然不少，但至今未成体系。因此尽管我们做了十分的努力，希望成果尽可能完美，但这部书稿仍会有很多不尽如人意之处。

鉴于课题的要求，《当代东方儒学》不是一般地泛泛叙述东方各国儒学，而是把东方（主要是东亚）儒家文明作为一个整体来研究，着重探讨当代东方儒学的现状、特点和发展趋势。而把东方各国的儒学放在一起作整体观，并对之进行肯定性的评价，这正是本书的主旨和创意所在。

本书所研究的主要内容，是在当代东方哲学、东方文化的大背景下进展的东方儒学。东方儒学的范围已如绪论第一部分中所示，而“当代东方儒学”的所谓“当代”，则不仅在时限上主要指20世纪以来的儒学，而且在现状特点上，当代东方儒学也与传统儒学有着本质的区别。

本书采用了分析与综合的方法、历史叙述与哲学抽象结合的方法，及比较哲学和现代文化比较研究的方法。在研究传统儒学与当代儒学的关系时，既深入历史，又注重现实；在对不同国家的儒学进行比较时，既注意各国历史文化各异的特征，又不拘泥于国别界限。另外，贯穿全书的一个方法上的特点，是注重实证，广征博引东西方各家对于当代东方儒学的观点和评价，并以此为基础论证和阐述作者的观点。

《当代东方儒学》以研究的问题归类，全书大体分为三个部分。

绪论部分：论述东方儒学孕育、形成、发展、衰微，以及在当代复苏的大背景：东方文化与东方哲学。主要分七个方面：一、东亚经济腾飞与东方儒学的复苏；二、东方和东方文化的类型；三、东方文化与东方哲学的特点；四、东方哲学的发展阶段；五、东方文化不同体系之间的相互渗透与交流；六、东方哲学的现代转型；七、东方价值观面临的挑战和回应。论及内容包括：东方的概念，东方文化和西方文化两大文化体系和四大文化圈（希腊罗马欧美文化圈、中国文化圈、印度文化圈和阿拉伯伊斯兰文化圈）的概念，以及东方文化的特点，东西文化交流，东方文化体系内部各国文化的相互影响和交融，东方社会与东方哲学的现代转型及东方价值观等问题。

绪论所提出的理论观点虽然不都是作者的新见，但对于今后把东方儒学作为东方哲学与东方文化的一个门类来研究，是有积极意义的。例如：关于“东方”的概念，作者指出它的相对性、多歧性和不确定性。它既是地理的，又是民族的和文化的，从某种意义上，也带有政治的含义。而东方儒学所讲的东方，更多的是就历史文化传统方面而言的，就此而言，我们应该承认有一个独特的东方文明方式和生活方式，而与西方或其他文明方式和生活方式相区别。又如：作者引入德国存在主义哲学家卡尔·雅斯贝斯关于“轴心时代”的观点，以此说明世界多元文化具有的不同精神资源、不同潜力和不同发展脉络，并以此作为儒学的世界性研究、儒家传统的现代转化等问题讨论的广阔背景。此外，作者陈述的关于东方哲学、东方文化现代转型的观点，以及“东方哲学不仅是一种世界观、价值观、道德伦理原则和宗教情感，而且也是一种文化结构模式”的观点，都为本课题的研究奠定了基础。

当代东方儒学的现状、特点部分：共分六章，主要研究儒学的原创价值（元价值）、东方儒学的形成和展开、近代以来儒学的维系和发展——中国现代新儒家、当代东方国家和地区的儒学、儒学与东亚模式以及东方儒学的层次、差异及共同价值观等。

其中第一、第二章从理论形态和历史发展上界定东方儒学的特点。第一章“儒学元价值论”，主要研究儒家创始人孔子及孔子之后孟子、荀子的思想，特别是由他们创立发展的儒学思想的理论内涵，主要包括儒家文化的伦理精神，儒家人文价值观的基本结构和群我关系思想的辩证机制，儒家的教育哲学、政治哲学和儒学的体用关系等。第二章以汉字与汉文化圈为逻辑起点，阐述东方儒学的形成和展开。指出中国汉代以来，儒学流布及东亚四邻国家，形成汉文化圈，汉字构成了汉文化圈共同的文字基础，儒家经典成为古代汉文化圈国家共同的文化典籍，儒学超越国家限制，成为汉文化圈国家共享的精神财富。对儒学在东亚各国的民族化、本土化过程，以及中国儒学、朝鲜儒学、日本儒学、越南儒学从古代至近代的发展过程和主要内容作简要叙述。

第三章至第六章主要研究当代东方儒学的现状。其中第三章研究中国当代新儒家，阐述新儒家自近代以来的思想理路和回答的时代课题，以及第一代、第二代、第三代新儒家代表人物的思想，特别是对港台新儒家缘起的理论背景及文化主张进行细致的梳理和分析，对海外新儒学的现代性、开放性特点，及其“文化中国”的主张给予肯定性的评价。

第四章介绍当代东方国家和地区的儒学。主要内容为：儒学与现代日本社会、新加坡的现代儒家伦理运动，儒学在当代韩国及在越南、泰国、印度尼西亚等东南亚国家等。

第五章是儒学与东亚模式。这是当代儒学研究的热点问题，近年来已有很多论著问世。这些研究或从经济发展与现代化的角度，或从哲学价值观与文化的角度，进行有益的探讨。本章力求将二者结合，着眼于具体国家的历史和现实，对儒学与东亚模式的关系做个案研究。内容包括：日本儒学与现代化、韩国儒学与现代化、中国近代以来儒学的遭遇及新马模式中意识形态化的儒学。此外，针对亚洲金融危机后人们对儒学的非议，和2001年新加坡前总理李光耀对“亚洲价值观”的新议论，作者还用历史的、发展的观点对东亚模式的经验及东西文化的关系和前景做了进一步的反思。

第六章，总结东方儒学的现状、特点，分析东方儒学的层次、差异及共同价值观。指出，儒学是中国文化圈国家和地区共同的文化主体，不仅随时代变迁，而且也会随国家和地区的不同而有不同特点，由此形成儒教文化圈内的各个层次。以中日儒学为例，重点分析中国儒学与东方其他国家儒学的差异。挖掘东方儒学的共同价值观，如儒家天人哲学、伦理哲学、管理哲学、政治哲学、教育哲学等。

当代东方儒学的发展趋势部分：主要分为四章内容，其中第七、第八两章，重点从儒学与宗教关系，及儒学实用化问题进行探讨。此外，在第九、第十章中介绍当代西方儒学及东西文化观，和当代日本、韩国、中国的儒学研究时，也就此探讨了儒学发展趋势。

儒学与宗教关系是近代以来，面对西方的挑战和中西文化冲突，儒学首先做出回应的问题。而在当代世界多元文化的格局中，儒学要与西方或东方其他文化体系对话，这一问题也不可回避。“儒学与宗教”一章探讨了三个方面的问题：1. 对儒学与宗教的关系做历史性考察，即通过对儒家思想在东亚和东南亚各国历史和现实中存在形式作辨析，来回答儒学是否宗教问题。2. 如何看待中国近代以来把儒学宗教化的尝试，和在当代香港、台湾出现的儒学宗教化趋势。3. 在当代西方文化神学的背景下，重新审视儒学宗教性的问题，以寻求儒学与西方宗教思想对话的途径；并以此为基础，把儒学与当代新兴人文宗教巴哈伊教进行比较，试为儒学现代化提供借鉴。

儒学实用化是当代儒学发展的一种趋势，也是我们在研究中针对当前中国在发展现代化经济时，往往忽视思想领域对中国特色的教育和灌输的倾向而提出的对策。“儒学之实用化”一章提出应建构系统性的儒学实用体系，为实际应用而改造儒学，对其至今有指导意义的积极面注意挖掘，而对其消极面存而不论。本章从儒家明体适用的传统论证“实用儒学”的观点，提出实用儒学的层次和实用儒学的意义，并总结大陆和香港在儒学实用方面的经验：儒与商的结合，及正确处理儒学和儒教的关系等。本章最后所提出的，儒家伦理成为普世伦理的可能性因素，是针对当前世界全球化趋势中全球伦理问题，也是针对儒家伦理具有实用性，具有宗教性与世俗性统一的特点而提出的。

关于当代东方儒学的发展趋势，本书提出的主要观点有：

1. 儒学宗教化的趋势。除了印尼的孔教会外，当代儒学宗教化趋势的前景主要在香港和台湾地区，在中国大陆，儒学发展的前景不可能是宗教化的。但出于统一的需要，和对港、澳、台同胞精神信仰的尊重，在对“孔教”问题上实行“一国两制”是有益的。

2. 儒学实用化的趋势。当代儒学与现代化结合而成功的经验，很多表现于实用层面，但目前对儒学的应用研究，还缺乏系统性和体系化。儒学要与现代社会接轨，欲从现代生活范式中汲取足够的动力，应确立实践的机制，进一步向实用化的方向发展。

3. 儒学与西方文化对话、沟通、互补的趋势。近代以来，儒学与西方文化冲突、碰撞，儒学接受了现代化的考验，或吸收和接纳异质文化，或经自身的改造与包装，融入其他主流文化之中。儒学对东亚国家和地区社会转型的适应，也是它与西方文化交流与结合的过程。“东亚模式”的成功，引来儒学与西方文化对话、沟通、互补的时代。

4. 儒学在世界多元文化中定位的趋势。儒学日益成为当代世界性的显学。20 世纪末，以全球文明为背景，儒学已发展为诸多现代文化思潮的一支，而与西方当代思潮、后现代文化以及各种宗教文化、新兴宗教进行对话。因而面向 21 世纪的儒学，应在世界多元文化中寻求定位。

5. 儒学与马克思主义有着相容、相通之处，儒学创新与马克思主义创新呈现健康互动的趋势。随着港台儒家和海外新儒学向着开放性的发展，以及改革开放后大陆儒学研究的进展，儒学与马克思主义已走出以往那种意识形态化的对立态势。目前，对于二者的关系尽管仍有各种观点，但事实上，儒学创新与马克思主义创新的健康互动，及中西文化的综合创新，已渐成趋势。

6. 世界全球化趋势与儒家伦理成为普世伦理的可能性。当今世界，经济全球化的趋势，地球村的形成，价值观的趋同倾向，都使得全球一体化的进程越来越明朗化，形成趋势。儒学作为世界多元文化的一种，且日益受到世人的重视，也必然会参与全球一体化进程。传统儒学崇尚统一、爱好和平的世界主义倾向，儒家“和而不同”的思想，可以为未来全球一体、多元文化并存、世界秩序的建立提供重要的理论资源和文化资源；儒家“天人合一”的综合性思维，和“己所不欲，勿施于人”的道德金律，都带有普世伦理的意义。因此，在当代全球化的趋势下，儒家伦理有成为普世伦理之可能。

最后需要说明的是，本书虽是项目参加者共同的研究成果，但在研究过程中我们参考或引用了大量中外教授、学者、同仁的研究论著，虽然对所参考和引用的内容，我们尽量注明出处，但仍或有疏漏之处，在此一并表示感谢或歉意。另外，本课题的研究曾受到国内儒学、东方学一些专家前辈的热情鼓励和支持，受到山东社会科学院的领导和有关部门的支持，以及人民出版社方国根先生等的大力支持，在此，对他们表示由衷的感谢。

后　　记

本书是国家社会科学研究“九五”规划项目“当代东方哲学的新进展——当代东方儒学的现状、特点和发展趋势研究”的最终成果，项目主持人刘宗贤，项目批准号：99BZX023。项目主要参加人员有山东社会科学院、山东大学、山东省委党校等单位的专家、学者。具体分工是：

绪论		刘宗贤　蔡德贵
第一章	第1—3节	刘宗贤
	第4节	梁宗华
	第5节	王佃利
	第6节	路德斌
第二章		梁宗华
第三章	第1—4节	杨晓伟
	第5节	杨晓伟　蔡德贵
第四章		蔡德贵
第五章		刘宗贤
第六章		蔡德贵
第七章		牟宗艳
第八章		蔡德贵
第九章	第1—5节	梁宗华
	第6节	冯克利
第十章	第1节	杨晓伟
	第2节	牟宗艳
	第3—4节	刘宗贤
结束语		刘宗贤

全书由刘宗贤拟定编写大纲、章节目录；最后由刘宗贤、蔡德贵统稿、定稿。由于完成本项目时间紧、任务重，书中缺点错误在所难免，望读者多加批评、指正。

刘宗贤　蔡德贵

2002年4月30日